思想史研究課堂講録

初编 视野·角度与方法

增订版

葛兆光 著

生活·讀書·新知 三联书店

Copyright © 2019 by SDX Joint Publishing Company.
All Rights Reserved.

本作品版权由生活·读书·新知三联书店所有。
未经许可，不得翻印。

图书在版编目（CIP）数据

思想史研究课堂讲录／葛兆光著．— 增订本．—北京：生活·读书·新知三联书店，2019.4
ISBN 978 – 7 – 108 – 06399 – 1

Ⅰ．①思⋯　Ⅱ．①葛⋯　Ⅲ．①思想史－研究－中国
Ⅳ．① B2

中国版本图书馆 CIP 数据核字（2018）第 218134 号

体现则是找发占经典，上层人士读书，一般来得言解救不入内，如大量出土之晋唐、敦煌之北魏造如孔惊洞书、壽藏、题跋、元国策 以及佛、道之善书、儒家诸经本......

(2) 思想内扎判断。本经由与核名上于安设"光入名中"，例如北壳某时代，是某儒道主论如此清晰，未之见？（郭店之句"绝圣弃智"一弃引起争论）。又例如 太极图是圣统一是某儿道家中来（种之争议）？又如佛教道教流一这修神仙之术（随代天给像〈慧恩发运公〉例、其中有继神仙说）

(3) 引继是不一定有养？最典型例如上壳去上去书，阳宪派以来，清代人将古人书中几名句话却找到出处。说这是普代人从这些书里捕录出来，并掸做起来，晋代人看到古中有古书存布，试掂引出来，但写记上是有此人从高书中引出来如何呢？到此不一定能确证。何况各种书经过多次抄写之翻刻，已经掺入许多后来之来历（如以注入正义、以疏入注、考批入正言）

因此，古书之伪定是一个制其新问题。大乘起信论之真伪用摭布相近之疑问。

（相信寄经是靠本，并给是名"与佛之何言"，"名乱伪何作"）

3. 译本及真伪问题。〈11000字、玄奘名译不赞义〉——重译改、各地网版布里多均的收加、性格、医炙、视解
A《 Mahāyāna Śraddhotpādaśāstra》 摩诃衍-大乘 论。
B/ 马鸣造 真谛译、实叉难陀两译。但有以无译本而足是其伪据，这是一种错误/安理论等义怎处。但是另另有一种老度。参凭非直译经同存真起追究相关法途径，古人欲坚持谨慎态度怀主研记"再手"但何。如房集、到、题跋、序、家疑及别说总皆。有以思想印度人同而是其后中国人作。但如何知道印度人之此思路？如是这起思想向是很接近，那么，找出之印度人作。仑非思想与印度有关似乎？以思想代替译记。梁柏寒引之。如此必发现相关资料，证明其决非如建名经之来手似（神鸟暨之例）（三赋之例）——疑、信而唯、怎处理？

C/ 梁能之.主废〈鸣〉 欧阳先之批——于印度佛陀之途讲／大乘之源——对判教相关之挑战。

第四、第五讲的最初底稿

第五讲底稿

未收入本书的佛教部分课堂讲义手稿

目 录

小引·2018年修订新版序言 …… 1
2005年版自序 …… 5

引言　近年来文史研究领域的新变 …… 1

开场白 …… 1
一　20世纪90年代以来的政治、文化与意识形态变化 …… 2
二　常识的变化：关于重建学术研究的基础 …… 5
三　基础的动摇与瓦解：以国家、传统、现代为例 …… 10
四　文化史和思想史研究中的实例 …… 15
五　文史领域：关注重心与使用资料的变化 …… 18
六　小结 …… 20
【建议阅读文献】…… 21

第一讲　法国年鉴学派及其对中国的影响 …… 22

一　年鉴学派的来龙去脉 …… 25
二　年鉴学派的主要倾向及对中国史学的启发 …… 28
三　对年鉴学派的批评及60年代后年鉴学派的变化 …… 43
四　个案介绍：以《国王神迹》为例 …… 46
【建议阅读文献】…… 48

i

第二讲　福柯的理论与中国思想史研究 …… 49

　　一　知识考古学与思想史研究 …… 51

　　二　关于思想史的重新考察 …… 56

　　三　知识考古学视野中的思想史资料 …… 58

　　四　思想史可以这样写：疯癫、刑法与监狱的背后 …… 66

　　五　小结 …… 71

　　【建议阅读文献】…… 72

第三讲　后现代历史学的洞见与不见 …… 73

　　一　关于《怀柔远人》和《白银资本》在中国的争论 …… 73

　　二　什么是后现代历史学的主要观念？…… 77

　　三　历史是虚构文本、是散文作品吗？…… 80

　　四　历史文本真伪问题的另类观察 …… 84

　　五　历史的写法与读法 …… 88

　　六　后现代历史学的不见或局限 …… 91

　　【建议阅读文献】…… 95

第四讲　什么可以成为思想史的资料？…… 96

　　一　思想史研究如何感到资料的局限和局促？…… 98

　　二　不在过去思想史视野范围里面的各种资料 …… 100

　　三　思想史怎样才能充分运用这些资料？…… 112

　　【建议阅读文献】…… 114

第五讲　近年来的考古发现与思想史研究 …… 115

　　一　历来的考古发现对学术史之影响 …… 119

　　二　20世纪70年代以来考古发现和思想史的再认识 …… 124

三　思想史的观念如何改变才能回应不断出现的考古发现 …… 132
　　【建议阅读文献】…… 133

第六讲　关于图像的思想史研究 …… 134
　　一　关于图像研究的一般思路 …… 134
　　二　古代中国图像的举例分析 …… 140
　　三　图像是思想史研究的一个重要方面 …… 156
　　【建议阅读文献】…… 156

第七讲　作为思想史资料的古舆图 …… 158
　　一　边缘与中央（欧洲古代世界地图中的东方想象）…… 160
　　二　从天下到万国：古代中国华夷、舆地、禹迹图中的
　　　　观念世界 …… 169
　　三　佛教地图：另类世界的想象 …… 178
　　四　内诸夏而外诸夷：以明代海防地图为例 …… 180
　　五　大"公"无"私"：以明代地方志地图为例 …… 185
　　六　小结 …… 194
　　【建议阅读文献】…… 195

附录　思想史为什么在当代中国如此重要？ …… 197
　　引言 …… 197
　　一　思想史在中国为何很重要？…… 198
　　二　思想史为何在当下中国特别重要？…… 201
　　三　思想史研究在将来的中国为什么还很重要？——兼谈当下中国思
　　　　想状况 …… 205
　　结语 …… 206

小引·2018年修订新版序言

作为一个教师，我讲过很多课。

从1984年起我就在大学讲各种课，听众从本科生、硕士生到博士生，内容从文献学、史学史、思想史到东亚文化史。如果把这些课的名称开列出来，会是一份蛮长的单子。不过我自己觉得，其中最用心的，就是原本作为"历史与文化理论"课，却被我讲成"思想史研究方法"的这一门，因为它刚好和我撰写两卷本《中国思想史》的时段重叠，那时一边撰写《中国思想史》，一边备这一门课。说实在话，在这次重新修订的时候，我都有点儿诧异，那个时候我怎么这么有精力，去发掘种种有关思想史研究的文献和例证，也不知道那个时候怎么会有这么多颇有点儿旁行斜出的想法。

这门课前后讲了十几年，不仅涵盖了硕士生和博士生两个阶段，而且也从北京的清华大学讲到了上海的复旦大学。我的学生大概都知道，通常，我的讲稿先用手写，然后，在稿纸的天头地脚左右两侧不断添补，一旦纸上写不下，就用各色贴纸往上贴。到了最后，讲稿花花绿绿，几乎面目全非。按照惯例，我的每一门课讲若干轮以后，就把原稿配合录音记录，自己再整理出版，从此便不再讲。为什么不再讲？不仅因为讲多了兴味索然，而且也生怕学生拿着业已出版的书暗暗嗤笑，说原来讲来讲去还是那些玩意儿。在《思想史研究课堂讲录》于2005年在三联书店出版后，我就不再为硕士生讲这门课，转而给博士生上阅读研究论著为主的思想史方法课，在若干轮讲课之后，就在2012年，仍在三联书店出版了《思想史研究课堂讲录续编》，到这一年，这门课就告结束了。

有读者来信说，这两册讲义真的有点儿用，也有学生告诉我说，这些讲出来的东西比专著更容易懂。因此，从去年冬天到今年的春天，我花了一点儿时间对这两本讲录做了一些修订，仍请三联书店出版。在出版前，在这里对新修订本作一个说明，说明这次重新整理出版的时候，我做了哪些修订和改动：

第一，把原来的《思想史研究课堂讲录》和《续编》两册改为三册。原因很简单，因为前者过厚，后者较薄。现在分成三编，不仅各编的分量大体相近，而且三编内容也各有偏重。我给三册分别加上一个副标题：第一编多是思想史研究的总论，所以叫"视野・角度与方法"，第二编把思想史与其他研究领域沟通，并稍加拓展，所以叫"在思想史的周围"，第三编则是按照原来上课的形式，叫作"博士生的四堂讨论课"。

第二，我对原来的文本做了若干修订。除了在第一编末尾增加了《思想史为什么在当代中国如此重要》作为"附录"之外，也对原来讲稿中的讹误疏漏之处做了修订。原来的两册书出版之后，有不少热心的读者给我来信或者在网络上指瑕纠谬，给我提供了重新修订的线索，在这里要谢谢各位读者。

第三，我对原来提供的"参考文献"做了少量补充。在这两册书出版之后的这些年，有关思想史以及周边的研究有了不少进展，出版了不少新的论著。我在修订过程中，也顺便把手边现成的新成果加入原来的"文献"列表中，目的是给读者提供一些更新的资源。

开始讲这门课的时候，还是上个世纪的末尾，仿佛才一眨眼的工夫，二十年过去了。不过，思想史研究似乎在中国并未过时，为什么？我想了很久，也许正如我在《思想史为什么在当代中国如此重要》中说的，"近二十年来，中国的思想世界越来越复杂，不同思潮的起伏变幻、冲突论争，给思想史研究者提出了新问题，需要思想史去回应。毕竟，中国有一个习惯于在历史中寻找合理依据，在思想中解决根本问题的传统，中国当代思想也总是需要在过去的思想史，特别是近代的思想史中，获得合法性与合理性来源。"因此，保持思想史对今天的反思、诊断和警示的作用，也许它始终会有生命力。如果是这样，那么，这些讲义重新再版，也许还有一点儿意义。

这话与其说是给读者写的，还不如说是为我自己写的，让我在重新出版旧著的时候，还有一点点自信。

2018年2月于复旦光华楼上

2005年版自序

一

　　这是我近年来给清华大学专门史硕士和博士研究生上有关中国思想史的研究方法课时的课堂讲录，大部分是这两三年里由一些听课的同学帮我录音记录的，在2003年夏天，就已经整理出来一份完整的文稿。不过，在这一年的9月到2004年1月，我应邀到台湾大学历史系任客座教授，在给硕士和博士生讲这门课的时候，又做了一些修改和订补，增加了一些材料，也增加了好几篇新的讲义，于是成了现在这个样子。

　　最早开这门课，大概是在1998年。记得那时因为一位老先生退休，清华大学历史系的"史学理论课"和思想文化研究所的"历史与文化理论课"，都得由我来滥竽充数。照例，开课之前，老师要给研究生院写一份"开课说明"，以制度严格闻名的清华大学，很多事情都是要经过这种文件旅行的，尽管如此，到底没有谁真的特别较真儿，大多是照本宣科地填上一份表格糊弄而已。可是，由于当时我有一点儿了解目前清华文科硕士生、博士生课程的薄弱状况，也深深地为现在历史理论贫乏和研究方法单一而焦虑，所以想通过这一课程略略有所匡救。我觉得，一个可以操作和效仿的方法，比一打空话连篇的理论要有用得多。因此我当时并没有因为例行公事而敷衍填写，而是用心陈述了我的开设计划和真实想法，希望选课的研究生能够了解这门课的目的。下面，就是这份"开课说明"的开头：

> 这是为适应目前学术界研究变化状况而设计的一门课程，主要介绍学术前沿的各种理论与方法，并结合人文学科，特别是中国的历史、文学、哲学学科的具体研究，用讲授和讨论结合的形式，介绍当前国内外的各种理论方法以及它在中国文史领域中的影响，目的是为研究生拓宽视野，促使研究生思考问题、选择课题、进入研究。内容将涉及历史、思想、社会各个方面，其中，最主要的是介绍思想史的方法、技术和新文献，我希望以此来代替过去一成不变的史学理论和方法课。

可是几年讲下来，我才深切地体会到，用这些来"代替过去一成不变的史学理论和方法课"，真是谈何容易！你面对的，是一个相当庞大和复杂的理论系统，我的这些东鳞西爪的知识和感受，也许，根本不可能撼动经过多年教育早已积淀在学生心里的那个观念系统。所以，我的私心愿望，也从高指标转为低收获，只是抱着一点小小的希望，希望我讲的这些东西，能够在研究生装满了原来那套观念的大脑里面，打开一个小小的缝隙，以免那些"不合时宜"的理论和方法，总是不经思考就被拒之门外。

二

这个课说是讲历史与文化理论，其实，主要讲的还是中国思想史研究方法。这些年来，我一直最关心的就是，如何使思想史研究方法有一些改变。自从1902年梁启超写出《论中国学术思想变迁之大势》，1916年谢无量写出现代中国第一部《中国哲学史》以来，被叫做"哲学史"或"思想史"的这一领域已经有一个世纪的历史了，经过胡适、冯友兰、侯外庐、任继愈等前辈的开拓，这个领域的研究已经形成了一些很难改变的金科玉律，造就了一些习以为常的套数招式。特别是后来的几十年间，政治意识形态又给这种本来就很窄仄的路数上加上了一副笼头，使得研究者很难越雷池半步，甚至还心满意足，仿佛古人说的，"人生程朱之后，百法具备，只遵守他规矩做功夫，自不得有差，如吃现成饭。"至今在这个领域里面，这些模式套数，还在约束着思想史的研究和写作。这使后来的研究者好像穿了不合身的衣衫在亮相，或者踩着很别扭的节奏在跳舞。我不是这一行的科班出身，也许，坏处是不懂得规矩，常常冲撞码头；好处是不穿这身衣裳，也不必一定按照这种节奏起舞，所以常常会自行其是地另说一套，就像有人讽刺的那样，是"野狐禅"或者"旁门左道"，总是在另类的轨道上行车。

复旦大学出版的两卷本《中国思想史》就是这种另类思路的结果，也许是想证明自己的思路和方法自有道理吧，所以，也不免要以老婆心饶舌说法，在两卷中我都用了很长的篇幅分别写了《导言》，叫做《思想史的写法》。说是"写法"，其实就是研究方法。过去，中国思想史的研究方法似乎已经有了固定的写法，一是我们戏称为"大号哲学史"的叙事脉络，说是思想史，其实是把可以称做"哲学家"和"哲学"的精英与经典，加上一些所谓"背景"加以叙述，构造出一个思想史的"系谱"，入不了"哲学史"法眼的思想还是不够资格进入思想史。二是进步与落后，或者换个方式说唯物与唯心的"对子"，充当了思想史分析的基本价值标准，或许还可以加上盛世和衰世，以及"豪族"或"庶族"、"大地主"或"中小地主"、"封建阶级"或"资产阶级"的背景身份证明，让它看上去似乎很"历史"。三是以"人"或"书"分章节的便宜方式，因为反正都是精英和经典，所以这种方式也倒衣冠合适，有着干干净净的结构和清清楚楚的逻辑，既规定了古人的位置、序列和比例，也教会了今人"依样画葫芦"。这些定型了的研究方法，通过教科书，通过学生考试，也通过论文审查、同行评议、编辑出版等制度化的途径，一代传一代，使得我们的思想史研究至今走不出这一套烂熟的路数。

因此，我特别希望有所变化，也希望有年轻人和我一起来改变这一领域，于是，就有了这门课程和这份讲录。

三

这些漫无统绪的讲录稿里面，勉强可以按内容分为四类：一类是讨论现代西方新理论和新方法如何能够运用到中国思想史的研究中，这里包括年鉴学派、福柯和后现代历史学；一类是讨论什么可以成为思想史的资料，包括考古发现、文物、图像，甚至地图，主要是想改变过去思想史研究资料狭窄其实是视野狭窄的缺陷，因为能够使用新的资料就意味着新的解释方法的出现；一类是尝试使思想史与其他历史研究领域有沟通和互动，比如思想史与文明史、知识史、观念史、法律史以及社会史之间，我主要是通过一些实例来讨论它的可能性；一类是与传统的思想史研究不同的一些想法，比如我自己杜撰的所谓"加法"和"减法"、以唐宋和宋明不同时段重新划分来讨论思路和方法变化的意义。此外，我在一头一尾，还讨论了近来中国文史学界的一些新变化和日本在丸山真男以后关于近代思想史研究方法转型的启示，目的是让学生放开眼界和把握动向。

坦率地说，我希望这些想法能够在铁桶一般的哲学史或思想史研究观念中，多少有点儿"吹皱一池春水"，也希望我的学生们原来很清楚的习惯观念,变得多少有一些不那么清楚,这样,一些看上去"离经叛道"的东西才可能有一些存活的空间。文学研究界有一个"陌生化"的说法,来自俄国批评家,意思是说只有不断陌生化,才能吸引阅读者的兴趣,这可能是文学不断翻新出奇的思想背景之一,而历史学界常常对这种"陌生"有所戒惧,觉得这样陌生就好像"出轨",所以总是板着面孔做出一副不屑的样子,其实这种维护传统的方式多少有些故步自封,仿佛"宁信度,勿自信"的郑人一样,中国古代的传统里面,有很多成语在告诫人要小心这种教条,除了郑人买履之外,像刻舟求剑、像画地为牢。所以,我在这门课最后一讲结束时,就对学生说:"我讲的内容里面,有比较多反潮流的东西。我自己并不主张人们都去破除原来习惯的那一套,而一定要做新的东西。但是,问题是目前旧的东西太重,研究思路太死板。所以,我经常讲一些不太合常情的思路,目的是使将来做研究的人,跳出传统的框框。我们如果还沿着过去的框框,肯定是在前人翻过的番薯地里,等前人把大的翻走了,我们来挖小的,势必越挖越小。"

也许我是杞人忧天。但愿我是杞人忧天。

四

从1998年到2001年,这门课我已经讲了三四轮。听的人里面,有学历史的,有学文学的,还有学建筑、物理的;有中国大陆的、台湾的,也有外国的。有的讲题,还在国内外的各种讲座上讲过。尽管有各种各样的质疑,但大体上看起来还是被接受的。因此,在2001年的那个学期,我请了两个研究生来替我录音,并且整理成电子文本,这些电子文本就是现在这份课堂讲录的雏形。

当教师的人,习惯真是顽固,尽管有了这些电子文本,可是以后我每一次重新讲的时候,仍然会继续修改,打印出来的讲义上花花绿绿的，有时会添上一些文献资料，有时又会引述一些刚看到的论著，于是又要录进新的电子文本。有时又临时加上了各种中国的历史实例，加上随时想到的一些感想，又要重新打印出来看一看。两年下来，这份电子文本，已经分不清哪些是原来课堂上记录的，哪些是后来添上去的。这里仍然称为"课堂讲录"，只是因为我在2003年秋冬在台湾大学的最后这一讲中，大体用的是这份重新删改、增添和修订过的文本。

在这里，我要感谢给我记录和整理的各位同学和朋友。略做一些说明，其中，第一篇《引言》原来最早是在复旦大学古籍所讲的，记得那时应章培恒先生的要求去讲课，我匆匆地在下榻的饭店草拟了一个提纲就仓促上场，并没有一个现成的讲稿，幸好复旦大学出版社的孙晶女士在现场为我录音并整理出来，后来摘要发表在《南方周末》上，现在的这份文本，就是在那个基础上扩充的。其他中间的各讲，主要是由清华大学专门史专业的研究生周学敏和丘燕整理的，这两位都不是我本人的研究生，但她们花了这么多的时间来录音记录，我是非常感谢的。最后的几讲，并没有在清华大学讲过，而是这次到台湾大学讲课以后新加上的，其中，关于思想史研究中的加法和减法那一讲，是2002年夏天在香山的一次关于新史学的会议发言基础上扩充的，原来只是一个提纲，后来，我写成文章发表在《读书》2003年1期，这次在台湾大学讲课时，又做了较大的补充，于是成了现在这个样子；而关于日本近代思想史研究方法的一讲，则是在给《中国社会科学》杂志的一篇论文基础上，为台湾大学历史系讲课时所修改出来的，讲完了以后，我又根据录音做了一些修订。而最后的关于学术规范的一讲，其实写得最早，好像在1998年就在北京大学比较文学研究所讲过，记得当时是严绍璗先生约我去讲这个话题，逼得我不得不草拟一个提纲，有一位至今不知姓名的同学给我整理了一份记录传给我,这使我感到很温暖。后来,经过我再次整理过的这篇讲稿,发表在2003年4月《文汇报》上,用了一个题目叫《大胆假设终究还要小心求证》。

五

　　这份课堂讲录,本来在2003年的夏天就已经交给三联书店了,但是因为自己觉得它内容还太单薄,编辑也觉得它篇幅还不够多,于是,在几乎要最后出版的情况下,又撤了下来,让我带到台湾大学进行修订补充,所以出版的时间也因此推迟了半年多。在这里,我也要感谢郑勇先生,因为他的恳切和执着,使我在再三犹豫、再三修改和再三推迟之后,终于下了决心在三联书店出版这份仍然要不断修订添补的课堂讲录。

2004年2月于北京蓝旗营寓所

引言　近年来文史研究领域的新变

开场白

今天是咱们这门课的开篇，要说的话题，是中国大陆学术界主要是文史学界研究思路和方法，近些年来到底发生了什么新的变化。先声明一下，说这个话题，并不等于说，我觉得现在学术界的研究思路已经有了根本变化，不是"已经"，我的意思只是说，现在有了一些初步变化，只是"初步"，或者是变化的征兆，只是"征兆"。也就是说，所谓"变化"并不是已经完成的现象，而是说可能正在进行中的现象。不过，不是有句老话讲"风起于青萍之末"吗？不是有个成语叫"见微知著"吗？一个有心从事学术研究的人，一定得学会抓住这些征兆，过去咱们中国人特别爱讲"新动向"，特别是在有话不直接讲的时代，那些微言大义，你得从报纸、电视新闻解说、字里行间、街谈巷议里去寻找，《西游记》里面孙悟空说，要"抓住风的尾巴闻一闻"，就是这个道理。那么，现在资讯发达了，各种取向也多了，于是呢，就需要从纷纭的现象中，看到最可能引导学术界变化的新动向。

那么，什么是现在学术界的"新动向"呢？以前，陈寅恪在《陈垣敦煌劫余录序》里面讲，"一时代之学术，必有其新材料与新问题"，你只有用这些新材料，研究新问题，你才能跟上这个时代学术的新潮流,能够进入这个潮流,叫"预流",否则叫"不入流"。大家注意,这可不是现在说的有贬义的"赶潮流"。以前,咱们中国人常常爱说的一句成语,好像是什么"础润知雨,月晕知风"吧,那是说看天气的事情,同样,如今在学术界里以学术为职业的人,也应该能够,而且要习惯,去观察这些微妙的但是很有意义的动向,掌握新材料,研究新问题。

一 20世纪90年代以来的政治、文化与意识形态变化

中国,我这里说的主要是中国大陆的学术界、知识界、文化界,发生根本变化的开端,应当在20世纪80年代末、90年代初。八九十年代,这是一个分水岭呀。很多人包括国内国外的中国学研究者常常有一个感觉,就是到了80年代末、90年代初,好像一个时代就已经结束了,这是很对的。通常,我们都习惯于历法上的时间,觉得2001年或2000年,就是21世纪的开始和20世纪的结束。但是,从文化史、思想史、学术史的眼光来看,实际上有另外一套历法。以我个人的看法,从中国的文化史、思想史和学术史角度上说,"20世纪"实际上是从1895年开始,到1989年结束。大家知道,1894年到1895年的甲午一战和《马关条约》,刺激太大了,整个中国的"自改革"转向了全面的"向西转",西风从此彻底压倒了东风,没有人还坚持"祖宗家法"了,虽然还有"中学为体"的说法,可是,那个时候中学已经不能为"体",西学已经不仅仅只是为"用"了,从那个时候起,已经没有严格意义上的守旧派了,只有程度不同的趋新派了,整个中国就开始了艰难的"现代历程",这一点,张灏先生也反复提起过,所以,我写《中国思想史》,第二卷就是用1895年收尾的,整个传统中国几千年的思想史,在这个象征性的年头就结束了。

同样，1989年也就像当年的1895年呀。作为一个标志性年头，整个世界的格局发生了许多变化，苏联、东欧的渐渐解体，中国发生的风波，两大阵营对峙的格局突然发生巨变，原来世界的划分和是非的论争，彼此坚定的立场和原则，突然都失效了。什么这个主义还是那个主义呀，集体优先还是个人神圣呀，都好像要重新认识了，原来的道理好像要重建，就是重新来了。逐渐瓦解的苏联、东欧阵营，发觉自己要扔掉旧道理，似乎是胜利者的西方世界，你别以为他们就安心了，其实不见得，在90年代初，西方也好像突然掉入了"无物之阵"，原来绷得紧紧的那些各自的"硬道理"也好像没有用了。所以有人，像写《文明的冲突》的亨廷顿（Samuel P. Huntington）就说，意识形态的冲突结束了，文明的冲突开始了，过去的朋友和敌人都不对了，要重新观察和分析；而写《历史终结与最后的人》的福山（F. Fukuyama），意见虽然和亨廷顿针锋相对，但是他也说，因为自由民主有了决定性的胜利，黑格尔的历史发展逻辑到顶了，"历史终结了"。

这就引起一个后果，就是冷战时代的意识形态的两边儿都落入"无物之阵"了，敌人阵营消失的结果是自己阵营的消失，没有你就没有我，老子说的"有无相生，难易相成，长短相形，高下相倾"就是这个道理，所以，无论哪一边儿都是"雄关漫道真如铁，而今迈步从头越"。同样，中国大陆的情况也发生了很大的变化，原来，五六十年代到70年代，中国在统一的政治意识形态指导下，思想学说很简明，那是一个真理不言自明的时代，大家"心往一处想，劲往一处使"，"敌人反对的我们就要拥护，敌人拥护的我们就要反对"，很清楚很简单。到了80年代，尽管改革开放了，大家开始意识到那种僵化的政治意识形态的毛病，但是，一起反抗僵化的政治意识形态控制的心情，使大家还在延续着很同一的观念，大家有着同样的批判对象，大家都主张要"补课"

和"启蒙"。比如说80年代,大家都知道有所谓"文化热",其实,文化热里面的那些借了文化与历史研究,实际上是批判过去的和当下的政治意识形态,因为不好直接批评现实的政治制度嘛,就只好让历史与传统暂时承担着"落后"的责任吧。所以,那时有很多"一呼百应"的"文化英雄",为什么?因为大家还是比较一致的呀。所以80年代会有一波又一波的热潮,当年文化史研究很热闹,寻根小说很红火,西洋的新理论新方法也很受欢迎,连三联书店出版的海德格尔的《存在与时间》也能印几万册,不管看还是不看,先买了再说,因为摆了"这个"就意味着反对"那个",热衷于"西"就意味着冷淡了"东"。

可是到90年代以后,这好像有些让人怀疑了,知识阶层原来"心往一处想",可这会儿也不往一块儿想了,"文化热"戛然而止,历史与文化、传统与现实要重新来评价了。李泽厚有一次说,90年代是"思想家淡出,学问家凸显",他说的学问家,就是王国维、陈寅恪在90年代被重新提起,而且成了一种象征,学术史也有一阵儿几乎成了"显学"。其实,事情并不那么简单,更深刻和更明显的倒是"分化",思想的资源不同了,思想的取向不同了,思想的阵营也统统分化了,好像没有主流,没有方向,现代和后现代、普世主义和民族主义、左和右,西方不同的时髦一拥而入。打个比方,过去有个话剧叫《街上流行红裙子》,能流行,而且成了主流时尚,说明那时还有主流,大家穿一样的红裙子都很自然。可是现在呢?现在的思想界,好像朋克、嬉皮、雅皮、怀旧时装、最新时装、民族传统服饰、太空服装同时上了街一样,没有共同的标准和时尚,使得过去的评价标准一下子发生了混乱。我们看到,不仅对于当下的判断已经分化,对于学术和思想的评判也已经分化,为什么呀?

我想可能有几个原因。第一,角度不同了,各自开始从经济、政治、文化的不同视角来关注社会生活和政治制度，经济学家可能关心市场与公平，社会学家可能从社会分层来看社会，文学家常常从个人感情和生活来观察，历史学家则注意历史延续性，注意到历史残存的问题；第二，阶层不同了，由日渐分化的不同社会阶层的不同感受、不同立场来评价这个社会和政治，那判断也不会一样的，就像林妹妹不爱焦大，穷人想象皇帝只吃红烧肉一样；第三，学科的自觉使立场不同了，从人文学科、社会科学和自然科学不同的学科，来设计对应现实的不同策略，策略也就不一样了。比如人文学科萎缩，人文学科的人就对人文精神的讨论最重视。经济学家可能并不这么看，觉得在实用和效率面前，你那空谈精神只是画饼充饥。而法学家可能会觉得谈精神、谈经济，不如谈法律制度的完善。有时候学科背景很能影响人的意见；第四，看问题的位置不同了，从本土的历史连续性的角度出发，和从全球经济联系性的角度出发，当然也是不同的，从本土政治和社会历史的连续性出发，觉得仍然需要继续启蒙和批判，应当大力提倡民主制度和自由精神，从全球化的考虑出发，就容易看到全球资本的压迫和西方话语的笼罩，觉得要对启蒙话语有所警惕。以上这些不同，都导致了知识界、文化界和思想界的分化，这些变化深刻地影响到思想和学术领域，使得中国大陆的学术界的研究思路和方法，也已经发生了深刻变化。

　　这个变化太大了，涉及面也太广了，今天在这里讲的"近年来文史研究领域的新变"，也不包括整个学术界，主要只是围绕着传统的文史研究领域来讲。

二　常识的变化：关于重建学术研究的基础

　　今天重点要讲的是有关学术研究的观念、思路和方法的变化。其中最重要的，是"常识"的瓦解和"基础"的重建。

大家可以看到，有一个非常大的变化，是90年代后，随着世界的变化，很多过去被认定为天经地义的东西发生了动摇。所谓"天经地义的东西"，平常有许多词来形容，比如"预设"，比如"共识"，比如"前提"，比如"基础"，归根结底都是一回事，就是在文史领域中，研究者开始不断反省过去我们习以为常的"常识"和"基础"，大家都在不断检讨，到底这些过去不需要讨论、可以现成使用的东西，是不是有点儿可疑。大家都知道，人们互相交流，共同讨论问题，最重要的是有没有基础，有没有共同的常识。越是熟悉，越是常识较相同的人，讲话就越简单，沟通也就越没有问题。比如我们熟悉的人，交流时可以用非常简单的话；可是陌生的人，很多话只有加上很多解释才能理解。常识就是不必说出来的东西，不必说出来的东西，就是大家可以不必怀疑，不必去想，这就叫"默契"。"默契"的意思就是心照不宣。心照不宣的那个意思，就是一个平台。这个"平台"就是"常识""基础""预设"。大家在这个同一的平台上就可以交流和讨论，而没有这个平台，那就成了"三岔口"摸黑打架，互相不是一个口径，不是一个语码，说也说不到一起，看上去乱吵，其实连吵都是莫名其妙的，好像一个用英文，一个用中文，一个用拉丁文，互相只看到张嘴，却不知道什么意思。

事实上，在文史研究中，有许多不加讨论的，好像是不言自明的常识，是有许多问题的。刚才我们讲，在90年代以前，大家心往一处想，劲往一处使，在一种共同的思想、感情、观念支持下，似乎根本不需要想这个"基础"是否合适，是否正确，大家觉得这是"常识"。可是，90年代后，这种同一性已经被瓦解了，所以大家都得去不断反省常识，可是，平常我们对常识总是"日用而不知"，不觉得它的存在，就好像空气无处不在，却最容易被忽略一样。打一个比方说，凭什么你会相信飞机那几十吨重的金属东西能在天上飞而不把你摔下来？你要讲清楚这点，需要懂得空气动力学，需要懂得各种各样学问，但我们大家都不必具有这种疑问，就是相信它可以飞起来，是安全的。于是在这点上，空气动力学之类的知识就是"常识"，谁也不去怀疑飞机会飞起来，在这个基础上，就可以讨论怎么坐飞机，坐哪一趟飞机。再比如说，很多人都有信用卡，可是，我要问你，你凭什么相信那张信用卡能把你的财富都搁在里面？那不过是一张卡嘛，就好像我们大家现在兜里揣的钞票就是纸嘛，你为什么相信那张纸呢？可是谁也不问，也觉得这是"常识"，要是倒退回去一两千年，鬼才会相信这些硬片片或纸片片呢。一样的呀，关于古代中国文史，很多知识也是有预设和前提的，而这些预设和前提，就是一些讨论的基础，过去，这些基础是不需要讨论的。

我们在历史研究的方面举三个小小的例子。

第一个，现在很多人都开始提出"走出疑古时代"，特别是李学勤先生，在 1992 年前后，在我们一些朋友的小型聚会上，他讲了这个题目。后来由北京大学的李零先生整理出来，发表在《中国文化》第七辑上面，这个说法影响很大。这个要走出的"疑古时代"是针对顾颉刚讲的。过去顾颉刚的《古史辨》，怀疑古代的很多文献的可靠性，它的预设是什么呢？就是凡未经证明的历史文献，可能都有问题。但是，现在来看，这种前提可能是有问题的，因为这好像法律上的"有罪推定"，先预设这些文献都不可靠，然后再一一甄别平反。可是，如果一时半会儿你找不到证人怎么办？你就只有坐班房下大牢，这些文献就被判定成"伪"。以前张心澂的《伪书通考》就把一大批书都算成了伪书。很长一段时间里面，这种"无证就伪"的有罪推定，就是我们对于历史文献的"常识"。大家看看张心澂编的《伪书通考》就知道了。可是，现在考古出土的资料证明，这里面冤假错案很多。可是，尽管是这样，现在要问的问题是，是不是换个方式就行了？既然"有罪推定"不行，那么咱们来"无罪推定"，凡不能证明它是假的，都算成是真的。如果这样一来，一大批可能有问题的家伙就纷纷逃出大牢，无数文献就都进入了历史，可能也有问题。以前历史学家们千辛万苦重新考证的历史文献，就要重新翻案，这可能也不对。就像美国那个著名的运动员兼演艺明星辛普森，大家觉得他明明杀了人，可是就是因为"无罪推定"的前提，没有百分之百的证据，就能让他逃脱惩罚。现在，因为这两个不同的基础，就产生了种种问题，究竟考据应当有什么样的基础？这显然还是很麻烦的事情。另外，我在文学研究方面再举一个很小的例子，像司空图的《二十四诗品》，是真还是假？如果它是晚唐司空图的，那么文学批评史和古典美学史就可以在9世纪至10世纪写上一笔，成为一个重要的"发展环节"。可是，我的一个朋友，复旦大学的陈尚君，很善于做文献考证的学者，就说它是假的，理由是什么呢？因为一直到元代、明代，也没有人引用过它，按照"有罪推定"，那它可能就是作假的。但是，也有人反驳，按照"无罪推定"，你拿不出证据证明它是元人、明人伪造，那它就是真的。这成了一大公案，你看，是不是讨论和考证的预设、前提、基础很重要？

第二个，最近有人再次提出元稹笔下的崔莺莺，可能是"酒家胡"。这个话题是从陈寅恪那里来的，不过他给陈先生的推测上面再加上推测，也没有更多新证据，这给报纸一宣传，就变成了一个大发现，说发现崔莺莺是"酒店外国女招待"，其实这个教授本来不是这个意思，怪不得他；但是，他也没有考虑陈先生当时研究的"前提"和"基础"。其实，陈寅恪的《元白诗笺证稿》里面，关于这一问题是一种大胆想象，并没有小心求证。我们来看一看，第一，陈寅恪提出莺莺虽然不是本人真名，但莺莺本人的名字一定是复字；第二，唐代复字为名的女子很多，比如"九九"，元稹诗里也有代九九；第三，"九九"二字古音和莺鸟鸣声相近，到这里，陈寅恪没有往下说，只是说，可能元稹会用这种名字来指他的情人，"惜未得确证，姑妄言之"；第四，在《附校补记》里面，又进一步推测，元稹诗里面有《曹十九舞绿钿》，是否"十九"会是"九九"之讹？第五，《北梦琐言》里面说到"大中至咸通年间"很多中书都是蕃人，其中有姓毕、白、曹、罗的，曹九九"殆出中亚种族"；第六，中亚人善于酿酒，故事发生的蒲州，唐代以前就是中亚胡人的聚集地，所以，可能崔莺莺就是"酒家胡"。大家看，从崔莺莺真有其人，到可能是"九九"，到"曹十九"可能是"曹九九"，姓曹的可能是胡人，到可能善于酿酒，因而是"酒家胡"，这里有多少猜测。可是，大家一定要记住，陈寅恪已经两次申明，他是"姑妄言之，读者傥亦姑妄听之"，所以我们不能指责这种猜测。但是，如果现在的学者要凿实这种推测，他有没有考虑过这种推测背后的"前提"或者说陈寅恪的"预设"呢？没有。为什么陈先生会做这样的推测？大家看陈寅恪的研究，很多都有一个倾向，就是中国文化史上，尤其是六朝隋唐，有很多东西是外面来的，比如《四声三问》讲汉语四声的分辨来自梵文，《唐代政治史述论稿》讲李唐皇室母系是胡种，等等。其实我觉得这一方面和陈寅恪的学科背景有关系，他对中国周边的民族、历史，对中外关系史，对来自异文明的文献比较熟悉，又有深刻的研究，所以常常会不自觉地往这方面想。另一方面可能和陈寅恪的文化观念有关，其实在文化上，他是世界主义者，所以并不忌讳说好东西来自外国异族。同时他又是民族主义者，所以强调要恪守民族文化本位，这种观念会影响甚至支配他的考证和判断。记得胡适和汤用彤谈话，胡适说他最不愿意说一切坏东西都是外面来的，汤用彤说他最不愿意说一切好东西都是外面来的。这两种学者的预设或前提，如果用到历史考证上面，会有什么结果呢？

第三个例子是关于思想史的，这是我自己的想法。我总觉得过去的思想史都过多地集中在精英和经典上面，从老子、孔子一路下来，可能有一些基础的判断。首先，是大家都认定，思想都是自上而下的，鲁迅当年就说，民众是以士大夫的思想为思想。其次，这些士大夫的思想都在经典文献里面，有文字资料可以研究。再次，这些思想真的在社会生活和政治制度中起着绝对的指导和支配的作用。所以当然思想史就应当写这些东西，你研究思想史，不必考虑，就是这么写就行了。但是如果我们对这一基础观念提出疑问：第一，经典里面真的是精英的全部思想吗？思想真的和制度一致吗？制度真的能够贯彻到生活世界里面起支配作用吗？社会日常生活的习惯和常识真的和这些精英和经典完全重合吗？恐怕不见得。第二，士大夫的思想和观念，不也是从一般教育中奠定基础的吗？他们一开始不也在乡村家族社会生活，在普通的私塾、书院里面读书吗？为什么一般社会生活和政治经验中的常识和观念，就不会对他们发生影响呢？他们的思想不也是为了回应这种普通的一般的社会生活吗？不成为制度、习惯、常识的思想能够影响和支配社会吗？第三，思想只在文献中间存在吗？难道其他的历史遗存中间没有思想的痕迹吗？如果你这样追问下去，原来思想史的"常识"就要动摇了，思想史可能需要重新写了。

三　基础的动摇与瓦解：以国家、传统、现代为例

这当然还只是具体的历史研究和文献考证上的例子。其实，近来在研究文学、历史的根本观念上，更有很多我们平常不去考

虑的基础和前提，发生了动摇甚至瓦解。对于中国古代文明和现代文化的研究中的这许多基础，过去我们并不怀疑，比如：首先，对于古代中国文明的整体估价和感觉，大家过去会强调它的连续性、内在超越的追求，可是现在不太对头了；其次，对于古代中国传统的伦理道德，比如强调礼乐制度和习惯的特点，"五四"前后对这一特点的批判和评价，大多是负面的，现在呢？也不同了。再次，对于民族国家的确定性和正当性，也有问题了，比如，研究历史以"中国"作为当然的空间，可是现在也有问题了；第四，比如向着现代化方向的历史路向，五个社会阶段论也好，中国与西方的冲击-回应也好、新民主主义论也好，可是现在都有人质疑，如此等等，现在许多东西都有了疑问，这些疑问不仅很多，而且很严厉。

我们以"国家""传统"和"现代"为例。

——如"国家"。我们过去是认为天经地义的认同对象，但是"国家"这种历史性的政治共同体，本身是天经地义的吗？比如"中国"，它是否和中华民族、中国文化能这么重叠，好像是民族和文化的代名词吗？国家的统一性，常常是在文化的多元性中，被历史种种因素建构起来的，它有时会强制性地把多元的文化压扁呀，你看，像前南斯拉夫中的阿族、塞族、克族、东正教徒、穆斯林被混在一起，那么"南斯拉夫"是个什么样的"国家"？所以接下来的问题是，那种不加分别的"爱国"是否就天经地义合理？所以，现在开始就有安德森（Benedict Anderson）这样的思想家，说国家只是被语言建构起来的"想象的共同体"，他曾经说，那种对"祖国"的忠诚和热爱，其实常常只是被后来的爱国歌曲、政治宣传、历史传说等建构起来的。他问，那些互不相识的人，怎么能够互相认同为一个民族国家？那么，中国呢？所谓炎黄子孙呢？台湾有一个沈松侨，就讨论到所谓"黄帝子孙"的说法。他说,其实黄帝的传说盛行,和晚清民国初年的民族国家认同有很大关系,并不是大家原先就共同认同是黄帝子孙,而是在那个民族国家建构过程中,需要一个共同认可的象征,才在那时极力塑造一个共同先祖,所以,当时的国民党也好、延安边区也好,都会祭祀它,以它作为民族动员的象征力量。所以,我们过去常常不假思索地说"中国"这个词,可是,你要小心,怎么理解先秦时代除了中原之外的各个蛮、夷、戎、狄的存在?在宋代你怎么评价和同样是"中国人"的金元打得不可开交的岳飞和文天祥?你看石介写《中国论》,那个时候有中国的空间、民族、敌我观念了,可是,为什么那个时候要论"中国",而以前不需要讨论呢?或者说,石介心里面的"中国"是我们现在所说的"中国"吗?

——又比如"传统"。过去我们习惯了把它和"历史"连在一起,使它看上去好像真的是一点一点由古代而来的,是沿着时间这个线索一层一层积累起来的,有实在内容的东西。所以李泽厚提出"积淀说",大家都觉得很对,传统就好像背后长长的影子,抛不开,扯不散,如影随形。但是,现在的一种说法说,它并不是一个"历史",而是一个"现实",它只是被后来的人的语言、愿望、观念加上现实的需要,在历史中间寻找资源,一点一点建构起来的东西。像王充的思想,在东汉后期蔡邕那里,还是"秘籍"呢,后来在种种解释下面,才成了"汉代思想传统",进了思想史;像黄宗羲的民主思想,它就是在晚清重新发掘历史的时候,被发掘出来的"新传统",因为黄的书很长时间没有人读,怎么积淀成为传统?而他的民主思想也是在现代西方民主思想的解释,比如孟德斯鸠的比照中间,才被认识意义的嘛。所以在现在,"传统"有时不再有一个不证自明的实在性和历史性,今天的人不必觉得它和历史一样与生俱来。

——又比如说"现代"。我们知道，现代包括韦伯所谓的发展出现代资本主义精神的理性，包括可以实现进步、满足人们生活需要的科学，包括保证人类精神的自由，包括维持社会秩序的民主，都可以归纳到所谓"现代性"中，它和"启蒙"有关系，它的核心理念包含了理性、科学、进步、自由、普遍主义、个人主义、世俗主义等等。根据现代人的总结，第一是地方性让位于全球的普世性；第二是功利的计算取代了感情与神圣的崇拜；第三是政治和社会单位不再是宗族、家庭，而是个人；第四是人和人的关系不由出身、阶层，而是由现实的选择；第五是人定胜天取代了天人合一。所以，近代西方的启蒙，主要就是"除魅"，就是以理性怀疑的精神、科学实证的精神、个人和自由的精神，来反对宗教信仰和神圣崇拜，解除过去对于地方、家族、神圣、阶层的认同和迷信。过去大家都觉得，这是人类共同追求的，近一百年的中国历史，就是在这一框架中间被认识的。可"现代性"这个东西，现在，却有很多人在质疑和批判，不仅仅是一些后现代主义的学者，对全能的现代性很怀疑；包括一些很拥护现代化过程的人，也对这种"未完成的现代性"中一些问题很有警惕。所以，很多我们过去并不认为需要反省的东西，90年代后开始需要重新检讨和反省。

因为，这些常识的变化，涉及历史上的很多具体问题研究，比如说——

第一个，是你怎么认识近代中国的历史？我们过去是按照《新民主主义论》的说法，从1840年鸦片战争起，由于西方的入侵，中国进入了半殖民地半封建社会，所以从鸦片战争、太平天国、洋务运动、甲午战争、戊戌变法，到辛亥革命、五四运动、国共合作，都在这一判断基础上叙述，由于中国是半殖民地半封建社会，所以反帝反封建，就成了一条主线，但是这是否就是一个唯一的历史解释呢？现在有人按照现代性批判的理论，按照权力与话语的理论，按照世界体系的理论，这么一分析，近代中国的历史线索的评价和叙述好像就不同了。

  第二个，是现代化与中国的社会组织。宗族的存在究竟有多大，它对民间社会的控制是否那么厉害，过去我们按照儒家经典的记载，总会觉得中国古代社会里面，王权、神权、族权、夫权，都很厉害的，以前毛主席好像都说过，四条绳索嘛。在中国，民间社会家族就是基础组织，包括西洋人也是这么说的，认为"皇权不下县"也就是古代中国的国家控制不下到县以下，宗族仿佛国家与民众之间的社会，由士绅和宗族领袖形成中间层，它们构成国家与民众之间的过渡层，有时也成为对现代化经营的阻碍。但是，现在重新有人提出，古代中国，国家控制编户齐民的能力是渗透到基层的。秦晖有一次到我这里来聊，他说从长沙走马楼吴简可以看出，那个时候国家或者政府对于民众的管理已经很直接很细了，哪里有什么中间层？这个结论很大，因为这涉及妨碍中国进入现代社会的主要力量，究竟包括不包括"宗族"这样一个大问题，因为中国社会和历史上的"宗族"是很重要的。

  第三个，是中国古代国家的对外关系，古代中国到近代中国的国际关系准则，是合理的平等的，还是傲慢的俯视的？比如，近代中国的衰落，到底是清帝国的傲慢和自大，还是西方列强的野蛮和无理？是中国促进了西方的进步发达，还是西方冲击着中国使它开化？西洋人进入中国的时候，中国对他们的傲慢态度是妨碍了中国融入世界，还是当时反殖民主义的一个必要坚持？这涉及一个如何评价西方冲击和中国回应的问题，也涉及如何看待近代进步观念、殖民主义、东西交流等的大问题。后面我们要说到的后现代历史学著作，就会对这一问题提出另一种解读。

  第四个，是"五四"反传统的问题，到底"五四"是否真的是反"传统",并且造成传统的断裂?还是"五四"本身就是一个来自古代中国的"传统"?或者还是"五四"只是构造了一个作为"箭垛"和"敌人"的传统,然后通过批判取得合法性,宣告从传统到现代的转变,结果传统并没有消失?

四　文化史和思想史研究中的实例

也许讲了这么久,还没有进入我们自己的专业。以前说秀才买驴,写契约写了三张纸,还没有写到"驴"字。我们也有些这样,可能圈子兜得太大了,背景讲得太多了,所以我们现在"书归正传"。

我们现在以具体的文化史和思想史研究领域为例。比如我们常说中国是五千年文明古国,那么,什么是文明?中国的文明观念和文明制度是怎样建立起来的?我们中国尤其是汉族人是否一直就很文明?现在我们渐渐开始知道,许多现代人认为不文明的东西,在古代其实是没有这种不文明的感觉的;而古代一些很正当很文明的东西,后来却变得越来越不合理了,可见所谓合理的、文明的、那些"理"、那些"文明",是后设的,其实,古代人并没有现代文明的这些观念。可我们过去研究文史的人却以为,过去的中国人就是文明的,也是像我们这样理解文明的,从不反省这种关于文明的观念和规则可能是历史建构的。

举一个例子。比如通常历史书都告诉我们,中国古代人的道德理性很强,宗教观念比较淡漠,不会有特别的极端的宗教狂热如残人或自残之类,很多书上都引用孔子"伤人乎,不问马""仁者爱人"来证明这种"文明"。但据学者们的研究,并不是这样的。在以后的课上我会介绍一个法国很有名的学者葛兰言,他就曾经在《古代中国的跳舞与歌谣》中讨论鲁定公十年的夹谷之会。他追问:为什么在齐鲁盟会上,孔子要下令斩优倡侏儒?为什么杀戮了以后还要将他们"首足异门而出"?这种习惯怎么后来就没有了？而且到了宋明以后，儒家学者也好，考据学家也好，都有意无意地忽略这个在《穀梁传》《史记》里面记得清清楚楚的事情？这是因为，过去儒家有一个共识：孔子是圣人，圣人不会做错事，乱杀人，更不会那么不文明地杀人。这里对圣人的权威的信任就是一个常识。照说《穀梁传》也是经典，它记了孔子杀人，为什么后来的人不相信？因为对"圣人"的常识更大，基础更深。所以，这就不能信。你看，这常识作为前提和基础厉害不厉害？其实，因为有了这些常识和观念作基础，写历史的时候，才常常会"省略"很多事情，这就逼得我们要像鲁迅《狂人日记》里说的那样，在字里行间去发现历史中被删减了的东西。

再比如宗教的狂热。一般宗教史都说外国宗教或者未开化地区的宗教信仰有很残酷的自虐，有不雅观的性仪式，可是，我们仔细看，就会看到中国也不例外，北京有一个年轻学者雷闻，曾经写文章说到，古代北方游牧民族那里传来了"割耳劐面"和"刺心剖腹"的风俗，但是在隋唐的时候也被汉族人接受了，这能够说明古代人并不是那么爱惜身体，也曾经有过自虐的风俗的，对于幻想的信仰有时候比对于身体的理性更有力量呀。另外，杨联陞先生很早就写过文章，说到早期道教中就有一些很残酷的仪式，就是"涂炭斋"呀。道教徒在这种仪式里面，要把自己的头发捆起来，再用黄泥涂脸，涂过后，就不断拍打胸口，叫作"拍打使熟"，而且时间不是一天两天，是七天，冰天雪地也罢，下雨刮风也罢。这样的东西好像我们过去的文明史中并不讲，好像古代中国自从儒家一统以来，一直是很文明的；又比如传统的观念都认为，古代中国人对男女之间的性行为、对于异性的身体是有禁忌的，然而据我了解，在中国南北朝时，即公元4世纪到5世纪前后，居然还有当着公众的面以男女性行为为中心的仪式，道教中称之为"过度仪"，如果这些仪式可以公开进行，我们反过来想是否那时人对异性的身体和性行为的观念并没有像我们过去想的那么严厉？过去对中国文化史和宗教史的那些判断以及观念，好像不那么可信嘛。

我们现在受到一些现代观念的影响，对"文明"总有一些固定看法，这些看法虽然是后来形成的，但是，它会影响我们对历史的想象和判断。其实，文明并不是一个固定的观念，什么是文明，各个时代可能不一样。我们以死人的埋葬为例。唐代以来，受佛教影响行火葬，这在现在看来不是很文明吗？一直到宋代，大家看《水浒传》，它虽然是小说，不过也有一些历史的影子。比如里面武大郎含怨死后，是火葬的，所以才可以从里面偷拿一根骨头出来嘛，虽然小说是后来写的，但还是反映了宋代的风俗。宋代初期，看来火葬很流行，所以《东都事略》记载，建隆三年皇帝只好下诏，"近代以来，遵用夷法，率多火葬"，为了"厚人伦而一风化"，所以要禁止火葬，在整个宋代，这都是"文明"和"野蛮"的冲突，特别讲究文明的理学家，大力反对火葬，大家可以看柳诒徵1929年写的《火葬考》，因为在他们看来，文明是"身体发肤，受之父母"，不能够随意乱烧。那么，这种土葬是否是文明呢？其实也未必然，只是古代人相信人一死不能复活，即使可以复活，也需要有肉体的基础，所以有饭含或玉含、有金缕玉衣、有高水准的尸体防腐技术，有重重棺椁，保存尸体的意义本来未必是尊重父母身体，但是被解释出来这层意思以后，就被赋予了"文明"的意思。大家再看，清人入关前后，像努尔哈赤、皇太极、多尔衮就都是火葬的，尹德文就写了一篇《清太宗皇太极火葬考略》，发表在《故宫博物院院刊》1985年1期上，但是，这是女真旧俗，是蛮夷的习惯，到了满族人稍微一"文明"起来，他就又对这件事情讳莫如深了，连《实录》《会典》都不说这件事了，雍正皇帝还解释一番，说是战争时期，迁徙无常，不得已。可是，到现在，西风东渐以后，火葬又成了"文明"。所以，有时候我们对于"文明"要重新看待，对于文明史也要重新认识。我们现在总是相信，许多古代人是生活在儒家文明理念影响下的，但事实上，若回到原始资料重新了解，会发现事实不都是这样的。现在我们知道的历史，其实是历史告诉我们的，经过层层的过滤和筛选以后，历史把它想告诉我们的告诉了我们，却把另一些东西遮蔽起来。

于是，近几年很多人开始重新考虑古代文明的一些现象，也在重新考虑一些关于古代中国文明的评价。这些，实际上对我们的文明史提出了一些严厉的挑战。这是一个大的变化。所以，90年代后出现开始重新检讨古代思想、文明以及哲学的历史，对大家习以为常的那套文学史、思想史和哲学史都开始了重新检讨，这些检讨主要是针对过去观念世界中的共识或前提，认为这些被当做常识或基础的东西不一定对，这就是"重写（文学、思想、哲学、艺术）历史"，这是90年代后整体的社会变化和观念变革所带来的，是一个巨大的变化。

五　文史领域：关注重心与使用资料的变化

正是因为有这样的变化，刺激了历史学的第二个大转向，就是文史领域中关注重心的移动。90年代后，研究者的注意力变了，从过去传统的领域挪开，开始稍稍从中心转向边缘，从主流转向支流，从经典转向世俗；从研究的对象来说，从重点研究国家、精英、经典思想，转向同时研究民众、生活、一般观念；从研究的空间来说，从重点研究中央、国家、都市，转向兼顾研究区域、边地、交叉部位。这好像连锁反应一样，再接下去，就引起了研究资料的变化。随着研究领域的拓展，过去习惯的资料就不够用了。过去历史研究者在资料上习惯于用普通的传世文献，它们固然很重要，但那主要是精英和经典，是传统的思想史和文化史的做法。可是，现在研究领域扩大了，你就需要关注其他资料，因为这些"其他资料"在研究中现在用得还不太多，尤其我们研究文学史、思想史、哲学史的人。比如考古发现中的各种简帛、田野调查中关于各种信仰仪式习俗的资料、边缘文献比如历书、类书、蒙书，甚至包括目录书、诗歌戏曲、工艺技术、天文地理，特别是图像资料。

  大家都知道，20世纪初，当文学史、历史、哲学史作为学科建立以来，尽管许多人提出来种种看法，比如梁启超在关于"新史学"的文章和关于"中国历史研究法"的著作中，对传统史学提出的质疑，说它们是帝王将相的历史，但无论如何，很长时间里面，研究者的主要思路和目光都集中在精英和经典层面上，在不断的叙述中，文学史、思想史、哲学史、历史逐渐建立起一整套图像，通过教科书，不断复制，大家都在这里面生活，于是习惯了这一套，这种图像让我们都觉得，历史就是这样。但是大家都忘了一点，一个人看东西时最看不到的是自己的视网膜，就像我们看电视时，常常忘记镜头的存在。事实上，那个图像是被镜头和观察者的眼睛一起重新构造的，可是，我们后人看历史，就以为这些叙述、这些记录、这些描述就是历史，于是历史就会变形。我常常要讲这样一个想象：一个人要是再活一百年的话，他回过头来会看到自己现在所经历的生活，和一百年后学者们写的20世纪90年代、21世纪头十年的历史会很不一样，写下来的历史和他亲身经历的生活是两回事，所以实际上，我们现在如果想较真切地描述我们经历的历史尤其是社会生活史，与其用《新闻联播》一二三条，用大报的社论和新闻，用中央红头文件，还不如多用一些其他东西。如果要描述现在我们生活的这个时代的心情的话，与其用大报的社论、政府的文件、精英的著作、学者的论文，还不如用现代流行的电视剧、所谓美女小说、广告、流行歌曲排行榜、政治笑话、俗谣谚、街头报摊、网络帖子这些看上去不起眼的东西，重建社会的场景，更接近生活的实际心情。1997年美国的非文学类普利策奖给了一个叫约翰·道尔（J. W. Dower）的人，他的获奖著作叫《接受失败》（*Embracing Defeat*），研究"二战"以后的日本社会生活和历史，用的很多材料就是这一类东西，它的真正重心是在讨论一个时代民众的"心情"和"感觉"。正因为如此，我们现在的学术界开始有人关注一些其他的东西。90年代以后，无论大陆还是台湾，学术界都出现了对社会生活史、一般思想史、大众文化史等的关注。这才真正地改变了过去以政治、经济、军事为中心的历史，你总是以政治、经济、军事为中心，当然就只能围绕着"帝王将相"写历史，可是你把地理环境、社会生活、大众观念当做历史的中心，当然领域、视野和资料都变化了。

关于新的关注重心和新的资料范围的变化，这两方面，我们这门课，还需要专门讲几次。所以，这里只是蜻蜓点水一样地说一说，以后再仔细谈。我想，这种研究取向的转变肯定受到年鉴学派的影响，但是要说明一点，法国和中国之间，稍稍有一些时间差。从前，年鉴学派提倡"从阁楼到地窖"，将历史研究重心从上层政治转向下层生活，现在欧洲人已经又从"地窖转向阁楼"。但是在中国，因为过去过分将研究注意力集中在经典与精英的层面上，所以现在海峡两岸都开始往一般的、边缘的，但是又是普遍的影响很广的方向转化，今后是否也会从地窖转向阁楼，我不是很清楚。不过，就现在看，目前的这一转化的好处就是研究范围较过去的空间、范围、视野和资料都大了很多。

六　小结

以上，我说到了基本预设的重新检讨和反思，研究领域的重心转移和研究资料的范围扩大,这就是我体会到的近年来中国学术界尤其是文史领域的一些重要变化。这里的逻辑很简单,新的研究观念和思路的出现,一定会拓展新的研究领域和视野,新的领域和视野,又一定需要新的文献和资料,这是很自然的,只要稍有敏感的学者,在最近十年的文史学界都可以看到这种潜在的变化。我自己在做思想史研究的时候,也正是在努力追踪和适应这种变化的趋势,这种变化趋势虽然并不普遍和明显,也未必能够成为主流,但我始终认为是很重要的。

这就是我们这个课的开场白,以后我们要一点一点仔细讨论。

【建议阅读文献】

葛兆光《思想史的写法》,复旦大学出版社,上海,2004。

史华兹(Benjamin Schwartz)《关于中国思想史的若干初步考察》,张永堂译,载《中国思想与制度论集》,联经出版事业公司,台北,1976。

丸山真男《关于思想史的思考方法——类型、范围、对象》,载丸山真男《福泽谕吉与日本近代化》,区建英译,学林出版社,上海,1992。

余英时《清代思想史的一个新解释》,载余英时《历史与思想》,联经出版事业公司,台北,1976,1992。

余英时《我与中国思想史研究》,载《思想》(台北:联经出版事业公司)第八辑。

李弘祺《试论思想史的历史研究》,载韦政通编《中国思想史方法论文选集》,大林出版社,台北,1981。

黄俊杰《思想史方法论的两个侧面》,载黄俊杰编《史学方法论丛》,学生书局,台北,1987。

黄进兴《蜕变中的思想史——一个史学观点的考察》,载《中国学术》(北京:商务印书馆)二十九辑。2011。

第一讲　法国年鉴学派及其对中国的影响

前一次课上，我们已经提到了法国年鉴学派，这一次，我们就具体来讨论年鉴学派的意义。

这一讲之所以选用"年鉴学派及其对中国的影响"这样一个题目，我有两点要先说明。第一，我不是做历史学理论研究的，更重视理论怎样可以拿来在历史研究中使用，所以在这一讲里，具体地说，就是看看法国年鉴学派的理论，能怎么样应用在我们的历史研究特别是文化史、思想史研究中，这是我想要讨论的问题。第二，用"对中国的影响"这个说法，不一定很准确，实际上，法国年鉴学派现在对中国，尤其是中国大陆，有一些影响，但影响还不是很大。之所以用这个讲法，更侧重在讨论，它在将来可能会发生什么样的影响。现在中国学术界，尤其是历史学界，出现了新的趋向，虽然还只是在萌芽中，动静并不是很大，但在今天的这一讲里，我会时时提到中国学界研究的动向和情况。

1900年，美国的鲁宾逊（J. H. Robinson）出版了一本书，名叫《新史学》，这本书后来曾被做过暨南大学校长的何炳松——这是一个很有意思的学者——他在1924年把这本书翻译成中文，产生过不小的影响。差不多同时，在中国人这里，1902年梁启超也写了一本《新史学》，他的主要目的，是打破帝王将相为中心的旧史学，提倡民族主义的新史学。这两本书都叫"新"的史学，叫

"新",就意味着过去的是"旧",但是,新、旧不会一成不变,时间一长,新的还是会变成旧的。最近,就是 2002 年夏天,国内也开了一个会议,名为"中国需要什么样的新史学",这样看来,无论是鲁宾逊的还是梁启超的《新史学》,都已经变"旧"了,不然现在怎么会特意地提出来,"中国需要什么样的新史学"呢?

那么,你也许会问,真正的"新史学"是不是现在已经开始出现了呢?也许,目前还不见得。不过,看看海峡两岸,倒也有一些新的动向。1990 年,台湾创办了一个杂志,名字也叫《新史学》,至今已经十四年了,出版了十四卷,每卷有四期。它的发刊词中明确承认他们是受到注重经济、社会和心态文化研究的年鉴学派的影响。发刊词中说,20 世纪只剩下最后十年,新的世界秩序正在酝酿之中,大凡这种时代,都会有新的历史学出现。那么,到底这个"新"是新在哪里?大家可以注意,杂志里有很多专号,比如关于社会医疗史的研究,身体史的研究等等,还有中国妇女史专号,不过这里的妇女史跟过去相比,有很强的女性批评的思路在里面,就像大家所知道的,女性史是近二十年发展起来的一种新的西方的视角和理论。还有性史专号,有关性的研究虽然很早就有,如弗洛伊德、金赛等等,但在历史学里面,真正受到强烈启发的是福柯以后,福柯(Michel Foucault)的《性意识史》出版后,才形成了新的性史研究的视角。此外,还有宗教史、疾病、医疗文化专号,比如,有一篇论文讲到钩端螺旋体病在宋代如何蔓延,有的论文还讨论到疾病如何改变了这个地方的人口结构,改变生产和种植的习惯。这样的研究过去很少,乍一看觉得很新。大家要注意,这个杂志几乎囊括了台湾中生代史学家中最有影响的学者,而经过十来年,现在,这些"新史学"的学者已经是台湾最有影响的学术群体了。

回过头来看看大陆,近些年也开始逐渐注重社会生活史、都市史、地理环境史、科技史的研究等等。比如中山大学的陈春声和刘志伟，他们和美国学者萧凤霞一起做的人类学和历史学结合的乡村史研究，厦门大学的郑振满和加拿大学者丁荷生一起做的田野调查与历史研究，都是试图把人类学和历史学结合起来。另外，南开大学建立了中国社会史研究中心，出版了《中国社会与历史评论》集刊，提倡社会史，显然主要针对的是政治史为中心的史学研究。又比如，社科院历史研究所有一个社会史研究室，出版了断代的若干册社会生活史，在资料方面也做得不错。很多学者都开始了这方面的个人研究。天津师范大学也在做有关"经济社会史"的研究，还出版了一些论著，还有的年轻学者，也开始了医疗、疾病的社会生活史研究，像人民大学的杨念群、南开大学的余新忠等等。就以我周围的熟人来说，北京师范大学的赵世瑜一直在进行社会史的研究，像明清的庙会和社火之类，清华大学的李伯重也做过关于宋代节育观念和经济史的关系研究，科学院自然科学史研究所的韩琦研究科技和社会互动关系，前一段时间，我看到连一直搞敦煌吐鲁番文书和中外交通史的北大的荣新江也做了关于壁画中所见女扮男装图像的研究，很有些现在流行的性别研究的意思。这样的研究开始受到重视以后，逐渐把历史学研究的中心从传统的政治、经济、军事、人物、事件挪向了边缘的、生活的、社会的东西，这就使得历史学有了一点新的变化。

　　当然，这些变化是受到欧美学术界变化的影响的。欧洲历史学界的变化比较早，但整体的转变，尤其是美国的转变，还是在50年代末以后，比如50年代末开始了对巫术、异端、通俗文学的研究，很引人注目。大家都知道，通俗文学研究在中国一般是在文学系，实际上，对通俗文学最好的研究往往是在历史学领域里面。到了六七十年代，美国的历史学界就和欧洲一样，也开始重视边缘人，而不是处在政治经济中心的那些人物，开始重视小老百姓的日常生活。八九十年代，历史学界更注重对大众文化、传媒的制作、日常生活这些与民众密切相关的问题的研究，显示出东西方同样的一些变化。而这个变化，简单地说，实际都受法国年鉴学派的影响。

所以我们第一个问题就要说，什么是年鉴学派，法国年鉴学派的来龙去脉如何？

一　年鉴学派的来龙去脉

1929 年，法国创刊出版了一个刊物，名为《经济与社会史年鉴》(Annales d'histoire éconmique et sociale)。杂志集中了一批有共同追求和倾向的人，这批人代表一个大致相同的历史学倾向，其中包括费弗尔（一译费夫贺，Lucien Febvre，1878—1956）、布洛克（一译布洛赫，Marc Bloch，1886—1944）、布罗代尔（一译布劳岱，Fernand Braudel，1902—1985）以及后来的杜比（一译迪比，Georges Duby）、勒高夫（Jacques Le Goff）和勒华拉杜里（Emmanuel Le Roy Ladurie）等历史学家。这个刊物在 1939 年至 1942 年和在 1945 年，曾经改名为《社会史年鉴》，1942 年至 1944 年，改名为《社会史论丛》，1946 年直到现在，都名为《年鉴：经济、社会、文明》。这就是年鉴学派得名的原因。

年鉴学派大体可以分成三个阶段。

第一阶段，从 20 世纪 20 年代末创办杂志，直至 1945 年第二次世界大战结束。这一阶段可以看成是年鉴学派对旧史学的挑战时代，他们的主要工作和口号，是对传统的政治史为中心的历史学传统进行挑战，用后来人的话来描述，叫做"从阁楼到地窖"，就是把研究重心从上层的、中心的、精英的政治史、经济史、大事件、大人物，转到社会生活、环境、经济这些看起来很形而下的、普通的东西。

第二阶段是从第二次世界大战结束，到20世纪60年代革命的时期，也就是1968年前后，这个时期是年鉴学派最辉煌而且是形成学派的时期。以布罗代尔为中心，团结了一批非常出色的学者，形成了自己的学派和理论。这个阶段还在实践第一阶段的思路，但特征很明确，大规模描述环境，包括地理、植被、食品等生活的各个方面。

第三个阶段大体从1968年开始，是年鉴学派的分化、变异与回归时代。各位都会知道，1968年对于西方的重要意义在于，此时西方大规模出现左派风潮，仿佛是西方现代里程碑的一个分水岭。尤其在法国，法国红卫兵运动席卷了整个欧洲，影响巨大。我想，1968年之于欧洲，仿佛1989年之于中国。此后，年鉴学派重心逐渐从社会经济转向社会文化，又出现了一个趋势，叫"从地窖到阁楼"，这是第三阶段。目前，心理史、心态史，包括精神史这些研究角度在那里仍然很流行。

对于中国文史学界来说，年鉴学派发生最大影响的东西，还是第一阶段的那些理论与方法。因为那个时代的他们，实际上跟现在的我们一样，面对着相同的非常艰难的历史学的境遇。20世纪20年代，费弗尔、布洛克、布罗代尔这些人，面对的是非常强大的西方传统的以兰克（Leopold von Ranke）为代表的历史学。大家知道，兰克的历史学既是近代的历史学，又是笼罩了很长时间的传统历史学的延续。它的特征是什么呢？第一，基本是以政治史为中心，以档案文献，特别是官方的档案文献为主要资料。第二，方法标榜科学、客观并且专业。这种历史学奠定了近现代西方史学的大的框架，即使在1900年鲁宾逊的《新史学》中，也没有受到根本的挑战。第三，在这种可以说是体现了现代性的历史学中，历史学的意义集中在近代和现代民族国家的形成，围绕这一点做历史学的追根溯源，来论证民族国家在古代的历史和在近代的合理性和合法性。20年代，西方历史学整个被这种风气所笼罩，当时许多权威的学术刊物，如欧洲的《史学杂志》《史学评论》《英国史学评论》等，基本上都被主流历史学家控制，历史学围绕民族国家的历史进行论证，历史学也越来越向专业化发展。

很自然地，在那个风气下，历史学一直热衷于讨论政治人物和政治事件，在民族国家的建构过程中，政治人物和政治事件本来就很容易引起重视。尽管近代西方也有另外一些视野开阔的大历史作品，如伏尔泰的《风俗论》、吉本《罗马帝国衰亡史》、布克哈特《意大利文艺复兴时期的文化》，还有米歇莱提倡的"民众史"、马克思提倡的"经济史观"等等。但在历史学的实际操作上，这些都不占优势，占优势的还是以政治史为中心的、以严格的档案文献为历史资料的、用科学的专业的严格的方法来鉴定、组织和编纂历史。大家要注意，这种历史学与中国传统的历史学、与现代的历史学都很吻合。传统中国的二十四史里面，就都是大的政治事件和政治人物，虽然它不是论证民族国家的合法性，但是也是论证王朝更替的合法性。尽管我们说，到了近代，西方科学主义的历史学影响中国很深，而且马克思主义历史学在中国大陆取代了旧的史学，但整个20世纪我们的史学还是政治、经济、军事为中心的历史，在这一点上和传统的旧史学没有大的差别。你们去看，影响最大的范文澜的《中国通史简编》、郭沫若主编的《中国通史》、翦伯赞的《中国史纲要》，基本都是这种框架。

这一历史学处境，使年鉴学派的历史学家当时面临的重大的压力，许多重要的杂志都掌握在那些主流历史学家手里。杂志对学术界来说，是非常可怕的控制系统，如果一个杂志具有某种倾向，它又是权威的杂志，有时令人很难抗拒。杂志的作用很大，在中国学术界，90年代一个大的变化，就和杂志有关，那时，在民间学术集刊的冲击下，原来的权威刊物和官方核心刊物渐渐起不了学术主导作用，很多地方都办民办刊物，以书代刊。比如王元化编的《学术集林》，王守常、陈平原、汪晖等人编的《学人》，刘梦溪主编的《中国文化》，还有更年轻一代学者编的《原学》《原道》等，这些都不是传统体制内的正式刊物，但是它们在逐渐瓦解官方刊物的导向和倾向。我们现在看到，年鉴学派当时面临的也是这样一个状况，老牌的、最有名的、被认为是权威的刊物如《史学杂志》《史学评论》和其他的历史学学术刊物等都在传统历史学派控制之下，于是《年鉴》杂志开始成为瓦解和打破过去旧的学术笼罩的一个重要契机。

二 年鉴学派的主要倾向及对中国史学的启发

现在我们来看年鉴学派的研究取向，特别是要讨论一下，它的研究取向对中国历史学界可能产生什么启迪。

第一个方面，年鉴学派扩大了历史学的视野。

我们知道，传统历史学的目的，首先，就是在于惩戒和奖励，历史常常被当做道德教育和政治经验，古希腊、古罗马也好，古代中国也好，历史往往被当做教训和经验。像中国古代对于历史学的作用有很多说法，比如美刺、比如讽喻、比如资治等等，都是写出历史的经验教训，让皇帝、政治家看，懂得怎样建立政治秩序，让民众看，知道什么是善恶。其次，是在于从现在看过去，为现在的民族、国家、政府、制度寻找历史和传统的依据，所以历史总是和政治、政权、意识形态联系起来的。兰克一系的历史学著作，主要讲的就是政治、军事、大事件，这种历史里面当然是以皇帝、将军、贵族、精英为中心的。尽管在中国，像梁启超很早就抨击"帝王将相"的历史学，但是，这种理论批评，因为还找不到一个很好的另类思路和写法，所以只是纸上谈兵，那些日常生活、普通民众、常识习惯，按照旧路子，写不进通史或历史教科书一类的历史著作呀，所以无论中外，在很长时间里面，都没有根本改变历史学的重心。但是，年鉴学派把历史看成综合过程，要写出全景的历史（total history）。描述全景历史就需要扩大历史的视野。正是因为如此，年鉴学派很重视过去历史并不注意的很多问题，下面就谈几个方面。

第一方面是地理变迁。

年鉴学派的历史学家们很重视对地理的研究，过去地理学研究地名变化、历史沿革、物产风俗等，比如古代中国到近代中国，历史地理学研究的，主要是关于山川走向、地名和政区的沿革、人口的迁徙和增减、物产和风俗、军事比如关隘和道路等，以前的名著像《水经注》《肇域志》《广志绎》《天下郡国利病书》《读史方舆纪要》，一直到民国时期的《史地学报》《禹贡》杂志，都是这样的。而年鉴学派把"地理"的范围放大到了"环境"，而且真正涉及了有"人"的历史。我们举一个例子，有一个关于港口的研究说，在五六百年前，这里曾发生大规模的淤塞，而淤塞造成地貌的变迁，这使得善于航海、靠码头和航海为业，侧重商业的原居民只好迁出，又有另外一批人迁入，原来的人向北迁移，到另一个沿海地区，而新来的一支从东边迁徙到此地，以农业生产为生，与原来居民不同。人口迁徙会导致地区结构功能和产业变化以及其他问题，原来的居住民与新来的居住民宗教信仰不同，发生了矛盾，于是该地区的历史变得非常复杂。很显然，如果仅仅讨论地理环境的问题会很简单，但按年鉴学派全景历史的看法，在讨论港口淤塞的时候，已经考虑淤塞所带来的历史上各种因素的变迁。费弗尔有一本书叫《菲利普二世和弗朗兹孔泰地区》，在讨论了区域的叛乱和政治的专制、各个阶层的冲突，同时也讨论朝圣的话题，他从朝圣的途径讨论到河流变化，由此引起朝圣路线的变化，而路线的变化会引起沿路政治宗教的变化。

众所周知，在交通要道上的区域，经济会发展，交通若堵塞或衰落，地区的经济和文化可能会衰退。按这种思路和方法，如果我们研究扬州，就要考虑到运河，考虑到淮盐，公盐和私盐都要通过运河来贩运，所以，扬州有一段时间富甲天下。到这里是否就结束了呢？没有，要进一步考虑，盐商富起来，消费增加，又会引起生活方式的变化，城市的功能也由物资集散生产转为消费。消费功能滋长，经济发达，商业繁荣，又引起文化的变化，私盐贩子和公家盐官很有钱，养很多幕僚清客。清代许多学者都是在盐商的庇护之下在扬州从事学术研究。如乾嘉学派诸多人都是如此，富人、文人增多，需要修建图书馆，收藏图书。这一系列的变化就不止是地理，从地理延伸到生活、到政治、到文化，用年鉴学派的方法研究，这都是历史问题。

第二个方面是身体、健康、医疗。

关于身体史与医疗史，是年鉴学派很突出的、表现其全景历史的一个重要方面。一个例子，是布洛克著的《国王神迹》，这本书被西方人认为是 20 世纪最杰出的历史著作之一。它讨论的是早期欧洲流行的一个观念，特别是路易十四的时代，相传国王有一种功能，通过触摸可以治愈患者的皮肤病。这看起来是很奇怪的小事，但他讨论的是人们当时怎么会产生这种集体幻想，这种集体幻想怎样被建立起来。本来国王不能治病，但是被建构成可以治病，大家都相信国王能治病，国王好像真的能治病，形成了非常奇怪的连锁关系。这个问题深入讨论下去，问题就深刻起来了，为什么？因为当国王获得这种治病的神奇力量的当时，世俗的皇权恰恰处在与神权相对抗，要逐渐建立国王权力的时代，可是，这种突出国王神迹的力量，又需要宗教权力的认可。然而，当国王权力被逐渐建构起来，中世纪延续下来的宗教权力就势必逐渐被消退，因此，世俗权力便获得大多数人的认同。所以，这虽然是个神迹的事情，但其本身却是驱除迷信、驱除神权的重要方面，而驱除神权，大家知道，恰恰是欧洲近代化的开始。所以，国王神迹看起来是小事，但讨论的却是复杂的问题。还有一个美国的例子，在 1976 年，麦克内尔（William H. McNeill）在《瘟疫和人民》(Plagues and Peoples) 中提到，关于欧洲历史的很大变化出现在 8 世纪和 14 世纪这两个时代，这两个时代都出现过大规模流行的疾病——鼠疫。14 世纪以前，西方关于鼠疫的最后一次记载，发生在公元 767 年，相当于唐代安史之乱之时，此后一直没有记载。这至少可以说明一点，鼠疫不再成为流行病。因为当一种流行病在人群中流传时间很长，人群在不断对抗该病的过程中，会产生集体的免疫功能。但 14 世纪，大约在 1347 年，相当于中国的元代至正七年吧，鼠疫再度大规模在欧洲流行，而且造成人口流动、战争、饥荒等等。历史学家认为，可能是蒙古人西征造成大规模人口流动，把已经建立起来的稳定的免疫局面打破了。可是，要注意的是，恰恰在这个时代，欧洲出现了一系列的事情，除了黑死病，也就是鼠疫以外，还有彗星出现、日食、洪水，然后出现了宗教史上有名的鞭笞派，很多人四处游行、自己惩罚自己、充满了对死亡的迷惑，宗教狂热越来越厉害，当时思想世界很乱呀，可是，如果我们不讨论蒙古人西征这个因素，或者不讨论社会生活和观念信仰的全方位变乱，你怎么能完全地解释整个历史的变化？

历史上居民实际的生活状况并不像我们后来人想象的一样。比如我们现在从电视中看到美国世贸中心倒塌，会觉得天下大乱。可是，如果生活在美国的某个州、某个城市，其实并不像我们遥遥数万里想象的，好像整个美国的生活秩序都被打乱。如果再过几十年、上百年，再来回顾这段历史，经过历史的筛选只剩下这一件事的时候，我们会认为整个美国都处在本·拉登的恐怖控制之下，可是事实并不这样。2001年10月，就是"9·11事件"以后一个月，我就到了密歇根、加州。2002年的2月我又去了波士顿、纽约、华盛顿。看到的社会生活并不像报纸、电视说的那样嘛。所以，年鉴学派所做的就是，尽可能把历史从政治史狭窄的描述中恢复过来，恢复到当时可能是什么样子，所以不再将社会变动的原因仅仅围绕着政治、经济、军事这些在历史上被记载的非常突出的情况，而是考虑到各种各样的因素，这些因素被集合起来，成为全景的、整体的历史。其中，疾病和健康、治疗和拯救，常常就是促使历史变迁的风景，可是，以前并不重视这些话题。事实上，这些可能很重要，比如大家都很熟悉的，东汉末年，张角"符水治病"，就形成了当时的局势动荡和政权更迭。如果我们用这个方法来考虑问题，就会发现，明代末年也有一次大规模的鼠疫流行，流民更带来了疾病的传播，那么我们是否要考虑，晚明农民起义的地方，比如陕西、湖北、四川，是否仅仅是由于饥荒引起的？又如20世纪60年代，中国曾发生过大规模的自然灾害，可现在的研究证明，当时的自然灾害远远没有大到要饿死上千万人的地步，原因还要从更广泛的角度来看。一件历史事件，不仅仅是历史记载所叙述的那么简单，它有更复杂的东西。

第三个方面是民众生活与自然环境。

年鉴学派最引人注目的地方之一就是考虑到自然和社会史的关系。典范的著作是布罗代尔的几本著作，其中一部是关于世界史的书，《15至18世纪的物质文明、经济和资本主义》，也是布罗代尔的代表著作，开头讨论数字，世界人口数字、城市、军队、团队、早期的人口过剩，旧的生态体系等等；第二章讲一日三餐的面包，即粮食生产，小麦、稻谷、玉米等；第三章讲饮食；第四章讲住宅、服装和时尚；第五章讲技术和传播、能源和冶金等等。另一部，是他的最有名的书，《地中海与菲利普二世时期的地中海世界》，他讨论的是1551年至1589年时期的地中海。这本书于1949年出版，是年鉴学派的代表作。书的第一部分就是描述原地中海沿岸各个国家的山脉、平原、海岸、岛屿、气候、城市、交通，始终在描述十个国家的山脉怎样起伏，贫瘠或富饶，多石头或多土壤，平原适于种植什么，海岸曲折或平坦，沿岸岛屿离岸的距离，是否适合人居住，岛屿是否有植物，气候特点，城市交通等等；第二部分讨论1551年到1589年之间地中海沿岸的经济和社会，如人口、劳力、贵金属的流通、物价、商业、运输、宗教信仰及当时土耳其和西班牙帝国的壮大。第三部分才开始写传统历史的中心，即土耳其和西班牙两大帝国争霸，这时才主要讨论政治、军事、外交等。

这本书三部分的格局正好体现着布罗代尔的重要理论，就是把历史分为长时段、中时段和短时段。长时段对应的是人和自然，人和自然的关系需要很长的时间才会发生缓慢的变化，环境就是人与自然的关系，所以主要讨论环境与环境史。中时段对应的是群体生活、经济与所构成的社会，这些是在上百年才会发生变化的。短时段是事件和人物的历史，事件和人物的变化是在一百年之内甚至几十年之间发生。所以本书第一部分描述的是长时段，作为一个支撑历史的遥远而庞大的背景。第二部分描述中时段，是直接作用于这段历史的背景。第三部分描述短时段的政治、经济和军事的变化，由人物和事件构成，直接呈现历史。长时段是结构，中时段是局势，短时段是事件。在这样的情况下，历史才展现出整体的面貌。可以看到，对于年鉴学派，环境即长时段的历史占了相当大的分量，而我们过去研究历史基本是不考虑长时段的因素，事实上如果我们研究整体的历史，长时段和中时段都是应该考虑进去的。费夫贺和布罗代尔曾经领导三个课题的研究，第一个是港口、路线、交通，第二个课题是企业和企业家，第三个是货币、价格和局势。这跟我们的历史研究不太一样，他的视野，考虑问题的背景，以及他联系的各种复杂的因素，比我们过去的历史视野要拓宽了很多。

以上说的这些历史视野的拓宽，对于我们中国史尤其是中国思想史的研究来说，是有启发作用的。过去很多可以考虑的因素，没有进入历史的视野，这是很可惜的，大量的学者挤在狭窄的题目范围内重复着，其实天地还宽着呢。比如，如果我们考虑到人口迁徙对社会的影响，可以做这样的研究，仙霞岭作为从浙江进入福建的关键性的地区，那么，它是不是南北人口、语言、风俗和居住空间的变化的分界线呢？再比如，如果我们研究建筑，是否可以研究一些与建筑有关的历史事件。北京有许多校场，过去这是练武的地方，直至明清都存在，而且城市里面很繁华的地方都要保留校场。但到了清代中叶，校场渐渐消失，甚至被各种各样的建筑占据。研究这些，我们能否看到背后更复杂的问题，如八旗练武习惯的消失，而这又是与他们的民族特性消失相联系的，民族特性消失又与其跟汉民族的逐渐杂居相关。再比如，如果你要研究城市，可否拿北宋的汴梁和南宋的杭州的空间格局来比较，杭州作为曾经的中国的首都，可是它原来不是作为政治城市，而是作为商业城市存在，所以南宋的杭州并没有一个中间的皇城，没有一个向四面展开的方形的具有政治象征意义的格局，而是围绕西湖修建，并按照商业方式修建。再比如，你如果研究植被，是否可以探讨西域各国家的消失，与植被的变化有什么关系？最近因为楼兰古墓被盗，又引起了这种讨论。大家想一想就可以知道，当可以作为栖息地的绿洲一块块消失，西边的这条通道就逐渐衰落了，而交通衰落的结果，就是文明的退却。如果你们去新疆，到一些古代的遗址去看，就可以想象，现在这些荒无人烟的地方，曾是很多人居住的繁华地带，是绿色的原野，那么，植被的变化与历史的变化有什么关系？如果能做这样的研究，很多东西都可以进入我们的视野。布罗代尔晚年写的《法兰西的特性》，实际上是法国史，这本书有中译本，它的第一册就叫《空间和历史》，所谓空间，讨论的就是法国的气候、地理、城市、城镇、河流、边界等等，通过这一描述，讨论法兰西的多样性如何可以统一，讨论地区的网络和边界，讨论法国统一的外部因素，然后再在第二册、第三册里面讨论到正题"法兰西的诞生""法兰西的命运"。这样，历史的视野就被扩大了，所以勒高夫说，仅仅用王朝史和政府史，是把握不了历史生活的，而其他的历史和政治一样重要，同样反映着生活世界的真正变化，比如，人体增高是和事物革命、医疗革命相联系的，空间关系的变化来自运输的革命，知识革命是由新的传播媒介手段，如印刷、电报、电话、报刊、广播、电视的出现而引起的。

这在年鉴学派来看，就叫做"总体的历史"。

第二个方面，年鉴学派拓展了历史学与其他学科，特别是社会科学的联系。

影响年鉴学派的很多因素里面，我们可以提出几个方面来请大家注意。一是涂尔干（一译杜尔凯姆）的社会学，一是马克思的唯物史观，一是斯特劳斯的人类学。这些来自其他学科或者其他领域的观念和方法，都对年鉴学派有启发，所以年鉴学派的研究方法里面，也很自然就有了其他学科的成分。在社会、经济和文明的研究中，年鉴学派特别注意了与经济学、社会学、地理学、生物学以及宗教史、医疗史、科技史的结合，只有把这些知识都动员起来，你才能描写一个整体和关联的图像，以此来激活阅读者对往常的、过去的社会日常生活的想象力和理解力。关于这一点，大家可以看1958年布罗代尔写的《历史学与社会科学》一文。

过去，我们的历史书远离了日常生活，总是若干个抽象的数字与人名加上事件的名字，附在枯燥的理论和概念下面，构成我们的历史书，这跟历史上人们的实际生活没有关系，所以大家觉得枯燥呀。年鉴学派呢？它努力恢复人们对过去历史社会生活的想象力，想象当时人是怎样具体生活的。像勒华拉杜里写过《朗格多克的农民》，这本书不厌其烦地讨论地中海岸边的乡下岩石与灌木丛、葡萄与橄榄、冬青树与栗树，又讨论气候冷暖的变化，葡萄生产与气候的关系，葡萄酒的酿造好坏与收入的关系，这就是历史，这才能让你想象出来，朗格多克这个地方的农民在几百年前是怎么生活的，这样的研究需要超出传统史学的经济、地理、农业、气象和各种技术，这个知识不仅仅是传统史学知道几个帝王将相如何钩心斗角就可以了。

　　再举一些中国历史的例子。有一位学者，他写过关于唐代少林寺历史的研究，我觉得他研究得很好，不过，我总觉得，他这个研究只注意了少林寺和唐代皇室的关系，可是，除了在传统的碑刻史料中寻找政治史的资料以外，是不是还可以分析其他的一些东西？比如大小嵩山地理的状况、寺庙建筑的位置和格局、寺庙传承的规则，以及挂单来者身份的统计、要求挂单者遵守的规则，还包括寺庙与山下城市的经济互动关系等等，如果你能讲清楚这些，就不仅仅是政治史意义上的研究，不仅仅是宗教与政治的关系的研究。事实上，少林寺的存在，与所在的位置即中岳，和山下的城市，特别是与洛阳的关系，非常密切。如果能这样讨论，研究的视野就会扩展很多。再比如，我看到过法国远东学院的蓝克利对陕西关中地区水渠的研究，他找了许多资料，讨论到水资源的分配，水资源争端的调节等，我没有仔细看他的结论，不过我想，可以分析的不仅仅是水渠的问题，还包括了水资源的争夺，水资源分配中的区域关系，权力和权力通过什么样的方式得到实现，权力格局中官府跟宗族的关系。陕西的萧正洪就有一篇很长的文章《历史时期关中地区农田灌溉中的水权问题》，就是讲这方面历史的，发表在《中国经济史研究》1999年第1期上面。这里头有很多社会学、经济学、人口学、地理学的东西，你这么做，历史学就不再是孤立的了。

还可以给大家介绍的，是一本关于江南一个小镇上的水井的研究著作《水井边上》。按过去的想法，水井有什么好讨论的，不过是干枯如何，对生活有何影响。可是，这本书则以人际关系为中心，研究水井作为小镇上人们消息集散的场所，引起的各种矛盾冲突。水井往往是妇女们洗衣洗菜的地方，聚在一起就会七嘴八舌传播各家各户的消息。在传播渠道不是很充分的时代，水井是作为消息集散地。这种研究就抓住了水井这个中心，讨论当时宗族内部各种权力关系互相矛盾冲突的内容。自来水引入后，由于消息中心的消失，人际关系发生了一些变化。如家与家联络的渠道被切断，人与人的隔膜开始，冲突不再以婆姨之间传话为媒介，而是以另外一种方式。如果历史学采取这样的研究方法，要懂得很多的学问，必然要与其他学科产生更大的联系。现在我们的历史系还是守着原来的学科格局，年鉴学派对于传统历史学科知识结构的冲击是非常大的，在某种意义上是新史学，向我们传统的学科提出了一些挑战。

有同学会问我，那个关于水井的研究，作者是如何找到这些资料的，比如婆姨邻里之间的议论等等。我告诉你大概的情况是这样，这本书写的是江南的一个小镇，作者做了大量的社会调查，访问了一些年纪大的人，主要是当地的老太太。这些老人告诉他当年有一个"姐妹会"，所谓"姐妹会"就是在水井边洗菜时互相议论东家长、西家短，比如某个人的丈夫到外面发了财，盖起大房子，搬得远远的；某个女人三年没有生孩子，她的丈夫在外面花天酒地不回家等等。这些议论的人就形成了互相认同的群体，把被议论的人排除在这个群体之外。要命的是,这个群体的议论,还影响着本镇的风俗、判断和认同,由于空间上她们居住较近,共用一个水源,其团体的边缘很少变动。据作者分析,由于不变动,他们这些人的家庭经济条件,就远不如那些挪动的人。经济条件的不同又形成了阶层差别,不同的阶层有不同的认同圈子。这个例子虽然是历史研究,实际上掺入了大量的社会学调查方法。

这里有一份《牛津大学经济-社会史专业2000—2001年硕士核心课程》,登在天津师范大学历史系编的书里。你们看一下,一个研究历史学的硕士,为什么要学习经济学、社会学、人类学、心理学等等,为什么要讨论什么是"博弈论",什么是"新制度经济学",为什么要注意性别和家庭问题,要懂得马克思、涂尔干、韦伯关于社会关系和社会分层的理论?显然,历史学已经不再仅仅守着以前的一亩三分地了。这就是年鉴学派带给我们的第二个方面的影响,就是必须沟通与其他社会学科,甚至是自然科学的关系。

第三个方面,开辟了更广泛的历史学资料的范围。

勒高夫曾对年鉴学派做过一些总结,他的《年鉴学派与史家》的文章收在姚蒙编译的《新史学》一书中,他在其中指出一点:新史学扩大了历史文献的范围,它使历史学不再局限于朗格罗瓦(Charles Langlois,1863—1929)和瑟诺博斯(Charles Seignobos,1854—1942)所说的范围。朗格罗瓦和瑟诺博斯这两位是法国历史学家,他们阐述的方法在中国有很大影响,在二三十年代已经被翻译成中文,上大学本科的时候,我曾读过他们的书,觉得特别有用。但这两位学者的方法,基本还是围绕兰克学派的方法论,较多地阐述政治和经济的大事,使用正史、档案等官方的文献。而年鉴学派的历史学家则超越了他们所指示的范围,不仅依据书面文献的历史,而且代之以多元的史料基础,这些史料包括各种书写材料：如图像材料、考古发现，甚至口头资料。

在年鉴学派作家的历史著作中，你会看到他们用的资料很广泛，有的用到建筑式样、墙壁上的图案、雕塑绘画等。像加比·伏维尔（Gaby Vovelle）和米歇尔·伏维尔（Michel Vovelle）用 16 世纪到 19 世纪普罗旺斯地区的祭坛画进行分析，指出画上的天使数量减少，反映这段时间里关于死亡的态度正在日益世俗化。最近，我看到有一本书名为《制造路易十四》，是彼得·伯克（Peter Burke）写的，他就用到许多当时的图像，将路易十四本人与穿上国王衣冠的路易十四做对比，指出路易十四的光环是依靠他的帽子、衣服、皮靴和后面跟随的那批人构成的。如果没有这些，把他与普通百姓放在一起，他根本就是普通人，大人物的权威性和政治的光环实际是制造出来，或者用我们现在熟悉的话说，是包装出来的。

还有的人大量使用不为人所知的、琐细的档案，包括口供、书信、日记等等。最有名的是勒华拉杜里的《蒙塔尤》（*Montaillou, village occitan de 1294 à 1324*），这部书已经被翻译成中文，商务印书馆 1997 年出版，副标题名为《1294—1324 年奥克西坦尼的一个山村》。这本书用到的基本材料是当时一个名叫雅克·富尼埃的人在蒙塔尤当宗教裁判所首领的时候对该地方进行审判的资料。富尼埃非常精通当地的奥克语，他审判异端的时候把当时的情景记录下来翻译成拉丁文。审判时他态度很好，诱使异端跟他聊天吐露真情，记录也极为详细，内容涉及了蒙塔尤地区的生活、风俗和人际关系等。如果这些材料仅仅是局限于一个小山村的材料，那么也许并不重要，可是，有意思的是，富尼埃后来成为教皇，也就是教皇伯努瓦十二世，于是，由于审判者和记录人的重要，材料也变得重要。而且，记录中的一些叙述者长年游牧生活，随着气候的变化，带着羊群各地迁徙。于是，这个地方不再是一个封闭的地方，而是与法国其他地方的文化生活相关。所以，尽管记录是关于一个地方的宗教裁判所对蒙塔尤的审判情况，但是，清理出的大量不合正统天主教的资料，倒描述了整个法国西南部的民俗，包括性行为、婚姻、儿童、社会结构、死亡等等。这些资料实际上反映了相当大的空间，过去不大有人用，而年鉴学派就很善于使用这些资料。

传统中国史学也有这样的问题。中国历史一般来说比较重视正史，即纪传体的二十四史，也有人说是二十五史或二十六史。除了纪传体的正史，中国历史学家比较认可和重视的就是编年史，即从《左传》到《资治通鉴》和《续通鉴》的历史文献；其次是典章制度文献汇编，如十通，即《通志》《通典》《文献通考》等；再次是实录，如《明实录》《清实录》等；然后是《起居注》《奏折》和《上谕》等等，然后是各个重要人物的文集。可是，这还远远不够，尽管每一个研究历史的人精力都是有限的，但在处理一个具体历史问题的时候，应该不满足于正史、官方史料、精英文献所提供的资料。其实，就连这些史料中，我们还可以找到一些未被使用的东西，举一个例子，比如清代的大内档案，1929年刚刚买回的时候共有八千麻袋。到现在为止，这些档案也没有完整地被清理出来。事实上，明清档案还远不止这八千麻袋，除了中央的档案，各地都有很多没有充分使用的地方档案，甚至各个地方的家族、私人那里，还有很多，我们使用过的档案范围是非常小的。关于这一点，以后我们再仔细说。

此外，商业文献中有些资料是否也可用呢？明代的《商客一览醒迷》讲商人应该如何做生意，以及做生意的原则，还有《天下水陆路程》，讲做生意的路径和远近。有没有人使用这些资料来研究当时人的空间观念和时间观念呢？现代人从北京到上海，会很简单地认为三小时或最多十几小时，很少人会考虑北京到上海之间要经过哪些地方，这些地方是否好走。如果我们去看明朝给商人用的地理书，就会发现他们的地理观念与我们完全不同。商人要考虑经过哪些地方，哪里可以歇脚，哪条路安全，哪里可以找到便宜的脚夫，他们的时间显得缓慢又漫长。像民国出版的《时宪通书》中有《铁路指南》，对于每一小站都讲得很详细，如北京、长辛店、八达岭等站，还要告诉乘客要准备什么东西，到哪里是多少钱等，这种由于交通变化而发生的空间和商业流通的变化是值得研究的。

再比如语言接触的资料，对于近现代史的研究，直到现在才开始逐渐重视语言接触，重视词典、字典。尤其研究晚清时代，很多字典如《英华大字典》，应注意它作为传统中国与现代中国的中介，西方文化与东方文化的中介，要考察它在表达方式和翻译法方面的特点。上海复旦大学的周振鹤以及他的学生就对马礼逊的《英华字典》、还有什么红毛番鬼译语、上海关于洋泾浜英语的竹枝词等等进行研究，并很有见解，讨论到词语从古代到现代的变革，东方词语与西方词语对比时发生的内在的背后的差异。而日本学者三浦国雄曾对《哲学字汇》进行过非常详细的研究，现在中国学者没有很好地认识《哲学字汇》的重要性，这本书是井上哲次郎根据英国词典、佛教词语、日本对哲学的讨论及其他儒家的书籍汇编起来的，每一个与哲学相关的语词都有英文和汉字的翻译，并讨论哪一个翻译得更好。这本书在明治十四年出版，对中国影响很大，编者井上哲次郎当过东京大学的校长，是留学德国的人，哲学观念从德国到日本到中国，这是一个很重要的变化。同样，日本关西大学还有一位华裔教授沈国威，研究近代汉语的一些词是怎样通过日本人翻译西方的词，最终变为中国的词语，可以和意大利学者马丁尼的研究合起来看。而另一位名叫荒川清秀的日本学者，专门研究日本、中国和西方在 19 世纪末 20

世纪初一些地理科学词汇的翻译之间互相转换的关系,又可以和中国复旦大学邹振环的西方近代地理学传入中国的研究对照。另外,德国学者瓦格纳也研究中国在"二战"时期用的一些语言和词汇。大家知道,"二战"时期国家为了控制传媒,首次建立了国家广播电台,电台既要对自己广播,也要对敌广播,用到许多带有战争色彩的词汇。我觉得,后来中国人特别爱讲军事术语,也许就与那个时期开始的语言风气有关,其中很多的资料是过去我们历史学家们不太注意的。

总之,学习了年鉴学派的方法,我们还可以使用很多资料,像地图、课本、流行歌曲、广告、卡通和漫画,尤其是漫画,最近很流行,用流行歌曲和漫画可以来分析现代年轻人的心情。我看过一个叫见田宗介的日本人写的《近代日本心情的历史》,就是用流行歌曲为资料的,里面分析了近代日本的欢喜、愤怒、侠义、孤独、乡愁、无常感和漂泊感。这就把我们过去不重视的边缘资料运用到史学研究中,年鉴学派在这一点上对中国历史学界是有一定启发的,尽管到现在为止,我们的史学界好像还没有很大的变化。

最后,我们要再次请大家注意年鉴学派关于长时段、中时段和短时段的概念,因为这一思想,对历史研究会产生重大的影响。

前面我们已经讲过,所谓"长时段",按照布罗代尔的说法就是物质文明。物质和环境的变化是缓慢的、日常循环的、无意识的,但渗透到所有的日常生活中。中时段与经济市场相关,在他关于地中海的重要著作中,明显地表达了所谓长时段是"人类与周边环境之间微妙的历史关系,一个发生重复的历史",而中时段是"社会史、群体史和群体类型的历史,指共同的地域和大趋势,是结构和情势,缓慢移动与迅速移动相结合",短时段是事件的历史,是"表面的喧嚣,由于历史大潮在汹涌时飞溅的水花"。长时段是逻辑性,中时段是必然性,短时段是偶然性。布罗代尔在《长时段——历史和社会科学》一文中提出:新史学把经济和社会的周期性波动放在研究的首位,他在重复地讲这样的观点:短时段是事件,"是个人的迷茫和询问,是报刊记者报道的新闻",但长时段是影响历史最基本最深层的结构,是物质文明、地理环境和人种等等,中时段是与经济相关的,如生产和交换的机制、技术的改进、农业耕作、摊贩店铺、交易所、集市等,短时段研究的是大资本家利用市场的各种活动。

后人认为布罗代尔对事件史太轻视,把非常多的笔墨放在长时段,即关于物质文明和自然环境的变化。于是,有人就批评说,布罗代尔的历史中没有"人"。但我想,这是年鉴学派的历史学家们有意改变过去历史学研究的矫枉过正的一个做法,布罗代尔的特点是关注缓慢的重复的逻辑性的因素,尤其关注经济和社会。我总觉得,后来一些大叙事的历史研究,像沃伦斯坦的"世界体系"、弗兰克的"白银资本"、彭慕兰的"大分流",这些里面多多少少都有这一思路的影子。

当然,在这一点上,到了60年代以后,年鉴学派开始受到来自内部的批评,导致了年鉴学派的转向,这就是我们要讲的下一个问题。

三 对年鉴学派的批评及60年代后年鉴学派的变化

从《蒙塔尤》的序中可以知道,有一次,法国总统密特朗在电视讲话时说,他特别喜欢看《蒙塔尤》,并与作者有过交流。于是,据说蒙塔尤地区就成为七八十年代法国的著名地区,从此可以看出年鉴学派的著作当时的影响之大。

但是,在60年代后期,整个世界发生了变化,都处于波动之中。历史发生变化可能是有周期性的,1966年中国开始"文化大革命",接着,日本有"全共斗",美国也处在反越战的旋涡中,读一读大卫·柏纳(David Burner)的《六十年代》这本书就可以知道当时的状况,1968年的法国也动荡不安。我曾读过一本讲1968年法国的红卫兵运动的书,作者是一位记者,也是1968年运动的参加者。许多我们熟悉的人,包括萨特、福柯,都卷入了这次运动。那个时代鲜明的特点是自由、理想,加上革命和反叛。历史学界也受到了要求变革的风潮的冲击,凡是革命年代,新的、年轻的、后来的,就有先天的正当性呀,所以他们都要批评老的、旧的。在布罗代尔之后,开始有人批评年鉴学派,特别是布罗代尔。他们问:第一,年鉴学派老一代,只做"总体史学",但是,这种大话题不是可以反复做的,下面是否应当做"局部实验"?第二,是有"人"的历史还是没有"人"的历史?这是最根本的问题,他们指出年鉴学派走向没有"人"的历史学,因为过去年鉴学派的中心过多地放在了经济和社会上面。第三,是维护历史学研究的"独立"而死亡呢?还是维护历史学的"存在"与市场联盟?

我们看到后布罗代尔时代的年鉴学派,好像有些不怎么像当年的年鉴学派了。60年代以后有所谓"四大历史家",一是前面提到的乔治·杜比,一是有名的勒华拉杜里,还有两个是阿古龙(Maurice Agulhon,1926—2014)和弗雷(François Furet,1927—1997)。他们代表了不同的时代,一是多元化历史学,什么妇女史、童年和梦境的研究、心态史、区域史等;二是他们也不像老一代,主要在法国,而是全世界的大学,影响大了,就国际化了,但也非法国化了;三是对于历史问题的关注重心变化了。自1968年以后,关于心态、心理的历史学开始兴起,年鉴学派又关心"人"了,于是又出现了一个反向的变化——"从地窖到阁楼"。

此后一些历史学家关心的,好像与原来年鉴学派史家非常不同,但他们仍然是年鉴学派。菲利普·阿里埃(Philipp Aries)的两部作品——《童年的世纪》(Centuries of Childhood)和《我们死亡的时刻》(The Hour of Our Death),从题目中可以看出,书的内容是关于出生以后的童年时代和濒临死亡的时刻,实际上这两本书都是关于身体、性、生理、心理在历史中的变化,是在讨论童年经验和死亡经验在不同历史时期有何不同。阿里埃这样的历史学家关注的不再是过去宏大的政府、经济、社会,而开始关心具体的人,这就是在批判没有"人"的历史学之后出现的转向。芒德鲁(Robert Mandron)的《17世纪的法国法官与男巫——历史心理学分析》(Magistrates and Sorcerers in 17th Century France)很有名,可惜现在没有翻译,我也只看了一些片断和介绍。从这个题目让我想起一个历史传说,众所周知,中国的包公故事中记载过一个审讯的方法,把官府装扮成阎王殿来把犯人吓倒,利用犯人的迷信心理,认为自己进了阎王殿而吐露真情。可能法官与巫师在古代的时候经常共谋,法官利用巫师吓唬被审判者,巫师也借助法官取得合法性。

60年代末期以后,整个法国年鉴学派开始了悄悄的转向——从关心人周围的东西转向关心人自身。有人把"恐惧"当做历史研究的主题,讨论不同时代人对大海、鬼魂、瘟疫的恐惧,不同时代恐惧的中心和边缘是不一样的,是在不断挪动之中的。还有人认为恐惧不仅是对大海、瘟疫和饥荒,还投射到一些具体的形象上,比如对撒旦、犹太人和女人、女巫的不同恐惧,讨论恐惧的来源是什么,背后的心理因素和历史背景是什么。这与我们传统的历史学完全不同,而是有点半文学。同时,年鉴学派也开始转向与意识形态相关的领域,比如集体想象、集体记忆、心态历史这样的问题。这使得历史学进一步与生命科学、心理学发生了关系。有人说,这时的历史学主流,应当叫"新文化史",新文化史关心的领域和以前不一样了，在他们所说的"文化"里，包含了政治、饮食、服装、日常语言、身体等主题，比起仅仅以经济、社会为中心的老派学者来，他们的路数已经大大变化了。

这个时候，回过头来再来看《年鉴》杂志，我们就会发现，现在和我们过去所看到的以布罗代尔为首的那个时代，真的很不一样。虽然，至今年鉴学派仍是法国历史学界很重要的学派，但是现在的年鉴学派已经看不出共同认可的边界，大家各自朝自己的方向发展，看不出是一个派了，唯一一个重要标志，就是《年鉴》杂志本身，至今，它仍然被认为是世界历史学界最重要的杂志之一。

四　个案介绍：以《国王神迹》为例

前面，其实我们已经大体上讲到了这部著作的意义，这里再详细说一下。

这是布洛克的代表作。布洛克本身与布罗代尔是一代人，但这本书与布罗代尔的方法不太一样，乔治·杜比说这部书研究的是"心灵的气候"，它开创了历史人类学的方向。

这部书的内容是关于10世纪到18世纪早期，流行于法国和英国的一种普遍心态，相信国王的御触（royal touch）是可以治疗由于国王的邪恶（King's Evil）而引起的一种病（scrofula），这种病是因国王的邪恶所引起的，但要治疗好则需国王的御触。布洛克自己认为，写这本书是对政治史的大贡献，后人则认为，它已经超出了政治史的范畴。过去欧洲政治史从来没有人把国王御触与王权联系起来。不过，布洛克在描述这个问题时，确实始终是围绕着政治，但这种政治无关司法，无关行政，无关经济，也无关军事，与传统的政治史完全不同。

他描述的基本是精神与想象，描述人民对国王或王权神圣性的想象。正因为布洛克抓住了国王御触在瓦解教会神权,特别是格里高利七世(Gregory Ⅶ)的时候,刺激了人民对神圣王权的想象,这种想象又支持了世俗王权,带有使世俗与神圣的宗教权分庭抗礼的作用。国王御触与国王的位置是一样的,必须经过教皇的加冕(crown)得到合法性,也是因为教皇加冕仪式,有了神圣性。于是,国王神性是双重矛盾的,一方面反抗了宗教神权,一方面又是通过教会的认可而得到神圣性,神权与王权一直处在互动的关系中。到了15、16世纪以后,渐渐经由世俗化和理性化,到17、18世纪理性逐渐占了上风的时候,起到了支持世俗政权反抗宗教神圣权力的作用,与近代化是相关的。正是在这样小小的问题上,布洛克描述了一个王权的观念史(History Idea of Royalty)和西欧历史政治的近代化过程。

《国王神迹》中处理了一些有趣的事情,比如:第一个问题是,结核病引起的肿疮怎么会因为触摸就治好呢?现代人肯定不信,如果回到那个时代,就会发现这实际是心理治疗。有了世俗的共同的想象,已经把患者放置在一个可以治好的心理状态里面。所谓"心诚则灵"是有一定道理的,17、18世纪由于很多民众通过神圣性的想象,感受到或真诚地相信国王御触是可以治好病,按布洛克的说法,实际上等于心理治疗的过程。第二个问题是,是否真的可以治好?有没有人真的被治好?有多少人真的被治好?实际上没有真正的统计的数据,这构成的是一个想象式的结论,当想象到处弥漫的时候,道听途说就构成了想象的结论,想象的结论被相信想象的人听到后,就被当做是真实的。在我二十多岁的时候,国内流行鸡血疗法,就是从公鸡身上抽血打到人的静脉里面,有人治好过吗?没有。但一传十,十传百,大家都相信。在中国六七十年代,至少有几百万人相信过这个东西。接下来就是甩手疗法、饮水疗法、红茶菌疗法,谁也没见到这些能治好病，但在想象的共同环境里，大家认可这个结论。布洛克通过历史的研究指出了这一点，历史上有很多所谓的事实，实际只是想象的。这是很重要的一个启发。第三个问题是，《国王神迹》利用了各种阶层人的资料，不仅仅围绕着国王，而是把政治史变成与民众相关的历史，没有这些民众，也就没有人会相信国王的神通。还运用了各种社会科学的方法，如心理学和人类学。而且用了长时段的框架，在篇幅不长的书中，描述了九个世纪。

以上就是我们的第一讲，介绍的是法国年鉴学派及其在中国历史研究中的影响。

【建议阅读文献】

伯克《法国史学革命——年鉴学派 1929—1989》(*The France Historical Revolution: The Annals School 1929-1989*)，江政宽中译本，麦田出版，台北，1997。

雅克·勒高夫《新史学》，姚蒙编译，上海译文出版社，1989。同时可参姚蒙《法国当代史学主流——从年鉴派到新史学》，三联书店，1988。

张芝联《费尔南·布罗代尔的史学方法》，载布罗代尔《15 至 18 世纪的物质文明、经济和资本主义》，施康强中译本卷首，三联书店，1992。

顾良《布罗代尔与年鉴派》，载布罗代尔《法兰西的特性》，顾良等中译本卷首，商务印书馆，1994。

侯建新主编《经济－社会史——历史研究的新方向》，商务印书馆，2002。（特别是此书后面所附的《牛津大学经济－社会史专业 2000—2001 年硕士核心课程》和《剑桥大学经济－社会史研讨课》书目，尤其值得参考。）

杜正胜《新史学之路——兼论台湾五十年来的史学发展》，《新史学》13 卷 3 期，台北，2002。

第二讲　福柯的理论与中国思想史研究

　　这一讲要讲的是法国思想家米歇尔·福柯的理论与中国思想史研究。就是说，一个西方当代思想和方法，甚至是很特别很反叛的理论，可以怎样理解，并且运用到中国的思想史研究的实际中来。各位要记住，我并不是主张把西方理论特别是时尚的理论全面搬来，不过，我们得承认，有的理论是可以启发思路的，特别是像福柯的理论。为什么呢？因为一方面，他正好就是思想史教授，而另一方面，他关于监狱、精神病院、性等等的研究，恰恰又对传统思想史形成了挑战。你不了解这些挑战不行，不回应这些新的思路也不行，这些新思路就是看准了旧思路的空子来挑战的，它很偏颇，但也很锐利，一下子就从原来的理论的缝隙中插进来，把原来的常识搅得人仰马翻，你能不理它吗？

　　好了，书归正传。进入正题之前，这里先介绍福柯。

　　1970年，经过激烈的竞争，福柯得到了一个法国最高的学术位置——法兰西学院的思想史教授。可能很多人都知道，在欧洲，得到一个教授的位子是非常之难的，比拿博士难得多，不像我们中国，教授太多，也得来太容易。法兰西学院教授的位置，代表了法国人心目中学术成就的最高水平。1970年12月2日这一天，福柯作为新任的法兰西学院的教授，发表了第一次讲演。当时有一大群学者来听他的讲座,其中,包括当时一些最有名的学者,像上次课上讲到的年鉴学派主将、大家都知道的布罗代尔,那时候布罗代尔已经年龄很大;还包括写过《忧郁的热带》《野性的思维》的列维-斯特劳斯,《忧郁的热带》是一本非常好看的书,我从来没看过一本人类学的著作,能写得这样引人入胜。福柯的这次讲座,后来被整理并出版,名为《话语的秩序》,这次讲演引起了非常大的轰动。这里回过头来简单介绍福柯。福柯是1926年出生,1984年去世。在1970年,他44岁。当年和他同时当选为法兰西学院教授的还有另外两位知名学者。一为雷蒙·阿隆(1905—1983),这是法国著名的哲学家、社会学家和政治思想家,他有一件事情很有名,在1955年,他出版《知识分子的鸦片》一书,批评知识分子迷恋左倾,觉得很过瘾很有劲,其实是自欺的幻觉,因此引起一场论战,主要的对手就是大名鼎鼎的萨特。还有一位是乔治·杜比(1919—1996),就是上次提到的年鉴学派的一个著名人物,他代表着上次我们提到的后期年鉴学派从经济史、社会史转向心态史的倾向,就是所谓"从地窖转回阁楼"的代表人物之一。

福柯和他们一样,在当时相当的走红。当了法兰西学院教授以后,他每年都在那里讲课,其中一个讲课记录就是现在已经出版中文本的《必须保卫社会》,大家可以看看这本书。在他1984年去世后,被公认为世界上尤其是20世纪后半叶最具有震撼力的思想家,无论是他这个人还是他一整套的想法,都带有一种颠覆性的震撼。大家知道,在生活上福柯有许多惊世骇俗的行为,在思想上他的很多说法也同样很具有颠覆性。特别是对思想史研究来说,福柯的这一套思路非常具有启发意味。

下面我们讲第一个问题,就是他所谓的"知识考古学"与思想史研究。

第二讲 福柯的理论与中国思想史研究

一 知识考古学与思想史研究

在福柯当选为法兰西学院教授的前一年，即1969年，出版了他的一部最重要的著作，就是《知识考古学》。三联书店有翻译本，我不懂法语，不过，据精通法语的人说，看这个中文译本不如看台湾麦田出版的译本《知识的考掘》，后面这个译本，是由哥伦比亚大学王德威教授翻译的。

《知识的考掘》一书对思想史研究来说，可能产生的影响相当深。在福柯的词典里，考古学（archaeology）是经常出现的一个词，简单地说，它包含着三层意思。

第一层，他要用"考古"的方法，重新考察我们现在普遍被接受的知识、思想、信仰等被建构起来的过程。为什么说"建构"这个词？也就是说，我们现在接受的、习惯的，所有常识性的、天经地义的、不言自明的东西，很可能都是后来才逐渐地被确立起来、被建设起来的，它本来不应当有免于"审查"的豁免权，但是当它成为"常识"的时代，大家都不审查它的合理性和合法性，觉得理所当然了。所以，福柯说，要用类似考古学的方法，来一层层挖呀，看看它的出身、来源，是不是当然合理，考察一下，它究竟是什么时候被开始逐渐地建构起来，变得合法合理的。用福柯的术语说，就是要用"系谱学"的方法，找到一层一层的关系。大家都知道，考古学中一个非常基本的知识，就是对地层关系的研究。一般地说，越是下面的地层年代越是久远，上面总有一片一片的堆积层。比如我们发掘了一片文化遗存，总是明清时代的地层掩盖了唐宋时代的，而唐宋的地层又是建立在秦汉的地层之上的。而系谱学的方法，也是一样的，就是一层一层地追踪。"系谱"这个词，我们很容易联想到家谱族谱。其实就是这样，你看看写的家谱、族谱，看看哪一代到哪一代，哪一代发达了，改了自己的族谱；哪一代没落了，只好归入他族。这和考古一样，系谱也是一种地层的关系。福柯运用考古学的概念及系谱关系的知识，就是为了搞清楚知识逐渐被建构的历史。

　　第二，福柯认为，所有的知识、思想及信仰，实际上都是和权力有关系的，所以他老说"话语"和"权力"这两个词。他认为知识、思想和信仰之所以有这样那样的变化，是它和权力互相纠缠的结果。他认为权力能够建构知识，而知识反过来又成为权力。以前讲"言而无文，行之不远"，只是说真理传播还要加上艺术表达。其实更主要的是，话语如果没有权力，话语就不能构造事实，只是耳旁风呀。以前有个故事讲，虽然一个人的母亲特别相信自己的儿子品德很好，但是，如果连着有三次传言，说儿子杀了人，母亲还是会跳墙逃走。但这只是谣言的力量，而有的话语，本来可能是子虚乌有，但是经过权威说出来，经过经典记载下来，经过政治意识形态的包装和宣传，它好像就是真的了，真的产生事实一样的效果了。反过来，权力如果没有话语，等于没有权力，因为不可能"一默如雷"，不可能只是"以心传心"，像禅宗一样"不立文字"。福柯的知识考古学就是要考察"权力"与"话语"之间的关系。

　　第三，我们要问，他的目的是什么？其实刚才我们说了，他的目的就是用考古学及系谱学的办法，来揭示我们现在习惯接受的知识、历史、常识、思想等的合法性及合理性，它的基础是如何建立起来的，它们凭什么得到这些合法性并拥有了合理性？在这个意义上，福柯把我们过去认为的天经地义的知识基础给揭开了、掀翻了，指出它们只不过是由权力建构的"话语"，而"话语"建构了一个知识的"秩序"。我们习惯于在这个秩序中思考问题，"天不变，道亦不变"呀，于是，就形成了一整套我们觉得是天经地义的常识。可是，福柯的目的就是要指出，"天"总是在变的呀，这些常识未必就是天经地义、不言自明的。在《知识的考掘》里，福柯认为，做思想史研究，应当做的是把一些原来的观念基础，从不言自明的状态中抽离出来，将它上面建立的问题"解放"。"解放"很重要，大家是不是还记得，第一次课里面，我已经说到，我们以前考虑问题时，思想中总会存在着一些想当然的平台，并在其基础上进行考虑。可是，福柯对这个平台进行了颠覆性的研究，将平台自身就看成是一个不可靠的东西，认为它并不是一个可以把其他问题置之其上的安然稳定的基础。福柯强调，这些平台本身就问题丛生，为什么？因为它的合理性不是天生的，本来就是历史的。

　　这是对的。我们的知识世界里面，有很多常识、有很多历史定论，过去我们并不去想它对不对，但是现在回头来仔细思考，就会发现有很多东西是可以怀疑的。福柯知识考古学最重要的启发，就像胡适的老话说的，就是"从不疑处有疑"呀。这里给大家举一些大家都熟悉的例子。以前，思想史里面，是不大提刘向的，最多是文献学史会提他，或者只提他的儿子刘歆。可是他负责西汉官方的校书，实际上是思想史上一个重要的"经典化"的工作，很多经过他校订的文献，成了经典的文献；很多本来不在一起的文献，经过他一缀合，成了一个整体的文本；很多过去重要的文献，他放在一边儿，后人就觉得不重要了。大家想想，这种对思想经典化、经典整齐化、定出秩序来的工作，思想史怎么能够忽略呢？可是以前就忽略了，也没有谁特别讨论它，于是思想史就把这一页重要的东西给撕掉了，我们也好像觉得本来就没有这么回事儿。相反，我们来看，王充、范缜、吕才三人在"道统"为中心的思想系列中并不引人注目，古代讲到"道"，那是孔子、孟子、扬雄、韩愈到二程、朱熹呀，根本没有他们的份儿。比如王充，常乃德在30年代写《中国思想小史》的时候，还特意讲过,你不能用他的著作来代表东汉的思想界;汤用彤写《汉魏两晋南北朝佛教史》的时候,也没有把范缜那么隆重地放在显赫的位置上,只有一小节。至于吕才更是不起眼,过去的大多数哲学史思想史都不怎么讲他。但是,中国学术进入20世纪后,由于逐渐受西方的影响,三人的地位开始凸显,特别是到了30年代崇尚理性和反对迷信成为我们哲学和历史的重要方法后,三人的重要性更是与日俱增。到50年代唯物论占了主流,写中国无神论时,三人则成了东汉、六朝、隋唐历史中最为光芒四射的明星。

事实上,王充的《论衡》中有许多批判,就像常乃德讲的,只是反映当时神秘空气笼罩下的一般景象,不是很普遍的很重要的。直到东汉末年蔡邕还把它当"秘本",没有什么影响。在隋唐两宋,他也不是那么突出,至少他的地位远远比不上扬雄。但是当时,从谢无量开始,他就渐渐像新星一样升起,到胡适《中国中古思想小史》(1931)开始把他单独做一讲,和"儒教"即董仲舒是一样的地位,很突出他的"疾虚妄"。冯友兰的《中国哲学史》也把他和扬雄并列,写了专门的一章,大讲他的自然主义、批评世俗的精神、历史观,甚至还有了方法论。于是,以后的思想史和哲学史都绕不过王充和《论衡》去了。那么,范缜呢?范缜是与梁武帝等人辩论神灭神不灭的,他不相信佛教的因果三世说,但当时他的影响很小,刚才我们讲,在汤用彤的佛教史那里只有一小节,可是,在任继愈的《中国哲学史》中,他一个人居然占了两章,比王弼、比郭象,甚至比董仲舒、比王充都了不起。吕才据说也是唯物论的,但是在50年代以前的哲学史思想史系列中,他没有多大的影响,但是,到侯外庐《中国思想通史》,竟然专门立了一章,说他是"伟大的思想家",特意表彰他的"唯物主义和无神论",这样才使初唐的唯物主义和唯心主义形成了两大阵营的对垒。所以，到了50年代以后，这些人已经属于汉到魏晋南北朝、隋、唐的最重要的学术构成，无论是否重视，我们都会先将他们安在一个时代的位置上，然后成为文献的内容，再将他们的一些表达作为思想史里的东西。同样，相反的事情很多呀，像皇甫谧，在当时声名赫赫，写过《高士传》和《帝王世纪》，有很多人受他的影响，可是后来思想史、文化史有人提他吗？反过来，唐代的刘知几，现在声名赫赫吧，可是你要是看宋代的文献，他其实根本没有什么影响，很少人提到他的名字和《史通》。但是，到明代以后开始有人注意了，到了现代哲学史和思想史，他就格外重要了，特别是在盛唐时代，总得找一个标志性的人物吧，于是，他就作为进步的或者唯物主义的象征，被隆重地推出来了。

可是，我们并不特别要去翻个案，好像要把"被颠倒的历史再颠倒过来"。按照知识考古学的思路，这种位置和重要性本身，并不是问题；但是，这种位置和重要性的变化过程，则成了需要追问的问题，知识考古学需要问的是另一个问题，什么时候他们三人被看为是"明星"的？什么时候他们是"次一等"的人物？什么时候他们几乎隐而不见？换句话说，即他们是什么时候又是如何从某个阶段浮出地表，成为我们关注的话题并成为话题的中心与焦点。把这样一个移动、变化、浮动的历史过程描述出来，就构成了新的思想史，福柯就是这样，要用考古的方法挖掘、用系谱的方法重建一种话语的历史，这样，一个思想的历史也就被描述出来了。福柯式的思想史研究，实际上告诉我们，人的观念世界中，平台、焦点、背景在不断地转移，而平台、焦点和背景的转移，本身就是一个思想史的过程。

还是用中国思想史的例子来说吧。比如，我们常常讲宋明理学，如果我们只是接受现成的说法，把一些现成的历史记载，像《伊洛渊源录》《道命录》《宋史·道学传》到《宋元学案》之类当做天经地义的常识的话，就可以接受关于宋代理学，有周敦颐、邵雍、二程、朱熹这样一条发展的线索。但当我们仔细地考察后，会发现在北宋时，在二程创建理学的过程中，周敦颐几乎是一个无关紧要的人，只不过后来因为二程成了理学最主要的代表，曾经当过二程老师的他就被作为了理学的开山祖师爷之一。这是因为朱熹等著的《伊洛渊源录》等书逐渐将他放大。事实上在北宋，领导这批人的最重要最中心的一个人，反而被后来的历史渐渐所淡化，这人即司马光。那个时代，司马光了不起呀，是当然的领袖，也是洛阳那批人的头头，可是怎么就把他渐渐淡忘了呢？如果做知识考古学的研究，重新建立一个关于理学知识的系谱，则会看到经过《伊洛渊源录》、经过《道命录》《宋史·道学传》，一直到《宋元学案》，再经过后来关于宋明理学的各种复述和研究，就发现一层一层的，司马光淡出，周敦颐凸显，慢慢地理学的系统被建构起来，后来我们认为好像这就是理学的历程。但是，挖开来看，事实并不是这样的。

所以，福柯讲，你要了解并揭发这种不断建构的过程。把这种"知识"逐渐积累成形的过程，就是"权力"和"话语"互相纠缠的过程——清理清楚，这才是福柯要说的历史，真正的历史。

二 关于思想史的重新考察

用这种知识考古学的方法，有时真的能掀翻旧说。我们举几个例子。

第一个例子。中国过去曾经有些令人非常惊讶的历史，如历史上的白起坑赵卒这个故事。据记载，秦赵长平一战，白起像恶魔一样杀了赵国四十万大军，似乎这个白起就是杀神一样，而与此相联系的是秦王朝建立在累累白骨之上。我们的历史书好像就是这样向我们介绍这一历史的。但是用系谱学考古学的方法仔细一看,这种对秦朝和白起的批评观念,实际上是后来才逐渐被建构起来的:宋代尤其是北宋建隆年以前,白起曾被供奉在国家祭祀的殿堂里,被作为英雄来歌颂并祭祀;更早一些,在中唐的时候,还有人希望通过祭祀白起来拯救王朝呢。只是在北宋以来,若干次国家清理祭祀名单的过程中,由于道德观念的转换,逐渐把白起从祭祀名单中开除,这才确立了白起的"恶"。

第二个例子。对于历史学来说,近代史是最具有挑战性的,为什么?因为它和我们当下的政治、社会、生活状况息息相关,也最容易发生历史叙述与政治权力的纠缠。大家都看到,自从范文澜以后,教科书中提到的中国近代史,实际上都先已经确立了一种被《新民主主义论》规范过的观念,即1840年以后的历史主流是反帝反封建,鸦片战争以后的中国社会是半殖民地半封建社会。这个关于社会性质的说法被确立,其实在理论上,已经隐含了中国新民主主义革命的必要性,论证了当下中国政治与政权的合法性,成为当下一些观念、政治、制度意识形态的基础,所以它非常非常重要,也不可以随便质疑的。在这样一种历史观念的判断下,1840年以后的历史有了一套固定的写法,在反帝反封建的脉络里,人们判断什么重要什么不重要,于是挑选了一些历史现象,又舍弃了一些历史现象,然后,把这些经过精心挑选的历史编织成一个系列,让人们看上去,好像历史就是这么一步一步走过来的,因此,当下的政治就有了合理性的根据,为什么?因为自从鸦片战争以后,社会已经是半殖民地半封建社会了,所以不反帝反封建是不行的,戊戌变法、义和团、辛亥革命、五四运动,它的结果和使命就是这样的,有的力量依赖的是封建阶级和资产阶级,不根本革命,不推翻他们怎么行呢?欧美和日本在瓜分我们的土地,侵犯我们的主权,不彻底反抗,不加入国际共产运动怎么行呢?这样,历史就有了一种必然性趋势,而这种必然性看来是在历史本身,其实,按照福柯的说法,可能是我们的观念预设进去的。比如"五四",为了论证启蒙的文化史,它可以被说成是"新文化运动";但是为了论证反帝历史,它同样也可以被叙述成"民族主义运动"。可是,福柯警告我们说,这种看上去是合理的历史论述,其实可能是一种权力和话语交换的结果呢。

这里顺便要说的是,在《知识的考掘》里面,还有以下一点是福柯所要强调的,这就是历史的"连续性"问题。大家都知道,历史学一般强调历史和思想史的连续性,由因果关系连起来的连续性,不然历史就没法写了,历史学家就没有用了。可是,这种连续性按福柯的说法,是很可疑的,因为它是倒着写历史产生的,它本来就是来自观念中一些理性主义的原则。什么是理性主义的原则?就是说,第一,历史是可以被了解的,其因果关系是可以被清理的;第二,把历史的因果联系起来,就得出了历史连续的过程;第三,知道了历史的连续过程就可以估量未来的前景,大体估量了未来的前景,就可以把历史的经验用在现实中。可是,福柯认为这种因果关系只不过是主观建构起来的,而实际上呢?历史上处处呈现了断裂和非连续性,连续性并不存在,它只是一种理性的后设,思想和知识的变化是"权力"和"知识"之间的互相关系,历史并没有什么规律,并非一个连续的过程,充满了权力和知识的互相纠缠与联系。所以,研究思想史,就是要用知识考古学的方法,不断地发掘权力和知识之间的关系,考证出这些东西是怎样一步步地被建构起来的,思想史本身应该考证权力和知识的不断纠缠及其如何产生了现在所认为的一些"常识",揭发那些常识的并不当然正确的出身。

三 知识考古学视野中的思想史资料

因为传统史学中有理性、总体的描述,要解释出一个"连续

第二讲 福柯的理论与中国思想史研究

性"来,所以,下一个问题就是对文献和资料的取舍、解释、使用和引述。

大家要注意,过去这些资料的价值判断,基本上都是在关于历史的理解和解释中间进行的,人们要确定什么史料有用,什么史料没有用,什么史料是真的,什么史料是假的,然后,产生了一整套关于历史证据及历史文献的考证、整理、解释与运用的方法。本来,这套方法看来是可以的、客观的、科学的。大家都做过论文,都会有这种感觉,通常在运用历史资料的时候,总是有两种经验,一方面,我们应当确定历史资料的真伪年代,在论述我这个问题的时候,什么是真的史料,什么是假的史料,用真的,不用假的,用同时代的真文献,不用后来记述的第二手文献,这就是重要的原则。如果你用了假的,用了二手资料,那么你的研究就没有价值了。比如你用《古文尚书》来论证商周史,用《列子》来讨论战国诸子思想,这都是不可以的,所以梁启超当年就专门讲"古书真伪及其年代",因为这在历史学常识里面是很重要的。另一方面,史料是浩瀚无边的,大家常说"汗牛充栋",其实现在的史料之多,火车都拉不动,不要说牛车,特别是近代现代的资料。所以,你如果先有一个明确的问题范围和历史观念的话,寻找历史资料就会非常容易,就会有限度地去寻找历史资料。这类似于今天的照相,把焦点放在一个地方时,其他的东西就会模糊起来。这种有限度的寻找,是因为其中存在着先见的观念,把资料取舍已经限定了,在框架之外的可以不必理会。寻找文献的过程实际上成了观念观照下的触摸,观念没有观照到的那些资料就会被舍弃,似乎会永无天日。

这本来是常识,也是现代历史学的基础,或许可以用一个时髦词儿说是"现代性"吧。但是,福柯却认为,这些关于历史研究的常识是不可取的,他试图寻找新的方法,并将其称为"把文物变成文献,然后使文献说话"。福柯认为所有的资料背后,都存在一种地层关系,他首先要把文献还原为文物,然后按照地层关系重新安置,使其成为一个知识的系谱。这里就有一个怎么样重新看待文献的问题,在福柯这里,历史资料不再是真伪在先,而是它所处在哪一个地层最重要,知道它在哪一个地层,就等于确定了它在系谱里的位置。于是真也罢,伪也罢,都可以说出它那个时代的话来。这在历史重建上可能不是很有用,但是在思想史研究中却很有用。我们举几个例子。

第一个是伪《古文尚书》里面的十六字"人心惟危,道心惟微,惟精惟一,允持厥中",这是被当做古代圣贤传心法的要诀的,好像古代圣人的全部思想精华都在里面了,因为里面涉及了"人心"和"道心"的差异,涉及了"道"的超越性,涉及了超越真理的普遍性和唯一性,更指出了"中"的原则。可是,就是在它被捧红的宋代,就有人说它可能有假,很奇怪吧。自从清代阎若璩考证它的出身有问题以后,很多人都不理它了,好像是应当扔到垃圾里的废物。可是,它的思想意味能不理就不理吗?它的文本被清除以后,它的思想将附着在哪里?它还会是中国传统的思想基础吗?但是,按照福柯的做法,你把它放在为何会被炮制出来的魏晋时代,放在被漠视的唐代,放在大加解释和阐扬的宋代,放在被再次废弃的清代,你可以看出很多思想变迁,看出话语被权力包装起来,或者被权力放逐到一边的历史。

第二个是《大乘起信论》。《大乘起信论》影响中国多深呀,有人说这是中国佛教的根儿呢。可是它是印度原装原产的吗?自从日本人揭发了它的出身有问题以后,就有了大争论,你们可以看我在过去发表在《读书》上的一篇文章《在真伪与是非之间》。有人就不同意日本人的说法,说这不是假的,是真的印度货。后来在中国,就连南京支那内学院和武汉中国佛学院、太虚和吕澂,也大争论起来,为什么要争论?因为按照传统的历史观念,真理是由经典传达的,经典是佛陀的话语,权威的声音有着绝对的价值。说它真,那么它就金光闪闪,光芒万丈;说它假,它就成了不齿于人类的狗屎堆,只能浇地施肥。所以,真伪的辩论里面有这样的背景,而且辩论的方法,看上去也是很科学的,目录有没有,文字像不像,思想对不对。可是,这里有很多误区,真的就是对的吗?假的就是错的吗?思想表达对的,就一定说明它是"真"的吗?思想不符合佛教的原则,难道就一定是"假"吗?后来,梁启超也加入了争论,他有一个说法比较高明。他说,好呀,你说它是假的,那么就是假的吧,可是假的也好,说明那么高明的思想,原来是中国人的思想呢。到了梁启超,算是《大乘起信论》的争论有了一个结束。可是,要是按照知识考古学的思路追下去,还得考虑以下几个问题,承认它是中国人的作品,并且大力赞扬这种伪作,这里是否有民族主义的思想背景?梁启超用的显然是日本人的考证,却把结论掉了一个个儿,在那个时代,梁启超这种反常规的做法,是否和他自己当时的思想转向有关?其实,如果把《大乘起信论》在近代的争论作为一个思想史事件,一层一层地考察,可以发现现代思想、现代佛教思想的很多有趣背景,这才是福柯意义上的思想史研究。

第三个例子是明代丰坊伪造《诗》的古本和《大学》古本。过去对于丰坊都是很瞧不起的,思想史、哲学史几乎没有他的影子,倒是一些笑话集里面有一些他的笑话,大家可以去看黄宗羲《丰南禺别传》。为什么?因为他造假,造《诗经》古本,借了古人来说话;造石经本《大学》,说这是最古的本子。在那个时代,最古的就是最好的。为什么?接近圣人嘛。但是从另一方面看去,我们不要只看它假不假,要看看它出现的那个时代,究竟为什么他要造假?胡适在1922年8月23日的日记里面就说,从姚际恒《诗经通论》引他的《芣苢》一诗的解释中间,看到他"必是有意推翻汉宋旧诗序的人,因为'积重难返',故不能不借重子贡、申培两个古人来做大帽子",这是对的,伪造的东西下面有真思想呀。近年,台北的王汎森又在《明代后期的造伪和思想争论》中说到,明代中期王阳明学派和维护朱子的学派之间,争论不休,王阳明有古本《大学》来掀翻朱熹把《大学》分为经传的新本的权威性,朱子一派则反驳说,这个古本没有根据。在争论不休的这个时候,丰坊造出这个石经本,起了个大作用,什么作用?就是打击两边儿。据说丰坊平生最恨的三件东西,除了来自东瀛的倭寇,就是假道学和禅宗和尚,而朱熹一流在他看来就是假道学,王学在他那里,又和禅宗有关。所以他也要借用传统相信古书的迷信心理,把当时两边儿都治一下。王汎森的这篇文章的精彩处,就是超越了简单的文献真伪考证,发掘出了这种知识的系谱里面隐藏的思想史问题。

第四个例子,是关于宋代历史的。大家都知道"斧声烛影"的故事,说的是宋太祖和宋太宗的事情。据文莹《续湘山野录》说,宋太祖赵匡胤听一个道士的话说,如果十月二十日夜是晴天,你就还可以活很长;如果不是,那你就要死了,要赶快处理后事。这一天夜里,果然阴风四起,而且下雪下雹。于是,他把他的弟弟赵匡义也就是后来的宋太宗召来一起喝酒,让所有人都离开。这时,人远远地看见烛影下,赵匡义"时或避席,有不可胜之状"。而且在三更天,雪已经很厚了,看见太祖拿了斧子戳雪,说了两句"好做好做",于是和赵匡义一道在大内寝殿里面睡下。开始呼噜很响,到了五更,就没有声音,已经去世了。这个故事,引起了很多议论,究竟是否是太宗害了太祖,弟弟杀了哥哥?特别是,同时又有一种传说,立太宗为继承人,原来是杜太后的意思,不是太祖的意思,可见这里有权力之争。但是另一种传说,是太祖自己的意思,并且说,北宋大臣赵普,就是当时最有影响、最有权力的那个大臣,是想立太祖的儿子为皇帝,而不是太祖的弟弟,但是太祖不同意,还让赵普写了诏书。所以后来太宗对赵普很不喜欢。

无论哪一种说法,都暗示了北宋初年权力交接中间的一些阴影。但是,因为后来著名的李焘写《续资治通鉴长编》,也照录了这个故事,并且没有把文莹的说法考证清楚,所以,这事儿就成了疑案。后来《九朝编年备要》《宋史全文》《宋史纪事本末》等都记载了这段故事。而明代的宋濂、黄溍、程敏政等等,则又为宋太宗说话,说根本没有这件事。到明代的吴与弼、清代的魏裔介,倒又相信这种故事,说很可惜宋太宗,因为这种人虽然本来很了不起,可是有了这个污点,就做不到尧舜事业,所以说"烛影摇红,心田变黑"。

到底有没有这件事情?有人信有人不信。按照过去的历史学传统,主要是要考证,它是真的还是假的,像宋元人的著作里面,如《挥麈前录》《瓮牖闲评》以及《云麓漫钞》、元代的袁桷《修宋辽金史搜访遗书状》,一直在辩论。有人从记载的矛盾中考证,有人为了证明其真伪,连记载的书的真伪也一起质疑,有人从宋太宗的道德上考证。一直到现代还在争论。我的学生皮庆生找了十四篇专门辩论这问题的论文,从邓广铭先生到我的大学同学王瑞来,有的说是真的,有的说不是真的。有人还从病理上说,太祖暴卒是可能的,不是太宗谋杀。还有人说,不管太宗是否杀了他哥哥,他得皇帝位是不合法的,因为他好色,真是有趣得很。

其实,这事可能永远也考不清,历史资料不够了。不过,从另一方面去想想,这种一家人为争夺政权互相残杀的事情很多,宋太宗的前面,周公打管、蔡,曹丕对曹植,李世民对李建成和李元吉,后来的明成祖朱棣对建文帝,都是这样的,尽管"兄弟阋于墙",在春秋战国已经觉得它不好了,可是权力的诱惑很强烈,皇帝的位子很吸引人,还是要杀来杀去,可这为什么要掩饰,而且还要给他涂上正当的理由呢?那么,这里的原因是否可以看出"正统"的历史观念和"合法性"的需要,都已经渐渐成了对"皇权"的一个制约?同样,你之所以要遮掩,是不是因为它对儒家那种建立在父父子子血缘亲情上的伦理基础有挑战呢?特别是北宋这个"斧声烛影"的事情,为什么要说它是"真"还是"假"呢?说它"假"的理由究竟是历史事实考证上的,还是出于"为尊者讳"的目的、出于确立王朝合法性的目的、出于儒家伦理观念呢?所以,从知识考古学的思路上想,我们是不是可以考虑一下这一传说的思想系谱?第一,为什么这种"得位"的"正"和"不正",会被看得那么严重?其实,所有得天下的人,不都是用阴谋、用暴力的吗?连太祖不也是欺负孤儿寡母,搞个黄袍加身当了皇帝吗?第二,为什么宋太宗的斧声烛影,就格外要讳莫如深呢?第三,为什么我们一定要考证这件事情的是与非、真与假?我们难道不能用"知识考古"的方法,看看这件事情被当做真和假,被评论成是和非的不同声音,为什么会变来变去?

顺便说一个例子,最近发现的上海博物馆战国竹简《容成氏》中有"攻益自取"一句,这句话很重要,它和《战国策·燕策》里面的"启与支党攻益而夺天下",《韩非子·外储说》"古者禹死,将传位于益,启之人因相攻益而立启"差不多,说的是大禹之后,禹的儿子干掉了应该继承大禹位子的伯益,自己当了天下之主。李存山先生就指出,这说明,现在流行的古代传说"益干启位启杀之"的说法,可能只是一种说法,在古代另有一种说法。禅让本来是大家共识中合法合理的事情,禹之后应当是益,是当然的,可是,启却干脆杀了益,把位子当成自家的,"公天下"变成了"家天下",这本来不合法,可是,后来可能父子相传成了惯例,所以就说,先是"益干启位",然后说是"启杀之"。这证明因为有一些后来的观念作怪,古代一些本来流传的故事,就常常被历史无意中改写了,或者减去了,那么,这是为什么?

　　陈寅恪的名言"伪史料中有真历史",好像与福柯思想有些不约而同的一致,但实际上又有很大的不同。陈先生是历史学家,是要想办法把伪史料放在合适的地方当真史料用,是要"变假为真""变废为宝";而福柯是思想史家,对他来说,真写的史料中有思想,作伪的文献中也有思想,在这一点上真伪之间没有价值差别,"假作真时真亦假",都是知识系谱中的一层。换句话说,历史学家把伪史本身当做一种史料看待,只是要让它变成真的;而思想史家考察的是作伪的原因,不必把它当成真的,因为它背后,同样有当时的心理动机和思想观念,当时人们对作伪的东西的接受,也有思想观念的作用,这些观念吻合了当时的观念和心理,它就被接受了。通常,我们相信"科学"与"理性",所以自从宋代清代考据之学以来,意识到有些东西是假的,就常常把它们"去伪存真",把这些东西抛弃掉,像"古史辨"的疑古风气就是这样的。以前研究先秦思想史,我们就比较多地在乎用什么文献,文献说了什么。因为很多资料可能有假,所以,你不敢用它的说法,这样可用的资料就很少,总是要先辨伪,然后再把真的集中起来,排个序,然后写历史。但是,福柯却不一样,他觉得,考察这个作伪的过程本身就是一段历史,是一段学术史和思想史。某种意义上说,福柯总是要求我们把习惯的问题倒过来想,他要考察的不是文献在说些什么,说的是真是假,而是文献怎么说、在何时说以及为什么要这样说。

　　这样一来,也许已经被说出来的东西,就变得不重要了。在重新考察出来的重叠的地层关系中,福柯发现这是一个"话语"

变化的历史。他认为这是更严肃、更基本的历史,是心情与观念演进的历史。在这个意义上,福柯颠覆了过去传统的方法。在这样的方法下,过去我们认为是作伪的史料就会非常有用。以前说,早期佛教有很多的伪经和疑经都是假的,研究佛教史时应该先考证清楚,然后将其排除掉,像日本一位著名的学者牧田谛亮对佛教的疑伪经就做了细致的研究,他的关于疑伪经的著作被认为是佛教史研究的名著。但是,他只是考证这部经是真的,那部经是假的,还有哪部经可疑,让我们注意,要用真的,不要用假的,对可疑的要小心一点儿,这种方法当然很好。可是,这还不符合福柯的要求,按照福柯的方法,这些经典是可疑的、伪造的,那正好呀,我们的思想史就是要研究这些伪造背后的思想观念,把这些伪经、疑经的系谱排列出来,恰好就是中国人对佛教思想的理解和改造过程,没准儿一部佛教经典思想的诠释史,就可以从这里找到线索。

四　思想史可以这样写:疯癫、刑法与监狱的背后

那么,到底在福柯心目中,思想史应当如何写?

福柯没有正面讨论思想史的写法,而是用一些具体研究的例子来示范的。作为一个思想史教授,1970年以后,福柯研究了一些非常具体的历史,其中一个研究成果即《疯癫与文明》一书。这本书研究精神病人是如何被确认、被隔离、被我们所谓的正常社会所抛弃、监禁与治疗的;他讨论了上述发展的过程,讨论了理性、知识是怎样被赋予权力,建立一种大家都认为是"正常""合理"的生活,并把另外一些人、另外一些生活、另外一些思想隔离出来,并且把它们称为"不正常"。

大家都知道,精神病人生活在另一种精神状态里,但这种精神状态是什么时候被认为是非正常的呢?早先,精神病人与非精

神病人之间本来并没有太大的鸿沟，一些人并非一开始就被确认为是不正常的，显然自称是正常的这批人拥有着很大的权力。而这种权力，是由于"社会"需要，而社会又需要"秩序"，而"秩序"又使得这些组成"社会"的人拥有比其他人更多的力量。正是靠了这种权力，为了使所谓的社会与秩序得到稳定和安宁，他们要将那些可能破坏这种秩序的那批人隔离开。福柯在这里，就讨论了在理性还未隔离非理性以前，这种关于隔离的知识的产生过程。这让我想起了佛教一个非常有名的故事，这个故事来自佛经，后来在中国的《宋书》里面也有记载，流行得很广。这是一个关于国王与疯泉的故事。据说一个国家，天上总是下雨，谁喝了雨水就会变得疯癫。全国人除了国王都喝了雨水，于是全国的人都特别可怜这个国王，说国王的精神不对。在我们看来，喝了雨水的人都疯了，但疯子群体看到一个正常人即国王，反而觉得后者很可怜，并强迫国王也喝这种雨水。后来国王也疯了，大家皆大欢喜，说国王的病治好了。

　　在现实世界里，被我们称为疯子的这批人如果在人数上占绝对多数并拥有绝对权力的话，他们则会把我们这些所谓的理性的人说成是疯子。福柯在《疯癫与文明》的书中讲了一段话：我们不得不研究另一种形式的疯癫的历史，我们有必要试着追溯疯癫发展历史的起点，在疯癫这个词、被认为不正常的状态即疯癫被隔离的状况出现之前……在这个起点，疯癫尚属一种未分化的体验，是一种尚未分裂的对区分本身的体验。当我们回到疯癫历史的起点之前，所谓的疯癫和正常、理性与非理性之间并没有一道深刻的鸿沟。只是在不断的隔离、建构、描述、排斥等权力支持下，疯癫开始出现，并且被天经地义地放在精神病院里。福柯的研究虽然是针对精神病起源的历史，但他实际上是要追究人类的理性与非理性、正常与非正常，是怎样被确立起来的，这是一个思想史的问题。

　　此外，在另一本书《规训与惩罚》里面，福柯又考察了监狱、刑场和各种刑罚，发现我们现在表面上看来非常文明的监狱、刑罚等惩罚性方式的背后，其实有着相当复杂和残酷的历史。现在的刑罚不再是以剥夺人的身体、制造人的痛苦来惩罚人，像五马分尸啦、凌迟处死啦，而是采取了剥夺人的时间与自由的方式。后者看起来似乎很文明，但背后掩藏着一种权力意志和很狡诈的文明阴谋。福柯在《规训与惩罚》一书里面要说明的是，在法律的公正背后，是公正这个词被赋予了正当性，这种正当性实际来自权力。表面上人道的监狱的空间格局，实际上是更高明的权力监控系统。监狱的看守人在最高的高台上，目光可以看到所有敞开的监狱的房间。房间的门是朝中心开着的，狱卒可以监视到所有的房间。大家看过美国电影《绿里奇迹》吧？电影里对这样的监狱格局有所反映。监狱的铁栅门的方向朝着中心，犯人的一言一行、一举一动都会受到监控。现在发明的电视监控系统则更加可怕。此时，人的隐私权利、空间移动的权利甚至所有的自由都被剥夺了，在所谓文明社会的观念看来，好像比肉刑文明，但实际上这是非常残酷的，甚至比传统的酷刑更残酷。这种残酷并不像以前那样拿刀子割人，拿鞭子抽人。福柯说，现代社会里，人们把处罚变成精确的计算，把规训和成本计算连在一起，用多少惩罚会使犯罪者感到不划算，从而杜绝他的犯罪欲望。而对于人来说，自由可能相当重要，而监狱就是按照时间来剥夺你的自由，表面上人道的监狱的空间格局，实际上是更高明的权力监控系统。前几天我看到一部电影，说一个人从监狱中回到儿子身边，妻子已经死去，儿子对他很陌生，他在家里感觉非常不习惯。儿子对他也觉得很不习惯，因为他上卫生间时从来不关门，喊他时，他总是习惯性地回答"到"。这些，都是因为他在监狱中住多了，住惯了。如果我们的监狱是非常文明的、比五马分尸之类更文明的话，那么文明的标准是什么？福柯的研究是在追问这两种惩罚方式究竟孰更文明。

在这本书里，福柯对统一的、明确的、可以计量的惩罚进行了分析与讨论。这一点也可以联系中国古代历史来看，中国古代很重视刑典、法律的公布。春秋时代，晋国曾将刑律铸在鼎上，当时有人反对，认为如此一来，百姓就都知道刑罚了，统治者会丧失处罚的权力。与孔子同时代的子产，也曾将法律条文记于竹简并公布出去，得到孔子的赞扬。公开条文的意义其实是很重要的，古代的酷刑里隐含了暴力、滥杀的可能，是以暴制暴，现代的惩罚呢？表面上看好像很文明，福柯分析说，如果说公开的酷刑是对罪行的回答，通过刑罚而展示，那么，现代的量刑惩罚则是用最谨慎、有节制的方式，来表示犯罪的障碍和后果。它包括几个原则。一是最少的原则，就是使惩罚在最低限度超过罪行的程度，而不像酷刑那样过分。量刑惩罚需要计算，如偷盗罪是三个月的监禁，杀人罪是无期徒刑或死刑等等，好像很合理合情。二是充分想象的原则。酷刑是对肉体的施虐，但现代惩罚的不是肉体而是观念，让人对坐牢产生深刻的印象。罪犯被监禁时哪里也去不了，什么也干不成，生活寂寞而单调。当出狱后，痛苦的记忆就会不断地提醒他。三是单方面的效果，监禁使记忆选择了留存中最深刻、最持久的内容，而这些对肉体并未形成创伤。四是绝对确定的原则。现在的惩罚对与犯罪者是绝对确定的，因为法律条文是公开宣布过且得到大家承认的，所以罪行是绝对确定的，所以看上去很公平。福柯认为这是精心计算的惩罚经济学，是一整套的知识、方法、描述、方案和数据，从这里产生了现代性、现代人和现代制度。

从思想史上看，古代和现代的惩罚有什么不同呢？按照福柯的说法,古典时代的公开处决,显示了权力与真理的一体性,法律的公开处决是显示国王、法官拥有处罚人的权力,同时显示自己还拥有道德和真理。福柯认为,古典时代的拷问是法官与疑犯之间的较量,但审讯者进行肉体惩罚时,也具有一定的风险。被怀疑的人如果忍受不住而招供,这当然是权力的胜利,里子面子都胜利了。但如果嫌疑犯挺住了,没有招供自己的罪行,则成了权力的失败。公开行刑就是一种权力审判的方式:它首先要迫使罪犯成为自己罪行的宣告者,让他招认,宣布自己是个做了坏事的罪犯,而且最好沿用忏悔的宗教场面,让他自我忏悔,这样,公开的处罚的一方就象征着真理和正义,被处决的一方就代表了耻辱和罪恶。可是,如果他死不开口,这就麻烦了,观看的人们就会怀疑,这种惩罚是否正当,并且很可能同情被审问者。据说,西方历史有个悠久的传统,一个人如果英勇不屈像圣人一样地死去,则被认为是洗清罪名和获得荣誉的举动。其实,中国也一样,比如《阿Q正传》中阿Q唱着"手持钢鞭将你打"时,旁边的人喝彩;说"二十年后又是一条好汉"时,旁边的人又喝彩。这时,公开处罚的效果就丧失了。所以,福柯说,古典时代的处罚,有时未必起到规训的作用,并未彻底实现权力与真理的结合。在这本书里面,福柯从1757年巴黎大教堂外的一次残酷的刑罚开始讨论。这一年,巴黎大教堂外举行了一次四马分尸,可是,此后公开的酷刑即这种残酷的、血淋淋的酷刑,渐渐由于现代法规的制定而在欧洲消失了。

但是,福柯还要继续追问,这是否意味着人道、博爱、理性的胜利呢?过去,我们认为答案是当然的,可福柯对此持怀疑态度。他认为,惩罚从制造无法忍受的感觉的技术,变成了一种暂时剥夺权利的学问,包括一整套剥夺自由的技术和设置,如监狱的看守、监狱的空间构造、处死犯人之前的牧师、精神医生和教父等等。这样,酷刑被非酷刑的体系包装起来了,现代社会的公开法律和处罚条例,看起来相当公平,你看呀,它用宣判和囚禁的方式,使权力与真理和道德文明联系在一起,那些公开的法律条文,好像很成功地取代了公众意志,成了公平和公正的象征,一方面好像法律是社会全体的意志,囚禁人的暴力成为拥有真理的暴力;一方面让大家普遍以为,罪犯就等于是人民公敌。这样,就使人们在内心深处接受并自觉遵循这种权力的控制。大家都知道,现在社会的法律、法制,是理性时代至高无上的词汇,依法治国是天经地义、不容置疑的真理。可是,作为一个批判者,福柯认为这些在本质上是权力和惩罚,更厉害的是,还要人从内心深处接受并认可这种权力,所以他说,现代并不比古代更文明,更合情,只是更隐蔽。所以福柯的问题是,在历史过程中,这些特殊的征服方式是如何被建构起来的,如何取代了以前酷刑的惩戒作用,其合法性从何而来,凭什么一部分人可以把另一部分人的时间和空间的自由权利都剥夺了,这是否真的就比肉刑容易忍受?

五 小结

好了,到这里,我们对福柯的介绍告一段落,在最后,我们要谈谈福柯所从事的研究,对于中国思想史研究的意义是什么?我觉得,主要是对不言自明的常识的挑战。他把过去历史及人物、事件、思想的分析,转化为对权力和知识关系的分析,这使历史研究尤其是思想史研究,出现了另一种思路。

应该说,在思想史研究上,福柯是颠覆性的思想家,也是一个革命的思想家。我要申明一点,这里说的"革命"并非政治术语,只是说这种思想理论有颠覆性。他自己就说过一段话,这段话在《知识考古学》里面,他说,"作为一个思想史家,我想要从头到尾地更新学术规范,无疑的我也想要成就一种新制度,但是,在我无法彻底修改老的分析形式,使其跨越科学的门槛之后,我只好宣称我一向从事的也想要达成的，是一种与以往非常不同的东西。所有的这些努力都为的是要在那已砍伐殆尽的研究领域，另辟一条生路"。用一个比喻来说，我觉得，他像是一个过河拆桥的人，把我们赖以立足的所有基础都掀翻了，他的颠覆性实在是太强了，如果真如他所说的那样，大家想一想，历史将如何书写呢？

【建议阅读文献】

福柯《知识的考掘》，王德威译，麦田出版，台北，1993。

福柯《规训与惩罚》，刘北成、杨远婴译，三联书店，1999。

福柯《疯癫与文明》，刘北成、杨远婴译，三联书店，1999。

福柯《词与物——人文科学考古学》，莫伟民译，上海三联书店，2001。

福柯《必须保卫社会》，钱翰译，上海人民出版社，1999。

福柯《性意识史》（增订版），余碧平译，上海人民出版社，2002。

（简单地了解，可以读杜小真主编《福柯集》，上海远东出版社，1998）

埃里蓬《权力与反抗——米歇尔·福柯传》，谢强、马月译，北京大学出版社，1997。

福柯《权力的眼睛——福柯访谈录》，严锋译，上海人民出版社，1997。

第三讲　后现代历史学的洞见与不见

今天这一讲里,我们来讨论一下现在开始引人瞩目的后现代历史学。首先我还是要说明,后现代是一个面目不清,包含了很多取向、思路并不很一致的东西,所以,我这里也不是全面的讨论,而只是略取一点来说说。

一　关于《怀柔远人》和《白银资本》在中国的争论

一开始,先让我们来看看两本和中国有关的书。

第一本是《怀柔远人》(*Cherishing Men From Afar: Qing Guest Ritual and the Macartney Embassy*)。

1997 年到 1998 年,香港的《二十一世纪》杂志上,相继刊登了周锡瑞(Joseph W. Esherick)、艾尔曼(Benjamin Elman)、胡志德(Theodore Huters)、张隆溪、葛剑雄、罗志田等人的文章,讨论美国学者何伟亚(James L. Hevia)的《怀柔远人》这本书。这本书在 1997 年获得了美国亚洲学会的列文森最佳著作奖,这个奖是为了纪念《儒教中国及其命运》的作者列文森而设立的。说起来,美国的汉学界尤其是研究中国古典文明的学者并不是美国学术界的主流,而是处于边缘位置,不过,虽然处于边缘,也有一套自己的系统,在这个圈子里,美国亚洲学会的列文森奖是相当受重视的。1997 年的列文森最佳著作奖颁给了何伟亚的《怀柔远人》,这表明了这书的影响,它标志了美国汉学界的一种风向或者说是时尚。这本书是1995年由杜克大学出版的,大家都知道杜克大学的文科是有自己风格的,在某种意义上说,它是很集中体现后现代和新马风格的,那儿有不少这方面的教授。在这部书获奖的一两年后,该书引起了从美国到中国大陆及港台的争论,辩论双方各执一词,有人说好,有人说坏,火药味十足。1999年,大陆的《读书》与《历史研究》上又分别发表了人民大学杨念群和四川大学罗志田的两篇讨论文章。我总觉得,这标志了20世纪末,中国大陆的学术界开始要面对后现代历史学理论,而且开始不得不回应它的挑战了。

第二部书是《白银资本》(*Reorient: The Global Economy in the Asian Age*)。

这本书是美国学者弗兰克(Andre Gunder Frank)的著作,在2000年由北师大刘北成教授翻译出版,《白银资本》一书在中国大陆出版的前后,曾经引起过学术界的一场激烈讨论。首先挑起争论的是伯克利大学的刘禾。她在《读书》上发表文章赞扬弗兰克和《白银资本》的思路和取向,这引起一些学者的兴趣,也引起了一些人的不同意见,包括徐友渔、秦晖、雷颐等学者,都写了文章质疑弗兰克的历史分析和刘禾的说法。应当说,《白银资本》这本书也具有一定的后现代,尤其是后殖民色彩,到了这个时候,可以说,后现代历史学提出的问题已经进入中国大陆学术界并成为讨论的话题。

这里我先简单介绍一下这两本书的内容。

先说《怀柔远人》。这本书的主要内容是这样的。首先,它重新解读了18世纪末,大约是1793年吧,英国马嘎尔尼使团朝觐乾隆皇帝的一些史料。在这个问题上,过去通常的说法是,当时中国清朝的政府和皇帝固守"华夏中心"的观念,坚持"朝贡"

体系，傲慢地拒绝了英国及西方的合理要求。在这个说法背后有一个大判断和大背景，就是18世纪以后，西方冲击，中国回应，因为中国没有及时回应，所以近代中国逐渐落后。何伟亚对历史资料进行了重新解读，而且他想证明一个和过去不同的说法，就是清朝政府对外国使团并没有坚持朝贡体系和天朝大国的态度。其次，何伟亚要证明，清朝的宾礼并非一成不变的，而是灵活地采取了适应时代的变化。过去总是说，中国的宾礼中很强调天朝大国的地位，认为外邦均是蛮夷，不过是来觐见、朝贡的，有很多礼仪用来区分出等级的高下。而何伟亚的结论是，清代制度性的礼仪，并不是传统所说的那样，是"天朝大国"僵硬的表现，所谓的传统、高下、中边、等级的区别，是在"对话"中逐渐显现出来的，并不是一开始就有一个高下的价值。这种说法对不对，下面再说。接下去，何伟亚引申出一个重要结论，就是后来所有批评清朝天下主义观念的著作，都是"殖民主义"话语的表现。注意呀，他说这是"殖民主义"，自己就把自己放在"后殖民主义"的位置了。

这是一个颠覆性的结论呢。以前，中国也好，外国也好，讨论马嘎尔尼的访华问题时，都认为在这一事件中，表现了乾隆及清政府天下中心的高傲自大、拒绝外来文化的态度。可何伟亚认为，这种看法是具有殖民主义色彩的，是前人的偏见，带有西方中心的权力话语和意识形态。何伟亚的目的是，通过重新解读马嘎尔尼使团的历史资料来破除东西方长期以来的一种观念：中华帝国晚期漠视18世纪末西方的冲击，继续闭关锁国，导致了近代中国的衰落和中国后来的历史趋向。何伟亚认为，这些过去的传统对于历史的解释并非真如其实，中华帝国后来的没落，是西方侵略和殖民的结果，这个说法比较革命啊。

《白银资本》的英文全名翻译过来应该是《重新面向东方：亚

洲时代的全球经济》。这是一本经济史著作,由加州大学在1998年出版。这部书的中心意思,是说1400—1800年之间,亚洲,特别是中国是世界经济的中心。这个世界经济体系的中心,是建立在从中国出口丝织品、印度出口棉布,与欧洲和美洲的白银的交换上的。当时,中国对外贸易处于大量的出超阶段,是贸易盈余而无赤字,白银大量流入中国,中国对白银的大量需求,带动了全球经济的发展。弗兰克认为,当时欧洲人进入美洲,进行大量的白银开采,同时通过掠夺,很便宜地获得白银,并以白银作为支付手段,从中国捞了很多商品回到欧洲。通过对这一过程进行的经济史考察,弗兰克说1400—1800年的几个世纪中,世界已经有了互相依赖的经济体系,而不是一个个孤立运作的单元。因为西方掠夺了美洲的廉价白银,并以此作为贵金属来支付中国的商品,好像"空手套白狼"一样,左边抢了美洲,右边骗了亚洲。欧洲就是依赖这一系列的剥削发展起来,具体说,西方的发展是依赖于白银的掠夺,和以此作为贵金属支付,实现对东方的剥削。

"如果我们承认地球是圆的,那么欧洲就不该定为中心",他一再强调,宋代以来中国是经济的中心,郑和以后,中国也并没有闭关自守,还是东南亚甚至全球贸易的中心和枢纽。只是鸦片战争以后,因为先前的骗,后来的打,是西方搞得中国落后了。大家注意,弗兰克所用的资料并非是新的,只是他的结论是新的。如果有人对经济史、社会史有常识,就会知道,在这之前,彭信威的《中国货币史》、全汉升的《美洲白银与18世纪的中国物价革命的关系》等等,早就已经把经济史上的问题讲清楚了。然而,《白银资本》之所以引人瞩目,是因为它批判了西方中心主义的历史观,重新认识资本主义的历史,在观念上是崭新的,也一样具有颠覆性。

《怀柔远人》和《白银资本》这两本书在近年大陆都有了译

本，它们被介绍到中国并引起中国学术界的争论，说明了到 20 世纪末 21 世纪初，后现代历史学开始成为中国历史学界必须面对的问题。

二 什么是后现代历史学的主要观念？

那么，什么是后现代历史学呢？"后现代"是一个非常复杂的概念，没有特别明确的边界，至今仍很难说清楚，连后现代自己也讲不清楚。这里只能简单地说，后现代历史学中最重要的观念之一，就是"把历史看成语言的虚构、一种叙事散文体的论述"。近年来，台湾翻译出版的两本书，英国历史学家詹京斯（Keith Jenkins）的《历史的再思考》（Re-thinking History）、《后现代历史学》（On "What is History": From Carr and Elton to Rorty and White），又出版了一本王晴佳、古伟瀛《后现代与历史学：中西比较》，这三本书比较清楚地介绍了后现代历史学，在詹京斯的书里面说，历史学到怀特，已经形成了后现代最重要的观念，即历史只不过是一种语言的虚构物和叙事散文体的论述。

这可不得了。如果真像后现代史家所讲的那样，历史就变成了文学。这是一个好大的转变！各位都知道，中国的历史学在清代就有过一次很大的变化机会，章学诚提出"六经皆史"说，大家都知道的，其中就包含着一些颠覆性的内容：因为按照这种说法，历史上的任何著作，包括"经"，都没有绝对的权威性，它们和"史"一样，只不过是记载了历史。如果是这样的话，就瓦解了"经"的地位。但是，当时这个命题的意义并未被充分地展开，一直到 20 世纪 20 年代，先是打倒传统的儒家和经典的权威，后是"古史辨"对古经古史统统的怀疑，才真的确立了"史"的真实性权威，打倒了"经"的真理性权威。可是，章学诚也好，后来的古史辨派也好，还没有到极端的地步，像章学诚在《文史通义》中的《方志略例》中就说，历史和文学还是不一样的，他说，"一切文士见解，不可与论史文"，为什么呢？因为"文士撰文，惟恐不自己出，史家之文，惟恐出之于己"。他说，文和史，"大本"首先是不同的，历史要言而有征，因为无征不信呀。可是，到了20世纪，怀特却说"史皆文也"这个观念，恐怕更厉害了，它进一步连"历史"也瓦解了，历史居然成了文学，也不是真实的了，那还有什么权威性？

我这里重复说一遍，无论东方还是西方，经典的权威是建立在真理之上的，经典为什么有权威性？因为经典拥有不容置疑的真理。历史的权威是建立在真实之上的，历史为什么有权威性？因为真实而人们必须相信它。如果经典没有了真理的权威，历史也没有了真实的权威，那么，经典算什么？历史还会剩下什么？在这里，我们要简单区分一下传统、现代和后现代的观念差异：第一，在传统社会里，真理和权威是在经典那里的，西方有《圣经》，穆斯林有《古兰经》，我们有四书五经。第二，在现代社会里面，经典的权威不行了，真理要经过检验呀，所以要真实、准确，科学很重要。历史为什么有价值，是因为它确凿。它为什么确凿？是因为有"科学"。这里面有西方从18世纪以后建立起来的一套历史学观念。可是第三，到了后现代历史学，却认为这些历史学的看法暴露了"现代性"的误区。什么误区呢？后现代历史学家们说，首先，先前对历史的分期，比如把历史分为古代、中古、近代或原始社会、奴隶社会、封建社会、资本主义社会等等，其实这种对历史因果关系的解释，是后来想象和设计的。其次，后现代历史学认为，现代性的历史有个很大的问题，就是使历史不仅在时间上，也在观念上趋向现代，比如，理性与科学逐渐战胜宗教理性与传统，市场交换的理性原则逐渐被合理化，个人权利和自由逐渐合理化，所以有历史目的论呀。后现代历史学认为，现代性的史学实际就是在这些先在的观念下，来清理和书写历史的，也是像文学写作一样的。再次，后现代史学嘲笑现代历史学说，你们总觉得可以通过文物和文献，借助语言、文字、图像建筑和构造历史的真实性，而做到这点是不可能的。

这很麻烦了。过去兰克史学觉得，把往事如何如何写出来，就是历史学。这种观念被后现代主义批判得很厉害，他们说，你这么说，就先假定我们可以了解往事，然后假定往事可以写出来，再后假定写出来就对现在和未来有用，这只是盲目自信。其实，文学是在创造故事，而历史只是在发掘故事；文学在想象中写，历史在资料里编。现代的进步、理性、客观的观念，在后现代学者看来，恰恰都是弊病所在。所以，它对传统史学与现代史学都持一种怀疑的态度。

这让我想起了1900年第一次世界历史学家大会上的一个发言。当时一个叫莫诺的法国史家致开幕词时，讲了一段话：我们再也不想牵涉假设的近似推论、无用的体系和什么理论，它们看上去堂而皇之，其实徒有其表，只是骗人的道德教条；我们要事实、要事实、要事实……我们要本身就含有教育和哲学的事实；……我们要真相、全部的真相，除了真相我们一概不要。这里，三个"事实"、三个"真相"，一百年以前，历史学家还强调事实、真相，他们认为历史学家通过历史文本的记载，我们可以再现历史的真实、事实与真相。可一百年以后，这些观念好像有点儿变了，现代历史学好像要被后现代历史学所取代了。有些人对这趋势深信不疑，觉得现代以后可不就是后现代吗？但是，我并不怎么相信这种很简单的"进化论"。

下面，就简单讲一下后现代历史学的几个问题，讲它的"洞见"与"不见"。洞见很深刻，可是有可能只是"以管窥天""坐井观天"，像长筒望远镜一样，看得很深，但有可能是深刻的片面;"不见"很正常,不过常常也是"一叶障目,不见泰山",或者干脆是"视而不见"。

三 历史是虚构文本、是散文作品吗?

我们经常说,长平之战秦将白起坑杀赵卒几十万。鸿门宴上项庄舞剑意在沛公。天宝末年的唐玄宗时代曾有马嵬之乱。后周末期,赵匡胤陈桥兵变黄袍加身做了皇帝,等等。如果我们熟悉后现代历史学的理论,则会发现这些话呢,其实都存在一个问题。什么问题?我们漏了一个东西,我们应该说的是,根据《史记》的记载,白起坑杀了赵卒;根据《汉书》的记载,鸿门宴上曾经发生了项庄舞剑;据《新唐书》《旧唐书》记载,唐玄宗天宝末年时发生了兵乱;根据《宋史》记载,赵匡胤兵变后做了皇帝。

可是过去呀,我们常常忽略作为文字书写的史书,把它作为透明的玻璃,好像通过这些透明的玻璃,我们可以直接看到历史。但是,我们忽略了文本的存在,在我们把它当成玻璃时,没有把它们当做一层隔障,这样一来,就忽略了这一层透明的屏障。可是,我们和"过去"之间,并不是透明的、没有任何障碍的呀,还有"历史"文本呀,所以,如果我们把透明的玻璃当成一个要注意的焦点,不是直接看玻璃背后的景象,而是定睛看这个玻璃,把注意力集中到文本上时,过去的玻璃就会变得模糊起来。这个时候,玻璃后面的"过去",才经过玻璃的折光而呈现出来。这一点和说书人根据《三国演义》《水浒传》演绎出来的各种故事没有区别呀。说书人也可以说,根据《三国演义》,捉放曹如何如何;根据《水浒传》,宋江三打祝家庄如何如何等。过去传统史学,常常把连接我们自己和过去之间的历史文本给忽略了,人们常常是在直接地叙说,好像历史是个不言而喻的过去,历史与过去是等同的、重叠的。

第三讲 后现代历史学的洞见与不见

但是，当后现代历史学要瓦解现代历史学的确凿性时，就特别凸显了文本。文本是后来人写的呀，这样，"历史"和"过去"就分开，历史只是文本对过去的描述。海登·怀特被认为是后现代历史学的理论奠基人，他有三本书，一本是《史元》，metahistory 是一个很怪的词，有人也翻译成《后设历史学》或者《元历史学》，还有两本是《论述的转义》和《形式的内容》。这三本书不完全是历史学，但对后现代历史学产生了重大影响。怀特的理论，厉害的地方就是抓住了文本环节的重要性。我念一段他的话吧，他说，"我们所谓的历史，其实是借助一类特别的、写作出来的话语而达到的与过去的某种关系。"这话怎么讲？有三点，第一，历史不等于过去，而是写作出来的话语；第二，历史必须首先被写作出来才能被阅读，通过阅读我们现在人才可以与过去发生关系；第三，历史在这点上与文学一样，并完全可以由文学理论所诠释。唯一的不同，是小说家创作（invent）故事，历史家发现（find）故事而已。这样一来，历史与文学的界限在逐渐模糊。所以，他提醒我们说，我们应该小心翼翼地不让自己被所谓历史的真实性所约束，小心翼翼地避免历史叙述所带来的指令性、指导性的引导。

后现代历史学有很多聪明的地方，这就是他们的"洞见"。他们看到了很多容易被我们忽略的事实。比如说，你读《左传》和《史记》，就可以很容易看到一些虚构事实，这给后现代历史学提供了佐证，举三个例子。比如，项羽霸王别姬，很有名的故事吧，《史记》记载项羽在帐中与虞姬生死离别，第二天项羽与十八勇士突围并相继死去。如果真是这样，那么，没有人会获知虞姬与项羽离别之事的呀。很多人包括清代一些考据学家都认为霸王别姬的故事与司马迁对项羽的一种感情和要确立历史的连锁性有关。按司马迁的观念，历史是由秦到楚再到汉，楚有首义之功，所以要凸显项羽的意义，给项羽立了"本纪"，可能也根据什么传说故事写了这个凄楚的故事。又比如，《史记》中还有张仪、苏秦列传，可是根据现在考古发现的马王堆帛书《战国纵横家书》的记载来考证，张仪与苏秦活动年代之间相差数十年，两人之间不可能发生像《沙家浜》似的智斗，但是，《史记》把两人的时代放在一起，就有了六国和秦之间关于连横合纵的精彩智斗。再比如，《左传》里面有刺杀赵盾的刺客鉏麑，他看到赵盾勤勤恳恳地早起准备觐见，于是长叹一声而"触槐而死"。那么，他死前的心理活动有谁会知道，又怎么会被记录下来呢？《左传》怎么会相信这种故事呢？在这些猜测揣摩之中，历史与文学之间有了密不可分的因缘。后来，我觉得，可能在《汉书》以后，历史学的理性逐渐被确立，大家都要给历史与文学分工，说文学是虚构的，历史是真实的。历史被确立为真实的写作之后，就好像具有了真实的特权，要我们必须相信他。但仔细看，历史的事实并非我们想象的那样。

让我们再举几个例子。

如果我们相信史书所记载的唐代玄武门兵变，就会承认，李建成是很猜忌、很差劲的，李世民是很谦和忍让的，是被迫杀害他的兄弟的，也是正义的；而他们的父亲李渊，本来也是愿意传位给李世民的，只是受到了后宫的蛊惑和挑拨，所以李世民后来继承皇帝位子，他是合法的；不然的话，就没有后来的贞观之治，唐代也不可能延续三百年，所以是应当的。但仔细分析后，可以看出历史书在假借着真实与权威，掺进了很多自己的立场，编了一个圆满的故事。李建成兄弟与李世民一样，也拥有皇位继承的合法性，李建成还是哥哥，为什么他们不可以杀掉李世民呢？为什么单单李世民是被迫的且是有道理的，是无奈之后才狠心地断手足之情。这其中显然掺入了一些政治与文学，并非完全按照真实的历史,像档案一样一一记载。以前,傅乐成先生曾经写了一篇《玄武门事变之酝酿》,收在他的《汉唐史论集》里面,对这件事情已经做了重新分析。大概是去年吧,葛剑雄在《万象》杂志上面也写了一篇文章,也在重新讨论这一问题。我想,是后来对唐太宗作为英明君主的赞扬,强化了兄弟残杀事件的合理性,后来对历史本身的合理性认同,又支持了叙述的合理性,在这里历史不是像文学一样吗?

又比如,关于清代皇室,也有不少的争论。如顺治皇帝五台山出家之说就有各种描述;关于雍正是否改了传位诏书夺了十四皇子的位子,也有很多说法。特别是关于乾隆的出身,历史学家孟森曾有一篇《海宁陈氏》的文章,讨论乾隆是否是海宁陈阁老的儿子,究竟是汉人还是满人。我们知道,如果历史改写成这样,爱新觉罗氏就成了汉人,后来是不是也就不需要反满,也不需要反清了?后来金庸写《书剑恩仇录》不就是这么写下来的吗?

这些历史,因为掺进了价值、想象和感情,有文学性叙述在里面,叙述出来的确实是一种"文本"。这是后现代历史学的一个洞见,它看到了历史中间的种种虚构、叙述、遮蔽和掩盖。顺便说一句,大家要知道,后现代的理论是从文学中学习而来的,文学总是想象力丰富且花样繁多。搞文学的人常能创造出各种各样五花八门的理论,对人颇有启发。怀特的思路,实际上受到文学传统的影响,如雅各布森(Roman Jakobson)、罗兰·巴特(Roland Barthes)、弗莱(Northrop Fryer)等等。怀特受他们的影响,就逐渐生成了他自己关于历史学的理论,他的结论是:"过去不等于历史,历史只是一种叙述,叙述不见得能被完全理解,当人们理解时,可能已经不是真实的历史了。"另一个后现代加新马学者詹明信,也曾经说"历史不是一个文本,可除了文本,历史无法企及"。你乍一听,这话对呀,过去是客观存在的,它虽不是文本，但除了文本，确实无法知道也无法叙述，可是，我们往往把"叙述"和"文本"当成真实的历史，史书仿佛是一层透明的玻璃，让你忘记它的存在。所以，后现代历史学很重要的一点就在于提醒人们，我们始终是在透过这层玻璃来看过去，这层玻璃就是历史文本，而文本就是人为的叙述。

这里面确实是有深刻的洞见。在我们习惯接受的很多历史叙述中，真的是有一些被后人构建的，比如说"炎黄炎黄"，就是炎帝和黄帝，作为中国人的始祖，黄帝、炎帝被发掘出来隆重地崇奉，在很大程度上是被后人弄的，司马迁都知道这些话靠不住，所以"荐绅先生难言之"，不好说嘛。可是，黄帝在晚清时地位越来越重要，被浓墨重彩地书写并被作为国民认同的形象。后来，为了顾及长江流域，又隆重推出炎帝。这是为了族群和国家的认同，硬写出来的历史。台湾的沈松侨写了一篇《我以我血荐轩辕》，他分析黄帝传说的历史，就说黄帝故事的大量生产与晚清的国族认同有关，黄帝在古代就已被说到近于神话，可到晚清时又被浓重提出，连蒋介石和毛泽东都很重视对黄帝的祭祀。直到现在，还大修黄帝陵、炎帝陵，官方和民众还年年去黄帝陵拜祭。不管有意还是无意，这都是后来希望强调国家民族认同的反映。浓墨重彩的书写是干什么？是为了让它具有民族传统和历史认同的象征意义。这和明代的遗民故事一样，它到晚清时被描写得日益悲壮，其中有着反满的动力和压力。所以，如果我们认真清理和透视历史文本，你就会发现，有的历史会假借"真实"的权威，来影响和改造我们当下的思想，我们常被历史所谓的"真实"约束，以至于相信"历史的文本就等于真实的过去"。

四 历史文本真伪问题的另类观察

应该承认，无论古代还是现在，由于意识形态、价值观、感情、思路方法、政治时势等因素，也包括历史资料的欠缺、丢失等等，历史真相的叙述总会受到影响。完全讲历史叙述的全面性和真实性是不可能的，我们说，"不在场的阴影笼罩着在场的"，"过去"和"历史"之间的距离实际上是很大的。后现代历史学将"文本"拿出来，追究并且质疑"文本"的真实性，使我们意识到文本不等于真实，这个意义是很大的。不过，大家注意，对历史资料的审查和解读，现代历史学和后现代历史学，表面一样，实际是不一样的。那么，对历史文本的考据，考据其真伪，审查它的内容，现代历史学和后现代历史学到底有什么区别呢？

在中国，对历史文本的考察有很长的传统，你们有兴趣的话，可以去看《伪书通考》和《续伪书通考》。这两部书很有代表性，它们把过去相当多的文献都放在"真"还是"伪"的面前，考察这些文献的描述是真是伪、作者是真是假等等。这一传统在清代，形成考据学，考据学家对古代文献做了更多的研究，现代史学也继承这个传统。我以前是古典文献出身，在学校学的就是这一套知识和方法。但是，这些"辨伪"，和后现代历史学对文本的质疑并不一样，那么，后现代是怎样看待文献的呢？

首先，后现代历史学并不是辨伪，辨伪毕竟相信有真有假，是针对历史文本的可靠与否，这仍然是现代历史学的方法。其次，在上一次讲福柯的时候讲到，后现代历史学也不是像陈寅恪那样指出"伪史料中有真历史"，陈寅恪是"将伪变真"，变废为宝，还是要找出"真实"来。而后现代呢？是要揭发历史文本在书写中间，由于各种意图而被添上的各种色彩，然后它要把染上色的系列，一层层排列起来，成为历史描述过去的过程，要证明这个过程中是有"权力"的影响的，说明历史和文学一样，只是叙述出来的文字。

大家知道，在古文里，"伪"是人为的意思。荀子说，人是性恶的,"性善者伪也",就是这个意思,不是说人性恶,性善是装出来的。在后现代史学眼睛里面,所有历史著作的真实性,都是人为的,是"伪"的,造伪的动机可能透露出真实来。上次我们讲过福柯,福柯就认为,这些书写的历史真实,符合了某个时代大家的共识,所以大家都接受它并承认这种真实,于是它就成了"真实"。大家承认的共识,就是一种"权力",它确定什么是"真"什么是"假"。而处在那个"常识"世界的人叙述的历史,渐渐就成为后来人想象中的真实,所以,"历史"就是写出来的历史,而历史就遮蔽了"过去",我们看到的只是历史文本,而看不到帷幕后的东西。过去,思想史也好,文化史也好,对文献真伪考证时常常讲"去伪存真",通过真实史料重新描述历史。后现代历史学不这样认为,因为这样一来,就等于承认了通过这些史料可以直接恢复和再现历史,所以不应该将重点放于"去伪存真",因为"伪"的本身也是一种"真",它是人为的构造,构造时流露了真实的心情。

应当说,这也是后现代历史学的洞见。历史里有真史也有假史,无论真实的历史还是层层积累的假史,小心翼翼地剥开它们,都会发现背后真实的心情,重新组织和发掘,就会看到一些原先看不到的东西。小心剥历史的外壳,先是虚构的历史,之后有虚构者的心情和选择这些事件真实的想法,反映着一些价值取向,背后是一套用观念包裹起来的思想。就像买椟还珠,过去历史学家总认为我们可以找到那个"珠",但后现代历史学家告诉我们那个"椟",就是盒子也很重要,用什么样盒子包装反映了卖珠者真实的心理,这样你就把历史变成了史学史,变成了思想史,科林伍德不是说嘛,"一切历史都是思想史"。

关于这一点,我在这里举几个有关中外交往史的例子,这些例子都很典型。

第三讲 后现代历史学的洞见与不见

现在大家争论马可·波罗是否真的来过中国，并讨论《光明之城》的真假。大家能不能想想，这种关于真伪的争论背后，是否能说明什么？为什么很多人要坚持马可·波罗到过中国，为什么有人要相信《光明之城》的真实？有时候，你不必去讨论历史是否真的存在过某人某事，也许那是争不清楚的，但是，可以看看那记载这人这事的文献是否有某种思想和意图？和这有关系的另一个很有趣的例子，是从 19 世纪下半叶直到 21 世纪的今天仍在说的，中国人像法显、郑和发现美洲。最近，围绕一个英国业余学者孟席斯《1421 年：中国人发现美洲》，还在争论。很多人都指出他那些关于古航海地图、关于沉船等说法都是不可靠的。其实，我们不必总纠缠在真的还是假的上面，还可以看看，这种争论背后，总是有民族主义、后殖民主义。为什么关于中国人发现美洲的说法，出现在晚清的积弱时代，又大盛于开放后的 20 世纪八九十年代呀？它和当时的民族主义有什么关系呢？为什么郑和航海发现新大陆的说法出现在当代的英国呀？它和后殖民思潮、世界体系、大分叉的想法有什么隐约的关系呢？这也是一个可以讨论的话题。后现代历史学有一个很明显的理路，先是瓦解历史学的真实性权威，动摇理性与科学的绝对性，然后进一步批判西方代表的"现代性"，然后是瓦解西方中心论，批判文化上的殖民主义，包括西方中心、男性中心、理性中心，对旧说法进行颠覆。大家注意看，英国作家霍布斯鲍姆（E. J. Hobsbawn）编有一本书叫做《传统的发明》，这本书说了一个事情，就是很多"传统"不是客观存在在那里的，是历史积淀下来的，是当代人"发明"出来的。所以，当代欧美一些历史家，非常热衷于非洲大湖区的历史。比如大卫·勋伯伦（David Schoenbrun）研究东非大湖区土著在 1890 年到 1990 年的反抗历史，帕特里克·哈里斯（Patrick Harries）研究南非祖鲁人的历史，都有重建历史，作为政治动员力量和族群认同的意思。很多后殖民历史学理论也从这些研究中发展起来。其实，很多大湖区的历史记录是纷乱的，当他们要反抗殖民统治时，重新建构了很多历史，甚至动用殖民者的历史资料来重新编织土著悠久的历史。这些历史，不必一定是真的，但它支持着土著人对独立的争取，反映了他们两百多年争取民族独立的心情。从这个意义上讲，历史的真实与虚伪并非讨论的重点，对历史真伪的清理，属于现代历史学的范围，而不是后现代历史学的关注点。

五 历史的写法与读法

我们先总结一下后现代历史学的洞见与贡献。

首先，后现代理论通过对"现代性"的批评，揭发了可能隐藏在中立、客观、科学的理性背后，仍然是一种意识形态式的权力。简单地说，就是它揭露了所谓"真实的历史"背后，可能隐藏着不真实的想象和权力。在这里，后现代史学特别对现代历史学里面的"理性"进行了批判，这使很多人开始对我们原先的"自信"产生了怀疑。所以，后现代史学特别要瓦解"宏大叙事"，因为宏大叙事背后，有一个整体的眼光及基本的判断，要靠"理性"对历史进行整体的评价和描述，才能写出大叙事来。后现代理论尖锐讽刺并试图瓦解这种宏大叙事，认为现代理性是靠不住的。宏大叙事常常是靠不住的，它对历史因果关系的解释下面，隐藏了某种政治和理念。比如，以前讲的"五阶段论"呀，是为了把历史最后归到共产主义社会；过去用的古代、中世、近代的写法，是为了证明一切向现代发展的必然性；过去讲近代中国的开端是1840年，又把近代中国社会性质确定为"半殖民地半封建"，是论证反帝反封建的历史正当性。可是，在后现代理论和视野下，这些大叙事都不灵了，历史常常被分解成片断，他们认为，所谓历史的整体关联只不过是理念中的构造，整体图像的描述，实际上是对一种秩序的规范。后现代历史学瓦解了宏大叙事的必要性，使史学向片断、琐细的个案研究迈出了一大步。最近有一篇文章，讲意大利和法国的历史学家如何做微观史的研究。在《比例尺的伸缩》这本书的前言中，引用了电影里的一幅画面，当时是一个熟悉的画面，但是把镜头放大并往前推时，这个图像渐渐地变了，而不再像先前那样。就像我们用电脑打印一幅图，将其中的一小块放大，就会变成一点一点的，图像就被瓦解了。后现代史学的意思是说，当做微观的、小场景的历史学研究时，看到的会不同于平时在宏观整体关照下所看到的图像，会得出不一样的结论。

其次，后现代历史学理论对隐藏在传播方式、宣传方式甚至资讯、科技等背后的意识形态进行揭发，指出这些东西实际上和日常生活里面的政治、意识、观念有着很深的联系。大家要注意，一方面，他们不承认有纯粹客观历史，所以后现代历史学特别注意分析历史和政治的关系，和政治学研究有着很重要的联系；一方面后现代历史学身处现代环境，对传达意识形态、包围着现代生活方方面面的传播媒体，有很深的警惕。这也是很对的。

最后，后现代史学另一重大的贡献是对历史文本特别警惕。刚才我们说，过去我们认为文本是透明的玻璃，透过文本可以看到过去。但后现代历史学提醒我们，要注意到不同的书写，构成了不同的历史图像，描述了不同的过去，所以，写作的意义并非过去想象得那样渺小。历史书写的章节、历史资料的选择、历史叙述的角度、历史叙述所用的词语等等发生变化时，历史的图景就会变化。这个道理并不复杂。一个东西放在那儿，不同的人从不同的角度看过去，再用不同的心理、知识储备、习惯的语言描述出来，可能会很不一样。这并不是盲人摸象，而是横看成岭侧成峰的结果。不同的人关照不同的历史时，叙述出来的很有可能并不一样，所以他们说历史在某种意义上是文学，是"写"出来的。

正是在这个意义上，写法或者说历史叙述本身，就是值得非常注意的事情。我对这个东西很关注，所以在写《中国思想史》的两卷本时，在开始都有一个很长的导论，提到思想史的"写法"问题，结果遭到了很多激烈的批评，说我将历史看为一种"写法"，历史学家岂不就成了作家。其实这些批评者完全不能理解我的思路，我不是说要将历史当做文学，只是说，当历史的写法发生变化时，描述的过去也就发生了变化。从这点看，叙述、写法、文本应该成为一个非常重要的话题，是历史学必须严肃面对的问题。因为写法的背后，实际上都有权力的影响呀，刚才说，用历史五阶段论、按《联共（布）党史》所安排的社会史图像来写历史，描述出来的中国历史，实际上并不完全是本身存在的过去，而是体现了《联共（布）党史》背后权力与意图的一种写法。写法的改变意味着秩序、观念、视角及视野的改变，你看福柯的《规训与惩罚》，按他的写法，法律史就成为另外的模样了。写法变化的本身，也是思想史的变化，把不同的"写法"按照时间连缀在一起，就是一个思想史的过程。比如，中国人最早的《中国哲学史》是谢无量写的。谢无量写了很多书，只要看到西洋有这个词，就拿来用。他很聪明，阅读也很多，但从来不深邃，见了就写，写了就出。他的《中国哲学史》，仍是以中国传统的经学为主干，无非加上了一些子学。后来受过西学训练的胡适写《中国哲学史大纲》，可以看到西洋的观念逐渐渗透到胡适的写作方法之中，他特别注意语言、名辨等。在接着的1929—1931年，冯友兰也写了《中国哲学史》。他一开始就讲要用西洋的哲学观念，在中国古代文献里面抽取一些东西把它联成中国哲学史。到冯友兰时，可以作为一个标志，即西洋哲学史观念全面进入中国古代研究领域。到任继愈《中国哲学史》时，马克思主义的唯物论的写法已经大举进入。把谢无量、胡适、冯友兰和任继愈连起来看，这个哲学史系列，就构成了一个思想史的线索与叙述，这样写法变化本身就成了思想史的内容。用福柯的理论术语来说就是"知识考古"，就是一层层地剥开权力和知识之间的关系。

六　后现代历史学的不见或局限

我并不能完全、甚至大部分认同后现代的观点。

我这人有些实用主义，什么东西先拿来自己用用，不好的话，也不会轻易地相信它，所以，有人说我是"弱水三千，只取一瓢饮"，也许是表扬，也许是批评。这我不去管它，其实，我觉得所有的理论都有它的长处和短处，后现代历史学有根本的短处，这使它也具有很大的危险。

记得有一次与以前的研究生讨论，有人说，中国史学很早就有后现代的思想了，因为顾颉刚先生在20世纪20年代就提出了，讲历史是由层层积累的伪史构成的。好像台湾的杜正胜也有这一看法，说古史辨派的理论与后现代史学的某些方面事实上是相通的。顾颉刚先生认为中国古史全是一篇糊涂账，两千年来随口编造，其中不知有太多糊涂。经过两千年的编造成为一个系统，什么是系统？就是零星的散乱的知识的合理化与秩序化，而秩序化恰恰就是现代理性的一个特征。顾颉刚说，"古史发生的秩序和排列的系统，恰是一个反悖"，古史本来发生的秩序，和写作出来的古史所排列的秩序，恰恰是相反的。比如禅让，就是战国学者受到时势局势刺激后，在想象中建构的乌托邦，并不是真的，三皇五帝说，就是越古越晚出，因为要超过以前的传说，描写更古的帝王，所以就越说越古嘛。看上去，古史辨派似乎和后现代史学一样，要瓦解传统历史的真实性，重新寻找构成历史的知识与秩序，找出存在的古史观念是从何时何地因何事而来的。顺便说一句，有人说，古史辨派与日本白鸟库吉的"尧舜禹抹杀论"有相同之处。这不一定对，日本白鸟库吉的"尧舜禹抹杀论"在日本人那里，是为了支持它对中国历史的瓦解，以减少华夏传统对日本的影响，是重建日本民族主义历史的举动。过去，日本对中国历史非常尊敬甚至当成自己的渊源，白鸟的工作，是要瓦解中国悠久的历史，以建立一个全亚洲范围内共同的历史的渊源。而顾颉刚先生及"古史辨"的学者是受当时的科学主义、清代的实证风气及流传下来的公羊学传统的共同影响，虽然客观上也有瓦解历史传统的意义，但和白鸟库吉还是不一样。同样，它也不同于后现代历史学，应该说，还是属于现代性的史学范围之内的。

为什么这么说呢？

第一，古史辨派毕竟相信历史有一个本身的存在，他们的看法是，历史学的目的是要剥开层层包装的伪史而呈现真实的历史。可后现代史学是"无心"的，是"空心"的，认为所有的历史都只不过是层层的包装。古史辨派的重要原则，是"去伪存真"，后现代历史学则将叙述的历史和真实的过去分开，把过去的真实悬置起来不去讨论，而是讨论一层层的包装是怎样建构起来的。也就是说古史辨寻找"真实"如何，而后现代只是追问文本的"叙述"如何。

第二，正是因为以上的差别，古史辨派的中心目标是"辨伪"，剥掉的东西是随口编造的废弃物，它们与本真的历史构成了反悖，所以要寻找本真的东西，其他的可以甩掉不要。后现代好像对"垃圾"特别感兴趣，特别关注那些层层作伪的东西，它的主要目的是清理这一层一层的包装过程，好像马三立相声里说的那个止痒药，"剥了一层，又剥一层"，最后的秘方只是两个字"挠挠"。也就是说，当古史辨派把一些东西当做废物去掉时，后现代史学者将它们拣起来并做细致的分析。

第三，古史辨派的历史学方法基本上是针对"过去"的存在，"过去"是很重要的。他们在当时，确实瓦解了传统史学，而且与当时反传统的激进主义吻合与呼应，在广义上实际算是当时新文化运动的一个方面，他们有符合现代性的一面，使传统史学发生了松动，使旧资料之间的关系发生了变化，使历史的重写成为可能。他们讨论什么样的历史资料是真实的，将经、史、子、集各种文献放在同一个起点上，追问其真实性，在这一点上，我觉得它仍然是在"六经皆史"的延长线上，把所有资料当做历史资料嘛，而历史资料是要求具有真实性的。可是，后现代则直接从"六经皆史"走到"史皆文也"，这是很不同的。

说实在话，我并不认同后现代历史学对真实存在的"过去"和书写出来的"历史"的漠视和瓦解。尽管这种思路有着非常深刻的意义，但是，我觉得，历史研究者总需要有一个最后的边界。佛教说"一切是空，空亦是空"，空到最后还有什么呢？后现代历史学说一切都只是叙述，但是，我们怎么能相信"过去"这个巨大的存在，只是一种被描述出来的东西呢？因此，对于后现代史学，我们需要问几个问题。

首先，历史学是否承认那个"过去"始终在制约着历史叙述的边界，是否承认那个真实存在过的历史始终在限制着历史的书写？我们不能把这个隐约的制约力一概抹杀，总不能面对着巨大的殷墟遗迹，说它只不过是一个叙述吧。历史在很多时候，的确是被叙述的。"横看成岭侧成峰"，不错，但毕竟还有一个山峰在那儿，否则又如何横看成岭侧成峰呢？特别是当我们做历史叙述时，过去存在的遗迹、文献、传说、故事等等，始终制约着我们不要胡说八道。如果是文学叙述则可以随便想象，文学是一个开放的天空，有什么不可以想象的呢？哈利·波特也可以被随意写的嘛。可是，我们能说夏、商、周是外星人搞出来的吗？所以，我们要质疑后现代历史学,是否承认一个曾经存在的过去,毕竟是在制约着和规定着历史叙述的边界,如果是这样,那么历史就不可能是文学式的"散文"。

其次,是否承认不同的"叙述"只是各个不同视野的历史观察。尽管后现代非常深刻地揭露出叙述和书写的意义,但它有意无意地忽略了这种叙述和书写,只是代表了个人,只是某一个片断、某一个角度,它本来并不应当把这种叙述和书写放大,当做普遍性的东西。你看,后现代历史学在进行自己的叙述时,它也希望别人承认它是"历史"。这就有矛盾了,因为,你在强调历史只是一种叙述和书写的时候,应该承认它只是个人视野中的历史,不能宣称自己已经叙述了历史,甚至叙述了真正正确的历史,也不能强迫别人服从这种叙述。有人关于《中国思想史》采访我,我一开始就讲这是我个人视野的作品,我没有强迫别人接受自己书中的观点,只是希望读者可以了解我对思想史的理解和思路。

再次,接下来要追问后现代历史学的就是,它是否承认自己的历史书写也是一种权力,也是隐含了权力的话语,隐含了某种意识形态的书写。而且需要追问,是否承认在某个阶段,权力话语下的写作,是有意义和必要的。比如安德森,他说国家只不过是"想象的共同体",但这个想象共同体一旦存在,它在某一个历史阶段是否就具有了正当性与必要性?

最后也是最麻烦的问题,就是如果缺少了韦伯所说的"理想类型",不通过某种理性的构造,先确立一个秩序,历史能被叙述吗?缺乏了理性的秩序和框架,历史还是不是历史?历史本真的存在,可能是散漫的、漫无秩序的、庞杂的、丰富的,怎么能够想写什么就写什么?如果没有一个理性的框架及历史预设的话,又怎么确定如何去书写、书写什么?历史如果真的可以被"拆碎七宝楼台,不成片断"的话,那么,什么是历史呢?我阅读后现代的著作，觉得他们真的是很聪明的，不经意地就可以瞄到一些历史的漏洞。就像下棋，不是按照定式一步步地来，而是有一些天才的想法，招数虽凌乱，却杀得对手毫无招架之力。后现代者真的有很多天才的想法，不过，它也常常给我一种感觉，就像南宋人说的，七宝楼台，拆成了片断，虽然绚丽多彩，却不知如何再重构一个新的七宝楼台，到最后自己把自己也给拆了。

所以总结一下，我们应当说，后现代历史学有很多聪明的地方，也有很多不明智的地方，就是我们说的"洞见"与"不见"。

【建议阅读文献】

何伟亚（James L. Hevia）《怀柔远人：马嘎尔尼使华的中英礼仪冲突》（*Cherishing Men From Afar*: *Qing Guest Ritual and the Macartney Embassy*），邓常春译，社会科学文献出版社，2002。

弗兰克（Andre Gunder Frank）《白银资本：重视经济全球化中的东方》（*Reorient*: *The Global Economy in the Asian Age*），刘北成译，中央编译出版社，2000。

詹京斯（Keith Jenkins）《历史的再思考》（*Re-thinking History*），贾士蘅中译本，麦田出版，台北，1996。

詹京斯（Keith Jenkins）《后现代历史学：从卡耳和艾尔顿到罗逖与怀特》（*On "What is History"*: *From Carr and Elton to Rorty and White*），江政宽中译本，麦田出版，台北，1999。

萨义德（Edward W. Said）《东方学》（*Orientalism*），王宇根译，三联书店，1999。

王晴佳、古伟瀛《后现代与历史学：中西比较》，巨流图书公司，台北，2000。

黄进兴《后现代主义与史学研究》，三民书局，台北，2006；三联书店，北京，2008。

彭刚《后现代史学理论读本》，北京大学出版社，2016。

第四讲　什么可以成为思想史的资料？

今天讲的内容，有一些在前面几次课上谈到过了，可能会有重复。不过，今天重复地讨论"资料"的问题，可能，一方面因为我是文献专业出身，比较重视资料的搜集范围、使用方法和解释策略。不过，另一方面，我想，这并不仅仅是我个人的偏好，大家一定要注意，有时候，使用历史资料的范围如何，不只是一个"史料学"的问题。

大家可以回顾一下 20 世纪的学术史，在历史学里面，很容易看到的一个现象，就是历史学的整体的、本质的改变，也常常可能因为使用什么样的历史资料而引起。台北的王汎森先生曾经在《新史学》上面发表过一篇文章，叫《什么可以成为历史的证据》，他讲到，20 年代傅斯年、顾颉刚、胡适、李济这一代历史学家在史料拓宽上的努力，而且具体地说到了明清档案、殷墟发掘，在"新史学观念的影响下，取得治学材料的方法产生了变化，传统的读书人那种治学方式不再占支配性地位"，他引了傅斯年的名言，这句名言，可能大家都听说过，就是"上穷碧落下黄泉，动手动脚找东西"，证明那个时代的历史学家，和他说的"传统的读书人"，有了很大很大的变化。

"传统的读书人那种治学方式"是什么样的呢？就以清代的学者来说，他们主要还是使用传统的十三经、诸子加上注疏、二十五史、十通、《通鉴》《续通鉴》加上野史、笔记，有的学者能够使用《道藏》、能够注意到蒙古资料，像钱大昕，就已经很不简单了。可是，晚清以来情况就不同了。晚清兴起的新学问里面，有西北史地，有万国历史，有佛教、道教，而且1902年的梁启超《新史学》，已经提倡要摆脱帝王中心的政治史，那么，不看更多的东西不行呀，所以到了现代，当你"动手动脚找东西"的时候，情况就不一样了。过去那些东西，不用动手动脚去找，就在书架上面，就在藏书楼里，大家都习以为常了。可是，一到要动手动脚地找，找那些过去不常用的东西，历史学就开始和传统的不一样了。你们试着比较一下清代历史考据学家用的资料和20世纪二三十年代历史学家用的资料，你就会看到，不一样了，很不一样了。到了20世纪的二三十年代，当甲骨卜辞、敦煌文书、明清档案、秦汉简牍、域外文献、民间唱本、小说戏曲，都一股脑儿开始进入历史研究的时候，历史学就大起变化了。就连梁启超的《中国历史研究法》里面，都已经看到了这一点，大家可以读一读第四章《说史料》，在这一章里面，他讲，有（甲）旧史，（乙）关系史迹之文件，（丙）史部以外之群籍，（丁）类书及古逸书辑本，（戊）古逸书及古文件之再现，（己）金石及其他镂文，（庚）外国人著述。此外，他不仅提到档案和函牍，而且还说到寻常百姓的流水账和同仁堂、王麻子、都一处的店家账簿对社会史的意义，显然，这跟过去清代人主要靠儒经和正史、通鉴最多加上笔记、野史不同了，这是因为关于"什么是历史"的观念不同了，所以研究历史的领域也变化了嘛。

可是，我们也注意到，在20世纪的思想史和哲学史研究里面，这种变化倒不是很明显，比起传统的，用诸子著作、传记、语录加上学案来，最多是由于评价尺度和立场的变化，加上了更多的可以入史的文人文集和著作，像王充、范缜、吕才、刘知几、李贽、费密等等。但是,对于其他的更边缘的、更间接的资料,却很少用,那么我们要问,这是为什么呢?思想史研究是否可以在资料上也扩张一下呢?

一 思想史研究如何感到资料的局限和局促?

刚才我们说,过去的思想史研究,主要是用精英和经典的文献为资料的,比如儒家的经典和注释呀,诸子以及对它们的解说呀,还有文集、语录,加上正史、传记,这些是天经地义的资料。当然,中国古籍多,一说就是"汗牛充栋",很多很多,有人就会批评我们说,思想史连这些资料还没有用尽,何况其他的东西?所以,从思想史和哲学史的习惯路数看,沿着现在的路子继续走,这些还都有可能进入"史"的视野的,只是迟早多寡的问题而已。所以,很长时间以来,关于史料的忧患意识是没有的。

近年来,在思想史这个领域,开始感觉到材料有点儿不足,而且,使用资料的范围成为研究者的问题意识和讨论话题,我想,最初大概还是和70年代以来的考古发现有关。

虽然说我们中国有"汗牛充栋"的东西,可是相比下来,这里面究竟先秦两汉的东西少一点儿,写先秦两汉的思想史,还是有些困难。虽然说春秋战国,百家争鸣,很波澜壮阔,精彩纷呈,但是,里面有很多东西还是搞不清楚,加上"古史辨"为中心的疑古派,那么严厉地清理阶级队伍,把史料干净化,那么一来,把很多古书都打成"伪书",这样,这个"轴心时代"的资料就少了很多,研究起来就有些像成语里面说的"捉襟见肘"。可是,从70年代到90年代,一连串的考古发现,眼花缭乱,使很多研究思想史的人都很震惊。开始的时候,大家的思路都很一致,就是觉得,这下子可好了,考古发现给我们平添了好多材料,像马王堆帛书中的《黄帝书》《老子》《易》《五行》,银雀山的《孙膑》,定县的《文子》，后来的郭店楚简《老子》《太一生水》《五行》，上海博物馆楚竹书里的《诗论》，等等。不得了呀，如果加上由于这些古籍出土以后，渐渐平反的一批"伪书"，都可以成为思想史讨论的材料，好像思想史有点儿"吃不了撑着"，一下子财大气粗了。关于这方面的情况，我们下面还有一次课要专门讨论，这里就不细说了。

这些东西渐渐被用来讨论思想史问题，按理说，应该满足了吧。但是，人有时很奇怪，"既得陇复望蜀"呀，人心不足，是常见的现象。连学术研究也一样，考古发现的东西多了，渐渐地需要的胃口也大了，一些研究者又觉得，仅仅引进了这些现成的东西还是不够，因为眼睁睁地看着更多的考古资料，没有办法进入思想史，心里很难受。大家都知道，考古发现的很多东西，不全是精英的思想表达，还有很多是数术、方技以及生活的东西，不仅仅是有文字的竹简帛书，还有更多的，是没有文字的器物、图像等等。一般说来，这些属于无名状态的东西，既没有作者，又没有用文字直接表达思想，是不能写到以"人"或"书"为章节的思想史里面去的，它可能只是关系到日常生活，用传统的一个词说，那是"物质文化"管的事儿，按照传统的思想史、哲学史范畴，它们也都够不上"思想"或"哲学"呀。所以，很无奈，只能眼睁睁地看着这些东西在那里。什么道理呢？因为在很长的一段时间里面，思想史还是像哲学史一样，李零说它是"大号哲学史"，讨论的还是精英和经典，对那些东西根本没有一个解释的方法，所以没法把它们纳入。

那么，能不能让思想史有些变化？怎么样改变原来思想史的模式？这是 90 年代中国学者的焦虑。这个焦虑引起新的思索，新的思考引出新的问题，我们一下子看到，原来还有很多东西没有进入思想史呢。

二 不在过去思想史视野范围里面的各种资料

什么东西可以进入思想史，而被思想史忽略了呢？关于考古发现的简帛文书当然是一个，图像类的资料当然又是一个，不过下面我们要专门讨论，这里就不细说了。除了这些以外，我在下面另举几个例子。

第一，历书及其他。历书就是过去说的皇历，有的地方也叫通胜、通书、时宪书等等，大家要注意了，在古代，敬授民时这件事儿，是官方控制的，又是有关王朝合法性的。每一次改朝换代，都要"改正朔，易服色"，颁布新的年号，公布新的历法呀。所以，考古发现的有文字的竹简资料里面，如果以典籍重复数而论，大概要算《日书》最多，《日书》就是按照日子排列起来，教人今天可以做什么，明天需要注意什么的，像现在的日历，这种东西，睡虎地有，放马滩有，张家山有，九店也有，南北东西都有。

我们研究思想史的人要注意，时间很重要，官方和民间都一样重视。官方重视它，目的是对百姓的时间管理，大家步伐一致，各地时间一致，才觉得像一个"国家"。《国语·鲁语》里面有一段话记载说，天子、诸侯、卿大夫、士、庶人以下等等，早上、中午、晚上各要做什么事，在"昔圣王"的时代，其实也就是在作者想象的理想社会里面，干什么最好是有规定的，这样就有秩序，里面说，读书人应当"朝受业，昼而讲贯，夕而习复，夜而计过而无憾，而后即安"。普通民众即庶人以下呢？只能"明而动、晦而休，无日以怠"了。新近公布的《上博简》第二册里面，有《容成氏》一篇，里面就讲朝代更替的历史，提到夏桀的罪过之一，就是"天地四时之事不修"，所以，什么时间可以伐木，什么时间可以筑城，什么时间不可以聚众，什么时间可以射鸟，都得管起来才行。最近，敦煌悬泉置也发现了"月令诏条"，也是朝廷给民众提醒时间性的规定的,在诏条前面就说,古来的明智的帝王,"靡不躬天之历数,信执其中,钦敬阴阳,敬授民时",当然这是沿袭《尚书》里的话,不过,这意思已经成了经典和传统。那么,我们要想一想,这种关于时间的东西为什么那么重要、持久和普遍?《唐语林》卷二讲了一个故事,唐德宗的时候,有一天皇帝觉得很冷,就和大臣讲,老话说,"九月衣衫,二月衣袍,和时候不太相称,是不是可以把时宪改一改,把穿袍的时间提前一个月呀"。皇帝说了话,大家只好赞成。可是有一个叫李程的,却站出来反对,说《月令》说,"十月始裘",这是圣人的说法,唐玄宗亲自改定的,不能乱改。结果皇帝老子也没有办法,可见历法、月令、时节很重要,是跟"天"有关的,它有绝对权威性。

不仅这样,你还要注意,现存最早的官方雕版印刷品,也是历书,大概是唐代咸通年间四川印刷的,官方颁发的历书。大家想一想呀,古往今来印刷数量最多的东西是什么?除了毛语录以外,我想还是历书。可是,按照过去只注意精英和经典的思想史写法,这些东西并不重要呀,反正,它不是什么思想,更谈不上是什么"新"思想。可是,我们要问,是否能够换一种眼光来看待它呢?历书对于一年里的每一个月、每一天,它都可能有规定,而历书又以一年为一个单元,周而复始,那么,也就是说大体上所有的活动它都有规定了,也许人们就是这样生活的,所以,可以大体从这里了解古代人的生活。这已经有人做了,比如台湾史语所的蒲慕洲就以睡虎地秦简的《日书》写了一篇长文,就是以秦简《日书》为中心资料重建古代,主要是战国秦汉人的生死观念和日常生活的。那么以后呢?其实也可以用历书做基本资料的,因为古代大多数民众的生活,是按照这种历书的指导来的,什么日子可以出行,什么日子可以动土,什么日子适于娶嫁,什么日子有什么禁忌等。

这一点其实很简单,"时间",包括历法、年号、正朔对于中国政治和思想的影响是多么大。比如田余庆先生《说张楚》一文就发现,司马迁写《史记》,《秦楚之际月表》在秦汉间用"义帝"来系年月,这表明从秦到汉之间,权力的谱系是秦、楚、汉,这个楚是义帝代表的,既不是陈胜、吴广,也不是项羽,这是西汉武帝时的历史观念。但是,比它早一些的马王堆帛书《五星占》却表明,此前还有另外的以陈胜的"张楚"为系年月的,没有秦二世,从秦,到张楚,到汉,这是另一种权力的合法历史谱系。但是到了东汉,情况就变了。《汉书·异姓诸侯王表》则既没有张楚,也没有义帝的楚了,权力的谱系,就从秦直接到汉了。秦汉之间的历史线索,从张楚,到楚义帝,到空缺,这是一种很微妙的思想变化呀。另外,在宋代思想史上吧,以前很少人去想一想,为什么邵雍要花这么大的力气,去编一本《皇极经世》,对政治时间分配和变迁做一番编排?其实是有深意的。只有这样你才能了解,后来南宋的大学者张栻为什么会继续写《经世纪年》,对时间线索和历史正统进行再确定。可是很少有人讨论这样的问题呀。

再到明清,时间就更加重要了,在如何分配时间上面,还有了东西文明的冲突了呢。举一个例子,康熙八年宣布重新用西洋新法,为什么?因为前一年的冬天,经过在午门测验正午的日影,证明比利时的传教士南怀仁的说法是对的,而清帝国的本国天学历学是错的。南怀仁指出,如果按照中国的吴明煊制定的历法,就会把康熙庚戌(九年,1670)的正月,当成了己酉(八年,1669)闰十二月,古代皇帝和年号的确立、正朔的确定、分至启闭的准确,都是大事,如果连年都搞错了,这就相当麻烦了。所以,这就有一个问题,究竟是错了就错了,还是要改正?如果将错就错,维护传统真理的合法性,那么意味着民族的价值和道理高于一切;如果知错要改正,那么,意味着民族的道理并不绝对,应当接受普遍真理。所以,是用传统的历法维护中国的知识?还是用西洋的历法接受新的知识?这是一个大事,值得好好研究。台湾清华的黄一农,就对明清时代的时宪通书、历法变化做了很好的研究。特别是,他也讨论了西洋历法知识进来以后,对中国时间观念的影响。以前,我也在《〈时宪通书〉的意味》这篇文章里面举过一些例子,说明在新旧知识交替的时代,历书的知识也在变化,它也引起了普遍生活世界知识的变化,因为大多数的人,是在这些知识的指导下,了解和想象这个时间和空间的。我想,这些指导实际生活的观念,既然是普遍被奉行的,那么他们为什么不能进入思想史呢?这实在很奇怪呀。

第二,类似《营造法式》《匠作则例》一类的东西。这是关于建筑、器具的制造方法的文献。另外,史书里面还有《舆服志》一类的资料。可是,这类资料,思想史观念史从来没有办法使用,好像只是科技史也就是知识史的专门领地。不过,我总觉得,那里面也有很多意味深长的思想史内容。我举一个例子,像卤簿仪仗的做法中间,可能就有很多区别皇家和民间的规定,这是为什么?又比如,宋代官方不是有命令,不许民间用真家伙做仪仗吗?这又是为什么?这不只是一个制造和使用的器具的规定,这是皇权有意识地与民众区分界限。以前,我看柳诒徵《清德宗的大婚》,觉得很有趣。后来在莱顿大学汉学院,又看到墙上挂着可能也是《大婚图》一类的图画。你看,大婚的仪式很隆重,很排场,很有趣,但是从这种夸张和铺排中,皇权的意味是否就传达出来了呢?过去侯宝林的相声《改行》里面说,皇帝死后那些天,不能穿这不能穿那,不能用喜庆的颜色,在这些外包装、衣服色彩的规定里面,就有区分圣俗上下的意思呀。有一次,我在陕西博物馆的展览里面看到,有1990年长安出土的筒王井村明秦简王的随葬仪仗群俑。其中,旗帜有清道旗、金鼓旗、白泽旗、幡有告止幡、信幡，做仪仗的兵器有戈、戟、弓箭，乐器有笙、笛、箫板、琵琶，后面跟着的有抬轿、跟驾和梅花灯、各种伞、扇等等，当这样的车驾一出来，让你想起元曲《哨遍》（高祖还乡），"匹头里几面旗舒。一面旗白胡阑套住个迎霜兔，一面旗红曲连打着个毕月乌。一面旗鸡学舞，一面旗狗生双翅，一面旗蛇缠葫芦""红漆了叉，银铮了斧，甜瓜苦瓜黄金镀。明晃晃马镫枪尖上挑，白雪雪鹅毛扇上铺"，于是就显出了神圣、庄严、威权、伟大。这叫什么？就叫"天地悬隔"。不隔开世俗，就没有神圣。好像以前的传说里面，常常讲世俗的世界和神仙的世界，总有一条河把人神分开一样，牛郎织女中间要有银河，桃花源和外面要有一个不可重复找到的洞，武陵源和人间也有一条被神仙的玉簪划出的河，不分开怎么可以分出上下？

　　这样的资料其实很多，比如关于皇城的格局，关于皇陵的空间，关于官宦人家宅第的制度，官员的服装花纹与式样和出行时候的舆服仪仗，就是"回避""肃静"之类的东西，里面怎么会没有思想和意识形态的东西呢？思想也不只是玄思嘛。凡是一个制度，一个形式，背后都会有一种想法，否则它怎么会被设计出来？这种研究，西方有过先例。彼得·伯克有一本《制作路易十四》(*The Fabrication of Louis XIV*)，一开头就用了一幅图画，又引了一段话说，"国王的权威是由假发、高跟鞋和斗篷等等所组成的……而我们所崇拜的诸神，其实是由理发师与鞋匠所制作出来的"，所以，我一直希望有人以这些资料为中心，研究一下观念史的问题。但是，过去很少有思想史会去讨论这种东西。思想史研究，还不太像观念史研究，有时候，西方人作观念史，以一个或若干个观念为中心进行历史梳理，可能会到处发掘可以表达这一观念的资料，会涉及很边缘很一般的图像、仪式、场景、习惯等等，但是，思想史尤其是以思想史家为单位的思想史写法，不会旁顾这些东西的,大家都习惯了原来以人和书为基本单位的方式,所以有人就会问:它属于哪个思想家呀?它在哪本经典著作里呀?这就很麻烦了。

第三,包括明清宫廷档案在内的各种各样的档案。其实,20世纪二三十年代就有很多学者呼吁过,历史学要注意档案。比如陈垣先生1929年给北大学生讲演,就用了很多篇幅,仔细讲八种整理档案的方法。当然,一般来说,很多档案是很琐碎的,看起来很吃力,也可能看半天什么收获也没有;但是,也不一定,如果你有问题意识,可能也会发现一些很有趣的东西的。

举一些例子,比如明清的官府档案。这些档案呢,很多是关于审判的资料,照理说,审判应当以法律为依据,而法律在中国是以经典中表达的礼义为基础的,所有的结果应当和经典思想没有冲突。但是,其中有一些档案却可以与上层精英的理论表达对照。记得前面我们讲到过一个例子,比如父慈子孝、从一而终、家族等级等等,在经典中间当然没有问题,在法律上也没有问题,那是三纲五常,好像是天经地义,过去的法律也维护这些,可是在实际的社会生活里面,它是否在民众中间那么有效地实行?如果只是在经典文本、法律规定和文人表达的文字里面来看,似乎很早以来,就是形成了同一性的,理所当然的,但是,如果从档案中看实际生活呢?就不然了。有一个学者写的文章就很有趣,他分析一些档案,发现看上去很封建的"七出"之条,在实际社会生活中,有时恰恰给了类似近代的"离婚"的自由。从近年发现的文物上也有一个很有趣的事情,《文物》1999年8期上有黄凤春《湖北蕲春出土一件明代朱书文字上衣》这篇文章,其中说,在这件出土的衣服上面,记载了一个士人官员,对他的妾欺负他的妻子,以至于令其早死,相当不满,却无可奈何,只有在此衣上诅咒。可是古代的资料不是说,古代三妻四妾,按照大小排列,

105

分出尊卑吗？可是这个当了官的人为什么对小老婆一点也拿不出办法，只好在这件衣服上寄托哀思呢？这就可以看出，古代的家庭关系绝非像想象的那样具有同一性。此外，还有人在一个县现存的诉讼档案中，看到了关于农村中父子关系的实际情况，与《礼记》以来的精英文本很不同。过去我们都会凭着印象认为，宗族制度下的中国农村，父子关系是主轴，以前许烺光写《在祖荫下》，就是这么说的，可是，这并不能涵盖全部空间，在华北一些地方，甚至在华南的某些地方，析财而居的时候，父子关系可以相当恶劣，甚至诉诸官府。

其实用档案资料分析思想史上，尤其是一般思想史和文化史上的现象，在西方是很普遍的。像以前我们提到过的，法国年鉴学派的大史学家勒华拉杜里写的名著《蒙塔尤》，用的就是审讯异教徒的口供。在这种口供的基础上，他重建了蒙塔尤这个区域几个世纪以前的生活、信仰的历史。而意大利历史学家，也就是《奶酪和蛆》的作者，有名的金斯伯格（Carlo Ginzberg，一译京士堡），他的这一本名著《线索、神话和历史方法》（Clues, Myths, and Historical method）也充分利用了天主教留下来的口供。那么我们是否也能学一学这种方法呢？

第四，是类书、蒙书、手册、读本等初级读物。这是另一大宗资料，我要特别提醒各位的是，其实类书并不是我们通常理解的百科全书，放在图书馆或者书房的书架上等人去查的。有时候，它是一种常用的备问书、一种身边的知识手册，是很流行的。像唐代，我们看到敦煌就有《随身宝》《经史问答》《孔子备问书》等，在中唐以后很流行很普及。什么原因呢？因为盛唐以后，一方面知识增多，书也增多了，一方面从小泡在文化和典籍里面的贵族社会解体了，博学的人少了呀。比过去多得多的文化人要进入上层社会，他们要讨论知识，要按照上流人的样子生活。可是那些从底层升上来的士人，没有谁的记忆力这么好，就连最高明的人也不行。所以，所有人都可能备有这样的东西，这样在回应问题的时候，这些东西就可能成为他们的基本知识储备，拿出来就可以八九不离十地应对自如。同样，蒙书也很重要，像《龙文鞭影》之类，曾经是每个文化人的童年经验，也是所有高明的思想的知识基础，哪一个高明的进士、举人，从小没有看过读过？何况普通人呢？后来的《万宝全书》，那真是万宝囊，什么都有，王尔敏先生就用这一资料讨论过明清民间庶民的生活，其实里面还有很多观念性的问题，为什么"万宝"是这万宝呀？什么东西最重要呀？里面有很多一般思想史的线索。我的意思是，从这些材料里面，我们也许可以看到士人，普通的人最需要的一般常识。正是这些一般常识，给很多人提供了认识人生和社会、世界的基础，诸如什么好、什么坏、什么先、什么后、什么善、什么恶、什么重要、什么无关紧要、天是什么、地是什么、人为什么会生、为什么会死、死了以后如何、遇到什么问题，有什么办法，遇到什么人，有什么礼节，等等。这样一些最普遍的知识，难道思想史就不讨论这些东西吗？难道高明的思想不也是从这里出来的吗？

不只是古代思想史和文化史，就是关于现代文明的缘起，也要注意这些材料。比如说，我们总说现代文明，可是究竟什么是"文明"，"文明"在"现代"的具体所指是什么？它是怎么来的？"文明"在近世中国和日本的历史变化如何？这也是可以使用各种教材、读本、手册等来研究的。1928年，高梦旦和胡适谈编小学教科书，就说，"癸卯以前，是无锡三等学堂编的《蒙学读本》时代，当时最传诵一时的句子为'花下不可戏，伤花失母意'；甲辰以后，商务编的《最新国文教科书》最风行，其中最传诵的句子为'我问客姓，客问我年'。"可见这些东西很有影响。高是懂得出版的，所以他跟胡适说，二十多年前在日本听说，"福泽谕吉的最大影响，不在他的庆应义塾，而在他编的《西洋事情》，此书使日本人知道西洋的情形，于维新事业大有功。"尽管现在看来，"书中多错误肤浅的话"，但是在那个需要外国知识的时候，它就是能风靡一时，像中国当时流行的《泰西新史揽要》不也是这样吗？连当时的皇帝都看这些东西来考虑清帝国的大政方针呢。

高梦旦说得很对。我最近看了一些人的研究，就很有启发。像日本东京大学的渡边浩教授，他写了一篇《作为思想问题的"开国"》，里面提出，开国时期的日本有一种关于"文明"的烦恼，他在这篇文章里面就用了一些很普通的文本，包括教材、手册、读本等等。台湾史语所的陈弱水在《日本近代思潮与教育中的社会伦理问题》里面，也提到当时日本社会伦理的提倡和讲究，他引用了福泽谕吉译《童蒙教草》、明治五年颁布《东京违式条例》、明治十五年文部省颁布《小学校修身书编纂方大意》作为基本资料。从这些论述里面可以看到，正是这些看上去很平凡的东西，使普通民众在后来逐渐形成一系列所谓"文明"观念和行为，比如对于世界知识的一般把握、承认天赋人权、尊重个人自由、在交往中注重平等的礼仪、男女关系、清洁的生活习惯、新的宗教信仰观念、新的审美观念等。而霍安·贾奇（Joan Judge）在一篇叫作《改造国家——晚清的教科书与国民读本》文章中，也讨论了中国的近代道德教育问题，他说到，当时一些教科书和课本明确地题为"国民"，其中就有仿效日本大隈重信1905年《国民必读》的，陈宝泉、高步瀛的《国民必读》。还有一些则专门给女性阅读，显然针对的是未能成为文明社会公民的女性，这样"一方面将古典的文化理想注入新的文本形式中，另一方面则彰显了当时的社会与政治信念间的紧张性"，这篇文章发表在《新史学》12卷2期上，大家可以找来看看。

第五，小说话本戏曲唱词。用流传的小说话本戏曲唱词，来讨论思想史的一些重大问题，特别是讨论观念的世俗化过程，将是很有效的途径。这方面例子很多，我们以宋代思想史为例。第一个例子是杨家将。杨家将故事的形成与流传，可以用于透视近代中国民族、国家观念凸显的历程，余嘉锡当年所写的《杨家将故事考信录》，已经注意到了这个故事，也做了相当精彩的考证。但是如果从思想史角度进一步追问，这种故事为什么会在宋代这个积弱的朝代形成？它和宋代石介的《中国论》的产生、宋代对异族和异国的警惕、很多北使文人的离黍之感、故国之思等现象有什么关系？大家注意呀，在唐人的边塞作品中，即使是众口相传的名篇，一方面有"黄沙百战穿金甲，不破楼兰誓不还"（王昌龄）"匈奴破尽人看归，金印酬功如斗大"（韩翃）这样主张作战的立场相当清楚的；另一方面也有"年年战骨埋荒外，空见葡桃入汉家"（李颀）"少妇城南欲断肠，征人蓟北空回首"（高适）这样不那么赞成战争立场的。可见，无论倾向"战"，还是倾向"和"，政治立场并没有绝对的正确或者不正确。可是在宋代，坚持主战成了士大夫中唯一"政治正确"的立场，压倒一切呀，"爱国"主题占据了文学主流，诗里是"兽奔鸟散何劳逐，直斩单于衅宝刀"（陆游），词里是"不念英雄江左老，用之可以尊中国"（辛弃疾）。所以，需要想一想，为什么诗词要来反复讨论"中国"？而这种立足"中国"和讨伐"番胡"的悲情，为什么在宋代诗歌中也似乎成了唯一的正义？从这个角度考察，诗词就成了相当重要的思想史资料。第二个例子是"包公"，最近看到徐忠明所著《包公故事：一个考察中国法律文化的视角》，这本书写得相当细致，他用了柯文（Paul A. Cohen）《历史三调》（*History in Three Keys*）的方法，对包公故事的三种叙述做了透彻的分析。其实，我们从这故事里面可以看出中国法律文化和思想的很多问题，比如法律条文和实际判案之间的关系、官员品质与成文制度之间的关系，等等。这样丰富的包公故事，就成了思想史的材料。第三个例子，是三国故事，它大量产生于宋代，并不一定仅仅因为宋代有城市、有瓦子，《东京梦华录》说当时京师有"霍四究说三分"，但是并不一定就是说书人在说嘛。我们看，自从欧阳修、章望之、苏轼、司马光讨论"正统"问题以来，这个关于"正闰"的话题下面，就隐藏了宋代文人对于国家正当性的焦虑，为什么是蜀汉？为什么不是曹魏？这背后可能是为什么是大宋，而不是辽夏金的问题。当然，这个话题是东晋习凿齿作《汉晋春秋》以来的，但他当时也有偏霸和正统的紧张啊。到了宋代，特别是南宋，那么多人讨论，而且都几乎一致地帝蜀寇魏，像张九成批评郑如几《魏春秋》搞"魏绍汉统"；张栻作《经世纪年》干脆用刘备继承汉献帝，而且把它当做"东汉"的尾巴；黄度《通史编年》批评《资治通鉴》"于三国进魏黜蜀"的写法；朱黻作《纪统论》"述吕武、王莽、曹丕、朱温，皆削其纪年以从正统"；萧常写《续后汉书》四十二卷；开禧中李杞改修《三国志》，都是一样的"尊昭烈后主为汉纪，魏吴次之"。为什么呀？特别是大学者朱熹，在著名的《通鉴纲目》中郑重写下了"汉中王即皇帝位"，这就影响很大了。大家看，在《朱子语类》卷一○五里面有这么一段对话，"问《纲目》之意，曰：主在正统。问：何以主在正统？曰：三国当以蜀汉为正，而温公乃云：某年某月诸葛亮入寇，是寇屡倒置，何以示训，缘此，欲起意成书。"这就是为了肯定蜀汉的历史正统位置，确立了刘备、诸葛亮、关羽的正面形象，强调了一个小邦七出祁山进攻中原的合法性。从此以后，一直在金到元，虽然是外族当政，还都是这种观念占了上风，而且左右了后来所有关于三国的小说、戏曲和讲书的感情向背。这表明了思想史上关于"国家"和"历史"的什么样的观念呢？当然，仅仅是一个小说、戏曲的主题，可能你还只能看到思想史的一个侧面，但是，如果我们把当时的国家处境、流行的故事主题、它所涉及的观念，各方面综合起来，就是上面说到的，关于民族国家、关于历史正统、关于法律制度和实际社会生活习俗等等，综合起来看，其实，我们很可以看到当时社会一般阶层的感受、焦虑、紧张、情绪，而这些感受、焦虑、紧张、情绪所呈现的一般思想世界，就成了精英和经典思想的一个背景与平台，证明他们思考的合理性和紧迫性。

最近，我读一些西方思想史的著作，像鲍默（Franklin L. Baumer）的名著《西方近代思想史》，像哈贝马斯的名著《公共领域的结构转型》、安德森的《想象的共同体》，他们在论述那些相当严肃和深刻的思想观念的时候，常常用到通信、小说、绘画、雕塑等等。其实，中国学者也有很多已经用了很广泛的资料，像对唐代小说的解读，可以帮助我们了解唐代社会关于家族、伦理的观念，这方面，陈寅恪先生已经做得很精彩了。像对《金瓶梅》和"三言二拍"的分析，可以帮助我们了解明代社会生活转型时期的观念变化，吴晗等人也做得很不错了。不过，在思想史方面，古代留下来的东西里面，可以运用的资料还有很多很多，比如地方志和族谱家谱，普通人的日记，小说戏曲，这些东西里面也还有很多没有被思想史家注意。城市、陵墓和房宅的空间，过去只是被风水理论解释，但也很少有思想史家去关心。再比如说，中医的医案，其中有很多关于身体和生命的东西，也没有被收进来。究竟这是为什么呢？原因很简单，因为过去的思想史家没有办法把这些东西写进思想史。他们的思想史是什么样的呢？简单说，一是精英和经典的，二是以人为章节的，三是进化论的。在这样的思想史里面，当然没有这些东西的位置。

三　思想史怎样才能充分运用这些资料？

话说回来，这些资料能否为思想史所用，其实是一个怎样理解思想史的观念问题。也就是说，这是思想史写什么，怎么写的问题。我在前两年因为强调这个"写法"，被有的学者批评说，这是历史的作家化，说我把研究思想史变成了一个文学创作。其实，并不是这么回事，他根本没有理解"写法"的重要意味。

思想史应当写什么？怎么写？这个问题实际上涉及的是以下几个观念，这些观念我以前在《中国思想史》上写过，也反复在课上讲过的，这里只是再次简单地提一下。

首先，思想史是不是应当加强对长时段的理解，以及对一般知识、思想与信仰世界的关注？如果是这样，就可能会把很多过去边缘的、零散的资料，重新纳入思想史来考虑。不过，这里要说明一下，这不是讲"小传统"，而是讲"平均值"和"精英思想的背景或土壤"，实际上是社会史中的一部分。思想与社会的关系是很深的，如果我们注意这些背景，那么，类书、课本、历书、戏曲小说、平庸的东西、常识性知识，都可以进来了。这在国外，过去也有过一些经验，比如受到文化史研究的影响，日本的津田左右吉，这是一个很重要的学者，他在名著《文学における我国国民思想の研究》中，就把大多数儒学家、佛教学家的教义哲学，说成是与真实生活世界几乎没有关系的纯粹知识和纸上思辨的东西，而把注意力放在过去不太注意的物语、川柳、戏歌等方面，从他们的零碎呈现中重建时代思潮。

其次，知识史和思想史需要重新建立联结。中国人常常爱分"形而上"和"形而下"，分出"道"和"器"、"体"和"用"。可是，就像庄子说的，"道在屎溺"呀，所谓"道"与"器"之间没有这么大的分裂，很多大道理，其实是要无数小知识来支持的，不然它就是屠龙之技或者是纸上谈兵。可是,过去呢,在哲学史笼罩下,思想史写作,常常只关心形而上,不关心形而下。可是,我们可以看到,真正在社会生活里面,最有说服力的东西常常是形而下的、是具体的、可以操作的知识。这些是可以看到的,大家就相信。所以,那些高明的"道"如果不能解释"器",甚至和"器"互相矛盾,大家就会想,那肯定不对,所以它就不成其为"道"。所以,研究思想史,一定要研究很多具体的知识史问题。这方面,近年来研究科学技术史、医学史、生活史、数术方技史的人,有很大的功劳。他们看出这些东西和高明的思想,有很深的关系,甚至是直接支持思想在社会生活中合理性的知识背景。所以,这么一来,数术、方技、兵法,《汉书·艺文志》上的后三类,就成了思想史的资料了。这一点,在《知识史与思想史》那一讲里面还要说到,这里不再多说了。

  再次,我觉得,注意增长的和注意消失的应当并重。传统的思想史注意的是层出不穷的精英和经典、高明的思想,其实这后面是"发展""进步""螺旋形上升"的直线时间观念和进化论历史观,而且背后还有一个"理性"——"公理战胜"——的历史目的论在支持,好像理性在不断地自觉地推陈出新,历史一直在向着"现代"前进,思想也不断地趋于"文明"。但是,我们虽然承认历史从过去到现在,确实越来越现代、越来越理性、越来越文明,但是,从研究历史的角度说,也应当重新发现那些渐渐被"现代""理性""文明"筛去的东西。去仔细想一想,为什么他们会消失?像过去公开的杀人祭鬼、普遍的宗教自虐、甚至是性公开化等,为什么会渐渐消失,而且也在历史记忆里面被删减掉。我最近写了一篇文章,就试图提醒所有思想史的研究者,不要只是用"加法",顺着以往的历史学家的叙述,用旧的、新的、更新的这样"发展进步"的方式来看思想史,这样看的结果就是"积淀",就是李泽厚先生那个著名的说法。但是,如果同时我们可以用"减法",

就是用原有的、消失了的、又消失了的这样的方式来看思想史，就会发现，这是"剥离"和"祛魅"的过程，如果你去注意这些东西，你就可以发掘出很多很多被历史废弃的资料来用，甚至可以在一些过去已经打入冷宫不予理睬的资料中间，重新解释出被抹掉的思想史。关于这一个话题，我们还要专门来讨论一次。

不过，最后我还是要说一点。思想史的这种观念和方法的变化，已经有可能把很多东西，过去不曾使用的东西，都变成了自己的资料。但是，大家可以讨论一下，是不是问题也随之而来呢？现在，我自己也感觉很困惑的问题之一，就是思想史如何确立自我的边界，一个学科呀，总要有一点自己的中心和边界，不然就麻烦了。有人说，你们这样搞，思想史太庞杂了，不像思想史了。这我不同意。因为谁规定了思想史是什么样子和多大领地？但是，我们也要注意，思想史也不可以横冲直撞，因为如果这样，恐怕也很麻烦。因为无限扩张的结果是什么？就是把自己也瓦解了。

【建议阅读文献】

梁启超《中国历史研究法》，河北教育出版社，2000。

吕思勉《史籍与史学》，收于《吕著史学与史籍》，华东师范大学出版社，2002。

严耕望《治史经验谈》，收于严耕望《怎样学历史——严耕望的治史三书》，辽宁教育出版社，2006。

马克·布洛赫《历史学家的技艺》，张和声、程郁译，上海社会科学院出版社，1992。

王汎森《什么可以成为历史的证据》，《新史学》第8卷第2期，台北，1997。

葛兆光《什么可以成为思想史的资料？》，《开放时代》2003年第4期。

第五讲　近年来的考古发现与思想史研究

最近有一句话，叫做"地不爱宝"。有人说，近些年大地的确是不爱惜宝贝了，纷纷献出来给学者来研究。实际并不是的呀，只是因为，过去这几十年里面，改革开放，各种各样新的土建工程太多，到处施工，弄得很多千百年都没动过的土地被挖开来，这才使得我们有了很多意外的，也是被动的考古收获，这使得20世纪70年代到现在，成了中国考古新发现最多的一段时期。大家都知道，前一段文史界非常热门的话题，是郭店楚简，在湖北荆门郭店发现的战国中期竹简引起了很大的轰动，甚至有人认为郭店楚简改写了先秦思想史。最近很热门的话题，又转到了上海博物馆的楚竹书。我的一些朋友说，恐怕这比郭店还要重要。当然，最新的还有清华简等，一下子简帛成了大热门。究竟这是不是事实？下面再详细说。其实，除了郭店、上博、清华的竹简之外，还有许多未被公布和正在陆续公布的资料，它们会一次又一次让你震撼。

考古发现、古代简帛，都是很学术的很专门的话题，为了先轻松一下气氛，今天我们先讲上海博物馆收藏楚竹书的故事，然后介绍近几十年来有关考古和文物的一些惊人发现。

大概是1993年，有一批竹简神秘地出现在香港市场，内地走私到香港的文物很多，盗墓和走私很厉害，它常常造成的一个麻烦,就是出土的地方不清楚了,是真是假要仔细了。这时,香港的古董商请一位香港中文大学的教授张光裕鉴定,张教授看后大为吃惊,立即打电话给当时上海博物馆馆长马承源,马承源请张先生摹写一些,传真给他,他看了以后,断定这批竹简非常有价值,于是筹集了资金把这批竹简买回来。这批竹简一共1218支,收藏在上海博物馆,现在正在陆续出版,据说一共编为六册,已经出版的《上博楚竹书》第一、二册,第一册主要是《孔子诗论》等等,第二册主要是一些儒家的文献如《子羔》《容成氏》等等,后面还有很多。据学者的研究说,竹简的时代大约和郭店相仿,是在公元前300年前后的战国中期。

这批竹简意义很大。如果说,郭店楚简很重要的地方在于它使我们看到了16种古籍,其中,有些我们没有见过,但是大家的眼睛毕竟大多数集中在《老子》等书上,就是我们过去已经知道的文献,虽然郭店楚简的发现把《老子》的时代提早,还给我们提供了《老子》的不同写本,但是我觉得,那还是已经知道过的东西,并没有特别新的东西。对于文化史、思想史研究来说,上海博物馆的就更重要了。据有关人士透露,这1218支简里面包括87种"书",其中,只有三到四种是我们过去知道的,和传世文献对得上号的,比如《缁衣》。另外有八十多种,我们过去闻所未闻,见所未见,比如《孔子诗论》《鲁邦大旱》《四帝二王》《彭祖》《夫子答史籀问》等。对我来说,尤其让我吃惊的是,有一篇《恒先》,这是其中比较长的一篇,一共13支简,看起来是完整的,它是很抽象的思想和语言学论文,里面讨论了宇宙本原的问题,语言与世界的问题。这些资料使我觉得,如果真要改写先秦思想史的话,上海博物馆竹简的意义,恐怕比郭店楚简还要大,陆续公布以后,我想,一定会引起学术界的更大震动。

还有一个要说到的发现,是长沙走马楼三国吴简。1996年7

月至 11 月,长沙市中心在施工的时候,无意中挖到 61 口井(也有人说是地窖),其中第 22 号井,有 3 米见方,5 米深,里面堆满竹简,由于年代久远竹简粘成一团无法剥离。人们只好选了一部分剥离,发现是三国时吴国在长沙郡统治时期留下的资料。其中有若干年的官方档案文书,尤其是经济、户口、来往名册和司法文书。由于竹简太多,大概估计了一下,有人估计是 10 万支,最高估计是 17 万支,此外,还有大木牍 2000 片。大家都知道,研究三国的重要资料,是《三国志》,但是其中"吴书"部分只有 20 卷,并且没有志和表,即使加上裴松之的注也不过几十万字,记载的是整个的孙吴历史。而长沙走马楼的十万片竹简和木牍呢?可能有几百万字,而且只记载长沙一个郡,十分集中。大家知道,早期中国历史研究,向来很难细致集中地研究个案,资料太少呀,你怎么能用精确的统计、仔细的比对?比如研究早期城市史、区域经济史、小范围的制度史等,都有困难呀。可是,这次发现给我们提供了时间主要集中在公元 233 至公元 237 年这几年之内(最早是在建安二十年)、空间集中在长沙一个郡的密集资料。内容主要包括户籍、名刺、请安问候、经济往来和司法文书,这就很有意思了。比如,这里面有关于民众的户籍和管理的大量资料,就启发我们注意,是不是过去对于古代王权控制能力估计得过低呀?过去有一种说法,主要是像费正清他们的看法,认为很长一段历史时期里面,中国皇权的管理只到县这一级,下面则靠士绅、家族来建立秩序,要到宋代以后皇权才越来越厉害,可是,这些非常仔细的管理档案,就对这一点提出疑问了。又比如,这里还有关于贪污腐化和惩治贪污的资料,有关于"私学"和"举荐"的资料,也可以帮助我们更细致地了解古人的社会生活实际面,这些东西正史里面很少呀。再比如,过去有个"莿"字,以前知道这个字,但从来都没有见过实物,这次在竹简中发现了这个东西,是把物剖开之意,各执一半作为一种合同式的东西。史书中对此曾有记载,但没有看到过实物,这次考古材料提供了实物,而且明白地写作这个字,这个问题就解决了嘛。

新的发现还连续不断,到了 90 年代末期,敦煌悬泉置又发现了 35000 支竹简。其中 23000 支是有字的汉简,每支一尺长(汉代的尺,相当于现在的 23.5 厘米)。你们知道,以前发现的秦汉简,一共也没有这么多呀,其中有文书、律令、司法文件、户籍和信札,还有些医方、历谱、相马经,还有早期的识字课本《急就章》和《仓颉篇》。其中居然还有 1900 支有明确的年代,时间最早自西汉,最晚至东汉安帝年间的竹简,这就可以明确落实年代了。此外,还发现帛书十份,都是私人信件,都已经发表了。另外,还有一些纸本文书。还有一个很有趣的东西,就是公元 5 年以皇太后名义颁布的《使者和中所督察诏书四时月令》五十条,这是写在一面墙上的,那个时候是王莽掌握大权,王莽很爱复古,用理想主义的古典来重新整理国家,而从这个月令诏条中可以看到,对民众生活秩序和时间管理,古代官方是如何重视的,很有趣。

从上海博物馆的竹简、走马楼吴简,到悬泉置汉简,近年来出土的资料,可以用八个字来说,是"内容惊人,数量极大",它给我们提供了许多传统历史学资料之外的新的思考线索。我只是举其中比较重要的几个,实际上远不止这些。比如湖南虎溪山汉简很有趣,其中有一部分内容是讲食物的,被定名为"美食方"。最近,到了 21 世纪,又在湖南的龙山里耶发现秦简两万支,据说可以改写秦代的历史,一部分已经在《文物》2003 年第 1 期上发表了。这些发现会对思想史研究有何影响呢?

在讲这个问题之前,我们先从学术史的角度,讲一讲历来的考古发现对学术史之影响,再来看看新的考古发现会不会再次对学术产生巨大的影响。

第五讲　近年来的考古发现与思想史研究

一　历来的考古发现对学术史之影响

考古发现对学术史产生根本性的影响，不是单向的，一方面要靠考古发现的冲击，另一方面要靠学术观念的变化，要有这两个"因缘凑合"才行。说到考古发现呢，大家都知道，从20世纪以来，有四种广义的考古发现即新材料的出现，对学术史影响最大。第一是殷商和西周的甲骨卜辞，这是大家都熟悉的。第二是敦煌和西域各种文书，这也是很有名的。第三是居延汉简、吐鲁番汉简等各种简牍。第四是大内档案，即明清的宫廷档案，其中包括宫廷的一般档案和清入关以前的满文档案。大内档案共有八千麻袋，1929年曾经有人准备卖给收破烂的，后来一位酷爱宋版书的版本收藏家，想从中看看有没有宋版书的残页混在里面，因为这八千麻袋废纸，价钱恐怕还抵不上几页宋版书。这个收藏家本来准备买下来，在未买回的时候，美国人要收购这批档案。陈寅恪着急地写信给傅斯年，要他无论如何找钱把这些资料买回来，如果流到外国去，后果不堪设想。终于由当时刚刚成立的历史语言研究所把这八千麻袋档案买回，从中整理出不少明清史料，开创了重要的学术史研究方向。

这几批发现在中国现代学术史上引起了非常强烈的反响，从学术史方面看，是因为刚好那个时候，中国文史之学处在从传统向现代的转化中，很多新的理论和方法，成了接纳和解释这些新资料的条件，所以产生了很大的影响。其中，主要的影响可以归纳为以下几点。

第一，从历史时间角度看，它提供了重建古史系统的基础。

随着现代的科学主义和中国传统公羊学的结合，古史辨派产生了，大家都知道，主要就是疑古呀。这种疑古的风气，对传统古代史产生了冲击和破坏，瓦解了过去由各种传说、神话包裹起来的古史,同时,又与日本学者白鸟库吉的思潮遥相呼应。白鸟库吉曾有一个著名的论断就是尧舜禹抹杀论,认为尧舜禹都是神话,是中国人编造出来的上古史,在1909年的《东洋时报》131号上发表的《中国古代传说之研究》里面,白鸟说,第一,尧舜禹是儒家的传说,三皇五帝是《易》和老庄一系的传说,后者是以阴阳五行为根据的;第二,尧舜禹这种儒家的说法,表现上层社会思想,而三皇五帝表现的是民众中的道教的崇拜;第三,道教其实是道家,是反对儒家后才整顿成形的,所以三皇五帝发生在儒家的尧舜禹之后;第四,尧舜禹是根据天地人三才说推衍出来的,所以尧舜禹不是一个时间上先后相继的历史,而是一个并立出现的故事。

　　顾颉刚他们是不是受到白鸟的影响?不很清楚。也许受到过,但是,从思想史的角度看,白鸟库吉的目的,是瓦解中国古史在亚洲的地位,解除古代中国历史对日本文化的笼罩。然而,顾颉刚与胡适古史辨的思想,更主要的,是愿意接受一些可以称得上"科学"的论断,就是我们以前曾提到过的"有罪推定"的思考模式:先预设没有得到证明的古史都是假的,把传统正史资料中所编造出来的故事统统扫干净。抹满色彩的一张纸上无法重新书写内容,于是他把所有的色彩一扫而空,所以他说因为"疑古",所以西周的历史没法写了。

　　可是,这是一个清道夫式的工作,破是破了,没有立呀。古史的时间和空间,过去是由传说构成的顺序,给我们建立一个线索,但是这个线索没有了以后呢?我们靠什么重新建立古史的脉络?这个时候,甲骨文的发现,给重建古史提供了基础,使古代不再是一片空白。特别是,当王国维用甲骨文证明《史记》中殷商早期先公先王系统的正确性,甲骨文就提供了重建古史的系谱基础。所以说,王国维的这份功劳是很大的,王国维这篇《先公先王考》的学术意义是很大的。其实他不只是考证，他还有很大的关于"文化"的判断，我在日本发现了王国维寄给内藤湖南的手稿，在考证后面就有一篇《余论》，这是大议论呀，只是这些意思后来写在《殷周制度论》里面去了，所以在后来出版的《观堂集林》里面就删去了。可是大家都不注意，以为他只是一个纯粹的考证，其实不是的。应该说，顾颉刚等人把原来的传说扫清了，王国维以后，就用甲骨文资料，在这张白纸上重新写一份古史的系谱。这是非常重要的，只有这样，中国古代史才能越来越清楚。

第二，从地理和文明的空间角度看，这些考古发现把思考中国历史的空间背景扩大到了汉族文化圈之外。

新的考古发现，还引起了人们对中国与周边历史关系的兴趣。比如，敦煌文书的发现，刺激了当时人们对中西交通史的兴趣。我们知道，晚清时有一段时间对西北地理很关心，比如徐松、张穆、沈曾植这些人，但那时的关心，一是站在清帝国的立场上，注意到西边国家和不同的民族与中国的相互关联；二是对元史的兴趣，他们很少有非常确凿的资料，而且徐松、张穆、沈曾植等人都不具备多种外文的阅读能力，更不用说去实地考察。敦煌文书发现后，情况就不一样了，因为敦煌、吐鲁番是在中外交通的要道上，那里保存下来的文书，不仅仅有汉语，还有各种各样的其他语言，如梵文、吐火罗文、突厥文等。这样，中国历史从而就进入了世界背景中，中国历史的研究者必须具备对其他语言，甚至是一些死去的语言的研究能力，这样才能进入世界学术界的对话里面。

另外还要注意的是，敦煌文书出现后，佛教与道教的争论也渐渐有了新的研究，佛教进入中国以后的变化也成了重新被关注的焦点。所以，在空间上，使中国人注意到了这样一些问题：研究汉代就要注意到贵霜王朝的丘就却、阿育王这些并非中国本土的人物，这样才能搞清佛教与中国的关系，因为佛教大多是从印度通过大月氏传入中国的，可能在那边有一个佛教兴起和衰落的过程，那里的势力消长，会像波浪一样影响到中国。所以研究中国佛教，不能仅仅守在汉译佛经之中，必须去了解印度。而研究唐代呢？又必须了解吐蕃、南诏，包括古代的大秦、大食、天竺和中原的关系，你不能只管汉族地区这一块儿了呀。此外，居延汉简的发现，同样也刺激人们去知道中国的边缘地带是什么样子，不能只关心汉族的中心地带。

第三，这些考古发现提供了一些资料，让人们考证过去所不知的东西的起源。

这方面的例子呢，比如戏曲和词的起源，大家都知道，是要靠敦煌文书来研究的。在敦煌资料发现之前，我们只知道《花间集》《尊前集》，认为这是最早的集子，可这实际已经是五代的、已经是文人的很成熟的作品了。可是敦煌发现的文书里面，有《云谣集杂曲子》，写在我们现存的词曲之前，这就给我们提供了考证这一类歌曲的最初形态的资料。又比如，有人靠敦煌发现的变文、俗讲研究小说的起源，靠敦煌发现的舞谱，研究古代音乐的情况。像大家熟悉的季羡林先生，就用西域发现的吐火罗文本的《弥勒会见记》残片，考证古代戏剧的起源，这些都使我们在传世文献之外，有了更多的没有被改造过的资料。

第四，引起学术研究方法尤其是文史研究方法的深刻变化。

过去，尤其是沿袭了清代学术传统，我们习惯了使用十三经、二十四史、《资治通鉴》《续通鉴》十通等传世文献，但甲骨文、敦煌文书、汉简和大内档案都不是我们过去所习惯的资料，这使学术研究者被迫要接受和了解新资料，于是学术研究方法开始发生变化。陈寅恪在《王静安先生遗书序》里总结学术史的时候,曾经讲过这一点,依我的体会,他讲王国维,实际上是在讲王国维所造成的整个学术史的变化,这个主要变化是:首先,注意考古发现和文献的互相对证,这就是王国维所提倡的"二重证据法";其次,是域外资料与域内资料的对证,这就是陈寅恪讲的"取异族之故书与吾国之旧籍互相补正",不仅知道中国的资料,还要了解外国的资料,如研究蒙古史就要知道外蒙古史,研究吐火罗文还要到德国去留学,还要读一点佛经,懂一点吠陀。再次,这是陈寅恪没有提到的,就是使很多学者开始意识到田野调查和历史研究之间的关系。如大内档案非常琐细,有审判、官府报告、每年或每月例行地向中央报告一个地方的情况等,这些常与民间文化的研究相联系,民间文化研究很强调以实地调查为主,像捻军、义和团、地方宗族的历史研究,就离不开田野调查资料,而佛教道教史,就更需要田野的调查。我近来看到法国及我国台湾地区的一些学者关于现代民间斋醮仪式的一些调查,对民间道士收藏的仪轨抄本的收集,就对古道教史研究有很大帮助。于是,这三方面就成了我们后来研究历史必须注意的一些东西,即考古与文献、域外和域内、调查和历史研究。如果说,中国的现代学术有了根本的变化,尤其是历史学的变化,和这些考古新发现是有关系的。

第五,学术研究的手段和技术的变化,不同的学科开始互相关联。

当西方的考古学被运用到中国的发掘上,这时,地质学和生物学的知识,就开始进入中国历史研究。大家要知道,考古的理论和方法,很多来自地质和生物学,分析地层关系时常用的是生物学中孢子的知识,地质学和生物学的背后一整套的支撑是进化论,非常清楚的系统进化理论,这些随着地质学生物学进入考古,也就进入了历史研究。看考古学方面的论文,我们会发现他们好像有另外一套规矩，比如考古中讲的某某文化，"文化"一词与我们所讲的"文化"是两回事。当这些知识进入考古，考古的知识进入历史，那么，历史背后支持的知识就发生了变化。同时，因为考古的新发现，地理学和语言学也开始在历史学中越来越重要。历史和地理是分不开的，这不仅指传统中国的历史地理的地名行政沿革，还包括生态等很多学问，语言学的知识也变得很重要，有一个清楚的实例是，中国最好的研究所，当时叫做历史语言研究所，把历史与语言放在一起。因为很多新的有别于传统历史学的研究方法常常是与语言学联系在一起的。在此以外，还有如同位素放射测定年代、纸张和抄写字体的辨认等，也是新的技术，过去只有在辨别宋元明清版本的时候才有对纸张的辨别，后来，这种辨别技术远远超过了当时。

总而言之，考古发现对学术史的影响始终是很深的。这就好像死海文书与圣经学的关系一样。死海文书的发现对于西方人来说是一个震撼性的事情，尽管现在死海文书还没有完全公布，但是因为西方人很多的知识、思想、观念与《圣经》都有关系，《圣经》是他们的文化主要来源之一，所以当库兰的死海文书被发现，许多观念就真的受到冲击，很多历史要重新书写。同样，当甲骨卜辞、敦煌文书、汉简、大内档案在20世纪初到20年代逐渐被发现和整理以后，中国学术在这个意义上才算是进入了现代。

以上是我们讲的第一个问题，考古发现对学术史的影响，但70年代以后的考古发现的意义，是绝不亚于以上这些考古发现的，接下来我们就要讲70年代以来考古发现和思想史的再认识。

二　20世纪70年代以来考古发现和思想史的再认识

有一个很有趣的现象，就是考古发现和学术研究常常有一个"时间差"，当考古刚刚发现东西时，人们不一定能清醒地认识到

第五讲 近年来的考古发现与思想史研究

这些东西的意义，总要等一二十年过去，它的作用和影响才开始慢慢发酵。

比如甲骨卜辞是 1899 年或 1900 年发现的，真正把它用在历史研究中，并深刻改变了历史研究方法是在第二个十年，也就是 1910 年至 1920 年。这时，王国维、罗振玉开始逐渐写出一些东西，改变了历史研究的方法。敦煌文书呢，也是 1900 年藏经洞被打开后发现的。但是真正改变了中国历史研究路向，我觉得，实际要等到 20 世纪第二个十年罗振玉印出多种敦煌文书，特别是 20 世纪 20 年代末，胡适用神会的资料来研究禅宗史以后，人们才真正开始重视敦煌卷子对传世文献的冲击。而异族死文字书写的文献用于中国古代研究，又是更晚一些，到陈寅恪才真正有实际成果，那已经是 20 世纪 30 年代初了。至于说大内档案，被很好地利用在历史研究上，也要隔十年以上的时间。所以，现在历史研究中被用得比较充分的考古资料，大多是 70 年代的发现。当然，最近因为考古很红火，洋人也很注意，所以，这种时间差越来越小了，像郭店的东西，学术研究的跟进就很快很快。

从 1971 年开始，第一个重大的发现就是马王堆帛书。70 年代，长沙的马王堆先后发现几座等级很高的汉墓，里面出土了《周易》（包括经和传）、《老子》等等，此外，还有黄帝书（包括十大经、称、道原、经法等）附在帛书《老子》乙本后面，是过去所没有见过的。出土的《老子》与传统本子不同的是，德经在前，道经在后。帛书《五行》篇揭示了一个很重要的问题，过去荀子曾批评子思和孟子"倡为五行"，"五行"究竟为何物？从帛书《五行》，可以看出在思孟时代"五行"是比附于仁义礼知圣，是内在的道德，而不是阴阳五行。还有《刑德》用阴阳数术解释四季，"刑"象征天杀，"德"象征天生，后来还用这些来讨论政治上的王霸之道。此外，还有《五星占》讲天象和占卜，《五十二病方》讲医书,《驻军图》即地图,《导引图》讲锻炼身体,《养生方》《合阴阳》讲养生术等。这为我们提供了汉代初期在一个贵族的生活中有可能出现的全部的知识。

1974年,山东临沂银雀山出土汉代竹简,最重要的是发现了《孙子兵法》之外的《孙膑兵法》,过去只知其名,不知其书,发现了《孙膑兵法》,许多东西就清楚了。

1975年,湖北云梦睡虎地发现秦简,墓主是一位名为"喜"的军官,级别不高,墓里曾有编年记,即每年所做事情的记录。编年记中涉及一些大事,可以与《史记》中的记载对照。更重要的是在陪葬的竹简中有些是法律的文书。虽然这些秦律,有的可能只是地方性的、局部的,而不是全国通用的,但已经很开眼界了。还有奏谳书,即向上级报告法律事务的一些条文。睡虎地还发现了两种完整的日书,甲本非常完整,一天天排下来,哪天可以干什么,不可以干什么,类似于今天的皇历。

1983年,湖北江陵张家山汉简被发现。比较引人注目的是其中有《脉书》和《引书》,前者讲人身的经脉,后者讲气的运行,这两部书都与医学有关,为我们研究早期医学和医学背后所隐藏的观念性的东西提供了资料。张家山还出土了一些与汉代法律制度有关的资料,十几年前,李学勤先生曾经在一次小型座谈上说,如果有人研究法律史,千万要等一等,不要乱说话,因为张家山太重要了。后来,《文物》1993年第8期上发表了张家山的《奏谳书》,大家可以去看一看。

此外,在80年代,在河北定县八角廊还发现汉代竹简本《论语》和《文子》,熟悉先秦思想史的人都知道,《文子》过去被认为是伪书,这次发现可能能够证明,它可能真的是先秦的书,至少是先秦已经有基础的书,而且纠正了现在通行的《文子》中的许多错误。而90年代,在江苏连云港又发现了尹湾汉简,有一篇引起大家关注的是《神乌赋》，这是我们现在发现的比较早的俗赋，与文学有很大关系。还没有正式发表的时候，有人曾让我看看，它是否与佛教有关，如果真的与佛教有关，佛教传入中国的历史就要提前了。我实在不敢断定，赋讲的是一对鸟的鸟巢被占，雌鸟被打死，雄鸟悲伤地飞走了，虽然有点像印度佛经故事，但凭这样一个寓言故事并不能断定来自印度。不过，《神乌赋》本身作为汉代的短小寓言辞赋，已经足以引起我们重视。还有一些精彩资料，如江苏东海县尹湾六号汉墓出土的一块木牍上画有神龟占卜图，上有许多文字，仿照乌龟壳的形状，写满占卜的内容，这些文字材料，目前还没有特别详细的研究。

接下来，就是我们前面提到的那些了。说到郭店楚简呢，郭店楚简作为战国中期的竹简，是迄今为止发现最早的竹简之一。接下来就是上海博物馆竹简，时代与郭店差不多。然后，就是走马楼吴简、悬泉置汉简、里耶秦简等等，这些资料一下子涌出来，使我们感到目不暇接、眼花缭乱，这些发现到底有什么用呢？提供了些什么呢？我这里提供一些个人的想法，我觉得，对于思想史研究来说，有三点非常重要：

第一点，促进了古书的再发现，使思想史走出疑古思潮的笼罩。

疑古思潮尽管在二三十年代就不再成为很强大的思潮，但疑古派的许多考据原则和认定古籍的原则实际上仍在使用。总的来说，近二三十年的考古发现，逐渐对疑古思潮提出了很多挑战。其中非常重要的是，由于出土材料的发现，使许多过去被认定是伪书的书籍不再是假的。如以前认为不可能有的《孙膑兵法》，在银雀山被挖了出来；又如《六韬》《尉缭子》《鹖冠子》《文子》《归藏》《竹书纪年》《逸周书》《孔子家语》等以前都被列在伪书的名单里，可考古发现一个接一个地证明这些可能都是重要的先秦典籍，或者至少也是包含了先秦资料的典籍。我们已经讲过

《文子》，现在《鹖冠子》也被证明，大概是在秦始皇统一六国之前的作品，《尉缭子》可能更早一点，传说里面的《归藏》已经被直接发现。上海博物馆的87种竹简，越来越多地证明《说苑》《新序》和《孔子家语》里面有很多关于早期儒家的故事，不是编造的，可能在战国后期以前就有了，说明这些书中的一些内容都是很可靠的，至少大部分来源是先秦古籍。而且，还有人说，可能《伪古文尚书》也不一定全伪，这是很麻烦的事情，因为关于这本书的考订，从清代奠定了中国人认识古籍的一些标准，一些研究的范式和考订的原则。如果这些书并不伪，那么，清代考据学的成就就要重新估计；清代考据学的原则要是被怀疑，现代很多历史文献研究的方法就也要被重新检验了。

走出疑古思潮后，考古资料就在三个方面给了思想史新的资料。

首先，是儒家七十子。儒家思想史一般是从孔子的《论语》直接到《孟子》，中间最多提到曾子、子思，这是因为资料不够。实际孔子和孟子隔了很长时间，思想史在这里是从空白处硬连下去的。孔子弟子有七十二贤人，绝不止曾子一个，以前《荀子·非十二子》里面讲有子张氏之儒、有子夏氏之儒、有子游氏之儒，《史记》里面也说了很多仲尼弟子，但资料不全就有了缺失的环节。据有的学者说，郭店楚简和上海博物馆竹简提供了许多七十子的资料，我们可以大致用这些资料把孔子到孟子到荀子很多思想上的逻辑环节补上，可以写出比较连续的儒家的历史。

其次，提供了古道家言。过去研究道家，基本都是围绕老子和庄子，现在看到马王堆帛书中早期四种黄帝之学的资料，估计道家可能并不是老子到庄子一条线，还有另外一些部分。比如郭店的《太一生水》，是什么道家的思想呀？上博的《恒先》，究竟是哪一家的呀？过去我们说"黄老之学"，黄帝这一块是漏掉的，直到汉代才重新提黄帝。过去讲惠施、公孙龙，另开一个名家，很多人都说过，先秦哪里有"名"这一家呢？其实也是在那里讨论"道"嘛。所以，如果从马王堆帛书向上推，我们隐约已经感觉到有一批讲天道的道家，言必称黄帝的这些人，有一种专门进行语言思辨的道者，他们想从语言的瓦解上，直接讨论"道"的超越性，而且可能他们的来源并不比老子、庄子晚，所以，这些说法进入了《吕氏春秋》《淮南子》，《吕氏春秋》多次讲到黄帝之言，可见黄帝之学有可能比我们想象的要早。特别是郭店楚简中《老子》的发现，至少否决了《老子》晚出于战国末的某种说法。这样就在思想史上，它给我们重新认识道家的完整面貌提供了新的资料。

第三，提供了战国百家更全的面貌，各种被排除和被怀疑的诸子之书从而可以重见天日，使我们重新勾勒全貌有了可能性。通过这些竹简，我们逐渐认识到先秦诸子之书都不可能是一个作者，因为当时有论、传，很多书都是抄来抄去，补来补去，越填越多。有的可能是抄写的格言最后就成了某子之书。过去我们总要考证先秦诸子之书作者是谁，哪一年成书，现在意识到先秦的古书是不断抄写、改编、删改而成的，所以不要把眼光定在哪一年。

第二点，让我们重新理解上古思想和历史的连续性。

西方人强调"断裂"，其中一个原因，可能是因为蛮族人入侵中断了西方的许多历史，西方的中世纪与古代有很大的不同（现在这一历史观点也被质疑了，这里不细说）。通过考古发现，我总感觉，可能中国历史与西方历史最大的不同在于它的连续性，很多文化的传统和思想、知识绵绵不绝，很少有明显的断裂，而且很可能古代中国的许多知识，都有一些共同的知识来源和资料来源。

看起来，在春秋战国时可能有一个知识世俗化的过程，这时,所谓"王官垄断"的知识被世俗化,垄断的知识被传播开来,成为公开的道理;过去非常艰深的书写语言,逐渐变成了当时的"白话"。要声明一下,我说的"白话",不是指"五四"以后流行的口语,而是说那个时代,大家更容易理解和表达的语言。其实,你拿《史记》与《尚书》对照,有些文字,《史记》就是翻译的《尚书》呀,但你可以发现当时艰深的和浅显的差别。所以,过去的知识垄断者逐渐分散到各诸侯国,成为后来所说的士,这些士到处游走,把过去被遵从的一些知识和原则故事化,故事化的结果就变成了后来我们所看到的历史。实际上,有可能我们现在认为是真实历史的东西,在当时有一个故事化过程。

比如,马王堆帛书中的《五行》篇,现在在郭店楚简里又被发现了,把两者进行比较,就会看到关于"五行"的知识和思想,在逐渐被增添、解释,但总的原则和精神是非常一致的。又比如,张家山汉简中有《算术书》,拿它和传世的《九章算术》相比较,也会发现许多知识,是一代代接下来,甚至其中举的例子,举例的方法都是有连续性的。又比如,张家山汉简《脉书》与《黄帝内经·灵枢》相比、马王堆的《五十二病方》与《千金翼方》相比,都能看出其中的连续性。特别是马王堆的房中术书《养生方》《合阴阳》,其中用的词、讲的方法,和后来被传抄到日本的《医心方》,几乎是一模一样,和明代道士所说的采阴补阳的方法,明代民间房中秘诀的语言,看上去也是一样的,说明源远流长呀。

很多历史、知识和思想的延续性,都可以在考古发现的文献和传世文献之间找到证据。在文学史研究里面就有这样的例子,比如过去认为,只有外国人来了、佛教来了,中国才有了志怪,比如魏晋南北朝时佛教影响下的志怪小说。可是,现在有人指出放马滩秦简里面的死而复生的故事,恐怕就是中国志怪故事的前身。李学勤先生有专门的文章，大家可以看一看。可见，中国原来就有志怪的传统，就有死而复生的说法嘛。又如"牛郎织女"的故事，考古资料发现的《日书》里面，有"牵牛以娶织女而不顾，不出三岁，弃若亡"的话，可见牛郎织女的故事，从先秦一直延续下来。过去，我曾经讲过民国二十年的《时宪通书》里，有一幅《丧服图》，以"己身"为中心，标出各种亲人去世时应当服丧的时间和应当穿的丧服。可是这图的来源很早，你看敦煌的伯3637《新定书仪镜》里面，就有这样的丧服图；到了宋代，还有这样的图，一直延续下来的呀。这一点，过去其实也都知道，但是没有特别强调。现在考古资料一多，就提醒我们得注意，是不是中国和欧洲不一样的地方就在这里呢？连续性很强呀，大家看，我们今天还在使用的一些词语、故事和观念方法，如果仔细清理，可以一直追溯到很早很早以前。所以我说，尽管春秋战国也是中国的轴心时代，和欧洲一样，有个文化变化的"轴心时代"，但是，中国文明特别是汉文明的连续性很强，断裂性很少。

这就是我们要说的第二个问题，重新理解上古思想和历史的延续性。

第三点，提醒我们，思想史、文化史逐渐从注意中心转向注意边缘。

我们看到的考古发现的文书，属于精英和经典的部分并不多。以马王堆为例，其中除了《黄帝书》《老子》《周易》这三种外，其他都是与日常生活有关的书。我们现在才真正意识到《汉书·艺文志》，接着刘向、刘歆，把当时天下所有知识分为六类，是很有道理的。前三类是经、子和诗赋，是和经典、思想与文学相关的内容，后三类则是我们思想史研究者特别不关心的。首先是兵书，包括兵阴阳、兵形势和兵技巧，兵阴阳是讲如何运用阴阳的原则来打仗，兵形势是讲如何利用地形地貌。其次呢，是数术，即占卜择日一类，别看它在现在好像被看成是迷信，但是在当时，它是和上层的高明的知识、思想有关系的。它的根本道理，可能和经典知识思想是同一的。第三是方技，讲医疗、房中等事，里面的阴阳五行之类的观念，也是它的合理性基础，不能小看的。

《汉书·艺文志》里面，我们看到当时最重视的六类知识，可是，现在思想史只研究三类，其他三类被扔掉了。我一直说，所谓的思想史的中心、主流、线索，其实是后来被逐渐描述和建构出来的，如果重新回到过去，就会发现后三类所占的比例比前三类还大，至少不比前三类小。因为普通民众是大多数，而且日常生活是最重要的。你从竹简帛书材料就可以看出，战国秦汉时代，人对于医方非常重视，好多地方都出土了医方药方的材料，而在张家山、放马滩、睡虎地都发现《日书》，可知《日书》一类的知识，像时间分配、吉凶宜忌等等，在当时是很重要的。

在这个意义上，我们需要反省的一个问题就是，思想史和文化史，为何不把注意力从过去虚构的中心转到现在所谓的边缘？这是我自己很强烈的感受。考古发现在很大程度上提醒我们，思想文化史可能要重新设定自己研究的范围。

这就是第二个大问题，70年代以来考古发现和思想史的再认识。

三　思想史的观念如何改变才能回应不断出现的考古发现

可是，麻烦也来了，按照过去思想史的写法，新的考古发现，大多数没有办法进入思想史。上次我们说到过，过去的思想史是按精英和经典的单元来书写的，一个单元是高明的思想家，一个单元是高明的思想著作，除此之外，大家看，好像有个套子，前面是背景、中间是思想家生平、接着是思想一二三，最后面是影响。按照这样的写法，考古资料基本上用不进去。迄今为止，考古发现在思想史上用的还不算是很多，只有郭店楚简因为《老子》和那些据说是子思的内容，才被热闹地用到哲学史和思想史上来。而房中术、日书、医方、导引书等等，还是无法用到思想史里面来。因此，我一直在强调，思想史的观念应当有所改变，应当开始较多地关注边缘，使思想史能够融入更多的内容，融入很多长时段的东西，而不仅仅包括人和书。

这种转变既得益于考古文献资料的刺激，也需要有思想史理论视野的转变。关于这一点，上次课已经讲过，这里就不再重复了。

【建议阅读文献】

李学勤《简帛佚籍与学术史》，时报出版公司，台北，1995。

参看葛兆光《古代中国还有多少奥秘——评李学勤〈简帛佚籍与学术史〉》，载《读书》1995 年 11 期。

裘锡圭《中国出土简帛古籍在文献学上的重要意义》，载《北京大学古文献研究所集刊》第 1 辑，燕山出版社，1999。

李零《中国方术考》（修订本）、《中国方术续考》，东方出版社，2000。

参看葛兆光《思想的另一种形式的历史》《置于思想史的视野中》，分别载《读书》1992 年第 9 期、1994 年第 10 期。

李零《简帛古书与学术源流》，三联书店，2004。

葛兆光《思想史视野中的考古与文物》，《文物》2000 年第 1 期。

刘乐贤《简帛数术文献探论》，湖北教育出版社，2003。

第六讲　关于图像的思想史研究

今天我们要讲的内容，是关于图像方面的，基本还是属于前一次我们讨论的话题，"什么可以成为思想史的资料"的范围。不过，因为图像作为中国的思想史资料来用，好像还不太多，明确的理论和方法也没有建立起来，所以不得不专门讲一讲。

一　关于图像研究的一般思路

近些年来，用图像做意识形态的分析，开始流行起来。在国内很多人开始尝试使用图像资料，也包括我自己在内。过去，我曾经做过古代中国地图的思想史研究，写过两篇文章，谈在地图中所包含的古代观念和意识形态。比如，可以从地图的比例、方位、色彩等绘制方法里，看到古代中国人关于"天下""四夷"以及自我和他者的一些观念，包括我和他、内和外、中和边的观念的变化。另外，也有人做山水画研究，试图使山水画研究脱离开艺术史和绘画史的框架，比如从山水画中分析出古人关于自然和人以及空间的观念，有人讨论山水画笔墨枯润的选择背后的想法，有人讨论山水画何以逐渐从彩色改成黑白两色，又通过黑白两色的浓淡变化来表现层次，在这背后到底是什么观念；也有人讨论中国画中的皴染法与西洋的勾勒方法，在描述对象之间的一些差别，讨论中国人尤其是中国文人头脑中"清"和"浊"的观念到底是什么样的东西。另外大家都很熟悉的,很多学者都曾经用汉代画像石、画像砖作为资料来讨论汉代文化和思想,像美国很有名的华裔学者巫鸿就做得很好,大陆和台湾的一些学者,像信立祥、邢义田等等,也有很精彩的研究,这不用我多介绍了。再比如,对于青铜器纹饰的研究,也从很早就已经有人做了,纹饰比如云雷纹、饕餮纹、夔纹,各种图形的组合与象征,到底是什么意味?这也曾经是热闹的讨论话题。

不过,我们要说,用图像分析思想,在中国思想史研究方面,好像方法还不太成熟。其实,把图像当做历史资料,西方很早就有,他们从《圣经》故事和《圣经》图像,比如教堂的画像、壁画、玻璃彩绘的研究里面发展出来一套方法,比如考察世俗内容的增加和减少,考察恐惧感和敬畏感在人像面孔上的表现,分析绘画中间的空间布局等等,形成了所谓的图像学。也许有人说,图像学,现在中国研究领域也有很多呀。是的,确实中国渐渐也有了这样的研究,最近十年,比较热闹的例子是用《点石斋画报》来讨论晚清社会史。比如90年代初,台湾学者王尔敏有《中国近代知识普及化传播之图说形式》,曾经介绍了它的历史背景和画风渊源,也介绍了点石斋画报的内容大要,包括对新知的引进和奇闻的介绍、对国内外政治事件和民俗民风的叙述,后来收在他的《明清社会文化生态》一书里面,这本书是台湾商务印书馆1997年出版的。最近以来,中国的陈平原和德国的瓦格纳也都有过对《点石斋画报》的讨论,陈平原的书好像叫《图像晚清》吧?新出的《中国学术》第八辑上,也有瓦格纳一篇很长的文章,讨论《点石斋画报》怎样表现了中国人的想象开始从局部转向世界、融入世界。还有一位日本学者叫做武田雅哉的,曾写过《清朝绘师吴友如の事件》,也是通过《点石斋画报》来讨论晚清的历史变化。另外,美国的康无为(Havold Kohn)在1993年就讨论过《点石斋画报》,文章名为《画中有话:点石斋画报与大众文化形成之前的历史》(Drawing Conclusions: Illustration and the prehistory of mass culture),在台湾出版过中英文版。到了去年就是2002年,台湾历史语言研究所的李孝悌,也用《点石斋画报》和《良友画报》为材料,写了关于1880—1930年中国城市,尤其是上海的生活的文章,讨论里面有什么样的现代和传统因素。这样的讨论越来越多。

这方面的研究逐渐开始受到关注。比如台湾的杜正胜对《番社采风图》做过很细致的研究,台北还开过"漫画中的历史和历史中的漫画"讨论会,上海大学的王晓明他们那里也开始对广告进行分析了,比如广告里的成功人士背后的价值导向啦、商业城市里的女性定位啦、大公司的话语霸权啦,都可以从广告里面找到证据,还听说有人对《清明上河图》做社会生活史的研究,这当然是老题新作了。应该说,把图像作为历史研究的对象,确实是很有趣的领域,但是,我觉得,很多研究图像的,常常有一个致命的盲点,这就是他们常常忽略图像是"图",他们往往把图像转换成内容,又把内容转换为文字叙述,常常是看图说话,把图像资料看成文字资料的辅助说明性资料,所以,要么是拿图像当插图,是文字的辅助;要么是解释图像的内容,是把图像和文字一样处理。前一段时间我买了一本1948年郑振铎编的《中国历史参考图集》,我想看看他选什么样的图像,后来发现他选图并没有特别清楚的目的和思路,只要大概能跟历史沾上边儿就选,历史还是在文字里面的,图像只是辅助性的。同样,过去使用图像的,大多数人脑子里,好像并没有图像研究的方法和意识,大多数是把图像当做插图。郑振铎早年编过插图本《中国文学史》,被称为中国现代最好的文学史之一,日本在70年代以后,也开始大规模制作《图说世界史》。"图说某某史"有一段时间在日本很风行,这些插图本、图说基本上图像是文字的附庸,

第六讲 关于图像的思想史研究

是次要的说明,通常我们只看到它的内容。我在跟一些图像研究者聊天的时候,我说,你们一般是在说某某图像画了什么,比如《点石斋画报》画了西洋奇怪的机器,画了当时社会的风俗,然后把社会风俗拿来当做描述晚清历史的资料,王尔敏的研究就是这样,他主要说的就是,《点石斋画报》介绍了重大时事和时人行径、传播了世界新知和海外奇闻、记载了国家要典和民俗节令。另外,还有人拿有很多小说插图的明代版画当做晚明资本主义萌芽时期一些具体而形象的历史资料,比如那个时候的商铺、城市等等,这都不错。但是,这样做的结果是图像消失了,在研究者的心目中,出现的是文字,是一段可以用文字描述下来的历史,图像"图"的特性并不突出。

还有一种方法,就是把图像作为艺术,去研究它的历史,比如版画史、年画史、山水画史、壁画史、雕刻史等的研究,我们不能轻易否定这种做法,因为我们是站在研究思想史的立场上来研究,而他们是研究艺术史的。但这种研究很大的问题是,他们一方面没办法分析出思想史的内容,同时也无法容纳更广泛的图像资料。因为有些图像既不是年画也不是版画,那么应当由谁来研究,应当归在哪一类中呢?比如风水图、建筑样式、棋盘、地图等,似乎无法归类,也无人去研究。

如果现在从思想史角度去研究图像,应当注意的是图像所表现出来的文字文献所没有的东西。所没有的东西是什么呢?

第一是色彩。文字资料无论如何没有色彩,而图像都是有色彩的。比如"红色",在这几十年里带有神圣、崇高、牺牲、热情的象征,为什么它成了一种富于政治意味的色彩?又如五色与五方、与五行、与朝代轮替的相配,五色背后有一种观念性的东西存在。传说夏尚黑、殷尚白,这是不是真的,还很难说。不过,如果是后人的想象和比附,那么在这些想象和比附的色彩后面，是否也有些特别的意思？古时候说，"紫色蛙声，余分闰位"，就是说紫色是不入正五色的，就像某种颜色只能由皇帝使用一样，异常的色彩总是表示异常的观念、异常的价值，这里面有没有政治的意味？举一个例子，香港1900年前后，有两幅地图，一幅是德国人画的，把九龙、深圳和大陆涂成一个颜色，一幅是英国人画的，把深圳、九龙涂成了和香港一样的颜色，这背后有什么政治领土的差异？我有时觉得，对这些色彩如果做思想史的分析，会比较有趣。

第二是构图。取像的角度、范围的大小、比例的变化都是值得讨论的。当我们看到一个自然图像，除了色盲以外，看到的颜色是一样的，除了有些人有特异功能外，看到的大小也是一样的。但是，当它被描述为图像的时候，会发生一些变化：有的把某个东西画得特别大，把某个东西画得特别小；有的颠倒画；有的把两者之间的比例一个放大，一个缩小；有的从这个角度看，有的从那个角度看。比如《万里长江图》，洋人无论如何不能想象在一张纸上画万里长江，而中国人可以将长江扯直，可以尺幅千里。这里面有没有观念的问题？如果说这个里面还不很明显，我再举一个地图的例子，香港"地图大揭秘"展览我去看了，有一幅扇面很让我震撼，那是晚清朝廷在1875年向上海一家店定做的，这家店叫申浦两宜斋，这个扇面上是东亚地图，很奇怪，一方面它叫作《大清一统廿三省地舆全图》，好像是天下一统的样子，但另一方面又画了中国之外的日本、朝鲜。你画就画吧，按照中国的朝贡观念，过去是把它们看成附庸的，可是那时候不行了，清朝政府已经惹不起日本了，所以，又很委屈，不仅把纬度调整了一下，而且特意把日本、朝鲜画得大一些，为什么？因为这扇面是用来送外国人的，所以要把那些地方画大一些，不至于让他们生气，难道这里面没有晚清的思想史困局吗？

第三是布局和位置。这是绘画中非常重要的方面，通常搞绘画的人知道传统的中国画中有"经营位置"，但我要说的布局和位置，是形成了套数的某些布局方式，是把一个带有象征的固定的图式，按照某种特定的位置来排。举几个例子，比如1999年陕西师大发现长安的圜丘，共四层，每层十二阶，这和古代的明堂、灵台，后来的天坛，到底有什么关系，为什么要按照这种固定格式来修？再比如杨宽过去研究过陵寝制度，我们把古代的秦始皇陵、唐宋皇陵、明清的十三陵和东陵，再加上孙中山、毛泽东、蒋中正的纪念堂、陵墓，都放在一起，看看它们有什么固定的布局？也许我们把其中按照天地宇宙中央四方的布局套数，和因为风水问题而选择的位置、格局都考虑进来，我们可以看到一些观念史上的大问题。我多年前在香港时去参观一个画家的画室，他要帮池田大作画一幅画，画池田大作和世界名人在一起。这幅画里池田大作在中间，包括汤因比、金庸、周恩来等都在他的周围，画的方法是众星拱月一样以池田大作为中心一起向世界的未来迈进。过去"文化大革命"的时候画毛主席上井冈山，毛主席和朱德在中间，但毛主席站的位置要比朱德高一点，然后红军在四面八方。这和唐代人画的《步辇图》差不多嘛。包括我们活生生的人构成的图像，也有意味的，比如领导人在开会时、设宴时的位置，大概也能看出一些政治的内容，尤其是中心和边缘、上和下、左和右这些位置都很重要。

第四是变形。画家如果只是照相式的描摹，雕刻家如果只是精确雕刻，充其量只是再现。但作为表现的艺术，都可能会有意识或无意识地变化他所看到的图像。比如八大山人画的鸟不像鸟，石头也不像石头，都很奇怪。记得小时候，看到我外公家楼上挂着祖先的像，尽管已经忘记是哪一代祖先，不过记得是正面坐着的像。后来大了，看到所有挂像，比如古代祠堂的人物画，一定是正面的，而且男的长辈在中间，其他人在左右，排得整整齐齐，昭穆分明。再一想，凡是非常庄重的人物画，如画皇帝或长辈，都是现代意义上的标准像，与我们现在看中央挂的领袖像差不多，这是为什么？里面就有名堂了。

色彩、构图、位置、变形，这些图像的内容在文字史料中是没有的。如果分析图像的时候不分析这些，图像就还原成了文字，图像的特殊性就没有价值了，充其量是看图说话或是插图，是辅助性的说明。

特别要注意的是，我们不要轻视那些看上去没有水平的图像，你又不是在研究艺术史、绘画史。研究艺术和绘画，当然要注意高明的、杰出的、独特的，但是从思想史上来说，那是"超常"的，不代表同时代人，可是研究思想史，特别是研究一般思想史，你要注意那些看上去平庸的、重复的、老套路的东西，为什么呢？"落入俗套"在艺术史上不好，可是"俗套"恰恰说明这是大家的日常观念和习惯，当一种图像成了一种惯用的套数，像贺寿、喜庆、辟邪、冲喜等场合用的图像，很多人都不自觉地这样画和安排的时候，背后就有了一个普遍的习惯的观念。通常研究艺术史的人是注重不同，两者不同才有价值和独创性，而我们研究思想史特别要注意烂熟的套数，注意它的相同，正因为大家都不自觉地习惯这样画，画面背后才反映了大家一个习以为常的观念，这个观念，正是我们思想史要研究的东西。

这是我讲的第一个问题，图像研究的一般思路，以及从思想史的角度如何研究图像。

二 古代中国图像的举例分析

下面，我们来具体举几个例子。

古代图像非常多，有汉代的画像石和画像砖，以及南朝到唐宋元的墓室壁画，还有唐宋以后的山水画、人物画，民间普遍流传的年画。其实，这并不是图像的全部，很多有形状的东西都可以作为图像来研究。古典文献里面，图像也非常多。只是很多人不太关心这些图像，这些图像没有进入研究者关注的焦点。有没有人关心过《大清会典》里面的图像？有没有人关注过洋人画的素描或者速写，像《行刑图》？有没有人去从思想史上研究地图？很少。现在有人开始注意到广告、招贴画、海报等等，但也没有特别的方法去把图像当图像研究。此外，就是我们很熟悉的东西里面，也有很多极少被使用的图像资料，比如《大正新修大藏经》共85册，里面有二十多册是图像。这二十多册几乎没人翻，除了去营造佛寺的人要照此来塑像、来描摹姿势才会去看，很少有人拿这二十几册的图像资料去仔细琢磨。

其实，恰恰这里面包含了很多佛教的一般和普遍的观念，这些观念非常重要。我举几个例子，第一个例子，研究道教会使用《道藏》，可是使用《道藏》的人里面，有几个人会去研究符和符背后的含义呢？我想问，为什么古代的符会从文字转向非文字？不同的符象征的是什么？又比如，道教里有很多图画的是练功的人全身气脉流走的图像，从人体图像里面你可以看出一个套数模式，就是脉络有意要与宇宙的赤道、黄道相配合，身体要和五行五方八卦九宫相配，这是什么意思？第二个例子，大家注意一下考古发掘报告，唐代以前的墓室壁画，大多是贵族出行、四灵、升天等等，很少有日常生活吧。像和林格尔的汉代墓室壁画到唐代章怀太子墓，从高句丽的墓到日本高松的墓，即使有生活图像，也是想象的贵族的。但是宋代以后却不同了，日常生活的、写实的，渐渐多了，锅碗瓢盆、桌椅板凳、唱歌唱戏，都出来了，为什么呀？美国的包弼德（Peter Bol）写了一本书讨论唐宋文化的转型，说到唐代以前，中国思想文化世界的根本依据在

"天",宋代以后中国观念转向"历史",这对吗?我们看看这些壁画,是否有点启发呢?第三个例子,有人研究天主教,天主教传教时图像资料非常多,有没有人专门研究一下,当欧洲传教士来中国后,画的图像与原版的欧洲图像的差别?我曾注意到16世纪90年代,在欧洲的阿姆斯特丹出版过一部讲欧洲天主教教义和各种神奇故事的书,里面有很多插图,这本书在1604年时在福建泉州再版刻成,图像几乎一模一样,但也有一些非常微妙的改动,你就要追问:为什么会有这些细微的变化?这些变化意味着什么?

这种例子很多,举不胜举,我想这些图像资料是否可以用来做研究,取决于我们思想史研究的观念,是研究少数精英的思想史,还是把更多思想的表现都纳入到思想史中来?如果要描述整个社会思想和文化的变迁,这些东西是一定要用的。

下面就再举几个方面的例子:

第一个方面,我们以道教的图像资料为中心,来看看图像的空间布局背后,有什么深层的意义。

图一是《道藏》的第一幅图。《道藏》的第一个经典是《度人

图一 《道藏》中《度人经》卷首的道教三清众仙图

经》，开头就是这样一幅画，我复印的是右边半边，中间是三清。图是对称的，在道教的绘画中，这是一个固定的模式。如果去看山西芮城永乐宫的壁画，也可以看到这种格式。固定的格式中有许多固定的观念：首先是由中心向两边对称，原始天尊在中间，灵宝天尊、太上老君在两边，这表现了空间和阶层的关系。周围的东西也是按照等制的高低向两边排开，越往边上，等级越低。朝拜三清的诸神中，一定有象征着方位的若干神，三十二天帝象征着东南西北三十二方；也一定有青龙、白虎、朱雀、玄武四神象征着四方。道教这种全景性的画面把阴阳五行、天干地支、四方八卦、九宫十二月、二十八宿、三十二方容纳进去。

这种画出现以后，我们会想些什么问题呢？从中国古代直到现代，凡是带有政治性、神圣性的图像空间布置，一定是有中心与四方的，或者是中轴和两侧、四面是对称的。随便举一些例子罢，比如古代的长安、北京都是这样的城市，这种把皇宫放在中央，表示中心和重心所在，把里巷坊市放在两厢，表示拱卫的样式，其实是有政治象征性的。又如明堂、圜丘、天坛，都有这样的空间格局，甚至包括道教的炼丹炉，都要摹拟天地空间的格局；再比如有人指出，古代的穹窿顶墓室，就是象征天穹的，所以常常有画四壁为四神，这是受到"象天地"的思想影响的。为什么？因为天地是合法性的依据。这种观念可能现代人已经不能自觉意识到了，但是还是不自觉地沿袭着，像北京的毛主席纪念堂，为什么要放在天安门广场的正中间？台北的中正纪念堂的布置越看越觉得与毛主席纪念堂相似，都是四面对称，堂在中央，而且凸显一个高处。只不过前者是方的，后者是圆的，对于空间的政治想象很强烈。

道教的很多图像，都可以作类似的讨论（图二），比如最著名的山西永乐宫的三清殿《朝元图》（图三），就是一个例子，这种

图二　美国波士顿博物馆藏天地水三官图

图三　永乐宫三清殿壁画

"众星拱北斗"的空间格局,其实和古代中国人的天地观念有关,也和这种宇宙观所影响下的社会、宗教的等级观念有关系。但是还不止于此,我最近看到北京大学出版社出版了景安宁的一本书《元代壁画——神仙赴会图》,景安宁是普林斯顿毕业的博士,我在美国密歇根大学见过他,很不错的学者。他这本书研究的,是比永乐宫还早的一幅大型道教壁画,这壁画很早就被盗运出国,现在收藏在加拿大安大略博物馆,原来的地点并不清楚。这本书的精彩处,不仅在于他说明这种壁画向一个方向焦距的空间布局,象征了道教神仙谱系、礼仪、天干地支、阴阳五行;而且还非常精彩地指出,由于它可能出自某个佛寺,所以它的聚焦点,居然不是道教的尊神,而是佛陀,这样,就变成了"佛法广大,威慑道教众神,迫使其全体屈从,上自老子,下至地支众神,集体礼拜于佛门",而它的产生背景,则在元代的蒙古统治者与佛教对道教的压迫,和元代佛道的斗争相关。你看,是否这样的研究才可以说是很精彩的图像研究?

第二个方面,我们以古代对于异族人物的想象图画为例子,来看看绘图中的想象和变形,以及这些想象和变形里面,到底有什么观念性的东西在里面。

我们用人物图像为例。这是相传最早的梁元帝的《职贡图》(图四),职贡图就是画四方小国来向中国进贡的使节的图像。据说这还是逼真的写照,因为我想,梁元帝肯定亲眼见过进贡的蛮夷之人,所以画得还算好。中国还有一种想象是根据《山海经》,比如这幅,出自《三才图会》,人只有一个胳膊一条腿,或者是穿胸的、长角的,还有其他的各种怪样子(图五)。是否只有在早期是这样呢?其实也不尽然。有时即使了解了,也有互相的想象,这些想象都会在绘画中变形出来。在这之后,就传下一个习惯,各朝都有画异族图像的,在敦煌的《维摩诘经变》中画各国王子,其实也是一半凭着想象和一半凭着记忆,来画异族人的。后来,凡是画异国异族,不论见过没见过,都照着文字的描述和各种想象以及历史记载来想象外国人。可是,每个民族对异族,在不了解的时候都有想象和偏见,于是在画的时候,常常就带上了变形或扭曲,一直到清朝的《职贡图》才真正有了变化。可是这个时候已经是"万国",也就是全球化开始的时代了。当然,不光中国人想象外国人是这样,外国人也这样想象中国人,并在想象的时候,笔下就开始变形,比如,《自然之书》(*The Book of Natune*,原书为德文,*Das Buch der Natur*, Augsboung, 1475)里面想象的中国人(图六),看上去好像就是《山海经》。还有一些地图,早年欧洲出版的关于世界、关于亚洲的地图,就想象了东方人、亚洲人,也是像《山海经》一样的。像在宫崎市定收藏的《东亚图》中,左边画了裸形上翘一条巨腿的人,右面则画了脸

图四　传唐人摹梁元帝《职贡图》

第六讲 关于图像的思想史研究

图五（1）《三才图会》中的异域形象

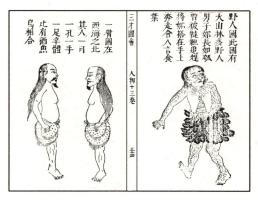

图五（2）《三才图会》中的异域形象

图六 《自然之书》中的中国人

在腹部而无头的两个怪人和一个长了狗头的人,画在东亚地图周围,这是暗示遥远东亚的异类人种吧。在香港科技大学图书馆藏的早期世界地图上,更是画了六臂的、背上长鬃的、有尾巴的、鸟头尖喙的种种怪人。(图七)

让我们具体看看西洋人怎么想象。有一幅画,是在17世纪,也就是中国的清初画的(图略)。这幅画画的是清朝的满人夫妇,图画的背景是北京城。在文字说明里说这是写生,但我们知道不可能,因为在北京没有这样一个地方,而且人物脚下的植物不是中国的植物。如果这对满人夫妇的写生还情有可原,那么我们看下面这幅图,这是印在1665年荷兰出版的书上,画的是中国的一个城市,非常巧的是,据说,这幅画的原稿在巴黎被找到了,原本不是这个样子(图八)。原稿中没有这些棕榈树等等。很显然,

第六讲 关于图像的思想史研究

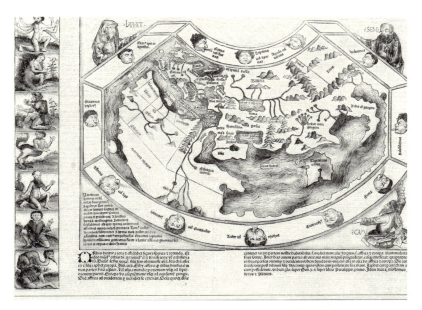

图七　香港科技大学图书馆藏早期欧洲人所绘世界地图

图八　早期欧洲人所绘中国风景

当它印刷在《插图中国》这本书里的时候，就已经开始在构造一个异国风景，他们开始想象中国应该是什么样子，在想象的过程中图像已经开始变形。我们再来看这幅画，传说是画的顺治皇帝，1667年出版在阿姆斯特丹（图九）。这显然是一个想象的中国皇帝。首先，中国皇帝不可能拿权杖；其次，在满族的宫廷里面不会出现几个小人嬉笑玩耍；第三，中国的宫殿不会像波斯的宫殿一样挂满了色彩斑斓的壁毯；第四，皇帝的宫廷里不会有小狗。这分明是按照西欧的皇帝想象的。而这另一幅画呢，传说是乾隆皇帝的宫廷宴会，从现有的历史资料看，不可能是这样的。且不说宫廷里面不会搭这种凉棚，宴会也不会是这样，这完全是欧洲人根据自己的宫廷想象出来的（图略）。

图九　欧洲人画笔下的中国清朝皇帝

第六讲 关于图像的思想史研究

好了,让我们再看这一幅,你能猜出画的是什么地方人吗?居然是台湾人。这种图画常常是欧洲人根据他们在非洲和美洲的经历来想象的(图十),最近我看了一本书,叫 *Formosa*,台湾把它翻译成《福尔摩啥?》,就是一本完全想象和虚构的书,那个时候有这种想象东方的风气嘛。这幅画是1671年的,在此后不到一百年的时间里,中国也有了一些关于台湾的绘画,比如台湾的杜正胜先生曾经研究过的《番社采风图》,画的风景与这幅画完全不同,而且表现的是"其乐也融融"的生活场景。这两种对于台湾的想象,可能都不是台湾的真实。当我们把图像所描述的和真实的东西做对比,就可以发现有多少西洋人的观念性的东西掺入了进去,有多少汉族人的观念掺了进去,这就是思想史要研究的重要方面。

现在流行萨义德的《东方学》。它主要是说,西方人根据自

图十　早期欧洲人笔下的台湾土著

己的需要建构和想象一个东方。但是，我们是否也可以说，东方人也同样根据自己的想象建构了一个西方。刚才看过《三才图会》中画的外国人的样子，就是一个例子。不过，清朝乾隆年间谢遂的《职贡图》，画的欧洲人已经比较接近真实。《四库全书》收录的《皇清职贡图》画得非常准确，这时互相间怪异的想象才逐渐消失，才是真正的互相了解的开始。

就是在这样的相互想象中间，许多东方人和西方人的观念互相杂糅。比如，有一幅是中国人画的圣母与圣婴，基本是个观世音菩萨。宫崎市定说，西方人在15世纪以后，也受到观世音菩萨的影响，很多圣母画成这个样子。这是一幅中国人绣的窗帘，是17世纪后期的绣品《帕多瓦的圣安东尼》，上面的东西不太像天使，倒像《山海经》里面的怪兽、怪鸟。同时，也可以看到，当西方观念世界里的图像传到中国，它也会受到中国观念的影响而变形，最典型的是这几幅，是欧洲人当时做解剖以后画得非常标准的人体骨骼图，图的背后还有一些风景（图十一）。这些传到中国，刻成《人身图说》，这本书现在就在北京大学图书馆里。骨骼上面还保留一点头发和肉，再加上天干地支。后来比利时的教授钟鸣旦发现了一个很有趣的事情：清代的扬州八怪中有一个叫罗聘的人画的《鬼趣图》，其实完全用的就是这两幅图，西方科学的解剖到中国，成了中国人想象的鬼。

这些变形的背后，有什么样的观念影响？这就是我们要问的问题。

第三个方面，以地图为例子，看看比例、方向和位置安排，以及古地图中的古代观念。

关于地图这个话题，我们下面一次课要专门来详细讲，这里就不多说了。这里需要提醒大家的是，图像不仅仅是画在纸上的平面图像，像地图一类的东西；也可以扩展到宫室、陵寝、都市

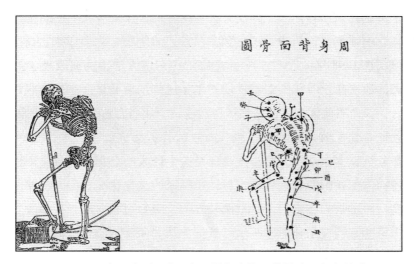

图十一（1）《人身图说》中的人体骨骼图与它的欧洲原型

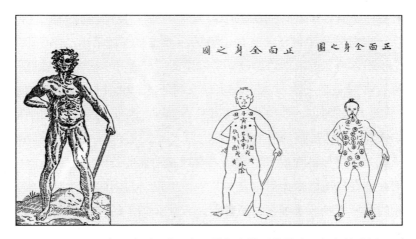

图十一（2）《人身图说》中的人体骨骼图与它的欧洲原型

等方面，大家要举一反三。举一个例子，比如为什么中国的都城总是有中轴而且对称，政治重心皇宫在中央，都宣称是仿效宇宙的，在所有的都城中，不依照这种格局的杭州有什么象征意义？为什么连中国的寺庙格局也要模仿皇宫的空间布局？广场的象征

153

意义是什么？为什么中国的广场是这样的？十三陵、毛主席纪念堂、中山陵、台北的中正纪念堂，它们的格局有什么意味？我记得，在 1998 年我与日本学者渡边浩在东京大学他的研究室里聊天，他拿江户时代的旧东京地图出来说，东京的皇宫、贵族居住区、武士居住区、平民居住区，构成一个相当有意味的空间图像，象征着江户时代的社会等级。而法国著名文学批评家罗兰巴特，在分析日本东京皇宫时，则说那是一个巨大的空洞，所有城市里的物体都在围绕着它转动，对这个国家的文化状况有很大的象征性。如果我们注意到，北京城是方的，中心与四方的关系很清楚很整齐，巴黎是圆的，而东京是一个圆心向外一层一层的，考虑这种图形的象征意味，这里面就很有意思。

第四个方面，看看道教的符图、内丹图和民间的风水地图，看看这里面有什么很深的含义。

我们举一个例子。这是道教的《五岳真形图》，这是被日本的小川琢治和英国李约瑟说成是世界上最早的等高线画法的地图。他们讲的不是一点没有道理，现在留下来的图上，有多处标明"从此上"，所以，我也相信《五岳真形图》是早期道士到山上采集仙药、寻找矿石的一个路线图，后来变成文字，最后逐渐变形，变成一种符号，变成了道教认为有神秘功能的符图。据说，如果把它带在身上，入山可以逢凶化吉。但是，要问的是，为什么实际的地形图变成了神秘的道教符，为什么具体的图像变成了抽象的东西？道教的符为什么常常会经由文字到图像，图像到文字的环节，哪怕这种文字是变形得很厉害的符号？（图十二）

道教的图像，研究起来一定很有意思。比如《内经图》啦、《丹鼎图》啦，讲炼气养生的，本来象征的是人的身体，可是，为什么道教要把它画成炼丹炉的样子？当然是因为把这比喻和想象成炼丹。那么为什么要把它画成神山仙岛呢（图十三）？

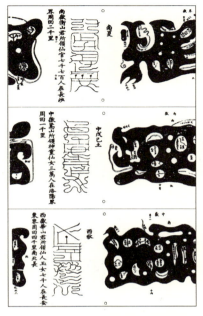 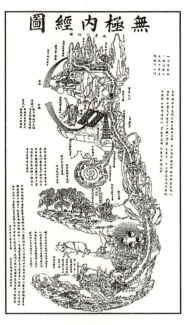

图十二　道教的《五岳真形图》　　图十三　道教的《无极内经图》

这神山仙岛，为什么是这个样子的呢？为什么它是在波涛滚滚的大海里面的呢？这里面的八卦、方位、词语和形象，有什么含义呢？这些东西，研究起来，不是都很有意思吗？

在古代中国，还有一大类图像资料，是民间流行很广的风水地图。我觉得风水地图很有趣，可惜的是没有人去琢磨。风水简单地说，看重的一是"龙"，就是龙脉啦，比如山的形势，什么前迎后托，周围有幕帐啦之类的；二是"穴"，就是选择的坟茔的点，它的位置、朝向以及与五行五方的关系；三是"砂"，就是看各处的配合；四是"水"，就是水口，包括看天门地户，看流入和流出的情况等等。风水古代也叫地理之学，按照一个明代人的说法，它也是一套理论和实践相结合的大学问，要"三到"，一是心到，观念要深刻入微；二是目到，要看得仔细；三是足到，还得亲自考察。这样一来，它等于是对一个空间的多重研究，你就可以从这里面看出古人观念与视境的微妙处。为什么？因为看风水的人这么看地形地貌，等于从普通的大地上，又看出一套东西来，这套东西并不一定在表面的地貌上，可是它"从无生有"，"生"出来什么？这里面有什么意味？一定有一些观念在脑袋里面，才会看出这些东西来呀。

三　图像是思想史研究的一个重要方面

多年前的一个冬天，我在台湾的史语所讲过一回这个题目。老朋友邢义田把他主持的一个课题命名为"图谋不轨"。为什么"不轨"，就是另辟蹊径的意思嘛。什么是另外的"蹊径"呢？我觉得，做古典研究，在文字的文献之外，还有更大的空间，不仅是画的图，还有建筑、墓室等，其中都有一些可以分析的地方。西方人有从圣经和圣像逐渐发展来的图像学，其实中国也可以研究，关键是我们怎么把握图像跟文字、文献不同的地方，怎样把图像的特征凸显起来，不要让图像仅仅变成文字的插图。

所以我们一直想做而没有做成的一件事就是《中国思想史参考图集》，我们希望完全用图自己来说话，而不是把图做成插图。因此我写了一篇东西，发表在《中国社会科学》2002年第4期上，今天讲的大多是那个文章的内容。我想，图像的研究空间要比我们想象得还要大。在最近几年里，这方面的研究可能会有比较大的变化。很多西方学者开始注意到图像，并有很多人在做研究，但共同的问题就是只关心图的内容，没有关心到色彩、构图、位置和变形这些图本身的东西，这是需要格外提醒各位的。

【建议阅读文献】

彼得·伯克《图像证史》，杨豫译，北京大学出版社，2008。

巫鸿《武梁祠：中国古代画像艺术的思想性》，柳杨、岑河译，三联书店，2006。

邢义田《武氏祠研究的一些问题——巫著〈武梁祠——中国古代图像艺术的意识形态〉和蒋、吴著〈汉代武氏墓群石刻研究〉读记》，《新史学》8卷4期，台北，1997。

赵化成《汉墓壁画的布局与内容——兼论先秦两汉死后世界信仰观念的变化》，载许倬云、张忠培主编：《中国考古学的跨世纪反思》（下册），香港商务印书馆，1999。

孟嗣徽《炽盛光佛变相图图像研究》，《敦煌吐鲁番研究》第二卷，101—148页，北京大学出版社，1997。

栗山茂久《身体观与身体感——道教图解和中国医学的目光》，《古今论衡》第3辑，147—154页，台北，1999。

景安宁《元代壁画——神仙赴会图》，北京大学出版社，2002。

王尔敏《中国近代知识普及化传播之图说形式》，载其《明清社会文化生态》，台湾商务印书馆，1997。

陈平原、夏晓虹《图像晚清》，百花文艺出版社，2001。

李孝悌《上海近代城市文化中的传统与现代——1880至1930年代》，载李孝悌《恋恋红尘——中国的城市、欲望与生活》，一方出版有限公司，台北，2002。

葛兆光《古地图与思想史》，载《二十一世纪》2000年10月号，总61期，香港中文大学。

葛兆光《思想史视野中的图像》，《中国社会科学》2002年第4期。

第七讲　作为思想史资料的古舆图

今天我们讲的这个话题，是接着上一次课来的。上次我们讨论了图像如何作为思想史的资料来使用，其中已经提到了地图。今天就更加具体地来讲讲古代的地图，怎么样作为思想史的资料。主要的目的还是请大家注意，思想史其实可以用各种各样的资料，问题只是看你会不会用。

用"地图"来作为思想史的证据，研究思想和意识形态的问题，现在在汉语学术界，包括海峡两岸，都开始很流行了。这种情况的出现，应该说，和外国新理论新观念的传进来有关系，尤其是和福柯的影响有关。我在前面已经讲过，福柯是一个很有想象力和洞察力的人，也是一个很有颠覆性的思想史理论家。他在一个本来很单纯很学术的，属于"地理学"的问题上，也推广了他关于"话语"和"权力"的理论。用他的话说，一切话语背后都有权力，而话语本身也会成为权力，所以，在"领土""地平线""等高线"等本来属于地理学的术语里面，他也看出了背后有"权力"（power）关系。他把它放在政治、法律和文化领域进行推敲，所以他就说，"领土无疑是地理学的概念，但是它首先是一个法律-政治概念：某一权力所控制的地域。"我们一想，确实呀，领土是什么呀，不就是政治权力的控制范围吗？这方面的论述，是1976年在法国一家地理学杂志 *Herodote* 对福柯的采访里面，他表达出来的。后来发表成了一篇专访稿,就叫做《地理学问题》。中文的译文收在上海人民出版社1997年出版的《权力的眼睛》这本书里面,题目是《权力的地理学》。

确实,空间划分与描述是历史和文化的结果,地理空间又是身份认同与文化认同的标志。这里有多少历史和政治的问题呢?比如"国家""民族"的问题。但是,过去很长时间里面,并没有太多的人真的用地图去讨论中国思想史问题,也许是因为前面我们讲的,中国思想史资料太多了,也许是因为当时人还不知道怎样使用和分析地图。

地图过去一直属于地理学、测绘学的领域。过去也有很多关于地图的研究著作,例如:(1)王云五时代的商务印书馆,在1938年出版的中国文化史丛书里有王庸《中国地理学史》,其中第二章就是《地图史》;(2)西方人里面,司马富(Richard J. Smith)有一本小册子 Chinese Maps,是牛津大学出版社在香港出版的,里面主要还是介绍古代中国地图;(3)大部头的呢,有芝加哥大学出版的《地图绘制学史》,其中第二卷第二册《传统东亚东南亚社会中的绘图学》(The History of Cartography, Vol.2, Book.2: Cartography in the Traditional East and Southeast Asian Societies. Edited by J. B. Harley and David Woodward, The University of Chicago Press, 1994)就讨论到中国地图;(4)此外,日本关于地图的著作也有不少,日本有织田武雄《地图的历史》、海野一隆的《地图的文化史》,都有有关的内容,后面这一本是翻译成中文的,在香港中华书局出版的;(5)顺便提一下,前些年,董启章的一本以香港的老地图来讨论观念和思想的书相当精彩,因为香港地图里面,殖民与后殖民、民族与民族、国家与国家之间的紧张很厉害。不过,他到底不是真的以地图为中心,看起来地图只是他的"话题的引子",所以,后来他的书列在"联合文学"中。里面很精彩,大家可以看一看，很好看的。

最近几年，地图的领域很热闹，出版了不少影印的资料，比如，文物出版社的三大册《中国古代地图集》，北京图书馆善本特藏部编的《舆图要录》，菲利普·艾伦（Phillip Allen）的《古地图集精选》，还有最近香港科技大学图书馆编的《地图中国》。研究起来就很方便了，不像我当年写那些论文，到处去找资料。但是，这些资料是不说话的，前面提到的这些著作好像也不是在讨论地图背后的思想史的，除了海野一隆的书讨论文化史、董启章的书表达一些后殖民的观念以外，主要还是属于地图学史吧。上回课上我们说，传统的思想史研究常常忽略图像资料，比如古代建筑、造像、图画、器物等等，地图也一样是被忽略的。

今天我们就来举例讲一讲，你怎样才能从地图中看出思想史内容来。

一　边缘与中央（欧洲古代世界地图中的东方想象）

这是第一个例子，我们想从古地图的边缘装饰，来看一下里面流露的不自觉的意识形态。这里先从欧洲古代地图讲起。

大家知道，一、古代中国地图，一类是纸本或绢本，像马王堆帛书《地形图》，一类是刻石的，像苏州的《平江图》，形式上往往和古代中国绘画差不多，有的地图干脆就是美术作品，像什么名山的图、城市的图，一般来说，很少有设边框的；二、如果是中国地图，因为内容上很少有大片的海洋，也很少有空白，没有空白，就不会有太多的点缀装饰；三、现代各种地图呢，又常常在周围的边框上用黑白两色标志经纬比例，这是"科学"和"标准"的做法。所以，大多也没有边框的装饰和点缀。

但是，在古代欧洲出版的各种地图上，尤其是世界地图上，好像有一个习惯，在周围常常点缀图像，而在地图空白处，尤其是大洋处呢，又要画上各种见闻和奇物，这是很常见的。大概这是一种美学上的需要吧，大概过去人有个看法，四周留白显得有些难看，而十分之七的大海都画成一种颜色，也不免可惜了。所以，他们常常画一些东西在地图的边缘和空白上。可是，这些安插在四周的装饰性图像、绘制在空白处的物怪，却有意无意之中，可能会和地图中间的内容发生关系，透露或暗示一些观念。其实，这不只是地图，也不只是欧洲，像古代中国的长沙子弹库楚帛书的四周，就画上了十二个神像，大概和十二个月之类的意思有关，因为楚帛书内容讲的就是这十二个月的事儿，图与文之间总有点儿关联。这就好像古代中国绘画上有题画诗、上下款识、印章、装裱留出的题跋一样。

香港科技大学图书馆里，收藏了很多欧洲出版的古地图，其中有一幅欧洲人画的早期古世界地图（Hartmann Schedel: The Second age of the World, 1493）的边缘，大家看到，有十二个鼓着嘴吹风的头像，这大概是象征着十二个月的不同风力，不同的风力使天下气候变迁。这很常见的，欧洲旧的地图，经常画上这种形象，表示着地理空间和天上气候之间有某种关联。像托勒密《宇宙志》1482年版和《地理学》1511年版所附的地图也一样有这种形象，很普遍的，在那个吹着风的头像下面，还画上了云彩。另外，像利玛窦（Matteo Ricci）的世界地图（图一），也继承着奥代理（Abraham Ortelius，1527—1598）的世界地图的传统，同样在南极空白处画上了世界各地的动物如大象、犀牛、鸵鸟、狮子、有翼怪兽、鳄鱼，在大海处画上了帆船和喷水巨鱼、蛇形大鱼。直到南怀仁绘制《坤舆全图》，仍然继承这种博物的传统，画了这些图像，只是比利玛窦更多出了长颈鹿、吐绶鸟等等。这些图像，大概一方面象征着对大海的跨越和对世界的认知，一方面象征着对大海中种种物怪的想象和畏惧。

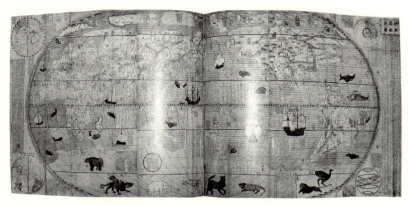

图一　利玛窦所绘世界地图

是不是只有欧洲有这种习惯呢？不是的。其实，古代中国也有这种对未知领域的想象。大家都知道，《左传》宣公三年有一个关于九鼎的很有名的传说。九鼎是什么，就是夏代把各种奇怪的事物形象铸在鼎上，让民众知道。据说人们如果知道了物怪的形象以后，就不会遇到这些怪物，就是遇到了，也能避开，因为物怪被人识破了呀。这就叫"铸鼎象物，百物而为之备，使民知神、奸。故民入川泽、山林，不逢不若，魑魅魍魉，莫能逢之"，这就是古代传说中视为神器的九鼎为什么这么重要的原因。这种"博物"的传统，一方面支持了孔子关于"多识于鸟兽草木之名"的教育方法，后来张华的《博物志》一类书就是继承这个知识主义传统；一方面支持着巫觋技术的神奇想象，这就是后来从《山海经》到《白泽精怪图》的巫术观念。

我想，15、16世纪以来欧洲人的世界地图上的图像，大约也是同样的意思。我在欧洲的一些博物馆参观，开始觉得他们的植物图、人体图、地图真有些装饰繁琐。可是渐渐发觉，装饰不仅仅是装饰，还有一些象征意味，这等以后再仔细说。反正，西方地图传到东方以后，这种制图的传统也影响到中国，也影响到日本。比如，日本根据利玛窦《山海舆地全图》所绘制世界地图上，就有种种关于航海的知识；又比如，收藏在神户市立南蛮美术馆的正保年间（1644—1647）刊刻的《万国总图》的四周，就画上了大明船、日本船。而贞享五年（1688）的《万国总界图》又同样在上两角处画上了大清船、日本船。另外，像同样收藏在神户市立南蛮美术馆的《四都市图》与《世界地图》屏风中，则完全是欧洲的方式，在左右两侧画上了当时所知的各地民族的形象。到了宝永五年（1708），稻垣光朗绘制《世界万国地球图》，则不仅在两半球的中间空白处画上了唐船和阿兰陀船的样式，而且还在上方辟出专门绘制世界各种人形象的十六幅图（图二），把两方面的传统汇在了一起，表示着航海技术对于环游地球的信心，也表现了这一边儿的人对于另一边儿的世界与人类的知识，逐渐从幻想走向实际。

但是，除了知识的传统之外，还有想象的传统，事情毕竟有一面，还有另一面。这里就要进入我们的分析了，在我看来，从思想史的角度看，在这些欧洲古地图上，更应当注意看的是地图周围和空处的一些异域风情画和仿佛《山海经》那种关于异族的形象图。

要知道，16、17世纪的欧洲人对于东方，既有很多新的知识，也有很多旧的传闻。香港科技大学图书馆收藏的《亚洲地图》的封面，就画着刚刚打开的亚洲大门口，有一群欧洲人的天使，有的在丈量地球仪上欧洲和亚洲的距离，有的在打开一幅亚洲地图（只是东亚）仔细端详。这种在门口茫然徜徉的状况，就很能反映欧洲人对这块土地的好奇、茫然和幻想。相当多早期欧洲所绘的世界地图、亚洲地图和中国地图中，都有一些关于异域的风情画。下面我们按照时间先后来看一看——

1593年安特卫普出版的《地球科学》（*Speculum orbis terrarum*）

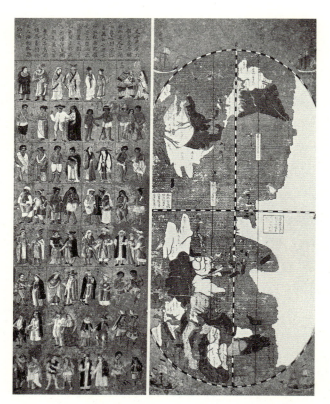

图二　神户市立博物馆藏 1645 年日本绘《万国总图人物图》

中那幅中国和日本地图的四周,就画了中国人利用水鸟捕鱼、日本人崇拜十一头菩萨(只画了并排的三个头,但这种画法显然是记忆有误,古代中国、日本的是十一面观音,而不是并排的三个头)、用风帆的车子、以浮动的围筏养殖等等,表达了当时欧洲人对东方的朦胧知识。

1634—1662 年,布莱奥(Joan Blaeu)的《大地图集》(*Atlas Maior or Grand Atlas*),不仅在非洲地图左右两边画上了十幅当地土著人的图像,也在那幅关于中国北方的地图的右下空白处,画了中国皇帝图像,看上去已经相当准确。这不仅表明欧洲殖民欲望的扩张,也证明这些年间欧洲人对世界各地包括中国有了多少实际的知识。

1772年的《亚洲地图》中,不仅有皇帝或王族的形象,而且有各种东方的妇女形象、行刑场面、秋千百戏、攻战交易等等,更表明到了18世纪,经过两三百年,欧洲人关于东方的知识在迅速增长。

但是,这种知识里面总是同时夹杂了一些对于异域的想象。尽管我们说,那个时代的欧洲人也有对东方和中国的浪漫想象和无端崇拜,但是,也同样有很多充满傲慢的、没有根据的偏见。这些没有根据的偏见,有时候比起实际知识更能透露心底深处的观念(图三)。比如,在15世纪的《自然之书》中遗留的关于异域的想象,仍然出现在后世,甚至包括地理大发现以后的地图

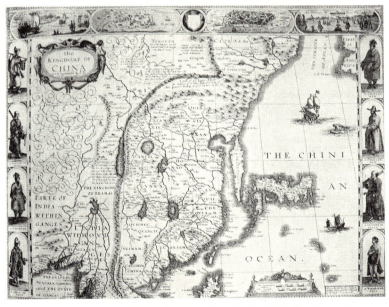

图三　香港科技大学藏约翰·斯皮德(John Speed)绘《中华帝国》(1627)

中。"非我族类，其心必异"的观念，并不只在中国人这里有，在欧洲人那里也有啊。在宫崎市定收藏的一幅 1545 年绘制的《亚洲图》（Map of Asia Ⅷ：Scythia beyond the Imaus）里面，大家看，左边画了裸形上翘一条巨腿的人，右面则画了脸在腹部而无头的两个怪人和一个长了狗头的人，画在东亚地图周围，这是在暗示遥远东亚的异类人种吗？（图四）在香港科技大学图书馆藏的那幅早期世界图上，更是画了六臂的、背上长鬃的、有尾巴的、鸟头尖喙的种种怪人，这是不是西洋人对欧洲之外的异域人的想象？（见第六讲图七）过去，我们都知道，在《山海经》以后，古代中国的汉族人是有"天下老子为大"的想法，曾经是这么想象周边世界的。一直到元代周致中的《异域志》、明代的《三才图会》，都曾经或写或画了很多这样的怪物，像"狗国""女人国""无腹国""奇肱国""后眼国""穿胸国""羽民国"（图五），这些形象

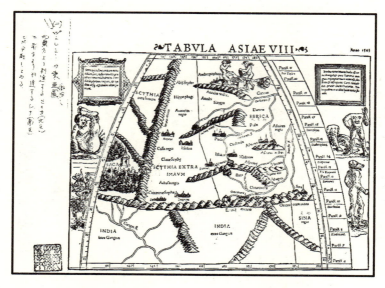

图四　宫崎市定所藏 1545 年所绘制的《亚洲第八图》

第七讲 作为思想史资料的古舆图

被当做异域人的形象看待。我们说，这体现了古代中国一种相当傲慢的、把外夷视为"非人"的观念。我曾经写了一篇文章，说到这种想象在很长时间里面，甚至比真实的旅行记录更加普遍地被当做关于异域的知识。所以，古代中国，甚至现代中国人常常会沉湎于关于"天下"的自满的想象里面，这常常被批评为中国人的无端傲慢和故步自封。但是，从这些欧洲来的古地图看，这种想象是相互的，西洋人对于东方也一样，往往是好奇加上歧视，想象加上想象。

地理学史告诉我们，这是有历史传统的。中世纪的时候，基督教以自我为中心想象了一个世界，标志就是那时候的T.O形

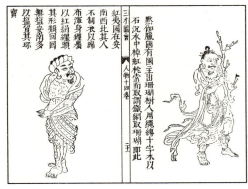

图五 《三才图会》中想象的异域人

地图。在T形世界的中心,是耶路撒冷;上方是亚洲;左下是欧洲;右下是非洲。在那个时代的想象中,亚洲很神秘,像《东方见闻录》里讲的,那极远极远的东方,有巨人、食人族和黑人;而非洲很野蛮,像当时地图上画的,有只眼人、长脚人、无头人、狗头人。这种傲慢与偏见,一直延续了很久很久,尽管经过地理大发现,世界渐渐地越来越全球化了,交通越来越方便,照理说,大家都应放弃那些怪异和偏执的想象了;可是,偏见常常比知识更流行更顽固,比如在利玛窦的这幅世界地图中,依照西洋地图的惯例,不仅绘上了航海的帆船象征西洋人的足迹所至,而且画了一些"殊方异物",比如大鱼、异鸟、怪兽等等,是否背后有西洋人对异邦的想象?地图的文字也同样如此,伯西尔(约在今南美洲西北部)是"好食人肉,但食男不食女",革利国(约在今美国西北部)"惟食蛇蚁蜘蛛等虫",哥尔墨(在今俄罗斯北部北冰洋沿岸)"死者不埋,但以铁链挂其尸于树林"。大家想想,是否这里杂糅了类似中国古代的山海经式的想象和西洋人对异邦文明的蔑视?又比如,麦卡托-洪第乌斯(Mercator-Hondius)1633年版的地图集里面,那幅分为两半球的世界地图正中下方,就画了亚洲、美洲和非洲三种人的形象,向中间的欧洲人朝拜效忠,象征着欧洲人的自大。即使到了1722年,这种傲慢与偏见还是没有真的被近代西方关于人类平等的理性驱除。比如关于中国的图景,尽管当时流行"中国趣味",但仍然有的画了赤裸上身的人在荒嬉游戏,有的画了残酷的行刑图。而在说明文字中特意写的,是关于中国的"缠足"的事情。这不奇怪,自以为已经很文明的西洋人,对于东方残留的刑罚、对于东方的风俗,似乎格外有兴趣。这种兴趣背后是一份对自己文明的自信,一份对异族的好奇加上一份无端的鄙夷。

难怪爱德华·萨义德要写他那本《东方学》,愤愤然地批评西方人在想象中建构了一个"东方",他说那是"用以控制、重建和君临东方的一种方式"。

二 从天下到万国:古代中国华夷、舆地、禹迹图中的观念世界

一般来说,在研究文字文献比较缺乏的时代,比如上古史的时候,使用图像资料似乎不大有人反对,像新旧石器时代的考古报告里面的早期墓葬、陪葬等等,这是因为无可奈何。但是,在文字文献已经足够的时代,思想史研究是否可以大量使用图像呢?好像也没有看到反对,只是也没有看到明确的支持。其实,思想是一种容易消失的东西,如果用文字记载下来的文本是思想史的基本文献,那么,同样要用思想来生产的图像,为什么不可以同样当做思想的叙述文本?所以,就像上次我们说的,关键的问题只是在于,思想史研究者如何从这些只有空间性的图像中,诠释出思想史需要的观念意义。

回到地图上来,我们都知道,地图表述的是什么?就是空间。一般来说,地图上的空间有三类,一、在自然世界中,空间主要只是"物理空间"(space),比如地形、植被、矿产、气象等等;二、在政治世界中,空间主要只是一个和领属关系相关的地域(domain),比如国界、省界、政治中心;三、在人类社会中,有很多人所生活和需要的空间布局,比如城市、集镇、交通路线等等。所以,在传统地图上落实的,常常也是这三者。

但是,大家要注意,这个"空间"绝不等于是一个空间的客观描述。因为,被描述的任何一个图像,不仅涉及"它",也就是面前的具体空间物像;而且关涉到"我",也就是描述者的位置、距离、方位;甚至关涉到描述者历史形成的观看方式,像作为地图的《万里长江图》,就仿佛是把若干个不同时间和地点的长江视

觉图像连缀起来，在一幅画面（也就是一个时间）中呈现的。我们通常说，从某地到某地是多少天多少小时的路程，就是把空间距离转化成时间来计算和表达，而《万里长江图》则是把多少小时多少天所看到的图景，在瞬间同时平行地呈现于多少尺多少寸的地图中，这是把时间转化为空间来表达嘛。其实，在地图里面，已经把"空间"人为地转化了，不再是纯粹客观的"空间"了嘛。比如，重视交通的，会凸显道路而忽略其他；关心古今沿革的，会忽略物产而凸显城镇关隘的变化；堪舆家的地图，注意的是朝向、方位和龙脉之所在；旅行者的地图，关心的却是旅游景点和购物地点。一般来说，古代的历史地理学主要关心官府所在（州、郡、县的治所）和行政地理范围的变化。明清易代的时候，像顾炎武、顾祖禹，就特别关心军事要塞和险要地势，这是因为心中还存在着战争的记忆。可是，古代那些非常重要的甘肃嘉峪关、秦岭大散关、河北居庸关、四川剑阁，在今天的军事地图中，就已经不是人们视野的焦点了。为什么？苏伊士运河的通航，就使15世纪以来航海图中，相当重要的好望角也不再凸显。所以我们说，绘制地图的观念，会随着时代变化而变化。

　　所以，你千万不要相信地图会百分之百地"还原真实"。其实，这只是某一个视角的"有限真实"，就连这种"有限真实"也很有问题。我们通常说地图的几个要素，像方向、位置、比例、示意的色彩以及国家的边界等等，会随着观念的变化而变化。比如方向，是固定的上北、下南、左西、右东，还是另有设计？位置，本来地理上的位置是固定的，但是，是否会有意外的挪动？比例，精确的比例虽然一直是地图的必要因素，但是难保某种意图下的地图绘制者会有意改变。最后是色彩，同一色彩是同一个政治领土的标志，不同色彩则标志着不同的领土，可是会不会有别有用心的人在上面用色彩暗示着某种意图？至于边界，更是地理上没有而只是出现在地图上的线条,那么这种边界圈起来的版图的形状,会不会引起另类的政治联想?

对于空间的感觉和印象,大家都知道有几个重要的因素影响很大,首先是立场,从一个方向看过去,就有了依照观看者立场确定的左右上下。其次是感觉,根据观察者自身感觉而来的比例,确立了描述物像的大小,俗话说"牛眼大,看人怕;鹅眼细,见人欺",就是这个道理。古代人所谓的"蜗角""槐安国",就是从小的角度看,一切都大;而"遥望齐州九点烟,一泓海水杯中泄",则是从大的角度看,一切都很小。所谓"大"和"小"的感觉,其实在不断地变。再次是距离,地理上"远"和"近"也一样。比如《水浒传》里面林冲从开封发配沧州,这段路在现在看来只是几小时,但是在那时却很遥远,董超、薛霸还有那么多的机会来捣鬼;现在一句流行的话说"地球很小",其实,也就是有了飞机、有了电视、有了网络以后,感觉才变了。当年麦哲伦(Magellan)环游世界用了九牛二虎之力,如今却仿佛到邻居家串门一样简单。最后是颜色,每个人对色彩的不同感觉,又给这一物象涂抹了感觉不同的颜色(不仅是色盲),比如英国人在1898年画的《中国东部地图》,就用同一色彩,把蛇口算在了香港一边;而稍早一些,1890年德国人画的《中国东部及韩、日地图》,则把新界还画成黄色,与中国一致。对空间的色彩安排,背后有对政治领土的承认。我在香港一次展览上看到,1942年日本军方大本营海军报道部绘制的《大东亚战争世界要图》,朝鲜、日本和我国台湾地区已经是同一色彩,这就充分象征着那个时候日本的扩张。而记忆中最深刻的,可能就是至今还让人耿耿于怀的"钓鱼岛",它在日本地图和中国地图中的色彩不同,背后有一段长长的历史。

所以,我们说,人画出来的地图,在某种意义上,既是以

"我"为中心的主观视图,又是以科学为基础的客观视图,对于本来的地理空间的判断,用时髦的话来说是"现代性"(modernity)的产物,据说,这就是理性、科学和客观。其实并不一定,在被主观的方位、比例、色彩等等,如此这般地描绘了以后,地图就成了主观叙述,有了凸显和隐没、选择与淘汰,所以说,图像是在描述者的观看、想象、回忆、描述中,携带了人的感觉甚至观念的。所以,地图的地理想象(geographical imagination),实际上是一种关于政治和文明的想象,在这种想象的历史里隐藏着很多观念的历史,因此它是思想史的内容。

这里来看一下古代中国描绘世界的地图里面所含有的关于"世界"的观念。我们都知道,古代中国有一种"天圆地方"的特殊空间感觉,它形成也相当早。近年来考古发现的濮阳蚌堆龙虎、曾侯乙墓漆箱盖上的二十八宿、北斗和龙虎图案,各种墓室顶部接二连三地出现的天文图像,加上古代仿效天圆地方用来占验的"式盘"、指示方向的司南,以及如《禹贡》《周礼》等经典文本中想象的五服、九服、九州等方形的大地,都表示古代中国关于"天圆地方"这种观念的普遍存在。而这种观念,又形成了古代中国自居天地中央的观念。我以前在很多地方都讲过,在古代中国人脑子里面天地的格局是什么样儿?大体上就是,第一,自己所在的地方是世界的中心,也是文明的中心;第二,大地仿佛一个棋盘一样,或者像一个回字形,四边由中心向外不断延伸,第一圈是王所在的京城,第二圈是华夏或者诸夏,第三圈是夷狄;第三,地理空间越靠外缘,就越荒芜,住在那里的民族也就越野蛮,文明的等级也越低,叫做南蛮、北狄、西戎、东夷。

很长时间以来,中国人一直对这一点很固执。固执的原因是,除了佛教以外,中国从来没有受到过真正的文明挑战,中国人始终相信自己是世界中心,汉文明是世界文明的顶峰,周边的民族是野蛮的、不开化的民族，除了维持朝贡外，不必特意去关注他们。所以，古代中国的世界地图，总是把中国这个"天下"画得很大，而把很大的世界万国，画得很小很小。我们知道，古代很爱画的《职贡图》，画的是各边缘民族的代表向中央王朝进贡，总是把中国人的皇帝画得特别大，而外族人的使节就很矮小。而古代的《华夷图》《禹贡图》《地理图》，像宋代留下来的那几幅地图，有的叫"华夷图"，就是华夏加上四夷；有的叫"舆地图"，就是说车可以通的地方都算上，还是以中国为中心的一圈，虽然有时也把周边国家画上，但也很小，小得好像他们真的是依附在大国身上的"寄生"物一样，只要轻轻一抖，这些附属物就会掉到海里去。（图六、图七）

这种地图画法的传统一直到明代还是这样。大家要注意，中心大而边缘小，实际上不仅是一个地理位置的问题，而且也是在分辨价值的差异，更是在确认"自我"与"他者"，语言中就常常有这样的例子，比如当人们说"外地人"的时候，常常是无意识地把自己定位为"本地人"的。我们常常用一个词，叫做"边远地区"，看上去是一种对边地的关心，实际上，它意味着说话者已经预设了自己的中心立场，而把其他地方看成是离中心很远的边缘。而当上海人在瞧不起人的时候，常常说他人是"江北人"和"下只角"，其实，隔江而划和上下之分，就意味着自己是站在"江南"和"上只角"的立场的。

地图上的中心与边缘也一样。

我们要解释一下。第一，这和中国人对于世界的实际知识没有关系。汉代张骞以后，欧亚大陆交往已经有丝绸之路，唐代中国与外界交往更多，元代帝国的疆域几乎无远弗届，当时从阿拉伯来的札马鲁丁还制造过"地球仪"。到了明代初期郑和下西洋，已经到过了非洲的东岸，实际经历的空间也远远超过了中国本土

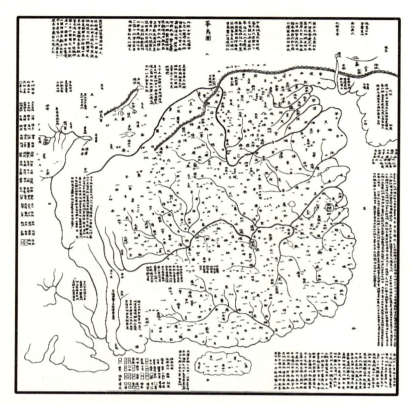

图六　宋人《华夷图》摹本

无数倍,人们知道的各种文明的情况也已经很多,但是,古代中国关于"天下""中国""四夷"的思想与想象却始终没有变化。第二,这和古代中国人的地图技术也没有关系。古代中国人其实地理水平很高,绘制地图也很高明,大家都知道,1974—1978年在河北平山县战国中山王墓发现的铜版《中山王陵兆域图》,1986年在天水放马滩发现的秦代木牍地图,以及马王堆汉墓发现的画在帛上的地图,都相当有水平。前面我们说到的南宋黄裳画的地图,它的海岸线也已经很准确,比三四百年以后欧洲人画的中国图还准确得多。所以,这只能从观念上面去理解,这种地图反映

第七讲 作为思想史资料的古舆图

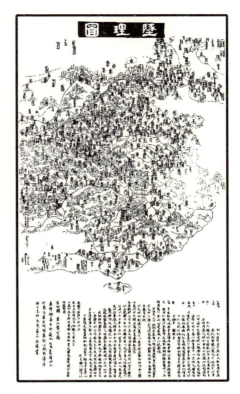

图七 南宋黄裳所绘《地理图》

的是古代中国人的"天下观念"或者说是"世界观",在影响地图的绘制。一方面,古代中国这种"天圆地方"的空间观念,使中国人想象自己处在天下之中,周围只是小小的蛮夷,所以画他们也不必大。另一方面,古代中国的华夏文明中心观念,使中国人想象四周的国家不仅是地理空间小,而且也是文化价值小,不足挂齿的意思就是塞牙缝都不够呀。

所以,利玛窦来华以后,他画的世界地图,就给中国人造成了极大的震撼,我之所以在思想史里面特意要写他的这个地图的意义,因为这是天翻地覆、天崩地裂的大变化呀。大家看,因为它告诉中国人好些震撼的道理。第一，人生活的世界不再是平面的，瓦解了天圆地方的古老观念，告诉人们说，你在的这个大地是一个圆形的。这很麻烦呀，中国人得习惯一种很怪的说法，有人和我们脚对脚地站着而不掉下去，海水怎么能在下面而不倾覆？难道一个洞打下去就会到别人家？那时很多人想不通呀，你想，这震撼多大。第二，世界非常大，而中国只居亚细亚十分之一，亚细亚又只居世界五分之一，中国并不是浩瀚无边的唯一大国，反而很小。这也很麻烦，我们东西南北五千里的地方，居然只是一小块？别人那里居然比我们天朝还大？这很损自尊心和自大感呢。第三，古代中国的"天下""中国""四夷"的说法是不成立的，中国不一定是世界中心，四夷则有可能是另一些文明国度，在他们看来，中国可能是"四夷"。这样，思想世界里面就要地震了，因为我们从来就只觉得我们是文明的，东南西北都是蛮夷戎狄，都要朝贡天朝的，怎么可能这样呢？第四，应该接受"东海西海，心同理同"的想法，承认世界各种文明是平等的、共通的，而且真的有一些超越民族/国家/疆域的普遍主义真理。那么，最后一个大问题就来了，到底这个普遍真理在哪里？不在我们这里，那么我们就得向人家学，听人家的了，这种颠倒过来的文明图像，你能接受吗？

　　顺便说一个插曲，不知道大家注意到没有，三四年前互联网上有一条消息，是武汉有一个博士申请专利，他发现，利玛窦画的世界地图把中国画在中间是不对的，我们现在的世界地图也是不对的，所以他要把这个发明申请专利，要用格林尼治为零度作为地图的中间，这件事引起舆论大哗。有人说，这都来申请专利，看来至少这个博士的导师是昏了头了。首先，格林尼治的那一条线也是人为的，地球是圆的，哪有什么中间不中间呢？第二，格林尼治为中间，世界地图上，亚洲肯定会隔在两边。第三,格林尼治是否应当算天经地义的零度经线,在欧洲也还是个争论不休的问题,20世纪就曾以格林尼治为零度还是以巴黎为零度而引起争论。就是在光绪年间的时候,中国也还有人认为应该以洛阳为中心,那么,到底以哪里为中心呢?利玛窦把中国画在中间,当然是利玛窦的一个策略,可是也不可非议,现在你来看世界上各国的世界地图,几乎每国印的世界地图,自己国家都在中间,所以说,地图中隐含了政治、民族、国家、意识形态的内容。

不过,利玛窦的世界地图在中国出现的时候,给中国思想世界带来了一个隐性的、巨大的危机(图八)。因为它要是被接受了,中国思想世界就要"地震"了。为什么?因为传统中华帝国作为天下中心,中国优于四夷,这些文化上的"预设"或者"基础",本来在古代中国人的观念世界里面是天经地义的,毋庸置疑。在传统思想世界中,也是中华文明的基石之一。可是,如果接受利玛窦的地图,这个基石就将被推翻,中国就将"天崩地裂"了。

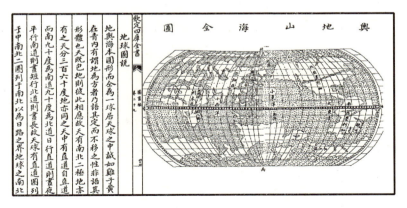

图八 《四库全书》本《图书编》之"地球图说"

三　佛教地图：另类世界的想象

话说回来，难道古代中国没有另外的"天下观念"吗？有的。那就是佛教的"世界观"。应当说，古代中国在明清以前，只有佛教，曾经给中国传统的文明带来了一个根本性的震撼，佛教文明相当有吸引力。一是理论相当复杂和深刻，古代中国的各种学说，都不如它能洞察人的心理和感情，也不能够理解人的语言和行为。二是它有一套很完整的逻辑、知识、文化，又有解决人生苦难的想象和规则。所以，这是很有震撼力量的。关于佛教的历史和影响，我们另外再说。这里要说的是佛教的世界观，佛教有两个关于空间的观念，和中国人的观念是很不一样的。

第一个，世界并不是以中国为中心的一大块，而是四大洲，中国只是在其中一洲上，据说，在须弥山四周，围绕着四大部洲，而中国所在的只是南瞻部洲，其他还有东胜身洲、西牛货洲、北俱卢洲。据《长阿含经》《法苑珠林》说，日、月、星辰都围绕于须弥山中，普照天下，四大洲各有二中洲与五百小洲，四大洲及八中洲都住有人，二千小洲则或住人或不住人。其中，据说北洲的果报最胜，乐多苦少，寿命千岁，但是，那里不会出现佛陀这样的伟大领袖；南洲的人民勇猛、强记，但是有业行，也能修梵行，所以，会有佛出世；东洲的空间极广大；而西洲则多牛、多羊、多珠玉。大家注意呀，这和中国的天下观念就不同了，中国不是唯一的天下中心了，这倒是和以前邹衍说的"大九州"有一点像。所以后来这种四洲、九州的说法，成了中国人接受新世界图像的一个资源，一听到西方人说五大洲，就赶快想起佛教的和邹衍的说法来。（图九）

第二个是佛教的世界中心观，因为佛教是从印度经过中亚或南亚传来的，所以，一般来说，佛教徒或明或暗都会反对中

第七讲 作为思想史资料的古舆图

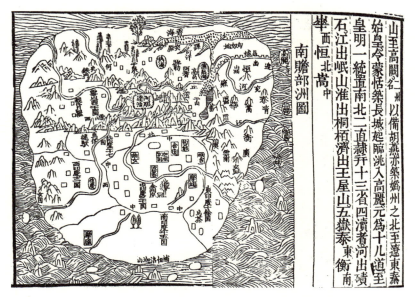

图九 佛教《法界安立图》之《南瞻部洲图》

国作为唯一中心的世界观念。这道理很简单,如果中国是唯一的,那么印度怎么办?既然真理出自印度,那么印度是中心呀。可是,在中国就不能说这个话了,只好说有印度、有中国两个中心。这幅世界图像,就和我们传统中国只是围绕中国这个"天下"的不一样了嘛。以前说,国无二主,天无二日,这下就不同了。

尽管后来佛教中国化了,变成了三教合一,甚至屈服于中国主流意识形态与儒家学说,但是它曾经使中国文明天下唯一的观念受到冲击。在佛教传来的时候,一些中国人不能不承认"华夏文明不是唯一""天下不是中国正中"。这本是一个重新认识世界的机会,而在古代中国,我们目前看到的,唯一不以中国为天下正中的地图,就是《佛祖统记》中的三幅图。在宋代以前,这是极罕见的多元世界观,它的《东震旦地理图》《汉西域诸国图》

《西土五印之图》就构造了三个中心的世界（图十），这是很少见的呀。

而佛教关于须弥山以及四大部洲的说法呢，其实，在近代以后，也曾经给中国人、日本人提供了改变世界观的资源。比如，在日本，一方面接受了西洋新的地理知识，一方面回忆起佛教的东西，因此也用了佛教须弥山加上西洋新知，画了新的地图。大家看1709年日本绘制的《南瞻部洲万国图》，就是把西方知识和佛教想象混在一起的。这里也不再只是一个中心中国了，在日本人来说，这下子就确立了东洋（中国）对西洋（欧洲）以及自身（日本）的万国图像。（图十一）

不过，我得说明，这种冲击并没有从根本上动摇中国人的世界观。佛教中国化了以后，不再提这码事儿了。在中国，佛教最后的地位和影响，远远没有在日本大，还是在儒家下面的，一切都要先经过儒家的和官方的尺子量一量。所以，关于世界的想象，还是要再过几百年，直到已经充分世界化了的16世纪，西洋人来到中国，这种情况才有了改变。就是刚才我们说的利玛窦的《山海舆地图》（万历十二年，1584）在广东问世，中国人才真正开始看到了"世界"，在思想上出现了"天崩地裂"的预兆。

四　内诸夏而外诸夷：以明代海防地图为例

关于地图的方向，我曾经有一次深刻的经验。有一次，一个朋友拿着一张绘制了某个海岸线的地图给我辨认。这个地图没有地名、城市、交通等容易辨认的东西，光是地形，我实在不能看出它是什么地方的海岸，但是当朋友大笑着把地图旋转90度的时候，我发现它就是我特别熟悉的中国东海沿岸，这只不过是一张上东下西、左北右南的地图。

这件事情没有特别的意义，只是说明，人的感觉常常是有先

第七讲 作为思想史资料的古舆图

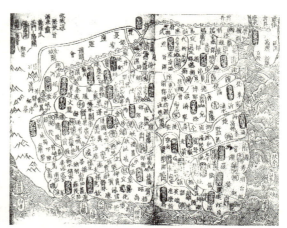

图十（1）《佛祖统记》中的《东震旦地理图》

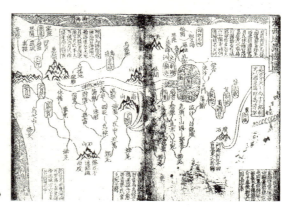

图十（2）《佛祖统记》中的《汉西域诸国图》

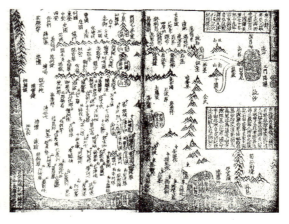

图十（3）《佛祖统记》中的《西土五印之图》

181

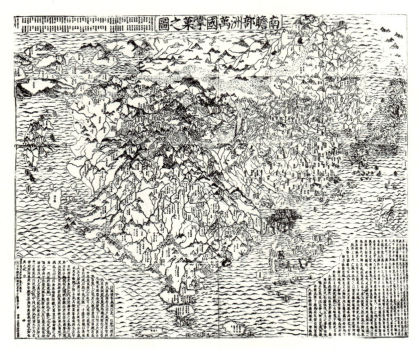

图十一　神户博物馆藏 1709 年所绘《南瞻部洲万国图》

入之见的,而且这种先入之见相当深,甚至成为认知的习惯。不过,如果我们知道,古代的地图是上南下北,那么我们就应当追问,究竟为什么人们要把它改成以及什么时候改成下南上北的?如果说这一问题不易有结论,那么我们再看,当人们已经习惯了上北下南地绘制地图以后,明代关于海防的地图怎么画?大家要知道,海防对于中国来说,尤其是到了明清,实在是很重要很重要。因为这个时代,外患主要是从海上来的,什么倭寇啦、西洋人啦,都要从海上来,所以,有人说这是一个"海防时代",所有的军事重心都在沿海,所以,有很多关于海防的地图出来。比如嘉靖三十五年(1556)胡宗宪的《筹海图编》和万历十九年(1591)李化龙序刻的《全海图注》,以及稍后的谢杰《虔台倭纂》

卷上的《万里海图》，可是大家看呀，很有趣也是很特别的，这些关于海防的地图，总是不按习惯的北上南下，而是大多数都把中国大陆绘在下方，而把可能入侵的日本以及大海等放在上方，在中国沿岸画上了警戒的旌旗标志和密密麻麻的烽堠营寨，看上去总是一致向外（图十二），这里面究竟是什么道理？

曾经帮助胡宗宪编过《筹海图编》的郑若曾在《郑开阳杂著》卷八《图式辩》中的一段话相当有意思，他说：画地图的人有两种，一种是把海画在上面，大地在下边，一种是大地在上而海洋在下面。争论很多，但是不能分清是非。现在我根据义理来讨论，下个决断。"中国在内，近也；四裔在外，远也"。古今绘画的方法，一般都以远景为上，近景为下；外境为上，内境为下。所以，"内上外下"，这是万古不能变易之大原则，所以绘制地图一定要确定，我们要立在中国，经营外面的诸国，这才是正确的；如果把海洋放在下面，就等于自己立场在海上，把自己列为外国了，看中国也倒过来了，这怎么行呢？

注意，这里的关键是"内""外""上""下"与"中国""四裔"的分别。大家都知道，古代中国分内外是很严厉的，所谓"华""夷"，在宋代以后特别敏感，古代中国人就有很清楚的观念，这是"内"，这是"外"。如果大家对经学有一点知识的话，就知道《公羊传》在古代最重要的，就是讲这个"内诸夏而外诸夷"。古代中国的"夏"就是"雅"，就是文明，就是我们自己的"内"；而夷狄就是"蛮"，就是不文明，就是"外"。你得见"外"，所以就要"分"嘛。

其实，从最早的地图南上北下，后来渐渐调整为北上南下，大家都已经习惯了。郑若曾也承认北上南下的通则，甚至他也可以接受"天地定向，以北为上，以南为下"。在他的著作中，绘制普通地图也遵循北上南下的规则，比如《筹海图编》中凡普通

图十二(1) 郑若曾《万里海防图》第二幅

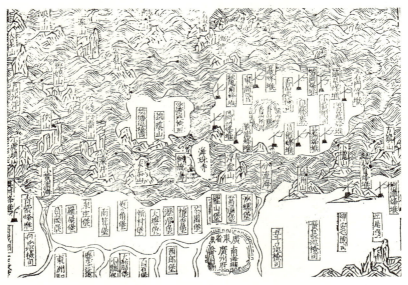

图十二(2) 《广东沿海图》局部广州部分

的行政区地图都是按照上北下南的规则。但是，一旦涉及国家与民族，他一定要坚持这种"内外有别"的画法。《筹海图编》中凡普通的行政区地图是按照上北下南的规则，但海防图则是按照海上地下的原则来画的，你拿卷四《福州府境图》和卷一《海防图·福建七》对照，就可以明白这个道理了。

这不是一个单纯的空间方向，而是一个关系到民族、国家的认同和排斥、确立自我和他者的问题。顺便说一句，这不光是古代中国的事，1930年，日本军方绘制了《中国沿海图》，绘制的日本人也同样不管东西南北的地图惯例，在地图里面，把自己隐没在地图的下方，而把韩国和我国台湾地区放在下面的两侧，仿佛两只巨钳对着上方的被缩小了的中国大陆，在这地图的方向的象征里面，我们可以看一看，是不是也有一种敌视的对立姿态和侵略的心理因素？

五　大"公"无"私"：以明代地方志地图为例

有一段时间，我大量地读《续修四库全书》里的明代地方志，有时候也看一看地方志所附的地图，看了以后感受很深，发觉有三个很有趣的现象。

第一个是这些地图很"目中无人"。

这话怎么说呢？一般来说，在古代中国，城市大多是州府县镇的治所，说起来应该算是政治和军事中心。不像近代以来的城镇，很多是商业或消费的地方。不过，古代城市尽管是以政治为中心的，但你想想，城市总不能只有官府官邸、公家的地方，而没有民居茶楼、没有小民的市集。虽说明代这些大大小小的城市，不是都像京城那么热闹，但毕竟"民"多于"官"。台湾大学历史系的梁庚尧，曾经写文章讨论过南宋的城市。其中说到，福州州治加上闽、侯官两县，官员不过八百多人；台州的州、县两级官员只有五十多人,加上胥吏,也只有四百而已。可见,城市里面大多数还是平民。这么多人的吃、喝、玩、乐,必须有商铺、市集,加上歌楼、酒肆、瓦子、书籍铺,像宋代的平江、兴元府有勾栏,湖州州城、庆元府城有瓦子,元代的镇江虽然户数减少,但是,《至顺镇江志》中仍然记载有"隅七""坊二十八""市五""街七""巷八十二"。可见,城市里面究竟还是生活空间比较大。

不过,奇怪的是,明代地方志这些有关城镇的地图,有时候却并不能帮助我们的想象。通常,地图是应当按照实际空间比例绘制的,地面上占的空间多少,地图上就有相应的大小。可是,明代各种方志在凸凹相间的那一圈城墙之内的,常常只是画上若干政治与宗教的公共建筑,却没有我想看的任何集市、街坊和其他私人生活空间。大家注意,在这些地图里,最醒目也是常常在城市中心的,总是府县官署衙门的所在,这是政治权力的象征。可见,在古代绘图者的心目中,大概这一定是最重要的建筑。比如在《(嘉靖)抚州府图》中,突出显示的就是抚州府、临川县以及左边的按察司、兵备道,加上右边的府学;而《(嘉靖)惟扬志》的《今扬州府并所属州县总图》中,这么民物繁庶的一个扬州城,也只突出地画了扬州府、江都县、察院的官邸;《(嘉靖)嘉兴府图记》里面的《秀水县境图》,从名字上说虽然是县境,但图中却只有布政司、千户所、按察司、府学等公家场所(图十三);而《(正德)大同府志》的地图,则更醒目地标志着"代王府""山西行都司"和"帅府"。它们被显著地标志出来,这透露了绘制图志的人心目中,政治、法律和权力,它们有多么重要。

其实,并不是从一开始就这样的,至少在宋代就不全是这样的,你们看看《梦粱录》《都城纪胜》《武林旧事》就知道,那时的城市生活并不是这样冷冰冰的了无生气,倒有点儿像《清明上

第七讲 作为思想史资料的古舆图

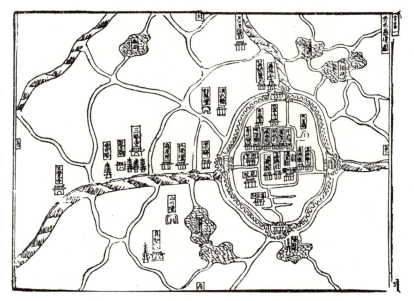

图十三　明嘉靖赵瀛等编《嘉兴府图记》所载《秀水县境图》

河图》里画的那样热闹。不只是都城，各地的城镇都一样，"民"还是多于"官"的嘛，所以地图也应该是反映民宅的。比如，宋代《平江图》碑刻，这是很有名的，当时苏州的街巷城坊还是一一被标志出来的；在《（淳熙）严州图经》的"建德府"图里面，我们也看到，除了一些被隆重标识的官衙之外，多少还留下了一些民居的位置，像东面的福善坊、建安坊，中间的政惠坊、亲仁坊、辑睦坊和甘棠坊，西面的肃民坊、和兴坊等等，大约有十个；而《咸淳临安志》里的《临安图》，更在西边并不很大的大内之外，还大体按照空间比例画出了当时临安的民间生活空间（图十四），让人一看上去，还知道这是一个民宅多于官府，生活大于政治的活生生的城市。

可是，后来就变了。在明代地方志的城市地图里面，按照比例和实际分配空间，这种画法很少见了。对于民众生活的空

187

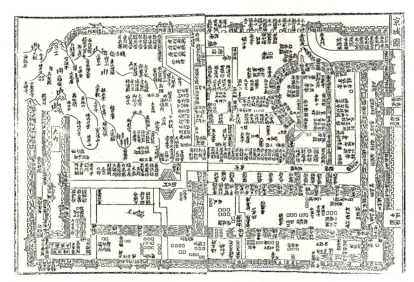

图十四　宋代《咸淳临安志》中的杭州地图

间,像坊巷啦、市场啦、娱乐场所啦,也有些有意无意的忽略,这些忽略透露了心底的轻蔑。在他们的视界中仍然只是公署、官学、庙宇。至少,在我看到的上百幅刻在明代方志的地图中,几乎一律地都是只标识着官家的府廨,却忽略了民众的居所。我越看越觉得,这些绘制地方志图的人,似乎越来越变得"目"中无"人",他们的观念世界里面,仿佛越来越大"公"无"私"。没有民众的生活,没有私人的空间,这种现象好像在告诉我们,如果把方志地图当做一个思想史的隐喻,那么,它暗示的也许是,这个时代,在国家与政府的对照下,日常生活和私人空间在这些士人的观念世界中,已经越来越没有重要性了,是不是这样?

第二个特点,是阴间官配阳间官。

除了衙门、官署等政治建筑之外,在明代方志地图上被隆重画出来的,还有一些宗教性建筑。这指的是合法宗教的寺庙和被认可的祭祀场所,不过,不包括未经批准的"淫祠淫祀"。

第七讲 作为思想史资料的古舆图

大家都知道,明代开国皇帝朱元璋虽然当过和尚,其实他心底里并不那么"迷信",只是很懂得"神道设教"的手法。洪武八年(1375)他曾经颁布了一个规定,在每一里都要立一所"无祀鬼神坛"。但名为"无祀鬼神",却要每岁三祭,所以又被称作"乡厉祭"。把无鬼神当作鬼神,把不需祭祀的供起来祭祀,这办法实在高明得很。好像当年我们"文化大革命"时代"破除四旧"一样,说是破除旧风俗旧习惯,结果还是把旧时代的三跪九叩转化为忠字舞,拿宣读《圣谕》的方法宣谕最高指示。供奉不是神的神,与供奉是神的神并没有两样,反正一样是"他说是灯你就添油,他说是神你就磕头"。

这些宗教性建筑常常在地方志里面被显著地标识在方志的地图上。显而易见,这些祭祀供奉神灵的场所,在当时的官员和士绅,以及编写方志的士人眼中,和公廨衙府一样,也可以算是"公共"的"空间"。于是,我们看到,在明代方志图上,几乎每一个城的城隍庙都被清楚地画出来(图十五)。当然,每幅地图上都有各地著名的大寺观,像抚州的天宁寺和宝应寺、大同的善化寺和太宁观,这些被官方承认的佛教道教寺观当然是香火之地。但是,在明代最值得重视的还是城隍。当然,城隍庙被隆重地标出来在宋代已如此。像南宋淳熙年间陈公亮的《严州图经》里的《子城图》《淳安县城图》就是这样做的。可是,宋代还有不少其他奉祀的神灵,像什么五圣、崔府君、真应等等,众神杂存分散了权力,并不是城隍独大。但是,城隍的突出,是明代的特点,在奠定明朝规矩的洪武年间,明太祖朱元璋一会儿把城隍抬上天,封了王;一会儿想回来,又觉得城隍应当和地方长官一样,于是又撤了王号。但是觉得还需要他帮忙管理百姓,于是又诏天下州县立城隍庙,"其置高广各视官署厅堂,其几案皆同,置神主于座。旧庙可用者修改为之"。这使城隍庙和官府对应起来,阳间的

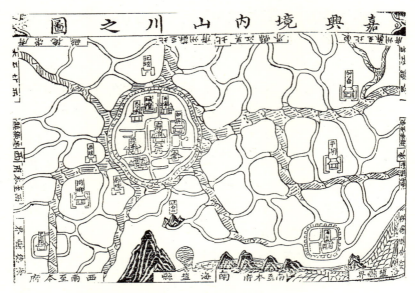

图十五　明正德于凤喈等编《嘉兴志补》卷首图

城隍神成了冥界的地方官。地方官既然叫做"父母官",又叫"州牧",好像是代行父母管教职能的是牧羊人,那么,他当然要受到隆重祭祀。所以明代的李贤在《河间新建城隍庙记》里面,曾经先把城隍和社稷对举,说"社稷所以养民,城隍所以卫民";后面又把城隍和长官并列,在他看来,城隍保卫全境人众仿佛州郡长官管理全境百姓,所以,地方长官就得好好地祭祀城隍,才好"与神合德",合谋分工,你管阴间我管阳间。

古人常常说一句话,这句话很坦率也很重要,叫做"遇上等人说性理,遇下等人说因果"。我总觉得,神道设教和兴学育人,对于古代官方来说,意义是差不多的。说起来,古代中国不仅是"王霸道杂之",而且是"阴阳官杂之"。这很有效呀,记得有古人说过,"人或有不畏法律者,而未有不畏鬼神者也"。所以,在一般的观念世界中,地方官和城隍神就分别成为阳间和阴间的管理者，表现在方志图经上，就是城隍庙和阳间的官衙门一样，分庭抗礼各自占据了重要的位置。

第三个特点，是"精神"和"物质"，两手都要硬。

现在官方宣传的这个道理，其实明代人就知道，而且在画地图的时候还会不自觉地流露出来。刚才我们说，阴间与阳间，两者都很重要。要知道，古代官家不比现代政府，它是全知全能的，所以号称"父母官"，官员称做"父母"而百姓唤做"子民"，把政治想象成家庭。这样官员的权力也大，但是职责也多，就像如今山东一个昏官所说的那样，"上管天，下管地，中间还要管空气"。

在这些地图上你也可以看到这种政府的全能。它管你吃喝拉撒睡，还要管你所思所想所关怀。在明代地方志的图经中，你们看看，除了府县官廨、宗教寺庙之外，特意标出来的，还有一类很特殊的建筑，这就是官府为备饥荒而建的仓库。像《抚州府图》上，就标出了"义民仓""布政司赈济仓""永丰仓"。而《（万历）湖州府志》则特意标出了乌程仓。《（正德）嘉兴志补》中也在城墙里面屈指可数的七个建筑标志中，安排了一个"仓"（图十六）。我们看明代何乔远的《闽书》，在记载从福州府、泉州府等地的重要建置时，总是在官署衙门之后，就记载各种仓库，像闽县有预备仓三、常平仓一，候官有预备仓五、常平仓一，而古田在预备仓和常平仓外，更有际留仓、福清仓等名目。我们知道，汉代首创常平仓，隋代出现义仓，到南宋朱熹，则建立了社仓。台湾大学的梁庚尧写过一篇《南宋的社仓》，他说，南宋的士人官员对于设立仓库特别重视，连朱熹都出来提倡建设，一方面当然是为了现实考虑，不能让饥荒导致社会不安和动荡；一方面也是理学家们的社会理想，因为前两种仓库主要在城市，社仓在农村，所以这样可以稍稍调剂饥饱不均。那么，把这些仓库特意

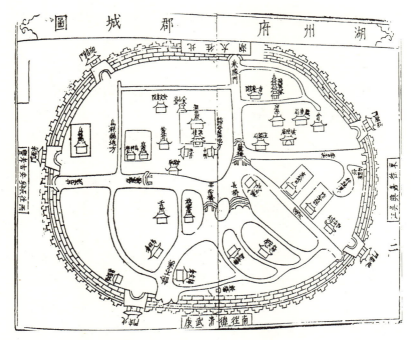

图十六　明万历栗祁等编《湖州府志》之湖州城图

标识在地图上,也是宋代地方志书实际已经有的方法,大概可以证明士人对这种仓库的重视。因为从宋代以来,这一类应付灾难的设施,已经成了地方政府的一个重要职能。

"民以食为天",饥荒时候需要粮食赈济,这是天经地义的,也是官员的责任。不过,在古代中国做一个地方官员,似乎还特别要讲究教育,"移风易俗"好像总是儒生出身的官员的责任,所以,在地方志上还有一类建筑在地图中占了不少位置,这就是府学、县学和书院。其实,当时并不只有官办的学校,从宋代起,民办的地方学校已经很多。《都城纪胜》"三教外地"条就说到,"其余乡校、家塾、舍馆、书会,每一里巷须一二所,弦诵之声,往往相闻"。不过画图的人眼睛里面盯着的,还是这些官方的设施。也难怪,毕

第七讲　作为思想史资料的古舆图

竟自古以来中国都是"官"比"民"重，尽管亚圣孟子当年也说民重于国君和社稷，可是这一条被朱元璋狠批了一通，大概明代人也不怎么敢相信"民"高于"官"的说法了。这些官方建立的教育机关当然就比乡校、私塾来得重要，在地图上，几乎被给予了与官廨衙署同等的空间位置，几乎每一幅图中都不会忘记它们的存在。像前面说到的《嘉兴府图记》中的《秀水县境图》里面，除了千户所、按察司这些官衙之外，单独标出的就是府学；而在《（万历）湖州府志》中，不仅有府学、有归安县的县学，还有著名的安定书院，那是胡安定的遗风所在（图十七）。

这种政治智慧实在是源远流长。现在流行一句政治术语是"两手都要硬"，"硬"，当然不是指民众，而是指官员。古代不那么说，而是说，官员们看你要当"酷吏"还是"循吏"。当酷吏，奉的是"治乱邦以重典"；当循吏呢？就要"兴学校以易风俗"。这两个加起来，就是古代所谓"王霸道杂之"，就是现代所谓"两手都

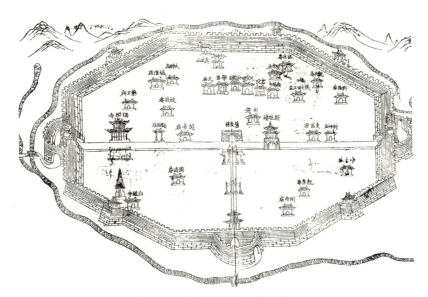

图十七　1831年《蓟州志》图［哈佛燕京图书馆］

193

要硬"。所以，除了要在饥荒年代让民众能活命之外，在平常年景就要让民众受教育，于是有了"仓"就还得有"学"。在宋明的方志地图上，特意标识出来的这两类建筑，象征了古代到现代，政治权力的用力所在。有了"物质食粮"，老百姓心中不慌，秩序当然就安定；有了"精神食粮"，知识人有做进身之梦和发发大议论的场所，也有在那儿念叨绝对真理的空间，士据四民之首，"肩负着革命的重担"，有了进得去的学校和望得见的官署，大概也不再会惹是生非。

六　小结

索雅（Edward Soja）曾经说到，地理学应有三个维度，第一个是历史性（historicity），第二个是空间性（spatiality），第三个是社会性（sociality）。就是说地理包括地图，都要考虑历史影响下的空间观念，空间观察的位置和立场、社会语境的影响等等。这可能太学术了一些，其实，列维-斯特劳斯在《忧郁的热带》中的一段相当有趣的话，已经可以说明这个意思了，他说"旅行通常被认为是在'空间'中进行，但同时也是'时间'与'阶层'的转换，任何印象必须与这三者相连，才能看出意味"。我觉得，阅读地图似乎也是如此，虽然它常常被称为"卧游"，只是在纸上的旅行。但是，在一份地图的不同空间描述上，可以看到绘制者本身的文化史，其中比如：一、可以看到绘图者区别"自我"和"他者"的立场；二、还可以看到绘制者心中的"世界"以及关于这个世界的"观念"；三、还可以看到各种各样没有明说的政治意图和各种观念；四、尤其是在对同一个世界的不同描述的地图中，更可以看到各种阶层和民族的观念差异。这正像一句名言所说的，"每一个人都拥有一个不同于他人的世界"。

回到我们一开始的问题上来，关于图像在思想史中的使用，其实并不应当有问题。据文学家说，最容易引发人们往事回忆的是翻阅发黄的照片或翻检旧时的物品，就是所谓"睹物伤情"和"触景生情"。虽然老照片并没有文字，但它可以使记忆再度复活；虽然旧物品不会说话，但它储存了曾经有过的历史。其实，关于历史的记忆也一样，很多关于历史的记忆，不仅是写在文献中的，也是储存在图像里的。当一些似曾相识的图像唤醒它的时候，它就可以像连环画一样，一页一页地呈现。所以，从思想史的研究者来说，在唤起历史记忆的时候，图像和文字的功能并没有太大的差别，问题只是在于：

——我们怎样透过地图诠释出古人的所思所想，怎样把无言的图像转化为有言的历史。

【建议阅读文献】

《中国古代地图集》三册，文物出版社，1997。

菲利普·艾伦（Phillip Allen）的《古地图集精选》，猫头鹰出版，台北，2001。

周明敏主编《地图中国》，香港科技大学图书馆，2003。

姜道章《二十世纪欧美学者对中国地图学史研究的回顾》，《汉学研究通讯》总66期，169—177页，台北，1998年5月。

海野一隆《地图的文化史》，中译本，香港中华书局，2002。

The History of Cartography, Vol.2, book.2: *Cartography in the Traditional East and Southeast Asian Societies*, J. B. Harley and David Woodward Edit, The University of Chicago Press, 1994.

织田武雄《地図の历史——世界篇》，讲谈社，1994。

邢义田《中国古代的地图——从江苏尹湾汉牍的"画图"，"写图"说起》，中山大学艺术史中心编《艺术史研究》第六辑（2004），105—124页。

葛兆光《天下、中国与四夷——古代中国世界地图中的思想史》，载《学术集林》第16卷，上海远东出版社，1999。

葛兆光《古地图与思想史》,载《二十一世纪》2000年10月号,总61期,香港中文大学。

船越昭生《坤舆万国全图と锁国日本——世界的视图の成立》,《东方学报》41册,684—685页,京都大学人文科学研究所,1970。

Edward Soja "Postmodern Geographies: The Reassertion of Space in Critical Social Theory", London, Verso, 1989.(参见王志弘《后现代的空间思考——爱德华·索雅思想评介》,载《流动、空间与社会》17—33页。)

附录　思想史为什么在当代中国如此重要？[1]

引言

在正式的演讲之前，请容许我说几句题外的话。六十年前的12月17日，是胡适六十岁生日，那一天胡适是在普林斯顿大学度过的，我比胡适小六十岁，在六十年后，我也将在普大度过我的六十岁生日，这似乎很巧合。胡适当年在这里度过六十岁生日的时候，心情很黯淡，当天晚上，他乘火车回纽约时，想到自己有心脏病，连人寿保险公司也不肯接受他，所以，就像在座的周质平教授说的那样，在普大是他一生的"黯淡岁月"，我是否也将度过一生的黯淡岁月？不好说。这当然是玩笑，不过，大家注意，就是那天，胡适写了一个《生日决议案》，郑重地说，如果生命不太长了，那么，他要还一生的文债和心愿的话，第一个就是写完他的思想史。

可见，胡适心里最关心的一直是思想史。那么，下面我们就转入正题，这些中国学者为什么都关心思想史？

---

[1] 这是我作为第一届"普林斯顿全球学人"（Princeton Global Scholar, 2010—2013），于2010年3月30日在美国普林斯顿大学进行的第一次公开演讲。普林斯顿大学，Jones Hall 202。

一　思想史在中国为何很重要?

各位在美国，肯定都知道，现在西方学界，思想史研究并不是热门，中国思想史研究更不是热门。我的朋友黄进兴院士，现在担任台湾史语所所长，他最近写了一篇文章传给我，谈到思想史在西方学界的衰落，在文章开头他引用 Paul K. Conkin 的话说"思想史曾有短暂的辉煌，眼前却是四面楚歌，而前景黯淡无光。"而在文章的最后，他又用了韩战时期麦帅（Arthur MacArthur, 1880—1964）的名言"老兵不死，只是逐渐凋零"（Old soldiers never die; they just fade away），来形容现在思想史研究的状况。

可是很有趣的是，这也许是西方思想史研究状况。中国大陆学界却相反，思想史研究一直是热门，而且这十几年更热，熟悉中国的朋友会了解，刚才我们提到的，作为"五四"一代知识界领袖人物的胡适，最初的著作是《中国哲学史》，但后来他坚持改称为《中国思想史》，而且也编写了好几次《中古思想史》的提纲和讲义；改革开放时代即20世纪80年代，李泽厚有关思想史的三部著作，也曾经是当时"文化热"的重要历史资源。余英时先生关于思想史的各种著作，也在中国大陆产生过深刻而久远的影响。在座的，包括艾尔曼教授、汪晖教授和我，也都是在思想史研究领域的，在中国，连原本是文学和哲学的研究者也有不少人转向思想史，甚至有人觉得现在的"思想史热"造成了中国"学术格局的失衡"。

并不是因为我是做思想史研究的，才在这里老王卖瓜自卖自夸地说，中国的思想史研究很热。其实，只要了解中国当代思想和学术的人都知道，近十几、二十年中，思想史研究尤其是中国思想史研究，在中国大陆的影响不只在思想史学科内，而且影响到学科外，不仅刺激了有关"中国哲学合法性"问题的讨论，而且促进了历史学科其他领域研究方法的转变，甚至引起了文学史、艺术史、政治史等学科的反思。特别要说到的是，它还引起对当下中国的思想、政治和文化的重新省思。那么，为什么偏偏是思想史研究在当代中国起了这么大的作用？为什么思想史研究在当代中国受到这么多的关注呢？

我想，有三个关键词一定要注意：在中国人文学者心目中，历史、思想和政治，始终处在很核心的位置。因为中国有长久的历史传统，所谓"国可亡，史不可亡"，反过来说"欲亡其国，先亡其史"，就是说"历史"是民族或国家的一个认同基础。从古代中国的"有史为证"，到现代中国的"历史的经验值得注意"，什么事情都先要参考"历史经验"后要有个"历史结论"，批林就得批孔，反周恩来也得扯上周公，昨天我看《华盛顿邮报》的网络版，说中国一学者要讨论当代国际关系，也要拉上儒家和荀子，要从荀子那里找到国际关系的灵感和资源。同时呢，思想也很重要，我一直觉得，现在的中国仍然在"未完成的现代过程"之中，仍然是在晚清、"五四"那个从"技术"到"制度"、从"制度"到"文化"，从"文化"到"观念"不断寻求变革的历史延长线上，那些重要的价值像民主、自由、科学、公平、正义等等，始终需要在观念层面确认，并且在制度层面落实，所以这是"道"，中国人讲"道"是最根本的，虽然"道术将为天下裂"，可是还是要寻找根本的统一的"道"。"道"是什么？就是思想，是硬道理。胡适在六十岁的时候接受过一次采访，回答记者说，他不想直接从政，因为"思想文化的途径有其巨大的力量，有其深远的影响"。接下来，"政治"也特别重要，中国自古以来就有政治高于一切的传统，"国是"一直可以笼罩和改变经济制度、社会风貌、文化趋向和日常生活，不过，政治问题不宜轻易讨论，所以，看起来是"过去故事"的思想史研究，其实，往往就是在对古代的检讨中，让这些现代价值获得历史合理性。正像梁启超所说，思想常与政治变化有关，而政治变化又必以思想为基础。之所以要讨论思想史，就在于思想和社会，历史和现在，古代和现代关联得太深了。在中国这种历史传统很深的国家，在中国需要思想指引的时代，"让历史归零"是不可能的，"把政治忘掉"也是不可能的，怎么办呢？仍然是林毓生先生说的，"借思想文化来解决问题"。

我们知道，中国知识分子一直有一个传统或者说是一个习惯，就是入了"文苑"不行，得入"史林"，入了"史林"也不算完，还得入"儒林"，最好是入"道学"。为什么？因为光靠文章诗赋不行，那是"雕虫""末技"。靠史传小说也不够，连司马迁也说皇帝对史家如"俳优视之"。所以，不仅要有经学著作，更要有大的笼罩性观念提出才行。所以，政治、风俗、教育、制度的任何变化，都会被放在思想视野中作政治解读，而任何思想的历史变化，也必然会被政治性地理解为要推动制度变化。我特别要提醒各位的是，正因为如此，在中国，专业学者、自由文人、公共知识分子、论政者之间很难有清晰的界限，任何对文化、学术和思想的历史清理，背后常常有现实的政治目的和批判意图。人们希望从历史中寻找现实的批判资源、认同基础和价值观念，所以，历史学一直在人文学科里面很重要，也很敏感。这些年，中国的变化太剧烈，"三千年未有之大变局"，至今还在变局之中。以前说"天不变，道亦不变"，现在天翻地覆，"道"就得"变"了，"道"是什么，就是思想，可是思想应当朝什么地方变？这是知识分子特别想知道和特别想讨论的。在国家制度和政治状况并不能彻底改变的前提下，所谓"借思想文化解决问题的方法"，或者是"借助历史批判现实的传统"，始终是知识界的习惯。正是在这一点上我们才能明白，在中国，"学术"不仅仅是"专业"的或"知识"的领域，而常常也是一种政治批判和制度表达，无论"文化""学术"还是"思想"的研究领域，都是如此。

因此，中国思想史研究在中国很重要，它的兴起和兴盛，就需要在这一传统和背景下观察。

二 思想史为何在当下中国特别重要？

刚才我们说"思想史为什么很重要"，现在我们要说，"思想史为什么在当下的中国特别重要"。

中国的"思想史热"，是在20世纪90年代中期以后形成的，请注意20世纪90年代这个时间点，凡是熟悉中国的人都知道，在这之前1980年初到1990年中，曾经经历过"文化史热""学术史热"，其实这是一个延续过程。所以，理解20世纪90年代中期以后的中国社会、政治和文化，是理解"思想史热"很重要的背景。90年代中期以来，思想史研究之所以引人瞩目，是因为它同时在回应着三方面问题：一是它在回应新的中国社会和政治、文化的变迁，思想世界的混乱，需要重新回顾过去，重新梳理脉络，找到思路；二是它在回应东洋和西洋，包括各种长久固定的学科制度，和各种刚刚蜂拥而入的新理论、新方法；三是它在回应70年代以来，不断出现的各种新史料的刺激和挑战。

先讲第一点。作为一个标志性年代，1989年当然在中国就像1895年一样重要，由于苏（联）东（欧）的解体，和中国的天安门事件。可能有人会认为，历史在这里转弯了，后面一个时代的问题变化了。但我想提醒的是，历史在中国并未"终结"。只是因为情势有了变化，问题变得复杂，所以导致了表面的"转向"与"分化"，在社会的转向和分化中，思想也在转向和分化。原来同一的思想崩溃了，各自的思想资源不同了，思想取向有差异了。80年代至90年代以来，各种取向和各种资源，在没有经过梳理和整合的情况下一涌而入。本来，传统时代的儒家和孔子被民主观念打倒了,佛教道教被科学思想看成迷信了,接着,马克思主义成为政治意识形态而变得保守僵化了,后来,现代民主科学思想又因为"现代性批判"的风潮变得令人怀疑了,现在,当孔子又被抬出来的时候,又出现了民族主义的嫌疑,而后现代思潮呢,又因为过于超前不合时宜。好像在中国已经没有共同的标准,这使得过去为社会的变化进行解释的"思想",和原本很清晰的作为知识基础的"学术"都发生了混乱。——在这个充满变化的新时代中,思想史学界就有了很多需要回应的新问题,要告诉我们,"思想"是怎么变得混乱的?如果要重建中国的思想世界,什么是可以发掘的传统资源?什么是需要重新确立的价值?什么是呈现中国的思想?

再说第二点。20世纪以来,这一百年里中国在向西转,即所谓"在传统外变",学科制度、研究方法、表述语言都西化了。如果仅仅是一个"西方"化还好办,可是,80年代以后,各种新的理论主要是西方理论进入中国,在经历了一阵"拿来"和"实用"的风潮之后,人们开始反思和检验这些被应用在历史解释中的各种理论,大家感到很困惑,在这些问题中,有很多仍然需要思想史角度去思考。比如——

(1)对于古代中国政治文化的整体估价。大家过去有的会强调它对文官制度的建设、对社会流动的推动、文人士大夫对皇权的制约力等,或者强调它的缺乏制度与专制集权。可是,现在由于有了对欧洲历史背景的警惕和所谓后现代、后殖民主义的理论,似乎觉得这些原本简单的评价,好像有些不太对头。可是,反过来说中国古代没有"专制",政治文化很好,是不是就一定对头呢?问题一方面涉及历史,一方面指向现实。(2)中国传统文化、"国学",是否可以窄化为儒学与儒经?汉族传统为主的那些文化,如何适应现在这个多民族国家的现状?是否中国应当有一个"复数的传统"？佛教和道教在这个传统中应该如何评价？旧传统可能成为建构现代中国的文化基础，并成为抵消西方文化的资源吗？（3）借助西方对"现代性"的自我反思和后现代理论对现代的瓦解，现在有人觉得，中国传统也许正是西方文化的"解毒剂"。这种思想取向使得一切本来自明的历史变得不明确了，可是，到底真的历史是这样，还是一种反抗现代性的论述策略，或者只是西方后殖民主义理论的翻版呢？历史的追索和对当下的思考，也由此连在一起。（4）对于王朝作为国家的历史正当性，对于历史上的中国文化认同，好像也有问题了，古代中国对于世界和国家的看法，和其他民族与地区为什么不同，这些不同如何延续到现在的中国国际政治观念？历史上只有一个简单的国家认同（政治认同），还是可以有不同的文化认同、历史认同和政治认同？

很多天经地义的前提或预设都在被质疑。可是在中国，由于这些前提或预设都与政治合法性相关，而政治性话题很难在公众社会和学术世界中表述，制度性的问题主要被行政官员垄断，所以，知识界习惯的仍是"借思想文化以解决问题"。可是，过去的哲学史或者思想史——我们常常开玩笑说，思想史好像是"大号哲学史"——是否可以理解中国的思想、信仰和知识？那种唯物唯心、进步落后式样的思想史是否可以重回古代场景，是否可能回应当代的思想关怀？我一直强调，过去中国思想史著作，基本上是儒家"道统"叙事、东洋或西洋的近代哲学史叙事加上马克思主义历史叙事的三结合，主要作用是"建立系谱"（书写正当性思想的脉络）和"表彰道统"（对于正统思想的凸显），意识形态性很强，所以必须改变。这种改变在中国大陆，就等于在破除固执的政治意识形态笼罩。

最后是第三点。近几十年来，新资料在不断增加。20世纪70年代以来不断出现的国内新材料，对以前的思想史脉络提出了挑战。比如马王堆、张家山、银雀山、走马楼、郭店、里耶、悬泉置等考古发现的简帛资料、西洋和日韩各种有关中国的文献资料的引入、各种图像资料的解读，电子出版物的增长，给思想史提供的边缘资料，迫使中国思想史研究者不得不回应它们所提出的问题，改变过去哲学史或思想史的既成脉络和固定结论。傅斯年当年说的"上穷碧落下黄泉，动手动脚找东西"，是史学变化的最简单途径，一旦史料扩充了，历史就不同了嘛。可是最近几十年，思想史不需要那么麻烦地到处去找东西，很多新材料新文献很现成地就来找思想史了呀。

如果容许我简略概括，有几点很重要：第一，让我们"重返古层"，这里我用了一个日本丸山真男的概念，就是思想和文化的深层和下层，因为近年来考古发现、边缘史料、图像资料越来越多让我们关注少数精英之外；第二，让我们"走出疑古"，这是李学勤先生的说法，其实是当年在我们，包括在座的汪晖也参加的一个 Seminar 上讲的，后来是由李零整理的，虽然这个提法有些片面和极端，不过，我觉得这还是一个很有意义的趋势或者启示，现在包括清华简在内的很多材料，就是在催促我们改变观察历史的方法；第三是"发现四裔"，各种各样来自日韩蒙越的新文献，让我们开始注意到历史上的中国与周边的互相观察，也注意到由于"朝贡体制"或者"册封体制"下的中国和周边的微妙关系，更注意到汉族中国以外的各种文明、宗教和礼俗在汉族中国的投影，所以，开始反省原来研究的偏向，开始意识到过去中国的"中国"研究所忽略的那些"四裔"，也就是傅斯年称为"虏学"的学问。

因此，学术界出现了和西方学术界很不同的取向，如果说，西方历史学界逐渐从思想史转向社会史或新文化史，那么，在20世纪90年代中期的中国，则出现了很强烈的、至今持续的"思想史热"。

三 思想史研究在将来的中国为什么还很重要？——兼谈当下中国思想状况

不过，大家也可能已经注意到了，中国现在说的这个"思想史研究"，实际上是一个很开放的领域。正因为思想史把边界搞得很开放，所以它能够连接各种各样专门领域、容纳各种各样文献资料，社会、文化、经济、风俗、宗教、政治等内容，都被它包容进来了，整编到思想史的大脉络里面了。像余英时先生的《朱熹的历史世界》，虽然他说是政治文化的研究，可是，我们仍然把它当成开放了的新思想史著作，这种思想史就特别容易引起各个行当的学者的关心。应当说，这十几年来，中国大陆的思想史研究状况有很大的变化，容我简单地归纳，我觉得变化很大的几个方面是——

（一）新文献与新史料的充分运用与"眼光向下"的研究趋向，促使思想史研究思考精英和经典思想的"制度化""风俗化"和"常识化"。思想史不再仅仅是关注思想的"提出"，提出的可能是少数天才，也可能提出了就湮灭了，而同样要关注思想的"实现"，实现了的是在社会生活里面称为制度、常识和风俗的思想，也是真正在历史上产生作用的思想，这样你就得关注风俗史、教育史、制度史等等，不能把电光火花一样的少数天才当作思想史的基本脉络，当作思想的连锁环节。举一个宋代的例子，如果大家都以理学为中心，那么北宋濂洛之学出现，理学家那种伦理道德严格主义就应当写在北宋。可是，如果你注意到杀人祭鬼的流行、薅子弃老，就是类似日本《楢山节考》那样的事情，在宋代的川陕地区也有，如果你注意到北宋司马光劝谏皇帝勿看女子裸体相扑，就知道理学家那种思想，是后来才渐渐成为制度，成为共识，成为基本常识的，这是一个过程，也就是思想史的过程。

（二）目前的中国思想史研究，在很大程度上促进了思想史和政治史、社会史与知识史的融合，把思想史真正放入政治和社会语境中，拓宽了思想史的视野和范围。举几个例子，比如天文、地理之学，在历史上可以与思想史沟通，像我就曾经以北极北斗、古代地图来讨论思想史问题；又比如，我也曾经用朝鲜史料中的有关大明衣冠的记载，来讨论清代族群意识和东亚文化认同。再比如，在座的艾尔曼教授也曾经讨论过科举中间有关科学技术的考题，是否反映中国人的知识观念变化。这都是过去思想史不会涉及的话题和资料，它使得思想史和社会史、科学史、政治史之间，不再有鸿沟了。

（三）思想史的研究空间变得更大了，我们现在的研究范围，拓展到所谓"西域"与"东海"，这促使思想史研究者思索，不仅超越民族国家与恪守民族国家之间的难题，而且也要解决汉族与异族思想的冲突和交融。这一点因为时间关系，就不多说了，只是多提一句，这恰恰就是我为什么要提倡"从周边看中国"这个研究课题的原因。

结语

最后，我再多说几句。

我们都知道，要使思想史研究在中国一直成为社会关注中心，最重要的还是中国思想史研究者能否在历史讨论中，保持对现实的针对性，他们能否诊断当下的思想问题。近来，我们一直在关注和追问一些既有关历史，又有关现实的思想史问题，比如，中国传统对内的一统观念和对外的天下观念，如何影响着今天中国的国内管理制度和国际秩序构想？传统的家国体系、君臣关系和礼仪制度，如何影响着今天的政治体制和意识形态？传统儒佛道的三教合一关系，如何影响信仰立场和批判精神的确立和宗教信仰对政治权力的制衡作用？也许和各位不同的是，因为我身处中国，我的体会、我的经验和我所亲历的历史，让我更多地去思考今天的思想状况，并且从这些思考出发，反省过去几千年的思想史。特别是近二十年来，中国的思想世界越来越复杂，不同思潮的起伏变幻、冲突论争，给思想史研究者提出了新问题，需要思想史去回应。毕竟中国有一个习惯于在历史中寻找合理依据，在思想中解决根本问题的传统，中国当代思想也总是需要在过去的思想史，特别是近代的思想史中，获得合法性与合理性来源。

因此，我相信，虽然在欧美思想史研究可能出现像黄进兴兄讲的那样"渐渐凋零"，但是在中国学界，仍然会在一段时期内，保持其持久的活力。

思想史研究课堂讲录

三编 博士生的四堂讨论课

增订版

葛兆光 著

生活·讀書·新知 三联书店

Copyright © 2019 by SDX Joint Publishing Company.
All Rights Reserved.
本作品版权由生活·读书·新知三联书店所有。
未经许可，不得翻印。

图书在版编目（CIP）数据

思想史研究课堂讲录／葛兆光著．— 增订本．—北京：生活·读书·新知三联书店，2019.4
ISBN 978-7-108-06399-1

Ⅰ．①思… Ⅱ．①葛… Ⅲ．①思想史－研究－中国 Ⅳ．① B2

中国版本图书馆 CIP 数据核字（2018）第 218134 号

责任编辑	郑　勇　吴思博	
装帧设计	蔡立国	
责任校对	张国荣	
责任印制	徐　方	
出版发行	生活·讀書·新知 三联书店	
	（北京市东城区美术馆东街 22 号　100010）	
网　　址	www.sdxjpc.com	
经　　销	新华书店	
印　　刷	北京隆昌伟业印刷有限公司	
版　　次	2019 年 4 月北京第 1 版	
	2019 年 4 月北京第 1 次印刷	
开　　本	635 毫米 × 965 毫米　1/16　印张 37.75	
字　　数	457 千字　39 幅图	
印　　数	0,001-10,000 册	
定　　价	99.00 元	

（印装查询：01064002715；邮购查询：01084010542）

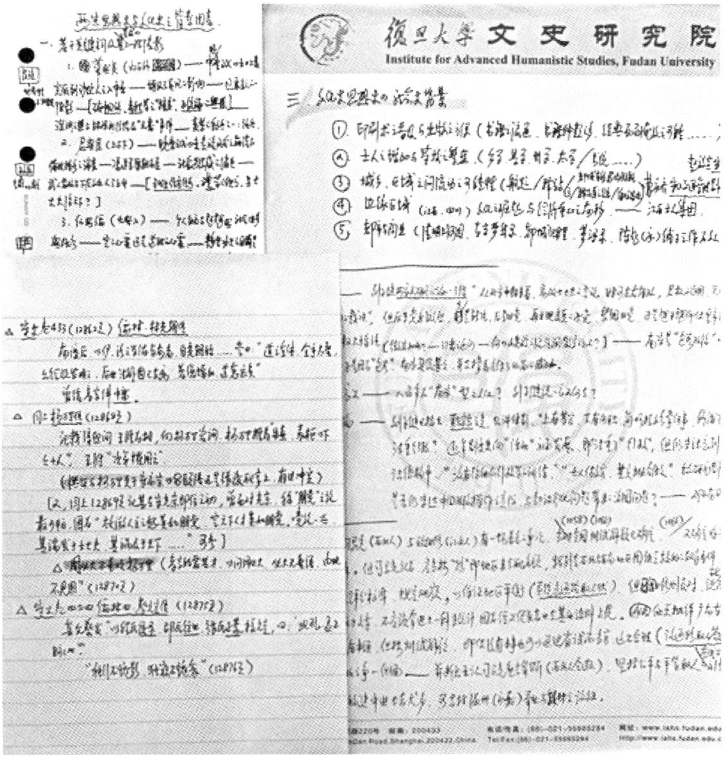
復旦大學 文史研究院
Institute for Advanced Humanistic Studies, Fudan University

第一讲手稿 之一

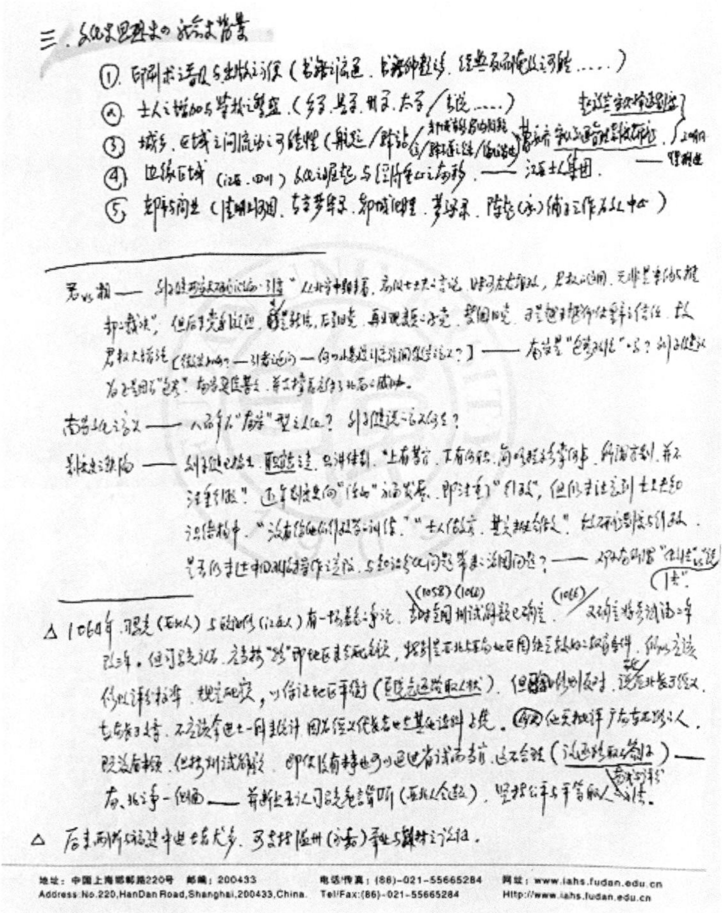
地址：中国上海邯郸路220号　邮编：200433
电话/传真：(86)-021-55665284
网址：www.iahs.fudan.edu.cn
Address:No.220,HanDan Road,Shanghai,200433,China.
Tel/Fax:(86)-021-55665284
Http://www.iahs.fudan.edu.cn

第一讲手稿 之二

第二讲的初稿

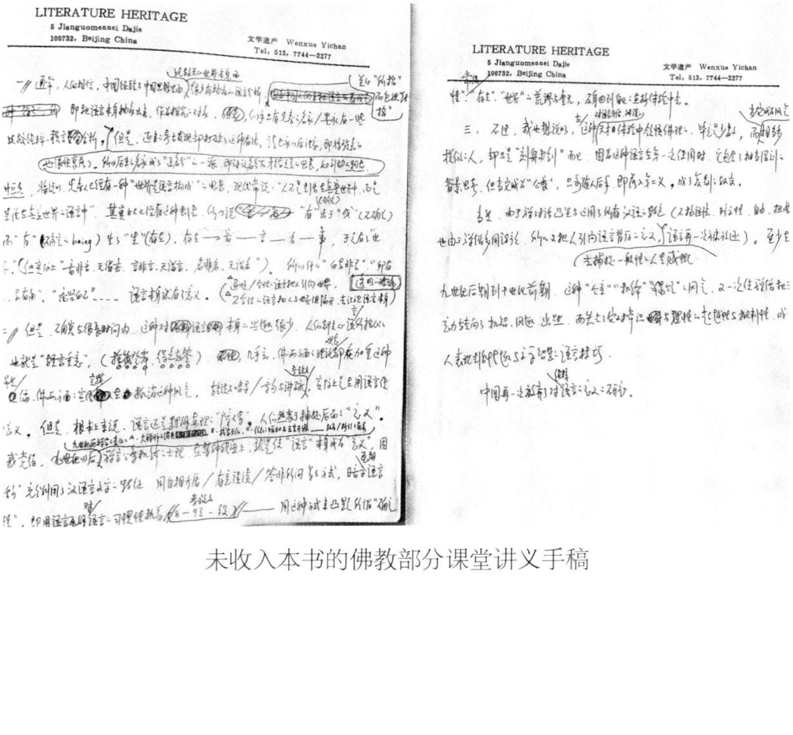

未收入本书的佛教部分课堂讲义手稿

目 录

2012年版自序 …… 1

引言 …… 1
    一　博士生的学术视野：应当有多宽？ …… 1
    二　文献、学术史、国际学界：为什么三面应战？ …… 4
    三　从实招来：关于这门课的基本思路和具体内容 …… 10
    小结　一点感慨 …… 12

第一讲　从"唐宋变革论"说到宋代思想史与文化史研究 …… 14
    引言　借包弼德《斯文》一书讨论唐宋思想史与文化史
        的问题 …… 14
    一　从"假说"到"学说"：什么是内藤湖南的"唐宋变
        革论"？ …… 15
    二　内藤湖南"唐宋变革论"形成的资源、背景与心情 …… 21
    三　欧美学者对"唐宋变革"的修订，及其对宋代社会、
        思想与文化的新解释 …… 29
    四　关于包弼德《斯文》一书的介绍 …… 36

i

五　文学批评史取代思想文化史，是方向吗？对包弼德
　　《斯文》的一些意见 …… 40

小结　文化和思想领域中的唐宋变革的再思考 …… 51

【建议阅读文献】…… 52

【参考文献】…… 52

第二讲　历史学意义上的新思想史 …… 54

引言　宋代理学史脉络的来源 …… 54

一　余英时《朱熹的历史世界》的内容介绍 …… 63

二　如何理解"遗失的环节"：朱熹入朝与孝宗晚年部署 …… 67

三　《朱熹的历史世界》的典范性意义 …… 73

四　对《朱熹的历史世界》具体论述的一些讨论 …… 77

小结　打通思想、学术、政治和社会史领域的"新思想史" …… 84

【建议阅读文献】…… 90

【参考文献】…… 90

【有关朱熹研究的基本文献与论著】…… 90

第三讲　"前近代""亚洲出发思考"与"作为方法的中国" …… 91

引言　日本的思想史研究传统及其影响 …… 91

一　"前近代"：重新命名，意义何在？…… 96

二　亚洲：为什么要这样一个历史空间单位？…… 108

三　什么是"作为方法的中国"？…… 122

小结　他山之石，终究是他山的 …… 129

【建议阅读文献】…… 131

【参考文献】…… 131

第四讲　清代学术史与思想史的再认识 …… 133

引言　清代学术和思想研究的意义在哪里？ …… 133
一　清代学术史的学术史 …… 134
二　艾尔曼对清代学术史的研究 …… 143
三　关于艾尔曼《从理学到朴学》一书的讨论 …… 150
小结　作为思想史资源的学术史 …… 165
【建议阅读文献】…… 167
【参考文献】…… 167

附录　从学术书评到研究综述的写法 …… 169

引言　为什么要和博士生讨论"学术书评"？ …… 169
一　学术书评的意义 …… 171
二　学术书评写作的基本条件 …… 175
三　书评的具体方法 …… 178
四　从书评到综述：如何写博士学位论文的首章？ …… 183

2012年版后记 …… 188

2012年版自序

以前,柳宗元曾说,韩愈特别"好为人师"。听上去,这话好像半是表彰,半是讽刺。现在这话成了一成语,多用的是它后一种意思。仿佛一为人师,就常常耳提面命,喋喋不休。以前常说的"说教"也好,"唠叨"也好,确实也有些道理。不过,我在大学教书多年,这个职业让我不得不好为人师,端这个饭碗,就得讲课不是?现在,把讲课记录下来出版,又正应了钱锺书先生讽刺的,把讲义当著作,再把著作当讲义,"好比初学的理发匠,先把傻子和穷人的头,作为练习本领的试验品,讲义在讲堂上试用,没出乱子,就作为著作出版,出版之后,当然是指定教本"。

真是惭愧。不过,钱先生不像我们这样,是大学里的普通教书匠,这话便言重了。我现在恰恰就是"讲义当著作",只是从来不曾期待过,有朝一日能"著作当讲义",因为现在的教科书都得"钦定"或"部颁",我这些多少有些不那么规矩的讲课记录,只能略略"搅一池春水",稍稍激一点"死水微澜"而已。

几年前,承蒙三联书店的好意,我出版了一本《思想史研究课堂讲录》,好像略有反响。那是给硕士生讲的课,内容稍稍宽泛一些。这里呈现给读者的,是自2003年以后的七八年间,我陆陆续续在北京清华大学、台湾师范大学、上海复旦大学,专门给博士生讲的"思想史著作选读与研究"一课的录音整理稿。据听过这门课并且参与讨论的一些博士生说,这样的阅读和讨论对他们很有用,因为借了几种海外学者有关中国思想史或文化史著作的阅读,对海外中国研究的方法有了一点儿了解,通过并不多的若干个案,也参悟了海外中国研究的一些特别的背景和理论,经过对这些论著的批评性考察,我们也看到了中国学界的不足和长处。更主要的是拓宽了博士生的视野,也增强了博士生的自信。

听了这话,无论是否真心,我都感到一点欣慰。

2011年2月7日于复旦大学

引　言

咱们这个课，叫"思想史著作选读与研究"，主要是给博士生开的。

本来，我觉得博士生根本不必上这种我讲你听，耳提面命的课，因为是博士生了嘛，都有自己的领域和专长。要搁在汉代，做了五经"博士"，那比唐宋以后的"进士"还高一大截呢，一国也没几个。何况你们都各有各的领域，说到那些领域，老师也未必知道多少。所以，我只是选几种海外学者有关思想文化史的著作，和大家一块儿读。然后，通过读这些著作，讨论一些思想史和文化史上的大问题。

一　博士生的学术视野：应当有多宽？

在大学里面，博士生应当学点儿什么？这个事儿得讨论讨论。我总觉得，这些年我们的大学教育，特别是人文学科的教学，意图好像不很清楚，大家都云里雾里，整个儿一个蒙。上课是你讲你的，我讲我的，爱讲什么讲什么。有的博士课内容，听听好像和本科课差不多；有的本科课，倒好像开博士专题研讨课。前些年，我提一个说法，也不知道是不是合适，叫"给本科生常识，给硕士生方法，给博士生视野"。

这话怎么说？就是说，大学、硕士和博士教育，你得根据不同目的，分出不同层次，适应不同人等。千万别都一锅儿烩了，瞎浪费别人的时间和精力。

比如历史学科吧，我会建议本科生去读一些好的概论通论类的书，加上参考资料汇编一类的东西，为什么？为了让他们既有一些常识，又懂一些文献。如果要求高些，那么，在史料上，你最好除了《史记》和《通鉴》之外，再仔细读读《廿二史札记》《十七史商榷》《读通鉴论》等等。在论著上，你最好看看夏曾佑的《中国古代史》、钱穆的《国史大纲》、柳诒徵的《中国文化史》等等。当然，如果你对思想史有兴趣，我会建议你读侯外庐主编的《中国思想通史》。这是干啥呢？就是让学生学会，不仅仅依赖那几本新编的教材，被那些充满意识形态的套套给套住。也别一头钻进细节或枝节里面，弄得一叶障目，不见森林。说这个是什么意思？因为这几年我注意到，有些很好的学生，容易学这一路，一上手就钻进一些偏僻的史料笔记里面，最后剑走偏锋，把饾饤当专门，然后以一知充百知。[1]

那么，对于硕士生呢？我会建议他们重点读一些经典文献和经典著作，了解前人的研究方法和研究思路。好多年来，我特别想开，但又没有准备好的一个课，就是和学生一起系列地细读、辨析和讨论前辈学者的经典论著。比如王国维的《殷虚卜辞所见先公先王考》，通过读这篇文章，了解地下出土的文字资料与传世文献的两重证据法，通过这篇论文本来就有、后来被删去的《余论》，和后来成为《殷周制度论》的那篇文章，来了解王国维的考证背后有什么大问题的思考，再看看当时学界的古史观如何，国

---

[1] 余英时先生也说："很多人现在因为害怕一些宏观的框架，只做小问题的考证研究，而不触及社会性质、结构变化等大的判断，这就像造了一个螺丝钉、一扇门、一个窗，但没有整幢房子的构图，关于中国历史的形态描述几乎就被放弃了。"转引自陈怡《余英时访谈：今古逍遥知识人》，《东方早报·上海书评》2006年12月15日。

际的中国古史观如何,这样你才能知道,什么才是有意义的考证,为什么这篇不长的文章,就能成为现代学术史的经典。[2] 又比如,陈寅恪的《天师道与滨海地域之关系》这篇文章,也值得我们仔细读,在读的过程中,要全面了解20世纪30年代,中国学界对道教史研究的状况,了解这篇论文如何把道教放在中古最重要的政治、地域、家族、文化背景中研究,怎样开创了一个典范,从而了解中古宗教史研究的问题点在哪里。[3]

那么,博士生的课呢? 我想就是"视野"最重要。这个视野既包括你观看的领域要广阔,也包括你观看的位置要站得高。你要尽可能了解"国际行情",让自己去"华山论剑",不要"门槛后面耍大刀"。当然,这话要两面说,一方面是你得融入国际学界,因为现在中国历史与文化已经不再仅仅是"中国学问"了呀。陈寅恪讲过一段很重要的话,"一时代之学术,必有其新材料与新问题。取用此材料,以研求问题,则为此时代学术之新潮流。治学之士,得预于此潮流者,谓之预流(借用佛教初果之名),其未得预者,谓之未入流。此古今学术史之通义,非彼闭门造车之徒,所能同喻者也"[4]。所以,你不能闭门造车,得参与"世界学术之新潮流"。另一方面,则是促使博士生,在自己,尤其是中国文史研究领域,在了解国际学术之后,逐渐形成中国特有的立场、角度和方法。要知道,如果你没有自己的角度、立场和问题,你的研究可能就"化"在"全球"里面,而无法自立了。钱穆当年也说过,"中国新史学之成立,端在以中国人之眼光,来发现中国史

---

[2] 参看葛兆光《日本所藏王国维〈殷虚卜辞所见先公先王考〉手稿跋》所附王国维手稿,《九州学林》新一期,复旦大学出版社,2003。
[3] 陈寅恪《天师道与滨海地域之关系》,载《金明馆丛稿初编》1—40页,上海古籍出版社,1980。
[4] 陈寅恪《陈垣〈敦煌劫余录〉序》,《金明馆丛稿二编》(生活·读书·新知三联书店,2001)266页。

内在之精神，而认识其以往之进程与动向"[5]。这两方面不能偏废，也许说起来都很虚，但其实很重要。

这是我关于这个课的第一个想法。

二　文献、学术史、国际学界：为什么三面应战？

接下来，我要和大家谈谈，为什么如今做学问得三面应战。

第一，你做学问，得接受历史文献资料的挑战。

不用说，你要熟悉种种历史文献资料。就说思想史、文化史吧，它的范围很大，仅仅是中国古代宗教信仰这一块，儒、道、佛之外，还有古代三夷教、天主教、伊斯兰教和民间信仰。这些数量庞大的文献资料考验你的耐心，特别是，这些文献资料并不是现成地摆在那里，就像超市货架上的商品让你随意挑拣的，而是你得在更庞大的文献资料堆里去慢慢找。过去的老词儿叫"披沙拣金"，你得找到有用的资料，前人没有使用过的资料，还得鉴别这些资料的真伪。我以前说过，所有的文献资料，可能都经过四重筛子，首先，遗留下来的历史文献资料，可能经过带有某些意图的历史学家主观挑拣；其次，可能经过传统上层精英带有文化批评的论述；再次，还经过政治意识形态有意识的删减和增加；最后，它又经历了水、火、战乱等历史的淘汰。你怎样穿越历史和政治，找到新资料，重写思想史和文化史，还真是很不容易的。

现在思想史和文化史领域，有一个很麻烦的事情，就是各人用的资料都差不多，特别是有的人习惯了 Google 和 Baidu，什么事儿来了，就在网上一搜。其实，网络资源对任何人都是一样的，你聪明也罢笨也罢，电脑一敲，出来的都一样，所以大家会一样，

---

[5]　钱穆《中国历史研究法》附录《略论治史方法》，156页，生活·读书·新知三联书店。

根本没有自己的特点，也没有融入思考，更不是有意义的"选择"，倒常常是无意义的"堆垛"。有的资料，你用我也用，说不清是"天下文章一大抄"，还真是"英雄所见略同"。要知道，史料上没有新开拓，往往论述就是"为赋新词强说愁"；而史料一旦有新发现，论述就自然会发生变化。所以，发现新史料，是学术进步的最基础的一步。举两个我自己熟悉的例子，关于中古时期道教公开以性事为中心的"过度仪"，经历隋唐宋明，历史资料就差不多都散佚了，幸好从零零星星的资料中，还勉强可以勾勒出来它的过程，人们才知道中古中国的宗教里面，会有这种"不文明"的仪式存在[6]；又比如说，如果不是一块《唐中岳沙门释法如行状》石碑和敦煌文书《传法宝记》的存在，禅宗神秀、惠能相争六祖衣钵的故事，可能就被相信为历史了。[7]所以，你首先得面对的就是思想史文化史文献资料本身的挑战。

第二呢，就是得回应学术史的挑战了。

就从有了大学、有了期刊、有了规范开始算起，现代学术已经一个世纪了。一个世纪里，你研究的题目，不大可能没有人做过。你不可能是横空出世，前无古人，所以你就得看看这一百年来，别人在这个领域做了些什么，还有些什么没有做，他们是怎样一步一步推进的。然后才能说明，你在结论上、资料上，是否可以比他们多一些什么，这就是学术史的回顾，博士论文的第一章，就得先交代这个。大家看理工科的论文，这一点已经做得很好了，可是我们人文学科的学位论文，也许还不够。当然，从20世纪90年代起，有很多人在做学术史，可是，很多人把学术史做成

---

[6] 参看葛兆光《屈服史及其他——六朝隋唐道教的思想史研究》，第三、四章，57—95页，生活·读书·新知三联书店，2003。
[7] 参看葛兆光《增订本中国禅思想史——从6世纪到10世纪》，第二章，141—145页，上海古籍出版社，2009。

了学者或者文人的心灵史或情感史,最多是思想史。为什么?因为很多号称做"学术史"的人,并不真的懂学术。像王国维,你老是讲他在颐和园昆明湖一跳,是殉大清国还是追寻意义,老是引用陈寅恪那句"独立之思想,自由之精神",把王国维说成是思想先驱、精神楷模,却不讨论他的甲骨文与殷商史研究,那不是"学术"的历史;又像陈寅恪,你总是纠缠在他的人生与命运,他的政治立场,但是,如果你不了解他早年对欧洲东方学的知识、对敦煌与佛教之学之重视,和对历史语言之学的运用,不了解后来他对中古中国家族、族群、地域、宗教的把握,怎么算得上是"学术"的历史?[8]

特别是现在很多人,刚进入一个领域,就以为前无古人,让我想起古人那句话,"见到一个小土坡,便上,却以为是一览众山小"。其实你仔细看,在我们这个行当里,前人没有开垦过的荒地并不多,谁让你生在现代学术已经积累百年的时代?话说回来,因为你可以站在前人的肩膀上,往前才可以看得更远,往后才可以检讨前人的问题。过去虽然有一百年,但人文领域却像福柯讲的,常常要回到起点,因为这个领域是需要不断"脉络化"的,历史一旦"脉络化"久了,就得"去脉络化",因为以前的那个"脉络"是经由某种观念的系统化和条理化,所以就得要你用新的资料、新的观念,把它重新打散,再度组合。我一直用一个比喻,就是过去的历史系谱,就好像大姑娘的头发,已经被某种意识形态编成一条粗大的辫子,如果我们不怀疑它,以为历史就是那一根大辫子,倒也罢了。可你要重新书写历史,就得"去脉络化",让历史从那固定的大辫子中解放出来,回到披头散发的时代,重新用你反省和检讨过的观念去编新的辫子,也许是另一根大辫子,

---

[8] 葛兆光《预流的学问——重返学术史看陈寅恪的意义》,《文史哲》2015年第5期。

也许是新疆式的好多辫子，或许是传统的两根大辫子，经过"再脉络化"，这样历史就不一样了。

我举一个常常被讨论的例子，就是"中国哲学史"。要搞清楚"中国哲学史"这个概念，就要从根儿上说起，你得搞清楚，当年"哲学"这个概念工具，是怎么被晚清民初学者从日本引进来的？这个新的概念工具怎样重新整合和塑造了古代中国思想资料？它又怎样经由谢无量、胡适、冯友兰、胡汉民等的解释和使用，形塑了"中国哲学史"这个学科，还衍生出后来很正统、很革命的中国哲学史？[9] 你要了解这些，可能你要看很多资料，得细细想其中的问题，然后把一些看似具体的学术争论嵌入这个学术史里面去。比如，从胡适和冯友兰关于老子年代的争论，到后来胡适对冯著哲学史的批评，你到底如何评价？这涉及研究中"哲学"倾向和"历史"倾向的差异，有人说是"汉宋之争"，究竟是不是？也涉及中国哲学史中，儒家和佛教、道教孰轻孰重的价值判断问题，有人说是"正统的"和"非正统的"，究竟是不是？又比如，你一定会读陈寅恪《冯友兰〈中国哲学史〉审查报告》吧，这是确定冯著哲学史地位的一份重要文件，常常被人引来引去。可你觉得应当怎样理解呢？陈寅恪是真的那么肯定冯著哲学史吗？如果是，那么在上册的审查报告里面，他为什么先说古代"去今数千年，其时代之真相，极难推知"，又说现存古代文献"仅为当时所遗存最小之一部"，只能用艺术家的想象和欣赏的眼光和精神来帮助重建，再说虽然要有"同情"的理解，但是"此种同情之态度最易流于穿凿附会之恶习"？这里是褒是贬？最后，陈寅恪既说"非经过解释及排比之程序，绝无哲学史

---

[9] 参看葛兆光《道统、系谱与历史——中国思想史叙述脉络的形成》，《文史哲》2006年第3期。

之可言",又说这种有条理和系统的整理,"其言论愈有条理统系,则去古人学说之真相愈远"。这又是为什么?如果你再读另一篇《冯友兰〈中国哲学史〉下册审查报告》,他这样反复说佛教和道教问题,甚至说儒家学说虽然制度法律公私生活方面影响很大,"而关于学说思想之方面,或转不如佛道二教者"[10],那么,他和胡适批评冯友兰的意见(即"正统的"哲学史),是否有点儿相似和默契?[11]

可是,你如果连前人做的什么,怎么书写的历史,为什么这样写,都不清楚,怎么可能证明你的研究有新价值,给学术界提供了新东西?

第三,现在的人做学问,你还得面对国际学界的质疑和竞争。

关起门来充大王,这谁都会。问题是,现在门打开了关不上了,你研究"中国",他也研究"中国",你看中国的文献,他也看中国的文献。不要说现在互联网上资料,一Google就来,就是过去一百年,人家深入中国历史和文化,研究得也不比你差。当年连胡适、傅斯年、陈垣这些人,都对日京(京都)和法京(巴黎)的汉学很吃惊,觉得人家成了中国研究的"中心",还发奋要把这"中心"夺回来[12]。道理很简单,当"中国"成了大家共同的研究领域,你就不得不和东洋人、西洋人较长论短。自从传教士以来,西洋人就有研究中国的习惯,数得出来的欧洲大腕儿,像沙畹、伯希和、马伯乐、葛兰言、戴密微,一直到谢和耐,美国后来居上,影响巨大的,也有像费正清、列文森、芮沃寿、牟复

---

[10] 陈寅恪《冯友兰〈中国哲学史〉上册审查报告》《冯友兰〈中国哲学史〉下册审查报告》,见《金明馆丛稿二编》279—280页、282页。生活·读书·新知三联书店,2001。
[11] 这一点,桑兵在《"了解之同情"与陈寅恪的治史方法》中也有解释,见其《学术江湖:晚清民国的学人与学风》,321—340页,广西师范大学出版社,2017。
[12] 参看葛兆光《新史学之后——1929年的中国历史学界》,《历史研究》2003年1期。

礼、史华兹、杜希德,而日本自从明治以后,无论东京的白鸟库吉,还是京都的内藤湖南,后来的宫崎市定,到刚刚去世的沟口雄三,都提出了很多解释中国的概念和设想,像什么"尧舜禹抹杀论",什么"唐宋变革论",什么"亚洲史",什么"前近代"等等,你都得面对,不能闭了眼睛说,我不理睬你们,我自己玩儿。如果你做的是现代学术,你就必须得知道,在这个领域他们干了些什么,他们的长处和短处在哪里?

我一直强调,外国的中国学,本质上是外国学。他们要解决的问题,他们研究的对象中国,可能和我们不太一样。所以,这些外国学者有很多来自他们学术、思想和政治的问题意识,这当然和我们不同。不过,你也要注意,他们有一些方法、角度和关注点,也是我们需要学习的,你看到孔飞力的《叫魂》,你会不会觉得这种观察清代政治与社会的方法很特别?比如你看到柯文的《在中国发现历史》,你会不会对他批评的"冲击—反应"论和"帝国主义论"等有所认识,而对他所谓"在中国发现历史"有所反省?至于像罗友枝以来,一直到"新清史"像欧立德等人的论述,除了某种隐藏的政治意识形态,你是否也觉得讨论满族及周边民族在大清帝国的认同问题,仍然有一定的意义?

我不是说你非得在SSCI、AHCI上面发表英文文章,现在的"中国研究"领域,早已不是你中文和华人自己玩儿的世界了。我曾经和几个老外聊天,他们也常常看中国国内文史刊物,他们曾经提出三点疑问,一是为什么你们的学术论文,用的概念术语都很笼统模糊;二是为什么你们那么容易阅读汉文史料,但论文里面却常常用的还是那些老掉牙的资料;三是你们为什么不看我们老外的研究,甚至也不看你们国内的研究,论题总是重复来重复去?我无言以对,所以,我希望你们拓宽眼界,所谓博士生之"博",可能是博士生期间最需要培养起来的素养。

三　从实招来：关于这门课的基本思路和具体内容

言归正传，下面我要说一下这次课的具体内容。

第一讲要涉及思想史脉络究竟如何重组？在这一讲中，我们要在"唐宋变革论"的背景下，借助包弼德教授的《斯文》一书，讨论宋代思想史或文化史的脉络应当怎样"重组"。刚才我讲要"去脉络化"，但是，怎样在"去脉络化"以后，重新"再脉络化"？没有"脉络"，历史就没有条理，就像高楼建筑有水泥没钢筋，就像大把珍珠没有线穿。那么，在重新建立宋代思想史与文化史新脉络的时候，一定要考虑如何才能更好地取代旧脉络。你得考虑，第一，你的新脉络笼罩面有多大，是不是能够"旧貌换新颜"？如果路还是那条路，只是沥青路变成水泥路，沿路风光都没有变化，起点站和终点站也一样，那么这种"重组"有什么意义？第二，新的脉络是否可以容纳更广阔的文化风景和更丰富的历史文献？第三，在过去反复论述的宋代思想史和文化史中间，是否真的能够有对当下的新意义和新资源被发掘出来？

第二讲中，我们会讨论作为"历史"的思想史，思想的政治、社会和历史背景应当如何重建？在这一讲里，通过阅读余英时先生的《朱熹的历史世界》，我们会讨论过去以道学为中心的宋代思想史脉络，是怎样从南宋到元代被逐渐建立起来的，又怎样在明清以后的反复叙述中被强化定型的，又是怎样被现代的学科制度和意识形态建立起来的。我们要特别讨论，你怎样把历史上的各种思想，放回它的历史背景中去，而这个历史背景又不是简单的、历史教科书式的，而是具体生动的，我们要看看余英时先生是怎样把朱熹的思想放在宋孝宗、光宗、宁宗三朝政治环境里面的。如果我们把思想史首先看成是历史，那么，丰富的历史和思想为什么要被哲学史家"抽离"并"提纯",究竟我们是应当把思想史中的思想"从对象的位置中解放出来",还是"放回到历史场景之中"?

第三讲要讨论一些来自日本的,有关中国思想文化史的若干理论和方法。这一讲,要阅读日本学者沟口雄三教授的几种论著。沟口先生去世不久,是我们的老朋友,无论在日本还是中国学界,他的影响都很大。他提出来的一些看似很新的概念和方法,比如"前近代"、比如"亚洲视野",比如"作为方法的中国学"等等,意义在哪里?它究竟是不是适用于中国学界呢?我希望从他写的和编的《前近代中国思想的曲折与展开》《从亚洲思考》《作为方法的中国》里面,看看这些理论中间,一个日本中国学家对于明清中国历史的独特的思考与观察,也能够了解到,这些充满了日本中国学的问题意识和观察立场的概念与方法,其实,在中国学界是不那么容易简单移植的。

第四讲,我们希望讨论一下清代思想史和学术史的综合研究。这一讲里我要重点讨论清代思想史和学术史的问题,在中国各个朝代的思想史里面,清代有特别的复杂性,一是讨论清代思想史会涉及专门的经史考据等学术问题;二是它必然涉及满汉以及各种族群的复杂问题;三是它与东洋和西洋宗教、思想、文化的复杂交错问题;四是所谓近代、前近代、晚期帝国时代等分析框架的问题。特别是,有梁启超、钱穆两大部《中国近三百年学术史》在前,更需要好好检讨,怎样能推陈出新。所以,我想通过艾尔曼教授的《从理学到朴学》的阅读和讨论,来探讨一下有关这个时代思想史和学术史的研究方法。艾尔曼教授是我的老朋友,也是最重要的合作伙伴,他的著作很多,我对他的著作有一些不同意见,想来他不会怪罪我的。

最后,我还要和大家讨论一个方法和技巧的问题,就是关于如何撰写学术性书评和综述,这是研究生特别是博士生应当学会的。

本来,我这个课还选了史华兹《古代中国思想世界》和葛瑞汉《论道者》,来讨论早期中国思想起源的研究,选了许里和《佛教征服中国》和芮沃寿《中国历史上的佛教》来讨论中国佛教史的研究,选了卜正民的《为权力祈祷》来讨论明代国家、宗教与社会。但是,时间不够,就只好今后再说了。不过在最后我还是要特别讲一次《从学术书评到研究综述的写法》作为尾声。为什么呢?这是因为我觉得,一方面这个课就是围绕着书在讨论,等于是在评论书;另一方面是考虑到博士生在撰写学位论文的时候,必须写一个本领域的研究史,而"研究史"对于文科尤其是文史研究者来说,就是一系列的论著(包括论文)的评论构成的,学会写书评,就等于写好了"研究史"。更何况,现在很多博士生,并不仔细读人家的论著,只是在网上乱检索,网上不是有"偷菜"吗?他们的做法,就是在网上偷,而且拣到自己篮子里就是菜。

小结　一点感慨

现在中国大陆的文史学界,有很多进步,也有很多毛病,大家都看到的大问题,是底线太滥,平庸当道,学风不正。对于博士生来说,我也要先讲点儿不好听的,因为对于年轻人来说,很有危害又也很容易犯的弊病,大概有几类,当然病根儿不是来自学生,而是来自我们当老师的人。

一是"追逐时尚"。有些人既不愿意像傅斯年说的"上穷碧落下黄泉,动手动脚找东西",去下死功夫熟悉历史、文献,平常使用的资料,只是转抄自别人的著作,或者少量早已被人咀嚼烂了的选本,又只是靠依傍某种时尚的理论和概念,稗贩转来的译文体字句,硬把不通的两面靠口水粘起来,半通不通,全是空口说白话。但是,因为它好像很"前沿"、很"流行",没准儿还得到三两个洋人喝彩,于是,一些年轻的博士生很容易受影响。二是"伪装旧学"。有的人,现在很喜欢标榜自己是做"旧学"、做"经学"、做"考据学",文章写得像老学究一样,看上去很"东方",甚至很"中国"。实际上,这也是一种长袍马褂包装起来的伪传统学问,以批判面目出现的新时尚。最近我就发现,以前某些没头没脑地追逐西洋新潮的人,居然也转回头来说什么"汉语学术",也侈谈什么"发现中国",害得有些年轻人也觉得,只有这样才找到"组织"了,做出一副连说话都带文言的样子,这很可怕。三是"文化大话",有的人不能把学术研究和社会评论作合适的区分,常常把在学术上东鳞西爪得来的一些知识,当成支持他们进行社会和文化评论的基础,又以社会和文化批评的影响力来包装所谓学术,看上去似乎有关怀有抱负,特别是因为经过媒体包装和渲染,能够哗众取宠,暴得大名,所以会让一些学生特别羡慕,实际上,他既搅乱了学术领域的独立性,又丧失了社会政治文化领域的现实感,学术成为自己作社会批评的机关枪,而批评则成为保护自己学术不受严格检验的保护伞。四是用一知充百知,搞"高调酷评",一些人以所谓学术批评为借口,拿自己知道的那点儿犄角旮旯的铆钉知识,当了放大镜,在人家身上到处找毛病,找到一点儿,就无限放大,如机关枪一样横扫过去,所谓柿子找软的捏,一阵猛批,以此确立自己"裁判"或"警察"的居高临下,却从来不认真做自己的事,只是因为媒体效应,而轰动一时。

上面这四种毛病如果合在一起,既得到制度护航,加上投合某种意识形态口味,再得到媒体支持,有三两个喝彩,那么也许会有人跟风,这样的中国学术界将病入膏肓,无药可救了。这也许是我杞人忧天,也希望这只是杞人忧天的牢骚。

第一讲　从"唐宋变革论"说到宋代思想史与文化史研究

引言　借包弼德《斯文》一书讨论唐宋思想史与文化史的问题

今天我要借着阅读包弼德的著作《斯文：唐宋思想的转型》(*This Culture of Ours: Intellectual Transitions in T'ang and Sung China*, Stanford University Press, 1992）这本书，来和大家讨论"唐宋变革"这样一个历史假说，以及宋代思想史与文化史的研究问题。包弼德的这本书，已经有比较好的中文译本，是刘宁翻译的（江苏人民出版社，2001）。包弼德是美国普林斯顿大学博士，现在是哈佛大学东亚系的教授，他对宋代思想史的研究很有水准，在国际学术界的影响也很大。听说，他近年主要的兴趣是在地方史，尤其是在婺州、也就是金华的研究上，又用了很大的精力去建立历史地理电子系统。不过，最近他又在哈佛大学出版社出版了一本新书《历史上的理学》(*Neo-Confucianism in History*)，重新来讨论思想史的问题，可见，他的关心还是在宋代以及此后的思想史和文化史上面。

简单地说，《斯文》这部书讨论的是中国思想与文化史上这一次最重要的转型，就是"唐宋思想生活中，价值观基础的转变"[1]。当然，我们都承认，价值观的改变应当是一个根本的变化，他用了"斯文"这个中文词，而斯文就是文明（在这本书里，这个词就是"Our Culture"，即中国文化），"斯文扫地"就是文明变成野蛮了嘛，价值观变了文明也就变了嘛。而这部书叙述的历史呢，从唐到宋跨越了两个朝代，用他自己的话来说，他看到的历史或者思想史是，从唐到宋，"斯文"的内容有了相当深刻的转变。显然，这和大家都熟悉的"唐宋变革"有很大的关系，换句话说，不管他承认不承认，它实际上也是在"唐宋变革"这个大框架下，来讨论思想史和文化史问题的，所以，今天我要先介绍内藤湖南（1866—1934）的"唐宋变革论"及其政治史和学术史背景，然后讨论一下国际学术界在宋代研究中的取向，最后进入包弼德此书的讨论，在这里会涉及以下三个问题：

第一个，如何看待"唐宋变革"中思想文化领域的变迁？

第二个，不同领域比如政治、经济、社会、文化、艺术，以及不同地域比如江南、河北、川陕、湖广，在进入所谓"近世"的变革中，是否会有不同"进度"，而不一定是"齐头并进"？

第三个，思想文化领域的变迁，应当如何从更全面的史料和更广阔的视野中去观察才好？

一　从"假说"到"学说"：什么是内藤湖南的"唐宋变革论"？

"唐宋"这个词，大家好像都很习以为常了，比如唐宋历史啦、唐宋文学啦，唐宋好像很早就成了一个历史时期的固定词组，在过去的思想史和文化史研究里面，大家经常把"唐宋"放在一起讨论，说"唐宋"已经成了一种习惯，它不言而喻、天经地义，

---

[1]《斯文》中文本，第一章《导论》，3页。

它就是历史研究的一个时段。

那么，为什么会这样呢？我觉得，把"唐宋"放在一起作历史研究的一个时间单元，来源很早，你去检索一下，保证可以看到从古到今很多人讲唐宋。不过，大多数是印象式的，并没有有理论意识和问题意识地讨论过它。一直到内藤湖南1914年发表的《支那论》、1922年发表的《概括的唐宋时代观》以来，所有研究中国历史的人，才都注意到了唐宋之间变革的深刻性和严肃性。从"假说"到"学说"是很重要的，有时候，理论就是一束光，其实历史文献的世界本来没有焦点，可是这束光一打，就把大家的眼光聚集到这个焦点上来了，而其他地方却黯淡下去了，这就是理论的力量，所以有人说，历史总是把光荣赋予命名者，命名者就是做理论概括的人。

那么，为什么人们常常把唐、宋连起来说？当然，首先来自印象和感觉，而不是来自理性的概括和分析。不过，也早有人注意到一些问题，比如，1918年傅斯年就有一篇文章，讨论中国历史分期，说唐宋两代的历史是既断裂又连续，"就统绪相承以为言，则唐宋为一贯，就风气异同以立论，则唐宋有殊别。然唐宋之间，既有相接不能相隔之势，斯惟有取而合之"[2]。大家想一想就明白，唐宋历史的"连续性"是什么呢？不光是唐宋都是古代中国文化的盛世，其实古人就已经看到了，在政区设置、法律条文、官僚体制、科举制度，还有礼乐制度的各个方面，宋代都是延续唐代的，所以，把唐宋连在一起，说"宋承唐制"。不过，另外，唐宋历史还有"断裂性"。很早以来就有人意识到唐和宋的不同，像唐诗宋词啦、唐强宋弱啦，但大多是直觉把握、笼统感

---

[2] 傅斯年《中国历史分期之研究》，载《北京大学日刊》（1918年4月17日—23日），人民出版社影印本，1982。

受或者分门别类的归纳。[3]可是这不算"假说"或"学说",只是笼统的感受,所以,要一直到日本的内藤湖南那两篇文章,才根据西洋史的理论,明确地提出一种说法,把唐算作"中古"的结束,而把宋看成"近世"的开始,用了"中古"和"近世",背后就(1)引出一个大的历史参照系,就是西方作为东方历史的唯一对照组,(2)也扯出了历史研究的大理论,就是历史的演进是否有普遍性和同一性,(3)还涉及了历史研究的方法,就是以什么社会变化、如何以社会变化来划分时代。

  内藤把唐宋变革看成是中国中古和近世分界的基础,在于他认为:(1)政治上,唐代还是贵族社会,而宋代是君主独裁与平民主义的社会,而晚唐五代是一个过渡期。宋代严格的科举制度,更扩大了庶民入仕的可能性,也扩大了天子对官员任命的权力,君主直接面对的,不再是贵族而是平民,因此,从唐到宋,前后两个时代,一切都不同了,唐宋成了中古和近世的分水岭,[4]因此唐宋的变革实

---

[3] 比如,(1)唐代的中心在现在的长安和洛阳,北宋是开封和临安,反映唐宋政治、经济、文化重心的变化;(2)唐代的贵族军人很有荣耀和权势,而宋代则是重文轻武,文人渐渐成为主流;(3)唐代是讲门阀出身的,宋代是以科举决定地位的;(4)唐代国力强盛,傲视四夷,而宋代则相对较弱,和北方各国形成新的国际关系;(5)唐代的城市管理很严,居住的区域和活动有严格的管理制度,宋代的城市却相对宽松和自由,市民阶层和市民生活方式渐渐流行等。

[4] 内藤湖南《概括的唐宋时代观》,中文译文参见《日本学者研究中国论著选译》第一册。当然,这在1914年他的《支那论》第一讲《君主制乎?共和制乎?》的第一段"支那的近世是何时从始まるか"已经讨论到了。另外,他的相同观点还可参见《中国近世史》第一章《中国近世史的意义》(《内藤全集》8内容相同),东京:弘文馆,1947。一直到1928年7月内藤在东亚同文会演讲《近代支那的文化生活》,仍强调贵族社会到平民社会引起的变化,收入《东洋文化史研究》,弘文堂,1936。关于这一问题的最新讨论,建议参看以下三篇重要论文:包弼德《唐宋转型的反思——以思想的变化为主》,《中国学术》第1卷第3期,商务印书馆,2000。张广达《内藤湖南的唐宋变革说及其影响》,《唐研究》十一辑,北京大学出版社,2005。柳立言《何谓"唐宋变革"?》,《中华文史论丛》2006年1期,总81辑,上海古籍出版社,2006。

质上就是贵族政治的消解和平民社会的兴起。[5]（2）经济上，租庸调制改为两税制后，人民摆脱了土地佃农地位，有了处置土地的自由，而宋代城市有了发展和繁荣，货币经济也比唐代大大繁盛。（3）在学术上，传统的经学注重家法、倡导古说、著述以义疏为主，宋代转变为自主的解释，理学兴起。（4）文学艺术上，从散文、诗歌、音乐的形式都变得很自由，由贵族独占转变为属于平民。[6]

详细可参见下表的说明。

大家有兴趣的话，可以看他的《支那论》和《唐宋时代の研究——概括的唐宋时代观》。他是站在后世回头看历史的。后来，他的学生宫崎市定（1901—1995）更把这一说法具体化，补充了很多方面的证据，更强调和说明了宋以后中国的"近代性"。比如——

	君主	贵族或士大夫	平民
唐以前：中世即贵族政治时代	贵族政治的产物，贵族的代表，故保护贵族阶级的政治权力	由地方大豪强世代相续，产生世家大族。这些大族占据优越的政治地位，政治为贵族阶层和若干大姓垄断	依附于各个贵族大家族，缺乏拥有私有财产的合法权利和参与政治的合法权利
宋以后：近世即君主独裁政治	君主不再是贵族团体的代表，而是直接面对臣民，本身成为绝对权力的象征	贵族失势没落，科举使得很多下层士大夫进入政治舞台，社会流动使贵族政治垄断瓦解，参与政治热情提高	直接面对君主以及君主派出的官吏，明确拥有财产私有权

（一）他比内藤更强调独裁和专制的制度性质，比如唐代皇帝独裁专制是个人能力强导致的，而宋代皇帝即使个人没有能力独裁

---

[5] Joshua A. Fogel, *Politics and Sinology: The Case of Naito Konan (1866-1934)*, Cambridge, Mass: Council on East Asian Studies Harvard University, 1984, pp.168–210.
[6] 关于这一观点的介绍与批评，可参见宇都宫清吉《东洋中世史的领域》，中文译文见于《日本学者研究中国史论著选译》（第一册）。

专制，制度也能够使他成为独裁专制君主，所以宋代的宰相就不能专权，即使是很厉害的宰相，也只能对于其他官员专权，因为所有权力的来源都在皇帝那里，士大夫只有"得君行道"才有可能得到权力。同样出身京都大学的佐伯富在《宋代の皇城司——君主独裁研究の一出》中，更很简明地说到，唐代是贵族政治，通过门下省传达了贵族意志，皇帝虽然以武力取得天下，并且超越门阀成为至尊，但是只是在政治上得到贵族的容忍和承认，所以皇帝并没有绝对权力，反而只能通过宰相了解政事，或者依赖宦官沟通上下，所以颇为闲暇，特别容易产生奢华游冶的皇帝。相反宋代则不同，六部（礼、吏、工、户、刑、兵）之外有审官院、三司、礼院、枢密院、审刑院、文思院监督，宫中与府院联系紧密，制度使得宦官和宰相无法专权，但一切集中在皇帝那里，所以皇帝极忙碌，所以不容易出现愚暗和放纵的皇帝，但是容易变成专制的君主[7]。这话对不对需要讨论，但是，这是他们的一个普遍看法。

（二）科举制改变了唐代贵族垄断政治和文化的现象，由于这是唯一的途径，也是政治和社会地位的唯一来源，所以政治世家就越来越少，上层政治阶层的流动性很大，能三代为官已属少数，世代继位的皇帝更加显示出他的永恒和权威性，在这个现象中，既有近代政治民主的特点，又有传统专制政治的特点，而中国就是在这样的紧张中间进入近世的。

（三）地方政治发生了变化，由于地方官员三年一任，又要回避本籍，和唐代以及唐以前那种贵族或者藩镇的权力不可同日而语，确实增强了中央集权管理，同时由于这种任期短、权力有限，所以公文处理、行政管理，一方面受中央掣肘，一方面要靠长年

---

[7] 佐伯富《宋代の皇城司——君主独裁研究の一出》，载其《中国史研究》第一，1—2页，京都大学东洋史研究会，1969。

的"吏员"和本地的"士绅"支持,所以,构成了士大夫官员、专业的胥吏和地方的士绅共治地方的状况,这就形成了后来顾炎武《封建论》和《生员论》里面讲到的种种问题,[8] 也启发了后来关于地方士绅和精英,以及地方史研究的课题。

我这只是在转述他们的看法,而且是着重于下面思想史和文化史相关问题的转述,很多学者都有研究,台湾如邱添生、高明士、柳立言等都研究过这一问题,请大家看他们的论著。包弼德教授也有过归纳,他说,内藤和宫崎的解释是,(1)在社会史方面,唐代结束了世袭门阀对政府的支配,宋代开始了一个现代的时代,它以平民的兴起为标志。(2)在经济史中,唐宋转型是以经济秩序的根本变化为标志的,政府对商业失去了控制。(3)在文化史上,唐代这个由佛道所支配的宗教化的时代,让位于儒家的积极、理性和乐观;精英的宫廷文化让位于通俗的娱乐文化。(4)在政治史方面,唐宋转型带来了与朝向现代性的进步根本不同的变化,这种朝向现代性的进步是以社会流动、商业成长和文化变化为代表的。当平民在政府中取代了士族,由士族政治领袖所提供的对王室权威的制衡消失了。其结果就是中国早期的现代性反而以不断增长的独裁为标志。[9]

这个"唐宋变革论",当时相当多的中国学者也赞成,或者无意中"英雄所见略同"。像陈寅恪《论韩愈》、钱穆《唐宋时代

---

[8] 宫崎市定的这些说法,其实和下面欧美学者的研究思路有衔接处。又,也可以参看宫崎市定《东洋的近世·前言》里的论述。

[9] 但是,包弼德认为,这里有一些问题,应当有新的解释,比如(一)在社会史方面,并不是平民的兴起,而是"士"即地方精英的壮大和延续,(二)在经济史方面,也不能忽略国家制度介入经济和国家贸易,(三)在文化史和思想史上,是唐代基于"历史"的文化观,转向宋代基于"心念"的文化观,从相信皇帝和朝廷应该对社会和文化拥有最终的权威,转向相信个人自己做主,在文学和哲学中,人们越来越有兴趣去理解万事万物如何协调为一个体制。参看刘宁译文,载《中国学术》第三辑,63—87页,商务印书馆,2000。

文化》就是这个看法。[10]而西方人呢,无论接受与否,也很难绕开这一理论。大家可以去看《剑桥中国隋唐史》的第一章《导论》,像蒲立本(Edwin.G.Pulleyblank)、崔瑞德(杜希德,Denis C.Twitchett)大概都支持这一说法,因为西方历史学家对于这一段历史的分析,也是从内藤、宫崎、陈寅恪开始的。但是,恰恰是因为唐宋之间的断裂和差异,反而在研究中,大家把这两个时代连在一起了,唐代始终是宋代存在的巨大背景,而宋代则始终是唐代的历史延续,之所以成为"唐宋",不仅是历史与思想,也包括文学。

那么,这个理论的来源和背景是什么呢?

二 内藤湖南"唐宋变革论"形成的资源、背景与心情

在日本的明治大正年间,也就是中国的晚清民初之间,一般对于中国社会性质变化的看法,都是把日本、中国、朝鲜社会性质的变化,看成是一个外来的,也就是西方压力的结果,所以通常都会认为,日本的嘉永三年(1853),美国东印度舰队司令培利率领四艘军舰和六十三门大炮来到日本,第二年又到横滨,签订了《日美亲善条约》,这个叫做"黑船事件"的事情,带来的屈辱感和开国现象改变了日本,并且刺激了日本的明治维新,结束长达二百多年的江户时代;而1840年以来,"鸦片战争"改变了中国,停滞的帝国之改变,来自外力的入侵和压迫。这种后来叫做

---

[10] 陈寅恪先生在他的著名的《论韩愈》一文中所论:"综括言之,唐代之史可分为前后两期,前期结束南北朝相承继之旧局面,后期开启赵宋以降之新局面,关于政治社会经济者如此,关于学术文化者莫不如此。"钱穆《宋宋时代文化》就说,中国文化经过多次大变动,"自春秋战国至秦朝为一大变动,自唐迄宋又为一大变动,尤其是安史之乱至五代的变动最大",什么变动呢?他说,根本的观察标准,就是从封建社会、门第社会到科举社会。他说"唐以前的中国社会是不平等的,宋以后的中国社会是平等的,唐以前的中国人的人生是两面的,宋以后是一面的"。

"冲击—反应"的历史模式里面,东亚是很被动的,同样也被等同于很落后的,这个帝国好像始终在传统的历史时间里面停滞着,需要西方来推动一下,这才能进入现代性的历史时间里面去。

可是,内藤湖南虽然接受了历史普遍会"走向近代"的观念,这个观念当然来自对欧洲历史的观察,但是,他对于东方历史却抱着另外的一些特别想法。子安宣邦在《近代知と中国认识》里面说,内藤写《支那论》有两个支点,一是说日本缺乏"积极的策略和思考",一是说这是"代中国人为中国思考",有点儿像经营殖民地的"本国"知识分子对殖民地"异国"的认识,因此,这可以作为对日本中国学的研究思路。[11]这当然是很对的,作为一个记者出身的人,他比历史学家更关心现实层面的问题,比专业学者有更多的敏感和更多的关怀,你看他的《燕山楚水》之类的文字就可以体会到。所以,他从文化变迁的角度,从整个帝国内部去想问题,觉得事情不那么简单,他觉得,这种西方冲击只是改变了沿海城市,中国历史恐怕不一定只是一个简单的回应西方,走出传统。而他的这些想法,有日本历史研究的资源,有中国的思想背景,还有中国现实政治的刺激。

(一)日本历史研究的资源

据说,这种想法受到了两个京都大学教授的影响,而这两个教授的著作,其实也是在当时日本思想世界大背景下产生的。[12]大家要注意,内藤是日本人,无论如何,本国的历史记忆、本国的历史问题、本国的认同基础,始终是最能刺激问题意识的话题,

---

[11] 子安宣邦《日本近代思想批判——国知の成立》,岩波书店"岩波现代文库:学术110",103—104页,2003。

[12] 增渊龙夫《历史学家对同时代历史之考察》。参见 Joshua A. Fogel, *Politics and Sinology: The Case of Naito Konan (1866-1934)*, Cambridge, Mass: Council on East Asian Studies Harvard University, 1984, pp168-210。日文本《内藤湖南:政治と汉学》第五章,174—220页,井上裕译,平凡社,1989。

也是提供研究者对于世界想象的基础。

一个是内田银藏（1872—1919）。内田曾经在东京大学师从德国兰克（L.Ranke）学派的学者利兹（L.Ricess），又曾经在欧洲留学，在1903年的时候，他出版《日本近世史》，改变通常把近代开端放在培利的"黑船事件"上的旧看法。他把日本和欧洲作比较，认为足利时代末期，到江户时代初期（1603年前后），已经出现了欧洲一样的从中世向近世过渡。理由是什么？第一，从政治形式上看，江户从地方分权到中央集权，和欧洲近世的绝对皇权很接近（《绪论》），在1918年的演讲集《近世の日本》里面他又以中国史和西方史比较，用秦汉帝国比罗马帝国，以魏晋南北朝民族混乱比日耳曼民族迁徙，以隋唐比欧洲中世，拿了欧洲历史当作一个比较的尺度和基础。第二，他又拿了日本来比较，隋唐的中国就像欧洲的中世纪，平安时代的日本接受隋唐文化，也像中世纪，而镰仓时代和室町时代的日本接受宋元明文化，他觉得宋明文化比较像近代的文化，有"清新的味道"。[13]

另一个是原胜郎（1871—1921）。原胜郎也是研究日本史的，他在1912年写的长篇论文《论足利时代》（收入他的《日本中世史研究》）讨论日本史，其中，讲到镰仓时代（约1200—1330），日本就像欧洲一样，以佛教为主完成了宗教改革；而在足利时代，日本又像欧洲那样，曾经经历了南北朝、战国时代的种种动荡和变化，所以他觉得，在此后的德川时代（1603—1863），应该是日本的近世史。

大家可以看到，这个时代划分的背后有很有意思的地方。它一方面依傍的是欧洲历史的坐标，一方面又努力依据日本历史的

---

[13]《近世の日本》，富山房，1919。参看葭森健介《唐宋变革论于日本成立的背景》，马彪中译本，《史学月刊》2005年5期，21—23页。

事实,在这种很有趣的矛盾里面,表现了日本人的意识,就是无论如何不能以外来的力量冲击,当做日本走出传统社会的象征性事件。——这是东方普遍的矛盾想法,既有民族主义立场,又想融入世界主义怀抱。

内藤湖南接受了他们的启发,他觉得东方社会的变化动力,也不能都放在外力刺激上面,特别是辛亥革命,他觉得应该放在中国历史的潜流里面来理解。不过,当他倒着往上追溯的时候,他发现,(1)辛亥革命的上面应当是(2)清末立宪运动(他写过《清国の立宪政治》,1911年5月),再追上去,应当是(3)曾国藩的湘军组织,相对于一个君主集权的政体来看,表现了瓦解中央的"民主思想和平等主义的发展",他对冯桂芬《校邠庐抗议》的推崇也在这个地方。可是再往上溯呢?就是(4)黄宗羲的《明夷待访录》了,他觉得这几乎就和欧洲卢梭、孟德斯鸠一样,都是欧洲近代才有的思想,可是当他再追溯上去的时候,他就越来越清楚地觉得,宋代的"平民主义"以及"政治重要性减退,经济重要性上升"这两条,确实引出了社会的巨大变化。

所以,他在日本的原胜郎和内田银藏的启发下,也采取了这种中世、近世的时代划分方式,把宋代放在近世的开端。据他的儿子内藤乾吉和他的学生的回忆,在1909年讲授中国近世史的时候,他就有宋代以后为近世的初步看法了,一直到他晚年的1928年7月,他在东亚同文会上演讲《近代支那の文化生活》,他还是强调宋代与唐代在社会与政治的不同处,并说这种不同导致了生活、文化与传统的不同,甚至影响后世,比如,宋代形成了平民日常生活方式,作为普遍样式的民族生活成为汉族传统,即使是在异族统治之下,但由于普遍传统的存在,所以常常有复古风气等等。[14]

---

〔14〕收在内藤湖南《东洋文化史研究》中,弘文堂,1936。

(二) 中国思想的背景

其实，内藤湖南可能更重要的思想来源，是明末清初的顾炎武、黄宗羲。在1914年出版的《支那论》前面，有顾炎武、黄宗羲等的手迹，这其实很能看出他的思想来源（其中还有熊希龄的手迹，为什么？后面还要说到）。

内藤相当重视顾炎武的《郡县论》，什么原因呢？因为顾炎武在《郡县论》里面主要批判的是君主高度集权，以天下为一家的私产，权力高度集中，认为这就是"民生之所以日贫，中国之所以日弱，而益趋于乱"的根本原因，他激烈地批判这种集权是"今之君人者，尽四海之内为我郡县，犹不足也"的"大私"，而且顾炎武提出的"寓封建于郡县"，其实是包含了一种用大姓、豪强、宗族来分行政权力的构想。

另外一个是黄宗羲的《明夷待访录》，本来在我看来，黄宗羲的《明夷待访录》是东林党到复社的士大夫，对于明代亡国有很深刻很沉痛的反省，可是，因为这种反省成为自我批判，自我批判又发展出来对制度、对思想、对文化的批判，最后发展出来的是对最高负责任的人，也就是君主的批判，所以在后世的人看来它就很有"现代的民主意识"了，其实他当时就是痛心，话就说得很沉重，他说中国的皇帝，因为家天下的缘故，是"天下之大私"，却自己把它看做是"天下之大公"，之所以会亡天下，是没有和士大夫一道治理，所以"天下之大害，'君'而已矣"。相对来说，黄宗羲对臣，就是当时士大夫的地位相当不满，说中国的"臣"是"为君而设也"，所以天下没有"天下之法"，只有"一家之法"。他上接孟子、宋人的思路，提出"天下为主，君为客"，他特别强调"相权"和"学校"的意义，觉得"相权"是体现皇帝和士大夫共治天下的意味的，他们可以在一定程度上制约皇权，而"学校"呢？则是掌握天下"公是非之权"的，而且是清议的空间，他觉得舆论不可以

"专一"。在内藤湖南看来,这也是很有近代意义的思想。

而在内藤湖南看来,宋代以后,一方面,专制就是皇帝的高度集权,是中国近世历史的特征;另一方面,士大夫反抗君主专权也是中国走向近世的标志,因为这和六朝隋唐的贵族时代已经不一样了。什么是近世?虽然内藤湖南特别注意"从中国发现历史",但是他的发现,还是依据欧洲标准的,换句话说,对于中国近世历史的发现,是在欧洲历史作为尺度的观照下得到的。而西洋所谓"近世",依内藤的理解,第一,是文艺复兴时代以后,在贵族之外,加入了一般民众的势力;第二,经济发展变化与发现新的土地;第三,社会结构和组织发生了变化,所谓民主诉求、平等思想、批判君主专制集权,就是走向近代。所以内藤湖南就在中国的历史中,用这个标准,按图索骥逆向地往上追溯历史,实际上呢?是顺向书写了一个"近代化"的历史脉络:从宋代平民参政,到明末清初诸家思想,再到晚清地方势力的崛起,自改革的浪潮、洋务运动、立宪政治运动和辛亥革命,主旨就是反抗皇帝、中央的专制政治。从这一思路和标准看,唐代就是中古的结束,而宋代就是近世的开端。

(三)对现实中国政治的心情

各位务必记住,日本很多对于中国历史的研究,(1)是站在日本的立场上看中国,和中国人自己的立场不同,(2)有很强的现实中国关怀,这和中国不一定要关心日本不同,日本必须关心中国,无论历史和地缘上,它想脱亚是脱不了的,它的文明最主要的来源,它最紧靠的这片大陆,怎么能说甩就甩掉?想脱就脱了?

内藤湖南的"唐宋变革论",也有中国现实关怀的影子。1914年在会文堂出版的《支那论》前面,有熊希龄的手迹,为什么他在顾炎武、黄宗羲、曾国藩、胡林翼、李鸿章、冯桂芬这些重要人物之后,特意放上了熊希龄的手迹呢?并不仅仅因为他们是朋友,那个时候,正是辛亥革命之后,袁世凯复辟,重新走向专制

第一讲 从"唐宋变革论"说到宋代思想史与文化史研究

的潮流很盛，各国对中国政治已经非常悲观，觉得中国是君主独裁的宿命。可是，在1913年到1914年的时候，内藤特别注意到，中国当时有一个所谓"一流人才的内阁"，梁启超是司法部长、张謇是农商部长、汪大燮是教育总长，总理熊希龄亲自兼任财政部长。内藤和熊有关系，他想在《支那论》里面表达的，就是他对共和政治前途的关心，和对这种政治结构的期待，也想表达他对熊内阁的一些想法。他所以要写《支那论》，目的就是要指出，其实中国也有关键的走向近代的唐宋变革，而中国现实正是这个走向近代的历史的延续，在这个历史与现实中，一方面是专制传统确实存在，一方面是反抗专制也一样存在传统。

在这篇文章里，他为什么那么注重讨论（1）中央集权和地方分权，（2）制度的必要和制度执行者的道德心？就是因为他觉得中国要往近世的方向继续走，一是要分权给地方，二是士大夫参政要有保证。可是，很快熊希龄这个内阁就垮台了，所以在1914年1—2月修订完成的《支那论》的《自叙》里面，他就表达了一些悲观的情绪。[15] 日本有一个华裔学者陶德民就指出，[16] 内藤的这些观念，其实很传递日本的立场：一方面，他代表了在近代民族国家建立和"经世论"基础上，对熊希龄内阁"法治国家形成"的政策和中国国家近代化方向的支持，这是从大的近代理念上出发的，但另一方面，又站在日本帝国的立场上，对熊内阁推进统一国家形成政策的批判，希望地方分治，甚至主张中国为了缓解财政负担，放弃国防、放弃塞外领土，这显示了日本的心情和想法。[17] 所以，他特别重视发掘

---

[15] 在后来1921年再次修订的《支那论·自叙》中就说到，中国的时局就如走马灯般急剧地变化（支那の时局は，走马灯の如く急转变化して居る）。
[16] 这是陶德民指出的，见其《内藤湖南における支那论の成立ち——民国初期の熊希龄内阁との关联について》，载《东方学》一百八十辑，84—104页，东方学会，2004。
[17] 他说："中国的领土问题，从政治上的实力考虑，近日宜缩小，所谓五族共和云云，如不被空想的议论支配，从实际力量上考虑，宁一时失其领土，而应图内部的统一。"

"分权"和"地方性",这也是为什么他特别重视和表彰曾国藩、李鸿章的原因,他认为这是宋代以后中国近世化的潜在潮流,所以沟上瑛说,《支那论》是和"(有关中国)君主独裁宿命论的对决"。[18]

现在我们再全面看一下内藤的时代划分方式:

第一段,古代:从上古至东汉中期,这是中国文化上的幼年时期,在文化上,(1)儒学从纯学术领域转向付诸实际的意识形态,(2)儒学为主题的中国文化开始向外扩张。

(过渡期:东汉至两晋,2世纪后期到4世纪初)

第二段,中世:从五胡十六国到唐代中叶(4—9世纪),这段时期的特点是,(1)异族入侵,有一点儿像欧洲的罗马帝国被外来的野蛮人攻垮。(2)儒学丰厚,但是"中毒",意思是儒学越来越意识形态化与教条僵化。(3)异文化作为汉族儒家文化的"解毒剂"而发生影响。这是文化的青年和壮年时代。

(过渡期:唐末五代,即9—10世纪中叶)

第三段:近世:宋至清,特点是(1)贵族没落,而君主独裁;(2)官僚形成,平民抬头。平民由于有了流动的可能性,形成了士大夫庞大的队伍;(3)政治重要性逐渐被文化重要性所代替,为什么?因为制度化使官场变得越来越圆熟,判断和业务变得不那么重要了,任期又有限,使人不再视其为目的,所以更容易得到认同和荣誉的反倒是另外的文化修养和道德品格等等。

---

[18] 钱婉约《内藤湖南研究》(中华书局,2004)认为内藤湖南可能受到夏曾佑的影响,但是尚需要进一步发掘实证的资料。Fogel 指出,内藤湖南关于唐宋变革的看法,主要集中在以下两方面,一、贵族政治与君主独裁政治(超越臣僚的天子地位、无限制的君主权力、君主与臣僚关系变化、君主独裁,名族影响的消退),这些观点是从黄宗羲《明夷待访录》里面引申出来的;二、贵族政治与平民主义(科举制度、朋党现象)。关于这一历史现象,也是受到黄宗羲的启发,黄宗羲希望回归古代政治,而内藤却希望走向共和政治。Joshua A. Fogel: *Politics and Sinology: The Case of Naito Konan*,日文译本184页。

因此，这个时代是稳定而成熟的文化，也是走向近代的开端，唐宋变革论的内容和意义就在这里。[19]

三 欧美学者对"唐宋变革"的修订，及其对宋代社会、思想与文化的新解释

过去的美国中国学界，对于宋代研究其实不多，直到1954年还是这样。这一年，美国远东学会在纽约召开"传统中国社会"讨论会，日本的宫川尚志把内藤和宫崎的一些说法译成英文，叫做"内藤假说"（Naito Hypothesis），发表在《远东季刊》（Far Eastern Quarterly，1955年8月号）上，这篇英文提要式的东西后来在1969年又被收入刘子健和Peter J.Golas编的论文集《宋代中国的变化：更新还是创新》中，《导言》中说，"美国在日本汉学家的影响下，开始把宋代看做是形塑中国的重要时期，是奠定20世纪中国政治、经济、文明的重要时期"，虽然我们不知道在美国历史学界是否真的起了这么大的影响，但是在这以后，美国中国学界确实开始了这一方面的讨论。

我们知道，对于唐宋变化的历史，如果说中国和日本学者在政治史上面比较多地讨论"君权"和"相权"、"政统"和"道统"；在社会史方面比较多讨论"贵族"到"地主"，在经济史方面府兵制和租庸调制的瓦解；在文化和思想史方面，比较多讨论"变法"和"保守"、从儒学的治国之术到理学的心性理气的变化，那么，近年来的欧美学者关于唐宋史逐渐有几个方面和我们（中国与日本）不太一样了。简单地说，他们首先不再假定唐宋变

---

[19] 柳立言在近期发表的一篇《何谓唐宋变革》的论文里提出，"也许在不同的领域，如政治、法律、经济、社会和思想等，有着发生在不同时间的'变革期'，有些发生在唐宋之交，有些在两宋之交，有些在宋元之交，有些在元明之交，……而每个变革期的意义也未必相同，有些代表从中古过渡到近世，有些是从中古过渡到现代甚至后现代等。"这是很正确的意见。

革是中国走向欧洲式近代的一个转折；其次，不再笼统地把宋代中国同一化作整体论述，而是更注重区域，也就是地方社会的研究；再次越来越重视思想文化变迁的历史与社会影响，包括科举与社会流动、精英和士绅的地方化、中央与区域的政治差异等等。

第一，一部分美国学者，他们对时代的划分，逐渐不同于内藤湖南的说法，更明确地把它划在北宋和南宋之间。

唐宋两代加起来662年呢！到底变化是在什么时候标志性地完成的呢？欧美的学者虽然直接讨论的不多，但是看起来还是倾向在北宋、南宋之交的。我们举一个例子，像在思想史和文化史领域，刘子健先生的想法很有代表性，[20] 他在《背海立国与半壁江山的长期稳定》《南宋君主和言官》《略论南宋的重要性》这三篇文章里面都指出，地理形势的改变、经济的繁荣、包容政治的进一步发展，使南宋和北宋不一样，"中国近八百年的文化，是以南宋为领导的模式，以江浙一带为重心"，特点是什么呢？就是（1）背海立国（这使得西北通道改成了东南海路），（2）经济发展与生长（斯波义信的研究），（3）君主专权与代理相权的独断（如高宗与秦桧、宁宗与韩侂胄、史弥远等等），（4）包容政治的控制手段的高超，（5）胥吏盘踞，官员无所事事（成为业余官员和专业文人），（6）文艺和哲学发达，理学成为重要的思想等等。

在他的重要著作《中国转向内在：两宋之际的文化内向》里面，[21] 他又强调了南宋初的政治史和思想史，应当划为三阶段，即

---

[20] 刘子健（James T.C.Liu）是在美国的著名宋史专家，四十年前，著有《欧阳修的治学与从政》（新亚书院，1962，后改编为英文本：*Ou-yang Hsiu, An Eleventh-Century Neo-Comfucianist*，Stanford，1969），还出版过论文集《两宋史研究汇编》（联经出版事业公司，1987）等。

[21] 《中国转向内在：两宋之际的文化内向》，赵冬梅译，柳立言校，江苏人民出版社，2002，原名：*China Turning Inward: Intellectual-Political Changes in the Early Twelfth Century*，Harvard Univesity Press，1974。

第一讲　从"唐宋变革论"说到宋代思想史与文化史研究

（1）北宋灭亡和南宋初建时的刺激，以及它引起的儒家遗产重建思潮，"主题是震荡和反应"（可是，我也有疑问，难道北宋不也有这种刺激和反应吗？），（2）1132—1138年间，其"主题是知识分子从关注制度转向道德关怀"，怀旧、变革是"道德保守主义"的两面，（3）在1139—1162年间，儒家理想被现实权力政治粉碎，思想文化的多元性没有发展机会，从而生命力在消退，"受压抑之后的谨小慎微的情绪向精英文化的其他领域弥散开去"，于是中国发生了永久的变化（15—16页）。他把当时的政治现实作为思想的背景，特别指出了专制皇权取向和现实政治考虑，在中国思想史上的深刻影响，这就是在《余论》中说的，"不管怎么说，国家权力始终处于传统中国舞台的中心。中国文化的命门存在于政府与意识形态（政教）当中，其混合体决定着一切"（144页）。其中对于两宋之间的那一段很精彩，尤其是南宋初，由于赵鼎去位的政治环境，"在悲哀和困惑中，许多知识分子不可自抑地转向内省和回顾……内省让他们将更多的注意力倾注在自我修养上，而较少关注国家大事，回顾则让他们相信儒家理论根源当中存在一定的缺陷，而这些缺陷应当通过强调儒家更好的方面来加以弥补，而这些好的方面是作为基础的形而上学、学以致知以及非精英主义的公众教育"（118页）[22]。

---

[22] 刘子健的书是一部相当精彩的著作，但是也有几个疑问。第一，如何评价在"中国转向内在"的过程中，非新儒学系统的"士大夫"的作用？坚定而且清晰地主张道学的士大夫毕竟是少数，那么导致整个国家社会文化转向的力量是否仅仅来自他们？作为官僚的士大夫，以及相当起作用的现实政治家、其他身份和角色的儒家士大夫，又怎样在这种文化变迁中起作用？第二，为什么在南宋初受到压抑的儒家士大夫，后来仍然选择了道德保守主义这一途径来表达他们的社会理想？刘子健也指出，朱熹与王安石在很大程度上有"共通之处"（42页），那么，为什么儒家不曾转向陈亮等代表的"功利主义"，而选择了主张彻底变革的"道德主义"的朱熹新儒学。导致他们走向"道德主义"的朱熹新儒学的"当下处境"是什么？第三，因此我们是否要考虑诸如都市状况、公共领域、家族重建运动、佛教道教因素，对于士大夫的思想转型有什么意义？换句话说，在宋代思想史上，关于"背景"的研究，仅仅依赖学术史与政治史的解释已经不够。

应当注意到的是，最后指出的这三方面，就是"基础的形而上学"，就是理学论述、"学以致知"，就是参与实际建设，"非精英主义的公众教育"就是书院和乡塾教育，恰恰是当时新儒学的取径和方向，也是新儒学影响后世的三个最重要的方面。[23] 由于这三方面的变化，南宋确实和北宋不一样了，相反，它却和后来的元明更紧密了，这就形成了偏重于唐宋之间的断裂和偏重于宋元明之间的连续的两种风气。[24]

第二，他们强调士的身份，并不是内藤湖南等人所说的平民，而是精英，但是他们又强调，到了南宋，更重要的不是中央精英而是地方精英。

他们觉得，北宋的精英常常为了实现理想，远离本土，力图成为国家精英，而南宋的精英地方化了，逐渐和国家分离，而与地方结合，[25] 像郝若贝（Robert Hartwell）就曾经把过去历史研究论述里面一概而论的"士大夫"分为"立国精英""职业精英"和"地方精英"三种，他们强调第三种是很重要的，因为他们（1）控制了地方上的初级科举，（2）也掌握了地方的乡里社会，（3）流动性不大因而可以长期经营。此后的贾志扬（Cheffee）、李弘祺等人在研究科举和教育的时候，大体上也是这一说法。而在一篇十分精彩但较少被注意的评介里，约翰·李（John Lee）集中讨论了南宋精英分子的特性和构成，强调地域性的差异，指出三种不同但有阶段性的发展方式：第一阶段是精英在地方扮演领导者和保护者的角色，甚至敌视中央的干预；第二阶段是中央加强对地方的控制，而精英放

---

[23] 近年来关于赵鼎与洛学的进一步研究，可以参看高纪春《赵鼎集团的瓦解与洛学之禁》，载《中国史研究》1997年第3期，108—117页。

[24] 关于"宋元明转型"，现在有Paul J.Smith and Richard von Glahn ed:*The Song-Yuan-Ming Transition in Chinese History*,Harvard University Press，2003。

[25] 参看包伟民的评论，《唐研究》十一辑，北京大学出版社，2005。

弃部分的独立自主,加入官僚队伍;第三阶段是随着精英人数的增加和对官位竞争的激烈,部分精英不得已由中央退缩至地方谋求发展,出现郝若贝和韩明士(Robert Hymes)所说的情况。[26]

这里我们以包弼德的书为例,包弼德的书的《导言》中就通过对《颜氏家训》和《袁氏世范》的比较,指出从唐到宋,士的身份和角色发生的变化。在第二章《士的转型》中更细致地讨论了这一过程,他提出了一连串问题:"为什么作为世家大族(aristocratic great clans)的士,在隋唐以前的那些王朝衰落之后能维持下来,却不能度过唐朝?为什么士在北宋早期,作为有学养的文官官僚这样的国家精英再度出现?为什么在有宋一代,士变成作为地方精英的文人(local elites of literati)?"(35页)他认为,变化的轨迹是从唐代的以门阀(aristocrat)为中心的世家大族,到北宋的以学者-官员(scholar official)为代表的文官家族,再到南宋的文人为中心的地方精英(4页,37页)。

第三,正是因为到了南宋,士大夫中间最重要的是地方精英,所以,这些精英活动的地域也就是各个地区的研究,就成了宋代历史研究的重心,他们不再把唐宋变革看成是一个同一中国的事情,而是不同区域有不同。

1982年,郝若贝在《哈佛亚洲研究》上发表了题为《750—1550年中国人口、政区与社会的转化》("Demographic, Political and Social Transformation of China 750-1550")的论文[27],这篇文章,多多少少是为了修正柯睿格(E.A.Kracke)1947年发表的有

---

[26] Lee, John, "Recent Studies in English on the Tang-Song Transition:Issues and Trends,"《国际中国学研究》2(1999),365—385页。参见罗祎楠《模式及其变迁——史学史视野中的唐宋变迁问题》,《中国文化研究》2003年夏季号。

[27] Robert Hartwell, "Demographic,Political and Social Transformation of China 750-1550"; HJAS,42(1982),pp.355-442.

关宋代科举、家庭和社会流动的著名论文《在家庭与学识之间：中华帝国的科举考试》。[28]他认为，中国在这八百年来的变化，应当考虑的是（1）各区域内部的发展，（2）各区域之间的移民，（3）政府的正式组织，（四）精英分子的社会与政治行为的转变。他把唐宋到明代中叶的中国历史研究重心，从原来整体而笼统的中国，转移到各个不同的区域，把原来同一的文人士大夫阶层，分解为国家精英（founding elite）、职业精英（professional elite）和地方精英或士绅（local elite or gentry）。他特别强调，第一，宋代社会流动当然与科举有关，但是不应当把"流动"即科举带来的上升和下降，仅仅局限在家庭（family），而应当扩大到叔、伯、舅等"家族"（kinship），因为宋代教育常常以家族为基础，而上升与否也涉及"鸡犬升天"，即家族的荣誉与繁荣。第二，社会流动不应当只考虑科举一条管道，还应当注意经过教育，尽管没有通过科举，却成为地方士绅的人，因此，需要强调地方精英这一新阶层在宋代的意义。这一研究思路，适应了流行于现在的区域和地方精英研究，并刺激和影响了宋代中国研究的趋势，比如韩明士、万志英（Richard von Glahn）、史乐民（Paul Smith）、包弼德对抚州、四川、明州、婺州等区域的研究。[29]当然，后来他们的研究，渐渐有了"超地域的地域研究"的意味，像包弼德就指出，不能用传统的行政区域来讨论历史问题，可能考虑的因素，应当包括（1）宗教形成的网络（比如神灵信仰通过水路、通过僧人或巫者的行脚、通过宗教组织的扩大，从而

---

[28] E.A.Kracke: "Family Vs Merit in Chinese Civil Service Examination Under the Empire", *HJAS*, 10: 2 (1947), pp.103-123.
[29] 关于区域研究方法在中国史中的运用，可以参考陈家秀《区域研究与社会经济史之关联——探讨宋代成都府路》第四章《新视野、新角度——宋代区域研究》，46—73页，台湾大学历史研究所博士论文，1993。

有了超越行政区划的空间），（2）地方精英和宗族等形成的网络（比如婚姻关系的超越区域，比如家族系谱的写作形成的超越地方的认同），（3）市场贸易形成的网络（集镇、城市为中心的扩散辐射，水路、陆路的因素），因此研究对象不必一定局限在行政区域中。[30]

当然，对于中国的区域研究或者地方史研究，并不是从郝若贝开始的，而是早在施坚雅（William Skinner）那里已经开端，施坚雅在他主编的《中华帝国晚期的城市》一书中非常强调以城市为中心的区域，[31] 不过，在中国史领域里，这种具有明确方法意识和观念意识的研究风气，却是从八九十年代以后才开始"蔚为大国"的。公平地说，本来，这应当是历史研究方法的进一步深化，中国研究确实在很长时间里忽略地方差异性而强调了整体同一性，这种研究的好处，一是明确了区域与区域之间的经济、政治和文化差异；二是凸现了不同区域、不同位置的士绅或精英在立场与观念上的微妙区别；三是充分考虑了家族、宗教、风俗的辐射力与影响力。尤其是近来包弼德提出的超越行政区划，重视宗教信仰、市场流通、家族以及婚姻三种"关系"构成的空间网络，使这种超区域的区域研究更吻合当时的实际社会情况。

这一区域研究方法，在日本学术界同样很兴盛，正如冈元司

---

[30] Peter K Bol: *The Multiple Layers of the Local: A Geographical Approach to Defining the Local*，第九届中华文明的二十一世纪新意义学术研讨会论文，上海：复旦大学，2004年4月8日。

[31] 参看施坚雅《十九世纪中国的地区城市化》，他指出，"在帝国时期，地区之间的不同，不仅表现在资源的天赋或潜力方面，而且也表现在发展过程所处的时间和性质方面"，所谓"发展过程所处的时间和性质"有点儿类似通常说的"社会阶段"，他把帝制中国分为九个地区，显然暗示着不同地区分别处在不同发展阶段，不能以一个"中国"来描述。此载施坚雅编《中华帝国晚期的城市》第一编，242—252页，叶光庭等译，中华书局，2000。

所说的那样，[32] 尤其是 1990 年以后的日本中国学界，对于"地域"的研究兴趣在明显增长，这种区域的观察意识在很大程度上，细化了过去笼统的研究。2005 年 1 月，我到日本东京大学访问，小岛毅教授给我看一个包括了东京中国学、日本学相当多重要学者在内的跨学科研究计划案《东亚的海域交流与日本传统文化的形成》，虽然，正题中又是"东亚"又是"日本"，但其中心却是以宁波为焦点展开的，显然这种区域辐射式的研究已经成为风气，而且有了发展。[33]

大家注意，由于第一，把北宋和南宋区分，把南宋看成是和近代中国息息相关的时代，更加重视南宋的研究，这与中国学界过去研究多集中于北宋不同；第二，研究重心的士大夫，又是以地方精英为核心的所谓地方士绅；第三，在历史研究中，区域问题重于全国性问题。这样欧美对宋史的讨论，就渐渐转移到以下三个问题上来：

（一）与家族、宗族和地方有关的问题。

（二）科举和士人身份变化及社会流动问题。

（三）地方与中央的分与合、士绅和官员的角色、认同、紧张等问题。

这样，一是社会科学影响很大，二是历史时段有了变化，它势必把唐宋变革转移到宋明变迁的研究上来。

四　关于包弼德《斯文》一书的介绍

可是，唐宋之间的变革也好，北宋南宋的分期也好，都需要

---

[32] 冈元司《宋代の地域社会と知——学际的视点からみた课题》，载伊原弘、小岛毅编《知识人の诸相——中国宋代を基点として》，东京：勉诚出版社，平成十三年。

[33] 小岛毅《东亚的海域交流与日本传统文化的形成——以宁波为焦点开创跨学科研究》，日本文部省科学研究费平成十七年度特定领域研究申请书（未刊），2004 年 11 月。

考虑：第一，政治（或社会）史的时间表与思想文化史的时间表，未必能捆绑在一道，政治、经济、文化、生活、制度的变化未必步调一致。第二，江南、河北、川陕、湖广，不同地域是否会同时进入"近世"或者同时"地方化"？第三，所谓"近世"在中国，与欧洲是否不同？为何不同？如果不同，为什么要依照欧洲的历史进程称为"近世""近代"或"前近代"，平民化、都市化、全球化是否进入"近世"的统一尺码？欧美的研究并没有解决历史上所谓"唐宋变革"的很多问题，所以，包弼德在思想和文化史上，仍然要深入讨论唐宋的变化。《斯文：唐宋思想的转型》这部书和刘子健的《中国转向内在》一样，讨论的还是中国思想与文化史上，唐宋这一次最重要的转型。

他所看到的文化史或者思想史是，从唐到宋，"斯文"（在这本书里，这个词是指代"Our Culture"，即中国文化）的内容，已经有了相当深刻的转变。发生了什么转变呢？他指出，虽然这种文化都是来源于上古三代，经孔子保存的儒家典籍而世代传续，这使得中国传统得以不断裂而保持延续。但是，他觉得，在唐宋之间有一个相当深刻的转折。什么转折呢？是根本的转折，如果说，唐代以及唐代以前，这种"斯文"的基础，是"天""上古"，也就是神圣的自然和神圣的古代，一直到8世纪以前，一直是"道德生活的终极依据"，人们需要追寻和模仿上古理想的社会秩序和社会道德，以这个"天"和"上古"来规定现实社会秩序（第一章《导论》，2页）。可是，由于8世纪以后的大唐帝国的分裂、藩镇叛乱以及种种混乱，使得人们面前的一切都成了"不确定的世界"，原来的等级规范、贵族礼仪、圣人意图都不那么天经地义了，所以，很多士大夫就有焦虑和紧张，觉得需要挽救"斯文"，因此，才开始产生了后来的道学，即狭义的"新儒学"（Neo-confucianism）。他说，这个时代，思想家一方面想要维持过去形式文化的延续性（formal cultural continuity），保持过去的"文"；另一方面又要寻找那些曾经更加深入支配观念的基础，就是古人的"道"；所以，在文和道之间就有了一系列的紧张关系。根据他的分析，从唐到宋，首先，是意义和价值的宇宙依据发生了变化，从"天"到"理"；其次，是意义和价值的历史基础也发生了变化，从"上古"作为证明，到"心灵"或"观念"作为依据。

这两个变化太根本了。在包弼德看来，这是斯文之本，天不变道亦不变，可是天变了、古圣也变了，这变化不是太大了吗？前面我们提到，他在后来的一篇论文里，说得更加清楚。他说，他觉得唐宋思想和文化的巨大变化是以下三点：首先，从唐代基于外在"自然"和"历史"的文化观，转向宋代基于内在的"心念"的文化观；第二，从相信皇帝和朝廷应该对社会和文化拥有最终的权威，转向相信个人一定要学会做主，自主地变化这个世界；第三，在文学和哲学中，人们越来越有兴趣去理解万事万物是如何成为一个彼此协调和统一的体制的一部分。[34]因此，当一部分士人越来越倾向于追寻终极的"理"和内在的"心"的时候，其结果也像刘子健说的，文化转向了"内在"，因为，原本在政治层面真正起作用的现实主义策略和制度，逐渐在意识或观念中被认为是次要价值，被置于次要的位置。

这种转变中的文化，究竟是谁的文化呢？就像书名写的，this culture of ours，"这个我们的文化"只是"属于中国社会一个为数不多的精英群体"，就是所谓的"士绅"（gentleman）或者"精英"（elite）。因此，包弼德指出，作为思想文化变化的社会背景，需要考察"士"的变化，就像我刚才介绍的，他觉得从唐到宋，变化

---

[34]《唐宋转型的反思》，《中国学术》第三辑，78页，商务印书馆，2000。

是从唐代的贵族、到北宋的中央精英,到南宋的地方精英,而且,这种变化不仅是从他们身份象征的意味,即从"出身"(贵族)到"政事"(中央精英)到"文化"(地方士绅)的转换。以我的理解,他描述的这些变化,这意味着,首先,是获得身份的途径,其次是身份所象征的价值的转换。而且同时也表现了"士"(文化)与"权力"(政治)之间的越来越分离的状况。这一分离为后来的"道统"与"政统"的分合设下了伏笔。

之所以讨论"士"的转型,和包弼德试图改变思想史写法的意图有关。包氏在《导言》中说到,(1)他不愿意把所有的唐宋思想文化史的问题都算在儒学头上,也不愿意把所有的士大夫都算成是儒生。这是很对的,这意味着他试图改变从朱熹到黄宗羲建构起来的宋代思想的历史。因为在他看来,唐宋文化转型,并不仅仅是儒学内部的更新,而参与这种转型的,也并不仅仅是后来被称为"理学家"的人。他指出这种来自朱熹到黄宗羲的脉络,已经进入了"当代学术",导致了人们把唐宋文化转型,看成仅仅是理学史。这是非常对的,我也很赞同。(2)他也相当不满意哲学史的叙述,他觉得,这可能给人们造成误会,会以为讲清楚了道学就讲清楚了宋代思想,讲了道学史和道学家,就说明了宋代的思想和文化的历史。他觉得这种接近哲学史的叙述方法,是因为后来新儒学的重要性而"后设"的,它掩盖了历史变化,削弱了解释的必要(30页)。换句话说,哲学史的叙述太狭窄和抽象了,远离了历史。因为"哲学史并不总是代表思想文化的历史,或者能充分地描述和解释我们借以建立共同价值观(shared values)的那些方式"(7页)。

我想,这是包弼德相当敏锐,也是相当高明的地方。不过,很有趣的是,他抛弃了哲学史的线索,却用了文学史的线索,用文学史的线索来重新描述这一重要的思想文化史。这样做可以吗?我多少有一些疑问。据他自己说,他是"将文学作为核心的讨论角度，许多主要的思想家，首先被当做文学家来对待"。当然这有一定的道理，因为"文学"可以比较广泛地把"士"的活动包含进来，像不是严格意义上理学（道学）家的韩愈、欧阳修、苏轼的论述，就进入了主流视野。特别是，古代中国的"文"与"道"确实有一体两面的关系，文以载道，道无文行之不远，有很多老话呢。所谓孔门四科，也是有"德行""言语""政事"和"文学"，士大夫的角色和事业，也很难区分文学与哲学活动之间的界限。所以，可以说"文学作为思想"，或者说"作为文学的思想"，这样的研究，本身对于现代学科体制就是一个挑战。

不过，我总觉得，问题还是存在。

五 文学批评史取代思想文化史，是方向吗？对包弼德《斯文》的一些意见

问题是什么呢？

第一，儒学思想史的"道统"与文学批评史的"线索"，在用来描述思想文化的变迁时，它们会共同缺少什么？

在另外的一次课上，我会介绍我所理解的唐宋思想史和文化史脉络的形成过程。[35] 这里简单地说说，就是从《诸儒鸣道集》《伊洛渊源录》《道命录》《宋史道学传》，一直到《宋元学案》，唐宋儒学的历史已经"被规定"了一个"道统大叙事"，这就是从韩愈、李翱到宋初三先生孙复、胡瑗、石介，到周敦颐、张载、二程，然后再到朱熹等等。可是，如果换了文学史的叙事呢？确实，这就和"道统大叙事"不一样了。包弼德说，宋代思想的故事，不必按这个叙事脉络来写，因为在宋初三先生之前，范仲淹、欧阳修在11世纪30年代就已经很著名（34页），并不需要等三先

---

[35] 见下一章。

生开辟新世界,所以可以重写。这非常正确,我自己也很同意这个意见。特别是,这个思路的转变有一定的意义。为什么呢?因为它(1)突破了过去哲学史思想史紧紧围绕在理学史和理学家上面,变得更大了,过去的思想史常常以儒家为主,这是有局限的,如果讨论到主要以文学家为角色的文化人,那么,就可以容纳更多的人物和思想,也可以纳入比如信仰佛教道教的、只爱写诗填词的、经商从政的等等,这就范围更广了;(2)而且把"文学"文献也作为资料,就相当有价值了,比如,我曾经强调的杨家将叙述、包公故事、说三分的现象等等,都可以成为文化和思想史内容。(3)它改变了过去宋代哲学史或宋代思想史基本上不讨论太祖、太宗两朝的思想文化,只是从"宋初三先生"开始的缺点。

但是问题是,包弼德的文学史,还是传统文学史著作的脉络,而不是他自己"作为思想的文学"和"作为文学的思想"的脉络,所以,这等于就像流水整个换了一个河道,却不是把这条河道拓宽,纳入其他细流。我总觉得,学术典范的转移,绝不是一个换一个,而是换了一个以后,就把过去的典范也包容进去,成为超越的,而不是代替的。

用文学史的脉络,以"文"和"道"的关系来做思想文化史,还是有很多重要的甚至关键的思想史文化史现象,会被遗漏或被忽略。我们举一个例子,比如宋太宗、真宗两朝,其实是后来思想与文化史上各种危机、问题、思考开始浮出水面的时代,也是一些重要转折开始显现的时代,过去以宋代理学为中心的思想史或者哲学史,从"宋初三先生"开始讲,会忽略这个时代,包弼德的书注意到宋初这个时代的一些文人,比过去的思想史要好得多。可是,因为包弼德以文学史代替哲学(思想)史,所以,他虽然提到徐铉、田锡、张咏以及杨亿、王禹偁一直到范仲淹,但是,他会忽略在政治、社会上更重要的一些人物,比如,如何看待赵普、王旦、寇准、王钦若、丁谓这些在历史上可能比文学人物更为重要的政治人物？[36]

又比如说，真宗大中祥符年间的种种现象，如"天书事件"（大中祥符元年，有黄帛曳左承天门南鸱尾上）、"泰山封禅"（天书再降于泰山醴泉北）、"谒文宣王庙"（加封"至圣文宣王"）、"祀汾阴"、"颁天下《释奠先圣庙仪》"（大中祥符三年）、"撰《崇儒术论》"（大中祥符五年），这些事情究竟导致了文化精英什么样的思考？我们可以想一下呀，为什么"澶渊之盟"之后，就急于要搞这些事情？而王钦若又为什么要强调"唯有封禅泰山，可以镇服四海，夸示外国"[37]？对于这些文化现象，并不是没有思想论争的呀，像王旦和孙奭之间关于应不应该崇信天降旨意的争论，孙奭、杜镐对祀汾阴、崇拜河图洛书的批评，[38]思想文化史著作是否应该关注呢？当时，据说人们相信，北方的辽国谈和了，西边的夏国不打了，和平降临了，所以"真宗以无事治天下"，这下可以"守祖宗家法"，于是，有一种不想变革的想法出来了。可是，第一，这和很快就出现的要变化、要折腾的思潮，究竟是什么关系？第二，这种要变化、要折腾的思潮背后，究竟又是什么背景？

我请大家注意一段资料，在宋真宗朝搞得鸡飞狗跳、使得"封泰山、祀汾阴，而天下争言符瑞"的一个关键人物叫王钦若，宋真宗早就想用他，可是老臣王旦却提醒真宗说"臣见祖宗朝未尝有南人当国者"，害得王钦若一直要到王旦死后，才得到大用，所以他抱怨说"为王公（旦）迟我十年作宰相"[39]。这里说的"南

---

[36] 赵普、王旦、寇准、王钦若、丁谓传分别见《宋史》卷二五六、二八二、二八一、二八三、二八三。
[37]《宋史》卷二八二《王旦传》，9545页。
[38]《宋史》卷四三一《儒林一》，12802页。
[39]《宋史》卷二八二《王旦传》，9548页。

人"一词值得注意，南方人过去不能当政，宋代一开始还是北方人掌权，可是，后来的欧阳修、王安石等等，却都是"南人"。这件事情出现在澶渊之盟之后，也在可以偃武修文之后，它标志着北人与南人的政治地位转换，而北人和南人的地位转换，又引起了政治策略和文化取向的转换，这和后来的历史有关系吗？[40]大家想想，为什么当时的权臣李沆曾经预言，当和平来临的时候，皇帝便会生出"侈心"，"声色、土木、神仙、祠祷之事将作"。他曾经告诫皇帝不要用"新进喜事之人"，并且对"中外所陈利害皆报罢之"，采取无为之法。[41]可是事实证明，皇帝偏偏就是喜欢"无事生非"，后来南方的王安石等人上台，并且用"三不畏"的态度推动变化，是不是都可以从真宗这一时段的思想文化状况中找到渊源呢？可是，在包弼德以文道关系为主轴的书里，这些思想文化史有大关系的内容都还是相对缺少了的呀。

第二，对《斯文》一书脉络的疑问：文化思想史与文学批评史为什么要如此高度重叠？

应该指出的是，包弼德《斯文》一书的脉络，大体上和郭绍虞《中国文学批评史》等文学批评史著作差不多。这是因为，包弼德觉得"文"是政治和学术两个领域共有的价值（156页），而"道"与"文"的意义和价值究竟如何安顿，会引起思想文化上的一系列变化，所以，宋代思想文化领域的很多变化，都表现在"文"和"道"关系的变化上。比如苏轼，他把文学（文）当做表

---

[40] 已经有学者指出，北宋武人精英在地域上主要来自河东、河南和河北，禁军高级将领几乎无一例外出身于上述三个地域。这和同时期的文人精英主要来自四川、福建、江西等非北方地区的情况，恰恰形成显著对比，因此他认为，中国社会到了11世纪，由传统上北方阀阅世家在政治上独揽文武权柄的局面，一变而为南北共治、文武分离（即代表北方三大军事集团利益的宋皇室，与以南人为主的士大夫共治天下），11世纪中国社会政治上的这一转型，与同时期经济文化重心南移这一历史趋势相适应。

[41]《宋史》卷二八二《论》。

达思想（道）的载体，由于"文"与"道"同样重要，因此"文"可以成为人生重要事业，也可以作为士大夫的理想，而"文"（也许还有自由）与"思想"（道）同样应当有多样性与自然性。[42] 又比如道学，他说道学是"以一种伦理实践或道德修炼的文化，取代了过去的文学文化"，也就是"道"压倒了"文"，"在这种伦理文化中，人们可以靠自己的行为，而不是诗歌使自己知名，并表达自己内心所想"[43]。我们知道，文、道的关系，当然是文学批评史上的老话题，也是大话题。可是，难道文学批评史和思想文化史就刚好那么重叠吗？

让我们先来简单地看一看包弼德的思想文化史线索和郭绍虞的文学批评史脉络：

（一）中唐——

《斯文》首先突出地谈论"古文"与"道"的关系，尤其是"文以载道"；他讨论的主要人物是从萧颖士、李华和贾至、独孤及、梁肃，以及下面的韩愈、李翱、柳宗元、吕温、柳冕。

《中国文学批评史》也从刘勰的《原道》开始，[44] 说到"文"与"道"的关系，把它当做是文学批评史的中心。其中特别提到，"唐人论文，讲文与道的关系，在初期差不多都是以'文化'为文，以'文化'为文，当然离不开礼乐刑政，所以文与道合"（121—122页），下面就说到梁肃、李华，特别是柳冕的"教化中心说"，谈到韩愈、柳宗元、李翱的意义，尤其是文道合一（127—146页）。

（二）宋初以来——

《斯文》：（1）提到的是徐铉、田锡、张咏，说明这是"文"

---

[42]《斯文》307—312页。
[43]《斯文》351页。
[44] 郭绍虞《中国文学批评史》，上海古籍出版社，1979。以下凡引此书，不一一注出。

与"道"的统一,而(2)说到杨亿,则代表了"文"与"道"的乖离。(3)讨论柳开、王禹偁,认为这是象征"载道之文",继承韩愈的硬拗文风和容忍圆通的文风。(4)范仲淹的文学与道德,教育之重要性。(5)欧阳修和他那一代人:道优先于文的趋向,如石介、孙复、李觏。(6)苏轼:关于成圣、人情。

《中国文学批评史》:《宋初之文与道的运动》一节,讨论"统",主要讨论的就是柳开"吾之道,……吾之文……"一段。(1)讨论到石介,(2)开欧阳修和苏轼先声的王禹偁、田锡,(3)《古文家欧、曾诸人的文论》一节讨论欧阳修的"道胜者文不难自至",和包讨论的道优先于文很相近。当然,郭又讨论了他的传记文学,因为一方面不能在文学里面讲心性理气,一方面不能像诗歌一样讨论现实,所以思想要在传记中表达。

(三)北宋中叶——

《斯文》:(1)二程:讨论他们关于圣人与人性的思想,也讨论到他们对于文学与道德的看法,(2)秩序:讨论王安石和司马光,(3)苏轼与"道",尽个性而求整体,(4)程颐。

《中国文学批评史》:(1)《北宋道学家之文论》谈到周敦颐、二程关于"作文害道""玩物丧志"的说法,(2)《北宋政治家的文论》讨论王安石和司马光,(3)《三苏与贯道说》一节讨论苏轼一门,(4)后面多了一个吕南公。

大家看看,这两个脉络太相似了。首先,他们论述的基本思路几乎都是从"文"与"道"的关系展开的。其次,历史的脉络都是一样的,由于"文"和"道"的重心不断偏移,所以终于从"文"(文学)优先转向"道"(伦理)优先。再次,选择评论的代表人物也大体一致,几乎重叠。

如果思想文化史和文学批评史这样一致,那么,思想文化史是否可以由文学批评史来代替了呢？可是，我觉得，这里似乎有两个问题：一是思想文化史的人物与思想范围又被窄化到文学批评史领域上来了；二是思想文化变化的历史背景太淡化了。如果我们往下追问，这种"文"和"道"的紧张关系为什么产生？中唐到北宋的知识人的心中，始终的焦虑不安和犹豫彷徨究竟是什么？历史语境也就是这种"语"（言论）的"境"（历史）究竟是什么？也许我们会看到，有三个问题可能更实在：

第一，华与夷。换成现在的话讲，这就是关于文化普遍性与特殊性、普遍主义与民族主义的问题。实际背景来自历史，即从中唐以后的民族、国家危机，也来自现实，即西北的辽与夏的压迫。当时，一方面北宋内部的胡汉问题开始淡化，[45] 一方面来自外部的胡汉问题引起了关于"国家"和"文化"的焦虑，所以才有石介的《中国论》的问世，有正统论的辩论，有辟佛的呼吁，有《春秋》之学的兴盛和"尊王攘夷"论的高涨。

第二，君与臣。这是关于政治权力的永恒性与暂时性、皇权的绝对性与相对性的问题。中晚唐藩镇的威胁、五代十国政权轮替的教训、地方割据的经验，导致的很多思考，都促使这个话题突出起来。你读《新五代史》，呜呼来呜呼去，虽然说的是伦理，其实也是政治，宋代初期，贵族集团被遏制，军事将领被"杯酒释兵权"、通过用文人来限制武人，和重新强调君权，和上面讲到的"尊王攘夷"，其实使这个问题的关注，一方面朝理论化，一方面朝制度化发展。

第三，儒与佛（道）。晚唐五代的宗教问题，到了北宋仍然是知识界格外关注的，外来宗教佛教能不能取代本土思想儒学，

---

[45] 邓小南《祖宗之法：北宋前期政治述略》第二章《走出五代》第一节第二部分"宋初民族色彩的淡出与胡汉语境的消解"，92—102页，生活·读书·新知三联书店，2006。

作为政治、社会与文化的核心与基础,这涉及"华夏"还是"夷狄","正统"还是"僭伪"的事情,所以"回向三代""重振儒学"很重要。更何况,儒家与政治合法性相关,由于皇权还需要"神授",因此,皇家与士绅之间,会有取向的不同。

以上三方面引起的思想挑战,加上当时社会的种种变化,如:(1)印刷术的普及与出版之方便;(2)城乡、区域之间流动性之增强;(3)经济重心的南移和边缘区域的崛起;(4)都市与商业的发展;(5)学校的繁盛等,导致了士大夫人数增多和舆论力量增强。我觉得,这是使思想文化史从"中古"转向"近世"的关键,也才真正引起了后来有关"保守"(祖宗家法)与"激进"(三不足畏)、"分权"(与士大夫共治天下)与"集权"(一道德,同风格,防止异论相搅)、"天理"(道理最大)与"人欲"(世俗生活风气)、"国是"(国家利益和民族大义)与"策略"(面对外夷的现实妥协与策略考虑)等等的思想与文化争论。

第三,值得提出来的若干问题:

作为一部思想文化的历史著作,包弼德的这部著作,相当精彩,也开拓了很多新思路。但是我觉得,关于宋代思想与文化,还有一些可以开拓和变化的地方。

(一)以"文学批评史"为中心讨论"中国思想和文化的转型",它仍然是精英的,甚至是全国性精英的转型,而不是普遍的、社会的、整体的转变,所以它并没有真正离开哲学史或者和哲学史叙事。那些被文学史认为是文学成就不高的人,就没有被纳入讨论的视野中,因为包弼德还是借了传统文学史或批评史的基本选择和基本线索,所以,并没有新的人选。比如作为诗人的梅尧臣、苏舜钦、晏殊(对艺术的影响),作为政治家的赵普(半部《论语》治天下,道理最大等等)、王钦若(真宗朝的信仰问题)、王旦、寇准(促成上层的文化信仰转变)、张咏,以及作为历史家的孙何、范祖禹、刘恕（对于唐代历史的追忆和反省），是否文化和思想上就不重要了呢？

特别是，书中的讨论还是围绕着传统研究视野里面，那些反复出现的士大夫的"文"和"道"。我觉得，"文"和"道"不仅仅不是思想史的全部，甚至还不是文学史的全部，更不是地方精英的主要活动领域。美国学者里面，比如伊佩霞对《朱子家礼》和妇女生活的研究，有很多影响，但是，她的研究对中国文化史和思想史领域的影响却不大。而包弼德的这一研究，（1）忽略了更广大的士大夫知识人群体。正如《袁氏世范》中所说的，南宋的士，身份已经更加多样化了，可以成为进士、教授、代笺简、习点读、童蒙师、医卜星相、农圃商贾（尤其是一般官员胥吏、儒医隐士、地方乡绅）。（2）并没有真正考虑地方、社会、生活的落实因素，尤其是属于民众思想和文化的因素。比如佛教道教尤其是在民间的信仰世界是怎样影响社会并与士绅互相支持或妥协的？初级教育是怎样被地方士绅来进行的？乡约族规之类的东西如何被地方士绅运用来建立新秩序？合法的刑法之外，什么常法在地方上被应用和认可？

其实，包弼德的研究尽管非常出色，但是你也可以看到，《斯文》一书用的文献还是比较集中的，也就是说，大多是较常见和较经典的，可是宋代资料很丰富呀，因为他的脉络和线索比较狭窄，所以，连邵雍《皇极经世》那种意味深长的著作，也没有讨论到呀。因此，研究宋代思想和文化还可以换一些角度和方式。比如我常说的，精英思想的"制度化、常识化、风俗化"，究竟如何在宋代逐渐实现，成为整个社会的文化认同基础，是不是比起"文"与"道"的争论，更可以当作思想文化史的内容？

（二）接着上面的说法，我觉得，文化史和思想史并不仅仅是"文"和"道"的转换。这种文道关系未必可以成为价值观念的全部基础，其实可能还有更多的观念和价值。刚才我讲过，在宋代，比如祖宗家法和制度变化、比如民族和国家的合法性和存亡问题、比如自由和秩序之间的紧张，即"异论相搅"和"定于一"等等，都是大事。所以，仅仅围绕"文"和"道"这一线索来写，就会省略文化和思想的更大面向。包弼德的这部书不太考虑：（1）佛教道教在乡村世俗化和民间化，在城市士大夫化和非宗教化的因素。（2）没有比较多地关注到异族威胁和心理危机的因素。（3）没有论述到晚唐五代以来关于政权合法化的论证。因此，好多问题就被忽略了。

比如第一个，你是否关心过佛教和道教在那个时代的世俗化问题，像寺院和道观的官僚制度化，度牒出售的常态化、道观提举制度、寺观的旅馆性质和公共空间性质、上层士大夫和士绅对于佛教道教的复杂态度、佛教道教宗教意味的淡化和世俗意味的强化（城市中的佛教道教作为市民商业活动和民俗集会活动的组织者）。你怎么理解在普遍的佛教道教宗教性的影响减退以后，士大夫对它们的批判反而声调提高？你怎么理解在官方和士绅双方都极力在意识形态中清除宗教影响的情况下，佛教道教反而在生活世界中找到了很有效的存在空间？不要以为一定是此"消"彼"长"，其实也许是各安其位。

说到对于佛教道教等非汉族儒家正统的异端性的警惕和批判，其实就要说到第二个，你是否考虑中晚唐五代以后的历史以及民族和国家的因素？由于在8世纪中叶天宝年间安史之乱里粟特人和朔方军中的胡人、8世纪后期朱泚叛乱中引入的吐蕃、黄巢之乱中进入的沙陀，以及五代十国的各种异族，他们对汉族文明有很大的威胁。而当时的北方异族政权辽、夏、金以及后来的元，都对汉族政权虎视眈眈，所以捍卫汉族文明、强行扩张和推广汉族文明，对一切异端的神经紧张一样的警惕，是否造成这个时代思想史的主要脉络？否则为什么：（1）宋代初期是《春秋》之学盛，接着才是《礼》学盛?《春秋》的尊王攘夷、捍卫大一统、清理中央和地方政权的等级差异,都是有现实意味的。(2)欧阳修的《新唐书》《新五代史》为什么反复关注这种问题?为什么北宋的唐史研究这样兴盛,有没有人关心过,他们这么热情地讨论唐五代历史是为什么?(3)从石介的《中国论》到欧阳修、章衡、司马光的正统之讨论,究竟背景是什么?像说三分、杨家将故事的流行,为什么会这样?就算是讨论"文",我们也要问一问,为什么唐代诗词里面,可以反战,"可怜无定河边骨,犹是春闺梦里人",也可以主战,"但使龙城飞将在,不教胡马度阴山",而到了宋代一律是要打,"王师北定中原日,家祭无忘告乃翁"。要是说咱们不打了,和谈或者和亲吧,非被臭骂不可。这究竟是什么思想和文化?(4)为何从宋代起会对印刷品出口进行严格管理,对小报之类传播的严格禁止?这里面,为什么知识变得这样具有国界。而我们记得,唐代是很开放的呀。(5)即使是只讨论儒家,是否需要讨论祠堂祭祀和传统家礼,以及家谱族田、乡约家礼的重新建设?恰好程颐是关于祠堂制度的重要人物、苏家和欧阳家是家谱的重要创始者,蓝田吕氏、朱熹和陆九渊是家礼和乡村道德的重要参与者,这种活动在文化史上意味着什么?(6)像火葬还是土葬,是否应当清除杀人祭鬼(有人考证与密宗相关)之类的风习?两性和身体是否应当有隐秘性和私人性?——汉族文明同一性的强力推进,这个从城市到乡村,从中心到边缘、从上层到下层的推进,文化史和思想史不应该成为重心之一?

　　第三个就是政权的合法性。这个时代,它成为需要论证的了,因为不再是贵族政权了,平民或者士大夫进入政权了,可是宋代的皇帝位子是欺负孤儿寡母来的,他本身就是从军人而来的,所以,为什么赵宋是合法的,而且皇帝应该是神圣的和权威的?这也要论证。有时候历史的意义,一方面在民众的认同,一方面在为政治寻找合法性,像各个正史一开头的本纪,要编派一些神话故事,说明皇帝来源神秘而且独特,就是这个原因呀。所以大家如果看北宋,一方面有陈桥兵变的种种故事、有斧声烛影的种种传说;一方面又是祭天封禅的事情,又是祀汾阴的活动,还有宋真宗的天书事件,为什么?和当时的现实和历史有关嘛。宋代这种非官方的渠道比较多,民间修史之风也很盛,各个士大夫又很好奇,爱记载各种异闻,这种政治传说的背后,到底说明了什么?尤其是连官方的实录、国史等等,都反复改来修去,到底这是为什么?文化史和思想史能不能关心这些问题?

小结　文化和思想领域中的唐宋变革的再思考

我要再说一遍,包弼德教授的《斯文》是一部好书,有很多贡献。如果不是这样有影响的好书,我们也不必来这样郑重地讨论。这里,我只是借了他的书,来谈一些我自己对唐宋思想史,以及唐宋变迁史的一些想法。

好了,现在让我们把问题回到唐宋变革来,我们要看一看,在唐宋变革上面,还有没有更广阔的领域?因为所谓变革,不只是政治和经济、学术和思想,而是整个社会的价值、制度、思维、文明等全面的变化。过去的讨论,包括了:(1)政治体制;(2)阶级的构成和权力的分配;(3)社会流动;(4)经济的自由化、商业化;(5)文化传统和价值观念;(6)国际关系等方面的变化。我想,包弼德基本上是承认唐宋变革的,他特别从文化和思想方面,就是第五方面讨论了一个唐宋之间变化的线索,虽然前面我们说还不够,但是他毕竟讨论了一个方面,而且比过去的笼统要清晰多了。

可是我们要问:还有没有值得讨论的问题?比如:第一,唐宋变革,是"革新"(innovation)或只是"翻新"(renovation)?

第二，政治、经济、文化的变革，是步调同一的，还是不同的？抑或是不同中有同一，同一中有不同？是否时段还可以更细一些，空间分得更小一些？第三，还有没有过去讨论很少的变化领域，比如民间的祠赛社会，唐宋有什么不同？墓室壁画的风格，为什么有这么明显的差异？

【建议阅读文献】

包弼德《斯文：唐宋思想的转型》，中文本，刘宁译，江苏人民出版社，2001；英文本，*This Culture of Ours: Intellectual Transitions in T'ang and Sung China*，Stanford University Press, 1992。

【参考文献】

一、内藤湖南的唐宋变革论

资料

内藤湖南《支那论》《概括的唐宋时代观》，后者中文译文参见《日本学者研究中国论著选译》第一册。他的相同观点还可参见《中国近世史》第一章《中国近世史的意义》(《内藤湖南全集》8，东京：弘文馆，1947)。

参见：增渊龙夫《历史学家对同时代历史之考察》、傅佛果（Joshua A. Fogel）《政治与汉学：关于内藤湖南》(*Politics and Sinology: The Case of Naito Konan,* Cambridge, Mass: Council on East Asian Studies Harvard University, 1984)、沟上瑛《内藤湖南》(载江上波夫编《东洋学の系谱》第一册，东京：大修馆书店，1992)、吉川幸次郎编《东洋学の创始者たち》(东京：讲谈社，1996)。

二、欧美日学者对内藤理论的修订及其在思想史和文化史中的解释

资料

刘子健《中国转向内在：两宋之际的文化内向》(*China Turning Inward: Intellectual-Political Changes in the Early Twelfth Century,* Harvard Univesity

Press，1974，中文本，赵冬梅译，柳立言校，江苏人民出版社，2002）。

Robert Hartwell：*Demographic,Political and Social Transformation of China 750-1550*.

包弼德《唐宋转型的反思——以思想的变化为主》，《中国学术》第1卷第3期。

三、唐宋变革的有关讨论和评述

张广达《内藤湖南的唐宋变革说及其影响》，《唐研究》第十一辑，后收入张广达《史家、史学与现代学术——张广达文集之二》，广西师范大学出版社，2008。

邱添生《论唐宋变革期的历史意义》，《台湾师范大学历史学报》7期，1979。

高明士《唐宋间历史变革之时代性质的论战》，《大陆杂志》52卷2期，1976。

张其凡《关于唐宋变革期学说的介绍与思考》，《暨南学报》23卷1期，2001。

李华瑞《20世纪中日唐宋变革观研究述评》，《史学理论研究》2003年4期。

柳立言《何谓唐宋变革？》，《中华文史论丛》新一期，2006。

四、其他

葛兆光《唐宋抑或宋明》，《历史研究》2004年1期。

Paul Jakov Smith：*Introduction:Problematizing the Song-Yuan-Ming Transition*, in Paul Jakov Smith and Richard von Glahn editors：*The Song-Yuan-Ming Transition in Chinese History*,Harvard University Press，2003，pp.1-34.

第二讲　历史学意义上的新思想史

引言　宋代理学史脉络的来源

研究中国思想史或者哲学史的人，通常都会把战国诸子学、两汉经学、魏晋玄学、隋唐佛学、宋代理学、明代心学、清代考据学，当做各个时代思想和哲学的标志性内容。宋代理学的历史也常常是思想史哲学史的重头戏，大家现在看各种思想史啦、哲学史啦，好像宋代思想史的脉络都差不多。从宋初三先生到周敦颐，从周敦颐到邵雍、二程，从二程到朱熹，然后前后有张栻和吕祖谦，左右有陈亮和陆九渊，这个脉络一直是天经地义地在各种书里面被书写。不过，我总觉得，好像我们还是没有特别好地清理过关于它的学术史，套一句时髦的话说，就是对宋代理学史之所以成为这样的历史，好像没有反思，也没有问一问：到底宋代思想世界真的是这样一个真理传续的过程吗？这些思想真的是那么高尚和抽象的哲学吗？他们的思想到底针对的是什么样的问题，又如何成为真正的资源的？理学之外，宋代还有其他的知识、思想和信仰吗？一般民众的常识世界究竟是什么样子，这种常识世界和那些高级思想之间有什么关系，难道他们真的是两条道上跑的车吗？

所以，我们今天讨论的时候，时时刻刻要提醒的问题就是，第一，历史上的这些"系谱"是怎么形成的？第二，今天我们如何"去系谱化"？第三，"重建系谱"需要依赖的是什么样的文献依据和观察视角？这里面有好多好多问题，今天就先说一下宋代思想史的这个叙事脉络是怎样来的。

历史的系统，有时候常常是事后的回忆和追认，当局者迷呀，可能在当时的时候，大家混战一场，谁也不服谁，所以没有盟主，没有领袖。可是后来的人发现，要确立真理的合法性和合理性，你得有伟大的领袖和清楚的系谱，要清理门户书写家谱，才能成为一线单传、秘不示人的秘诀呀。自从韩愈以来，很多人都相信或者愿意相信，确实原来有一个真理传统，这个传统从孔子、孟子以来，几乎要断绝了，现在才重新被发现。像北宋的陈襄就说过这样的话。[1]北宋末年到南宋之间，党争渐渐平息，各人的学生开始光大师门，都要强调自己的学说，于是这个说法又出来了。首先，是胡安国和朱震这些人，先立了一个真理的系统。胡安国说，嘉祐以来，洛阳有邵雍、程颐、程颢，关中有张载，都是了不起的学者，"其道学德行，名于当世"，大家注意了，这里没有司马光，也没有周敦颐，不过，胡安国的意思，大概只是要充分抬高这个讲高调道理的学风，而不太注意追溯学术渊源和讨论政治贡献。[2]因为南宋初年，偏向这一派的赵鼎曾经一度当政，所以，胡安国的建议代表了程门后人的想法，也得到一些呼应。建炎三年（1129）赵鼎上书说，王安石变法，搞得"祖宗之法扫地而生民始病"，建议撤除王安石配享宋神宗的资格，绍兴四年（1134）范冲又上奏，批评王安石变法，弄得天下大乱。当时信任赵鼎的宋高宗还说，"朕最爱元祐"，还说真不知道为什么还有人

---

[1] 陈襄《送章衡秀才序》《儒志编》，见《古灵先生文集》卷十一。
[2] 《二程集》（中华书局，1981）第一册《河南程氏遗书》附胡安国《奏状》，348 页。

会说王安石的好话。[3]而朱震也在绍兴六年（1136）上奏，说"孔子之道传曾子，曾子传子思，子思传孟子，孟子以后无传焉，至于本朝，西洛程颢程颐传其道于千有余岁之后"[4]。可是，这样的说法，就开始书写家谱、划定边界了，在这个真理的家谱里面，被抬出来的是真理正宗，不被列入的，就多少有些出身不纯了。这种说法有一段很流行，其中，特别是程颐被推崇得最高，李心传《建炎以来系年要录》绍兴五年条就说"孔孟之道久矣，自程颐始发明之，而后其道可学"。

　　为什么呢？因为程颐的学生最多也最有出息。老实说，思想史也好，哲学史也好，常常是"师以徒显"的。有好学生就把老师显出来了，一写历史，就把老师写在前面，好像出身名门一样。如果没有二程的话，恐怕周敦颐就被湮没了，可是有了二程，周敦颐就成了特别了不起的大人物了。同样，北宋末年以后，经谢良佐（1050—1103）、游酢（1053—1123）、杨时（1053—1135）、吕大临（约1042—约1090）的阐扬，以及南宋初的杨时、尹焞、朱震、林光朝以及胡安国与胡寅、胡宏父子等人的传播和推介。特别是，谢良佐任职荆南，杨时、罗从彦、李侗（延平）、张九成在东南，胡安国和他的一家胡寅、胡宏、胡宁和侄子胡宪在湖湘，[5]把程颐的学说到处传播，也把程颐抬得越来越高。他们的特点就是大讲深刻的道理，开口就是政治正确的话，而且穿的也是奇装异服，"程学"一时成了时尚。渐渐这种本来是儒林内部师承的偏爱和自负，一旦众口一

---

[3] 李心传《建炎以来系年要录》（中华书局，1988）卷七十九，1289—1290页。
[4] 《道命录》，永乐大典本8164卷，8—9页。
[5] 《宋元学案》卷首《序录》中说，"洛学之入秦也，以三吕，其入楚也，以上蔡司教荆南，其入蜀也，以蔡湜、马涓，其入浙也，以永嘉周刘许鲍数君，而入吴也，以王信伯"，3页。

词、人人都说，就真的好像成了真理系统，就是所谓的"道统"啦。于是，到宋孝宗时代，一些人就开始要写所谓"道"的光荣家谱了。

值得注意的著作有两部。一部是《诸儒鸣道集》[6]，据说这部书成书于大概相当于朱熹的中年，但刻得比较晚一点儿，在端平二年（1234）以前。这部书收入了周敦颐的《通书》、司马光的《迂书》、张载的《正蒙》《经学理窟》和《语录》、二程的《语录》以及谢良佐、刘安世、江民表、杨时、刘子翚（屏山）、张九成等人的文章。大家要注意，表面上选本不起眼，其实选本就好像是范本，也好像是标本，就好比教科书，一旦选进去，就等于承认了它的正宗性质，所以这就构成了一个真理的谱系。另一部是《伊洛渊源录》，这大家都熟悉。这当然是权威说法，大概是朱熹在乾道九年（1173）编的，这个"道统"的想法，大家可以参考朱熹的《中庸章句序》。这里面的谱系是从周敦颐、二程、张载下来，大家注意，有了周敦颐，但去掉了司马光，这是什么意思？我们不能知道，但是它暗示了什么？暗示了义理和事功有一点儿分离了，纯粹和驳杂的也要分清楚了，司马光主要功劳在政治领袖，不是学术创新，他怀疑孟子，不那么纯洁，所以后人说到理学的时候，就不太说他了。接下来，这类说法就多了，像李心传的《道命录》等等。大概在朱熹以后，尤其是在宋理宗全面推崇道学以后，这个后来被叫做"道统"的历史谱系就越来越流行了。所以，元代脱脱他们修《宋史》，就专门在《儒林传》之外，特别立了一个包括四卷《道学传》。

我们应当注意《宋史·道学传》，在历代正史中，这是独创

---

[6] 参看陈来《略论〈诸儒鸣道集〉》，原载《北京大学学报》1986年1期，收入陈来著《中国近世思想史研究》，商务印书馆，2003。

性的体例,也是象征官方的态度和意志的。之所以专门设这个传,一方面当然是意识形态的考虑,表彰这一系统嘛;另一方面也是历史的事实,因为(1)宋代历史上,道学的兴起确实是一大事因缘,不承认这个"新"的儒学风气和士人群体,是不行的。(2)有前面这些谱系在作基础,等于有一个现成的历史在那里。(3)只有这样才能够把旧的和新的、儒学和道学、纯粹的儒家和不纯粹的儒家划出界限来呀。大家看《宋史》的《道学传》[7],你看到没有?首先,是周敦颐被放在开创者的位置,排除了其他人,《通书》和《太极图说》的意义被放得很大。其实,这是没有道理的,邓广铭先生早就说过了这是"师以徒显",老师有好学生,还是很重要的。其次,你注意呀,顺流而下,反过来又由老师确立学生的入选资格,这就建立了门户,先是程门弟子成了大宗和主流,没有张载、邵雍的学生,后是朱熹的门人成了大宗和主流,也没有张栻、吕祖谦等人的学生。再次,是把一些其他人特意放到《儒林传》里面,[8]这样就形成了一个书写出来的家谱啦,所以,"道学"就成了程朱之学。由官方修纂的正史,《儒林传》和

---

[7] 《道学传》共四卷,第一卷先是从周敦颐开始,到二程和张载、邵雍,这是洛阳之学,接着第二卷就是程颐门下的学生,刘绚、谢良佐、游酢、尹焞、杨时、罗从彦、李侗,再下来第三卷就是朱熹、张栻,这是道学的南宋巅峰,接下来第四卷又是朱氏的门人,如黄幹、陈淳、张洽、黄灏、李方子、李燔等等。

[8] 大家注意,另外一些人是在《儒林传》里面,像我们说的宋初三先生(孙复、胡瑗、石介),那是凸显他们"道学"不成熟,邵伯温、杨万里、吕祖谦、陆九龄、陆九渊、陈亮、陈傅良,也在《儒林传》,这是暗示说他们和正宗的道学有思想差异,连朱震、胡安国这些人也在《儒林传》,那是说他们一个重心在《易》学,一个重心在《春秋》,和全面讲理气心性的道学还不同。至于说真德秀、魏了翁也在《儒林传》,那也是因为他们更重要的是在政治和事功,如果政治事功像司马光这样,就连《儒林传》也不入了。这一点,田浩的《朱熹的思维世界》(台北:允晨出版事业公司,1996)的绪论里面也说到了,"这部官修史书为道学界定的范围很狭窄,朱熹在这体系中成为集儒学理论大成的学者,少数的学者如北宋五子被当作他的理论先驱,与朱熹同时的陆九渊被视为陪衬,13世纪的几位后学则因为推动朝廷支持道学而受到赞扬",15页。

《道学传》分别叙述，就把道学的谱系给描得清清楚楚，可是什么是泾渭分明？泾渭分明就是井水不犯河水，描得清清楚楚以后，就有了边界了，历史就给写出来了。

其实，有人对这种历史谱系相当不感兴趣，像清代的钱大昕就批评说：第一，刘子翚、胡宪、刘勉之都是朱熹的老师，但是这里面却没有；第二，吕祖谦、陆九渊都是朱熹的朋友，这里也没有；第三，张栻并不是程门的人，他和吕祖谦都是朱熹的同道，不要吕而把张硬要拉进来，没有道理；第四，朱熹的门人里面，为什么只是列六个，像很重要的蔡元定父子，很杰出，却不在其列，真是很奇怪。〔9〕这些质疑，从历史学家的角度来看，从没有门户和道统观念的人来看，都是对的，但是对于要建立纯而又纯的道统的人来说，就不以为然了，像台湾的蒋复璁先生就反对这个说法，他认为钱大昕是"拘守史例，不通史识"，所谓史识就是有关道统继承的观念。〔10〕

在《宋史道学传》以后，有心讨论这个历史谱系的人就更多了。可以再往下看。接着有元代的吴澄（1249—1333）的《道统图》、明代黎温的《历代道学统宗渊源问对》等等；到了清代，孙奇逢（夏峰，1584—1675）有《理学宗传》二十六卷，康熙五年（1666）刊行，熊赐履（1635—1709）有《学统》五十三卷，康熙二十三年（1684）刊行，张伯行有《道统传》二卷，康熙四十七年（1708）刊行。当然最有名的是黄宗羲、黄百家、全祖望的《宋元学案》和《明儒学案》，这样一个"道统"的历史或者用现在的名词说思想史的谱系就完成了。

---

〔9〕 钱大昕《廿二史考异》卷八十一，载《嘉定钱大昕全集》（江苏古籍出版社，1997）第三册，1506页。
〔10〕 蒋复璁《宋史道学传的意义》，载《国际宋史研究会论文集》，台北，中国文化大学，1990，607—611页。

我要强调的一点是，我们现在的思想史也好，哲学史也好，它们的基本谱系或脉络，其实有三个来源：一是古代的"道统"叙事；二是日本和西方的中国哲学史叙事，特别是日本的；三是后来的马克思主义历史叙事。[11]

"道统"谱系的建立，就是第一层，日本和中国的哲学史思想史都用它来垫底奠基呀。我无法一一给各位举例，只是略提一些例子，在日本比如小柳司气太《宋学概论》（东京哲学书院，1896）、松本文三郎《支那哲学史》（1898）、经过井上哲次郎审定过的远藤隆吉《支那哲学史》（1900—1903），以及后来宇野哲人的《支那哲学史讲话》（1914）、《二程子の哲学》（大同馆，1920）、渡边秀方的《支那哲学史概论》（1924）、秋月胤继的《朱子研究》（1926）等等，[12] 都是这么一个历史系统。[13]

可是，由于日本人加上了一些从西方哲学史来的经验，在书写这个历史系统的时候，又有一些变化。什么变化呢？首先，是把这些"道学"改从"哲学"的立场来进行分析。其次，根据"哲学史"要有来源的惯例，要有冲突和论争的思路，于是在这个道统之外，又要寻找其他"哲学"或"思想"。所以，加上了（1）作为"道学"渊源的一些内容，（2）和"道学"有冲突的对

---

[11] 关于这一点，请参看葛兆光《道统、系谱与历史——中国思想史叙述脉络的形成》，《文史哲》2006年第3期。

[12] 如秋月胤继《朱子研究》就说，"理气之学发源于周濂溪，经二程、张载之推广而发展，二程之学又经程门三高足杨龟山、罗豫章、李延平传承，遂及朱子"，东京：京文社，1926。

[13] 以秋月胤继《朱子研究》（东京：京文社，1926）为例，这是一部很有影响的著作，它的叙述理路，就是：一理气之学从周敦颐、二程、张载、二程门下三高足（杨时、罗从彦、李侗）到朱熹，二象数之学从邵雍到朱熹。而其书中篇第五章关于朱熹思想，就是分为宇宙论（理气说、太极说、阴阳五行、天地说）、鬼神论、心性论（性、命、心、性情、情意）、道德论、修养论，按类叙述的。

立面，比如说范仲淹、王安石、陆九渊、陈亮等等，（3）佛教。再次，是按照西洋哲学的宇宙论、本体论、人生观、伦理说或者是宇宙论、知识论、伦理学的方式重新分解和解说这个谱系里面的人物和思想。

后来的中国哲学史论著，包括通史性的，从谢无量（中华书局，1916）[14]、钟泰（商务印书馆，1929）[15]到冯友兰的《中国哲学史》（清华学校，1930—1933）[16]，也包括专门讨论宋代的，像贾丰臻《宋学》（商务印书馆，1933）、陈钟凡《两宋思想述评》（商务印书馆，1933）[17]、谭丕模《宋元明思想史纲》（上海开明书店，1936），还有各种论文[18]，一直到后来的范寿康[19]、

---

[14] 谢无量《中国哲学史》（中华书局，1916）在写整个中国哲学史的时候，倒是非常坦率地先交代自己的来源，其中，主要就是诸史：《儒林传》《宋史道学传》《伊洛渊源录》《宋元学案》《明儒学案》等。

[15] 钟泰《中国哲学史》（商务印书馆，1929）卷下第三编，以周敦颐开始，下接邵雍、张载、程颢、程颐（王安石）、朱熹、张栻（吕祖谦、陆九渊、叶适），他接受了《伊洛渊源录》《宋史道学传》的基本线索，也参考了《宋元学案》以宋初三先生开端的说法，还参考了日本人的意见。

[16] 冯友兰《中国哲学史》（中华书局重印本）下册第十一章到第十四章就分别是：十一章，周濂溪，邵康节；十二章，张载，二程；十三章，朱子；十四章，陆象山及王阳明及明代心学。

[17] 其中，贾丰臻的书在一开始讨论"宋学勃兴的原因"时，提到各种背景，其中有"夷狄入寇的关系"和"朋党的关系"两条值得注意。陈钟凡的书在讨论"两宋学术复兴之原因"时，则更多了一条"西教之东渐"，认为隋唐以来景教、祆教、摩尼教、天方教之传来，"关于两宋学者实非浅鲜"，并断定张载、邵雍的学说都受到影响，不知有什么根据（8—11页）。

[18] 比如李家瑞《宋代思想的起源》（《齐大季刊》1934年4期）、沈忱农《宋代道学与政争》（《文化建设》3卷2期，1936）、李达《宋元明思想史纲序》（《北平晨报》1936年9月16日学园）、陈子展《宋学之先驱》（《复旦学报》1944年1期）、许毓峰《论宋学产生之背景》（《中央周刊》9卷7期，1947）等等。

[19] 范寿康《中国哲学史通论》（开明书店，1937）按照《宋元学案》中全祖望的说法开始，以宋初三先生开头，下讲范仲淹、欧阳修，但是主干仍然是周、邵、张、二程、程门弟子、朱、陆等等。

侯外庐[20]、任继愈[21]等等，大体上都是这个路数。只是要注意，在分析和论述的时候，后面这几种又再加上了马克思主义思想史的写法，就是加上了"两个对子"，一个是把哲学分析简单化到唯物与唯心，一个是把思想家归类放在不同阶级阵营里，看他们所属的阶级是先进还是落后，进步还是反动，尽可能找到一一对应的两条路线斗争。[22]这我们就不说了。[23]

这样，关于宋代哲学史或者思想史的基本叙事脉络就被奠定下来：（1）这个光荣的谱系，如果要追溯祖先，那么，不是远祧孟子，就是近传韩愈和李翱，他们是孔子、孟子到韩、李这一系统纯正的、正宗的道统的继承人。（2）宋代哲学史或者思想史主要就是道学或者理学为主干的历史，所以，周、邵、张、二程、朱、张、吕、陆是一个主要的脉络。（3）他们讨论的中心话题是"心性理气"之类。

可是，回到我们开头的问题。需要问一问，（1）到底古代中国真的有这样一个真理传续的统绪吗？（2）他们这些思想真的就

---

[20] 侯外庐《中国思想通史》（人民出版社，1959）第四卷第八章以下，有李觏、王安石，唯心主义道学（司马光、邵雍、周敦颐）、二元论（关学与张载）、洛学蜀学（二程与苏氏）、朱熹、陆九渊、陈亮、叶适、黄震与邓牧。与其他书略有不同的是，它突出地寻找了二元对立的脉络，为凸现唯物与进步的这条线索，他较多地描述了道学之外的人物，也因为要涉及思想的社会史背景，较多地讨论了一些与思想史相关的政治人物。

[21] 任继愈《中国哲学史》（人民出版社，1966）第三册，与侯外庐的脉络比较接近，由李觏与王安石对周敦颐、邵雍、司马光，由张载对二程，由朱熹对陆九渊和陈亮、叶适、黄震和邓牧殿后。

[22] 邓广铭先生的遗作《论宋学的博大精深》就指出宋代思想史，除了《道学传》中的人物外，还应有《儒林传》的人物，除了这些人物外，还要有《文苑》《隐逸》甚至更多的人物，他举出从寇准、杨亿以下二十七人为例，认为这些都是"儒"，应当是思想文化史中的内容，但是，过去的哲学史或思想史，仍然以"道统"中的人物为中心。见《新宋学》第二辑，6页，上海辞书出版社，2003。

[23] 新近修订再版的北大哲学系《中国哲学史》（北京大学出版社，2003）和冯达文、郭齐勇主编《新编中国哲学史》（人民出版社，2004）基本上还是这个线索。

是好像单纯地谈心性理气的抽象哲学吗？（3）他们的思想到底针对的是什么样的问题，他们的思想如何成为一般民众生活世界的准则和习惯的呢？（4）理学或者心学之外，宋代其他的知识、思想和信仰是怎样的，它们有影响力吗？过去的思想史或者哲学史常常不讨论这些看起来好像形而下的问题，但是这样的思想史或者哲学史会不会是纸上谈兵或者屠龙之术，和实际历史无关？今天，我们要用余英时先生的著作《朱熹的历史世界》为例，来讨论这样一些问题：

1. 思想史应该是在哲学基础上建立一个前后相续的、抽象出来的"谱系"，还是在历史基础上叙述一个有政治、社会和文化具体背景的"过程"？

2. 思想史应该是仅仅围绕着少数精英和经典建设哲学史的叙事，还是应该要描述那些针对常识世界和生活世界起作用的思想历史？

3. 是遵从和将就那个来自西洋哲学的概念工具"哲学"来"脉络化"宋代思想，还是应该根据历史和文献"去脉络化"，重新写一个宋代思想史？

一 余英时《朱熹的历史世界》的内容介绍

余英时先生此书，原来是 2003 年在台北的允晨出版公司出版的，2004 年大陆的三联书店也出版了简体字本。这部书还没有出版，网络上就有一些段落，尤其是《绪说》部分在流传，这部分也在台湾的《当代》上连载。书刚刚出版，就引起了一连串的讨论。那年秋冬，我正好在台湾大学教书，看到书才出版，在两岸三地就有这么些分量很重的评论，我的感觉是，在学术社群越来越缺少共同话题，研究取向逐渐多元化的时代，应该说，能够成为汉语学界共同关注焦点的书并不太多。这部书能有这么多反响，激起这么多的争论，真是了不得。[24]

余先生这部书的大概内容是什么呢？我下面试着归纳一下。

余先生首先从宋代士大夫"回向三代"的政治理想开始。我们知道，古代中国政治和文化的一个特点就是"以复古为革新"，因为古代总是合理性和合法性的来源，古代圣王的政治和道德是不需要论证的，所以回向三代其实就是不认同当下政治和文化，试图借了古人，尤其是所谓三代来劝诱帝王的政治改革，约束帝王的个人权力，这无论是王安石，还是程颐，都一样，换句话说，就是出现了用"道统"来制约"政统"，用"三代"来批判"现代"的取向（第一章）。

为什么会有这样的可能性和热情呢？这是因为宋代士大夫地位的提升，大家都知道，宋代一开始，在唐代历史的背景下，皇帝有释兵权、削藩镇，偃武修文，尊崇士大夫，建立了"不杀大臣及言事官"的规矩。这就给了士大夫议论政治的空间，政治理想就在这样的条件下形成了，就是说，在知识分子地位上升的情况下，"道统"有了"士"的支持，"士"又有了"道统"作武器，

---

[24] 中文学术界有以下重要的评论：黄进兴《以序为书》(《读书》2003年9期)、刘述先《评余英时〈朱熹的历史世界〉》（载《九州学林》第二辑，2003年冬季号，香港城市大学，2003；余英时的回应《抽离、回转与内圣外王》，载《九州学林》第三辑，2004年春季号，刘述先的回应《对余英时教授的回应》，余英时的再回应《试说儒家的整体规划》，均载《九州学林》第四辑，2004年夏季号）、陈来《从思想世界到历史世界》(《二十一世纪》2003年10月号、杨儒宾《如果再回转一次哥白尼回转》(《当代》2003年11月号，余英时的回应《我摧毁了朱熹的价值世界吗》(《当代》2004年1期），杨儒宾的再回应《我们需要更多典范的转移》(《当代》2004年2期）；葛兆光《拆了门槛便无内无外：在政治、思想与社会史之间》(《当代》2004年2月号）；金春峰《内圣外王的一体两面》，载《九州学林》第六辑，2004年冬季号。英文的则有包弼德《对余英时宋代道学研究方法的一点反思》，程钢译，《世界哲学》2004年4期；田浩《评余英时的〈朱熹的历史世界〉》，程钢译，《世界哲学》2004年4期；又，王汎森的书评《历史方法与历史想象：余英时的〈朱熹的历史世界〉》对书的介绍比较全面，可以参看，载《中国学术》2004年2期（总十八辑），商务印书馆。

好像真理在握,就有参政议政的风气和热情了(第二章)。因此这个时候的政治舞台上,出现了"与士大夫治天下"的呼声。一方面是"士"以天下为己任,一方面是大家认为社会分成三个阶层,君主、民众以及君与民之间的士大夫。文彦博的一段话很有代表性,文彦博说,皇帝你是"为与士大夫治天下,非与百姓治天下也"。这样,王安石也好,司马光也好,都是代表了士大夫,想厮伙在皇帝那儿治理天下的。从政治史上来说,这就是士大夫政治主体意识的呈现,所谓"共定国是"和"同治天下",这就是唐宋两代很不一样的地方(第三章)。

可是,士大夫想参政议政,遇到的问题恰恰就是赋予他们政治权力的来源——皇帝。在君权和相权、政统和道统、现实和理想之间,其实还是有困难的。所以,尽管士大夫地位也提高了,政治空气也宽松了,但是一旦要把政治理想落实到生活世界,你还是离不开皇帝,所以必须"得君行道"。王安石呢?就是得到君主支持的人,不过余英时也指出,王安石和宋神宗的争论,体现了宋代新的君相关系,但是毕竟权力的基础和来源还是皇帝,所以这种得君行道又有很大的危机,元丰改制就体现了宋神宗试图削弱渐渐庞大的相权的意图。也就是说,"士大夫"的地位上升,在特定的情况下,如果"君臣相遇",才可以形成真正的"共治"局面,并且通过全面的权力确立什么是正确的政治(第四章)。

其实,所谓皇帝和士大夫"共治天下"本身有两面。一面是君臣相得,一块儿来治理政治,建立秩序,这当然没有问题;一面是君臣不和,互相扯皮,彼此倾轧。在宋史研究上,君权和相权是大家讨论的老话题,在君权和相权互相制约的情况下,常常需要形成双方都认可的"共识",在宋代就叫"国是",这是宋代特别的地方,也是宋史里面的一个关键词。这个"国是"是需要君臣双方认可的,这是宋代士大夫地位提升才有的现象,否则皇帝的意思就是圣旨，圣旨就是"绝对真理"，这就不必讨论也不会成为话题了。可是，什么是"国是"呢？皇帝、士大夫、士大夫内部都可能有不同看法，所以围绕着"国是"就有了什么党争、党禁、派系、伪学等等，形成一次又一次的政治风波。而且，在对所谓"国是"的争论里面，就有了所谓"正论"和"异论"，拿到权力的人相信自己是正确的"正论"，就会把别人的意见当做"异论"。你们看，王安石当时就对宋神宗说过，不能让"异论相搅"，就是说要压制其他的观点，也不能让"异论宗主"上台，这就是指的洛阳的那些退休和赋闲在家的老干部，他们的宗主即领袖就是司马光（第五章）。

  我们知道，当宋代的士大夫和精英集团开始有了政治和言论空间以后，他们的全部目标和理想，就是回向三代，重建社会、政治和生活秩序。在宋代历史上，我们可以看到经历中晚唐和五代十国的动乱，对士大夫有多么深刻的刺激。第一是传统的崩溃和文化的贬值，唐代以来下层翻身，平民上升，连倡优都可以进入政治，无耻已经成为手段，传统的礼义廉耻都崩溃了，道德和伦理很糟糕了。第二是各种异族入主中原，即使是宋代一统，也还有辽和夏的存在，这对汉族文明形成威胁。第三是佛教道教，以及各种异端的思想，把原来同一的思想基础和文明观念搞得一团糟了，所以这也是心理危机。大家看孙复、胡瑗和石介的著作中，在《春秋》的"尊王攘夷"下，有多少文明的焦虑？北宋人为什么要争论"正统"的问题？欧阳修的唐史和五代史，干吗动不动就"呜呼"，感慨万千呢？

  所以你看，当我们把宋代道学放在这样的背景里面去看，就有一些不同了，余英时的论证理路，就是（1）士大夫政治地位提高，必然参与政治议论政治。（2）形成皇帝与士大夫共治，造成唐宋不同的政治局面。（3）士大夫以"三代"为借口，以"国是"

为中心,掌握"正论",形成以"道统"钳制"政统"的态势,有了自己的话语和权力。(4)但毕竟在古代中国,皇帝是合法性的来源,所以士大夫无论是王安石还是司马光,都希望"得君行道",又要防止"异论相搅"。(5)因为有了"正论"和"异论"的分别,所以引起士大夫内部的分化和斗争,过去的同一性瓦解了,于是,就有了宋代一系列的知识界的分化史,比如北宋和南宋的各种党争和党禁。

大家注意,这样的历史梳理和重写,就和过去所有的道学史不同了。首先,它瓦解和淡化了在纯粹抽象的基础上谈论心性理气,在政治史中讨论理学和反理学冲突的原因;其次,它也取消了王安石"荆公新学"和二程道学之间在学风上的壁垒,把问题集中在政治文化的领域,透视学术背后的政治,思想后面的动机;最后,它也为下面论证确实有王安石到朱熹这一政治史视野下的脉络,提供了基础。通常,在过去的理学史上,王安石和朱熹是两条道上跑的车,互不交集,可是在这样的基础上,他们连起来了,为什么?因为他们(1)都想"得君行道",(2)都想确立"国是",(3)都坚持自己的"正论",而想排除"异论"。

大家看,这就为下册讨论正题,就是为探讨南宋朱熹思想的背景,讨论孝宗、光宗、宁宗即淳熙、绍熙、庆元时代形成的"道学"群体,和后来发生的"党禁",提供了历史基础。我想,这和过去的哲学史思想史的写法都不一样了,这就是一个新的典范呀。

我总觉得,一个最有价值的学术典范,就是发掘新资料,开拓新领域,提供新典范,余先生的这部书的意义就在这里。

二 如何理解"遗失的环节":朱熹入朝与孝宗晚年部署

好了,现在进入下册,来讨论余先生所说的南宋思想史和政治史上"遗失的环节"。

这一部分本来应当是整个论述的中心，也是余英时先生相当自豪的发现，也是真正说到朱熹的部分了。不过，从一个学术典范的意义上说，我觉得具体论述尽管相当精彩，但是更重要的还是整个思路和方法的提出，所以，我们这里只是简单地对内容作概括。

按照余英时的说法，（1）当太上皇宋高宗在1187年去世后，宋孝宗为了变革，在淳熙十五年（1188）罢免了王淮，任用了三个"道学型士大夫"，就是周必大、留正、赵汝愚，目的是为了"恢复"孝宗的这一部署，是过去遗失的环节；（2）这一部署，却使"道学型士大夫"和"官僚型士大夫"的矛盾浮出水面，而朱熹就是在这个关键时刻，接受了兵部郎官的任命，在其一生中第一次入朝奏事，并和宋孝宗进行了面对面的激烈的交谈，这次廷对和奏事很重要。而在这次接受任命和入朝的经过中，朱熹的事迹相当值得考索，因为这反映了这个时候复杂的政治局面和朱熹的内心世界，也体现了道学型士大夫和官僚型士大夫的激烈冲突。（3）孝宗在完成政治布局以后，一年多即退位（1189），但是光宗即位后，由于李皇后的"嫉妒"性格和"将种"出身产生的影响，光宗在孝宗的压力下，出现反叛和精神失常。可是，道学型士大夫多次依据"道理"来批评光宗不朝重华宫，激起了光宗和李后的反弹（李皇后对陈傅良拉光宗衣裾的斥责是"你秀才们要斫了驴头"），本身就有的周必大集团和王淮集团的冲突，这时变成派系，渐渐道学型士大夫被看做是一个"党"。（4）因此，"道学"在皇帝和对立的官僚型士大夫的合力下，逐渐称了"朋党"，这就为庆元党禁埋下了伏笔。

这个历史描述是否对呢？大体上没有问题。我们先来看一个时间表——

宋孝宗淳熙年间：朱熹和唐仲友争执而均罢，王淮偏袒唐仲友。

淳熙九年（1182）九月，王淮为左相，梁克家为右相。

淳熙十年（1183），以施师点签书枢密院事，随即权知参知政事。[25]

淳熙十一年（1184）六月，以周必大为枢密使。

淳熙十二年（1185）四月，谍报辽国大石林牙借夏之道伐金国，诏吴挺和留正商议。[26]

淳熙十三年（1186）闰七月，以留正签书枢密院事。十一月，梁克家罢。

淳熙十四年（1187）二月，以周必大为右相（接替梁克家），以施师点为知枢密院事。七月，周必大和杨万里推荐朱熹为江西提点刑狱公事。[27]十月八日，太上皇即宋高宗薨。孝宗开始部署。[28]

淳熙十五年（1188）：

正月，周必大极力推荐朱熹，让他入朝言事。

三月十八日朱熹启程，有诗"书册埋头无了日，不如抛却去寻春"，陆九渊大赞。[29]

三月三十日到信州，四月一日上札因病辞。四月四日到玉山，再上书札辞。并在玉山逗留四十余天。

---

[25] 施师点传见《宋史》卷三八五，他曾经出使金国，他与周必大合作，与孝宗密议，终于排斥了王淮，但是他自己并不是道学型士大夫。
[26] 这件事情非常重要，也许是刺激孝宗恢复之心的一个契机。
[27] 朱熹《答黄直卿书》三十七及《答曹靖叔书》中，都流露出对这次任命有所疑虑，一方面说"尽出圣命"，一方面又说"当路不悦者众"，并说"此恐未必为福"。原因是否因为高宗未死，而王淮尚用事？
[28] 看来很多人都有预感朱熹会出山，所以淳熙十四年十二月，陈亮、辛弃疾都曾约朱熹到鹅湖去，但朱熹却没有去。
[29] 通常把陆九渊的称赞解释为"悟心之喜"，恐怕都是朝着哲理方向去想，没有朝着政治方向去考虑，余英时指出，其实朱陆在政治上倒是同盟。

五月，沈清臣上言批评朝廷用宰相标准混乱，[30]又用薛叔似言罢王淮。[31]五月下旬，朱熹到临安，并与陈亮见面，陈亮上恢复之建议书。

六月一日，林栗求见谈话不合。七日，孝宗召朱熹于延和殿，有激烈讨论。即任命朱熹为兵部郎官，以病辞，要求回到江西为江西提点刑狱公事。九日林栗上书攻击朱熹，一是说他"慢命"，二是以"道学"名目；稍后，薛叔似、叶适、胡晋臣等先后反驳林栗对"道学"之抹黑，"为道学之目，妄废正人"。

七月，林栗被迫出知泉州。

淳熙十六年（1189）：

正月，以周必大为左相，留正为右相，[32]萧燧为权知枢密院事，王蔺为参知政事，葛邲为同知枢密院事（但是数日后他即去职）。[33]——这是孝宗的晚年战略部署吗？

二月，孝宗退位，内禅给皇太子，即光宗。

---

[30]《宋史全文》卷二十七下（1952页）记载王淮罢相条下，引敕令所删定官沈清臣上言，批评朝廷任用宰相，一会儿用老臣，一会儿用宗藩，一会儿用文学之人，一会儿用名流，甚至用了误国的人。至于什么是误国的人？他指出一是私主和议，把土地弃之夷虏；二是乱调骑兵，移到金陵；三是汲引狂诞浮薄之人；四是擅开佞幸权嬖之门以培植自己的力量，这种人"国存变故，略无建树"。

[31] 薛叔似很重要，他"雅慕朱熹，穷道德性命之学"。《宋史》卷三九七（12092页）记载，宋孝宗曾经对他叹息"朕在宫中如一僧"，而薛则安慰他"陛下即位二十余年，国势未张，未免牵于苟安无事之说"。这说明，第一，孝宗相当信任他；第二，他对于孝宗希望恢复的心情很理解和支持。这是他能够促使王淮罢相的原因。

[32] 留正传见《宋史》卷三九一，他本身是主战者，在任吏部尚书时，曾讽宰相要择人帮助陛下完成恢复大业，使宰相很不高兴。周必大传见《宋史》卷三九一，他也是主战的人，他与理学家如吕祖谦、朱熹等很好，但是周必大和留正不和，一个叫何澹的人就很恨周而偏向留。而留正既和周必大不和，也和另一个姜特立不和，倒与赵汝愚较好，赵也是道学型士大夫，和一批道学家如朱熹等甚交好。传见《宋史》卷三九二。

[33] 葛氏较现实，有经济才能，"专守祖宗法度"，光宗朝为参知政事、左相。传见《宋史》卷三八五。

第二讲　历史学意义上的新思想史

闰五月，沈清臣罢官，周必大也罢官。[34]

宋光宗绍熙元年（1190）：

七月，光宗以留正为左相，葛邲为参知政事，胡晋臣为签书枢密院事，王蔺为枢密院使。

刘光祖上疏，批评攻击道学的官僚，[35]被罢官。[36]

陆九渊给朱熹写信说"新天子即位，海内瞩目，然罢行升黜，率人情之所未谕者，群小骈肩而骋"[37]。

[绍熙的五年间，太上皇（背后有一些道学型士大夫）与光宗皇帝（背后有李皇后与官僚型士大夫）冲突不断，朱熹始终不在朝廷中。]

绍熙五年（1194）六月，光宗死，皇子嘉王即位为宁宗。

黄裳和彭龟年极力推荐下，本月即召朱熹，八月又召朱熹为焕章待制、侍讲。[38]

九月，朱熹入京途中到信州，听说内批逐去首相留正。[39]

十月，朱熹入朝给宁宗讲《大学》。

十一月，朱熹罢，接着，陈傅良、彭龟年、刘光祖均罢给事中及中书舍人。[40]

---

[34]《宋史全文》卷二十七下，1952页。

[35] 刘光祖的上疏中说，"是非不明，则邪正互攻，公论不立，则私情交起……因恶道学，乃生朋党，因恶朋党，乃罪忠谏"。

[36] 不过，虽然何澹和姜特立、谯熙等勾结，罢免刘光祖，但是当时亲近道学的留正、赵汝愚和叶适、黄裳、陈傅良等仍在位。

[37] 留正等与朱熹等并不很和谐，所以陆九渊如此说，见《陆九渊集》卷二《与朱元晦三》。

[38] 最初，宁宗可能对朱熹也有兴趣，《续编两朝纲目备要》卷三说，"上在藩邸，闻熹名德，每恨不得为本宫讲官，至是首加召用"。

[39] 朱熹虽然与留正未见得很和谐，但是对这种情况仍然甚忧虑，到浙江亭（六合塔）和永嘉陈傅良等人聚会时，陈傅良等欲谈论政治设想，但朱熹却说"彼方为几，我方为肉，何暇议及此哉？"《两朝纲目备要》卷三（40页）说，"是时近习用事，御笔指挥皆有所渐，故（朱）熹忧之"。但是余英时认为，尽管如此，朱熹还是怀有希望的，所以才会入朝四十天。

[40]《续编两朝纲目备要》（中华书局，1995）卷三，39—45页。

从这里面，我们应当注意的是什么呢？

第一，如果宋孝宗真的有所谓晚年的部署，那么这个晚年部署究竟是什么呢？我想最大的可能性就是关于"恢复"，也就是收复北方失地。一般来说，凡是道学型的士大夫，往往都是理想主义者和激进主义者，而官僚型的士大夫却相对比较现实主义和保守主义。孝宗当皇帝二十多年，一直耿耿于怀的事情，就是一事无成，抱残守缺，这是他的心病，后来朱熹一讲这个，他就有些不高兴了。当时，大约到了淳熙十三年前后，南宋国库已经储备了金80万两，银186万两，另外依靠粮食籴粜，度牒买卖，又准备了五六百万缗钱，在户部管不到的"左藏封桩库"。这就是战略储备，所以到了这个时候，"恢复"很有希望，所以它就是"国是"，就是一般士大夫的共识，也是荣辱所在。所以，孝宗特别介意的，当然就是没有恢复。

第二，可是他是有意扶植道学吗？按照余先生的说法，淳熙十年（1183）前后，不仅有了"伪学"之禁，连地方官也不敢推举道学之士，理学型和官僚型的两个士大夫集团的冲突开始显现出来。然而，到淳熙十五年（1188）前后，周必大取代王淮得到孝宗支持，"理学家作为一个群体很快便和他（周必大）结成了政治联盟，这是南宋政治史上一大转捩点"。

第三，特别奇怪的是，既然孝宗这么处心积虑地要部署和安排，为什么又马上退位让有精神问题的光宗即位呢？过去的解释，也有人说是"孝宗以一个六十多岁的老人，不愿向一位二十多岁的青年（指新即位的金章宗）称叔，乃于同年二月二日举行内禅，传位给其子光宗"[41]，但是这个理由足够吗？余先生没有特别

---

[41] 王德毅《宋孝宗及其时代》，《宋史研究集》第十辑，291页，台北，宋史研究会，1978。

去讨论，只是说，"（孝宗的）设计是通过人事的更换，为新皇帝建立一个以理学型士大夫为主体的执政集团，来逐步实现他的构想，……孝宗和理学家群事实上是在计划改变'国是'"。

第四，应该说，宋孝宗为了"恢复"与"理学"接近，并且改变"国是"的这一晚年部署，以及由此而引起的后来朝廷一系列的政治冲突，客观上确实引起了道学型士大夫和官僚型士大夫之间分野的渐渐清晰，也为以后的"庆元党禁"埋下了伏笔。我想，在讨论"庆元党禁"的历史背景上，余英时先生的这一历史叙述，应当是最有说服力的。

三 《朱熹的历史世界》的典范性意义

不管怎么样，余英时先生的这一著作，至少有三点给我们提供了新的思路、新的方法、新的角度——换句话说，就是提供了新的典范。

首先，它改变了宋代政治史、文化史和思想史在北宋和南宋之间分期的定论。大家知道，在思想史上，把北宋和南宋区分开，是刘子健先生等人的思路[42]，国际学术界一般也总是认为，北宋在历史上应当和唐五代相关度比较高一些，而南宋则和明代相关度比较高一些。刘子健先生的著作《中国转向内在》和日本学者的"唐宋变革论"其实很配合，"贵族社会转向平民社会""中央权力的加强"和"地方精英的力量上升"，好像都可以在这个时候区分出一个界限来，按照刘子健先生的说法，正是在那个政治背景下，"在悲哀和困惑中，许多知识分子不可自抑地转向内省和回顾……

---

[42] 刘子健《中国转向内在：两宋之际的文化内向》（赵冬梅译，柳立言校，江苏人民出版社，2002，原名：*China Turning Inward: Intellectual-Political Changes in the Early Twelfth Century*, Harvard Univesity Press，1974），集中讨论北宋、南宋之际，由洛阳形成的道学一系，在南宋初短暂兴盛之后遭受的挫折。

内省让他们将更多的注意力倾注在自我修养上,而较少关注国家大事,回顾则让他们相信儒家理论根源当中存在一定的缺陷,而这些缺陷应当通过强调儒家更好的方面来加以弥补。这些好的方面是作为基础的形而上学、学以致知以及非精英主义的公众教育"(《中国转向内在》118页)。从思想文化方面看,确实有些道理。可是,余英时却从"得君行道""共治天下""正论异论""重定国是"等方面,重新在北宋和南宋之间建立起来一个连续性的脉络,说明在表面的变化下面,有不变的地方,就是士大夫在当时的政治关怀和对秩序重建的理想。

其次,对于一直很沉闷的宋代研究界来说,这部书很重大的意义就是把研究脉络从理学为中心的哲学史转向与政治和社会结合的思想史。尽管余先生总是说这部著作讨论的是"政治文化",其实在我看来就是重写思想史,也许,我的思想史理念比较宽泛。这部书特别突出也是引起很多争论的,就是它明确地改变"道统叙事"或者"哲学史叙事",余先生在上篇《绪说》的最后一节中说,以往关于宋代理学有两个基本的论点,第一,在"道统大叙事"中,论者假定理学家的主要旨趣在"上接孔、孟不传之学"。第二,现代哲学史家则假定理学家所讨论的,相当于西方形而上学或宇宙论的问题,根据这个预设写哲学史。他说,"这两种研究方式各有所见,但却具有一个共同之点,即将理学从宋代的历史脉络中抽离了出来"。在下篇的《绪说》里面又重复说,哲学史或思想史造成了一个相当普遍的做法,就是把理学与理学家与当时实际政治的关系看得好像若有若无。因为他们总是在找理学家所讲的"内圣之学",现代哲学史家处理的主要也是哲学问题。所以,在一般宋代哲学史或思想史的论著中,完全看不到理学家的政治活动。

这其实可能是余先生一直在思考的问题,美国过去的宋代思想研究界，比如老一辈的陈荣捷和狄百瑞，大体上都是以新儒学为中心、对儒学有太多认同，以哲学史的传统方式来研究宋代思想的。可是，随着研究风气的变化，人们渐渐发现了这种研究的问题，所以后来的研究都不太一样了，思想的地域、政治、教育、传播、社会背景越来越被重视，余先生就是从历史角度改变研究风气的人物。记得若干年前，余先生曾经在《明研究》（*Ming Studies*）写了很长的书评，评论钱新祖先生的著作《焦竑与晚明新儒学的重构》（*Chiao Hung and the Restructuring of Neo-Confucianism in the Ming*），里面就批评钱新祖的问题就是把焦竑的思想当做体验的对象去玄想，把焦竑当做抽象的"人"而非历史的"人"[43]。所以，我觉得余英时先生的意图之一，就是改变过去只在心性理气上讨论宋代思想，把程到朱的真理谱系建立在抽象的脉络上的"新传统"做法，另外从政治史的角度和复杂的历史背景上，建立了一个从王安石到朱熹的脉络。也许，我们不一定完全认同这个新的历史脉络，但是，意义在于它"去脉络化"，给我们解开了以前的"辫子"，重新让历史回到披头散发的原来样子，这就给后人提供了重新认识和解释历史的空间。

再次，把观察宋代思想的视野从单纯的思想世界扩展到广阔的历史世界。"从思想世界到历史世界"是陈来为这部书写的书评题目，这个概括很好，因为思想史常常面临的一个问题就是这个学科是思想还是历史的问题，过去的哲学史和思想史，常常有思想而没有历史，换句话说，就是怎么看怎么像"六经注我"而不是"我注六经"。一些先在的概念工具和抽象的分析方式，把这些哲学史或思想史变得很没有"历史感"。所以，余先生说，宋代

---

[43] 余英时《重访焦竑的思想世界》，英文版见 *Ming Studies*, No: 25, Spring, 1988; pp. 24—66，此文现在已经译成中文，收入何俊编，余英时著《人文与理性的中国》（余英时英文论著汉译集），68—102页，上海古籍出版社，2007。

道学家试图重建秩序，才是"第一序"，而上接真理源头阐明内圣之学，却只是"第二序"。这一说法，也许很得罪人，尤其很得罪那些新儒家，但是我们应当承认，（1）那个时候，道学家的目的，确实不仅仅是在论心性理气上，每个时代，所有学者，总不是只停留在空头理论上，总是希望改变世界的。（2）哲学史或者思想史如果转到这个政治文化或者社会生活的领域里面来写，就会丰满得多、具体得多，也更加切近当时人的"所思所想"。（3）如果这样一来，思想史就要更多的历史资料了，而更多的历史资料的引用，就意味着叙述的复杂、具体，就有"故事"和"过程"了。所以，余英时先生的做法很有价值，因为这样使得思想史领域拓展得很宽广了。

因此我说，余英时这部书的典范意义，就是重新确立了思想史的历史学意味。（1）它要求我们在大量的文献资料里面，重建历史语境，寻找和推测古人"可能的动机"，从而确定他对"环境的反应"，以及为什么是这样而不是那样反应，这里的"思想"不仅包括理智的，也包括感受的。（2）再确定这种理智的和感受的反应，如何被后来的解释所"升华"，也就是如何被简约化和理论化为某种"思想"或"哲学"的，因此就可以看出这些表面上看来很抽象的理论背后有很具体的背景。（3）最后我们还要看一看，这些"思想"是怎么样被放在某种"道统"或"谱系"里面，脉络化为一种所谓"历史"的。这样的思想史，就可能和以前的不一样。

我用一个很有趣的例子来说明这一点。朱熹有一首诗《出山道中口占》说，"川原红绿一时新，暮雨朝晴更可人。书册埋头无了日，不如抛却去寻春"。这首诗是什么意思？为什么陆九渊看了之后大喜说，"元晦至此有觉矣，是可喜也"？过去，如果把它放在哲学史和思想史脉络里面解释，好像还是在表现某种思想和哲理上的选择，是"道问学"或是"尊德性"之间的冲突。可是，如果你知道这首诗是1188年,也就是淳熙十五年三月十五日朱熹要启程入都时写的,当我们把它放在这个政治背景中,知道朱、陆都是士大夫政治意味上的盟友,你怎样重新理解这里"出山"的意思呢?

四 对《朱熹的历史世界》具体论述的一些讨论

当然,对于余英时先生这部书中的几个具体问题,我现在还有一些怀疑,这里提出来和大家一起讨论。

其中,最关键也是有怀疑的,就是前面我说的,宋孝宗晚年的设想和处置,真的是因为改革和恢复,注意到了道学型士大夫了吗?这里很值得讨论的是,(1)宋孝宗曾经批评科举不实用,曾经写过论三教分别治世、治心、治身的文章,特别不喜欢"正心诚意"的说法,他会对道学有那么深的好感吗?(2)在淳熙年间,是不是道学型士大夫都支持改革和恢复,而官僚型士大夫都不赞成?双方有这么清楚的观念分别和自觉的立场对立吗?(3)周必大、留正、赵汝愚是不是都政治上正确,而王淮等人都不正确,如果是这样,为什么朱熹还要说"寿皇最后所用宰执多是庸人"呢?〔44〕(4)道学家内部真的很一致吗?林栗攻击朱熹,是否受到留正的指使,如果是,那么,道学型士大夫群体的内部,是否就不那么一致,而它与官僚型士大夫的对立也不那么清晰了?

这里面似乎有太复杂的问题,过于清晰地把当时的政治看成两条路线斗争,好像有些简单化了。下面,是我觉得应当考虑的三个因素。

第一,要注意理想化的士大夫(特别是道学家)的政治设计,和必须考虑现实利害的皇帝的政治策略,是有不同的。

大家可以看朱熹和宋孝宗在淳熙十五年(1188)六月七日的

---

〔44〕《朱子语类》卷一二七。

对话。当时，朱熹批评的六条都是很尖锐的，[45]表达的正是道学家所谓"大更改"之心。朱熹在一封信里曾经说到，他听朝中的人士说，征召他入朝，是孝宗的意思，所以他不能不去，而他之所以愿意去，是听说皇上"深有愿治之意"，如果真的如此，就是"国家万万无疆之休"。所以，他才满怀希望、跃跃欲试。[46]当路上有人问他，政治上应当什么优先的时候，他就拿出道学的理想主义，说"近日之事，非大更改，不足以悦天意，服人心"。怎么大更改？有人已经看出他的意思，所以在他还没有到临安的时候，就劝他对皇帝少讲"正心诚意"这一套，可是他就是不听，坚持说"吾平生所学，止有此四字，岂可回护而欺吾君乎"[47]。可是，你仔细听他的话中话，他说的"大更改"，皇帝能允许吗？他拿"天意""人心"这一套来占据制高点，皇帝能高兴吗？你让皇帝正心诚意，皇帝会同意照道学家的方式生活吗？

你再看，朱熹对孝宗讲的六条都是很严厉的呀。他先是批评宋孝宗即位二十七年，"因循荏苒，无尺寸之效可以仰酬圣志"，原因是心中"天理有未纯，人欲有未尽"，要求孝宗深刻反省，这等于一笔把孝宗当皇帝的作用全抹杀了，还拿了大帽子扣上，更用道学的严厉高调来批判，这一点皇帝并不那么接受。接着，他又批评皇帝用人不当，比如他批评皇帝对于将帅的指挥权，交给了阉寺就是内官啦（"置将之权，旁出阉寺"），又批评孝宗信任和任用甘昪。这些批评如果站在理想化的立场上，本来都很对，像王夫之《宋论》就批评宋孝宗确实用人不当。[48]可是宋孝宗真的

---

[45]《朱子语类》卷一〇七。
[46]《文集》卷四十四《答蔡季通》。
[47] 黄榦《行状》，引自束景南《朱熹年谱长编》卷下，89页。
[48]《宋论》卷十一《孝宗》批评的有几方面，其中用人方面就说刚即位的时候以为可以恢复，便用张德远这样冒进邀功的人，而朝廷里面没有黜退汤思退、尹穑、王之望，没有重用虞允文、陈康伯，没有起用朱熹、张栻等等。

第二讲 历史学意义上的新思想史

听进去了吗？没有呀，他当时做出虚心纳谏的样子出来，可是一听到这样尖锐的话，就忍不住了。比如听到朱熹说"置将之权，旁出阉寺"，他就反驳"这个事却不然，尽是采之公论，如何由他"。朱熹不知好歹，仍然追问和批判，说现在任命，"以为皆是公选，而不知皆结托来尔"，意思是任命的将军都是有势力人的关系户，结果孝宗当场就反驳朱熹的指责，还撂下话说，"果尔，诚所当察，卿其为察之"，显然不以为然了嘛。[49]

其实，皇帝并不一定喜欢这些高调的士大夫道学家。他本来是很专制的，《宋史·徐谊传》里面有一条记载，说"孝宗临御久，事皆上决，执政唯奉旨而行，群下多恐惧顾望。（徐）谊谏曰：若是人主日圣，人臣日愚，陛下谁与共功名乎？"[50]可见孝宗很凶的，很凶的皇帝，身边常常是小人。而且他很独断，不像宋高宗，一个秦桧当了十八年宰相，他虽然也说宰相"宜久任以责成功"，就是应该宰相当的时间长一些，才能渐渐看出成绩。但是孝宗手下的宰相却换来换去，他的一朝，有宰相十五人，最长的王淮当了近七年，最短的洪适三个来月就换人了。像当过他老师的史浩，算是最温和厚重的人了，但是也一会儿上来一会儿就下去。[51]所以，近年来，日本的寺地遵、藤本猛、安部直之都指出，宋孝宗其实是喜欢内官、宦官和武臣的，也是喜欢佞幸小人的，[52]这是皇帝的通病，他从以皇权专制控制的角度，对文武两方面都

---

[49] 关于朱熹这一次与宋孝宗的对话，朱熹自己有详细的回忆，见《朱子语类》卷一〇七。
[50] 《宋史》卷三九七，12083页。又，《贵耳集》卷下也说，"孝皇圣断，不可测度"，对臣下的活动十分警惕。
[51] 关于这一点，参看王德毅《宋孝宗及其时代》，《宋史研究集》第十辑，245—302页，特别是266—276页。但是王德毅对于宋孝宗过于崇敬与肯定，故把这一更换宰辅的行为也看成是他的政绩。
[52] 参看《宋史》卷四七〇对曾觌、龙大渊、张说等人的记载，这些人本来是武官，但并非军人，与宦官梁河、甘昇等勾结，便得宠用。

要严加管束。一方面,他对于"武进士"严加控制,虽然让军帅对他们"待以士礼",但对于他们过分趋向文人的风气很不满,严格处分那些过分怠慢的武进士,而且不许他们改变身份,变成文进士,迫使他们进入军队[53];另一方面,他也并不喜欢这些文人,特别是那些高调的理想主义者,所以,他常常讲"文武自当一律""文武并用,则为长久之术",这是对恢复的考虑,也是对总是讲道理的人的厌烦。张栻就曾经批评过,说孝宗"欲以右武以均二柄,……不足以服文吏之心"。你看《两朝圣政》和《宋史全文》里面,宋孝宗一会儿说"近时儒者多高谈,无实用",一会儿说"今日士大夫能文者多,知道者少",一会儿说"(士大夫)好为高论而不务实",甚至还觉得现在有"西晋之风",什么是西晋之风?就是亡国的玄谈嘛。他写《科举论》对科举有怀疑,写《三教论》对儒家不放心,其实孝宗未必对道学那么有兴趣嘛,他是否真的要起用和支持道学呢?[54]

第二,还要注意的是皇权的复杂取舍和皇帝的复杂心情。

大家要知道,宋孝宗的政治方略,肯定受到太上皇的制约,而他对高宗的感情是很复杂的,他从藩王之子入继大位,虽然自己的父亲还在,但是,一直对高宗相当感恩戴德。王夫之曾经批评过这种违背常情的做法,表面有道理,实际违背人伦,但对于孝宗来说,这还是可以理解的,谁都想当皇帝嘛。所以,他一方面雄心勃勃地想搞一些名堂,《中兴圣政》卷五十就说他自己常常叹息"朕常恨功业不如唐太宗,富庶不及汉文景"。所以,他

---

[53]《宋史》卷一五七《选举三》,3686页;参看方震华《文武纠结的困境——宋代的武举与武学》,《台大历史学报》三十三期,2004。
[54] 见藤本猛《武臣の清要——南宋孝宗朝の政治状況と閤門舎人》,载《东洋史研究》六十三卷一号,2004;安部直之《南宋孝宗朝の皇帝側近官》,载《集刊东洋学》八十八辑,2002;寺地遵《韩侂胄专权の成立》,《史学研究》247号,广岛,2005。

曾经在即位初期立志恢复，只是北伐受挫，才只好和谈。另一方面，他性格里面又有很游移的地方，他不能不听命于主张维持的太上皇的话，特别是一尝试恢复遭到失败，就只好退回来。当皇帝的前面大半时期，在政策上、用人上，都受到太上皇的制约，这就是为什么要到太上皇身体不行了的淳熙十四年以后，才开始自己的战略部署的缘故。所以，你要看到他心理和性格上的两面性，作为一个一心要为自己树碑立传的人，总是想搞一些名堂出来，可作为实际政治的操作者，对战与和，其实不像士大夫，他是有更现实的考虑的。以前，柳立言曾经在《南宋政治初探》里面讲"高宗阴影下的孝宗"，讲双重皇权是南宋政治特点，就是这个道理。

　　我觉得，即使是高宗死后，他的心理上也还有彷徨。你想，如果宋孝宗真的有心杀贼，凭着皇权，还怕群臣掣肘，无力回天吗？我想，大概是这样的一种复杂心情，宋孝宗处在宋金两国平安相处的时代，"金人易宋之心，至是亦寝异于前日"，为什么？因为双方力量大体平衡，谁也不可能有把握打赢，这让宋孝宗产生了一种既想战，又怕输的心理。所以才会一方面安排理想主义的主战派士大夫，一方面内禅于光宗让下一代去负责任。——这是政治，是皇帝的想法，不好用观念或思想的逻辑来推理的。

　　至于光宗和孝宗的关系，更不是观念和立场上的分歧可以说明的，孝宗禅位给光宗，就像前面我说的，他金蝉脱壳呀，一方面自己处在胜固欣然，败亦无罪的位置上；另一方面让光宗接了一个烫手的山芋，要承担风险和责任。孝宗这样的做法，也引起一批理想主义的道学型士大夫的欢呼，可是他们一起哄，就等于站着说话不腰疼，袖手旁观的冷眼看挑担的，政治正确永远在孝宗和道学型士大夫那里，所以光宗的压力很大，会精神出问题。

不过，他虽然有精神上的毛病，但是也不完全是傻瓜，他罢黜周必大而改用王淮，有"四疑"，就是他的主体性了，因为当他当了皇帝，也要有现实主义的考虑，不好轻易地按照理想主义，"为做好一个鸡蛋，把一篮子鸡蛋都打破"，这是他的立场。特别是他的李皇后，那个女人的出身和性格，那种要揽权的做法，当然更会促使光宗和孝宗的离心离德了。但是，这不能完全算到立场和观念的分歧上去，余先生多少有点儿把道学型士大夫和官僚型士大夫、太上皇党和帝党，过分紧密和重叠地联系在一起了。

第三，宋孝宗晚年部署和道学的思想一致性，是有些疑问的。

把这个晚年部署和道学倾向连起来，我看还缺乏特别坚实的证据，应当说，只是余先生一种有趣的关联性论述。从根本上来说，宋孝宗他未必真的那么喜欢道学型的士大夫，只是在晚年重新有了"恢复"这个心结这一点上，他比较偏向于这些理想主义型的士人，所以，才会罢王淮，用周必大和留正等人，才会对朱熹这些人有兴趣。[55]——所以，我不是很赞成把孝宗晚年部署和对道学的信任那么明确地联系起来，与其说是对道学的信任，不如说这是当皇帝的人，有一个很自然的想法和很现实的策略。其实，当时的学术并不只是"道学"一家昌盛，可能还有更复杂的情况。员兴宗有一篇《苏氏、王氏、程氏三家之学是非策》，说"今苏、王、程之学，未必尽善，未必尽非，执一而废一，是以坏易坏，宜合三家之长，以出一道，使归于大公至正"[56]，员氏死于乾道六年（1170），说明孝宗乾道年间，还是三家并立的，而孝宗其实可能还稍稍偏苏学，对新学、道学都一般。乾道六年，谥苏

---

〔55〕 但是同时他也开始对武人进行笼络，淳熙十四年（1187）他要求三衙、沿江军帅对武举进士"待以士礼"，鼓励武进士进入军队，见王栐《燕翼诒谋录》，中华书局，1981，卷五，45页。

〔56〕 员兴宗《九华集》卷九。四库全书本。

轼"文忠",九年特赠太师,孝宗还亲自给他的文集作序,淳熙三年(1176)又赠苏辙谥号为"文定",你看朱熹的《学校贡举私议》和《杂学辩》就知道呀。

我不认为当时的政治冲突和学术倾向,会有这么高的重叠和关联,也不觉得道学和官僚两大集团已经在观念、价值以及群体上,都那么泾渭分明。这里面不是那么清晰的对立,他们的站队不是那么清楚的,政治上的分歧背后,可能不只是学术和观念上的分歧,还有更加复杂的人际关系、地域关系、师生关系等等。余先生的论述是否有一点儿过度清晰化呢?举三个例子,(1)比如通常要算到"官僚型"士大夫里面的史浩。他和张浚不一样,在宋孝宗初年是"主和"一脉的,但是他却很看重朱熹、张栻、吕祖谦等道学之士,《四朝闻见录》里面就说过,他在淳熙五年(1178)第二次任相时,曾大力引荐道学家。真德秀《跋史太师与通奉帖》里面也说他所荐都是第一流人才,"不以同异为用舍"。《宋元学案》甚至说他"有昌明理学之功,实为南宋培国脉",包括陆九渊、陈傅良等等,都和他有关。[57](2)比如淳熙十四年朱熹入朝的时候,对朱熹攻击最厉害的是林栗,但是林栗未必就是官僚型士大夫,他对《易》很有研究,朱熹到临安的初期,他去拜访讨论,原来好像不是专门针对"道学"一派的,如果看林栗和朱熹见面的记载,就知道,当林栗试图批评和超越邵康节关于《易》的说法,朱熹就教训他"康节未易攻,侍郎宜更子细,若此论不改,恐终为有识者所笑"。当林栗和他讨论《西铭》的时候,朱熹更呵斥他,"全读错了",这种理学家内部的意气,是否会成为导致攻击的原因?(3)又比如绍熙元年(1190),刘光祖和何

---

[57] 参见蒋义斌《史浩与南宋孝宗朝政局:兼论孝宗之不久相》,原载中国历史学会《史学集刊》第十四辑,台北,1982;收入《宋史研究集》第十八辑,29—77页。国立编译馆,1988。

澹在关于"道学"方面激烈冲突，虽然何澹和姜特立、谯熙等勾结，罢免刘光祖，但是，我觉得，所谓"道学型士大夫"并非一个集团，而是分成周必大和留正两个群体的，何澹只是讨厌周必大，和留正却很好。[58]所以，当时亲近道学的留正、赵汝愚和叶适、黄裳、陈傅良等仍在位。

所以，我的结论是，余先生为思想史树立了典范，也出了难题，正是由于余先生把思想史拉进了政治史背景中，所以思想史中的一切都变得复杂了，因为在政治背景中看思想史，它的脉络便不是那么单纯的了。

小结 打通思想、学术、政治和社会史领域的"新思想史"

我一直觉得，宋代思想史上，有几个关键词是要时时注意的。

第一个是"道理最大"，这是宋代初期赵普对宋太祖说的话。[59]后来很多道学家，都把这段话当做"开万世理学之源"的象征，因为当时据说宋太祖让赵普给他提政治建议，赵普给宋太祖上了大政数十，但是宋太祖"欲其言更上者"。什么是"更上者"？就是政治的根本基础，于是赵普就说了这么一句。因为这句话，后来宋代士大夫常常希望用"道理"来对抗"权力"，这才有了"道统"和"道学"。[60]同时围绕着"道理"来建立"道统"，理学的历史就是在这样的基础上展开的——后来的哲学史和思想史领域，就是对于这个"道理"的种种论述的历史叙述——它常

---

[58] 同样一个例子是，同为道学型士大夫的周必大就很不喜欢杨万里，《宋史》卷四三三《杨万里传》"孝宗始爱其才，以问周必大，必大无善语，由此不见用"，12870页。

[59] 参看《宋史全文》卷二十五上李之亮校点本，1710页，黑龙江人民出版社，2004。

[60] "天下唯道理最大，故有以万乘之尊而屈于匹夫之一言，以四海之富而不得以私于其亲与故者"。

常误被当做一个自足的历史脉络。

但是，它不可能自给自足呀，要注意，"道理最大"要有另一些条件，首先就是士大夫参与政治的可能性。所以，它和第二个关键词"与士大夫治天下"联系起来了——所以要进入政治史的领域。——你没有皇权的支持和允许，道理再大也没有用，政统和道统就没有交集，道统只好吃冷猪头。宋代之所以"道理最大"有用，就是因为士大夫进入政治了。所以，当士大夫没有了实际政治权力的时候，常常借道理来批评政治，比如程颐上书，就批评在上面的人"不知学"，说在位者不知学，皇帝就不知大道，朝廷就不能有好的政策，而且"不闻道，则浅俗之论易入，道义之言难进"[61]，就会天下不治。即使有权力的时候，也要借助道理来制约皇帝，像南宋时的梁克家在乾道七年（1171）回答孝宗问题时就说，"道理最大"，搞得宋孝宗也只好说，"祖宗之时，每事必问道理，夫焉得不治"。后来成为孝宗首相的留正也鼓励孝宗说，你说的"一言以蔽之，固不当任私意"，真是对呀，"呜呼，尽之矣"。为什么说他的话说到底了？因为皇帝不任私意，不就得听大家的意见了？谁是大家？"与士大夫治天下"嘛。

可是，要得到实际治理天下的权力，就要得到皇权的支持，所以余英时先生讲的"得君行道"就是第三个关键词了。我们说，道理的讨论研究，和政治的实际操作，不必分成两截，本来在士大夫那里，也是不分的，达则兼济天下，穷则独善其身。这是老办法。宋代就是不能被皇权所支持，就讲"道理"，能够得君行道，就开始讲"政治"，所以思想史和哲学史不必总是围绕着那些空头道理打转。其实，这些道理背后都有实际的背景，关键是看

---

[61]《续通鉴长编》卷三九七（9676页）。

谁得君行道，谁的道理就大了。当道理得到皇权的支持，其第二序（内圣）就变成第一序（外王），一旦道理受到权力的压抑，第一序（外王）就转向第二序（内圣）。

一旦道理大了，就有道理和道理的冲突。以赛亚·伯林说，道理和道理之间常常是冲突的，不见得有什么绝对真理，所以争论总是有的，而分歧常常就带来分派。特别是一旦道理和权力有了关系，权力就会把一些道理说成是真理，把另一些道理说成是错误，而没有权力的人就会以道理来反抗。这时，第四个关键词就要注意了，就是"国是"。"国是"又分了"正论"和"异论"，是恪守"祖宗家法"还是违背"祖宗家法"？这两者是要冲突的，而冲突背后是有政治因素的。大家知道，宋代不杀士大夫和言官，所以各种意见就很多，发达的城市又有聚会和议论的场所，像寺庙、太学等，所以舆论难得一律。宋神宗和王安石都觉得，各种士大夫议论纷纷，而说法呢，是"人人乖异"，据说，当时宋神宗就要求王安石拿出著作来，"令学者定于一"，这"一"就是最大的"硬道理"，这才有在皇权支持下的汴梁的荆公新学，和洛阳的退休和赋闲官员和士大夫的洛学。——这又是学术史领域了——如果当学术和思想都定于"一"的时候，"国是"也就没有争论了。以前黄宽重和邓小楠都写过关于"国是"的论文，余英时先生也在这部书里重点讨论了"国是"，"国是"就是共识，没有共识就有正论、异论，掌握政治权力的人就担心"以异论相搅"，这就有了党争和党禁，北宋也好，南宋也好，都是这样的。当时王安石就说过，"学术不一，一人一义，十人十义，朝廷欲有所为，异论纷然，莫肯承听，此盖朝廷不能一道德故也。"

什么是"一道德"，朝廷为什么要"一道德"，思想家和政治家，那个时候中央精英和地方精英，为什么对这个"一道德"

很在意？这就是第五个关键词"一道德，同风俗"——这又进入到社会史领域了——就是把国家和士大夫认定的最理想的"秩序"，从观念层面落实到生活世界，使大家都认同这个士大夫理想中的风俗和道德。李昭玘曾经说，"一道德，同风俗，以天下为一家，以一国为一人"，就是说，把大家的观念和行为都统一起来，心往一处想，劲儿往一处使，齐步走，一二一，这样多有秩序？从北宋到南宋，吕公著、曾巩、秦观、吕南公、李之仪、慕容彦逢、唐庚、罗从彦、叶适、程泌都说过这个话，为什么他们这么关心这个话题？大家记住，"秩序"，特别是社会生活和政治生活的秩序，就是儒家两千五百年来的全部理想，而当时很多士大夫包括理学家，就是在做这个事情。如果在中央没有办法实现这个目标，就会在地方、家族层面去努力，无论是道学还是反道学的士大夫，都有这个理想。王安石是这样，朱熹也是这样，朱熹就理解王安石试图用《三经义》来"一道德同风俗"，不让人胡说八道的意图，在这一点上，他们确实是一脉相承的。但是不同的是朱熹又有他自己的立场，他觉得，搞清楚什么是"正论"，用"正论"压倒"杂学"，又更为重要。所以，他按照孔子的"攻乎异端，斯害也已"，便对其他各种学说，包括儒学内部的其他学说，包括道教、佛教，都进行攻击，捍卫道学正统地位。像他在《杂学辩》里面就说，理想中的先王之世，"一道德，同风俗，故天下之大，人无异言，家无异学，岂复知有异端之害哉。"

可是，这样的理想和理想的落实，并不是一个简单的思想领域的问题，所以应该同样着重讨论的话题，是思想的制度化、常识化、风俗化的过程。历史上，可能有一些理想和观念，在提出来的时候只是一种蓝图，是新的想法和话题，但是真正影响和渗透下去，才会在生活世界里面起作用，过去我们很多人主要热心讨论的是新的思想萌芽，新的哲学命题，其实现在看来，需要讨论的倒是这些新思想新观念怎样进入生活世界的。我在《唐宋抑或宋明》里面说的制度化、常识化和风俗化，就是这个途径和过程。[62] 所谓制度化，就是把这些新想法通过政府的力量成为不得不遵循的制度。常识化，就是这些新思想变成了大家日用不知的常识，普遍地得到认同和接受。风俗化，就是这些想法不再是一些伦理道德的教条，而是在大家认同的情况下，通过一些外在的节日仪式、日常礼仪、行事规则形成了民间的风俗。

余英时说，"理学不能概括儒学全部"，这个意见很正确，但是儒学包括什么？余先生也许讨论得不太够。第一，从"业儒之人"的构成来说，如果不仅仅是理学家，甚至不仅仅是官僚集团里那些儒生出身的人，那么是否还包括更广阔的士人群体（甚至包括吏员、儒医、塾师之类）？第二，从儒者的事业和活动内容来说，不能仅仅限制在"政治"范围中，可能要涉及整个宋代思想与文化变化。余英时敏感地注意到一些现象，比如欧阳修"多谈吏事"，张载在本乡"以礼化俗"、吕大钧兄弟立"乡约"、范仲淹创立"义庄"，这确实是很重要的现象，"表示士大夫已明确地认识到，'治天下'必须从建立稳定的地方制度开始"，这是"秩序重建"最重要的一环，从上而下，从下而上。正因为如此，王安石对"人无异论"的"一道德以同天下之俗"相当上心，朱熹也特意重新编纂《家礼》、修订《吕氏乡约》、编辑《童蒙须知》，陆九渊一系更对家族伦理秩序的重建和维护相当用心。第三，从儒者活动和努力的空间上说，他们相当多确实在地方，所以，我们在这一方面，应当看到美国的宋史研究界注意地方建设，是有

---

[62] 葛兆光《唐宋抑或宋明》，《历史研究》，2004 年第 1 期。

一定道理的。[63] 在这一脉络下，我们才能理解，从区域史的角度为什么要强调地方精英和地方士绅在宋代的作用，而从跨地域的研究上来说，为什么要强调"一道德，同风俗"的意义，因为这种国家与社会的共同推进，导致了"宋代文明同一性"。就是说，后期汉族中国文明同一性正是在这样的由下而上、由上而下的合力中，从地方到全国逐渐确立起来，并且不断扩张。

可是，这一方面在哲学史、思想史还是政治史中，仍然得不到充分呈现，余先生的书在这一点上，可能还给我们留下了很大的空间。我们能不能打通政治史、学术史、思想史、社会史的界

---

[63] 包弼德《对余英时宋代道学研究方法的一点反思》(*On the Problem of Contextualizing Ideas: Reflections on Yu Yingshi's Approach to the Study of Song Daoxue*)，程钢译，《世界哲学》2004 年 4 期，92—102 页。此文评论余英时书，在第一部分，指出余著"习惯上还是将儒学定位为政治思想和道德思想的统一体，而不是广义上的文化"。包弼德提出，第一，"我们可以承认我们需要走出'思想'的领地，探讨所有的活动领域（艺术、文学、哲学、宗教、礼仪等），以及过去人们如何使用这些领域发展思想观念与文化模式，以让其他人追随"。第二，"我们可以将思想史另外定义为'意义史'（History of meaning）。也就是说，我们能够将专门的思想史料看成是人们如何为存在赋予意义这一更广阔过程的一个子集，这指向了某种历史文化人类学或语言人类学的方向。它超出了专门的哲学史、文学史，从而将所有人群的所有活动涵括了进来"。第三，"我们可以从思想史转向'社会文化史'（sociocultural history）"(98—99 页)。又，此文的第二部分，则进一步提出，余英时忽略了北宋到南宋的巨大变化，仅仅注意到传统的政治圈，而忽略了南宋日益变大的社会圈，也就是说，对于美国学术界关注的地方精英，余英时注意不够，这个地方精英的社会圈有三大特点，一是"由于存在着富有的地方士人精英，从而对所有思想运动提供了广泛的听众和保护人资源"。二是"这一新型社会圈的成员几乎从未指望过能够在政府中任职，然而由于他们所受的教育，他们认为自己对公共的、社区的事务负有责任"。三是"它们未必与政府的利益保持一致，这是因为这些家族的兴亡并不取决于他们在政府中的任职，而是取决于他们在地方社会中保持领先地位的能力"（100 页）。因此，余英时把政治文化作为主要讨论领域，却可能忽略了他与这一社会圈的关系，所以包弼德强调朱熹的另一方面，即他和地方社会的联系，对地方精英的呼唤。他认为朱熹的世界应当是两个（即对皇帝和对地方精英）而不是一个（仅仅是对皇帝），应当注意朱熹诸如在书院教育、行经界法、建设仓等等。文章最后举了潘景宪（1134—1190）家族与朱熹、吕祖谦的关系为例，来证明朱熹等道学家在不依赖朝廷政策的前提下，是如何怀抱着改变社会的清晰目标，在思想文化、制度等方面都深入到地方士族家庭中的。这些意见可供参考。

限呢？或者说，这些学科界限原本就是画地为牢？

【建议阅读文献】

余英时《朱熹的历史世界》，台北：允晨文化事业公司，2003；三联书店，2004。

【参考文献】

刘子健《中国转向内在》，赵冬梅中译本，江苏人民出版社，2002。

刘子健《两宋史研究汇编》，联经出版事业公司，1987。

陈荣捷（Wing-tsit Chan）《朱学论集》，台北：学生书局，1982。

包弼德《斯文：唐宋思想的转型》，刘宁中译本，江苏人民出版社，2001。

【有关朱熹研究的基本文献与论著】

《朱文公文集》（四部丛刊本。又有《朱子全书》，上海古籍出版社，安徽教育出版社，2002；《朱子全集》，台北：德富文教基金会，2000）

朱熹《朱子语类》（中华书局，1988）

王懋竑《朱子年谱》（中华书局，1998）

钱穆《朱子新学案》（巴蜀书社，1986）

束景南《朱熹年谱长编》（华东师范大学出版社，2001）

陈来《朱子书信编年考证》（上海人民出版社，1989）

又，《宋史》（尤其是《儒林传》及孝、光、宁宗本纪）、《宋史全文》（尤其是卷二十七、二十八）、《续修两朝纲目备要》（尤其是卷三）、《续资治通鉴》（尤其是卷一五一）、《宋元学案》等。

第三讲 "前近代""亚洲出发思考"与"作为方法的中国"[1]

引言 日本的思想史研究传统及其影响

今天要讨论的,是日本学者对于中国思想史的研究。在讨论沟口雄三的研究思路之前,我想先说一些题外话,权当引子。

在"二战"以后的日本学术界,在思想史方面最有影响的当然是丸山真男(1914—1996),丸山真男在日本的影响之所以极大,是因为他讨论的是日本自身的思想史问题。我必须告诉大家的是,任何国家的学术,特别是文史之学,必然是与本

---

[1] 沟口雄三教授(Mizoguchi Kozo,みぞぐち こうぞう,1932—2010)对日本和中国,尤其是对日本和中国的亚洲历史研究,有很深刻和广泛的影响,他是一个具有领袖气质的学者,也是一个亲切友善的朋友。我与他1995年在东京相识,此后,我一直关注他的研究,特别是关心他对日本中国学研究理论与方法的论述。他于2010年7月去世,失去了一位可敬的前辈学者,我感到非常难过。这些年来,我曾经写过和他商榷的书评,也在中国的清华大学和复旦大学,与年轻博士生们一道讨论他的著作,虽然我和他在学术上有一些不同看法,但是我一直是把他当作最可尊敬的学术对话者,通过对他学术论著的阅读,我了解了日本中国学的变化和趋向,也让我了解到他个人的关怀和思考。这篇评论其实是我的讲课记录稿,我做了较大的修订。我想用一些不同于他的学术意见,作为对他的深切纪念,可惜的是,我们再也不能听到他的回应了。——葛兆光,2010年7月25日于上海。又,参看葛兆光、艾尔曼《追忆沟口雄三——他的生平与思想》,载《东方早报·上海书评》2010年8月1日。

国问题有关的领域才是主流，没有哪一个地方，研究外国文学、历史、哲学可以成为主流的，即使是研究外国的，这个"外国"也要和"本国"的问题相关，否则就是屠龙之术，是纸上谈兵，是隔靴搔痒，就好像古词里说的，"吹皱一池春水，干卿底事"？除非是没有建立文化主体性的殖民地区，被人家控制了经由学术研究上升为上流阶层的管道，你才会"错认他乡是故乡"。像非洲过去一些殖民地的大学，把英、法文学和历史当做主课，连一些非洲出生的大学生也不得不到英法去读英国历史、法国文学，不过那是一种特殊情况。丸山真男是研究日本政治思想史的权威，顺便说一句，在日本的大学里，很多研究政治思想史的学者是在法学部的，丸山真男就是东京大学法学部的教授，我曾经去东京大学法学部访问，那里和文学部真不一样，是走廊有红地毯、门口有传达室的，哪里像文学部那样简陋和自由。因为他是主流学科的教授，因为他研究的是日本本国的思想和政治，所以他研究日本近代思想史的立场、方法和思路，极大地影响了一两代学者，一直到现在，包括他的学生，比如我的朋友渡边浩、黑住真等等，还在他所提出的问题和使用的思路的延长线上，为什么？因为他对于日本政治和思想"走向近代"的叙述，大体上奠定了日本近代思想史论述的基本框架，要想在这一框架之外，另走出一条诠释和叙述的路子来，实在是很难。

他的名著是《日本政治思想史研究》，很早就有英文本，现在也有了北京三联书店出版的王中江中译本，很好找的。我在硕士生课上以"思想史研究方法的变化"为题，专门讨论过丸山真男的思想史学。这里就简单讲了。简单地说，这部著作的逻辑思路就是这样的——

（一）在信奉佛教的镰仓时代，从中国传来的朱子学本来处于

第三讲 "前近代""亚洲出发思考"与"作为方法的中国"

边缘,但是,在德川时代,朱子学开始成了主流的政治意识形态,关键人物是藤原惺窝和林罗山,他们以"自然"的秩序为中心,建构了德川时代关于自然、社会和伦理秩序一体化的统一的理论基础。

(二)但是,由于"古学者"继起,如山鹿素行(1622—1685)、伊藤仁斋(1627—1705)、贝原益轩(1630—1714)及荻生徂徕(1666—1728),他们用复古的方式,有点儿像中国的乾嘉考据学回到汉代一样呀,他们借了更古老的经典解释,来批评朱子学,走出朱子学,于是,引出了这样一个结果,就是儒学是治国平天下的学问,那么,它就应当是政治统治者的事情,"上帝的归上帝,恺撒的归恺撒"。于是,儒学只是一种政治学说,不应当干预"私"领域就是人的实际生活世界,这是适应日本生活领域以及日本本身文化"古层"并不那么儒家化的实际情况。这样一来,"公"与"私"就开始分化,这两个领域的分化,是近代性产生的一个基础。

(三)接着,又由于贺茂真渊(1679—1769)开创的"国学",特别是本居宣长(1730—1801)的继起,朱子学开始瓦解,"国学"很民族主义,它开始逐渐在思想世界中"去古典中国化",确立日本文化的自主性。按照丸山真男的说法,古学和国学者的逻辑是,第一步是回到文献学传统,在古文献中直接触摸圣人之心,排除后人各种解说的影响,包括朱子之学。第二步是真理依据的历史化,用历史的精神"掀翻了僵化的儒学合理主义的重压,一步步独立发展的过程鲜明地展现出来"[2]。第三步是对人的自然性的合理解放,它进一步把圣人之道归于政治领域,于是在生活世

---

[2] 丸山真男:《日本政治思想史研究》,王中江译,111 页,生活·读书·新知三联书店,2000。

界更加排除了道德严厉主义。[3]

在这里,你看到的好像是一个欧洲文艺复兴时代一样的历史,丸山真男描述了一个很流畅的日本近代思想史过程,从朱子学到古学,从古学到国学,好像是一次又一次的"蜕皮"。随着朱子学的瓦解,原来社会的基本观念和秩序就随之崩溃,日本政治思想和社会秩序便出现了巨大的近代转型。[4]这个说法最像谁的论述?梁启超。梁启超《清代学术概论》就是这样的,清代先是考据学从宋代复古到东汉,今文学再从东汉复古到西汉,终于也成就了中国的文艺复兴,两者论证的方式,真的很像。

但对于中国学界来说,丸山真男的影响一直不大。这很奇怪吧? 20世纪90年代初,留日的区建英女士翻译了他的一部论文集《福泽谕吉与日本近代化》(上海:学林出版社,1992),其实很好,可是好像没有产生应有的反响。后来2000年王中江翻译了这部《日本政治思想史研究》,但是,一来理解这部书,需要日本史的知识背景,二来卷首孙歌的序文把历史变成了理论,弄得很难懂。所以,虽然有一些反响,但对他理解还不深。倒是沟口雄三的影响在中国学术界却非常大,为什么?一是沟口雄三非常热情地

---

[3] 特别是荻生徂徕,在他的思想世界中,首先,"道"只是人类规范,不是自然法则,所谓天道、地道,只不过是一种"类比";其次,他把领域区分为"公的"和"私的",公、私各得其所;再次,改变过去"公"占有绝对合理性,笼罩一切人类生活,"私"被彻底摒弃和鄙夷的情况。因此,"朱子学的连续性(即整体性。——引者注)思维在此已完全解体,一切都走向了独立化",这个"独立化"的意义是,将"社会"从自然秩序下分解出来,政治和社会不再受"天"的秩序合理性控制,将"人"从社会合法性下分解出来,个人的道德不受社会秩序所控制,一切都需要重新确认其合理性,因而由"自然"转向"作为"。丸山真男《日本政治思想史研究》,中译本,参看51、69、74页。
[4] 在丸山真男的《思想史の考え方について》中,他曾经说到,思想史有三种进路,一是教义史(history of doctrine),二是观念史(history of ideas),三是时代思潮史,他的这部关于近代日本政治思想史的名著,其实就是按照思潮史的方法来写的。载武田清子(编):《思想史の方法と対象》,3—33页,创文社,1961。

第三讲 "前近代""亚洲出发思考"与"作为方法的中国"

联络和沟通两岸的中国学研究者,他人很好,而且多次来往中日之间,甚至还在北京外国语大学当过日本学研究中心的教授;二是沟口的一些理论,对于大陆的学术界很有吸引力,因为它一方面符合中国学术民族主义的潜流(指"前近代"等不以欧洲历史为历史坐标的思路),一方面符合中国学术世界主义的潮流(指超越中国的"从亚洲出发思考"),同时,他对于中国研究的方法论的批判和检讨,也相当有刺激性;三是他对于日本本身政治和文化的批判,很能够让一些中国学者产生好感。

他的学说和影响,曾经对中国学术界起了很大作用,因此,这里我要对他的中国学研究的立场、观念和方法,作一个比较全面的讨论。在这个学术越来越国际化的时代,不能关起门来,山中无老虎,猴子充大王,也不能像以前鲁迅说的"拿来主义",照单全收。接受外来的启示当然是很好的,但我一直强调,你要考虑人家有人家的立场,人家有人家的问题,连过去都知道要"马克思主义与中国革命实践相结合",现在你要是照猫画虎,可能最后结果就是成语里说的邯郸学步、郑人买履、刻舟求剑,连自己怎么走都走不好,连自己脚有多大都不知道了。

现在言归正传,回到今天讨论的主题沟口雄三先生。沟口雄三的著作很多,这里最主要讨论的,一是他的《中国前近代思想的屈折与展开》(日文,东京大学出版会,1980),二是他和其他一些人主编的《从亚洲出发思考》七册本(东京大学出版会),三是《作为方法的中国》(日文,东京大学出版会,1989)。在这些著作和其他的论文里面,我简单地归纳有几个很重要的观点。(1)他以所谓"前近代"为历史单位来分析上连古代中国,下接现代中国的明清思想,揭示一种所谓"反欧洲中心"的历史观念;(2)以"亚洲"为空间单位,构造出一种新的历史视野和文化共同体,试图以"欧洲"为中心的西方作为"他者",来认识东亚文明;(3)提出"作为方法的中国",反省日本中国学的立场和方法。这些论著,无论在日本的中国学研究领域还是日本的日本学研究领域,都产生了很大的冲击。[5]

因此,下面我们就要讨论这三个观念,"前近代""亚洲"和"作为方法的中国"。

一 "前近代":重新命名,意义何在?

我过去反复说,我们所有的学术课题,本身不仅直接面对着一个研究领域的各种文献资料,同时它自身也是一个要放在学术史领域中回顾和审视的东西。我们讨论沟口的研究,当然也要看他的观念和方法,出自什么历史和思想背景。所以,这里就要检讨在他之前的近世中国思想史的研究史。

关于近世中国思想和文化史的领域,在沟口之前日本学界已经有很多杰出的研究。其中,有两个学者是很有名的,一个叫山井涌(1920—1990),一个叫岛田虔次(1917—2000)。

山井涌关于思想史时代划分的论述,是在他的名著《明清思想史の研究》(东京大学出版会,1980)这部书里面。这本书的第二部分是"从明学到清学",有两篇论文很重要,一篇是

---

[5] 除了他的代表性著作《中国前近代思想的屈折与展开》(索介然、龚颖中译本,中华书局,1997)之外,沟口雄三有相当多的论文已经译成中文,建议阅读的较重要论文,如(1)《论明末清初时期在思想史上演变的意义》,载辛冠洁等编《日本学者论中国哲学史》,中华书局,1986;又,见《史学评论》第十二期(1986年7月"世界汉学专号"),台北,史学评论社,1986。(2)《明夷待访录的历史地位》,载《日本学者研究中国史论著选译》第七卷,中华书局,1993。(3)《明清时期的人性论》,同上。(4)《中国民权思想的特色》,"中研院"近史所编《中国现代化论文集》,台北,1991。(5)《日本与韩国儒学研究的共同课题》,《学人》第八辑,江苏文艺出版社,1995。(6)《礼教与革命中国》,《学人》第十辑,江苏文艺出版社,1996。(7)《日本人为何研究中国》,《新史学》一卷二期,台北,1990。

《明学から清学への転换》，这是1961年在日本东北中国学大会上的发言，这里面他历数梁启超的《清代学术概论》(1920)《中国近三百年学术史》(1923)、钱穆《中国近三百年学术史》(1937)、和田清《东亚史论数》(1942)中的《明代总说》、市村瓒次郎《东洋史统》(1950)中的种种说法，提出了一个关于明代学术和思想的总看法。他认为明、清之间，有三个趋向，一是实践派，批判科举背诵之学的无用，主张实际修养，如孙奇逢、朱之瑜、陆世仪、李颙、陆陇其等等；二是技术派，以天文历算、农业水利、兵学火器为学，如徐光启、薛凤祚、王锡阐、梅文鼎等等；三是经学史学派，否定空谈心性虚理的，要用实际知识来解决社会问题和政治问题的，像陈第、黄宗羲、顾炎武、王夫之、毛奇龄、费密、万斯同、唐甄等等。他觉得这是明清之间的过渡。[6]

在这个历史叙述的基础上，另一篇论文《明末清初的思想》则提出了明清之间，应该是王阳明之学到经世致用之学，从经世致用之学到考据学的三阶段，他有这样一个表：

（一）目的：心学是"作圣"，经世学是"经世"，考据学是"实事求是"。

（二）内容：心学是"心的本体功夫"，经世学是"政治论"，考据学是"文献学"。

（三）方法：心学是思考、体认、践履，经世学是博学、实证和政治活动，考据学是读书。

（四）关怀：心学是自心和人格，经世学是社会政治改善，考据学是追求古典真相。

（五）领域：心学是"心—我"关系，经世学是"社会"问

---

[6] 山井涌《明清思想史の研究》，239—249页。

题，考据学是"学问"。

（六）哲学：心学是"理气浑一"，经世学和考据学都是"气"的哲学。

因此，他得出一个结论：第一，明末清初是"中世的思想到近世思想的过渡期"；第二，这种过渡期的背景，是资本主义萌芽、市民阶层的兴起、社会危机和民族危机、西洋文化的进入四个因素；第三，思想的表现是客观主义就是唯物主义和实证的方法，这和"气"的哲学相关；第四，经由明末的经世之学的转换，明代的思想，因为转向客观思考、实证方法和气的哲学，就产生了近代性的考据学。

这个看法显然很接近我们称为马克思主义的历史观。和中国的"资本主义萌芽"讨论一样，这种范式当然很简单机械，但是，它却使一些过去不注意的历史浮出水面，比如"资本主义萌芽"讨论，由于注意"资本主义"，所以，你就要去发掘那些有关的历史资料，因而（1）城市市民阶层或者商人的资料，（2）城市纺织业的资料，（3）乡村买卖土地的资料，（4）人口和流动的资料，以及（5）在思想上促进个性和自由，（6）在知识上热心于新方法和新科技，（7）在经济上关心私人财产所有权，（8）在伦理上讽刺传统道德的种种资料，就在这个聚光灯下变得非常显眼了。山井涌也是这一方法和思路，而且他的预设和前提，显然有一个"什么叫近代社会"的理论，就是"近代"一定有资本主义生产关系、有城市的市民阶层，有反抗神学的唯物主义，有实证的理性等等。尽管现在看来这种理论已经很陈旧，但是大家要知道，这种看来很旧的理论，在日本当时还是很有影响力的。

在日本，对于中国"近代思想"的历史更有影响力和笼罩性的，是岛田虔次的论述，他的代表性著作是《中国における近代

第三讲 "前近代""亚洲出发思考"与"作为方法的中国"

思维の挫折》(东京:筑摩书房,1970)。

和山井涌把清代考据学看成是近代性标志思想不同,岛田虔次是把明代中叶的王阳明到李贽看成是近代中国思想发展的萌芽。他提出的标志性证据是,(1)在明代中叶的这个思想过程中,因为特别突出了"心"的自主性,所以有自我心灵的凸显和个人精神的确立。他觉得,"心学的根本问题是人类、人性的问题",而人的问题可以分为两个部分,一是人作为内在的人的概念,这是"心灵精神"的层面;一是人之所以为人的外在实践,就是心灵决定的外在"社会行为"。[7]岛田认为,人终究是社会的人,实践终究是社会的实践,而这里说的社会,即作为对象的古代中国社会,它的基础是由士大夫组成的,所以任何士大夫的思想和行为倾向的变化,都是社会性质的变化,所以,他认定明代中叶的思想和社会,是一个具有新倾向的思想和社会。(2)个人的精神或者心灵世界和社会秩序的关系究竟如何?宋代是依赖所谓"天理",也就是依靠外在于个人内心的"他力约束"来实现社会秩序的,可是这个"天理"究竟是什么?显然它是一个被预设的,不言自明的东西,"天理"与包弼德所说的唐以前的"自然"虽然不同,但它仍然是不需论证的,外在于"人心"的力量。而明代心学则把它转向了"心灵",就是说,社会行为和社会秩序是否合理,其判断尺度在自我的内心里,是依靠"良知"来实现或把握的。这是一个很大的差别,因为这背后涉及一个如何处理社会与秩序以及自由和个人的问题。(3)他认为,王阳明的心学,已经到了儒家世界可以容忍的极限,如果再往前走一步,就走到了儒家世界的边界外面,就是强调个人、自由、平

---

[7] 《中国における近代思维の挫折》序,2页。现在此书已有中文本《中国近代思维的挫折》,甘万萍译,江苏人民出版社,2005。

等等等价值的近代了。[8]

其实，这个思路形成得很早，早在1941年，他在京都大学写的大学毕业论文《陽明学における人間概念、自我意識の展開とその意義》，曾经发表在《东洋史研究》八卷三号和五、六号合刊（1943）。这篇文章可以说就是这部书的基础，所以，这部书其实写得很早，序文完成于1948年，应该算是岛田的早期著作了。可是，我们要注意岛田讨论的重心是，从王学本来的思想趋向，特别是王学左派即像李贽以及泰州学派那种趋向，换句话说就是走向"近代"的倾向。为什么——请注意，他要问的就是这个"为什么"——后来"只开花不结果"，结果是受到挫折？所以，他的书名是"近代思维的挫折"。他把原因归结为：（1）当时中国的这个趋向，之所以没有像近代欧洲那样形成近代中国，是因为它的承担者，不是新兴的资产阶级或者市民阶层，而是士大夫；（2）对于当时社会那种烂熟的危机和紧张的危机意识，他们只是用自我整肃的方式来挽救；（3）尤其是东林党如顾宪成等，又开始复兴朱子的礼教主义，所以，它不能真正地走向近代，反而受到了挫折。

有人把这部书和丸山真男的书并称，比如曾经担任过日本关

---

[8] 这种思路和观念，可能受到中国学术界的影响，1931年嵇文甫写成《十七世纪中国思想史概论》（此书未出版，据《嵇文甫文集》整理者说，是他在1931年北京中国大学的讲义，其中第四章1932年发表于《百科杂志》一卷一期，第一章则为1934年《左派王学》一书的附录。参看《嵇文甫文集》131页，河南人民出版社，1985），1934年他又出版《左派王学》（后来1944年又出版《晚明思想史论》），基本上是把王学和王学左派与"五四"联系起来，构成近代性的资源。他和后来侯外庐都是这一观念，觉得明代中后期有思想解放思潮。吴震指出，先是后藤基已（1915—1977）在1942年的论文里《清初政治思想的成立过程》中采用了左派王学的说法，后来岛田也用了这一观点，并在书中特意介绍嵇文甫的说法。见《十六世纪中国儒学思想的近代意涵——以日本学者岛田虔次、沟口雄三的相关讨论为中心》，载《东亚文明研究学刊》第一卷2期，台大东亚文明研究中心，2004。

第三讲 "前近代""亚洲出发思考"与"作为方法的中国"

西大学校长的河田悌一教授[9]，可能这在日本是一个共识，前几年我在京都大学和夫马进教授聊天时，他也这么评价他的老师，觉得岛田和丸山就是研究中国和日本思想史的双峰并峙。这是有道理的，因为岛田虔次和丸山真男一样，用清晰的脉络叙述了一个"走向近代"的思想史过程，建立了一个典范。只是不同的是，阳明学及其左派思想中所存在的类似西洋的自我觉醒的近代思潮，和日本不同，在明末清初遭受了挫折。如果说，丸山真男的脉络是，德川时代的思想是从朱子学，到分化自然和社会两大领域的古学，再到确立日本主体性，从中国思想笼罩下脱魅的国学，政治思想逐渐走向"近代"，那么，岛田虔次的脉络就是从朱子之学的天理中挣脱出来，确定"人"和"心"价值的王学，到更加追求自由和解放的左派王学，最终由于这一趋向受到挫折，因而"中国"不能顺利走向"近代"。

当然，也有人对他的研究思路相当不满意。比如另一个著名学者山下龙二，在1949年8月的《斯文》杂志第三号上就发表了批评的书评，1951年7月更在《哲学杂志》上发表《论明末反儒教思想の源流》，对岛田的历史观进行很严厉的批评，说他是"结论先行"，因为岛田预设了"中国存在近代精神"，所以反过去到历史里面去"发现"。他觉得，并不是中国近代思想产生了之后受到挫折，而是中国近代思想受到挫折根本就没有生出来。这是很尖锐的批评，而另外一个学者岩间一雄则提出，王阳明和李贽都是处于封建社会末期，试图"补天"的理想主义者，而明末清初仍然是旧的封建时代，他们是想为这个时代弥补破绽，改弦更张，而不是真的要破坏这个社会的秩序，所以实际上当时中国思想世

---

[9] 河田悌一《民国初期近代学术研究之成立》，载周质平编《国史浮沉开新录》，台北，联经出版公司，2002，538页。

界已经没有创新的活力了,他在 1968 年出版的《中国政治思想史研究》(未来社,1968)中就是这个意见。

针对种种批评,1970 年岛田虔次在这部著作的"再版后记"中进行了强硬反驳:

一、关于所谓"近代"。他特别强调宋以后的中国是"近世",是与欧洲近代是平行的,宋以后的中国和文艺复兴以后的欧洲有同样的现象。大家可能已经注意到了,因为岛田虔次是宫崎市定的学生,他当然认同宫崎氏关于宋代为中国近世这一观念。[10] 当然,这也是在批评当时日本学界所谓的"中国停滞论",同时也是主张,要在世界历史的普遍法则之中,观察中国历史。

二、但是,他又相信中国的道路也是特殊的,所以,也主张要在东方特殊的背景中理解中国。和文艺复兴不同,中国是从宋代的"理"(外在于人心的天理)的他力约束,转向明代的"心"(内在于人的心性)的自力约束,这种转变极容易激活"心"的突显和"情欲"的高扬,因为这给了人心以判断和裁判善恶的最高权力,而这种凸显个人和自由的思想,在李贽时代到达了高峰。

三、"情欲"与"天理"、"私"与"公"、"人"与"天"之间分裂,前者在王学及其左派那里被高扬,而后者则在朱子学那里被坚持。这种"分化"正是近代思想产生的重要标志,和丸山真男一样,"不同领域的分化"被理解成是近代理性主义的表现。

四、可是,这种具有近代意味的思想在李卓吾之后就遭到"挫折",东林党是一种转向,使历史回到朱子学的轨道,因而清代是一个"反近代"(性质上)的"近代"(时间上),一直要到清末,中国才又一次进入"近代"。

---

[10] 参见岛田虔次《中国の传统思想》所收《宫崎市定の系谱论》,329—337 页,东京,すずみ书房,2001。

第三讲 "前近代""亚洲出发思考"与"作为方法的中国"

山井涌和岛田虔次虽然立场不同，但是他们有一点是一样的，就是坚持从"古代"到"近代"的历史脉络，而这个古代和近代的分野，就是从西方文艺复兴以后的历史那里来的。显然，这和丸山真男，也和中国叙述清代思想史的梁启超相似，这样的条理清晰而立场清楚的研究，即所谓背靠西欧历史，坚持以自由、民主和科学为基本价值，认为人类将普遍趋向进步的现代的历史观，是很长一段时期内强大的历史典范。

沟口雄三先生就是在这一学术背景下登场的，因此，他势必首先对这种典范进行批判。沟口在理论上很有辨析力和想象力，他左右开弓，一边批判那些把王阳明和李卓吾当做"近代"源头，强调其个性主义和自由精神，并且认为他们在晚明遭受失败的说法，像山井和岛田；一边批判那些把王学和李贽当做"古代"的末端，因而强调其基本仍局限于传统内的说法，像岩间一雄，和另一位学者即《中国乡绅地主研究》（汲古书院，1978）的作者奥崎裕司。[11]沟口批评他们，特别是针对岛田虔次，认为这些论述实际上都没有脱出"西欧中心主义"的价值观（指以欧洲近代的理性、自由、科学为绝对价值）和时代分期论（如同欧洲一样，从中世到近代），是用欧洲模式来套中国历史。

其中，沟口雄三对岛田虔次的批评主要集中在三点上——

一、岛田是以朱子学的"天理"为封建的规范，以"人欲"为人类的自然，然而，这种二元对立的思想史样式，是基于日本式的"近代"概念（即丸山真男所谓古层和低音的日本民众生活世界与外来的经典和上层的理论世界的分离），和中国思想史的实际状况并不吻合。

---

[11] 参看沟口雄三《论明末清初时期在思想史上的历史意义》，《史学评论》第十二期（1986年7月"世界汉学专号"），99—102页。

二、从王阳明以后,产生了肯定并且包摄"人欲"的新"天理"观,从东林党到戴震,是一贯的新取向,是连续的而不是断裂的,所以,不能说是"挫折",只能说是"曲折"。在这一点上,沟口对东林党有很高评价,这和岛田虔次认为东林党造成"中国近代思维的挫折"相当不同。

三、从王阳明到李卓吾,并不在于岛田说的,意义是对"自我"与"心灵"的确立,而是"天理"观的内在转变,换句话说,就是富于包孕性的"天理"本身的变化。

在他看来,明末思想界对"欲"和"私"的肯定,虽然确实是最重要的变化,但是"人欲"被放在正面肯定,并不意味着把"天理"放在反面,"私"被置于合理的位置,也不意味着"公"被贬为负面的位置。所以,沟口提出,重新理解"欲"和"私",给"理"观以重新解释是很重要的。"理"在明代末年的演变,包含了"理"中有"欲"、"公"中有"私",欲合天理、私即大公的转变。例如,黄宗羲把民众的"小私"还原为"大公",肯定了"欲"和"私"的合理性,而把过去绝对的皇帝权力之所谓"大公"批判为"大私",否定了这种"公"和"理"的合法性,并且要求为"天下之大公"而分治,其实这正是在地方乡绅意欲与国家和皇帝分权的背景下产生的观念。沟口的结论是,这一明代王学以来的新动向,并不是在明末清初夭折了,而是在清代以后继续发展,一直延续到清代末年,形成"大同的公理观"——这就是现在某些学者说的"从天理到公理"的过程。因此从王阳明到李卓吾、到东林党、到戴震,是连续的思想史过程,这一过程只是"屈折"与"展开",而这个时代就是"前近代",是近代之前的那个时代。

他的批评有没有道理呢?应该说还是有一定道理的,除了他提出的对西欧中心主义历史观念需要警惕之外,主要可以提出的

第三讲 "前近代""亚洲出发思考"与"作为方法的中国"

有三点:(1)把"理"的演变分析得更加细致,更可以包含"天理"中复杂的多面性,不至于把"天理"简单地理解为与"人欲"对立的、笼罩自然、政治和伦理各领域、维护旧时代秩序的规范。(2)把视角转向"内在理路"[12],即考虑到中国社会、政治、经济的历史不仅不是停滞的,而且思想本身也孕育着自我转化的资源和可能,"天理"这样的东西,其引发的后果不是一面的,而是多面的。(3)重新构造了一个连续性的思想史线索,不再强调断裂和中止,而是凸显了蔓延和伸展。

但是,在这里我还是要提出质疑——

第一,所谓"前近代"的说法,虽然批判了"近代"分期依据欧洲历史的问题,但是,它是否仍然落在依据中古与近代的"社会分期论"的窠臼里面?换句话说,就是他一方面主观上要跳出欧洲中心,一方面客观上又落入欧洲中心。为什么?因为你所谓的"前近代"或者"近代之前",仍然是西欧历史背景下分期的结果。无论是"近代之前"还是"前近代",它仍然要有一个"近代",而"近代"的标志仍然是是否具有"个人""自由""民主"等等价值,那么,"前近代"和"近代"这种差异有什么意义?正如沟口所说的,"'近代'这一概念本来是地区性的欧洲的概念"[13],它是按照西方历史的变化和分期确立的一个标志着社会历史阶段的词汇,它的背后有种种特定的历史意味和价值判断,并

---

[12] 2001年沟口雄三发表《俯瞰中国近代的新视角》,指出中国近代的叙述,有三个视角,一是资本主义视角,即以鸦片战争为近代历史的开端,以帝国主义的侵略与对侵略的反抗为基本线索的叙述;二是文明视角,以欧洲文明的威胁,以及中国自我改革来回应威胁,以洋务、变法、革命的三段论构造历史脉络,以五四运动为"启蒙"的叙述;三是内发式视角,大体上这第三种,就是沟口所主张的,构筑中国近代历史脉络的视角。文见《台大历史学报》二十八期,233—242页,2001。
[13]《中国前近代思想的屈折与展开》,索介然、龚颖中译本,绪言,7页,中华书局,1997。

不是所有"距今若干年"的时间都可以称为"近代"或"前近代"的。按照沟口的说法，我们要反对欧洲中心主义，东亚各国各有各的"近代"，那么，"近代"这一词中所包含的欧洲标准，是否还是没有被抛弃？如果我们还是要使用这个"前近代"的话，是否又得先回到欧洲"近代"所确立的一些标准上去？[14] 显然，站在日本或中国的立场回顾历史，在感情上肯定倾向于用自己的历史时间表，不想被西历所控制，就像用黄帝纪元或用天皇纪年一样。按照沟口的说法，欧洲的"近代"标准可以不要，各自有各自的，就好像篮球场上打足球，拳击比赛用高尔夫规则，对中国人说爱斯基摩语，对欧洲人说古代汉语文言文。那么，试问又以什么为尺度，把一个民族和社会的某个历史时段算成是"近代"？如果没有这个"近代"，你又如何能够确立一个所谓的"前近代"？

第二，使用"前近代"这个新的概念工具来重写明清思想的历史，是否能改变整个历史图景，容纳更多的新资料，产生更多的新脉络？需要强调的是，所有的新概念工具，最重要的是，它能否让另一些历史浮出水面，出现在聚光灯下，成为理解新历史的新证据，如果没有达成这样的目标，那么，新的概念工具只是"换汤不换药"，等于是二五一十和五二一十的差别。换句话说，就是要追问这种历史分期说法的变化，是历史叙述的整体变化，还是仅仅是解释方式的转变。这就像同样用生产工具、生产关

---

[14] 例如沟口雄三本人在《中国前近代思想的屈折与展开》中分析明末思想史上的重要的新现象时，一而再，再而三地强调，"一，对欲望予以肯定的言论表面化，二，提出对'私'肯定"（序章，10页），"这种对欲望的肯定和'私'的主张，在明末时期具有一个历史性的意义"（序章，21页），"明末时期对'欲'的肯定和'私'的主张，是儒学史上、思想史上的一个根本的变化"（序章，27页），其实就与西方近代性的认知有关，因为肯定欲望和私的合理性，背后就是以所谓的"个人权利"的确立作为近代性的标志。因此在某种意义上说，这一"前近代"概念的确立，并没有根本改变关于明清思想史的知识，包括历史资料的使用、历史叙述的结构和历史解释的思想。

系、阶级结构来定义"封建社会",却一样有不同的封建分期一样。我觉得,沟口和岛田在讨论明清思想的时候,使用的历史文献,处理的历史现象和事实、叙述的基本脉络,几乎完全一样,那么,相对于岛田来说,沟口的著作是真的改变了明清思想史叙述吗?

第三,这种以"近代"或者"前近代"的时代划分来讨论思想史的方法,是否仍然可以只依据阳明学为中心(最多加上陈白沙、湛若水),后面拖上一个东林党来讨论?可是,这种以"心学"和"理学"为主线,来讨论明清文化和思想,能够划分中国社会、政治和经济的时代吗?小岛毅曾经指出,这些明代思想史的研究,常常是以长江下游一带的一些文化人为中心来讨论的,可是,那么广大的、复杂的明帝国,其整体思潮和文化,是否可以以这一地区的变化为代表,并划出一个新时代?〔15〕

第四,我们是否可以用别的标准、别的线索、别的问题来划分思想史的时代,而不必依傍政治、社会或经济史的分期?换句话说,就是我认为,社会、政治、经济和文化思想,不必要同步走,"一二一"进入某个叫做"前近代"的新时代。它可以自己有自己的时间表,更可以有自己的标志性指标,不一定要依赖欧洲进入近代历史时的那些自由、科学、民主的标志。我们知道,欧洲是有一个神权笼罩的中世纪的,走出中世纪当然要反抗神学对理性、科学、个人、自由的压抑。可是,中国是在另外一种情形下走进新时代的,我们既然批评用西欧为标准,那么,是否可以通过另外一些方式,来讨论时代的变化:比如从"天下"到"万国",这是早期全球化时代,中国被迫拉入了这个国际体系里面,

---

〔15〕 小岛毅《地域からの思想史》,载《交错するアジア》(アジアから考えるⅠ,东京大学出版会,),36—37页。

不得不放弃朝贡为中心的国际秩序,正因为这样,思想文化领域就出现了四方面的变化:(1)自我完足的思想与文化体系,变成不得不依赖全球背景和其他文明来支持其合理性,来自"他者"和"公理"的内容,取代原来天经地义的依据,即古代中国的圣贤和经典。(2)支持思想合理性的传统知识,诸如"天圆地方"之类,渐渐不仅失去了自身的合理性,也失去了支撑政治合法性的能力,取代它的,是由科学和实验支持其正确性的"科学"。(3)原来一统的传统知识世界,出现了分裂,仿佛庄子说的"道术将为天下裂"。(4)意识形态与思想学说与宗教神学的合一,由于政治权、真理权和宗教权的分化,开始出现分离现象。这样,明代后期的传教士、世界地图、天文历算、神学观念等等,就更有其思想史的意义,这是否也可以区分出一个思想史的新时代?

所以,我总觉得沟口雄三提出所谓"前近代"的观念,好像并没有给思想史研究带来更多的新面貌和新变化。

二 亚洲:为什么要这样一个历史空间单位?

我在这里接着要讨论的是关于日本近代的亚洲观。

这是一个竹内好(1910—1977)讨论过的老问题,简单地说,日本的亚洲主义思潮开始于中华帝国朝贡体制的崩溃,就是明治时代。从16世纪以后,西洋传教士、探险家、殖民者、商人逐渐进入东亚,改变了这个本来就已经分崩离析的东方世界,也瓦解了以中华为中心的天下图像和朝贡体制为中心的国际秩序。因此,这一巨大变化,促进了日本的变化,也成就了日本,成为他们重新建构新的政治地图和文化地图的契机。大家有兴趣的话,看看明治时期日本的言论界,因为,不仅是日本的亚洲主义观念(包括"兴亚论"和"脱亚论"),甚至一切后来的思想史变化,都可以在这个时代找到其原因。其中,福泽谕吉、樽井藤吉、冈仓天心,都是人们常常会提到的例子。我过去写过一篇《想象的还是实际的:谁认同亚洲》,就是讨论这个问题的。

竹内好关于日本的亚洲主义的说法,在他编的《亚洲主义》卷首的论文里面可以看到。简单地说,就是:

(一)"亚洲主义"的呼声渐高,与明治维新的成功有关。明治维新的成功,一方面使日本从根本上摆脱了以中国为中心的朝贡体制,摆脱了传统中华的文化笼罩,重新确立了日本的"自我"(日本)和"他者"(东洋与西洋);一方面也使日本产生了摆脱西方,从西方边缘的尴尬地位中挣脱出来的愿望。换句话说,就是通过返回亚洲,再度确立一个地缘与政治、经济、文化重叠的、作为亚洲领袖的"日本"。这是日本的亚洲主义的来历,它和日本的民族主义有关。

(二)其结果之一,就是竹内好所说的,产生了日本和亚洲的"连带感"。后来的兴亚论、三国一体论(佛教信仰基础的印度、中国、日本,或者同文同种的中国、日本、朝鲜)都与此有关。就连主张"脱亚"的福泽谕吉,在明治十八年(1885)三月十六日他发表在《时事新报》的《脱亚论》中也有这样的话:"我日本国土在亚洲东部,但国民之精神已经摆脱亚洲的固陋,而移向西洋文明。然而,……为今日谋,我国不能不等待邻国之开明,一道振兴亚洲,与其脱离其伍而与西洋文明国度共进退,还不如接引支那、朝鲜……"[16] 当然,同时他也说到,这个亚细亚的同盟,当然不能不以日本为盟主,因为,日本在东洋的文明化进程中已经是当然的盟主和领袖。[17]

---

[16] 参看《福泽谕吉全集》第十卷,东京,岩波书店,1959,238—240页。
[17] 参看福泽谕吉,《朝鲜の交际を论ず》,原载《时事新报》1882年3月11日;《东洋の政略果して如何せん》,原载《时事新报》1882年12月7日,见《福泽谕吉全集》(东京:岩波书店,1959)卷八,30、427页。

（三）其结果之二，就是刺激了日本的亚洲领袖欲和对抗欧美心，后来即成为"大东亚共荣圈"之类对亚洲诸国"侵略心"的起源。例如，早期日本所谓从清国手中"解放"朝鲜、台湾、琉球，"二战"时期日本所谓从英美殖民者手中"解放"中国和东南亚之类的言论和行动，就是这一亚洲主义的产物。[18]

竹内好的说法很有说服力。如果再讲得清楚一些，那么，日本的亚洲主义观念就是，第一，明治维新的成功，使日本迅速崛起，福泽谕吉"脱亚论"出现，日本成为东方的"欧洲"，和"亚洲"在认同上渐渐脱节，尽管福泽从来没有用过"入欧"字样，但是大家都觉得是"脱亚入欧"，可见这个取向很明显。第二，作为亚洲区域国家的日本，在真正"西方"的压迫下，逐渐有了"另类"的感受，因为挤不进这个瓜分世界的列强圈子，这使他们有一种屈辱感。比如1895年中日签订《马关条约》以后，俄、法、德三国迫使日本返还辽东，把已经吃进肚子里的地盘吐一块出来，这使日本人大为震惊，像当时著名的德富苏峰（猪一郎）就大哭一场，顿时觉得根本没有"真理"只有"强权"。所以，日本人又从这里反省，开始试图重返亚洲，成为和西方相对抗的"东方"。1900年前后，很多日本学者有这样的想象，像冈仓天心写的《东洋的理想》《东洋的觉醒》《日本的觉醒》等就是例证。下面这段话是很有名的，就和夏目漱石的"吾辈是猫"一样有名：

亚洲是一个（アジアはひとつである）。喜马拉雅山脉把两个强大的文明，即孔子的共同社会主义中国文明和吠陀个人主义的印度文明分开，但雪山并不是障碍，它不能将追求

---

[18] 竹内好编，《アジア主義》卷首论文，东京，筑摩书房，1963。

第三讲 "前近代""亚洲出发思考"与"作为方法的中国"

普遍性的"爱"的思想割断,而这种"爱"是所有亚洲民族共同的思想遗传,正是在这一点上,它区分开了依自身与偏好寻求人生手段而非目的的地中海沿岸诸民族。[19]

所以他认为,亚洲不必在欧洲面前妄自菲薄,说"欧洲的荣耀就是亚洲的耻辱",日本应该做亚洲的解放者等等。[20] 此外,像樽井藤吉提出的"大东亚联邦国"构想(《大东合邦论》,1893)、近卫笃麿提出的"同人种同盟"(《太阳》杂志,1898),都是这样的想法,这是一个很大的转折;第三,1905年日俄战争之后,战胜俄国的日本,逐渐开始膨胀,在自我膨胀以后更趋向"回归亚洲"和"亚洲一体"思潮。其实,这是现代化以后的日本民族主义意识高涨的结果,因为日本的强盛,所以,他们自然而然地产生了亚洲拯救者和亚洲盟主的意识。——所以,"亚洲"论在明治到大正年间非常流行和兴盛,并且成为"二战"时代"大东亚共荣圈"侵略理论的基础[21]。

关于日本的这个亚洲论,大家可以看竹内好编的《亚洲主义》(筑摩书房,1963),简单的可以看野原四郎写的词条"大亚洲主义"(《アジア历史辞典》第六卷,平凡社,1971年第七版,6—7页)。我要先说明,沟口雄三当然并不是延续这种思潮,但是,身处日本的他也用"亚洲"这个空间来构造一个和欧洲相对应的文

---

[19] 所以在那个时代,日本各方都有把"亚洲"视为一体的计划和行动,例如明治六年(1873)佛教徒中的小栗栖香顶在《护法论》中说,三教(儒道佛)协力、三国(日中印)联手,向世界推广佛教,参看葛兆光,《西潮却自东瀛来》,载《葛兆光自选集》,广西师范大学出版社,1997。
[20] 龟井胜一郎、宫川寅雄编《冈仓天心集》(筑摩书房《明治文学全集》38,1968)。
[21] 比如1945年出版的平野义太郎《大アジア主义の历史の基础》(东京:河出书房,1945)的序文里,就引用冈仓天心的话为依据,还在强调亚洲在地理、血缘、文化、历史上的一体性(日满华中心),以及从英美桎梏下解放的必要性。

化、历史和知识空间,并以此作为中国历史研究的基础,对于中国学界来说就有些麻烦。因为中国学界并不习惯这种"从亚洲出发的思考",而是日本才有这种思考的基础。

为什么呢?简单地说,日本在近代化的过程中,在观念上出现了三个可能或者可以作为选项的"认同":第一个是象征着近代化的西方,就是"西洋",以民主、进步、理性、富强、科学为标志,这是西方文明,就是过去所说的"脱亚入欧"的"欧"。第二个是亚洲主义的东方,这也是东方文明,是传统的以佛教和儒家、自然简朴、内在超越、忠孝之道等为标志的东方文明。第三个是日本自身,强烈的民族自尊和自豪和同样强烈的日本国家主义。这三个认同,和日本自德川时代以来的东洋、西洋、日本的世界观念有关。[22]可是,进入现代的中国呢?却只有两个认同选项,不是中体西用,就是西体中用,进步富强科学民主的那个"西方",或者是固守本位的那个东方(实际上就是中国),从来就不曾把"亚洲"或者"东亚"算在里面。

这当然是有历史原因的。朝贡体制下的中华帝国,基本上是以自我想象的天朝大国为中心的,直到西方人的坚船利炮来了之后,"中国"便有了一个对应的、富强的"西方",即使讲到"东方",心中想的就是"中国",从来没有想到自己要入亚洲、入东亚,才可以和西方对应。当然,古代中国遗留的关于"天朝大国"

---

[22] 子安宣邦说,"'东亚'并不是一个实体,不存在于地图之上""'东亚'概念是以中国及其文化的支配、传播范围为前提,由'论述'(discourse)所建构出来的地域概念"。他觉得,一旦使用了"东亚"这个概念,就等于默认"中国儒学"向周边产生影响这一"空间"的实在。但是,实际上用"东亚"与不用"东亚"概念,其实都是日本学界,中国学界一直很少用这个空间单位,那么,如果它不是以中国儒学为中心的空间,那么,它得以成立的前提是什么呢?子安宣邦指出,20世纪40年代,日本用这个概念,说明"日本人对于日本帝国作为'东亚'的政治核心,以及日本帝国所希望支配的范围,都已经了然于心"。见子安宣邦著,陈玮芬译《东亚儒学的批判与方法》序言,V—Ⅵ页,台湾大学出版中心,2004。

第三讲 "前近代""亚洲出发思考"与"作为方法的中国"

的历史记忆,并不是什么值得夸耀的东西,不过,这种记忆是历史存在,它不会考虑一个相对于西方的"亚洲",或者一个可以互相认同的"同文同种"。因此,亚洲主义在很大程度上是日本的"亚洲主义",而不是中国的"亚洲主义"。这个作为西方的"他者"的"亚洲",往往只是日本想象的共同体,而不是实际存在的共同体。

所以,我在2002年写了一篇关于晚清民初中国和日本的亚洲主义论述的文章,发表在《台大历史学报》上。有人也许会说,不是中国当年也有梁启超、章太炎、孙中山等讲过大亚洲主义等的言论吗?[23] 其实,这是一个误会。从明治到大正,日本似乎确实有一种"提携支那"的热情和"同文同种"的想象,有人觉得,在晚清到民国初期,中国好像也有人很热心这些有关"亚洲"的说法。不过,这都忽略了当时中国真正的心情和感情,更误看了当时的历史,一个仍然处于传统与近代转换期间的中国,未必愿意接受这种以日本为首的"亚洲主义"。以孙中山为例,虽然他也有提倡中日共同提携、亚细亚一家、中日合作强亚洲的说法,[24] 甚至还在《三民主义》第一章《民族主义》里面,也讲从日本的维新运动看到新希望,把日本当做榜样,并且把白人和亚洲人相对应,把日本当做亚洲的未来代表等。日本的藤井升三曾经写过一篇《孙文的亚洲主义》[25],其中说到1913年孙中山到日本,和首相桂太郎的谈话里面,赞同中日联盟,1917年和河上

---

[23] 贝塚茂树《孙文与日本》(讲谈社,1967)已经涉及孙中山的亚洲思想,170—172页;武田清子认为,孙中山虽然在1924年11月28日在神户演讲中提出"亚洲主义",但是其实1913年在大阪的演讲里面已经有这方面的内容了,见《正统と異端のあいだ》(东京大学出版会,1976)中的《国家、アジア、キリスト教》第二节《アジア主義における孫文と滔天》,273—331页。但是,这个判断是不对的。
[24] 《在日本东亚同文会欢迎会上的演说》(1913)、《同题异文》之二、《在东京留学生欢迎会的演说》(1913)等等,载《孙中山全集》第三卷(中华书局,1984),14、16、27页。
[25] 载《中国近现代史论集:菊池贵晴先生追悼论集》(汲古书院,1985),413—438页。

清的谈话也承认亚洲主义等等。但是，你要看他是在什么时候、什么场合讲的，后来在1919年他就变了嘛，他在1919年接见鹤见佑辅的时候，就批评日本对华外交的彻底失败，而1924年到日本去，虽然讲了亚洲主义，但是又大讲"王道"和"霸道"，这是什么意思？而"五四"前后的李大钊的"新亚洲主义"，尖锐批判日本试图通过亚洲一体来并吞中国，其实也不是日本所想象的那种亚洲主义[26]。他们这样讲的原因，一方面是因为对西方列强侵略的警惕，换句话说，是由于"西方"或"欧美"的压力而被逼出来的一个"东方"或"亚洲"。至于联日的具体心情，或是在处于困境时对日本支持的感铭在心，如梁启超；或是出于反满的汉族民族主义或者出于反观中国时的痛心疾首，如章太炎；或是访问日本时的外交辞令，如孙中山，其实都未必真的对所谓"亚洲"有真心的认同。[27]另一方面，这也只是处于积贫积弱状态下的中国知识人，对日本迅速"富强"与"文明"的艳羡，这种艳羡的价值基础恰恰是对西洋文明以及近代性的认同，日本在当时中国人看来，不是日本，好像是化作日本的欧洲呀。所以，说亲日兴亚这类话的人，心里想的，并非是对日本民族与文化的认同，甚至不是对亚洲的认同。研究历史的人，最忌讳的就是脱离语境把文献资料从历史里面抽离出来。这里我不多说了，大家有兴趣，可以看我的那篇论文。

这种倾向也影响到日本的东方学界，这从明治时代就已经开始。有的可能并没有政治意图，比如最早一些追随西方逐渐形成

---

[26]《李大钊选集》(人民出版社，1962) 127—129页。

[27] 赵矢元《孙中山的大亚洲主义与日本的大亚洲主义》一文指出，孙中山在1924年发表的《大亚洲主义》演讲，"题目本不是孙中山要讲的，而是日本神户商业会议所、日华实业协会等五团体提出的"，而且他把认同和排斥的标准已经从同文同种转向了"王道"和"霸道"即压迫与被压迫，所以与明治维新以来日本一般的大亚洲主义不同。载《中日关系史论文集》，183—194页，黑龙江人民出版社，1984。

第三讲 "前近代""亚洲出发思考"与"作为方法的中国"

研究风格的日本中国学研究者，对于中国"四裔"如朝鲜、蒙古、满洲、西藏、新疆有格外的关注，而不再把中国各王朝看成是笼罩边疆和异族的同一体。[28] 但是，这一原本只是学术研究的取向，逐渐变成了一种理解中国的观念，很多日本学者提倡"东洋史"也就是"亚洲史"。早期像桑原骘藏等等，后来影响很大的像宫崎市定《亚洲史研究第三》就把西洋史和东洋史对应，并且把东洋史理解成为亚洲史，[29] 这在"二战"前后的日本历史学界形成热门话题。但是，也有的是有明确政治意图的，尤其在"二战"的前后，为了"亚洲一体化"，换句话说就是建立"大东亚共荣圈"，提倡"亚洲"研究，举一个例子，"二战"之前的1923年，矢野仁一出版的《近代支那论》，开头就有《支那无国境论》和《支那非国论》两篇文章，矢野认为，中国不能称为所谓民族国家，满、蒙、藏等原来就非中国领土，如果要维持大中国的同一性，根本没有必要推翻满清王朝，如果要建立民族国家，则应当放弃边疆地区的控制，包括政治上的领属和历史上的叙述。[30] 1943年，在第二次世界大战的关键时刻，他更在广岛大学的系列报告中，提出了超越中国，以亚洲为单位的历史叙述理论，次年以《大东亚史の构想》为题出版。[31] 当时的日本政府，也有意识地支持这种

---

[28] 参看桑兵《国学与汉学》第一章"四裔偏向与本土回应"，浙江人民出版社，1999。

[29] 宫崎市定《アジア史とは何か》，收入其《アジア史研究》第三（京都，同朋舍，1957,1979），1页。

[30] 矢野仁一《近代支那论》，弘文堂书房，1923；参看五井直弘《东洋史学与马克思主义》，载其《中国古代史论稿》，58页，姜镇庆、李德龙译，北京大学出版社，2001。五井氏指出，随着"二战"时期日本对中国的占领，激发了日本当时的东洋史热，矢野的这种论点越来越流行，例如《世界历史大系》（1933—1936年，平凡社，26册）和《岩波讲座东洋思潮》（1934—1936年，岩波书店，全18卷）就是这一潮流中的产物。此期间，又相继出版了池内宏《满鲜史研究》（冈书院，1933）、冈崎文夫《支那史概说》上（弘文堂书房，1935）、桔朴《支那社会研究》（日本评论社，1936）等等，均多少有这些观点的影子。

[31] 矢野仁一《大东亚史の构想》，31页以下，东京，目黑书店，1944。

"亚洲研究",要求学者论证亚洲文化的一体性,论证文化原来是从西往东传播,顶峰就在最东方的日本,然后即将从东往西,趋势就是把东方最精华的文化从日本向朝鲜、中国以及中亚南亚辐射开去。像宫崎市定他们就曾接受过这种研究指向,虽然也有学者不同意,但是战争状态下的学界是没有独立性的。可是,这种历史论述的思路,不仅有其基础,战后仍然有其影响,常常每转即显,有时也借尸还魂。特别是,近年来由于一些复杂的原因,特别是日本、韩国与中国学术界出于对"西方"即欧美话语的警惕,出于对以西方为标准的现代的反抗,往往接受同样来自西方的后殖民主义理论(如东方主义)的影响,怀着摆脱以欧美为"普遍性历史"的希望,使得这种"亚洲"论述越来越昌盛。

可是,"亚洲主义"在日本虽然是一个历史存在,但是,把"亚洲"这个空间作为中国、日本和朝鲜研究历史和文化的基础,觉得有一个叫做"亚洲"的文化、历史和知识的共同体,让大家来认同,让历史学家把它当成一个历史世界,恐怕只是日本的幻觉,或者是想象。为什么是幻觉和想象?我们要知道,亚洲各国,其实差异是很大的。你说,要从亚洲出发来思考,要超越各个民族和国家的历史局限性,当然很好,可是要注意,亚洲并不像冈仓天心说的是一个,而是差异相当大的,且不说西亚、中亚和南亚,就是东亚三国之间,至少自从丰臣秀吉16世纪末进入朝鲜发生壬辰之变,1614年德川秀忠发布"驱逐伴天连之文"中,自称是神国与佛国,"尊神敬佛",尤其是1644年,清朝取代大明成为中国的统治者以后,这个差异就越来越大了。顺便说一句,过去中西历史和文化的比较研究中,人们常常说"异",中国如何,西方如何,强调的往往是可资对照的不同,而中日或者东亚各国的比较研究常常讲"同",为什么?因为第一是有历史上确实存在"汉字文化圈"的记忆,第二是人们觉得东亚诸国同文同种,儒家文化影响深远，第三是觉得"东方"应该可以成为和"西方"对比的整体。

其实未必，就算是在文化上有很深关联的东亚，也未必那么同一。下面我们不妨看看近几百年有关中国、日本和朝鲜的文献资料。

首先，原来日本、朝鲜、越南对中华文化的认同，是和天朝上国和先进文化的崇敬合二为一的，可是，在这个时代文化却渐渐分离了，更不要说政治上更是互相猜疑。比如，我们从资料上可以看到，朝鲜文化人对清帝国是一肚子的瞧不起，你看《燕行录》里面的各种各样的记载和诗歌，你就知道他们是把清帝国看成是"蛮夷"的，而自己倒觉得自己是"中华"，是朱子学和儒家传统的真正继承者。而且他们一直替中国人想象着中国人对于政治沦陷和文化堕落的悲哀和愤怒，好像他们才是汉族文明的拯救者，正是因为朝鲜王朝和这个民族对于文化的固执和坚持，他们最后的转变，确实是和外来的西方（欧洲）和东方（日本）冲击有关。而日本呢？日本一方面没有文化固执，因为他们的上层文化多是外来的，德川时期虽然上层开始接受朱子之学，也要学习中华礼仪，照样写汉文诗文，但对于实际的中国也一样瞧不起。因为他们看到明清易代之后，中国文化已经是"华夷变态"，所以有一种文化的傲慢。另一方面，它的下层文化堆积层又很坚实，尤其是在私人生活领域里面，就是丸山真男所说的"古层"，这个堆积层却并不是儒家的世界，加上他们没有科举教育制度和上下流动机制，所以上下文化是不同的，这倒和中国社会和文化状况很不一样。日本现在很多人都开始注意这一点，都指出日本因为实际社会生活和风俗的影响，逼得朱子学自身不得不转型，虽然在"公"领域里面可以坚持正统的政治理想和观念，但在"私"领域即生活世界中，却不得不去适应日本那种并不严厉的道德和伦理生活。这使得朱子学渐渐被"古学"所代替,回到古代经典的世界,生活和政治就可以分别处理了,而这种"古学"又渐渐被去中国化的"国学"代替,日本自己的经典、学问和宗教开始成为日本自己民族国家的政治依据。这样,在进入近世的时候,日本就和中国、朝鲜不一样,它的民族主义资源和深厚的私人领域,是面对西洋冲击,接受西洋文明时的"古层"和"低音",它会不断修正和改变外来的文化。所以,一个东亚,17世纪以后,实际上是三个不同的世界,有时候,东方和东方的差异,比起东方和西方来,一点儿也不小,这是应当注意的。

其次,从思想史的角度看,还有一个问题很重要,就是知识分子的差异性。在中国和朝鲜,所谓士大夫,是从科举中出来的,而在没有科举制度的日本,在由武家支配的社会里,"士"或者就是世袭的武士,或者只是一艺之师匠,所以他们并不拒绝各种其他的知识和技术,像解剖、航海、医学、塾师等等,甚至习武,并不像中国和朝鲜的士那样,有特权和有条件,可以从事思想学术,并且掌控话语。所以文化环境并不一样。渡边浩指出,1687年,在两百六十多个藩里,只有四个有教儒家学问的藩学,到1715年,设有藩学的也不过就是十个,所以从文化和思想史上,不能简单地把中国、朝鲜和日本混同起来。[32]那么,朝鲜和中国呢?其实也不一样,朝鲜有"两班"制度,几乎可以参加科举的人,都是世袭的,这种以祖先、家世来规定身份和前途的社会,和理论上人人可以参加考试,形成社会流动的中国很不一样,和实际上常常从事各种职业(比如入幕、任塾师、作宾客、为乡绅等等),因而思想比较多样空间的中国也不一样,它的思想领域,同一性很强,可变性却很弱。

---

[32] 渡边浩《日本德川时代初期朱子学的蜕变》,载《史学评论》第五期,191—194页,台北,1983。

第三讲 "前近代""亚洲出发思考"与"作为方法的中国"

再次,从过去历史上各自关注的思想问题来说,三国也很不一样。我们分别来看:(一)朝鲜国内并无族群问题,也不大有阶层问题,它一直作为中国的藩属之国,认同和服从中华帝国,所以也不太有国际问题,甚至也很少有儒家内部的学派冲突。虽然有北学之类,但基本上是以朱子学为中心,好像一大批士大夫,在一致地和异端像天主教、阳明学、佛教等作斗争。在这种较量里面,儒家尤其是朱子学始终是主干,伦理道德论述的儒家传统是坚强的主流。(二)而中国却不一样,佛教、道教都提不出太有影响力的命题,而天主教的资源只是在某些领域里面发酵,所以,明清以来一直是儒家内部的各种倾向在互相角力,朱子学和阳明学,考据学和理学,今文和古文,各种倾向在互相冲突,但是,潜在的族群问题、外面的中心与边缘问题、内部的中央与地方问题、历史上的汉、宋问题都存在。相反,实际社会生活和伦理原则之间的冲突,却因为儒家基本伦理在制度化、普及化和风俗化的落实下,更因为有了乡村宗族组织的建设,反而没有突显出来。(三)而日本呢?它当时面对的话题,是(1)封建、天皇、将军的关系,(2)华夷之辨以及日本国家自主性的确立,(3)神道的合法性及其与政治的关系,(4)佛教是否是国教的问题,(5)风俗和天理的冲突问题等等,这是相当不同的。

所以,最近这些年我感觉到特别麻烦的,就是这样一件事情。沟口先生和日本、韩国很多学者,几乎可以说是主流学者,在书写历史的时候,研究文化的时候,都喜欢用"亚洲"这个单位。从宫崎市定以后,他们就讲"アジア史",这简直成了风靡一时的东西。一直到20世纪90年代,出现了一个高峰和热潮。比如说,在中国大家都比较熟悉的,像沟口雄三和其他日本学者主编了一套影响很大的书,一共七册,叫做《アジアから思え》即《从亚洲出发思考》,第一册是《交错的亚洲》,第二册是《地域的系统》,第三册是《周边的世界》,第四册是《社会与国家》,第五册是《近代化像》,第六册是《长期社会变动》,第七册是《世界像的形成》,影响相当大。从这套书里你可以看到,这里的理论和方法,来源很有趣:第一是日本百年来的亚洲史研究传统,第二是西方传来的区域研究新倾向,第三是同样来自西方的后现代后殖民的理论,第四是来自年鉴学派"长时段"的历史研究观念。可是,近来这一倾向很热火,日本出版了一系列以"亚洲"或"东亚"为主题的书,比如1992年荒野泰典等合编的《亚洲中的日本史》,1996年古屋哲夫编的《近代日本的亚洲认识》,1997年小路田泰直的《日本史的思想:亚洲主义与日本主义的冲突》等。[33]大家顺便要记住,这里说的亚洲实际上往往就是东亚。可是,日本学者的这一理论、实践和著作,似乎很新,给周边带来了很大的影响,有一些中国学者也跟着,大家都简单地去谈论亚洲和东亚。

我当然理解,用亚洲作为一个空间单位来研究历史,有一个好处,就是它超越了民族国家的局限性,这是它的好处。[34]我们都会感觉到,通常在中国学术界讨论中国社会、思想、学术和文化的时候,不太会考虑"亚洲"特别是"东亚"这个背景。这里的原因很复杂,首先,它可能与传统中国的"天朝大国"的观念、来自朝贡体制的历史记忆,以及近代民族主义思潮有很大的关系;其次,它可能与现代中国学科体制和学科传统有关,中国文学、历史和哲学的研究者,往往满足于一个自足的"中国",也常

---

[33] 小路田泰直《日本史の思想:アジア主義と日本主義の相克》,东京,柏书房,1997。古屋哲夫《近代日本のアジア認識》,东京,绿荫书房,1996。荒野泰典、石井正敏、村井章介编《アジアのなかの日本史》,东京,东京大学出版会,1992,特别参看第一卷《アジアと日本》的卷首《刊行にぁたつて》。

[34] 荒野泰典、石井正敏、村井章介编《アジアのなかの日本史》第一卷卷首就说,他们关于日本史的基本视角有:(一)用文化人类学的方法,使民族从国家从属地位解放出来的民族视点,(二)超越国境的地域视点,(三)比较的视点。

第三讲 "前近代""亚洲出发思考"与"作为方法的中国"

常瞩目于另一个可以作为"他者"的"世界"（其实是西方），因此，中国历史学研究的单位，不是"中"就是"西"，世界史没有中国，中国史没有世界。而"亚洲史"通常是"世界史"的一部分，因此，中国历史常常研究的是"没有亚洲的中国"。这与长期以来逐渐形成"东洋史""西洋史""本国史"三分天下的日本情况不同（由于日本有"东洋"这个概念，又必须面向西邻的朝鲜与中国，所以对于"东亚"有一种关心，无论这种关心出于什么目的），因此，在中国研究中间提倡"亚洲视野"或者"东亚史"的研究，自然有其意义。

不过，我们承认它的意义，但在谈论这个问题的时候，很容易忽略一些问题。什么问题呢？

第一个，它想象了一个亚洲，想象了一个具有共同性和同一性的亚洲，而忽略了亚洲和东亚的内在差异。我们不可以用"同文同种"或者黄皮肤、黑头发这样的表面现象，去想象文化，文化和人种是两回事——这里面是有非常复杂的问题的。

第二个呢？它忽略了东亚的历史变化。实际上东亚文明的"一体性"，如果真的有，也更多地存在于汉唐到宋的时代。我们通常讲"儒家文化圈""汉字文化圈"这一类的概念，却常常忽略了从汉唐以来到明清，实际上历史是在不断变化的。这些国家、这些民族的文化是在不断地变化的。汉唐时代共同享有的华夏文明，到了宋元明清时代的朝鲜、中国和日本，恐怕已经渐渐演化成了各自的文化。如果说，过去曾经有过一个共同基础的话，我们可以相信，它是建立在汉唐中国文化基础上的，到了明清以后，真的还有这个文化认同吗？没有了这个同一性和认同基础，我们现在所谓的"从亚洲出发"，是从哪一个"亚洲"出发去思考问题呢？

第三个呢，我觉得还有一个麻烦就是说，当我们想象一个亚洲或东亚的同一性的时候，它就会带来一个新问题，你怎么解释在同一性文化中间的这三个国家——中国、朝鲜和日本，在进入所谓全球性的近代的时候，它们的经历和路程是不一样的。所以，我在2005年北京的"东京大学与北京大学学术论坛"上就讲到，我同意用"亚洲视野"这个词，但是，"亚洲视野"只是"中国研究"的背景，就是说研究中国学的人在考虑问题的时候，是要考虑到"亚洲"这个背景，要用这个背景来解释一些历史和文化问题，但是并不是用"亚洲"来取代"中国"。

为什么？毕竟过去的"国家"，在历史上确实是一个可以作为历史研究的单位，过于强调和固守"国家"边界，只看到特殊性固然不好，但是也要小心地防止另一个倾向，就是用"区域"（亚洲）的普遍性，来淡化各个国家的特殊性，因为历史上东亚诸国的国家边界、国家意识、国家对于文化的形塑力量，是欧洲以及其他地方都不能比拟的，在这里，"国别史"的意义没有那么小，而"区域史"的意义没有那么大。

三 什么是"作为方法的中国"？

在2000年的日本重要学术刊物《东方学》100期上，沟口先生发表了一篇《中国思想与中国思想史研究的视角》，这篇文章里面讲到20世纪后半叶的研究视角，要从单纯的中国思想史研究，转向以亚洲为基础的研究，因为"亚洲并非是欧洲意识中的东方，而是自立于，或者至少是应该自立于欧洲的另一个世界，……是在世界史中拥有存在的理由的独立的世界"。他觉得现在是更新换代的时候了，他希望以后的年轻人要有大变化，什么大变化？就是"以亚洲为视角的伊斯兰研究、印度研究或东南亚研究"。当然，更包括他自己所从事的专业，就是中国研究。

前面说到，提倡以亚洲为整体历史空间的研究，其实问题意识一开始是针对日本的。他说，日本研究中国的人，第一是不假思索地把中国思想看成是自己的传统和思想，尤其是把中国和日本都看成是儒家国家，自己也出身于这个文化圈，所以同文同种。我想，沟口先生的这番话是针对京都大学学术传统的，因为京都大学从狩野直喜等人以来，一直是把中国学问当做日本自己的学问来做的。他们一方面觉得日本文化与六朝隋唐文化相关，一方面觉得自己的学问风气与清代学问风气相连，所以常常有把中国学问当做日本学问，或把日本文化看成是中国文化的接受和延续的看法。沟口先生觉得，这忽略了中、日、韩的差异。第二，沟口雄三先生也反对把中国看成是"外国"，完全把儒家中国当做"他者"，把中国当做纯粹的外国，进行"实证"的"技术"的研究，他觉得这也不对，如果说，前者是不加分析的"同一"，后者就是没有理由的"为二"。所以第三，他提出要"从亚洲出发思考"，先确立一个和欧洲不一样的，甚至可以作为欧洲的"他者"，可以作为和欧洲对比单位的"亚洲"，所以他说，"以欧洲为基准的历史价值观适用于中国的看法，已经不再具备生产性"。他觉得过去中国的思想史，可能是接受"欧洲尺码"而制造出来的，因此，他要确立一个很重要的观念，就是"欧洲是特例，而不是普遍性"，从这种立场来重新理解东方，尤其是中国"文明生态的差异"。

这个看法，其实在1990年出版的《作为方法的中国》里就已经形成了。表面上看，他是对中国思想研究发表意见，但你细读之下就会知道，他首先关心的还是日本，尤其是他自己所在的日本中国学界。我要顺便说一点，我们研究中国历史、文化、宗教的中国学者，常常比较关注国外的中国学家，这当然无可非议。但是，我们常常因为过度关注，就忘记了他们在他们国家的学术界，其实是很边缘或者是少数的一批人，未必是他们国家的学术主流，像美国，研究英美文学历史的是主流，影响大，但是，像我们熟悉的一些研究中国的学者，你去打听一下，在他的国家一定很陌生，因为"中国学"充其量和印度学、埃及学一样，既不是他们自己的文明之根，又不在他们关怀的现实中心，所以很边缘。通常，亚洲研究系是很小的。当然日本不同，过去，日本的中国研究或者叫东洋研究都是很大的，因为传统上很多日本学者都认为，要理解日本文化，就要从中国文化的研究开始。为什么过去日本研究魏晋南北朝隋唐的人那么多呢？就是因为这是奈良时代和平安时代的文明之根，而京都学者干脆就觉得中国的经世致用和实事求是之学问，包括经学、文献学、考据学，都被日本继承了，觉得研究中国就是研究日本，所以，东洋研究尤其是中国研究曾经是很盛的，大家有兴趣可以看近些年出版的《日本中国学会五十年史》《东洋学的先驱者们》《京大东洋学的百年》等。

在这里，我顺便简单介绍一下日本的中国学史。第一，早在明治时期，受到西洋学术方法和观念的影响，日本传统的"汉学"就开始转型为现在意义上的"中国学"，像那珂通世、白鸟库吉、内藤湖南、桑原骘藏、服部宇之吉、青木正儿、狩野直喜、新城新藏、武内义雄、石田干之助等等。其特征是什么呢？我想，一方面扩大中国学的周边研究，一方面引入历史文献和语言学的新方法，同时关注原来非主流的历史与文化现象，思考与联系现实中国的各种问题——这是确立日本中国学的现代转型。第二，逐渐成熟的日本中国学，出现风格和重心的差异，东京大学与京都大学的中国学不同。前者关注"四裔"（满蒙朝越及中亚）与瓦解中国，引入西方哲学和语言学观念方法，对于日本自身问题意识之浓厚；后者沿袭清代学术中课题与考据方法，把中国学文献化与历史化，偏重古代中国和经典中国的研究——产生两种中国认识，并形成两种中国学流派。第三，经历了"二战"，日本中国学被绑在战争之中，学术成为政治，便都有很大的损失。战后日本

第三讲 "前近代""亚洲出发思考"与"作为方法的中国"

对于中国学的反省,首先是批判中国学家与侵略战争之共谋,其次是有人以中国为例,提出另一种近代主义的新途径和新典范是中国,再次是马克思主义史学的兴起——追求新的进步的中国学。这是日本经过"二战"失败,出现的第一波反省。他们追问,中国学家与侵略战争共谋,是不是因为日本中国学界蔑视现实中国和想象古代中国的结果?这是不是因为日本中国学界以欧洲式的进步来衡量日本与中国的近代化所造成的?这是否和日本近代的"亚洲连带论"或"亚洲主义"有关?第四,经过60年代,由于中国"文化大革命"的动乱,加上日本类似"全共斗"这样的风波,打破了一些中国学家对于现实中国的迷思,有人把它形容成为"新梦の幻灭"。他们在心里开始对热爱与想象社会主义中国进行反省,他们开始反思对于社会主义大民主的想象,以及对于计划经济和抑制分化的称颂。特别是,由于当时日本越来越发达,和中国渐行渐远,与美国却越来越近,因此"中国研究"逐渐边缘化,在思想的影响力和吸引力上越来越小,这个领域变得冷清起来,中国学渐渐脱离政治,成为专业的学院派学术。因此,近年来的日本东洋学或者中国学,好像越来越衰落了。

其实,这一方面是正常现象,世界那么大,你不能总是研究中国甚至是古典中国;另一方面也是形势比人强,中国在日本主流的学术界和思想界,越来越不重要了,中国的实力弱是一个原因,中国研究没有给日本提供新的思想资源和文化动力是另一个原因。因此,沟口雄三就是在这样一个背景中,开始反思日本的中国学。我想,我们有必要理解他的动机和想法。我觉得,沟口先生的现实焦虑实际上是在日本的中国学如何定位,日本中国学是否可以给日本提供新经验和新刺激,日本中国学怎样重新回到日本思想界的主流中来这样一些思考上面。《作为方法的中国》的问题意识就是针对这样一些背景而产生的。如果让我简单地说,他把解决这个问题的思考，分成了五步：

第一，"没有中国的中国学"。他很敏锐地提出，中国学的前身即广义的汉学，本来就是日本人对古典中国的认同和兴趣，自从丰臣秀吉以后，想象和把玩古典中国，把古典中国和现实中国分开，成了一种取向。所以在这种研究里面，"中国"并不是日本的"他者"，也没有真实的现实中国，他们不了解或者不愿意了解近现代的中国，只是在想象一个曾经和日本文化有关的古典中国，所以，这是"没有中国的中国学"——大家也许看得出来，这可能是在批评京都学派，批评他们沉浸在古典中国之中，还觉得自己是继承了传统中国的经学和考据学，把中国当做文本上的东西来研究。

第二，"把中国古典化"。紧接着上面的意思，沟口先生尖锐地批评日本的中国学界，重要的批评有几点：（1）他们把他们所研究的中国古典文化与日本传统相连，古典中国变成了日本自己的传统。（2）有的日本学者还把近代以后的中国，看成是丢弃了中华文化的国家，因此中国不等于中华，他们延续着德川时代以来的日本自认为是中华的习惯，把日本当做这一文化的正宗。因此，战后日本中国学对中国的兴趣，仍然是"倾向于那个古老而美好的中国"。（3）他们在现实中非常看不起中国，比如，津田左右吉为代表的"近代主义中国观"，就对现实中国采取批判的蔑视的观念。沟口认为，"近代日本自认为比亚洲、非洲先进的观念，是因为没有根据各民族固有的、内在的价值标准把握其文化，（同时，这一观念）也来源于将欧洲的近代当做普遍的价值标准，并单方面向其归属"[35]。所以，这种看似欧洲中心主义的历史观，反

---

[35] 在一篇评论津田左右吉的论文中，沟口承认，自己的立场与津田有一种微妙的关系，因为津田虽然由于近代主义观念，产生对中国的蔑视，但是，他使中国"独立"于"世界"了，而沟口自己则接受了津田的这一方法，尽管他并不主张蔑视中国，但他同样强调各国文化的独特性。

而助长了日本自大的民族主义,甚至产生像"大东亚共荣""拯救中国"等观念(5页)。——必须补充说明,沟口先生对日本民族主义催生的侵略性的批判,不仅有他的合理性,也表现了他的正义感。

第三,另一种没有中国的中国学。沟口先生对于日本战后的左派史学,也有他自己的评价和反省。1949年以后,在反省侵略行为和抵抗美国占领的双重背景下,日本有一种"重新在中国发现亚洲"的思潮,就是对新中国的向往以及受中国马克思主义史学的影响。在这种背景下面,日本中国学界有一种对于近现代中国的另类想象,就是觉得,可能中国象征了和欧洲不同的、独特的、革命和进化的"异端"中国。所以,像前面提到的竹内好、山井涌、岛田虔次等,都在努力寻找"中国的近代"。比如竹内好,就把中国革命看成是"亚洲应有的光明未来",觉得恰恰由于中国缺少欧洲式的近代,从而完成了日本没有实现的社会革命,政治上建立了反帝反封建的共和体制,思想上彻底打倒了作为封建意识形态的儒学。在竹内好看来,中国近代虽然不断地抵抗和失败,其实,恰恰产生了非西方的、超越近代的"东洋",而日本则"什么也不是"。——沟口认为,这也是割断了历史,凭着自己的想象发现中国,由于这个想象的中国与实际的中国之间的差异,使中国学还是在"抛开中国读中国"(91页),所以也是"没有中国的中国学"。

第四,他提出,重建中国学的关键是把中国作为方法。所谓"作为方法的"日语是"方法としての"。这是一个很复杂的词语,像竹内好有"作为方法的亚洲"、子安宣邦有"作为方法的江户"等等,大概的意思应当是,把研究对象放回当时的语境里面去,甩掉层层积累的、后设的概念和思路,重新思考它在当时的历史。但是,可能沟口的想法要复杂得多,首先,他要求研究中国的学者，抛开习惯的各种固定看法，以多元主义的观点来看世界和中国，要承认中国是"多"中之"一"；其次，这个"多"中之"一"的中国，应当和欧洲并举，欧洲和世界的各个文化历史单位，包括"中国"，都是多中之一，都不能宣称自己的价值是普遍价值，自己的历史进程是普遍性进程；再次，日本和中国一样，也是多中之一，所以，中国是日本一个巨大的"他者"，中国和日本是两回事。要把日本和中国区分开来，明白中国是一个对应于日本的"外国"，然而，研究中国这个他者和外国，其实，就是为了研究日本自身。

第五，如果仅仅是这样，那么，中国学就成为外国研究，就和日本无关了，中国学应当处在寂寞和冷落的边缘位置。但是，沟口的高明处就在于，他提出了建立"亚洲"论述的说法，给日本中国学回到日本主流和进入公众关注的视野，提供了契机。这个使中国学重回中心的步骤是这样的：（1）中国是日本的"他者"，你要确立这一观念，才能客观和冷静地看中国，也才能摆脱古典中国与日本的纠缠，才能关注活生生的中国这个庞大的存在；（2）日本在亚洲，不能永远追随欧美，要从欧美巨大的阴影下挣脱，建立一个对应于欧美的自我，因此要看到自己在亚洲，亚洲问题才和日本息息相关，因此要提倡"亚洲出发的思考"；（3）中国也在亚洲，朝鲜也在亚洲，这不仅仅是地理问题，也是历史问题；（4）中国和朝鲜，因为和日本同属亚洲，所以，他们的一切和日本自身的问题密切相关，因此绝不容忽视；（5）因此，日本的中国学和朝鲜学，都是与日本自身相关的学问，它必须得到极大关注，也应当成为日本自身问题的一部分。

各位请看，沟口先生努力使中国学重返中心的步骤就是这样的。我觉得，他对日本的中国学有很大贡献，就是把逐渐边缘的日本中国学，渐渐拉回到日本学术世界和社会视野的中心。我理解沟口先生的这一抱负,同时我也看到,日本中国学界近年来的一些积极变化,显然就是这种努力的积极后果。这种变化可以归纳为四个方面。第一,中国学由于有了这些与日本真正相关的问题意识,所以在"中国学"成为"外国学"的时候,通过"亚洲"这个空间的连接,使中国学成了与日本有关联的学问;第二,它使一些本来是研究日本、朝鲜甚至越南的学者,也开始关注中国和朝鲜的话题,比如,像一直从事日本思想文化研究的著名学者渡边浩、黑住真、村井章介、平石直昭、山室信一等等,都开始介入有关中国和朝鲜的研究;第三,它使日本学、朝鲜学和中国学,都有了一个比较大的视野和背景;第四,和日本有关系但又有区别的中国、朝鲜的"近代",成了日本学界共同关心的重点(特别在东京),而不是像过去那样,"古典"作为中国学的中心,并被不加区分地和日本古代混在一起。

因此,他们会关注和讨论这样的一些问题:中国进入近代的时候,何以不能像日本那样有一个"明治维新"?中国在接受西方思想、知识和制度的时候,何以会和日本的理解情况不同?中国在回应西方冲击的时候,为什么不能有"王政归还""神佛分离"等等举措?因此,中国学就和具有主流和笼罩地位的近代日本历史文化思想研究一道,成了日本学术界讨论的话题。关于这一点,只要看一看沟口雄三、滨下武志、平石直昭和宫岛博史所编《アジアから考える》七卷中的作者队伍就可以明白,当"亚洲"成为一个历史研究空间时,中国就和日本、韩国一样,成为一个与日本自身密切相关的话题。

小结 他山之石,终究是他山的

对于沟口先生的评论中,我强调的是沟口的问题意识、思考方向、研究结论,都有强烈的日本背景,但是,这并不是说,我们要抛开外国人的中国研究。其实，我这里借了沟口的书来讨论，主要想要强调的，就是"他山之石"。你一定要记住，他终究是他山的石头，不是你自己的石头，像沟口先生，我是非常尊敬他的。只是当我们理解沟口理论与方法的时候，千万不要忘记这些"差异"：

（一）沟口是针对日本学术界的状况特别是日本汉学状况发言的，他的问题意识来自日本，而我们的问题意识呢？

（二）日本中国学面对的问题，是如何区别"自身本有的古典文化"和"作为外来文化的中国古典"，区别和确立"他者"，是为了确立"自我"，就是日本自己的位置。而在中国，如果是研究中国历史和思想的学问，却没有区别的问题，需要的倒是把"中国"放在"世界"背景中理解。

（三）中国学至少在中国大陆是主流，并没有边缘的焦虑，而日本的中国学却在日本学界是边缘，不意识到这一点，就会有影响的焦虑。

最近，研究传统中国的中国文史学界，开始有了"走出（国外）汉学界"的声音。为什么？因为越来越多的人看清楚了，第一，外国的中国学，在外国是边缘，边缘常常想往中心靠，所以"跟风"是很厉害的，我们如果也跟风，不就等于三道贩子了吗？第二，外国的中国研究，有他自己的问题意识，和我们自己研究自己不一样，像法国人研究道教，其出发点就和中国人研究道教不一样，其出发点是传教士和人类学寻找"异"呀，同样，美国人评价科举，就和中国人评价科举不同，他没有晚清和"五四"的焦虑和经验呀。第三，因为问题不一样，所以评价的立场和方法都会不一样，别人搞后现代，是经过了一个现代，你也在前现代就搞后现代吗？人家用后殖民主义理论，那是来自印度、南非的经验中出来的，中国的历史恰恰是因为没有经历过完全的殖民统治，所以文化和传统的主体存在很顽强，常常要显现出来，你不可以邯郸学步，也不可以照猫画虎。

所以，我常常提议，研究传统中国的文史学界，应当把自己取法、对话和商榷的视野，从外国专门研究中国学的领域，扩大到其他方面。研究中国思想史的人，也应当走出欧美和日本的中国学界，与研究欧美、日本思想史的学者互相对话。这里的道理很简单，外国的"中国学界"，他们研究的中国是一个作为"他者"的"外国"，和中国的外国文学、世界史、西方哲学史之类研究"外国"的专业其实比较接近。而在他们研究自己本国的历史、思想与文化的时候，其研究的心情、思路和问题意识，倒可能成为中国人研究中国历史、思想与文化的借鉴和资源。这一点，在《思想史研究方法的变化》一讲里面已经讲了，希望大家格外注意。

【建议阅读文献】

沟口雄三《方法としての中国》，日文本，东京大学出版会，1989；中文本《日本人视野中的中国学》，李甦平等译，中国人民大学出版社，1996。

沟口雄三《中国前近代思想的屈折与展开》，索介然、龚颖中译本，中华书局，1997。

沟口雄三等编《アジアから考えて》七册，东京大学出版会，1990。

【参考文献】

岛田虔次《中国近代思维的挫折》，甘万萍译，江苏人民出版社. 2005.

岛田虔次《中国思想史研究》，邓红译，上海古籍出版社. 2009.

伊东贵之《沟口雄三》，张启雄译，载《近代中国史研究通讯》（台北）十一期。

Kuang-ming Wu and Chun-chieh Huang（吴光明、黄俊杰）关于《方法としての中国》的英文书评，载《清华学报》新20卷2期，1990。

李长莉《沟口雄三的中国思想史研究》,载《国外社会科学》(北京)1998年1期。

高明士《战后日本的中国史研究》(增订本),明文书局,1987。

葛兆光《重评九十年代日本中国学的新观念——读沟口雄三〈方法としての中国〉》,《二十一世纪》,香港中文大学,2002年12月号。

葛兆光《想象的还是实际的:谁认同亚洲》,载《台大历史学报》第30期。

吴震《十六世纪中国儒学思想的近代意涵——以日本学者岛田虔次、沟口雄三的相关讨论为中心》,载《东亚文明研究学刊》第一卷2期,台大东亚文明研究中心,2004。

杨芳燕《明清之际思想转向的近代意涵——研究现状与方法的省察》,载《汉学研究通讯》20卷2期,总78期,46—49页,2001。

陈玮芬《东洋、东亚、西洋与支那》,载其著《近代日本汉学的关键词研究:儒学及相关概念的嬗变》第三章,台大出版中心,2005。

第四讲　清代学术史与思想史的再认识

引言　清代学术和思想研究的意义在哪里？

思想史和学术史研究，似乎以清代最有吸引力，为什么呢？道理很简单：

第一，它是古代中国思想与学术的结束，也是西方影响下的现代思想和学术的开端，这个转换或者叫做转型的过程，一定最有意思。更何况在中国，终点和起点并不是那么清晰，彼此纠缠重叠，古代传统里面有现代因素，现代思想里面有古代资源。

第二，清代思想和学术的社会背景和影响因素很多。这是一个满族统治的时代，满汉问题本身就构成复杂的背景。又是一个西洋东洋列国的文化和学术都进入传统中国的时代，古今、东西就交错在一起了。还是一个版图越来越大，族群越来越多的大帝国，内外华夷、满汉甚至满蒙回藏鲜问题也出来了，一面是朝贡体制下的天下，一面是万国公法中的一国，还有一个庞大的多民族的疆域。它的问题的复杂性，会让你感到兴奋，大凡学术研究，越复杂越搅不清楚，你就越有用武的空间。

第三，清代学术和思想，大家都知道，主要表现在经史考证上，而考证的经史呢，又多是早期的典籍，所以，清代和先秦两汉，形成了中国的"两头"。因为它总是关涉到先秦两汉的思想和学术，比如经学啦、诸子学啦、早期的佚籍啦，所以，它成了古代思想史和学术史的两端之间的"联系环节"。从两端的叠影，看它们之间的互相解释，可以看到思想和学术史的巨大变化。

第四，清代的资料太丰富，你尽可以从这里面，不断发掘到新资料，而学术研究总是期待新资料来填补空缺的。

这就是清代学术与思想研究有意义的原因。

一 清代学术史的学术史

今天我们以艾尔曼（Benjamin A. Elman）教授的《从理学到朴学》作为文本，来当清代学术与思想史讨论的基础。当然，在这本书出版之前，关于清代思想和学术的研究，已经形成了一些大家熟知的典范，出版了好多重要的著作和论文了。通常，书写的历史总是实在的历史结束的时候出来的，就像经学即将结束的时候，出现第一部严格意义上的经学史即皮锡瑞的《经学历史》，传统文学结束的时候就有黄人、林传甲的《中国文学史》一样。对于清代思想与学术的总结性历史研究，出现在晚清，这是因为西方的学科制度和知识系统进来了，而传统的中国学术和思想面临重新组建和重新解释，这些论著的写作起因，也是西方学科制度和知识系统的刺激，新的学科框架、新的评价标准、新的论述语言都来了，所以，自从传统学术开始瓦解，它自身的历史也就被书写起来了。

下面是当时最重要的几个人的清代学术论述：

（一）1904年，章太炎在东京出版的《訄书》（重订本）里就有《清儒第十二》一篇，他强调清儒继承汉儒，而且以顾炎武、阎若璩、胡渭为首，显示了他偏爱朴学，强调汉代学术传统，强调重考据和反义理的一面。当时他注重的是反满的汉族民族主义，这种对清代儒学的描述，恐怕和他的政治立场和现实关怀有关。

第四讲 清代学术史与思想史的再认识

（二）1904年，梁启超也补写了前两年写的《论中国学术思想变迁之大势》的《近世之学术》一节，里面已经把清代划成了（1）顺康（重心在讨论程朱陆王问题），（2）雍乾嘉（汉宋问题），（3）道咸同（重心是今古文问题）、光绪（孟子与荀子的问题）。并且说到，清代初期学分新旧，新趋向的代表是顾、黄、王、颜元、刘献廷，他们开启了"应用的而非理想的"学术风气，而清代考据学全盛的时代，和欧洲的倍根（Francis Bacon，今译培根）相同。他们的方法，也有点儿像倍根的"归纳论理学"，只是因为"时主操纵"，就是皇权高压的缘故，虽然考据的精神接近科学，但是流于支离破碎，约束性灵。"不用诸开而用诸闭，不用诸实而用诸虚，不用诸新而用诸旧"，所以，"泰西以有归纳派而思想日以勃兴，中国以有归纳派而思想日益消沉"，不能像欧洲那样成就文艺复兴。不过，他受到进化论的影响，又拿欧洲的文艺复兴来比附，还是觉得，这两百年来的学术，仿佛"实取前此二千年之学术，倒影而缫演之，如剥春笋，愈剥而愈近里，如啖甘蔗，愈啖而愈有味，不可谓非一奇异之现象也"。他把它命名为"古学复兴时代"，这已经有了"复古"再"复古"的历史脉络，也含有了清代学术是中国文艺复兴的意思。[1]

（三）1907年，刘师培接连写了《近儒学术统系论》（原载《国粹学报》28期）、《清儒得失论》（《民报》第14号）、《近代汉学变迁论》等，大体上以"民族主义"为评价的基础，对所谓汉学，作了一番清理。尤其是《近儒学术统系论》，从（1）明末清初的浙学（刘宗周、黄宗羲）开始，一直说到浙江的万斯同；（2）从崇尚程朱理学的汤斌、陆世仪，到讲究实践的孙奇逢、李

---

[1] 梁启超《中国学术思想变迁之大势》，《饮冰室合集》（中华书局影印本）第一册"文集"之七。

颙；(3) 从王夫之、唐甄，到启发汉学的顾炎武、毛奇龄、胡渭、阎若璩、王锡阐、朱彝尊、梅文鼎；(4) 到考据学大盛的惠周惕和惠栋、余萧客，到所谓皖派的江永和戴震，里面还说到凌廷堪、程瑶田、段玉裁、王念孙、焦循、阮元等等，当然也提到纪昀和朱珪、翁方纲和钱大昕；(5) 然后是庄存与、刘逢禄、宋翔凤的今文学，以及安徽桐城之学、浙江之学以及龚自珍等人；(6) 一路下来，最后说到徐松、祁颖士、张穆、何秋涛的西北地理之学。几乎就是一个完整的清代学术史。[2]

（四）1907年，皮锡瑞《经学历史》讲到清代学术三变，也划分了（1）国初，汉学方兴，宋学为根底，不分门户，汉宋兼采；（2）乾隆以后，推崇许、郑之学，汉学兴盛；（3）嘉道以后，又由许郑溯源而上，到西汉今文之学。他和梁的说法很接近，主要是因为今文学家追溯历史，一定要从今文学倒推回去，把复古当作追寻最高真理的必经途径，所以清代是古学复兴的时代。这是写道统的方法。

（五）王国维的说法。1904年，王国维写了一篇《国朝汉学派戴、阮二家之哲学说》[3]。那个时候，王国维正好热心于叔本华、尼采的哲学，觉得这种整体解释宇宙和历史的学问，很深刻也很系统。我想，这是一个来自西洋哲学世界的强烈刺激，这种刺激可以使学者对过去的资源进行"重组"。所以他觉得清代三百年，虽然汉学发达，但是"庞杂破碎"，找来找去，只有戴震和阮元两个人的《原善》《孟子字义疏证》《性命古训》才有一点"哲学"的意思。他评价说，这是"一方复活先秦古学，一方又加以新解

---

[2] 《左盦外集》，原载《国粹学报》28期（1907年5月），收入《刘申叔遗书》下册，1532—1535页。

[3] 王国维《国朝汉学派戴、阮二家之哲学说》，收入《王国维全集》（浙江教育出版社、广东教育出版社，2009）第一册《静安文集》，96—104页。

释"，重新讨论孟子以来的"人性论"，建设心理学和伦理学。

你可以看到，这显然是在西方哲学背景下来看中国思想的，所谓人性论、心理学、伦理学，都是西方的东西，新的概念工具，有时候看起虽然只是一些"词语"，但是通过"命名"会彰显出另外一些过去不注意的意义。西洋哲学进入中国，就把过去的人物、著作、观念从"考据"与"义理"、"宋学"与"汉学"的解释，转移到哲学还是文献学，传统还是近代这个意义上来，另外给它赋予意义。王国维也是要在这个新尺码下面来给戴震以新解释的，所以他特别指出，戴震和宋儒最不一样的地方，就是对"天理"和"人欲"的解释：（1）宋代理学家是把"理义之性"和"气质之性"分开，前者是"理"，后者是"欲"，所以，这种"理欲二元论"渐渐就扩大了理和欲、性和情之间的对立和紧张；（2）可是，戴震则反对这种区分，指出"欲在性中，理在欲中"，他主张理欲、性情的"一元论"。而且承认"情"发之自然，"性固兼心知（性）与血气（情）言之"，这样就开始承认"人"的心灵中理性和感情的合理性。换句话说，就是承认"人"的自由的合理性。[4]

应该说，在1904年提出在西方哲学背景下重新解释戴震思想，是一个很新的做法，王国维在很多方面都是先驱，这个时候，戴震成了一个"哲学家"。但是要注意，王国维这个时代，对中国思想史，或者清代学术史还没有一个贯通的、整体的脉络，所以他只是说，戴震恢复了古代北方哲学重实际的传统，但中国哲

---

[4] 王国维特别提到《戴东原集》卷八里面另外一篇《读易系辞论性》，其中说到"有人物，于是有人物之性。人与物同有欲，欲也者，性之事也；人与物同有觉，觉也者，性之能也"，又提到阮元《研经室再续集》卷一《节性斋主人小像跋》指出，"性"一方面从"心"，包含了仁、义、礼、智；一方面从"生"，包含了味、臭、色、声，所以应当对"性"和"情"有重新包容的观念，这就在"性善"的基础上，肯定了欲和觉的合理性。

学后来被南方、印度影响，成为纯理论哲学，专门讨论"幽深玄远"的问题，并不适合中国人。所以，他的结论是，戴震和阮元"以其考证之眼，转而攻究古代之性命道德之说，于是北方之哲学复明，而有复活之态"。这话要分两面来看，一方面，我们要明白，王国维基本上是用西洋哲学观念来看清代学术的，他说戴震是复活古学，这只是为了说明它的合法性。可另一方面，王国维虽然说它是"汉学派"，但是没有特别去讨论"汉学"在论证"理""性"等方面，有什么特别的知识方法，只是笼统地说，它超越了宋学，回归到古代。他的说法，后来产生很大影响，20世纪20年代梁启超和胡适不约而同地把清代学术和思想的最高典范，从顾炎武转移到戴震，也许就有王国维（也包括刘师培）的启发和影响。

先把王国维放在一边，这里只讨论当时有关清代学术史和思想史整体脉络的几种论述。应该说，（1）章太炎、刘师培的说法，大体上是以批判清朝统治的汉族民族主义为基础，以当下的政治关怀来评价清代学术。一方面说明清易代以后，"自是朝廷利用其术，而以朱学范民"，在官方的控制下，清代之学术是"用于保身"，是"智而谲"；一方面说清代汉学，常常是用汉人的文化来批评清朝的统治，像戴震考证音韵是批判《康熙字典》之类。同时，他们以科学的怀疑、征实、丛缀、虚妄为评价标准和基础，对清代学术进行评价，并且指出这种学术渐渐衰退，因此，需要引进新的学说；[5]（2）而梁启超、皮锡瑞的说法，也主要是以科学主义为基盘，承认当下的学术是文艺复兴，认为所谓"复古"不是倒退，而是"学愈进而愈古，义愈推而愈高，屡迁而返其

---

[5]《清儒得失论》，原载《民报》第14号（1907年6月），收入《刘申叔遗书》下册，1535—1540页。

第四讲　清代学术史与思想史的再认识

初，一变而至于道"，所以是"古学复兴时代"（皮锡瑞《经学历史》）。——不过，无论两者差异有多大，但是他们都试图用"变"的观念来看待清代学术，都觉得学术和思想要有顺应现代的变化，正如梁启超用佛教的"生、住、异、灭"为脉络一样，都觉得思想和学术应当有进步。

不过，章、刘的说法，在反满的民族主义渐渐失去了现实意义的时候，他们的说法便远远没有依托西方文艺复兴历史的梁、皮说法有影响。在以后的八九十年学术思想史里面，影响最大，也是最重要的，是这样一些：（1）在中国是梁启超的《清代学术概论》（1921）、《中国近三百年学术史》（1926）、胡适关于费密、戴震的论文、钱穆的《中国近三百年学术史》（1937）。近几十年，是杨向奎编的《清儒学案新编》，和余英时的著作比如《论戴震与章学诚》《清代学术思想史重要观念通释》《清代思想史的一个新解释》等等，最为重要。（2）在日本则是狩野直喜的《支那哲学史》《清朝的制度与文学》（均为20世纪20年代的京都大学讲义）和森木竹成《清朝儒学史概说》（东京文求堂，1930）为开创[6]。近几十年来，比较重要的则有近藤光男的《清朝考證學の研究》（研文出版，1987）、滨口富士雄《清代考拠学の思想史研究》（国书刊行会，1994）、木下铁矢《"清朝考证学"とその时代——清代の思想》（创文社，1996）、冈本さゑ《清代禁書の研究》（东京

---

[6] 森木竹成此书中称，他参考了皮锡瑞、梁启超、胡适、罗振玉、周予同等中国学者，以及高濑武次郎《支那哲学史》、宇野哲人《支那哲学史讲话》与《支那哲学的研究》、渡边秀方《支那哲学概论》、本田成之《支那经学史论》、矢野仁一《近代支那论》等等，他以康熙到乾隆的文教政策为背景，以清代儒学为中心，把清代学术分成浙西学派（顾、阎、胡；浙西吴派即三惠、江声；浙西皖派即江永、戴震、段玉裁、王念孙父子、俞樾、孙诒让与章炳麟；扬州学派即汪中、李淳、刘台拱、阮元等等）、浙东学派（黄宗羲、万斯同、邵晋涵、全祖望、章学诚）、常州学派（庄氏三代、刘逢禄、宋翔凤、龚、魏）以及理学派、古文学派、颜李学派、湖南学派等等。

大学东洋文化研究所，1996）等。

章、刘的影响渐渐退去之后，后来这些研究大体上有两种倾向，用台湾东海大学的丘为君教授的总结，可以说形成了两种"典范"[7]：

（一）梁启超的"理学反动"论。主要是根据（1）明清巨变的刺激，（2）对明代束书不观游谈无根而误国的反省，（3）文字狱的钳制等因素。认为清代学术既是对心学的批判，也是对理学的反动，指出这一方面造成了清代学术远离现实，"著书都为稻粱谋"的风气；另一方面也促成了实事求是，不主一家的科学精神。——这是从社会背景的影响来讨论清代学术的缘起。

（二）钱穆的"每转益进"论。钱穆特别指出，儒家学说里面本来就有"尊德性"与"道问学"两种传统。（1）宋代学风也一样，陆九渊重"尊德性"，但是朱熹却重"道问学"，而朱子之学其实正好是启迪清代学术的资源，所以他在第一章里就大谈宋代学术史。（2）并且这种朱子的学风，恰恰引出明代的东林党拨乱反正，批评王学之弊端，兴起"辩名理纲常，启实践之风"。（3）而清代初期学者就是继承东林学风的。（4）在这一学风里面，包含了两个面向，一是讲求实学，经世致用，一是格物致知，博学于文，后面的这个面向，就开启了后来追求实证之学的路子。——这就叫"每转益进"，换句话说，就是学术自身不断超越与变化，构成了清代学术和思想的历史。这算是从内在的资源和启迪方面，来讨论清代学术的起源与变化的。

---

[7] 丘为君的总结，是分为三个典范，一是梁启超和胡适的"理学反动说"，二是钱穆的"每转益进说"，三是余英时的"内在理路说"，见其论文《清代思想史"研究典范"的形成、特质与义涵》，载《清华学报》新24卷第4期（1994年12月，新竹）。但是，我认为余英时的思路与钱穆的思路有延续性，所以，我基本上将其归为一类。

不过，这两种典范，虽然是有重视内在和重视外在的差异，但基本上还是"近代性"的历史论述。为什么？因为他们都预设这个学术史，是渐渐趋向近代的，即所谓"道路是曲折的，前途是光明的"，总是要走向近代的，所以，要在它们的历史里面，寻找符合近代理性和科学的东西。尤其是前一种。我要告诉各位，理论不是时装秀，不是越新越好，当然也不是酿酒，不是越陈越好，但是，我相信理论越简明，越有影响和力量。我们可能对前一种论述感觉有些陈旧、有些简单，但是陈旧未必错误，简单恰恰明白，它的逻辑特别清楚，这逻辑就是（1）和文艺复兴一样，他们上手的工作是古典的整理和考证；（2）和文艺复兴一样，古典的整理瓦解了（中世纪）的经典的权威性，如果说欧洲是神学的，中国就是儒学的；（3）经学和经典的权威性，一方面与古代的神圣意识形态有关，一方面和政治权力的合法性有关，它是古代社会和政治的基础；（4）瓦解了经学的权威和神圣的束缚，就进入了和西方相似的"近代"，所以梁启超把这个历史当做中国的文艺复兴。而他的《清代学术概论》本来就是给蒋方震关于欧洲文艺复兴的著作写的序文。

正是因为如此，在这个用欧洲文艺复兴作模板的历史脉络里面，有一些就被突出起来。比如，顾炎武、黄宗羲、王夫之渐渐被当做后世思想与学术的引路者，尽管这些明清之间的大学者，有的是事后被发掘的，有的学术取向后来被重新解释，有的一些立场和事迹被重新叙述过，但是无论如何，他们成为清代学术（博学于文）和道德（行己有耻）的开山，他们考证音学、重视史学、延续学脉、思索历史，被说成是引领了后来学术。接着，阎若璩《古文尚书疏证》、胡渭的《易图明辩》等等，被当做瓦解经典神圣性的工作，整个考据学被当成是对儒家经学的历史学冲击。再稍后，戴震的《孟子字义疏证》被看成是挑战宋代理学，凌廷堪的"以礼代理"被看做是对天理的解放,而阮元的《性命古训》被说成是对宋代理学基础的瓦解。更后来兴起的今文经学,是超越了东汉时代的经学权威,使经典成为自由解释的文本。按照梁启超的说法,就是先走出明代王学之空疏,再走出宋代理学,再回到东汉,最后回到西汉时代,终于找到了圣人本来的思想和观念。因此,以复古为变新,回到古代就等于走到近代。[8]

这使我们关于清代思想和学术史研究,形成了一个模式。模式或者叫典范的厉害之处,就是把历史论述里面,要讨论的人物事件和现象筛选确定、把要用的文献资料圈起来、把一个可以贯穿的解释固定下来,后来的人就照猫画虎。梁启超和钱穆就奠定了这样的一个模式:(1)选择的研究对象,大体上是刘师培、梁启超、钱穆所提出的那么一批人物,这些人成为固定的连续环节,章节基本上就是以他们的先后成为系列。他们就是清代学术的历史,从清初的顾、黄、王起,到康熙年间的阎、胡,到乾隆时代的惠栋和戴震,到嘉庆以来的阮元、焦循、凌廷堪,以及庄存与、刘逢禄,下接道光以后的魏源、龚自珍等等。他们不怎么讨论毛奇龄、翁方纲、李调元等人,当然,如果接受钱穆的说法,也许,另外还会多讨论一些崇尚理学的学者。(2)学术史所谓的"学术",经学占据了中心。你看,连后来杨向奎编的,都叫《清儒学案新编》,描述的是"儒"者呀,所以,经学著作以及与经学有关的小学论著,就是文字、音韵、训诂,勉强加上少数历史考据和论述(钱大昕、王鸣盛、赵翼及章学诚)成为这一学术史的基本重心,其他的知识,则较少出现在学术史中间。

---

[8] 那个时候,中国学者常常以为"古学再生"是文艺复兴的特征,不过,这种理解是不对的,至少是后来人的想象或者是中国式的理解,其实布克哈特《意大利文艺复兴时期的文化》第三篇《古典文化的复兴》中已经很清楚地反驳了这种也曾经流行于欧洲的历史想象。

（3）关于学术和思想的社会史背景，研究得很少，在知识社会史的方法没有引入之前，有关这类领域的研究很少，其实，这里可开掘的领域很多。比如，清代支撑学术世界的种种因素，像选拔文人的科举制度、收罗文化人的幕府制度、各地藏书以及商贾的支持方式、私塾和书院的经济情况、地区与地区的学术风气差异等等。日本学者山井涌曾经说，清代学者除了科举之外还有谋生道路和成名途径，这是理解清代学术的一大关键，和朝鲜两班只能走一条路、日本士人没有科举却只能在各种具体技术领域谋生，是完全不同的。这一说法值得注意，可是如果没有这方面的研究，你怎么能够证实中国清代这一学术的特点呢？（4）正统的思想和主流的学术之外的东西，涉及也很少。这个时候到底是否就是那么一致地倾向和仰慕经学和考据？是否思想世界就那么同一而没有异端？在这些被凸显出来的人物之外还有没有特别的人？如果读朝鲜的《燕行录》，里边朝鲜使者到中国来聊天时遇到的种种异端思想，是普遍的还是特殊的现象？是否现在可以看到的公开文献就是清代学者和文人全部的观念文本和心灵世界？这些都没有很好地研究。

二 艾尔曼对清代学术史的研究

艾尔曼是中国学术界很熟悉的美国学者，他是宾州大学的博士，过去曾为加州大学洛杉矶分校（UCLA）教授，现在在普林斯顿大学东亚系做教授。他的论著很多，我们通常看到的是三种，一种是下面要重点讨论的《从理学到朴学》，一种是《经学、政治和宗族——中华帝国晚期常州今文学派研究》，还有一种是还没有译成中文的《晚期中华帝国科举文化史》（*A Cultural History of Civil Examinations in Late Imperial China*）。我看艾尔曼的著作，感受很深的有三点。

第一，他相当注意从经学内部的分歧中，看到思想史的变化、差异和冲突。

我们知道，无论是"儒学""经学"还是"经典"，都不是铁板一块。中国过去的思想与学术中间，有很多复杂和多元的成分，经典诠释和思想阐发，也常常不同，由于儒家、经学和经典，是古代中国的意识形态基础，也是合法性合理性知识和思想的来源。因此，任何一些方法和技术上的变化，都有可能会成为政治变化和思想变化的大契机。这一点和我所说的"知识史和思想史"之间的互动一样，就是说，知识的、学术的东西，有时候就是会成为资源，在一定的历史背景刺激下影响思想史甚至是政治史的。大家都知道，艾尔曼的研究，是有一点儿"破"现代的，由于儒家也好、经学也好、经典也好，都可以引申出不同资源，有不同意义的诠释方向，传统学问里，比如复仇问题[9]、比如博物与求理[10]、比如尚文和尚武等等，对经典都可以作不同引申，所以，你就要注意它的制度化、政治化和世俗化。

---

[9] 见日原利国《复仇论》。按照《礼记·曲礼》《檀弓》《大戴·曾子制言》的说法，复仇是天经地义的事情，尤其是为父亲报仇，这当然是正当的，但是，这里就有了两个问题，第一，凡是为亲人复仇都是合理的吗？所以，《公羊传》定公四年说，要小心复仇变成"推刃之道"。第二，如果每个人都以为"复仇"是正当的，那么是不是就应当是他自己去报仇？这样是不是就会导致社会大乱？《周礼·地官·调人》就对"调停"很关注，提倡把仇人迁到海外、异国、边地，向官府报告（"书于士"），使复仇纳入政府秩序的轨道。这里其实有一个很根本的问题，就是道德和制度，究竟什么优先的问题，社会秩序究竟应该建立在正义上面，还是建立在法律上面，究竟应当由个人来裁决合理性问题，还是由政府来判别合法性问题？这个问题后来争论不休，比如荀悦、陈子昂、韩愈、柳宗元、王安石、苏轼，都讨论这个话题，一直到晚清还在讨论，甚至把复仇变成了国家外交和战争政策问题，像光绪二十三年十一月二十一日即新历1897年12月14日的《知新报》第四十册开篇，就发表了顺德刘祯麟的《复仇说》，不过，这个时候讨论的背景，已经是近代的问题了。

[10] 博物和求理本来都是儒学的传统，后来一个被淡化，逐渐边缘，一个被凸显，成为主流。

第四讲 清代学术史与思想史的再认识

艾尔曼很注意这一点,尤其是儒家、经学、经典本来就是两千多年中牵一发动全身的关键意识形态,所以,它的任何一个小小的变化,都会影响社会和政治。儒家内部(今文古文)、经学解释路线(考据还是义理)和经典的偏重(重《春秋》还是重《礼》或是"四书"),一方面,这些看上去是经典解释权和解释方法之争,其实就是争夺道德和政治、社会和风俗的指导权;另一方面反过来说,如果社会和政治发生变局,也会影响到经典解释的方法和方向,这些都是很重要的观察角度。艾尔曼就是抓住清代政治的这个"变局",以此来讨论经学内部的"变化",政治和经学,变局和变化,是他的关注处。所以,他在《从理学到朴学》一书里面,首先讨论的是,(1)考据学把"经"变成"史"(不要以为章学诚"六经皆史"和考据一派没有关系,这是同一个大方向),他叙述了清代考据学以后,认为清代是"从理学到朴学"(英文原文是从哲学到文献学)。他说"考据是义理的最终裁定者",这就是"关键性的观念转变"(21—23页),这就是"文艺复兴"和"新时代即将来临的序曲"(4页)。(2)在《经学、政治和宗族》里面,又强调经学内部的变化会成为大事件因缘,他说"(今文经学)代表着一个充满政治、社会、经济动乱的时代的新信仰,它倡导经世致用和必要的改革"(225页)"求助于古典的重构来为现代授权,为将来立法"(225页)。

第二,他相当注意科举制度和文化人的身份、角色,在思想史上的意味。

他在很多论文和著作中都指出,(1)考试内容的变化,会引导和暗示儒生文士的学术取向的转变。他曾经在一篇文章里面讲到,明代嘉靖四年(1525)的江西乡试、嘉靖四十年(1561)浙江乡试的考试内容变化,既反映了主考官出题人的关注点的变化,又会引导和暗示考生的兴趣变化。大家都知道,考试尤其是和出身、前途有关的考试,是意识形态的最重要的守护神和指挥棒,就像现在的高考一样嘛。所以他曾经特意提到阮元在学海堂1820年的考试（45页）以及1905年科举制度的废除的影响。2005年是科举废除100年,大陆还有很多人要重新评价科举呢,但我想这可能是对激进的反思,并不真的是好好检讨了科举的历史和问题。（2）他特别关注了学者的职业化问题,他曾经提到幕府宾客（尚小明的研究即与此有关）、商人赞助（比如扬州盐商,富裕家庭的延请塾师,富有的藏书家聘请校勘者）、官员的资助（比如徐乾学、朱筠兄弟一直到阮元、张之洞）、书院私塾等等。我看清代资料,也感觉清代重商,官员也经商,连大学士都做生意,比起明代观念上要松得多,这些清代的因素,松动了学术和政治的连带关系,也逐渐可以有分化的可能。（3）成功的学术范例的影响和传播,比如顾炎武、阎若璩等等,就成为可以学习、模仿和复查的成就,通过书信、抄写和刻印,成了典范。这也使学术有了进步、科学和真理的意义,不再是宋代理学和明代心学所提倡的只能"心证"的那些真理。

科举确实很重要,尤其是和思想文化史的关系尤为重要,所以贾志扬、李弘祺、艾尔曼等人都很关注。为什么？因为,（1）科举考试这一关节,上涉教育（教材、学校、师生）,下涉制度（入仕、出身、官僚）,中涉流动（社会分层、阶层变化、社会组织）；（2）它又是一个可以做中外比较的课题,比如中国和日本（无科举）、朝鲜（两班制度）,比如中国与西方（文官制度）；（3）它又确实和思想文化密切相关,不仅仅因为思想文化史的主角是士大夫,而且科举本身对意识形态、思想学说的钳制和鼓励,也相当厉害,传说唐太宗说的所谓"入吾彀中"的说法就是这个意思。所谓八股形式为什么成为明代、清代一直到"五四"以后的批评对象,绝不仅仅是一个文学形式问题呀。所以,大家看艾尔曼的

第四讲　清代学术史与思想史的再认识

《晚期中华帝国科举文化史》，这部大书很精彩，[11] 你们可以和宫崎市定的《科举史》（尤其是第三章《近代中国社会与科举》、第四章《科举制度的崩坏》，《宫崎市定全集》15，岩波书店）、何炳棣《科举与中国近世社会》（*The Ladder of Success in Imperial China*，New York：Columbia University Press，1962；日文本，1993；现中译本名《明清社会史论》）、商衍鎏《清代科举考试述录》（三联书店，1958）等等比较，就可以看出他这部书的价值。[12]

---

[11] 此书分为十一章，分别讨论了（1）宋元时代科举制度的起源，重新思考晚期帝国科举制度的历史根源，他特别讨论了古文和科举的关系。（2）讨论明初国家力量、文化政策和科举考试之间的关系，大家知道，虽然元代确立科举以朱熹之学为准的，但是真正使它成为固定形式、意识形态和国家制度的却是明初，而明代初期的政治斗争和政治建设，和科举制度的最终形成有很大的关系，严格地说，朱元璋对于程朱之学和南方士大夫是有疑虑的，所以要分南北场，直到朱棣即永乐时代，才完全形成以程朱为主的完善制度。（3）晚期中华帝国的政府机构、制度和指导力的变化，精英的动员和流动情况，艾尔曼认为科举确实有"僧多粥少"的问题，但是这是一个优秀人才的俱乐部，他觉得这是一个相对较好的制度。（4）科举考试并不见得是全能的，因为还有很多其他的途径和方法，所以第四章特别讨论了场的建筑、考试的情况、作弊的手段，同时也讨论王朝控制与管理力量的限度。（5）讨论经典知识和社会向度，尤其是官话的重要性，艾尔曼用了很多统计数字，讨论参加科举的人的家庭家世、学习程序等等，这对于建构一个同一性的上层文明有极大的意义。（6）关于参与考试的这些知识分子的情绪焦虑、金榜题名的梦想和这些人的科举生涯，这是从生活史上讨论科举，用了很多小说之类的边缘资料，相当精彩，以前没有人从这个角度和这个层面讨论过科举中的"人"的问题。（7）科举对士大夫文化知识面的要求和什么是优秀的八股文问题，这是从考试学的角度讨论，他看来比较同情八股文，对于20世纪批评八股文，他觉得不公平。（8）阅卷标准、文学的解释以及政府对于知识的控制和限制，这是从考试内容、技术、标准等等方面讨论科举对于文学和思想的要求，他特别在这一章里指出，这与考据学也有关系。（9）科举考试中的自然科学知识、历史学和考据学知识，这是从超越常规的考试内容上面来讨论的，因为清代学术的变化，科举考试这方面也出现了相应的变化。（10）1800年以前，特别是乾隆二十一年科举课程内容的变化，表现了改革的加速度，他提醒我们，其实在废除科举之前，一直在内部存在着变化的因素，不要把科举看成是一成不变的一个概念。（11）合法性的变化，反神圣化，这里就讨论最后的话题了，就是讨论由于大变局的时代，清代科举的改革遇到的陷阱和改革的局限性。

[12] 他还和 Alexander Woodward 合编过一部论文集，题为《帝制晚期中国的教育与社会》（*Education and Society in Late Imperial China, 1600-1900*）。

李弘祺曾经在《台大历史学报》有一篇很好的书评，说到了他这部书的优点和缺点，大家可以参看。我自己的看法是，艾尔曼的这部书，显然是社会史和文化史取向的，比起过去单纯地讲科举的书，多了文化和社会的大背景和大关节，这是所有的书都比不过的。尤其是以下三点我印象很深，（1）他指出元代虽然科举宣布以程朱理学为主，但并未让程朱理学占据主导地位，真正使程朱成为正统，并精心设计了科举考试制度的是在明代初期，这和我关于明代初期的判断是一致的，这和过去单纯从文献上字面上讲科举落实在元代很不一样，它注意到制度化和落实化的层面，透视到了历史的背后。（2）由于科举制度是唯一制造官员和上升的途径，竞争很激烈，就像今天的千军万马过高考的独木桥一样，所以极为重要，对它的评价要相当谨慎。艾尔曼的评价就和过去的大为不同，他认为，考试让一批有人文经典知识的人进入了上层，因此这是很好的制度。这也许和现代通行观念不同，现代通常都认为，"法律"知识才是最重要的，因为它是"制度"的保证，现代文官应当首先守住这个底线，进行有效的管理，而不是谈什么人文的精神和关怀。但是艾尔曼却认为有人文精神和经典知识很重要，——当然他也有一些矛盾，比如李弘祺就指出，"一方面，他说考试制度是一个好的政治和社会制度，但另一方面，他又接受了科举并不能促成社会的开放和流动，甚至于在政府干预的情形之下也不能达到那个目的说法"。不过，也许这是有他自己的关怀和用意的。（3）关于参与考试的这些知识分子的情绪焦虑、金榜题名的梦想和这些人的科举生涯，这是从生活史上讨论科举，用了很多小说之类的边缘资料，相当精彩，以前没有人从这个角度和这个层面讨论过科举中的"人"的问题。特别是他运用了大量的试卷，讨论题目、内容、文学形式，大家知道，程文墨卷就像现代的《考研必备》《托福必胜》一样，《儒林外史》

里的马二先生就是这里面的老手,所以大量的考卷和教材,就成为很好的分析文本,可是过去没有人注意和分析,艾尔曼在这一点上非常出色,恐怕没有人像他看得那么多,所以他使科举的研究更加细致和具体,也比过去仅仅从制度方面研究要强得多。

第三,他在清代思想史研究上,非常注意家族、地域、通信以及政治事件对思想与文化的作用。

首先,他注意到精英家族的作用,在《经学、政治和宗族》里面,他对常州的庄存与、刘逢禄等家族的关系和作用有很多强调。大家知道,潘光旦当年写《明清两代嘉兴的望族》,就已经指出世代相传的大家族在保证文化权力上的重要性,这是一篇极规范和极清晰的论文,我一直建议它应当作为硕士论文的范本。艾尔曼研究常州的今文学派,也注意到了这种在地方上相当有影响的大家族,在保证子弟进入仕途、参与中央事务、控制地方教育和政治上的优越地位。他们彼此又通过联姻,一方面扩大他们的知识群体和文化势力;一方面划出边界,垄断某种知识和文化,形成学派性质的延续性和特殊性。其次,他提出的"江南学术共同体"的概念,强调了地域的关系,提醒我们注意到某个思想或学术流派的局限性、人数、影响,也强调了特别的地方的知识兴趣和学术风气的背景,以前我们常常大而化之地说,这是理学的时代,这是心学的时代,这是考据学的时代,但是正像小岛毅批评的一样,以地方性的知识充当了全国性的知识,以地域的特点当做了普遍的风气。再次,他注意到一点很有意思,就是考据学成果的传播,要我们去思考,到底影响有多大(如崔述不知南方的考据)?书籍的出版和流通到底有多便利(如杨守敬出版水经注研究之难)?通信到底有多少力量,能够确立学术专利并赢得"发明权"(例如从江苏到广东,通信最便利者,也需要四十天;关于学术发明权问题,可以看赵一清、戴震、全祖望之校《水经注》公案),这个"社会史"的角度很有意思。宋代因为印刷术和书商的缘故，导致文学风格、写作习惯的变化，其实已经是一个例证。美国的周启荣对于这方面的研究，很值得参看，而清代的情况更值得深入地讨论和研究。最后，他也注意到嘉庆四年和珅事件的重要性，它和洪亮吉事件作为一个象征，都是从社会史角度透视思想史的很好的背景。[13]

——这就是所谓的"社会史与思想史"的结合，它和侯外庐时代的社会史思想史结合，相差很大，几乎不是一回事。

三　关于艾尔曼《从理学到朴学》一书的讨论

但是，对艾尔曼的研究，我也要提一些问题，供你们参考。

第一个问题，艾尔曼教授说，考据学是江南共同体，这当然有他的道理，可是，我觉得在学术共同体形成的地域因素上，还有一些其他因素，需要格外关注。

这里要分三个层面来说。

（一）首先，这个江南共同体的说法，是他用阮元等编的《皇清经解》和《续经解》的作者籍贯来统计的，统计看起来是很科学的，可是，也要注意，《皇清经解》等是否就全面？《皇清经解》收录七十多个人的著作（一百八十余种，一千四百余卷），七十多人加上后来《续经解》的人和书，能够代表清代学术吗？这是一；阮元编这部书的时候，是以经学著作为中心的，可是清代考据学是否就是经学？这是二；而阮元心目中的经学代表，是顾炎武、阎若璩、胡渭、万斯大、陈启源、惠氏（周惕、士奇、栋）、姜宸英、臧琳、杭世骏、秦蕙田、钱大昕、庄存与、邵晋涵等，这显然是阮元认定和看重的一个学术脉络，但是，清代学术史里

---

[13] 关于他对庄存与的经学取向，以及庄氏与和珅之间的冲突的解释，有很多不同意见，此处从略。

面是否还有其他人会更重要呢?这是三。

所以,即使从《皇清经解》和《续经解》中选择经学家,比较全面而有代表性,但是,清代学术就只是"经学"为中心的考据吗?编史学、地理学、方志学、金石器物之学的那些大家,还有学西洋天学历算的人呢?并不一定都是这里面的呀。

(二)"人"的籍贯,并不等于他受教育和从事学术的地域背景,尽管古代社会人的流动性不大,但是在清代,学者常常是流动的,不光是"不闻往教,但闻来学",要追寻名师,而且名师也为了生计,要到处坐馆教书或者为幕谋生嘛。比如,过去有人做浙江经学的研究,可是,他选的人是按照籍贯来的,可是就像台湾的河南人、山东人可能根本没有到过河南山东一样,家庭出身籍贯并不能作为学术活动和学术传承的区域。举几个例子,(甲)例如我祖籍是福州,可是我从小不在福建,我的习惯、学风、经验,也和福州毫无关系,你能把我算成"福州学派"吗?(乙)民初北京大学,是在北方,可他的文科教授却大都来自江浙。(丙)江南的经师,他接受教育、发表著作、教育传授、发生影响,却可能是在其他的地区。比如,有人把浙江看成是一个地区,所以俞樾、黄以周、龚自珍都是浙江人,但是,俞樾固然是德清人,但他居住在苏州曲园达四十年,而黄以周则主要主持江阴的南菁书院,龚自珍虽然本贯为浙江,但他的受业,则在江苏金坛段氏、武进刘氏,所以,这一点是有问题的。(丁)特别是我们看到,在清代考据学风的推手中,有几个大人物恰恰来自北方。第一个是朱筠,是大兴人,就是现在北京南部人,第二个是他的兄弟朱珪,当然也是北京人,第三个是翁方纲,也是北京人,第四个是崔述,也是北方人,第五个是纪昀,还是北方人。但是,有谁会觉得考据学的兴盛能离开他们吗?没有朱筠乾隆三十六年前后在安徽学政的主持(1771—1773),那里不会成为学术中心之一，很多家境不佳的学者恐怕成不了气候（像汪中、章学诚）；没有纪昀在四库全书馆和他的组织，那些来自南方的学者能够出头吗？没有四库全书总目对于一些书籍的褒贬抑扬（像对陈第的《毛诗古音考》、方以智的《通雅》、杨慎的《古音通略》、惠士奇的《礼说》等等），这个学术风气会兴盛吗？而崔述虽然和南方学者没有太多的联系，但是他的《考信录》不也是考据学的典范性著作吗？何况，江南学者并不只是在江南，甚至基本上不能只守在江南做一个山乡老儒，他一定要走出来才能成名有影响呀。

（三）由于流动和通信的缘故，我们对于清代某种地域的文化，必须要有超地域的地域观，而且最好是流动的观念。江南的这些人，都要到北京去考试或者谋生的，北京当时都住不下，京城居，大不易呀，所以，有人甚至远在丰润、通州住，有人在寺庙道观里借住，还有的人在专门供考生的会馆里住，这在朝鲜使团中文人撰写的各种《燕行录》里，有很清楚的记载。说明江南和北京有一条路线，是值得注意的呀。

我们列一个时间表，看看这种考据学风和考据家们的流动：

【A】北京

乾隆十九年（1754）——北京，进士考试（甲戌科）。这一年的考试由喜欢考据古典的秦蕙田主持，秦当时正在主持修纂《五礼通考》，无形中提倡了一种学风。此科有朱筠、王鸣盛、王昶、钱大昕、翟灏、纪昀等。[14]

乾隆二十年（1755）——这一年，戴震避仇入京，纪昀看到他的《考工记图》，非常佩服，叹为奇书，觉得这比章句之儒强多了，所以，特意给他的书写了序。而另一个学者钱大昕则觉得，

---

[14]《纪晓岚文集》卷十六《前刑部左侍郎松园李公墓志铭》，河北教育出版社，1991，"此科最号得人，如王鸣盛、王昶、朱筠、钱大昕、翟灏，皆称汲古之彦"。

这是一个"天下奇才",就推荐他到秦蕙田的门下去修《五礼通考》,而王安国即王念孙的父亲,则邀请他到家里教导儿子。王鸣盛、王昶、朱珪等等,也和他交往,众人聚会谈学,逐渐形成一种学术追求,也形成一种评鉴尺度,即"古学"的知识。

【B】扬州

乾隆二十年间(1756—1765)。由于卢见曾在扬州为官,不少人便到扬州入幕或坐馆。例如,(1)惠栋于1754—1757年间在卢见曾扬州府署校勘《易乾凿度》《尚书大传》《郑氏易》《李氏易》,自著《周易述》。(2)由于惠栋的缘故,王昶专门到这里拜谒,则被卢见曾聘到家里教书,当时还有程梦奎(午桥,歙人)、马曰琯、马曰璐(江都人)、汪棣(仪征人)、张四科(陕西人)与他来往。(3)沈大成(1700—1771)也在这个时候进入卢府。(4)朱彝尊的孙子朱福孙,也在这个时候到卢府,出示《经义考》的后一百三十卷,并在那里合刻成三百卷,这部书的刻印,很影响学术风气。(5)乾隆二十二年(1757),戴震也到了卢见曾的衙署,与惠栋见面,这是一次很重要的会面。接着他又在这里,帮助校刻朱彝尊的《经义考》、惠栋的《周易述》《郑氏易》和《李氏易》。(6)乾隆二十三年(1758),惠栋去世后,戴震仍然在卢署校刻《大戴礼记》,这时卢见曾那里,不仅有戴震,还有朱筠,还有惠栋的弟子,如江声、余萧客等等。

这一盛况,一直到乾隆三十三年(1768)卢因为两度出任两淮盐运使,有贪污行为被检举,死于狱中,还连累了亲家纪昀。

【C】安徽

但是,到乾隆三十年代,以大兴的朱筠、朱珪兄弟为中心。朱筠于1771—1773年为安徽学政,其官署叫做"太平使院",成了当时的学术中心。在太平刻印《说文》,并且大力提倡严正的考据,章学诚在《与族孙汝南论学书》里曾经说,"近从朱先生游,亦言甚恶轻隽后生枵腹空谈义理,故凡所指授,皆欲学者先求征实，后议扩充，所谓不能信古，安能疑经"。那个时候在那里的学者，先后有戴震、邵晋涵、颜九苞、洪亮吉、章学诚，而且王念孙和汪中都到过他的门下。

这些大官对于学术的庇护是很重要的，前面引用过日本学者山井涌的一段话。他说得很对，在清代，朝廷多次组织大规模的编纂事业，地方政府和有力人士也大量组织编纂地方志和其他的出版物，家庭教师数量需要也很大，所以，中国清代的学者即使不能当官，以学问也可以谋生。不过，反过来说，如果说宋明学者还有学问生涯以外的空间，可以另谋出路，但清代学者除了学问之外，没有别的出路，只有这个出路比较大，所以养成了对学问的重视和为学问而学问的风气。[15]这里面，朱筠和后来的阮元、张之洞，就是像学术护法神一样的，在他们羽翼之下，保护了很多学问人。比如，在朱筠自己的学生辈，就有洪亮吉（嘉庆初的重要人物）、孙星衍（后来的考据大家）、武亿、任大椿等等。就是其他人，他也很关照，在离开安徽的时候，他担心脾气古怪的汪中没有生计，还把他推荐给浙江的冯廷丞。

【D】北京

乾隆三十八年（1773），北京开了四库全书馆，这个四库全书馆，就成了全国学术的中心，而四库全书的收录和提要，也暗示了一种学术风气。《清高宗实录》卷九三〇乾隆三十八年记载，这一年由大学士刘统勋上奏，建议四库馆招纪昀、陆锡熊，另外点了姚鼐、程晋芳、任大椿、汪如藻、余集、戴震等人来从事编辑，一下子集中了很多学者。这个时候的中心人物是纪昀，他三十一岁中进士，五十岁的时候成为馆臣校书，他自己的学术经历很代表风气转移，"三十以前，讲考证之学，所坐之处，典籍环绕，如

---

[15] 山井涌《明清思想史研究》，东京大学出版会，1980，409页。

第四讲 清代学术史与思想史的再认识

獭祭,三十以后,以文章与天下相驰骤,抽黄对白,恒彻夜构思。五十以后,领修秘籍,复折而讲考证"[16]。按照乾隆皇帝的评断说,他是"读书多而不明理",其实,就是他厌恶宋代人讲理,主张多读书而已。你看他主编的《总目》,里面常常讽刺宋代的儒家学者,鼓吹汉学和考据,比如《总目》里面对惠士奇《礼说》一书的赞扬,就说明他的学术趋向,而他通过对陈第《毛诗古音考》、方以智《通雅》、杨慎《古音略例》的表彰和叙述,也就是在给清代考据学追溯历史来源。

要知道,有时候一个人的起伏沉降,对一代学术倾向是有影响的,纪昀就是这样的。他一是主持大型项目四库全书,团结和控制了像戴震、翁方纲、邵晋涵、周永年、余集等人,甚至还拉进来很多无名的读书人(每人每月抄写五万字,可得饷银若干两),这样就影响了风气的转变。二是他历任时间很长,一直身在中枢位置,这也是影响很大的,连朝鲜人来都要去见这个大烟袋著称的尚书大人,他还替人去买书。三是他自己是一个博学家,这种博学的风气,有时候会成为时尚,让很多人也追这个时尚,所以,那些只会讲心性理气的人就没有市场了。

大家看,这里是北京—扬州—太平—北京,这个风气就算是固定下来了。可是,我们如果过于强调"江南学术共同体",可能会忽略一些其他地区的因素。这些清代学术风气,好像不能仅仅来自江南吧?虽然江南最重要,但是,当时清朝的政治重心还是在北方,虽然经济上南方很重要。我总觉得,现在的区域研究有一点儿问题,就是原来对什么一说就笼罩全国,是中国的什么什么,可现在地域研究兴起来了,又总是说某地某地的什么什么。其实,人是

---

[16]《姑妄听之一》,见纪昀《阅微草堂笔记》,中国华侨出版社,1994,卷十五,839页。

流动的,学术是会传播的,把目光仅仅放在一个地方,不如把研究视野放大。我最近看罗兹·墨菲(Rhoads Murphey)《亚洲史》,他提到一个日本的历史现象,即在德川时代,由于德川将军很强大的时候,要求大名必须在江户保持一处永远的住宅,把家属包括妻子和儿女放在江户居住,军队不允许离开他们各自的采邑,而大名则需要两处轮流居住(隔年必须到江户觐见将军),这就是"参觐交代"制度或者"轮住制度"。而这种制度的结果是:

(一)由于带着大量随从旅行及维持两处住宅的费用昂贵,超过收入一半以上,因此他们不得不向商人借贷或者与商人联姻,由此增加了商人的势力,由此改变了阶层的观念,商人不再是大名和武士们瞧不起的低等人。

(二)与江户的这种联系有利于日本文化的统一,以及促进了传播江户和上层文化,因为巡行于各处尤其是东海道的队伍,暗示了时尚所在。

(三)这种集权的制度,实际上促进了江户等大城市的迅速发展和沿途贸易的发展,而这些城市的发展,又促进了艺术,包括艺伎、俳句、绘画、装饰、工艺等作为文化消费品的生产。[17]

因此,我们是否可以从这些角度,讨论几个问题。(1)科举考试、入幕为客、外出坐馆、到处访书校勘等活动中,士人的流动,这种流动对于学术风气的传播和推广,因为要交友、要议论、要聊天嘛。互相之间一定会有"时尚"的,当一种形式的学术研究成了时尚,被表彰和被推崇以后,大家都会朝一个方向走的,这就是汉学之风的兴起。(2)作为政治中心的北京,也同样是学术中心的北京,它是怎样聚集学者,构成学者圈、形成群体,并且如何通过北京—江南的流动和交换,互相影响的?其实还可以

---

[17]《亚洲史》(*A History of Asia*),黄磷译,海南出版社、三环出版社,2004。

第四讲 清代学术史与思想史的再认识

讨论在北京,他们的居住、借食、经济赞助,这对他们后来在家乡的活动有什么影响。(3)江南是否也是模仿北京的?或者北京也是模仿江南的?虽然在政治上,对江南很小心,但是康熙、乾隆都对江南有过艳羡呀,就连风景也会仿造嘛。——所以,应当讨论的是北京—江南的学术网络才对。

接下来谈第二个问题。

第二个问题是,艾尔曼对清代考据学之于传统思想的瓦解,意义仿佛"文艺复兴"之于"新时代"的评价,仍然维护了梁启超以来的说法,可是,这一说法是根据历史的叙述,还是来自后设的追认?

艾尔曼在大前提上,还是跟随梁启超、杨向奎等人的思路,他把这个叫做"江南学术共同体"的学术活动当成了中国的"文艺复兴"。就像我们开始说的一样,他的书一开始,就已经把17世纪的中国实证学风与欧洲的文艺复兴相提并论,认为"十七、十八世纪历史不仅是儒教中国衰亡的前奏,也是新时代即将来临的序曲"(4页)。这个话可能说得太夸张了。这样一来,他对考据学的价值判断,和对考据学的历史叙述,就有了冲突。你一方面断定这一学术思潮只是"江南学术共同体"的少数知识精英的活动,一方面又断定它使得中国传统思想出现了崩溃,这是不是有些矛盾?他的评价似乎太高,他的说法是:第一,"对帝国正统学术的批判(请注意这是有意识的批判),早在18世纪已达到高潮,传统儒学经典一度拥有的不容置疑的权威性,在那时即受到知识阶层日益尖锐的挑战"(初版序,1页)。第二,他说,那个时代的学者"在学术上反对迷信权威,追求更高层次的一致性……他们认为,只要正确研究并恢复古代经典的纯洁语言,就会建立这种永恒秩序"(5页)。第三,他觉得,还原古典和批评考辨,就像欧洲文艺复兴一样,"能唤起一种批评意识,向过去至高无上的经典权威挑战"。这里的关键就是,他觉得,清儒已经有"考证是义理的最终裁定者"(21页)这个信念了。于是,读者就会得出一个印象,即清代以考据为特征的学术转型,是自觉针对传统中国思想世界而来的,而学术史的这一转变,已经引起了思想史甚至政治史的巨变,因为考据基于理性,而义理需要理性的检查,因此就有了"近代性"了。

但是,这一说法至少会引起以下问题:第一,他们既然只活跃在江南,由少数学术研究者构成,靠一些官方、半官方及私人支持,由并不发达的出版、并不广泛的通信、并不多的人的呼应,来发布学术成果,那么,他们能在多大程度上引起积累数千年笼罩全中国的传统思想的瓦解?第二,清代朴学与宋明理学,对传统的学术的解释方式与思想的阐述方式虽然不同,但是,这种不同是否属于价值观念层面的差异?如果不是,那么它是否足以在整个思想世界引起对传统价值的怀疑和思索?第三,这种被称为"实证性朴学话语"的学术话语,在那个朴学家的世界中,是唯一的话语吗?它是否只不过是一批文人或学者之间互相认同的一种特殊话语?当时还有一些人,并不以考据为最大的学问,还有人以写好文章为最高境界,所以,才会有考据学家像江藩和文章家桐城方东树的冲突呀。

所以,我们要问的是,这个社会里,是否还有更多的价值和时尚?如果是的话,那么,我们就要怀疑考据之学对传统思想与意识形态的冲击意义了。换句话说,就是要质疑,(1)学术上的这些变化,真的一定可以引起思想、文化甚至社会的变化,让我们看到"新时代即将来临的序曲"吗?(2)表面上和欧洲古典学一样的清代考据学,真的能像反抗中世纪神学那样,发掘出古代的资源来反抗另一宗教神学,让我们走出中世纪吗?(3)如果清代考据学只是"江南"的"一批"捍卫古代经典的文人学者的共同体，他们能够形成整个中国的文艺复兴吗？

其实，因为艾尔曼还是在西方文艺复兴的历史背景下，来看清代学术的，所以，他把清代学术和欧洲文艺复兴有个对称的比附，他一定要在清代考据学里面，找到所谓的"瓦解旧时代，开创新时代"的因素，所以才会有这样的矛盾。其实，在艾尔曼的其他书里也有这样的价值和事实的矛盾，比如说在《经学、政治与宗族》的序文里面，他说，"1898年，今文经学是否代替了宋明理学的正统地位，推动着广泛的政治新运动"（1页），可是，他自己也觉得今文经学并没有那么大的力量，魏源、龚自珍这些被"后见之明"倒着追溯出来的关键人物，在当时就没有那么了不起，并不那么关键。就连康、梁的今文学说，在当时也未必有这么了不起，所以下一页他又说"1898年，今文经学虽然影响很大，但仍是一般的政治力量"（3页）。这一点，他自己也明白，在《晚期中华帝国科举文化史》的序文里面，他就批评"反历史的倾向"的现代化叙事，尤其反对以现代化的必然性（必然性崇拜是很多历史研究者的通病。——引者注）来反观历史，他甚至还说这是一种"历史目的论"的"污染"，可是，他自己能够摆脱这种"后设"的立场吗？[18]

接着，我们讲第三个问题，如何超越文献透视历史？

最近我一直觉得，过去的思想史哲学史已经拧成了一股绳子，

---

[18] 两个例子：一、他有意与现在的现代性观念对立，一方面说科举是一个好的社会和政治制度，使中国有了平民出身的精英系统和社会阶层的流动，一方面说由于出身、宗族很大程度上决定了科举的成败，所以并不能促成社会的真正流动，这是否矛盾？二、因为过去都说科举是封建国家权力支持下的意识形态，并限制了"科学"（人文学和八股文）和"自由"（代圣人立言），所以他一反过去的价值评判，把科举说成是符合明清官僚体制的需要，支持了国家结构的有效管理，其实这是以后来的价值去反对过去的价值，同样是"后见之明"。

好多事实被它捆绑到这股绳子里面，成为构成这股脉络的部分，可是，还有很多历史却被拧掉了，好像多余的水分被拧掉了一样。

其实，现在慢慢大家都懂得了，历史常常是一部分被凸显出来，一部分甚至大部分被遮蔽了。好多东西你不能只看现成的部分，还要看不现成的部分，不仅仅要看上层、经典、表层的东西，还要看下面、边缘、深层的东西。很多学者，包括陆宝千、侯外庐、艾尔曼等等，都习惯地把"文献当作历史"，把刊刻出来的文字当作心里话，大家注意，"文献当作历史"，就等于是承认记载下来的就是真实的，于是把它当信史；把刻出来的文字当作心里话，就会用这些东西来叙述思想，把这些话前后连缀起来当思想史。

我为什么要在给艾尔曼的书评里面特意提出，要注意"三种话语"？其实就是这个道理。见人说人话，见鬼说鬼话，见了家人才有真心话。这是我们在现实生活经验中每天都经历到的现象，在一个专制和高压的政治环境里面，这是难免的，清代考据学家也一样。

（一）我们选几个不同的人物来看。你先来看惠士奇的话，"诸学服马郑，百行法程朱"，其实并不那么反程朱嘛，你不能拿戴震一个人的说法，就断定考据学家们，都有意识地反对理学"以理杀人"。考据学家也好，理学家也好，有时候差别不是那么大。你看翁方纲，他给朝鲜人金正喜写条幅，选的话就是"博综马郑，勿畔程朱"，他在信里面就说，现在把汉唐注疏之学和宋代义理分开，"此最于正学有害也"[19]。同样，庄存与在他的家里挂的对联，是"玩经文、存大体、理义惬心；若己问、作耳闻、圣贤在座"，这是他的座右铭。再看段玉裁，他在嘉庆十九年的时候，

---

[19] 转引自陈鸿森《翁方纲年谱补正》，《中国文哲研究所集刊》二十五期（2004），343—344页。

给陈寿祺——也是一个考据家——写了一封信，其中说，我看现在社会上的大毛病，就是抛弃了洛、闽、关学不讲，反而说这些学问是"庸腐"，可是因为你不讲这些东西呢，就没有廉耻，气节很差，政治也搞不好，"天下皆君子，而无真君子"，所以他的结论是"专订汉学，不治宋学，乃真人心世道之忧"[20]。再看姚文田，姚文田（字秋农）是乾隆嘉庆间人，他在文章中说，"论学尊宋儒，所著书则宗汉学，治《说文》为专家，旁通历算"[21]，可见，至少在公开场合，他们都是会讲官样的话，就是遵从程朱之学的，何况当他们真心把考据当作寻求义理的手段和技术的时候，也许并不一定对程朱有那么反感。所以我说，他们会说的第一种话，就是在公众社会中使用的"社会话语"，它是一本正经的，未必发自内心，但人人会说的话语，尤其通行在官场、文书、礼仪、社交的场合，这是符合程朱之学的，是"政治正确"的话，就好像我们现在的官员在台上念的社论体的稿子一样嘛。

（二）还有一种是在学术圈子里使用的"学术话语"，它是以知识的准确和渊博为标准的，只在少数学者之间通行，由于它的使用，这些学术精英彼此认同，彼此沟通，但它并不是一个流行的话语。我们看到清代考据学家之间，经常通信，虽然一封信要花个一两个月，但是他们这种半公开的信，是他们互相通气，是某些学术成果在公开领域被认可的途径。你要学会说这些专业的话，你才能得到声誉，才能出头，因为有的官员要么是听名声用人，要么他自己也是这里面的人，要看你会不会说这种学术性的话，才会用你。

（三）第三种是在家庭、朋友之间使用的"私人话语"，它或

---

[20]《左海文集》卷四《答段茂堂先生书》附录。
[21]《清儒学案》卷一一五《秋农学案》小传，《清儒学案》第三册，191页，中国书店影印本，1990。

者是很亲密的呢喃私语、或低斟浅唱,或者是私下表达不宜公开说的一些心里话。前者呢?人人会说但不宜公开,满足心灵却不可通行,最多形之诗词,后者呢?你就要去很多边缘的资料里面去找了,比如像本来不想公开的日记、比如像外国人的谈话记录、比如说笔记小说这样非正式的文体等等,还有各种各样的档案里面的记载等等。你看,袁枚的诗歌和文章是这类,纪昀的小说笔记也是这一类,朱彝尊的那些艳词也是这一类。

最近我看朝鲜的各种《燕行录》,很有感触,大家看看,私下里面汉族读书人说的是什么——

朴趾源《热河日记》里记载王民皞(鹄汀)说,"清人入主中国,阴察学术宗主之所在与夫当时趋向之众寡,于是从众而力主之。升享朱子于十哲之列,而号于天下曰:朱子之道即吾帝室之家学也,遂天下洽然悦服者有之,缘饰希世者有之……其所以动遵朱子者非他也,骑天下士大夫之项扼其咽而抚其背,天下之士大夫率被其愚胁,区区自泥于仪文节目之中而莫之能觉也",这就不仅是"腹诽"简直是"击鼓骂曹"了,不仅如此,他还意犹未尽地评论说,清朝官方尊朱子之学,使得士人中,"其豪杰敢怒而不敢言,其鄙佞因时义而为身利,一以阴弱中土之士,一以显受文教之名,非秦之坑杀而乾没于校雠之役,非秦之燔烧而离裂于聚珍之局。呜呼,其愚天下之术可谓巧且深矣"。

可见思想世界中,还有一些角落和背面,藏匿着很多不公开的东西呢。

下面再看第四个问题。第四个问题是,在注意到了清代学者职业化的同时,是否要注意学者职业化在清代的限度,及其特殊的、中国的历史背景?

其实,艾尔曼的研究思路和方法,无疑会受到西洋学术界的影响,我们看东洋和西洋的中国学家的研究,不仅要了解他的思路和方法,而且最好也了解他的这些方法和思路是从哪儿来的。如果他是来自西洋或东洋的学术背景和学术土壤,那么,你还要知道这个新方法和新途径的来源是怎么回事儿,也许他是另一个历史中出来的。

我们看一本书,彼得·伯克的《知识社会史——从古腾堡到狄德罗》(*A Social History of Knowledge: From Gutenberg to Diderot*),这部书介绍了欧美的知识社会史的发展,其中除了第一章讨论知识社会史的来龙去脉外,第二章讨论"以知识为职业:欧洲的知识阶级",他们如何因为专业知识而成为职业的学者,怎样彼此形成一个群体。第三章讨论"建立知识:新旧机构",讨论大学、文艺复兴时期的学术和教育机构,这些机构如何使这些机构成为科学和启蒙的地盘。第四章讨论"设置知识:中心与周边",他介绍了知识如何集中,如何形成自己的中心和秩序,文坛如何形成,图书馆和知识中心的关系,人们如何通过出版编辑等程序使知识系统化和权威化,这些知识又通过什么渠道而传播。第五章则介绍"将知识分类:课程、图书馆和百科全书",这些被确定为大学必需的知识的课程、知识来源的图书馆和作为权威的百科全书,如何把人类知识分类,按照一些规则,并形成系统。接着,第六章则讨论"控制知识:教会与国家"。第七章讨论"销售知识:市场与出版界",很明显这两章讨论的是独立的学术和客观的知识受到的两面压力,一面是政治性的,一面是市场性的,他一方面说明知识不能不受到这些影响,一方面试图说明知识如何挣脱这些影响。最后,第八章从读者的方面来讨论,知识是如何被获得的。

我这样详细地一一介绍,是要说明,艾尔曼的方法并不只是根据中国清代的历史和文献得出来的,他有他自己所生活的那个学术世界和知识背景,他也在应用西方的知识社会史的方法,你看《从理学到朴学》,和伯克介绍的这种研究思路和方法多么相像。可是,清代的学术史真的也可以纳入这个研究框架吗?针对清代中国的历史状况,这种研究方法要不要做一些调整和变动呢?

应该说,所谓学术成为职业,学者渐渐职业化,从古代传统的"文人"或"士大夫"里分化出来,这是一种"近代"的思路。"分化"这个词,是很有针对性的。第一,知识分子渐渐从依傍政府的学制、考试、教学、教材的儒生中分化,成为一种职业,有了自己的经济来源和生活方式,从而成为一个自我认同的群体,这个群体开始有了自己的游戏规则,有了自己的评价方式以及自己的权威和秩序,那么就进入近代了。这是欧洲的情况,但是我们要问的是清代是否也是这样?他们在清代政治社会和生活世界中,这种职业知识分子群体的形成会受到什么限制?为什么?第二,近代以来,知识人获取知识的来源、表达知识的条件,和原来有不同了,他们有了独立于教会和皇家的图书馆,有了独立的大学和讲堂,或者是私人的学校,这当然就分化出了近代的知识群体。可是在清代,是否要考虑这种分化的不彻底性?中国古代没有欧洲中世纪那么厉害的教会,也没有控制那么严厉的神权,不过,他们却是在三位一体(真理、政治和道德)的绝对皇权下,特别清代还有满族统治的问题,他们能像欧洲那样形成自己的知识来源、表达方式和出版条件吗?第三,从事研究而获得的知识,不仅在主观上形成中立而客观,以确凿为标准,在客观上它的真理性和权威性也不需要依赖宗教和经典,这才是彻底的分化,这才能维护它自身的系统与完整。可是,在大清帝国的思想世界里,它能够真的脱离经典知识的评价和官方(官员和政府)的认可,而成为独立领域吗?

所以我们要研究的,其实并不主要是"职业化",恰恰是"职业化的限度及其原因",这才真正深入到了清帝国的历史深处。可是,这部书似乎没有在这一方面特别深入,这是很可惜的,也许艾尔曼还是把清代学术当"文艺复兴",在寻找中国和欧洲的相同处吧?所以,我觉得中国学者应该做的,恰恰是反过来,讨论东西方知识史和学术史上的"异",而不只是"同"。

小结 作为思想史资源的学术史

可能我总是过分地强调了"学术"与"思想"的分野。在1990年的一次笔谈中我说了这一点(参见《学人》第一辑《学术史与思想史》),在1995年的一篇评论中我又说了这一点(参见《读书》1995年第七期《世间未曾有斯人》),但是,这里我依然要旧话重提。因为在清代学术史或思想史研究中,始终有这样的误解,即把学术史与思想史不那么合适地"对接",把事后的思想资源,直接当成了当时的思想活动。像梁启超《清代学术概论》以"学术史"命名,却试图解释"思想史"的现象,所以,总是要在清代考据学中发现中国的"文艺复兴",因此,便把阎若璩对《尚书》的考据说成是"思想界之一大解放",把胡渭对《周易》的考证也说成是"思想界之一大解放"。依此类推,方苞的《周官辩》、惠栋的《古文尚书考》也可以说是"思想解放"的著作,而戴震的《孟子字义疏证》和崔述的《考信录》更不必说,更是"思想界之一大解放"。可是,经历了那么多的思想解放,为什么就没有解放了思想,反而要等到19世纪末,才出现真正的思想史的大变化?其实,虽然西方文艺复兴是从整理与研究古典开始的,但是中国整理与研究古典未必是文艺复兴的开始,对于走出中世纪的欧洲来说,希腊罗马的古典与他们曾经有一段隔膜,蛮族的入侵、教会的统治,若干世纪的遗忘,使古代希腊罗马的典籍成了久违的思想资源,一重逢就异常兴奋。而对于文明一直未曾中断的中国来说,六经却是熟悉至极的古典，无数次的注释，翻来覆去的阐发，在这个以注释经典为传统的文化系谱中未必就能震撼心灵，颠覆思想。

所以，18世纪中国江南的考据学虽然与前几个世纪的欧洲同行在进行同样的文献研究、语言研究，但是，它却只能完成它"学术史"的意义，而不像欧洲同行那样，一下子就使思想借尸还魂完成了"思想的大解放"。我们可以回头看看，即使是在坚定地怀疑和分析经典文本时，这些清代的考据学家心目中也并没有怀疑与颠覆传统思想世界的野心。"实事求是，不主一家"的口号其实只能限制在知识范围内，王鸣盛所谓"治经断不敢驳经"（《十七史商榷自序》）就是一例，超出了"经"与"道"的想法，他们是不同意的。像钱大昕就以"各出新意，而经之旨去之弥远"来批评怀疑《尔雅》者（《小学考序》）；而崔述则以"数纣之罪，切齿腐心，矜张夸大全无圣人气象"来怀疑《泰誓》(《丰镐考信录》)。看来那些以精于考据闻名的学者，最终还是要"折中于六经"的。18世纪的学术史给19世纪的思想史可能提供了超越传统的资源，江南学术共同体的出现使学术研究与意识形态出现了一定的"疏离"，但它本身，并不像艾尔曼想象的，在18世纪，它并没有直接颠覆思想，也不曾引起传统的崩溃。

所以，我的结论是——

第一，不要把可以引申、解释和发挥的"学术资源"（如清代考据学）和直接能够作用于社会政治和生活的"思想观念"（走出中世纪）画等号。

第二，学术资源（清代考据学），当然有它的意义，如（1）使经典无意中变成文献，使经学无意中降为史学，开启了权威和经典的怀疑之门；（2）它使学术与政治开始疏离，而不是使学术与政治联系，疏离促使学术可能成为独立学术；（3）促进了部分职业学者的产生和膨大。

第三，这些资源，作为历史记忆而存在，它要等待某种历史环境的刺激，才有可能被再度进行"现代的解释"（如梁启超），从而成为真正影响社会，改变时代的东西。

【建议阅读文献】

艾尔曼《从理学到朴学》，赵刚中译本，江苏人民出版社，1995。
艾尔曼《经学、政治和宗族——中华帝国晚期常州今文学派研究》，赵刚中译本，江苏古籍出版社，1998。
艾尔曼：*A Cultural History of Civil Examinations in Late Imperial China*，Berkeley：University of California Press，2000。

【参考文献】

梁启超《清代学术概论》，朱维铮校注导读，上海古籍出版社，1998。
梁启超《中国近三百年学术史》，原出版于1926年，现收入《梁启超论清学史二种》，朱维铮校注，复旦大学出版社，1985。
钱穆《中国近三百年学术史》，原出版于1937年，中华书局重印本,1986。

森木竹成《清朝儒学史概说》，东京：文书堂，1930。
杨向奎《清儒学案新编》，齐鲁书社，1985年以后。
余英时《清代思想史的一个新解释》，载《历史与思想》，联经出版事业公司，1976,1981。
余英时《清代学术思想史重要观念通释》，载《中国思想传统的现代诠释》，联经出版事业公司，1987。
何炳棣《明清社会史论》，徐泓中译本，台北：联经出版事业公司，2013。
葛兆光《十八世纪的学术与思想》，《读书》1996年第6期，后收入《域外中国学十论》，复旦大学出版社，2002。
艾尔曼《再说考据学》，《读书》1997年第2期。
张维屏《纪昀与乾嘉学术》，台湾大学文史丛刊，1998。

漆永祥《乾嘉考据学研究》，中国社会科学出版社，1998。
陈祖武《乾嘉学术编年》，河北人民出版社，2005。
山井涌《明清思想史の研究》，东京大学出版会，1980。
近藤光男《清朝考證學の研究》，研文出版，1987。
滨口富士雄《清代考拠学の思想史研究》，国书刊行会，1994。
木下铁矢《清朝考證學とその時代——清代の思想》，创文社，1996。
冈本さぇ《清代禁書の研究》，东京大学东洋文化研究所，1996。

附录　从学术书评到研究综述的写法

引言　为什么要和博士生讨论"学术书评"？

今天之所以要讨论"学术书评"这个话题，有两方面的原因。

一方面的原因，是因为真正学术意味的书评太少，而借题发挥或蜻蜓点水的评论风气渐盛，对于书籍借题发挥的评论固然不应厚非，但是那不是真的书评，也比较容易写。严肃的、裁断的、商榷的学术书评，却是直接针对学术研究的，不太容易写，如果没有这种书评，恐怕学术难以进步。另一方面的原因，是因为你们将来是要做学位论文的，而大学里专业的博士学位论文，如果严格要求的话，通常要有一章（或者一节）"研究史"，而所谓的研究史，就是就论文涉及的这个领域，业已出版的各种论著，作一个述评，说明前人在这一领域中已经做了些什么，做得怎么样，还有什么遗漏和缺失？说到底，它其实就是对各种论著的短评的汇集，可是，现在很多大学的学位论文，不仅是本科，甚至硕士、博士论文，在这一点上都不够重视。

其实，我总觉得，写好学术书评是很重要的，为什么？

第一，这首先是一个学术道德问题，我以前在清华老图书馆看到陈寅恪的学生张以诚的论文《唐代宰相制度》，陈寅恪先生在前面评语中说，"凡经参考之近人论著（如内藤乾吉等），尤须标举其与本论文异同之点,盖不如此,则匪特不足以避除因袭之嫌,且亦无以表示本论文创获之所在也"[1]。可现在,有一些学位论文,由于缺乏这一部分,读者包括指导教师和答辩委员,根本无法知道,你是否超越了其他人的研究,或者是抄袭了其他人的研究,也不能正确做出对你论文的评价。如果你抄袭了,也许可以一时蒙混过关,但终究是在学术道德上有所欠缺。

第二,给其他在这一领域从事研究的人,提供有关的丰富学术史资料,使人们了解这个领域的变化轨迹,也让人知道这个领域的现状如何,这才能够凸显自己选题的问题意识所在。举个例子,比如前面我们讲,研究清代学术史,你就需要交代从梁启超、胡适、钱穆,一直到余英时、艾尔曼的研究,说明这一百年中对于清代学术的研究,何以形成侧重外在背景与偏向内在理路的两个典型,即台湾东海大学丘为君所总结的"理学反动说"与"每转益进说"[2]。然后,你再讨论余英时重视"内在理路"的研究方法,和艾尔曼提倡社会史和思想史结合的方法,各有什么利弊。这个时候你才能说明你的研究进路和问题意识,究竟有什么"创新"的意义。

第三,既迫使自己拓展学术视野,也迫使自己阅读前人论著。现在,有的博士生或硕士生,采取非常实用主义的阅读方式,对于他人的论著只选择看与自己所需要的部分,甚至把他人的论著当做"资料转运站",从里面转手抄撮一些文献,根本不理会它的全面论述。更要命的,是从网络上截取电子文本,完全不顾上下

---

[1] 这是陈寅恪在清华大学1936年学生张以诚论文《唐代宰相制度》封面上的批语,见葛兆光《学术的意味》,《学术的意味——学习陈寅恪先生在清华大学毕业论文上的评语及批注》,载《光明日报》2001年4月20日。
[2] 丘为君《清代思想史"研究典范"的形成、特质与意涵,原载《清华学报》新24卷4期,1994年12月,新竹。后收入丘为君《戴震学的形成》265—327页,联经出版事业公司,2004。

文语境，很少体会他人的研究思路、资料取舍、分析立场。可是，如果要写学术性的书评，要对他人的论著作评判，你就不得不全面阅读国内外的各种有关论著，不可能只是寻章摘句，断章取义地乱读一气。

务必注意，最重要的是，如果咱们学界有严格的、认真的和专业的学术书评，就会使学界变得更有秩序，也更加干净，不会像现在这样，良莠不分，泾渭不明，滥竽可以充数，鱼目可以混珠，整个学术界好像根本无法界定，什么是好的研究，什么是坏的研究。

所以，下面我先来谈学术书评的意义。

一　学术书评的意义

先向各位介绍一篇讨论书评的文章，就是张玉法先生的《如何评论一部史学论著》，张玉法先生是历史学界都熟悉的前辈，他是近代史的专家，也曾是"中研院"的院士。他的这篇文章收在1978年在台湾联经出版事业公司出版的《历史学的新领域》一书里面，这篇文章前面很郑重地说明，它是根据美国哥伦比亚大学教授威卜（R.K.Webb）的讲义写的。威卜说到，评论一本书，应当有几个标准：一、这本书是写什么的？有的人连这本书写什么都没有搞清楚，就胡乱评论，这不是写书评，最多是借题发挥自说自话。所以，威卜强调你要搞清楚，这本书特别的论题是什么？有没有新发现？二、这本书所用的资料是什么？它用的是不是第一手资料，有没有借助其他人的研究结果，在书前面是否告诉了前面学者对这个问题的研究？这就要考验你对这一行的资料、研究的熟悉程度了。三、资料和结论之间的关系如何？你要了解这些引用的资料，是否可以引出相反的结论，这些资料是否经过考证和选择，是否有先入为主的误读可能？四、这本书给人的美感如何？就是评论它的文体和文笔，有没有吸引力。

所以，张玉法先生说，如果你没有这些标准，"不是乱捧一阵，就是胡骂一番，使学术界没有一个是非"，他说得很严重："不了解一书的价值而对一书大加褒贬，乃是一种知识上的欺骗"[3]。

张玉法先生说到"学术界的是非"，其实就是刚才我说的学术界的"秩序"。前面我讲过，现在学术界对于什么是好，什么是不好，几乎没有是非，也就没有秩序。现在学术生产力太发达，我用"生产"这个词，很多人也爱用，后现代主义者用，官方也用（我在大学里也看到文件中有这个词，是正面的意思）。但是，一旦学术变成生产，甚至是批量生产而不是用心琢磨，虽然产量上去了，但质量就下来了。现在你到书店去看，书太多了，你翻杂志，论文也太多了，可是，这里面百分之九十都是"学术垃圾"，根本没有用的。怎么办？就要有"好"和"坏"的分别。怎么才能有"好"和"坏"的分别？就要有个说法，而且必须是"权威"的说法。依靠有权威的学术的书评，把好的和坏的区分开。这样有什么好处呢？

第一，学术界有了"舆论监督"和"公共批评"，这就像一个社会，有舆论、清议一样，有个关于好坏是非的公论，学界才有秩序，有秩序才可以是一个独立的学术界，否则你就要听官员的、听报纸电视的、听低水平的。

第二，如果有权威而内行的书评，一些假冒伪劣的产品，特别是一些"隐瞒证据"的论著，就会像"3·15"一样曝光。大家要知道，有些看起来冠冕堂皇的论著，其实就是乱抄乱写，没有什么严格资料证据的，中国学界的弊病之一，就是这类

---

[3] 张玉法《如何评论一部史学论著》，载《历史学的新领域》，151—153页，台北，联经出版事业公司，1978，1994。

"伪著作"太多,可这些情况外行是不了解的,需要内行才能指出问题。

第三,这样的书评出来,才能够省去读者选择的时间和精力,这些读者,既包括非专业的读者,也包括专业的读者,有了这样的书评,后来的专业研究者就可以按图索骥,很快找到有用的书籍。

不过,我要再强调一遍,对于硕士生、博士生来说,最重要的是,你学会这样去写书评,就等于学会了如何清理你这个领域的学术史或研究史。说到底,前面我说了,硕士博士论文的第一章,就是"研究史"。研究史是什么?不就是对你要研究的这个领域的一个一个论著的提要和评论,并且按照时间先后顺序,叠加起来的历史过程吗?我在读大学的时候,老师让我们仿照《四库全书总目》,写一本书的"提要",还规定在六七百字里面,要概括地说出这本书的大意、要点和不足,当时不觉得有用,但事后觉得这个训练很有意义,如果各位也能够在看书的时候,随手写下一些书评,哪怕很短的,将来也是受用不尽的。

这个传统要在中国建立起来。我们看到,国外的学术刊物,包括我们常常要用到的亚洲研究杂志,书评要占很大的篇幅,像《哈佛亚洲研究杂志》(*Harvard Journal of Asiatic Studies*)、《通报》(*T'oung Pao*)、《亚洲研究杂志》(*The Journal of Asia Studies*)、《美国东方学会杂志》(*Journal of the American Oriental Society*)、《皇家亚洲学会杂志》(*Journal of the Royal Asiatic Society*),都有大量的书评或书评论文。所谓"书评"(Reviews of Books 或者 book review)往往是一两页、两三页的短书评,更短的还有"简评"(Brief reviews of books),大概是半页左右。但是,"书评论文"或者"研究性书评"有的也很长,早的如邓广铭先生1942年在《中国青年》七卷二、三两期上连载的《评周谷城著〈中国通史〉》，就长达二十几页，近两万字；[4]晚的像我刚刚收到的《通报》2008年的这一期，西雅图华盛顿大学的Howard L.Goodman给J.Michael Farmer2007年刚在纽约州立大学出版社出版的有关三国谯周的著作（*The Talent of Shu:Qiao Zhou and The Intellectual World of Early Medieval Sichuan*）写的书评，就有十四页之多[5]。当然，更长的甚至有几十页的，后面我们就要介绍几篇，这就是所谓的书评论文，它的价值和影响，我觉得一点儿也不比论文差。当然，国内也有一些书评类刊物，像《读书》《书城》《中国图书评论》《书屋》，但是，大多数是借题发挥的文化评论类文章，虽然写得很有意思，也有的是有真知灼见，但大部分不能算是学术性的书评。而一些学术刊物像《历史研究》《中国史研究》《中国学术》等等，也有一些好的学术书评，但是，我觉得数量还不够多，质量也还不够好。

简单地说，中国的书评有几个问题：

首先，是吹捧太多而批评太少，批评性的书评甚至被认为是"吹毛求疵"或"酷评"。虽然我们也说有一些酷评确实过分，但是，一些正常的、有证据的批评性书评，像葛剑雄等写了一篇《是学术创新，还是低水平的资料编纂》[6]，发表在《历史研究》上面，批评杨子慧主编的《中国历代人口统计资料研究》，还引起轩然大波，觉得过分苛刻，王俊义批评陈祖武的清代思想史研究，还被认为是"意气之争"。当然，现在也有一些书评，尤其是批评性的书评，写得很好，也引起了学界的关注，像揭发把孟子译成"孟修斯"、把蒋介石译成"常凯申"，就好像成了学界典故。另

---

[4] 邓广铭《评周谷城著〈中国通史〉》，收入《邓广铭全集》第十卷，73—94页，河北教育出版社，2005。
[5] *T'oung Pao* Vol.94,(2008), pp.163–176.
[6] 载《历史研究》1998年第1期。

外，像陈引驰批评王晓路《西方汉学的中国文论研究》中的错误，高山杉批评张西平关于德国汉学的著作中的错误，就让人知道了这些介绍海外中国研究的书，看似涉猎很广，实际上有很多来自二手资料甚至还有以错误叙述误导读者的地方。

其次，是太多泛泛而论或借题发挥的书评，还缺少专业的研究性书评。也许，是写这样的书评太累罢，很多人觉得，为了一本书，花这么多时间看，看完还不一定写得出来，是否划得来？其实，看书和评书也是一种"智力较量"，你要看看，我是否能够看懂、看透、看到纸背后，和你在同一平台上较长论短，甚至要站在比你更高的位置，居高临下地评论甚至批评你，这也是很愉快的事情。你看后面我们要介绍的余英时评钱新祖的书评，不跟着在明代思想世界里走一趟，不检查一些原书的原始资料，不比原作者站得高一些看出背后的方法论问题，你能写出这么一针扎出血来的评论吗？

再次，是对国外的学术著作，包括海外中国学论著，缺少平等而尖锐的批评，也许是这些年再次国门开启，中国学者又轮回到了晚清"视西人若帝天"的时代罢，我们看到"跟风"太多，以至于国内学者以为外面的一切都好，只有亦步亦趋鹦鹉学舌，而海外学者听不到来自中国的批评和意见，自以为掌握了解释中国的权柄。

所以，我认为现在中国就是缺乏（1）批评的，（2）专业的，（3）国际相互的书评。

二　学术书评写作的基本条件

那么，怎么才能写好一篇书评呢？我再向各位介绍一篇前辈学者的文章，即杨联陞先生的《书评经验谈》，收在2004年北京商务印书馆出版的杨联陞《哈佛遗墨》中。杨先生原来供职哈佛大学，曾是"中研院"的院士，他对书评有深刻的体会，也很重视书评尤其是专业的书评。

我们知道，世界著名的汉学家伯希和有"学术监督"之称，而杨联陞也被人称为"学术警察"，这是因为他们经常写严格而客观的学术书评，对学界的各种著作进行评论。像杨联陞用中英文写过至少几十篇书评，评论过很多著名的大人物的著作，像用中文写过吉川幸次郎《元曲选释》、寺田隆信《山西商人の研究》、戴密微和饶宗颐《敦煌曲》、刘若愚《中国文史中的侠》、郭廷以《郭嵩焘年谱》等书的评论，用英文写过王力《中国语法研究》、梅原末治《东亚考古学概观》、魏特夫与冯家升《辽代中国社会史（907—1125）》、德范克（John de Francis）《民族主义与语言改革在中国》、伯戴克（Luciano Petch）《十八世纪早期的中国与西藏》、薮内清《中国の天文学》、仁井田陞《支那身份法史》、内藤湖南《中国近世史》、石田干之助《唐史丛钞》、冯友兰《中国哲学史》、李约瑟《中国科学技术史》、芮沃寿《中国历史上的佛教》等的书评。[7]

杨联陞写了这么多的书评，所以，由他来讲《经验谈》，就不是空论了。我读了以后，觉得他说的"经验"里面，最重要的一条就是，写一本书的书评，要懂得这个领域的"行情"。

什么是"行情"？就是这个领域的学术史和学术现状。这个领域里面，无论是理论和方法的变化，还是新史料的发现，你都要大体上了解，否则你没法判断这本书的价值。这就像一杆秤要有斤两准星一样，没有斤两准星的秤，是无法称出东西的轻重的。比如，你看到一本书讨论宋代文学，如果你要评论它，那么，你

---

[7] 参看杨联陞《国史探微》后附目录。现在这些书评均有王存诚译的中文本，见蒋力编：杨联陞《汉学书评》，商务印书馆，2016。

可能要了解,除了现在各种有关宋代文学史的论著之外,(1)当下国内外关于宋代历史和文化的研究,焦点在哪里?有什么新进展,像国内逐渐发展起来的"活的制度史"和政治史研究,国外的地方士绅和区域史的研究,究竟这本书的讨论是否也在这种话题和问题里面?(2)有关宋代文学的主脉、焦点和价值,从元代到晚清究竟如何变化的,现在这本书的讨论,与传统的说法有什么异同?(3)新的宋文、宋诗、宋代小说的大规模编集、整理和真伪考证,这本书是否用上了?它的资料范围和过去的研究论著,有没有扩大?历史学界重视的碑刻、方志、笔记等,它是否也关注到了?

所以,"行情"很重要,无论是伯希和还是杨联陞,他们都是非常了解"行情"的,所以往往写书评的人是一个"博学家",否则不能写这么广泛,而且这么到位的书评。这就提醒我们,你要对学术史,至少你本行的学术史有总体的、广泛的了解,不光了解中国的,还要了解日本的、欧美的,因为现在是"全球学术"的时代,这是我必须强调的一点。我自己也写一些书评,前面我们这个学期讨论到的四种书,包弼德的《斯文》、余英时的《朱熹的历史世界》、沟口雄三的《作为方法的中国》、艾尔曼的《从理学到朴学》,我都写过书评。但是,大家听完课就可以知道,我写出来的,可能只是有关书本身的一小部分,为了评论这些书,你得了解更广大的背景、更多的行情、更宽的视野。比如讨论包弼德,你要了解"唐宋变革论"的来龙去脉,唐宋历史的研究状况,否则怎么能够了解和评价他的书里的那些叙述?又比如,讨论余英时先生关于朱熹的论述,你要研究过去对于程朱理学的研究,了解朱熹更多的活动,否则无法知道余先生的意图和指向。再比如,关于沟口雄三的亚洲和中国研究的思路,你要了解日本中国学甚至整个东洋学的历史和现状，否则也无法知道沟口理论和方法的日本背景。最后，你要讨论艾尔曼的清代学术研究，你不知道从梁启超、胡适、钱穆、杨向奎以及余英时以来，学术界对清代思想与学术的研究，你怎么讨论艾尔曼的得失？

三　书评的具体方法

所以我说，书评也许只是你背景知识的一个体现，伯希和、杨联陞他们之所以能够从容地评论不同领域的论著，是因为他们自己肚子里面有"货"，也就是说他们胸中的知识比较起来更广更博。可是，具体到写书评上来，这种书评又必须针对要评的书本身，不能信马由缰乱发挥，正因为你要围绕你要评论的书来写，所以，这本书的问题和内容，就是你讨论的边界，限制了你的边界，反而比自己的论文更难写。我想，除了要有广博的知识和犀利的思路之外，还需要做到以下两点：

第一，检查史料和重复历史。

也就是说，对你要评论的著作或论文，最好要反复检查它，或者至少检查书里的一部分历史叙述，同时考察它所用的资料文献，追问它结论的证据是否可靠可信。

我举一个例子。1935年邓广铭给柯敦伯《宋文学史》写评论，不仅指出这书十万字，"其中什九均是从各种诗文评话一类的书中抄撮而来，其中尤以抄自《四库全书总目》提要者为最多"，还具体举出第一章绪论，抄自风马牛不相及的《四库全书总目》"诗文评类"小序。第二章第八节《晚宋的文风》开头五段抄自《四库全书总目》中有关《古文关键》《崇古文诀》《文章正宗》《文章轨范》《论学尺绳》的提要，痛斥其"无聊的抄撮"之"荒谬"；而且还指出他的子目与谢无量《中国大文学史》卷八章节完全雷同，论述也大同小异，指出"柯君虽将一切无用的材料都抄来了，却单单缺少了文学史中所最不可缺少的那些"[8]。看了邓广铭的书评,你就知道柯敦伯这本书没有价值了。现在,很多论著都是抄袭拼凑而成的,虽然我不赞成给这些烂书写书评,但是总得有人去当啄木鸟,把这些书给揭发一下。特别是一些似乎很高明很宏大的著作,乍一看很绚丽,但是经不住你把材料一一对比,一查对,你就发现它靠不住了。

再举一个例子,我们看陆扬给《贵霜佛教政治传统与大乘佛教》写的书评,这篇书评发表在《大陆杂志》1996年1—2期,连载了两期,长达28页。[9]古正美教授这本著作是1993年台湾允晨文化出版公司出版的,它讨论的是贵霜王朝的月氏王丘就却(约50—78年在位)所奠定的、身兼圣者与王者(类似现在的政教合一)的佛教政治传统,以及这种传统如何在其去世之后被印度化。而后贵霜时代(187—244)色腻色迦及此后几世,又如何引用佛教政治治世传统,并遭到亡国命运。由于作者认为,这一佛教政治传统,因为佛教传入中国而影响中国,所以非常重要。这本书长达670页,讨论的是一个一直不很清楚的历史,需要的又是很多种语言文字的文献,所以,很不好判断其是非。但是,是否真的是这样呢?我们看陆扬的评论,他的评论很长,指出的问题也很多,我们只看他的第一个驳论。他说——

古氏先把"月支"或"月氏"说成是意译"月之支护",是崇拜月亮的民族。又把支娄迦谶所译的《伅真陀罗王所问如来三昧经》中"伅真"还原为梵文candra(月),把"陀罗"还原成梵文Dhara(支持),所以伅真陀罗其名为"月支"。然后,她又把"香山"当做犍陀罗(candhara),而这部经典中有记载"伅真陀罗"和"犍陀罗"两部,伅真陀罗是外来的统治者,犍陀罗是本地土著,

---

[8] 邓广铭《评〈宋文学史〉》,收入《邓广铭全集》第十卷,5—10页。
[9] 陆扬《贵霜王朝与大乘佛教史新论平议——评古正美〈贵霜佛教政治传统与大乘佛教〉》,载《大陆杂志》第九十二卷,第一期,第二期,1996年2月。

㕙真陀罗王就是外来的、建立贵霜王朝的丘就却,他就像这部经典中所说的,从外而来,建立了佛教帝国。但是,陆扬经过梵文、佛经的对比,指出这根本是错误,因为"㕙真陀罗王"的意思是"大树紧那罗王",梵文的 druma-kimnara 就是"树",因为"真陀罗"是不可分的一个词,而《㕙真陀罗王所问如来三昧经》刚好有一个异译本,就是鸠摩罗什译的《大树紧那罗王所问经》。因为《㕙真陀罗王所问如来三昧经》是支持"月支"和"丘就却"论述的唯一文献,这一文献依据被推翻,那么,这本近七百页的大著就站不住脚了。难怪他会这样批评,"(古)的种种观点全都是建立在错误的认识之上,而绝大部分的关键性错误,是由于她的历史方法、佛教文献学和印度中亚语文方面缺乏基本训练所造成的"。

所以,我建议写书评的人,最少要把这本书的某一章,最好是关键的一章,重新核查一下它的文献资料,看看它是否断章取义,是否隐瞒证据,是否张冠李戴。特别是有的时候,作者为了表示自己的独特发现,常常隐瞒对自己不利的证据或者湮灭某一说法的来源,你就更要细心了。像谢无量《中国古田制考》讨论古代中国的土地制度,谢是一个写了好多书,什么书都能写的人,吴志慎就看出他有匆匆抄撮的特点。虽然吴志慎在关于《中国古田制考》的书评里面说得很客气,但是,你仔细看,他绵里藏针地说,你的新意见,好像都和日本人加藤繁的"英雄所见略同"呀,他把两种书的相同处一一列举出来,还说得很妙,说也许不应该怀疑谢的人格,不应当说这是"取法奸商,假造国货",但如此雷同,是不是证明了日本人的著作译得还不多呢?如果译出来了,恐怕谢无量先生"看见自己的心得早已被人说出,也许就要搁笔,比较省一点力"[10],

---

[10] 吴志慎《谢无量著〈中国古田制考〉》,原载《图书评论》第一卷10期,1933年6月。收入桑兵等编《近代中国学术批评》,中华书局,2008,299—301页。

批评的意思再清楚不过了。这种功夫是"挖墙脚"的功夫,你书写得再花哨再漂亮,只要指出你的史料错误,就像是沙堆上建大楼,地基一垮,就土崩瓦解了,这叫"釜底抽薪",是写书评的人要注意的,更是写书的人要注意的。

第二,理论基础和方法检讨。对要评的论著,要检查其整体是否站得住脚,尤其是要检查它的理论观念和研究方法上的问题,不仅要追根溯源看它的理论方法,而且要看它是否"原原本本"。

这里也举一个例子。余英时先生曾经写了几十页的评论,讨论狄百瑞的学生钱新祖的英文著作《焦竑与晚明新儒学的重构》(*Chiao Hung and the Restructuring of Neo-Confucianism in Late Ming*)。[11] 钱新祖的这本书,研究明代学者焦竑,用了很多西方的新理论和新方法,像"诠释学""对话理论""语言分析"等等。简单地说,他的结论是,焦竑的三教合一思想是对国家正统思想程朱学说的反动(Revolt)。但是余先生指出,首先,钱的"重构"方法和"对话"途径是有问题的,他所谓与焦竑"对话"的方式,越过了历史背景和现实策略,走上"六经注我"的路子。余英时指出,当你把古人当做一个"沉默不语的伙伴"时,常常可以任意解释,尤其会把新儒学当成语言游戏,这是反历史的推断。

余先生的意思是,首先,你研究思想史,必须把研究对象放置在历史中间,这和斯金纳的思路是一样的,绝不可以把对象从

---

[11] 见 *Ming Studies*. Number 25, Spring, 1988, pp. 24—66。现在此文已经译成中文,载何俊编,余英时《人文与理性的中国》,68—102页,上海古籍出版社,2007。以下所引均据此书。过了很久,钱新祖才有所回应,见 *Neither Structuralism nor Lovejoy's History of Ideas:A Disidentification with Professor Ying-Shih Yu's Review as a Discourse*, 载 *Ming Studies*, Number 31, Spring, 1991。后来,也有一些学者赞成钱新祖的研究方法,并为钱氏辩护,见梅广《钱新祖教授与焦竑的再发现》,宋家复《思想史研究中的主体与结构:认真考虑〈焦竑与晚明新儒家之重构〉中"与"的意义》,载《台湾社会科学季刊》二十九期(1998)"钱新祖纪念专号"。

它的位置上任意抽取出来，把本来无法说话的古人当作对话的对手，把自己的想象强加在他的身上。其次，当你把古人放置历史中间的时候，你就要恢复历史语境了，可是恢复历史语境靠什么呢？当然就是靠历史文献，但是他指出，钱新祖对于焦竑思想的表述，依赖的却是黄宗羲的叙述及一些二手资料，忽略了同时人对焦竑的记载和叙述，甚至连同是万历年间人的沈德符《野获编》的资料都没有用上。余指出，（1）作者忽略了"历史重构"的过程，"没有认真把思想作为对过去的重构"，而是过于主观地想象历史；（2）作者没有认真考虑明代三教合一观念的起源和发展，尤其是王阳明、王龙溪的三教观，脱开了王龙溪这样的重要环节，必然不能正确了解焦竑思想。（3）把焦竑和戴震、章学诚的思想关联起来，缺乏证据。所谓"气"的哲学与考证之学有关的说法，根本是没有根据的"揣测"。

换句话说，如果把焦竑当成古今可以随意隔空对话的抽象"人"，而不是生活在晚明历史环境中的具体"人"，晚明就变成抽象的时代，而不是具体的历史了。这样研究好像可以很随意也很惬意，但那只是主观的形上玄思。也许，有人会说，这好像是历史学家批评哲学家，用历史尺度来衡量哲学论著，但是，在学术上面并不存在汉宋之争，无论什么研究，都先要回到历史语境，不违背历史，也不违背逻辑，是最重要的。

当然，这种批评也有可能落入"公说公有理，婆说婆有理"各执一词的麻烦中。很多书评尤其是观念性的书评，常常会这样变成立场之争。但是一般来说，一种观念需要有资料作基础，如果是历史著作就更需要有文献证据，如果证据不足，或者证据根本错误，那么你的观念性分析也就站不住脚。这是一个通例，比如前面我们说到的，余英时先生对钱新祖的批评中，最让钱氏无法正面回应的，就是第二节里批评他在描述焦竑"这个人"的时候,主要依靠了《明史》和《明儒学案》,"这两本书已经被证明通常是不全面或不精确的",余先生指出,钱新祖并没有去寻找"当时的一些原始资料"。比如讲焦竑的《养生图解》,就依据了后世的《明史》,却忽略了同时代朱国祯(1557—1632)的《涌幢小品》;讲焦竑和李贽之间的关系时,就依据了晚出的黄宗羲《明儒学案》而没有重视同时人沈德符(1578—1642)的说法。余先生重重地说,"对于历史学家来说,在方法论上重视二手资料而忽视当时人的记述,是说不过去的"(74页)。特别是他由于忽略了这些资料,也忽略了1597年焦竑遭致贬斥并流放福建,最终结束政治生涯这一重要的历史背景,甚至连焦竑写给释鲁庵的信中提到的"修业",本来应该是"修科举业",也被钱新祖误解为"修因果业",以便自己对焦竑佛教思想作发挥和解释。

因此,我们就知道,在这种文献基础上得到的思想史结论,就很难让人相信。

四 从书评到综述:如何写博士学位论文的首章?

好了,现在我们要从学术书评,进入到研究综述的写作。其实,说白了,研究综述就是"集束式"的学术书评,就是要在整个问题领域的历史综述中,对论著加以学术史的定位。

这个方法对于我们的博士生、硕士生来说,是最为重要的。为什么?因为你的学位论文前面的研究史,就是一个你从事的研究领域的学术史综述。而你看到的每部论著,都必须搞清楚它在这个领域的地位和意义。它是不是这个问题领域的开创性著作?在这个问题领域中它是否在史料上有发现?它的结论是否推进了这个问题领域的深入?或者反过来说,这部论著在这个领域是可看可不看的吗?这部论著是一本抄袭或剪贴的东西吗?这部论著是没有任何创见和新意的吗?如果你不是在做学位论文,当然也许不必看这些没有价值的书,可是如果你是在严格地按照规范在做学位论文,你就不得不看这些东西。我以前常常在万圣书园里面乱翻书,现在偶尔到鹿鸣书店去看看书,总觉得现在书店里所谓的"学术书"真是太多了,多得看也看不完。可是,这种数量的繁荣背后是什么?是根本找不到书看,就像当年金克木先生和我说的那句话,"坐拥书城,无书可读"。因为大多数书确实是可出可不出,可看可不看的。说句极端的话,如果是本"烂书",看看还能搞笑,如果连"烂书"作为笑料的意义都没有,看了味如嚼蜡,还倒胃口,那才倒霉。

为什么有这么多书?因为好多人有研究经费,又可以补贴出版社,还可以向教育部、国家社科基金交差,所以,作者就乱写,出版社就乱出。这使得现在的学术研究,已经不再是"研究",已经变成了"生产",甚至连"生产"都不是,因为它既不管是否销售得出去,也不管是否会产生价值,而且连是否产生垃圾都不考虑。

话说回来,你写学位论文又不得不捏着鼻子看这些东西。前面我们讲了,你不了解和说明既往的"研究史",既无法证明你没有剽窃和抄袭,也不能说明你有什么进展,所以还得看。这叫"披沙拣金",是否有"金"还不知道,但你还得"拣",也许一粒"金"也没拣着,那也好,这说明前面没有有价值的研究,我可以"而今迈步从头越"。可是,当你看到一些值得讨论的书(不一定是好书,也许是烂书),你就要说明,它的意义在哪里,或者问题在哪里,这个时候就要把它放在整个问题领域中讨论了。

前一段,有个博士生要做一个有关清史的课题,他看了一些美国最近流行的新清史研究著作,特别是欧立德(Mark C.Elliot)的《满洲之道》、米华健(James Millward)《新清帝国史：内陆亚洲帝国在清代承德之形成》[12]，以及柯娇燕（Pamela Kyle Crossley）、濮德培（Peter Purdue）、卫周安（Joanna Waley-Cohen）的部分著作，他很想在这方面找个题目做。后来他告诉我，他最受益的，倒是来自卫周安和欧立德的两篇综述，一篇是卫周安发表在 *Radical History Review* 第88期（2004年冬季号）上的《新清史》（*The New Qing History*），一篇是欧立德关于新清史的介绍，也曾经用日文发表在日本的刊物上。他从这两篇综述性的文字中，了解了新清史的全貌，知道各种被称为"新清史"的著作，大体位置在哪里，它们的旨趣是什么，有什么共通性，也大体上了解了"新清史"从罗友枝与何炳棣的辩论起，到柯娇燕和欧立德对满族族群意识的研究，高彦颐和曼素恩对清代女性精英的研究，米华健和罗友枝对清代边疆与皇权的研究，这样一个历史。我觉得，综述其实就是简单明了的书评的汇集，要把同一领域的论著的内容和要点勾勒出来，对它在学术史脉络里的意义进行评述。通过这种综述，你可以知道（一）新清史不再把清代看成是明代之后，可以算在二十四史之后的一个中国王朝史，而是一个包括满蒙回藏的大帝国，应当放在世界史里面研究。（二）在他们的研究中，清朝皇帝不仅是汉族中国皇帝，而是各族的大汗、蒙藏佛教的菩萨、满人的首领。（三）清代的思想文化史不应当只是汉族儒家、经学理学的内容，而应当重视满、蒙、回、藏的文化，以及它与周边、甚至欧洲的文化交换。所以，后来这个学生选择了乾隆中叶在承德接待蒙古、朝鲜、安南的礼仪活动作为题目，避开一些热门课题，他也懂得了，你要

---

[12] Mark C.Elliot, *The Manchu Way: The Eight Banners and Ethnic Identity in Late Imperial China*, Stanford University Press, 2001; James Millward, *New Qing Imperial History: The Making of Inner Asian Empire at Qing Chengde*,London, New York: Routledge, 2004.

重视礼仪活动中满族统治者的色彩,以及承德的各种宫廷建筑为什么如此设置,这又是接受了新清史研究的方法提示。可见这种综述,对他的论文很有帮助。

我还要举一个我自己写的书评为例。1998年,台湾一个学者来信邀请我给他关于"近代中国佛教"的新书写个评论,我那个时候对近代佛教的复兴、日本与中国的佛教交往、西方思潮影响下的中国佛教都有兴趣,也正在写《中国思想史》的第二卷后半部,所以就借了这个机会把1989年以后,差不多十年间出版的有关近现代佛教历史的书,统统看了一下。[13] 看了以后,觉得虽然中国晚清民初的佛教史研究有了一些大的进步,但也有一些共同的问题,所以,就决定不再单独为一本书写,而是写了一个综合的述评《关于近十年中国近代佛教研究著作的一个评论》。[14]

在这篇书评里面,我一个一个地介绍了这些论著的问题,虽然各有建树,但有的次序混乱,有的有缺略,也有的不规范,但根本上来说,都有一个很重要的根本性的问题,就是在看上去对近代佛教史的很全面叙述中,缺乏明确的"问题意识"和"自己脉络"。所以,研究者事先已经不自觉地接受了过去社会史与政治史对"近代史"的预设,比如把魏源、龚自珍这些"近代先驱"算成是"佛教复兴"的先驱,以"反帝反封建"作为"佛教史"的主脉,把这些预设当做叙述近代佛教史不言而喻的起点、背景

---

[13] 其中包括:郭朋等《中国近代佛学思想史稿》,巴蜀书社,1989。高振农《佛教文化与近代中国》,上海人民出版社,1992。麻天祥《晚清佛学与近代社会思潮》,台北:文津出版社,1992。李向平《救世与救心——中国近代佛教复兴思潮研究》,上海人民出版社,1993。于凌波《中国近现代佛教人物志》,宗教文化出版社,1995。邓子美《传统佛教与中国近代化》,华东师范大学出版社,1996。江灿腾《中国近代佛教思想的诤辩与发展》,台北南天书局,1998。

[14] 载《思与言》37卷2期,台北,1999。后收入葛兆光《西潮又东风:晚清民初思想、宗教与学术十讲》,附录三,上海古籍出版社,2006。

或基础。这里的弊病是什么呢？就是近代佛教史的因果溯源，被政治史与社会史左右着，但是我要问，近代佛教史的变化，除了有对于政治和社会变化的刺激的直接反应外，还有没有更深的背景、更直接的刺激和更具体的原因？因为这里有一个需要讨论的根本性问题，就是关于近代中国佛教史的这些分析，是否一定要依托政治史和社会史作为自己的基础和背景？我很不理解，为什么佛教史一定要按照政治史或社会史的脉络来分析宗教史？

我总觉得，晚清佛学的兴盛，除了这些社会的政治的背景之外，还与很多具体的、直接关系到佛教的背景有关。比如，（一）当时人希望借助佛教知识来理解并超越西学，尤其是科学、心理学、逻辑学；又如，（二）当时人对日本明治维新以后日本佛教的历史有误读，觉得日本之所以崛起与佛教护教爱国的精神力量有关，所以特别希望兴起佛教，来刺激中国人的群治和精神；又如，（三）刚好佛教经典尤其是佛教唯识学的经典，在那个时候反传中国，刺激了佛教的兴起和转向；再比如，（四）有人相信，作为边缘知识的佛教大乘学，可以瓦解人们思维和观念中对"主流"与"中心"的固执。所以，晚清民初佛教兴起的原因相当复杂，我曾经写过好几篇论文讨论它。[15] 唯其原因复杂，所以，在分析晚清以降的佛教问题时，就需要发掘更多更细的文献，涉及更多的事件和人物。

假定说，你要准备写一篇有关晚清民国佛教史的博士论文，如果你把你之前有关的著作阅读过，并且加以这样一番述评，那么做到这里，是否就可以从上面所说的，前人论述所缺略的四个方面，开始自己的论述了呢？

---

[15] 参见葛兆光《论晚清佛学之复兴》，载《学人》第十辑，1996；《西潮却自东瀛来——东本愿寺与中国近代佛教复兴》，载《二十一世纪》33期，1996年2月；又，《葛兆光自选集》，广西师范大学出版社，1997；《从无住处立一切法——戊戌前后知识人的佛学兴趣及其思想史意义》，载《二十一世纪》总45期，1998年2月号。

2012年版后记

先要交代的是两点,第一,这份讲义原来有简单的讲稿,后来陆陆续续经过一些听课的同学为我录音补充,最后我再全面进行了修订,补充了尽可能完整的注释(或许还有遗漏),也许,现在看上去,已经不太像讲课的实录,而有一些像论文。不过,我还是要感谢这些年里听过我这门课的北京清华大学、台湾师范大学和上海复旦大学的研究生们,他们帮了我很多忙。第二,在我的这份讲义中,关于余英时先生《朱熹的历史世界》的一部分,已经在台北联经出版事业公司2010年出版的《文化与历史的追索——余英时教授八秩寿庆论文集》中发表过,多谢田浩先生的催促,使我把这份讲稿变成了较为整齐的论文,当然,也使我在出版这份讲义时,不得不同样把其他几篇在形式上变得规范一些,以便彼此相称。

我也要感谢三联书店郑勇先生的极大耐心。对于讲义变成著作,我总是在犹豫。一方面是担心这种东西不成样子,落了个钱锺书先生讽刺的"把讲义当著作",一方面是本来就捉襟见肘,怕讲义出版后无课可讲。所以,当年出版《思想史研究课堂讲录》的时候,就一拖好几年。而这次出版《续编》,也仍然是一拖再拖。回头看我的日记和通信,两三年前我就曾经向他许诺过交稿,

2012 年版后记

但至今他却没有催过我,虽然我从朋友那里,也曾听说他对这本小书的关切。

2011 年 2 月 15 日于上海

思想史研究課堂講錄

二编 在思想史的周围

增订版

葛兆光 著

生活·讀書·新知 三联书店

Copyright © 2019 by SDX Joint Publishing Company.
All Rights Reserved.

本作品版权由生活·读书·新知三联书店所有。
未经许可，不得翻印。

图书在版编目（CIP）数据

思想史研究课堂讲录／葛兆光著．— 增订本．— 北京：生活·读书·新知三联书店，2019.4
ISBN 978 – 7 – 108 – 06399 – 1

Ⅰ．①思⋯　Ⅱ．①葛⋯　Ⅲ．①思想史－研究－中国　Ⅳ．① B2

中国版本图书馆 CIP 数据核字（2018）第 218134 号

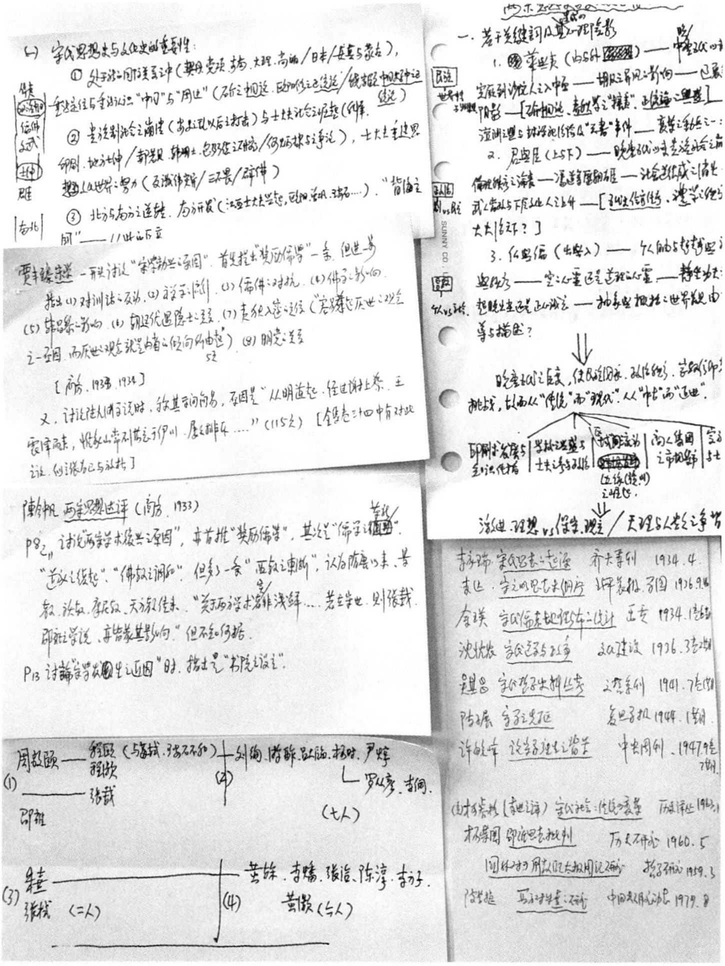

第一讲底稿

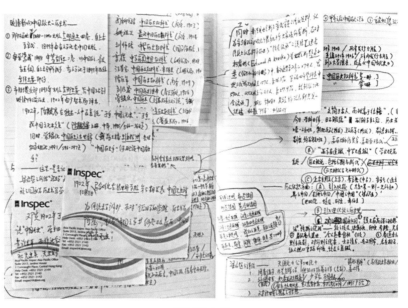

本的牧田谛亮，他关于疑经的著作《牧田谛亮《疑经研究》，至今还是最重要的参考书，法国华裔学者郭丽英也有很多（ ），的，都有关注。再说辑佚，在汉文佛教研究方面，敦煌卷子、各种古钞本中发现过去没有被收入大藏经里的，有时会有一些唐代甚至更早的钞本，像《光世音应验记》中国失传的书，像杨文会当年弄回去重新刻出来的唯识旧典已经失传的著作，像五代时禅宗的《祖堂集》，中国就是。当然中国自己也会有一些新的发现，像三四十年代发现的一些书，在现在各种大藏经里就没有，而敦煌卷子、黑水城的语录、五更转、北京的书等等，做辑佚需要对古书极为熟悉，什么是已经散佚的，辑佚并不那么容易。

第二种：佛教史的研究。

这是中国佛教研究中最主要的一个部分。这基本上是历史学科的事情，记得喻大维曾经说陈寅恪，他对佛教道理并没有多少兴趣，但是这并不妨碍他做佛教史的研究。这一方面，可以列举的中国人的杰出著作最多，像汤用彤的《汉魏两晋南北朝佛教史》两册，这是1937年出版的，现在又有中华书局、河北教育出版社的《汤用彤全集》的两种重印本，至今也没有人可以超过的。又像胡适的《楞伽宗考》和《荷泽大师神会传》等禅宗史研究论著，先收入《胡适论学近著》，后来又收入《胡适禅学案》、《全集》等等，尽管这些论著在具体结论上有问题，但是其开创的范式却影响极大。此外像陈垣的《明季滇黔佛教考》、《清初僧诤记》、吕 的《中国佛教源流略讲》、都相当有水准。

国外也有很多杰出的著作，日本如镰田茂雄、冢本善隆、牧田谛亮、道端良秀等等，都有相当出色的著作，在这方面，他们比我们强，你得看别人的研究的。像法国戴密微的《吐蕃僧诤记》是研究汉族宗教到西藏，和西藏佛教发生的一段因缘，他从一个敦煌卷子的发现开始，逐渐深入，引述了大量汉文文献，很有功力，这部书的中文本是耿升译的，由世界人民出版社出版。另一个重要的就是1956年出版的《佛教征服中国》，是一部唯一可以与汤用彤媲美的早期佛史著作，我2000年访问荷兰的时候和他谈过，现在他已经从莱顿大学退休，这本书有中文本，由李四龙等人译，江苏人民出版社出版。

研究佛教史，需要有很好的语言知识，特别是早期佛教史，更是如此，为什么，第一、早期佛教史讨论的范围不止是中国，包括印度、中亚，第二、它的资料不止是汉文藏经中的，也不仅仅保存在中国，第三、早期佛教用的就是一些现在已经很少甚至没有人用的语言，像梵林先生讨论《浮屠与佛》，就得用很多语言，包括死语言的知识，还得懂得古代汉语的语音，这才可以"对音"，也需要看相当多的文献：我讲大家注意的是以下几类：第一、自然是常用的僧传、书目、佛教道教论争集一类的文献，像《高僧传》、《续高僧传》、《宋高僧传》、像弘明集、广弘明集等，像《出三藏记集》、《历代三宝记》，以及像禅宗的灯录、佛祖统纪》、《释氏稽古录》等等，不需要多说。第二、敦煌出土的佛经、变文、诗偈、语录以及相关的文献。这需要多化一些力气，好在除了台湾黄永武的《敦煌宝藏》、《英藏敦煌文献》、《法藏敦煌文献》都陆续出大的出版社出版，比《敦煌宝藏》清楚得多，看起来也比毛胶卷容易，另外还得注意敦煌之外的吐鲁番出土的、日本所藏的古钞本，甚至上面的题记，也要相当注意，日本的池田温敬编过《中国古代写本识语集录》，里面收了很多敦煌题记。第三、需要注意的是佛教石刻资料，像这些包括上面的题记，各种新旧的僧人碑文等等，如果你要研究的不是少数佛教高僧的思想或经典的知识，这些资料是相当重

未收入本书的佛教部分课堂讲义手稿

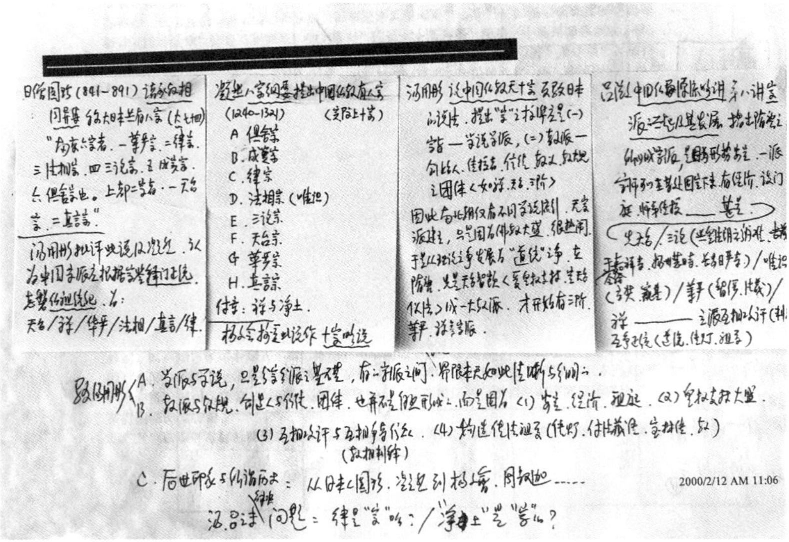

未收入本书的佛教部分课堂讲义手稿

目 录

引言　在思想史的周围开拓 …… 1

第一讲　文化史、文明史与思想史
　　——以宋代中国的历史为例 …… 1
　一　从埃利亚斯《文明的进程》说到文化史与文明史的
　　　差异 …… 4
　二　什么是"文明史"研究的内容？ …… 7
　三　一个文明史研究的案例：宋代文明同一性的生成 …… 13
　【建议阅读文献】…… 22

第二讲　知识史与思想史
　　——以西洋天学进入中国及其对传统思想的影响为例 …… 23
　一　问题之一：为什么我们要讨论西洋天学 …… 23
　二　问题之二：思想史是否需要讨论有关知识史背景 …… 26
　三　西方天学知识传入中国的历史 …… 32
　四　在"体""用""道""器"之间 …… 38
　【建议阅读文献】…… 42

i

第三讲　在法律史、社会史与思想史之间
　　——以传统社会中白天与黑夜的时间分配为例 …… 43

一　关于古代中国时间分配问题的研究 …… 45

二　日出而作，日落而息：传统的日常生活秩序 …… 48

三　月黑风高与杀人放火 …… 52

四　夜聚晓散与图谋不轨 …… 56

五　文武之道，一张一弛：元夜观灯的意义 …… 61

六　城市生活与乡村秩序之间：传统日夜秩序的瓦解 …… 64

【建议阅读文献】…… 67

第四讲　观念史的研究方法
　　——以陆九渊的"东海西海，心同理同"为例 …… 68

一　什么是观念史的研究？…… 71

二　中国古代观念史的研究范例 …… 75

三　陆九渊的"心同理同"论：三个意义重心 …… 76

四　强调"理"和"心"超越一切：南宋时期陆九渊这段话的重心所在 …… 78

五　明清之际：作为接受异域新知前提的"东海西海"论 …… 80

六　"东西南北之分，不过就人所居立名，初无定准" …… 83

七　晚清以来：追求"同"是全面接受西方吗？…… 85

【建议阅读文献】…… 89

第五讲　文化史与思想史研究的"视域"转换
　　——以"唐宋""宋明"两个不同研究范式为例 …… 90

一　唐宋作为一个时段的理由 …… 90

目录

二　创造性思想与妥协性思想：两个不同的研究重心 …… 94
三　把思想史和文化史研究的关注领域，从精英与经典转向一般知识思想与信仰世界 …… 100
四　思想史与文化史可能有另一个脉络 …… 104
五　拓展思想史和文化史研究的资料范围 …… 109
六　文化史和思想史研究方法的多元化 …… 111
七　小结 …… 113
【建议阅读文献】…… 113

第六讲　思想史研究中的加法与减法 …… 115
一　一个疑问：思想史是否仅仅是描述新思想的历史 …… 119
二　被历史减去的：一些实例 …… 122
三　思想史，如何做加法和减法？ …… 127
四　加法和减法：是重写思想史的途径之一吗？ …… 132
【建议阅读文献】…… 136

第七讲　思想史研究方法的变化
——以日本学者研究日本近代思想史为例 …… 137
一　丸山真男的日本近代政治思想史研究 …… 138
二　丸山真男思想史学的思路和方法 …… 142
三　丸山真男之后：近年来日本思想史界的批评 …… 144
四　他山之石：另一种思想史研究的思路和方法 …… 150
五　切记日本与中国在近代思想史的历史差异 …… 154
六　谁的思想史？为谁写的思想史？ …… 157
【建议阅读文献】…… 159

附录　想象的边界
　　　——关于文史研究的学术规范 …… 160

　　一　中国学术界的规范和底线崩溃了吗？ …… 160

　　二　历史研究中必要的体验和想象 …… 165

　　三　常识是否可以成为常识？关于学术规范的基本原则 …… 168

　　四　学术评价的标准何在？ …… 172

　　五　结束语 …… 175

　【建议阅读文献】…… 176

引言　在思想史的周围开拓

我一直在讲，思想史是一个边界还不太清楚的领域。它不像哲学史，够得上"哲学"资格的才能上榜，所以哲学史的边界比较清楚，以前冯友兰《中国哲学史》一开篇就说，他的主要工作之一，就是把中国历史上可以用西方的"哲学"来命名的东西，"选出而叙述之"。可是思想史不一样，古往今来，每个人都有思有想，所以精英的和高明的，普通的和常识的，它都是思想，没办法，你都得注意。特别麻烦的是，思想史不能悬浮在历史之上，坐着纸飞机不落地，所以，它不只是要讨论思想，还要讨论思想的历史背景、思想的知识基础、思想的传播落实、思想的成为制度，所以，它总是和政治、社会、生活种种大千世界相关联，它无法画地为牢，也无法限制自己的边界。

剑桥大学研究政治思想史的学者斯金纳（Quentin Skinner）说的一句话，看上去很轻松，实际上很沉重。他说，我们要研究"语境中的思想"，你仔细想想，"语境"太大了。一个时代的政治环境，构成思想史的语境；一个时代的文化氛围，也构成思想史的语境；一个时代的教育水准，也构成思想史的语境；一个时代的生活状况，也构成思想史的语境。当我们要考察思想史的语境的时候，我们就被迫进入广大的历史世界。所以，政治史、文化史、法律史等等，思想史研究者不能不越境跨界。斯金纳自己在

《现代政治思想的基础》一书开头,写文艺复兴时代的自由思想,也要先专门设立一章,讨论"城市共和国和帝国"。这就涉及很广泛的历史,不仅涉及12世纪之后意大利城市为中心的新的社会和政治组织形式,而且还要讨论包括政治制度、法律文献、宗教权力的变迁,并不是只就思想谈思想的嘛。

所以,我在下面的几讲里面,想把思想史研究的视野,横着放大到文化史、文明史、知识史、社会史、法律史、观念史各个方面。也许你们会说,这无边无际了呀。但是没有办法,思想就是在各种语境中的呀。当然,我还会竖着讲一讲,选择不同的研究时段,有时候思想史的图景会不同。关注的重心是在成长的思想文化现象还是消失的思想文化现象,也许你的思想史研究也不一样。我们无法关起门来自己玩自己的,所以,我也会给大家讲一次我们的邻居日本的思想史研究情况,看看人家的研究,是不是可以给我们启发。我们不是总是说"他山之石,可以攻玉"吗?

好了。言归正传,我们先从文化史或者文明史开始。

第一讲　文化史、文明史与思想史
——以宋代中国的历史为例

从这次课开始，我们要讨论一些和思想史有关的历史领域，比如法律史、科学史；还有一些跟思想史分界不很清楚的领域，比如说文明史、社会史。看一看，到底这些领域的内容，怎么和思想史结合起来？大家一定要记住，思想史不是一个封闭起来的领域，它的研究领地和其他领域可以沟通，资料也可以互相通用。

二十多年前，我读大学，读的是北京大学的古典文献专业，有一门"中国文化史"的课。那个时候，这门课在北大中文系很受重视，请来讲课的教授，段位是很高的，包括邓广铭、阴法鲁、史树青、刘乃和这些名教授都来上课。他们所讲的"文化史"，包括绘画、官制、科举制、音乐、天文、地理等等，跟王力先生《古代汉语》一书每节后面的"古代文化常识"意思差不多，分门别类，当然由这些专家来讲，程度就比文化常识要深得多。记得一位先生曾来讲过天文历法，比如十九年七闰，黄道赤道，太岁超辰，等等等等，我们听得一头雾水，当时的知识基础不够嘛。还有一次，请某先生讲服饰史，那个时候没有投影，没有 powerpoint，讲的人自己脑子里面很清楚，可是我们只能根据他的描述想象，最后也听不太懂。不过，它的好处是，这门课使我们见了很多著名的教授，以后可以作为谈资，而且讲的东西也确实很精彩,只是效果不一定很好,也很难形成一套清晰的研究思路和方法。

这话怎么说呢?就是说,"文化史"这一门课,或者这一学科,很长时间以来,也是边界不清楚的,通常的文化史,大体上是两种写法,一是分门别类,政治制度经济思想学术风俗,甲乙丙丁,ABCD,一一开列出来,名为文化史,实际上成为文化常识,重心在"文化"二字上。一是以时间为纲,写各个文化领域的转变,比如1926年译成中文的高桑驹吉《中国文化史》就是这样,重心放在"史"上,可是各章里面还是一样,仍然一一陈列。大家知道,因为"文化"是一个无所不包的大口袋,所以,用这两种方式写出来的书,就显得很庞大无边。要么"文化"的负担沉重,像前一种,比如梁启超的《中国文化史(社会组织编)》(中华书局,1936),包括了八章,分别是"母系与父系""婚姻""家族与宗法""姓氏""阶级"(上下)"乡治""都市",仅仅"社会组织编"就包括如此之多的东西,那么,还有多少要写呢?再如,同样是1936年的王德华《中国文化史略》(有萧一山民国二十五年序,台湾正中书局再版,1952),虽然是高中教材,却分成了"经济史""政治史""学术史""社会史",而一门中间又包括很多内容,像"政治史"里面又分了官制、地方制度、乡治、教育、考选、司法、兵制等等。

这种传统一直延续到现在。前一种样式,在大陆最通行的,比如阴法鲁、许树安的《中国古代文化史常识》(北京大学出版社)就是这样写的。在台湾也一样,像卢建荣和林丽月合编的《中国文化史》(五南图书出版公司,2002),内容也还是这样的,有典章制度的变迁、学术思想的演变、文学艺术的发展、科学与技术、宗教信仰、社会与经济,最后是"现代的文化变迁",好像要囊括整个历史。后一种呢?也很沉重,它很难界定自己的边界，前面提到的高桑驹吉的《中国文化史》（原来是《支那文化史讲话》，大正十三年初印，第二年即印了第三版，中文译本在1926年由李继煌翻译，于商务印书馆出版），它的体例是每个时代先作"历史概说"，然后是"文化史"，文化史部分也还是分门别类，比如制度、儒学、文学、史学、科学、宗教、音乐、贸易、交通等等，这对中国影响很大，像柳诒徵的《中国文化史》就有一点儿像这个模式，近年来，虽然现在的一些文化史有一点改变，像冯天瑜等人的《中华文化史》（上海人民出版社），虽然不明显分类了，但又好像是各种专门历史的综合叙述。另外，台湾的两种书，一是杜正胜主编的《中国文化史》（三民书局，1999）、一是蒲慕洲、熊秉真的《中国文化史》（东华书局，1997，2000），两本书各有很不错的地方，尤其是文字活泼、叙述轻松，选择有节制，而且详近略远。但是，大体上都以时代为纲，以文化为纬，都很难划清他们所谓"文化史"的边界。

过去研究文化史常常就是这样，这似乎成了一种套数。可是，分门别类，面面俱到，到底什么是文化史的主线呀？不清楚。但是，最近研究社会生活史的风气兴起，逐渐改变了过去分门别类研究各种文化常识的做法，开始有一点新路数了。比如台湾的历史语言研究所就有人在研究社会生活史，在大陆也有呀，比如南开大学、北师大、历史所，都有人在做社会史研究，都做了很多努力，可是，你会说，这还不能算是文化史，文化史可能比这要宽得多。涉及面宽是很好，但问题是，如果我们说文化史是各种制度、文化现象甚至包括风俗在内的总的历史的话，它到底有没有边际，它的核心在何处？它的脉络怎么理解？如果按照以往的写法，文化史成了包揽一切的东西，那岂不是其他的历史都要被收编进去了？而且这样一来，岂不是文化史就等于历史了？所以，文化史想要成为一个学科，就不能够没边没沿儿，而且现在还得重新考虑文化史怎么写，写什么。

我也不是很清楚，不过，我有一点开始明白过来了。那个时候，在研究策略上，文化史和文明史还没有特别明显的和自觉的区分，基本上都笼统地讲这是"文化史"。可是，问题是，我总觉得，过去讲"文化史"的时候，没有一个特别明确的脉络，因为什么都是文化，现在我就想，在文化史所涉及的方方面面内容里面，其实，可以有另一种"文明史"的方法和视角来研究。简单地说，如果说"文化史"研究的，是传统和历史里面已经存在的各种各样的"文化"，那么，"文明史"就可以研究这些本来的"文化"，是如何渐渐生成、消失、演变而且汇入所谓"文明"的历史。

因此，我们首先要重新找到能够界定"文化史"或"文明史"界限的一种理论，区分两种不同的思路，然后建立两种不同的方法。这里，首先就要谈到很有启发性的一本书，就是埃利亚斯的《文明的进程》。

一 从埃利亚斯《文明的进程》说到文化史与文明史的差异

埃利亚斯（Norbert Elias, 1897—1990）的《文明的进程》（*Uber den prozess der zivilisation*）共两册，有翻译本，由三联书店出版。但翻译者对这本书和这个作者，介绍得还不太够。其实，关于这本书，倒是有一段很有趣的历史可以说一说。

《文明的进程》其实是埃利亚斯写于1936年的著作，到1939年，被一个书商在德国印刷并运输到瑞士，当时世界局势动荡，为了表示对纳粹的抗议，书商把书中凡是有可能使人联想到德国的字样，包括"印刷于德国"等等都抹掉了。但是尽管如此，据说这本书当时还是销路不佳，倒不是因为德国，在那个文明被摧残的时代,谁还顾得上关心文明的历史呢。不过,埃利亚斯可不是纳粹,他出身于波兰的犹太家庭,在那个年代,他是注定要遭受迫害的一类人。好在他早出生些时候。有时候早生晚生,也很重要,决定命运呢。他在二十五岁时,已经获得博士学位,那时德国的极端民族主义还没有高涨到笼罩一切。他的博士论文的名字叫《理念与个人——对历史概念所做的批判性研究》,博士学位拿到以后,他还在海德堡和法兰克福大学任教,但职位都不高。大家都知道,欧洲的大学职位是很难拿的。在这期间,他受到两个人的很大影响,一是马克斯·韦伯(Max Weber,1864—1920)的弟弟阿尔弗雷德·韦伯(Alfred Weber),哥哥大概很有名,大家都知道,写过《新教伦理和资本主义精神》《儒教与道教》等等,其实,弟弟也很不错。另一个是知识社会学的代表理论家曼海姆(Karl Mannheim),曼海姆的《乌托邦与意识形态》也是很有名的。

那个时代很可悲呀,因为埃利亚斯是犹太人,所以,到了"二战"期间,他只能选择流亡,一直到"二战"后的1954年,才重新得到教授职位。不过,命运捉弄人,尽管他成为教授,但是,埃利亚斯还是没有得到人们的太多注意,65岁时他就退休了,不甘寂寞的他,退休后又到非洲的加纳大学去教书。大家都知道,冯唐易老,李广难封呀,一个学者的研究到了老年甚至去世以后才被人认识,虽然有幸,也是很难的,但是很有趣的是,这个时候,他老来转运,60年代后突然人们重新发现了他,此后就备受关注。他后来有一本诗集,叫《人类命运的诗简》,里面感叹人生无常,好像是有感而发呀。

不过,还算是幸运的了,他的大著作《文明的进程》一书,在这个时候经过修订,也成为欧洲社会学界和历史学界的经典,又翻译成了很多种语言出版。

这部经典重要的价值和意义在哪里呢?这问题太大了,我不能全面评论。但是换个话题说，它对我们中国的历史研究的启示是什么？我想，别的不说，对于我们来说，首先是它区分了"文化"和"文明"的概念，启发我们，让我们产生了一个关于文明史和文化史研究的不同的清楚的角度和方法。应该说，这种区分实际是从小韦伯开始的，小韦伯认为：文化是指存在的精神和物质状况，也指存在于这种环境中的特有的气质，这种表现在审美标准、价值取向、艺术风格上的气质和精神虽然不断变化，但有一点，后来的未必比以前的高明。这是小韦伯对文化的描述，而不是定义。也就是说，在文化方面，进化论是不管用的。关于文明，什么是文明呢？他认为"文明是人类在物质和生活方式上不断积累，越来越朝着适应环境的方向发展"，文明是可以进化的，并且是朝着适应人类环境的方向变化。

埃利亚斯发展了小韦伯的观点：第一，他区分和考证了在德语和法语中"文化"和"文明"两词的来源与区别，关于语源学的事情我们可以放下不谈，但是清理语言变迁，常常是文化史研究的重要方面，这还是要请大家注意的。第二，非常明确地确定什么是"文明"，这个界定，在《文明的进程》中译本第61页。他指出，"文明所涉及的是技术水准、礼仪规范、宗教思想、风俗习惯及科学知识的发展等等人类行为"；他又说明，要用几句话囊括文明的所有含义是几乎不可能的，不过，他给出一个相类似的说法，让你大体上明白，"文明概念常常与有教养、有知识的说法互相平行"，这就有点儿清楚了。第三，他说，"文明"是指一个过程，是始终在运动前进的；文化指的是已经存在的传统，"文化的考察可以发现民族之间的差异，而文明的考察使人们感觉各民族之间的差异有了不同程度的减少"。文化是各民族保持差异的关键，是各民族特色所在，按照我的理解，这是个创造性的领域，常常指的是一个文化民族中特有的知识、思想、习惯；而文明是随着历史进步过程不断趋同,按照我的理解,它是一些例行性的领域,如规则、常识、纪律等等。也就是说,文化表现"异",文明走向"同"。这一区分非常重要,这样我们研究文化史和文明史,就可以大致有个分工的领域。第四,"文明"表现了一种殖民和扩张的倾向,它象征着一个同一化的趋向,相反,"文化"表现了民族的自我和特色,它在不断抵抗同一的趋向。比如说,在日常生活上,现在大家习惯通过电视接受信息,使用电脑、网络,吃的东西既有中餐也有西餐,在观念上面,大家现在都觉得应当有宪法这样的根本大法,在政治制度上,现在很多人都承认,或者是不能不承认,自由是很重要的,最好的制度是民主制度等等。这些东西使不同的人不断趋于相同,这是文明的扩张和传播。而文化是在保持一个民族与其他民族不一样的东西,根深蒂固的一些民族的习惯、风俗和认同的方式,可能还很深地保持在各民族之间,使各不同的民族表现出他们的特色,这就是文化。

按照这一分别,文明史研究的,就是后来被称做文明、教养、知识——包括道德伦理、规则常识——这些东西是如何被逐渐建构起来的。

二 什么是"文明史"研究的内容?

那么,进一步问一问,什么是"文明史"研究的内容呢?按照我的理解,"文明史"的研究包括以下几个方面:

第一,文明观念逐渐生成的历史过程。首先,我们要说,观念里面究竟什么是"文明",各民族本来的看法是不一样的,古代中国有一个同义词,其实就是"礼乐","先进于礼乐,野人也。后进于礼乐,君子也。如用之,则吾从于先进。"为什么孔子这样说?礼乐是文明呀。后来虽然逐渐趋同,但也是在不断地变迁中间。比如,在西方人看来,吃东西时发出响声是不礼貌的,记得80年代初中国人出国前，代表团会被召集起来训练两天，叉子刀子要从外往里拿，吃东西嘴不要发出大响声，这是西方人对不文明的看法；而在日本，你又会被告知吃荞麦面一定要发出声音，否则人们认为你吃得不香。又比如，为什么大人穿开裆裤是不文明的，而小孩穿则是文明的；为什么女士先行是文明的，而男人即使在前面，先走也是不文明？我的一位朋友从国外回来，上电梯的时候，不按顺序走，一定要女士先行，Lady first，这是接受了西洋文明。现在又有了新的状况，如果万一那位女士是个女权主义者，她就会认为，你这样做，有性别歧视的意味。再比如，"纹身断发"在中国传统中认为是荒蛮的表现，越地的蛮夷才文身断发呀，可是现代人文身的很多，头发都剪短，并没有觉得不文明，观念在不断地变化中的嘛。这样的例子多了去了，比如，过去认为女人大脚一定蛮得很，现在则认为裹小脚是野蛮的。再比如，前面我们说过，火葬现在被认为是"文明"的表现，但是，在宋代许多人认为这是印度传来的蛮夷的习惯，一定要改为土葬，这也是文明规则的变化。本来，唐代以后有一段时间民间由于佛教而兴火葬，此时又由于文明观念不同改为土葬，好像土葬比较文明。现在我们又改为火葬，又说火葬文明。文明的观念本来是不一致的，是后来逐渐被建构起来的，所以，这里面有一个历史过程。"什么是文明"这种观念逐渐生成、变化的过程，就是文明史要研究的第一个方面。

第二，文明史研究的一个重要方面，就是研究这种观念如何从地方的、局部的标榜和认同，扩张到整个空间并成为普遍的、大多数人所认同的。就是文明的推进和扩张，旧的习俗、观念、情感不断被清除，或者被压抑到边缘，变成所谓的野蛮、愚昧、迷信。这里包括城市到农村的扩张，士大夫到民众的扩张，中心城市到边缘城市的扩张，也包括近代以来从西方到东方的扩张。

我们可以看到，现在很多东西，都是由西方文明的扩张而来的，但是，才一百年，就深入得很了。比如电器就普及了，连很偏僻的乡村都要看电视、点电灯呀。像我们大陆的农民，就常常穿着西服嘛。烟草本来就是外来的东西，但现在农民抽的烟也不是烟袋，而是洋机器卷的洋香烟了。甚至我们的农村基层选举，也引进了西方的一人一票制，怪不得有人对华西村的子承父业当书记，也要大惊小怪，说这是标志着新乡绅的出现。很多中国农村的人也学会了各种新规矩，本来，那些中规中矩的生活方式和交往方式，是少数上等人为了区别自己与下等人的表演，也是表明身份和造成阶层和文化认同的规定，像不随地吐痰啦、衣装整齐啦、言谈举止要有分寸啦、要用纸巾擦汗而不可以用袖子啦、要经常洗澡啦，等等。

　　这好像我们现在有的人赶时髦，过去有人会批评讽刺，说这种是假洋鬼子，是装斯文。可是时髦、斯文有时候就是这样引导潮流的。渐渐地，它成了正当的、高尚的、高雅的、文明的，而不这样做是不文明的、野蛮的，这种文明的风气就开始成了普遍的常识，就被生活世界看成是当然的了。可是，历史学家要研究一下，这些属于地方性的、少数人的"什么是文明"的观念，到底是怎样被逐渐推广传播的呢？它是怎样、在什么样的权力的支持下，使大多数人包括普通民众都接受的呢？包括现在所谓古代中国传统文明的观念，可能在早期并不一定很普遍，它常常是在一个中心地区被高层人士互相标榜和彼此认同以后，才逐渐扩张并推广，形成大多数人认同和接受的东西。时尚也是这样的，穿西装就是有教养，戴眼镜就是有知识，所以大家都开始穿西装、戴眼镜了嘛。当这种风气和暗示被接受了以后，就会变成一种常识，这种常识浑然不觉地融入自己的生活之中。而且从上到下，从东到西，从城市到乡村，越来越趋于相同，在这个被普遍认同、渐渐趋同的过程中,这里也有历史。

第三,还得讨论一下,这种被大家认可的文明,是如何制造出近代的法律、制度和习俗,并且制造出人的自觉的行为方式和思考方式。我们用"制造"一词,就是为了说明,这种文明不是天生的,也不是大家都愿意戴着脚镣手铐生活的,是社会因为需要一种秩序而制造出来的。像《羞耻心的历史》这本书,里面就谈到,本来有些现象大家是不害羞的,开始很自然,慢慢地才出现了羞耻心,为什么?这本书是西方人写的,西方人有一个遥远的故事摆在前面,就是亚当和夏娃的故事,大家仔细分析这个故事,就可以发现羞耻心的来源,是"知善知恶"的"知"导致的。可是人的"知",又恰恰是和动物的大区别,《孟子》说人和动物都有自然的"生",但这并不等于伦理之"性",狗啦、牛啦,这些动物是"生",而人却不仅仅是"生",自然的人性之外,还有理智的自觉,所以会有羞耻、善恶、同情等等。最近,日本有一本书《内衣的文化史》,日本内衣名为"下着",晚清时候的留学生到了日本,常会赞叹日本人的生活习惯,爱洗澡换衣服,讲究卫生,当人们在一种历史环境的压迫下,会主动去追求,并把这种文明当做自己自觉的生活习惯。现在禁止随地吐痰,是因为大家都认定随地吐痰是不文明的行为,这背后当然有许多道理在支持。但在早期,随地吐痰并非不文明的行为,大城市中随地吐痰很常见。这种变化也是历史。

在这种变迁中间,就有了"文明史"。埃利亚斯曾说,"今天所谓文明人所特有的行为方式对西方国家的人来说,并非与生俱来。倘若今天西方所谓的文明人能够回到他所处社会的过去阶段,比如回到封建的中世纪,他就会所见甚多,他看到的正是在今天被他斥之为不文明的那些社会中常见的。"其实,这是一个从非常到正常,从异到同的过程。但是,特别要提醒各位的是,假如回到过去,你就会发现,现在常识里面认为不文明的、野蛮的行为,在过去曾经

第一讲 文化史、文明史与思想史

是普遍的、习以为常的事情,那么,你就要想一想了,这种使它们被认为是合理的事情的背景,为什么会消失,什么时候消失的?

我曾写文章谈过道教过度仪的事情。在魏晋南北朝也就是公元5世纪到6世纪的时候,人们居然可以在公开场合,在神圣的宗教仪式上,用男女性交的方式作为一种通过测验的礼仪,这在今天简直不可想象。到了唐代吧,唐玄宗娶了自己的儿媳妇,现在看来是乱伦,但为什么在当时没有轩然大波?也许回到那个时代里,就会感觉与现在不一样。许多我们现在看来是异常的,在那个时期很正常。尤其是当我们把时间问题转化为空间问题,到那些我们今天认为是未开化的落后的民族去,就会发现一些现象。我过去曾在苗族地区当知青,苗族的一些习惯,在我们今天看来,是很野蛮丑陋的东西,在他们那里却并不是不文明的。我们总是用现代人的观念去鄙视他们,将其斥之为野蛮,这在西方人类学中是一个非常普遍的现象。我下乡的地方的苗族人叫紫姜苗,按清代官方的说法是"生苗",而不是"熟苗"。"生苗"就意味着野蛮和凶,但我感觉他们比我们汉族人要淳朴。不过他们有些习惯我们是接受不了,比如男女之间"背着娃娃谈恋爱"、酒醉之后跳板凳舞男女之间嬉戏。当我们用现在的所谓文明来歧视他们不文明的时候,其实已经带有了种族歧视的成分在里面。所以从空间问题再回到时间问题,就要想到我们曾经是从所谓的不文明时代走过来的,文明史就是要讨论文明怎样被建构的过程。

回到埃里亚斯。埃里亚斯的《文明的进程》讲了这些定义后,就开始讨论各种各样的礼貌行为,比如社交仪式、就餐形式、男女关系,还有那些特别能说明什么是文明、什么是野蛮的行为啦、观念啦,它们到底是怎么变化的,所以这本书的副标题,就是"文明的社会起源和心理起源的研究"。刚才我们说了,"文明"其实就是外面的一套规则和内在的一套常识。刚才也说过,古代中国的"礼"就是一套规则，也是一种"文明"。一方面，外面有礼仪的规定，见面怎么作揖、朝觐怎么行礼、士相见应当怎么办，丧礼上穿什么，什么时候有什么活动，一方面，里面有对礼的一种尊重和习惯，要渐渐做到"克己复礼"，习惯于"非礼勿视，非礼勿听"，而且不是很难过地被迫遵守，这就是文明。埃利亚斯就说过，这套规则不是天生的，是后天建构的，但是它不是强迫的，是人们乐意遵从的。就好像舞蹈和游戏的规则，并没有人强迫。而且要注意，这种行为不是一个人的孤立行为，还涉及他人，正是所谓的涉及他人，构成了"社会性"，"文明"就是社会互相制约、秩序建立的要求。当你接受并且习惯了这套"文明的规则"，就习惯了按节拍跳舞，按规则打球，否则，球场上、舞场上不就乱了套了？这个时候，可能很少有人会去想，我们为什么会要按节拍、照规矩？因为这些节拍和规矩已经成了常识，而常识的遵循和服从就是趋向了"文明"。

　　所以，说得学术一些，"文明"常常是自我控制和互相协调，它的产生和推广，源于人们开始用制约的态度来面对自己的欲望，懂得用一套规则来交往。现在很多人讨论自由主义，其实自由主义重要的并不是强调"自由"，而是在强调"规则"。自由主义不仅仅是讨论个人的自由，而是在讨论如何有一套规则，既保证个人行为思想的自由，又能保证社会公平而有序。所以当我们说这个人是个文明人，通常是表示这个人懂得规则。这套规则，包括规则背后的东西，比如违背规则的时候，有没有羞耻心、尴尬心，这些各种各样的心理感觉，实际是慢慢被建构起来的，并被国家和社会所借用。一个社会，一个国家，必须要有一套规则，规则背后可能会有一些道理，也可能没有。维护规则的人就认为，这一套规则，是民意的结晶，是无可奈何中的最好的选择；可是批判规则的人，像福柯就认为，现代社会的一套规则，像监狱、精神病院，就是多数人在利用一些规则强行迫使少数人服从，把少数人关在那里，使他们不要破坏规则。

所以，这里还有很多问题要提出来，比如说，第一个问题就是，埃里亚斯试图描述的是一个普遍适用的社会文明理论，但是，他是否要考虑这种"文明化"背后的强势权力的存在？如何解释文明化与殖民化的关系？第二个问题就是，中性的词语"规则"或者"文明"，是否与褒义的"有教养"可以画等号，它的高度强化和推广，它的绝对化，是否也会导致如同纳粹主义这样的东西，毕竟"文明"只是一个历史建构，那么如果把它当做历史必然的结果，会不会引起十字军、圣战和单边主义这样的后果？第三个问题是，埃里亚斯已经看到，"文明化"未必是绝对合理的，也不一定是历史的目的，那么，"文化"和"文明"之间如何共处和协调呢？所以，我想，文明史也一定要讨论到：一、国家和社会如何借用这套规则，用文明和权力来制约每个人的行为，维持公共秩序的。二、强势文明的规则和在强势逼迫下的文明。三、现代性和社会理性化问题。这些话题太大了，我们就不多说了，下面来看一个具体的研究案例。

三 一个文明史研究的案例：宋代文明同一性的生成

为什么我们要讲宋代历史？所谓中国的传统文化，我们现在记忆中的或是生活中所遇到的，其实不是真正古代的传统，而是宋代的传统。现代有关家族、伦理、道德等历史和常识，往往都是宋代给我们留下的。宋代对于现代中国的影响非常大，当时国家一直在非常强烈地推行文明，"同风俗，一道德"，而且国家通过政治权力推行文明还得到了士大夫和乡绅的认可。皇权统治国家，而乡绅则建构社会，乡绅社会与皇权国家在对文明的推进方面，在宋代表现得非常一致，并且行之有效。

在古代中国，推行文明常常与兴教育联系在一起。大家都知道，古代中国，是儒法一体的，所谓"王霸道杂之"，其实就是这个意思。那时通常有两种治理社会的方法，即法制与教育，两手都很硬呀，所以有酷吏，有循吏。我们不要以为酷吏就是坏人，循吏就是好人。《汉书》里有酷吏传和循吏传，其实，他们分别代表着治理国家和民众的两种不同方法，酷吏是靠法律约束，循吏是靠兴教化。在儒家社会里，比较赞扬循吏，但酷吏也并不完全受到批判，因为也需要这种手段，没有哪一个王朝是完全靠教化的。在宋代也是这样，在提倡和禁止两种态度之间，两手都很硬，皇权、地方政府和乡绅，联手合作，一方面用法制，颁布种种法令，禁止这样那样的"野蛮"；一方面兴教化，用种种办书院、教塾课、定乡约、行礼仪的方法来推行观念中和生活中的"文明"。

在传统社会里面，特别是到宋代，国家是三方面结构起来的，一是朝廷与皇帝，二是乡绅和一部分地方长官，三是普通民众。象征着国家的皇帝与朝廷是很有权力的，如果他们再加上直接控制民众的贵族或者士绅、地方长官的支持，常常能够规定和促进社会规则在民众中间的推行。

具体到宋代，我在这里举出的第一个例子是，很少有像宋代官方那样，发布那么多的命令来禁止淫祠淫祀。淫祠淫祀看起来是祭祀一些山鬼妖神，尽管这只是一种人和神的虚构关系，但淫祠淫祀的虚构关系，却威胁到实在的人权和神权的关系。因为国家要提倡、要垄断祭祀的内容，要给某些神鬼赋予合法性，只有获得合法性祭祀的神，才有资格被祭祀，否则神以及神背后的行为就有可能带来另外一种暗示。比如，在宋代吴兴（浙江），曾祭祀过一个神，这个神掠夺妇女，人们因为畏惧所以祭祀他，国家就禁止祭祀，因为他会给人们带来另外一种暗示，这就是一个人如果作恶多端，会受到敬畏和祭祀。而且，地方性祭祀的人神如果太多，会影响到中央的控制能力，无形中形成一种地方的势力。如果我们追溯历史，就可以知道，禁止淫祠淫祀从三国的曹魏以来，一直被官方严格推行，但过去官方的整体控制力不强，交通不便，各地方自行其是，甚至有些地方性的神，还堂而皇之地成为全国的神，比如城隍。官方要垄断这种权力，所以不在官方祭祀名单上的神，一律禁止祭祀。官方通过调整祭祀名单，不断向民众暗示各种"文明"的观念和儒家的伦理道德。比如秦代的白起曾坑杀赵卒四十万，非常残酷，他在唐代以前都是受到民众祭祀的，在宋代初期就被开除出祭祀名单了。

再举一个例子，就是官方和士绅对"夜聚晓散"非常痛恨。个人的生活时间分配本来是自己的事情，可是，传统的中国人是日出而作，日落而息，遵守这种时间，是"正常"的秩序；而不按照这种生活时间，就是破坏了秩序，会引起不安。时间和秩序关系很深，所以古代经典里面包括《月令》，最早的史书里面有关于"律历"的记载，你们看悬泉置发现的就有王莽执政时颁布的《月令诏条》，官方总是希望大家都按时起居，这才有规矩有秩序，这是自然法则与社会秩序之间的对应。中国古代法律条文中禁止"夜聚晓散"，就是因为中国的政治权力和文化权力要维持一种人的正常生活，维持时间上的安全感。如果有人夜聚晓散，对传统乡绅士大夫和官方来说都是一种威胁，所以中国的古代法律一定要禁止，以前讲"夜不归宿"，和"道德有亏"是有暗示的关系的，这与现代社会的生活是不同的，现在许多有钱人都是夜间喝酒唱歌，天亮时回去。古代地区宗教集社，经常看到官方说他们是"夜聚晓散"，古代人认为白天的行为是合法的和正常的，而夜间的集会，尤其是男女间的集会，肯定是污秽的。天主教刚传到中国时，人们也特别爱讲天主教徒夜聚晓散。凡是讲到夜聚晓散，照一般人的观念，那多是些见不得人的事情。把这种对时间分配和道德行为联系在一起的观念，不仅成为一种常识，而且还成为法律，就有一种规则的意思。这种规则的建立，就是试图确立一种所谓"文明"的生活方式和社会秩序，尽管我们现代人觉得这不是文明，但是在那个时候确实是一种保卫社会的规则。这个规则，在当时人看来，是防止淫乱之所由生的呀。古代的"礼"就是这样的一套规则，规则虽然不很舒服，但大家需要戴着这种镣铐过日子，否则社会就会发生混乱，心理就会觉得紧张。

还有一个例子，是宋代禁止薅子和禁止民间祭祀时用真兵器。所谓"薅子"，就是指一个家生的孩子多，或者养不活，或者分家的时候有麻烦，所以就把刚生的孩子杀死，男的多了杀男的，女的多了杀女的，这是不是很野蛮呀。另外，禁止民间祭祀时用真刀真枪，官方也颁布过若干次命令，为什么？大概是避免酿成造反吧。因为官方一而再再而三的禁令，这种"薅子"和用真兵器举行仪式，就成了不文明，渐渐成了秘密的和边缘的，至少在公开的场合，在制度上面，它不合法了。

通过这些历史研究你可以看到，国家政令由于政府官员的推广和乡绅的提倡，逐渐从中心城市扩展到边缘城市，从都市扩展到农村，从上层扩展到下层，到宋代以后，逐渐形成了伦理同一性。经常有人讨论唐宋的区别在哪里，日本著名的历史学家内藤湖南曾最早提出，唐宋之间是中国历史的分水岭，唐代以前是中国的中古，宋代以后是中国的近世。大家都有这样的感觉，可是具体地说，那么唐宋之间的差别究竟在哪里？过去，大多数都讨论的是"专制""皇权"与"相权"，贵族社会转向士绅社会，但很少有特别明确地描述这种文化差别。美国哈佛大学教授包弼德的著作《斯文》，写得很好很精彩，它的英文名字叫"我们的文化"，可他讨论的是上层精英的事情，也不讨论社会生活中间的这些变化，那么，你怎么能够说明这就是我们的文化呢？其实在我看来，如果做文明史研究，就会看到，唐宋一个很大的差别，就是宋代由于官方的政治权力和士绅的文化权力，两方面都在推行"同风俗，一道德"，逐渐把上层士大夫过去认同的文明、伦理、道德，扩展到了整个民众，而且构成了中国汉族地区文化认同和文明标准的同一性，这就使得唐代和宋代社会风貌有了很大的差别。

为了说明这种历史进程，我们来看下面三类例子。

第一是杀人祭鬼。人的生命，在理性社会里面是至关重要的，极珍贵的。但是这种对生命的珍重，也是一个文明进程中逐渐被认同的。而在过去，杀人祭鬼不是什么稀奇事，用人血、人耳祭神，其实是一代一代继承的。《左传》中常有"衅"字，比如"衅鼓"和"衅钟"，实际是用人的血涂在鼓和钟上。这种行为在唐代以前还流行，到了宋代还残存，在北宋到南宋几百年的时间里，可以看到包括川、陕、湖、广甚至江浙，都有关于杀人祭鬼的报告。第一种方法是埋伏在草里等过路人，最好是等到知识分子，抓去杀掉。第二种方法是从外地抓小孩或妇女，这有点像《西游记》中通天河中的妖怪，抓住小孩，挖出心脏来祭鬼。第三种方法是把人的四肢和耳朵割下来卖给别人拿去祭祀，仅仅在《宋会要辑稿》中的《刑法二》就可以看到很多例子，而且遍布各地。因为《宋会要辑稿》是散佚重辑的东西，并不一定很全，而且这是在政府发布命令之后，可见，在没有发布禁令时这种现象会更多。在这之外，还有一种情况，是把杀了的人埋到土里"沉埋"；还有的为了自己能成为神，杀过人后自己自杀，叫做"起伤"。当地人还要给这些人修起伤之庙。而这些现象居然会发生在文化教育很发达的浙江。再比如，广西青州的太守爱吃人肉，被宋太宗撤职，发回原籍。于是，在宋代三百多年的时间里，官方用五种方式来禁止杀人祭鬼：鼓励告发、保甲连坐、主持者判流刑、严禁官员收受巫师礼物、在各个交通关口颁布命令禁止。到元代以后，明清两代，官方法令里仍有禁止采生折割、杀人祭鬼的内容，但在史料里面很少看到真正杀人祭鬼的行为了。请大家注意，当一件事情被写进了官方的法律，被官方在法律上确认，那么法律就象征着文明。元代以后这种行为很少了，可见在这件事上，中国逐渐走向了文明——如果我们认为这是"文明"的话。

　　第二是男女关系，男女两性之间的关系，也是社会秩序中的一个基础，如何处理性别、身体的观念，实际上是很重要的。把两性严格分开，使两性的身体成为一种隐秘，其实是为了家庭和社会秩序的稳定。可是这种男女有别的文明观念，其实也是渐渐建立和严格的。前面我们提到过道教的过度仪和唐玄宗娶儿媳，这种事情屡见不鲜。日本的《医心方》保留了不少唐代有关房中术的资料，可见那时候是公开流行的东西嘛。白居易的弟弟白行简据说也曾写过《天地阴阳交欢大乐赋》，现在还保存在敦煌文书里面。这说明在上层士大夫里面，关于男女的禁忌和规范在当时也不是那么严格嘛。还有人说，唐代的女道士经常身兼宗教徒和妓女两重身份，而敦煌卷子有《攘女子婚人述秘法》之类，公开教人如何去诱骗已婚的妇女，这说明什么呢？说明那个时代的男女关系是相当开放的，如果按照现代伦理和道德观念，恐怕要说是"野蛮"或"混乱"。可是，到了宋代以后，对女性身体的禁忌、对性的禁忌和对婚姻关系，渐渐有了严格的规定和限制。这里有一个很有趣的事情，据说宋仁宗喜欢看女子裸体相扑，而且带着皇后嫔妃去看，司马光写了一份奏折，劝阻宋仁宗不要去看这些在大庭广众之下很不雅的东西。可见一方面当时社会生活中，女性身体并不是禁忌；一方面说明这种禁忌在上层士人那里已经成了问题。后来女性身体、婚姻与性就越来越成为禁忌，宋代男女关系的"文明"就这样确立下来。后来大家都知道的，程颐说了，"饿死事小，失节事大"，当男不再娶、女不再嫁的行为被广泛表彰之后，中国在婚姻方面的观念也就朝着现在所理解的"文明"逼近。我们现代人回想那个时候的男女关系，也常常以为很早就很严格。其实不是的呀，是宋代以后才渐渐形成的。有一个很有趣的事情，中国文学史上李清照曾离婚再嫁，因为她的词写得非常好，人们就想象她如何漂亮高雅；又按照后来的贞操观念，想象中，不能容忍她再嫁，而且还是嫁给一个坏人！传说她第二个丈夫与秦桧有关系呀。所以，一些喜欢李清照的人一定要考证她根本没有再嫁，这就是受到了后来的文明观的影响。其实，那有什么关系？如果我没有记错的话，欧阳修的母亲也是再嫁的，朱熹是讨过小老婆的。可见在那个时代观念还没有很严厉，人们不接受李清照再嫁是对当时的曲解，在当时女子再嫁并非是件羞耻的事。只是后来人受理学影响，男女之间的道德观念越来越强烈。

第三是对异族文化的排斥，开始强化了汉族中国的认同意识。唐代对外族文化非常开放，跳胡旋舞、穿胡服，甚至有的在墓里还要埋几个胡人做镇墓的大将军，唐三彩中有许多骑在骆驼背上的胡人，唐代长安有十万波斯人，这是大家都知道的。所以在那个时候，士人中间那种族群认同和排斥的意识不是很强，可以到外族人的节度使帐下去谋个差，也可以引进很多外族兵进来，不必那么严分夷夏。所以，在唐代诗歌里面，有很多"反战"的作品，也有很多"主战"的作品，其实，未必写"但使龙城飞将在，不教胡马度阴山"，就是好的，写"可怜无定河边骨，犹是春闺梦里人"就是坏的；并不是写"前军夜战洮河北，已报生擒吐谷浑"的王昌龄是主战派，写"凭君莫话封侯事，一将功成万骨枯"的曹松就是主和派。

不过，到了宋代，事情就有了变化，北宋的前期，石介曾写过一篇有名的文章《中国论》，他大概是第一个用"中国"作为论题的，其中有强烈的汉文化中心的观点。为什么呢？是因为汉文化有可能不中心了，在唐代，国势强盛，没有关系；可是宋代呢，连燕云十六州都收不回来，北方不仅有辽，而且有夏；南宋时更可怜了，北方还有强大的金。越是外敌强，内部的认同越强，孟子说过，"出则无敌国、外患者，国恒亡。"宋代的外部警惕性很高，华夷之分非常明显，这自然因为宋代一直处于外在的强大压力下。这甚至可以影响到北宋对异教的排斥，像宋哲宗元祐六年（1091）薛鸿渐、林明发等人信仰一种宗教，许多经书据说传自海上，官方花了很多力气去扑灭它。而北宋末期对"食菜事魔"的摩尼教的镇压，以及宋徽宗崇宁三年（1104）收缴《佛说末劫经》，宣和二年（1120）拆除斋堂，焚毁所谓混在佛教中的《讫思经》《证明经》《太子下生经》《父母经》等等，一直到南宋禁止火葬，理学排斥佛老，都说明那个时代对于另外一种文明有很强烈的戒心。

　　这种观念虽然没有直接表达，但是在人的心里却很强烈，这影响了方方面面。比如，唐代人们外出很容易，书籍也随便送，像日本、朝鲜都得到过很多中国的书籍。可是宋代不允许知识分子出国，凡考过试的士人，通一经以上，都不得流入外国。对于印刷品、书籍的出口，也有非常严格的限制。为什么？因为这时已经是势均力敌的敌国了，在敌国的压迫下，就有国家的意识和民族的尊严了。所以很简单地，主战和主和的界限就很清楚，你想想，为什么杨家将的故事开始流传？比如刘敞、苏辙、苏颂这些人，都写了歌颂"杨无敌庙"的诗歌，都在已经沦陷的北边发了同样的感慨，渐渐地这种"民族英雄"故事就被建构起来了。所以，像岳飞背上刺"精忠报国"字样，就有了绝对的正当性，谁要主张妥协，就一点合理性都没有了，这就和唐代不一样了。这种不一样，显示了宋代和唐代不一样的观念，开始有了强烈的对汉文明认同意识和对异文明的拒斥意识，而近代所谓的"民族国家"的意识也就在那个时候已经开始了,包括历史、文学、哲理,都开始围绕着国族认同、民族认同在书写。大家看"正统论"在宋代讨论这么热闹,看像"西北望,射天狼"这样有英雄气豪放气的诗词在宋代成为大宗,看反佛老的理学占据了哲理的制高点,好像不证自明似的,其实都和这种意识有关。而这种意识成为常识,使得宋代在很多方面和唐代不同了,它有了一套不容置疑的文明规则和文明观念,那就是"中国"的"文明"。

以上三个例子,用宋代人的话来讲,叫做"同风俗,一道德",这是宋代知识分子特别爱讲的一句话。由于第一,士绅阶层的强大;第二,理学的诞生;第三,士绅阶层与国家利益的一致。这使得汉文明的推行,在宋代有了一个质的变化。我认为,这就是宋代文明同一性逐渐形成的过程。我们大家应当注意,现在我们说的"传统文化""文化传统",其实不是先秦两汉的东西,而是宋代以来的东西。宋代以及后来的明清,逐渐形成了一整套规则、观念和经典,这就是历史过程中被建构起来的"文明"。它一直影响着我们,也被我们当做资源来解释和阐发,甚至还被当做传统来批判或弘扬。所以说,从唐宋开始,到元明落实的变化,应当是中国文明史研究的一个中心,它和近代西洋文明进入中国一样,导致了千年未有之大变局。顺便说一点,如果研究近代史,我们也可以考察西洋文明如何改变了我们的生活,使得我们认同西洋的东西,逐渐从传统进入现代,导致了两千年未有之大变局,所以应当去重视国民读本、国民手册、文明须知、童蒙课本、时宪通书一类东西。其实埃里亚斯就用过伊拉斯谟斯(R.von Erasmus)在1530年写的《男孩的道德教育》来讨论眼神、举止、手势、语言的规矩,我们也应当用这些资料来讨论吐痰、握手、洗澡、礼仪等等,从这里就能看出很多巨大的变化,这是文明史的研究方式。如果我们说,文化史呢?可能要描述汉民族的独特的、至今仍对人有影响的、凸显出汉人特色的方面，是如何形成和保留至今的，而文明史，恰恰是研究被越来越多的人认同的观念、规则和制度，它们是怎样被历史逐渐建构起来，并且被同一个社会里面的大多数人群所接受的。

【建议阅读文献】

埃利亚斯《文明的进程：文明的社会起源和心理起源的研究》第一卷《西方国家世俗上层行为的变化》，王佩莉译；《文明的进程：文明的社会起源和心理起源的研究》第二卷《社会变迁文明论纲》，袁志英译，三联书店，1998，1999。

阴法鲁、许树安主编《中国古代文化史》三卷本，北京大学出版社，2000。

陈植锷《北宋文化史述论》，中国社会科学出版社，1992。

朱瑞熙等《辽宋西夏金社会生活史》，中国社会科学出版社，1998。

葛兆光《寻找主轴与路标的文化史——读〈法国文化史〉笔记》，载《读书》2012年第5期。

葛兆光《七世纪至十九世纪中国的知识、思想与信仰——中国思想史第二卷》第三节《国家与士绅双重支持下的文明扩张：宋代中国生活伦理同一性的确立》，复旦大学出版社，2000。

葛兆光《宋代中国意识的形成》，《文史哲》2004年第1期。

第二讲 知识史与思想史
——以西洋天学进入中国及其对传统思想的影响为例

一 问题之一：为什么我们要讨论西洋天学

今天我们选择"西洋天学"这个话题来讨论，有我自己的问题背景。这个背景之一，就是要向各位说明，在中国的思想史研究中间，怎么样才能把思想史和它的知识史背景结合起来。换句话说，就是为什么要讲这个话题呢？是因为近年来，我一直在尝试着讨论，怎样把看上去很形而上的、纯粹的思想史，和看上去很形而下的、具体的知识史结合起来，并且使两者之间，建立一种互相诠释和互相支持的关系，使我们的思想史不再像空中楼阁一样，好像没有知识史的基础。

因为过去的学科限制，我们头脑里已经形成了现代学科分门别类的概念：文学史、政治史、科学史、技术史、社会史、城市史，等等，这些都好像真的和思想史有一个严格的界限。其实，仔细想想，不对嘛，这种划分实际是后设的观念，是学科制度建立以后才渐渐确立的东西，古代中国的历史、文学、思想和生活以及所谓科技、数术和军事之间有没有严格的区分？我们面对的，应当是完整的历史、大批的文献，可是，当我们来处理和研究它的时候，常常会习惯地按照学科的分门别类把它划分开来。这种划分当然很方便，研究文学史的不必看思想史，研究哲学史的不必要懂文学史，不过，这种"以邻为壑"把楚河汉界划得特别清的方式，不仅可能使我们变成"只管一段"的铁路警察，可能也使本来一体的历史、文化和思想被割裂了。其实，即使在有了学科分类以后，有些东西还是会互相发生关系，只不过这种关联常常没有被纳入我们的思考范围内。

下面，我举几个例子。

第一个是当古代的中国人在思考民族与文化的价值问题的时候，有时会想到一个与我们现在所说的地理学知识有关的问题，比如魏晋南北朝时，常常讨论哪一个民族、哪一个区域应当是天下的中央。这个中央很重要，因为按照过去人的观念，地理上在中央的文明，才是最高层次的文明。"洛者天之中也"，过去中国人认为，中国是在天下的中央，文明是在中央等级最高，越往边上文明等级越低，也就是所谓蛮荒之地，传统的"五服""九服"说法就是这样的。于是，有人就用这样的方法来考察，在各地竖立一个直立的杆子来测日影，一年里太阳照到杆子而没有影子的时间最长的地方，就是天下的中央，因为他们认为只有"日中无影"的地方才是太阳的正下方，是天下的中心。为此，佛教和儒家有很多争论，佛教徒认为"日中无影者，中天竺是也"，印度更靠近赤道，日中无影的时间更长。中国人在这一点上输了一招，后来就不怎么提这件事了，这个天文学和地理学问题就与民族主义问题或者文明中心的问题联系在了一起。

第二个例子，我们在讨论某一个哲理问题的时候，一定会讨论这个哲理在生活和技术上是不是有效？思想史研究的观念内容，不一定都是形而上的、抽象的，即使是，它也一定有具体的背景。比如阴阳五行，在哲学史家们看来，当然是哲学问题，但是，你必须要考虑阴阳五行在医药、数术、方技问题上是不是真的有效，如果在这些方面一点效果都没有，那么阴阳之道就失去了合理性支持。现在马王堆、郭店都出土了《五行》，这是子思一系的学者，用"仁义礼智圣"来比附五行，就是《荀子》里面说的那个"案往造旧说"搞出来的东西。可是这种"旧说"本来是很具体的、关于身边世界的物质、天象、气味、地理等等的知识，不仅仅在先秦是这样，如果你读一下南朝萧吉的《五行大义》，你就会明白，一直到很晚，"五行"并不仅仅是一个形而上的思想命题，其实和具体的知识和技术都有关系的。同样，如果你研究一点中医知识，也就可以体验到这种"阴阳五行"的思想，为什么可以深入人心，一直没有退出生活世界。

第三个例子，在中国历史上，历法的问题常常与政治问题联系在一起，这大概是常识了。王朝更替的时候，"改正朔，建年号"是非常重要的，时间记录方式的变化，标志着一种新的变革，也标志着一个新的王朝的合法性得到上天的承认。所以中国古代知识分子在历法上下的功夫最大，不断地修订和修改，一方面要吻合自然季节节气的变化，同时也要配合王朝更替和新的合法性的建立。后来采用西洋历法后，就造成了不大不小的骚乱。直到现在，我们对21世纪的欢呼，基本上表明我们已经是在西方的历法观念的笼罩之下。本来从2000年的12月31日到2001年的1月1日之间，没有什么大不了的界限，当很多人撕去日历上那一张纸的时候，顿时就觉得万象更新，是谁万象更新呢？那其实是来自西方的、基督教的年历。又如，殷商以"丑月"为首月，就是夏历的十二月；周王朝以"子月"为首月，就是夏历的十一月。而我们现在用的，传说是夏历，"寅月"是首月。过去的年号，如开元、天宝、顺治、康熙等本身就包含了合法性意义。所以研究历法的同时也要研究政治，研究政治反过来也要研究历法，在知识史、思想史和政治史之间没有绝对的鸿沟。

第四个例子，你如果研究道教，就会发现道教很多信仰的背后，是跟天上星辰的位置有关的，比如二十八宿、北斗七星、金木水火土五星等等各种各样的星辰。道教为什么会相信"步罡踏斗"？"步罡踏斗"就是按照想象的星辰在地面上的投影，用脚踩着星斗的位置去走，好像人在天空中走了一圈，所以他们的歌曲叫"步虚"。"步虚"是道教的赞颂之歌，也就是漫步太空的意思。这看起来像是迷信，但其背后是对古代天象学的继承和对天象学、占星学知识的解释和想象。从先秦时代起，人们就对星辰在人间的作用有大致的分配，比如二十八宿中的尾、鬼等，专门负责管理人间什么，都是确定的，而且还与治疗疾病有关，哪一个星辰跟身体中的哪一个部位相对应也是确定的。如果研究道教在魏晋南北朝时期的思想，对这些知识要做研究。

所以，在知识史和思想史之间有一个互相诠释、互相支持的关系，过去我们的思想史是把思想抽象出来，好像都是一些形而上的东西，而我们现在是要把它与形而下的东西的关系确定下来。我在若干年以前，为北大李零先生的《中国方术考》写过一个评论，他的书在两三年以后才出版，他拿稿子给我看的时候，我觉得写得非常好，因为很多内容都是用考古资料引证一些数术、方技方面的历史文献，通过数术、方技，却讲到了思想史的大问题和大内容。比如老子、阴阳的思想，看起来很玄，实际有很多知识背景，所以我给他写的评论，题目是"另一种形式的思想的历史"。现在的思想史，有时候看起来是研究者在书斋里玄想，凭几而坐，坐而论道，与古代的知识背景没有什么关系。

这就是我们今天特意要来讨论西洋天学的背景之一。

二 问题之二：思想史是否需要讨论有关知识史背景

讨论这个问题的背景之二，是要告诉各位，思想史研究一定要注意，知识史还有更广阔的空间背景。

我在以前的课上，曾举过两个例子，一是鼠疫在西方的流行记录，以及这种流行病和政治史宗教史的关系。读世界史，你会知道在 14 世纪以前，欧洲关于鼠疫最后的记载，是在 8 世纪，具体说就是公元 767 年，大概相当于中国的安史之乱刚刚结束吧。以后一直到 14 世纪，鼠疫才再度大面积地流行，而在这前后，又恰恰是欧洲最混乱的时候，几个教皇同时在发号施令、很多奇怪的宗教流派出来，欧洲处在一个很乱很乱的时代里面。很多西方学者推测，这种混乱的原因之一，就是蒙古大军西征，人口的移动，把欧洲人已经长期抵抗疾病建立起来的免疫系统打破了。所以，看起来很小的事情，可能会涉及更广泛的背景。另外一例就是中国的炼丹术。据一些学者的介绍，炼丹术是中国先传到阿拉伯的，由阿拉伯又传到拜占庭，在 11 世纪又开始传向欧洲。13 世纪时欧洲结合西方的炼金术和东方的炼丹术，并且与希腊的古化学观点结合。埃利亚德在他的《世界宗教理念史》里面就讲，西方炼金师的各个步骤，比如转回液态、炼金者的精神和道德状态、沉思冥想、加快金属转化速度，一方面来自古希腊思想，一方面直接受阿拉伯影响，也受到中国古代炼丹术的影响。在 16 世纪的时候还出现了像约翰·迪（John Dee）、埃里斯·阿什莫尔（Elias Ashmole）、冯·赫尔蒙特（Van Helmont）这样的一批化学哲学家，他们都把创世的解释、精神领域的更新和这些炼金术联系起来，试图找到一个可以贯通宇宙、宗教、社会、技术的大解释，它后来对西方的宗教、思想、科学产生了很大的影响。

这里再举一个例子。我最近看到一篇书评，介绍了贾富德·戴蒙得（Jared Diamond）有关科学史的一部著作。这部著作里面讲了一个事情说，16 世纪欧洲人入侵新大陆的时候，当时西班牙人很少，在进攻阿兹克特帝国时，当地人却大量染病，于是西班牙人大胜，还以为是上帝保佑，但实际上是欧洲人和他们的家畜比如马匹带来的病毒，使从来没有这种免疫力的当地土著，遭到灭顶之灾。而欧洲人由于长期在这种病毒环境中，已经有了免疫能力。所以，这个看上去只是医学史疾病史上的问题，就和政治、殖民史有非常大的关系。

这是三个小小的例子。大家知道，古代中国有个成语叫"草蛇灰线"，可能，历史上一些隐隐约约的联系，有时需要我们去发掘去寻找。如果注意到中国历史上的情况，也会看到许多东西互相之间是有关系的。我在我所写的《中国思想史》第二卷里，为什么从明代中后期另起一编，而且专门写了一段"从天下到万国"的引言来开头？意思就是说，从这个时候起，特别要考虑更广阔的背景。

举个例子吧。如果我们研究思想史的时候，把 17 世纪以后，作为中国和日本同时进入世界的时代，不是孤立地看中国，而是把日本也放在一个相关背景下来考虑，就可以看到一个很重要的区别：当中国和日本同样面对传教士带来的西方知识的时候，日本首先接受的，主要是医学；而中国首先接受的，主要是天学以及与天学密切相关的数学。这是为什么呢？这背后究竟有什么思想史的问题可以讨论呢？

日本著名思想家、政治家福泽谕吉就认为，从宝历（1751—1764）、明和（1764—1772）年间开始，大概有九十年的时间，日本的兰学（荷兰人传到日本的西方学说，当时日本称为"兰学"）是医师的兰学；而弘化（1844—1848）、嘉永（1848—1854）以后，兰学才由医师转到士人，成为士人的兰学。这段话背后有很多历史资料证明，18 世纪日本翻译的西方著作主要是解剖、药物和航海，而且当时日本的兰学者（专门学西洋知识的人）主要是医生，也就是所谓的"南蛮医学"。中国情况却不一样，中国人最

第二讲 知识史与思想史

早接受的西洋学问是天文学以及与天文学有关的数学,你看像徐光启、李之藻等等,都对几何、天文、数学有兴趣,直到清代的考据学家像钱大昕、戴震、焦循,还是这样。所以,当中国思想史把日本作为一个对比因素,把西洋和东洋都当做背景来考虑、来研究的时候,就必须要懂得天文学、医学一类具体的技术知识跟思想史、政治史的关联。

记得2002年春天我到哈佛大学去开会,我在发言的时候,就提到了这个差异,当时评论者包弼德教授,好像非常不赞成这个说法,觉得是我根据现在的资料得出的结论。当然,他没有注意这不是我的观察,而是福泽谕吉的说法。他举出《人身图说》在中国也有传本的例子,说中国也重视医学。但他不知道,这本书在中国没有太大的影响,只是在北京大学图书馆有一个孤本,所以,当时我们还有一些分歧。其实,我觉得,这个现象很明显,历史根源说起来呢,也很简单。

首先,日本当时没有统一而强大的皇权,各个幕府、大名之间的空隙让新知识有存身之处。当时日本的情况很特别,长期以来,尽管日本有一个天皇,说他"万世一系",其实,天皇的一系、权威,只是一种历史虚构,实际上日本常常是权力分割的状态。很长时间里,藩府、大名各自为政,没有一统性,各种奇怪的知识有存在的可能性。不要说边缘地区,就是中心地区的佛教寺院,也似乎可以相当独立地存在。所以,日本和中国不一样呀,尽管还有僧兵、有各寺庙的冲突,但大的战火却不殃及寺庙,所以各种典籍和知识都有保存。当时日本还没有像中国那样,有一个政治、宗教、文化三者合一的垄断性皇权,"溥天之下,莫非王土",权力渗透到所有角落和所有领域,所以,思想与政治中间还是有空隙的。我们看长崎那里的中国影响和后来的荷兰影响,我们看古代日本的道德观念和生活习惯,其实和中国大不一样。日本古代,并不需要所有的知识都与政治的合法性相关,也不需要所有的知识都有一个总体的解释,权力也不太会干预所有的思想和知识。而中国呢?因为皇权笼罩一切,总是干预所有知识的合法性和合理性,所以很多异端邪说没有容身之处呀,你要证明你不是邪说,还得先在传统的政治权力下面有个地方搁起来才行呀。

其次,因为日本没有历史和传统所支持的、整体的、根本的解释系统,它的许多文化是借来的,拼凑而成,所以不大有主体性。大家都知道,日本人的模仿性很强,他们什么都可以拿来用,连异族的语言也一样。不像中国人,总想翻译成汉语,找一个对应的、相仿的词语来解释它,这叫做"格义"。日本凡是外国新词,一概拿来就上,只管用片假名注音,如果隔两年后再去看日本的报纸,会发觉看不大懂了,因为片假名太多了,日本人拿片假名把英文、法文直接拿过来用。可在中国,外来词大半是要翻译的,要费尽心力从脑子里找出对应的词,日本则是用日语发音直接将英文变成外来词。一位熟识的日本教授也说,他看报纸也经常看不懂。1998年我在日本的时候,最困惑的是看世界杯足球赛,电视上打出的字幕中,每个国家都用片假名拼出来,可是有很多国名那么一拼,就看不懂了。说得过分一些,日本是没有"体"只有"用"的文化,是一个不断整合起来的杂拌儿,这不是一个贬低的说法。像田边元在《种的论理》里面就说到过这一点,很有名的加藤周一曾写过《杂种文化》,现在在美国的日本学者酒井直树,也一直批评传统的日本文明、日本民族、日本语言自有历史渊源、是单一性、有自己脉络的说法。在《所谓"日本思想"的问题》这篇文章中间,他就指出以前丸山真男把日本单一化的问题,认为日本国家、民族、思想的一体性,其实是后来才逐渐建立起来的。现在,很多人把"和魂洋才"和"中体西用"相提并论,其实"魂"是民族和国家的自我认同基础,很感性的,是灵魂、感情。而"体"是民族的知识思想的理解基础，是很理性的，是认识的前提和预设，两者不一样。

回过头来看中国，中国是一个历史和传统自我完足的文化，任何东西都要有体有用，有道有器，咱们都很熟悉，中国人特别爱说什么体用、什么道器、什么本末，而且特别关注要"纲举目张"、不要"本末倒置"。所以，一个新知识，要想纳入中国人的文化视野，一定要在"体"或者"道"的层次上得到解释，得到整体的协调，就是这个道理。西方的知识来了以后，也要先放在一个整体的背景下去理解，然后才谈得上使用。这就是为什么日本人先学西方的解剖、医药、航海，而中国人先要去理解西方的天文学。因为天文学是中国所有知识最重要的理解基础嘛。所谓"天不变，道亦不变"，所以，首先要理解天，"天"在中国古代观念世界里是一个基础，不只是神灵的天、哲理的天、抽象的天，也是实实在在的在我们头上的天。我一再强调"天圆地方"的观念对于中国人非常重要，这是宇宙的秩序，同时这种空间感觉，也支持着社会的和政治的秩序，符合这种观念才有政治和知识方面的合法性。一个政权如果建立在敦煌，恐怕不可能成为合法的一统政权。为什么中国一直不肯迁都，即使想也最多想到武汉和西安？就因为要在中间，不能"偏安"。在重庆、在杭州，那叫"行在"，叫"陪都"，所以夺取政权也叫"逐鹿中原"，中间最重要。在中国，天文学，当然也包括地理学一直是中国知识的基础，也是整体理解所有知识的前提。所以西方知识进入后，首先面对的就是天学。大家都知道，中国古代有一个严厉的法令，就是禁止民间私人学习天文学。为什么？因为天文学不只是天文学，还是政治学和伦理学，星占可以预测祸福，也可以预言政治，天象是一切的基础，而历法不仅标志时间分配，而且表示着政治的合法性。这就是我们为什么单单挑出天文学来讲的原因。

三　西方天学知识传入中国的历史

事先要声明的是，我并不是研究天文学史的，这里介绍的西方天学知识传入中国的历史，只是一个极简单的轮廓，如果要详细了解，请大家去看天文学史的专家的论述，像陈遵妫、薮内清、陈美东、江晓原等人的著作，也可以去参考中外文化交流史专家的论著，像方豪的《中西交通史》等。

我们古代人因为没有实测天空和大地的方法，只能从观察星辰日月的运行经验来推理和想象，想象天地宇宙的结构是怎么样的。究竟在他们想象里面，天地宇宙是怎么样的呢？他们相信，第一，天圆地方；第二，"天"就是我们头顶上的空间，是一层一层的同心圆，天体围绕北极轴旋转；第三，大地类似现在围棋棋盘或者"亞"或者"井"字形的方块儿，大地的中心和天的中心相对，是中央，大概在洛阳一带。天地的这一个中心点很重要，它是超越时空的，永恒的不动点。这个不动点的中心，有非常神秘的象征性。埃利亚德——芝加哥大学的一位世界宗教史教授——就说过，很多地方都有这样的传说，有"世界的中心"，这中心常常就是祭祀和祈祷的地方。在古代中国，从商朝到1911年，中国的宇宙传统形象就是"有个世界的中心，其中垂直轴贯穿穹苍和深渊，而向四个方位展开。天圆（形似鸡蛋）地方，穹庐覆盖大地"，而且在中国，王都代表世界中心，这一观念和古代的近东、古印度、伊朗的一样。

但是这是中国的"天""地"，和西方的"天""地"不同。我们这里所说的"西方"，是泛指文明意义上的、相对于中国的"西方"，包括中亚、西亚和欧洲。最早传入中国的西方天学知识大概是从印度传来的佛经以及婆罗门经，里面有很多地方涉及天文知识，包括二十八宿和各种星座等等，比如《世界纪》之类的东西。

到了唐代，婆罗门和佛教的许多天文知识被汇集在《开元占经》中，也就是印度的天文知识以及通过印度转手进来的更西方的天文知识，而且他们开始把这些天学知识与中国的数术之学结合在一起。从书名中可以看出，内容是讲"占"，因为中国古代的天学始终不是我们现在科学意义上的天文学，而是与望气、占星联系在一起的。这本书中把中国的数术之学与印度的天文学（印度天文学与阿拉伯世界和欧洲的天文学是有关系的）糅合在一起，变成了占星之学，包括了历法、星象和天体运转等知识。但中国历来的天文知识，很重要的一点是"占"，还有论证"统"，即王朝的一统性和合法性。基本上这些知识都没有改变中国传统的"天圆地方"的观念，也没有改变"天动地不动"的观念。尽管古代有浑天说等各种说法，但是普遍的中国人始终认为大地是方的，不动的，天上的日月星辰是在运转的。

到了13世纪即元代，阿拉伯人札马鲁丁把阿拉伯的天文学传到了中国，把"地圆说"传来，并告诉中国人地球上三分陆地，七分大海。他真正地造出了一个地球仪而且有经纬线，在《元史》卷四十八中记载元世祖至元四年（1267）他造了个圆球："其制以木为圆球，七分为水，其色绿。三分为土地，其色白。画江河湖海，脉络贯穿于其中。画作小方井，以计幅员之广袤，道里之远近。"可见，"地圆说"已经传到中国。可是，奇怪的是，这并没有起多大作用，这种知识没有广为传播，也没有进一步去讨论地球是圆的背后的内容，更没有涉及王朝合法性和民族优越性等最重要的问题。到了明朝洪武十六年，公元1383年吧，一个名叫吴伯宗的人把阿拉伯世界的天文学知识翻译到了中国，但是，尽管这部翻译的书现在还在，遗憾的是，这一翻译也没有产生影响。只是在清代薛凤祚给穆尼阁的《天学真原》的《人命叙》里，提到过他的事情。

直到 15、16 世纪之间，用我们现在的话来说，就是"国际形势发生了变化"。那时西洋天学知识和天学仪器已经远远超过中国的浑天仪一类仪器，至少西洋天学在四个方面非常先进：一、日晷，欧洲依几何圆锥截面知识制作的日晷，精确度远远超过中国。中国的日晷受季节制约，因为不同季节太阳照射的位置是不同的，一方面日晷按照一天的时间来转，一方面日晷的针的投影长度是按一年四季不同的位置，长短是变化的，刻度很简单，精确度并不高。而西洋日晷精确度很高，精确度已经超过中国传统的日晷。二、西洋那个时候已经用望远镜看到了月亮上的地貌和木星的卫星，比较能够证明太阳、行星、地球和天体的关系。三、西洋模拟天象运转的七政仪比我们的浑天仪（用黄道赤道来表示天象）更精确。七政仪按西洋天文学的基础来设计，与中国的"天圆地方""天动地不动""天道左旋"等看法是不一样的。四、欧洲人的航海，已经证明了大地的圆形，航海需要通过星辰定位，由此证明了地球是一个圆形。这一套新知识已经超过中国原来天象学知识的范围之外，但是，如果接受这一套天文学知识，整个中国过去的宇宙观就要改变。在明代中后期，西洋传教士来到中国，告诉中国这一套西洋天文学知识的时候，已经潜伏了很深刻的危险性，因为按照西洋的天学和地学，中国过去"天圆地方"、天动地不动、中心与四方等等预设的基础将不成立了。

最值得注意的就是利玛窦的观点。据说进呈给万历皇帝的《坤舆万国全图》是根据利玛窦的基础，由太监绘制在六个屏风上的。现在屏风当然没有了，但地图似乎还藏在南京博物馆，上面有利玛窦的一段话：

> 地与海本是圆形，而合为一球，居天球之中，成如鸡子，

> 黄在清内……浑沦一球，原无上下，盖在天之内，何瞻非天？总六合内，凡足所伫即为下，凡首所向即为上，其专以身之所居分上下者，未然也。

利玛窦认为，所谓地是方的，只是说大地坚定不移的性质，而不是它的形体，他把中国对天圆地方的解释，做了悄悄的移动。如果把过去方形的大地说成球形，把向来的"天道左旋"说成不动的天空，就必然会引起许多新知识和旧知识的冲突。按理说，敏感的人一定会体会到，如此一来中国的知识就被他搞垮了。奇怪的是，利玛窦没有受到挑战，很多知识分子很喜欢他，而且万历皇帝居然也喜欢这个新鲜玩意儿。

利玛窦之后，西洋知识不断传入中国。据说，一位名叫金尼阁的传教士在一艘船上运了七千册西文书到中国来。以前方豪先生曾经专门讨论过这一事情。不过，这个说法可能比较夸张。我曾经和欧洲的一位教授钟鸣旦，一起到安特卫普一个博物馆去看文艺复兴时期的出版社和印刷厂，发现七千册书装在船上，根本没有这个可能性。金尼阁不是什么大人物，不可能把一艘船都包下来，而且那个时代的船没多大，所以这种说法可能是有些夸张。但是应当承认，毕竟在明末那一段时间里，西洋传到中国的书非常多，这些书籍给中国人几乎带来了欧洲的知识世界，包括神学、文学、科学、哲学各个方面，后来甚至包括哥白尼的"日心说"也带来了。这种超越了个人的具体感觉和经验的新知识，非常有震撼力，因为每个人判断事物都需要一个空间架构，空间架构一旦失灵就很麻烦，过去中国的空间感觉是对称的和谐的格局，现在被打破了。

利玛窦的知识给中国带来了什么呢？他和后来的西洋传教士用历法上的时差、日食、月食和环游了半个地球的经验，来证明利玛窦上述那段话，使他的话很有说服力啊。要注意，这些知识中有四点与我们过去的传统说法不一样：第一，大地不是方的平面，而是圆的球体，"天圆地方"靠不住了；第二，没有上下，也没有四方和中央，然而中国的政治需要四方和中央的空间感觉来确立；第三，一些国家可能与我们"足相抵也"，明末人觉得无法理解，这怎么可能呢？岂不是掉下去了吗，如果往下打井，岂不是打穿了，到另一个国家去了？还有些人认为利玛窦说的"海水附地"却不至于倾覆，简直不可理解；第四，是按西洋天学的说法，天空不是在一个平面上的轨道上。过去中国想象天穹像一口锅扣在头上，赤道和黄道、太阳月亮和星辰运转的轨迹是在一个平面上。但西方认为，有多重天体，各个星辰是在不同的轨道上运行。还有比如木星有四个卫星，银河不是银河，而是由许多星云构成，这些都与中国的说法不一样，在明代中后期的几十年里，这些观念已经非常流行，当时有很多知识分子已经接受了西洋的历法，甚至包括接受哥白尼的思想。

可是这不行呀，因为中国的天学，不是纯粹的天文科学，而是一种政治、文化、思想的支持系统，如果按照利玛窦的说法，重新理解天地宇宙，中国的一切就要重新考虑了。比如，假如大地不是方的平面，而是圆的球体，那就麻烦了，因为在球面上，没有中心和边缘呀，你怎么认定中国在中央，而其他国家在四方？假如天体星辰不是像中国的说法，在一个平面上，而是在不同的轨道上，那么，怎样理解和解释星辰有条不紊地运行，怎样重新解释金木水火土五星对应五行、五色、五味、五声等相当有序的观念？假如有人和我们脚对脚地站着，那就更麻烦了，以前说的"头戴天而圆，足履地而方"不行了，而且你还得想，那边的人怎么站住？过去传统的知识里面，没有解释这种现象的资源呀。当然，还有好多问题，把我们以前的种种故事都打破了。比如，假定说银河是星云，不要说道教的各种对应天上星辰的神话垮台了，就连几千年里，想象世界的牛郎织女之类，又将在哪里容身呢？

一般来说，人们接受新知识还是要有个过程，而且还要按照一定的策略，否则，冲突太激烈了、和旧知识太脱节了，人们是接受不了的。特别是中国过去有丰富的历史资源，不是一块白板，可以任意涂抹，新知识只有在旧知识的接引和容纳下，它才可以进入这个知识世界，才有它的位置。那么，在明清时期，中国接受西学的策略是什么呢？除了徐光启、李之藻、杨廷筠这些相信了天主教的人之外，一般人采取的是这样的方法：第一，是整体的理解，就是想方设法使它和中国传统的知识没有冲突，把它纳入整体的天的知识里面去。换句话说，就是要用传统的知识来解释它一下，用旧的词汇来翻译一下，使得它比较容易理解和接受；第二，是发掘自己过去的历史资源，寻找过去的历史依据，用历史的资源来减轻自己心理的震撼。就是说，常常念叨这是我们老祖宗就有的说法，不是新的东西；第三，是限制边界，使西洋天学知识仅仅限于观察天象，而不至于像传统的中国天学，常常越界犯规，变成政治，变成伦理，变成所有的知识的基础。也就是说，它只是测量、观察天文地理的，不能用来越界解释其他的东西，像政治、伦理等等。

所以，当时一些人重新解释天圆地方，就把汉代的"浑天说"发掘出来，支持西方天文学的思想。还有的是与利玛窦一样，认为古代中国传统的"天圆地方"，说的是天的性质是圆的，地的性质是方的，不是讲形体，也不是讲运动规律。此外，除了整体理解、历史支持和限制边界之外，同时也得把它具体用在实证和经验方面。由于当时中国的历法常发生错误，对日食、月食的计算不太准确，很多士大夫愿意接受西洋天文学并且把它作为重新制定历法的依据，可是仅仅限于计算时日的这方面。例如，崇祯三年（1630）曾有一次关于月食的计算，用大统历、回回历和西洋历来算月食的时间，西洋历的基础当然是西洋天文学，回回历的基础是阿拉伯人的天文学，大统历的基础是郭守敬以后的中国天文学。计算的结果是，大统历错得最多；回回历错得比较少，但也有误差；只有西洋历非常准确，月食初亏到重新复圆的时间，只差几秒钟。这使得中国人在实践的意义上，从纯粹知识的角度容易接受西洋的天学。

尽管它的解释范围被限制在纯粹的知识和实践的范围，但是由于在徐光启等人的努力下，西洋天文学的知识在中国获得了官方认可的合法性。崇祯七年（1634）开始修137卷的《崇祯历书》。尽管因为朝代变更，这本书并没有传播开来，但到清顺治年间，另一个西洋传教士汤若望（Johann A.Schall）将其改名，刻成32种103卷的《西洋新法历书》，并且在中国广泛流传，被中国人所接纳。从西洋天文学传入中国的历史可以看出，中国知识分子、政治和皇权接受西洋的新知识的时候，显然存在一些为难的问题，而这些问题恰恰应当是思想史研究的内容。

上面就是我们要讲的第三个部分，下面接着转到与思想史相关的第四部分。

四 在"体""用""道""器"之间

西洋天文学传入中国，后来越来越多，其中包括了很多内容，比如地圆说、木星四卫星说、金星有上下弦、银河是星群，等等。那么接受的情况怎么样呢？尽管当时最激进的知识分子都接受了，但是，也有一些人反对。比如，朱国祯就在《涌幢小品》中追问：如果只有东南海而没有西北海，那么，太阳落下的时候，钻到哪里去，又从东边出来？如果是藏在昆仑山，那么山只有四旁，"只四旁，岂能透上下乎？"还有一位有名的佛教徒袾宏认为西洋所说的天象都是胡说八道，如果读过佛教的书就会知道天下有须弥山和四大部洲，天上有33重天。而儒学家刘宗周认为"天圆地方"不仅仅讲天动地静之性，也是讲天地之形，如果天地之形不是这样，那天地之性从何而来？王夫之在《思问录外篇》用经验上的东西来反驳西洋天学，一是人不可能倒立在物体的下面，二是如果地球是圆的，人应该看到的是弧形，并嘲笑利玛窦"身处大地之中，目力亦与人同，乃倚一远镜之技，死算大地为九万里"，说他真是"狂呆"。

新知识怎样才能真正进入中国？怎样才能被中国知识阶层真心接受？我想，可能有两个大原则：一个是体用一贯，可以在整体背景下解释。一个是夷夏之分，新知识尽管是外来的，但在那个时代，要尽量不伤害中国的尊严和自负。

中国人接受西洋天学的时候，需要有一个整体的理解，就是说要有一个"大道理"，在大道理的下面才是各种各样"小道理"，而且这个大道理要在所有的小道理上都能讲得通。所以，如果你不能在数学、政治、伦理各个方面都有一个整体贯通的解释，他们是不会完全接受的。方以智在《物理小识》的《自序》里，认为西洋人的长处在于质测之学，就是测量计算的学问，缺点是没有通几之学。什么是通几，就是贯通各种最深刻的知识，深入形而上的解释，所以方以智一直致力于中国人对其有整体的根本的理解。这里就有中国人在接受新知识包括西洋天学的时候，第一个最重要的原则——整体理解。第二个原则是夷夏之分。因为这涉及一个脸面的问题，清代官方的历法采用了西洋历法，在顺治年间刻印的历书封面上有"采用西洋新法"几个字，遭到很多人诟骂。明末张广湉的文章《辟邪摘要略议》就说，西洋天文学是最坏的知识，"假令我国中崇尚彼学，势必斥毁孔孟之经传，断灭尧舜之道统"。阮元编的《畴人传》是专门记载古代中国科学家的书，书中引用了明末学习西洋天学的王锡阐的一段话，说虽然西洋天文学非常好，但是只能用它来"测候"，不能说西洋人深通"法意"，"法意"就是我们所说的"体"和"道"。

当然，最著名的是康熙年间的杨光先，他一直反对西洋新法。其实，明代万历、天启到清代的顺治、康熙年间，西洋的天球仪、浑仪、日晷、望远镜大量传入中国甚至皇宫，从《故宫博物院藏文物珍品全集》中就会发现故宫收藏的西洋仪器非常多。尽管如此，如果真的让中国人接受并遵用西洋新法仍是不容易的，当时就有人担忧，这样一来是不是会丢掉我们的传统？杨光先就是其中最有名的人物，他的《不得已》一书现在已经由安徽黄山书社出版，为什么用"不得已"这个名字呢？他认为如果我们接受了西洋的天文学，而天文学又联系着整个王朝的合法性和政治的合理性，那我们就势必连西洋的"体"也要接受，所以他不得已，就是不得不辩论个是非曲直。可见，关于天学之中的"中"与"外"、"体"与"用"、"道"与"器"的争辩其实早就开始了。

在讨论西洋天学进入中国知识世界的时候，我们还得关注一下当时的思想史背景。思想史需要知识史背景，知识史的讨论也需要关注思想史的背景。其实，本来就没有什么焦点和背景之分，从东边看，西边是背景；从西边看，东边就是背景，思想史和知识史也一样是互为背景的。那么，什么是西洋天学传入中国时的背景呢？我们注意到，晚明时，王学很盛，而王阳明的学说有一个普遍的观念就是"东海西海，心同理同"，所以，晚明的知识分子特别相信天下有一个共通的真理，不管是西方的，还是中国的，只要是真理，就可以接受。这是王阳明心学的好处，打破了过去的夷夏之分。但是，后来出现了明代徐昌治编的《圣朝破邪集》、清代杨光先的《不得已》这些专门针对西洋知识的著作，从根本上反对西洋新知识，那么，我们怎么样理解"破邪"和"不得已"呢？我想，后来人对杨光先批判得有些过分，比如说他是"讼棍"，因为他告了汤若望，于是自己当了管天象的钦天监，结果又算错了历法被撤职，人们嘲笑他，贬低他。但是，如果从另外一个角度，即从思想史的角度，从中国人关于知识与知识依据的"体""用""道""器"之间必须沟通的角度，来重新理解杨光先，就会发现他真是处于"不得已"的心情中间，他预感到如果西洋天文学作为"用"和"器"，那么，就会瓦解古代中国传统的"体""道"，所以，他才会引用孟子的话说：我哪里是好辩，而是真的不得已。

可是，到了晚清，中国全面西转，晚清的人，也看到了这种"天变道变"的趋势，不过，他们是带着焦虑和紧张，也带着希望和侥幸，来欢迎这种巨变的。所以，严复就说："波兰人哥白尼，尽破地静天动旧说，证地为日居行星之一，岁岁绕日……喟然叹曰，伟哉科学！五洲政治之变，基于此矣。"因为"天静地动""天尊地卑""天圆地方"这些观念实际上牵涉到中国的政治伦理和思想，这些观念一旦被瓦解，自由民主平等的观念就会像他说的，"日张而不可遏"。梁启超在《近世第一大哲康德之学说》里面也说："歌白尼以前，天文家皆谓日绕地球，乃歌氏兴，乃反其说，于是众星之位置虽依旧，而所以观察之者乃大异……空间时间二者，实吾感觉力中所固有之定理，所赖以综合一切，序次一切，皆此具也，苟其无之，则吾终无术以整顿诸感觉而使之就绪。"他是说，空间和时间，是我们感觉里面固有的框架，并且人是依赖空间和时间来综合一切感觉、整理一切知识的，如果没有时间和空间的框架，我们没有办法使自己的各种感觉和知识按部就班，但是，如果时间、空间发生了根本的变化，我们整个知识的框架就会发生变化，这就是为什么一直要强调世界观或者宇宙观的原因，因为世界观和宇宙观不仅是政治和伦理道义，背后还有一整套自然科学的知识在支持。你们如果把他们的看法，和晚明的徐光启等、清初的杨光先等的看法对比一下，就知道中国的思想界，在几百年间已经几经转折，终于向西转去。

知识史和思想史里面，问题实在是很多，历程也实在很复杂，以后有机会再细细讨论。

【建议阅读文献】

方豪《方豪文录》,北平上智编译局,1948。

洪业《考利玛窦的世界地图》,原载《禹贡半月刊》第五卷,第三、四合期,收入《洪业论学集》,中华书局,1981。

朱维铮《走出中世纪》,上海人民出版社,1987。

江晓原《天学真原》,辽宁教育出版社,1991。

黄一农《通书——中国传统天文与社会的交融》,《汉学研究》14卷2期,台北,1996。

艾尔曼《晚明儒学科举策问中的"自然之学"》,雷颐中译文,载《中国文化》第13期,中国文化杂志社,北京,1996。

冯锦荣《明末清初士大夫对〈崇祯历书〉之研究》,载《明清史集刊》第3卷,香港大学中文系编,1997。

葛兆光《七世纪至十九世纪中国的知识、思想与信仰——中国思想史第二卷》第三编第一节《天崩地裂(上):当中国古代宇宙秩序遭遇西洋天学》、第二节《天崩地裂(下):古代中国所绘世界地图中的"天下""中国"和"四夷"》,复旦大学出版社,2000。

第三讲　在法律史、社会史与思想史之间

——以传统社会中白天与黑夜的时间分配为例

今天我们要讲的一个题目，是和时间分配有关的。在这次课上，第一个目的，是我想把一些涉及法律制度、民间宗教信仰、社会生活史各个方面的资料，用在一起，来看古代的一个日常观念；第二个目的，是看看我们能不能从这些平常人们不太注意的地方，找到一些有价值的思想史问题。在这里，我先讲一下思想史研究里面，为什么，以及如何和法律史、生活史结合。

大家知道，关于古代中国的法律，资料很多，除了各个正史的《刑法志》之类以外，还有现在考古发现的睡虎地秦律、张家山汉律，唐代的《唐律疏议》、宋代的《宋刑统》《庆元条法事类》、元代的《元典章》《通制条格》，还有明清两代的《大明律》《大清律》，等等。此外，留下来的还有很多士大夫官员的判词，不光是《名公书判清明集》，各个士大夫的文集里面，也有很多判词。别以为古代中国的士大夫，是大诗人、大文豪，生活多么超越潇洒，其实要记住他们首先是一个官员，他们要面对各种复杂和烦琐的案子，所以这些判词很能体现古代官员的生活，也很能反映对古代法律的理解。另外，明清还有很多"讼师秘本"，就是关于法律官司的诉讼技术，也有很多具体案例，日本京都大学的教授夫马进就写过一篇《讼师秘本的世界》。

这些法律文书很少被思想史研究注意，但是里面没有思想史

的内容吗？其实有的。有人说，这些法律里面体现了古代中国礼法不分的特点，和现代西方法律不同，这当然很对；但是正是因为古代礼法不分，这些法律里面就体现了一种古代中国的伦理和道德观念，它不仅仅是现代法律那个样子。现代法律是使社会秩序得到基本保障的行为底线，只要不超过这个底线，你就不会犯罪，就免予起诉，所以可以有律师的辩护、有可以利用的法律漏洞、有个人自由的空间，但是古代中国的法律是依据伦理观念来制定的，它又是由士大夫官员来解释的，所以它实际上规定了什么是善恶好坏，要求很高。研究古代中国的法律史，就可能涉及古代中国思想里面，那种关于社会、家族、家庭以及个人的观念问题。

可是，法律只是一种规定，实际生活又是另外一回事，研究法律史的人常常按照留下来的法律文书和制度文本，那叫按图索骥。实际上要考虑的是，在真正的生活世界里面，人们是不是真的按照法律制度来过日子？法律，尤其是中国礼法合一的法律，常常体现的是士大夫想象秩序的理想，但是事情总是有经有权，对不对？民众遵守的，只是法律的底线呀。所以民众实际生活怎能处处反映最高伦理理想？不会的。比如交通法规规定，红灯绿灯，不能通行和可以通过，可是实际上呢？显然不是的，如果你按照交通规定说，这个时候的人，都是红灯停绿灯行，那你就错了。根本不是的嘛。恰恰在交通法规和实际行为之间的差异，你才可以看到这个时候人的实际观念是怎样的嘛。特别是在这种差异中间，你还可以看到日本人和中国人、欧洲人和亚洲人的差异，你怎么能够只用制度和法律来想象古代中国呢？不只是这样，如果我们能够讲清楚社会生活史的实际情况，讲清楚各个地区、各个阶层生活与官方规定的法律制度的差异，考察理念和生活之间的紧张，恐怕还更能了解古代中国人的思想观念。

第三讲 在法律史、社会史与思想史之间

所以,我觉得应当研究法律、生活和思想之间的关系,今天讲的内容,古代中国人对白天和黑夜的时间分配,就和这一方面有关。

一 关于古代中国时间分配问题的研究

几十年以前,哈佛大学的教授杨联陞先生,用英文写了一篇关于古代中国官员、民众的日常时间安排的论文"Schedules of Work and Rest in Imperial China",发表在《中国制度史研究》(*Studies in Chinese Institutional History*)上,1982年由台湾大学的梁庚尧先生翻译成中文,收在他的论集《国史探微》里面,题目是《帝制中国的作息时间表》。

那么,这篇论文说的是什么呢?在这篇论文里面,杨先生讨论了一个过去历史学者很少关心和讨论的事情,就是古代中国官员以及民众的作息时间和假日制度,放假怎么放,休息怎么休息等等,这就是"时间分配"。不过,我觉得,在这篇不算太长的论文里,他只是开了一个头,关于这个话题,并没有充分展开研究,资料也没有来得及更广泛地汇集,后来他也没有再去深入地讨论这种时间分配观念背后的思想史,只是给后人留下了一个课题,留下一个可以继续开拓的研究领域。但是,我总感到很惋惜的是,后来好像没有多少学者在这方面跟进,继续杨联陞先生的思路,真的是很可惜。

时间分配,看上去可能很形而下,是日常生活世界的事情。不过,从根本上说,它又是一个有关"秩序"的事情。"秩序",order,可是一个很形而上的大话题呀。大家都知道,在古代中国的大一统社会里面,时间分配是很重要的,无论民间和官方都一样很重视。

为什么民间关心它?民间关心它,有民间的理由,这是因为生产和作息需要,如果四季、十二月、二十四节气是物理的节奏,那么黑夜与白昼的交替则是生理的节奏。在没有电灯照明条件的时代,人只能"日出而作,日落而息",这两句话在皇甫谧《高士传》里面有,是称赞远古时代,民众生活处在自然状态,所以下面是"帝力于我何所有哉"。但是实际上呢?顺应自然,并不是为了表现"帝力于我何所有"的情怀,而是没有办法呀。我当年在贵州农村生活,点煤油灯,比古人还进步了一点儿,但是煤油太贵,四毛一斤,没有钱买,也只好"日出而作,日落而息"。

那么为什么官方也关心它呢?官方重视它,自有官方的道理,因为对作息时间的管理,在某种意义上说也是对社会秩序的管理,大家步伐一致,各地时间一致,才会觉得像一个"民族",一个"国家"。你看我们中国,尽管横跨好几个经度和时区,但是都要用"北京时间"。其实,新疆到了"北京时间二十一点整"的时候,天还大亮着呢。但是,东边的地方像东北的黑龙江和东南的上海,在"北京时间二十一点",都已经黑了夜点上灯了。但是,偏偏就是要用一个时间。不像美国,各个州自有法律,而且东西部用了三个时区,有时候也怪麻烦的。我记得有一次看到美国电影,名字忘记了,好像就是说,有人利用了法律的差异和时间的差异,到另一个时区去,终于在那个时区的午夜十二点以前,实现了法律判决的时间规定。大家想呀,这是美国,如果各州各省可以有时间差,各州各省又有法律条文的差异,在中国人心里面,这还是一个大一统的国家吗?

古代这种关于时间的安排和分配,很细很细,包括了一年中的各个时段,而且关于各类时间都有专门的文献:

第一,包括每一年里的每季每月,"斗柄朝东,天下皆春",这是宇宙的律令,因为它和天的运转有关,用现代的话说是"天经地义"。这方面的文献大家最熟悉,可以看《礼记》的"月令"、

第三讲 在法律史、社会史与思想史之间

《吕氏春秋》里的"十二纪"、《淮南子》中的"天文"。最近在敦煌悬泉置发现书写在墙壁上,以皇太后名义发布的"月令诏条",就是汉代朝廷给民众提醒时间规定的。诏条前面小序就说,古来的明智的帝王,"靡不躬天之历数,信执其中,钦敬阴阳,敬授民时"。后来的各种岁时记,虽然是讲风俗年节的,但是其实也是从这里衍生出来的。

第二,它也包括每月里面的每一天,这包括现在考古发掘中屡屡发现的古代《日书》和后来发行极广的皇历通书,哪一天可以干什么,哪一天不可以干什么,都有严格的规定。

第三呢,就是我们今天要讨论的了,它还包括每一天早中晚,早上干什么,下午干什么,晚上干什么,都要有秩序,不能乱。这里的文献可能大家不很熟悉,或者不太注意。其实也很多,大家看《国语·鲁语下》,里面引了敬姜的话说,天子、诸侯、卿大夫、士以及庶人以下,早上、中午、晚上各要做什么事,在古代"圣王"的时代是有规定的,比如卿大夫要"朝考其职,昼讲其庶政,夕序其业,夜庀其家事,而后即安",士就是读书人应当"朝受业,昼而讲贯,夕而习复,夜而计过而无憾,而后即安",而普通民众即庶人以下,只能"明而动、晦而休,无日以怠",据说,这些看法很受孔子的称赞和肯定。后来和尚道士的生活也有这些规定呀,早坛功课做什么,午坛功课做什么,晚坛功课做什么,清楚得很也严格得很。佛教的《清规》里面就有规定,不能乱,乱了就躁动不安,躁动不安你还修炼什么心灵呢?大家记得《论语》里面有一个很有名的事情,就是宰予,孔子的弟子白天睡觉,被孔子臭骂一顿,就说他是"朽木不可雕也,粪土之墙不可圬也",就是这个人不堪造就的意思了。为什么呢?因为白天是劳动学习的时候,要睡觉得到天黑以后了,你白天睡觉干什么?

那么,这种曾经被儒家认同的时间安排背后,到底有什么思

想史意味可以分析呢？今天，我们重点要讨论的，是古代中国社会关于白天与夜晚的分配。

二 日出而作，日落而息：传统的日常生活秩序

我小时候看过昆曲《十五贯》，在大陆五六十年代是拍成了电影的，很有名，这是明代的戏曲，讲一出盗窃的冤案是怎样被一个清官况钟平反的。其中，第十六出《乞命》中，更夫唱道："星斗无光月弗明，衣寒似水欲成冰，人人尽说困便困个冬至夜，偏是我手不停敲到五更。"这里的"手不停敲"，说的就是古代更夫在寒冬值夜敲梆的事。这并不是凭空杜撰，现代社会当然没有人再敲梆报更了，可是中国自古代到近代，两千年来一直有"巡夜"的制度，据历史学者的研究，为防止盗贼，在很早的时代就有"夜禁"。《周礼》就说，古代就有"司寤氏"这个官，司寤，就是管睡觉的官儿呀。当然《周礼》按照顾颉刚先生的说法，可能是战国人对于大一统新帝国的想象，不过，这些想象都有一点儿根据。据说，古代司寤氏的职责之一，就是根据星辰判断日夜时间，"禁宵行者、夜游者"。

前面我们提到《国语·鲁语》里面敬姜的话，古代中国官方曾经特别期望民众日常生活总是"明而动、晦而休"，因为这是以自然的昼夜交替为基础，给民众生活安排的一个基本秩序，就是说，白天是劳动、交谊、买卖活动的时间，而夜晚是安居、休息的时间。毫无疑问，在灯火相对困难，需要凭借日光的传统社会，本来这就是很自然的，所以，如果是违背大家习惯的日夜秩序，"昼伏夜出"，常常你需要有非常特别的理由来解释，为什么白天不出来，晚上却出来呢？大家要知道，在一切生活都由官方控制的传统中国社会里面，日夜的生活秩序不仅仅是一种习惯，它又和政治上的合法与非法、生活上的正常与非常是有联系的，历代

第三讲　在法律史、社会史与思想史之间

的法律规定，就给民众划出了关于生活秩序的合法与非法、正常与非常的界线。

这种生活秩序的法律规定来源很早，如果我们不算《周礼》的说法，那么至少在汉魏就有，到了唐宋时代，我们知道它已经被写入法律条文。按照《唐律疏议》和《宋刑统》的规定，昼漏尽为夜，夜漏尽为昼，一天被分为白天与黑夜两半。到了夜里，不可在城内随意行走，在闭门鼓后，除了"公事急速及吉凶疾病之类"，凡是夜行者都算是犯夜，"诸犯夜者，笞二十"。

历史书里面有不少例子。比如中唐元和时代，一个内廷中使，就是宦官啦，叫郭里旻的，只是因为"酒醉犯夜"，就被"杖杀"，而那个负责夜禁的金吾和巡使，也都因此被连累"贬逐"。中晚唐诗人温庭筠也曾经因为醉酒犯夜，几乎被处罚。在宋代，这些值班守夜的官吏，如果有失职，还要被"笞三十"，至于真的发生了盗案而未察觉，那更要被"笞五十"。

在法律条文里面还规定，如果是私人家宅，"诸夜无故入人家者，笞四十，主人登时杀者勿论"。这比普通的犯夜要重，因为来者可能是盗贼，所以，就算主人心里明白这个入侵者并不是有意侵犯，可是他有意地杀伤了来者，在法律上也要"减斗杀伤二等"。谁说古代中国不保护私人财产呢？其实只要是在皇帝这个"大公"之下，还是可以有"小私"的。当时，曾经有人提出质疑，他说，如果主人事先知道外来人有图谋，设了圈套，故意等候他来而杀了他，是否也应当算是杀人有罪呢？可是，根据窦仪《宋刑统》的疏义解释说，这不能等同杀人罪，因为"夜入人家，理或难辩，纵令故犯，亦为罪人"。

这些规定没有因为朝代变更而变更，在元代虽然统治者换了民族，但法律规定，大概还依然是因袭宋代的，《大元圣政国朝典章》卷五十一《诸盗》一条里面就规定：

> 其夜禁之法，一更三点钟声绝，禁人行；五更三点钟声动，听人行者（下注：有公事急速丧病不在此限），违者笞二十七下，有官者笞一下，准赎元宝钞一贯。

《通制条格》卷二十七《杂令》记载至元七年太原路禁止嫁女娶妻时夜晚宴饮，"今后会亲，止许白日至禁钟"，原因是"其中引惹斗讼，不惟耗费"。同时，为了防止城市里面出问题，更直接颁下圣旨，禁止那些"众人唱词的、祈神赛社的、立集场的"在夜里聚会，因为"似这般聚众者，妄说大言语，做勾当的有啊"，所以，严令"将为头的重要罪过也者、其余唱词赛社立集场的每"，要"比常例加等"地进行处罚。

这是什么道理呢？因为宋元时代城市越来越发达，商业也渐渐增多，原来来自农村的、以土地耕作为中心的自然生活秩序，在城里不适用，所以就有点儿乱了套了。可是古代中国的制度呢，又总是依据传统的生活与习惯，保护这种农本的社会秩序的，所以针对城市生活秩序渐渐颠倒混乱，它总要有点儿没有办法的办法吧。国家、政府、官方，大概总是希望国家清清楚楚，一丝不乱，这样它才放心。这是惯例。

以后的明代，尤其是前期，为了限制城市生活节奏的混乱，对于秩序的控制和管理就相当严厉。大家要知道，明代初期是国家控制和意识形态控制最厉害的时候。一方面，和元代一样，城镇同样"以一更三点禁人行，五更三点放人行"，"除公务急速疾病生产死葬执有灯亮者不禁外"，无论何人均要拘留送问。但是，这时候就不像元代那样能以宝钞赎买了，非得惩罚不可。同时，夜行之禁的规定更细了。另一方面，在农村运用重新组织的乡里组织控制起来，明代前期的乡村组织，是很严密的，经过洪武年间的重新整顿，一层层的，很细。当时就规定，集镇乡村严格建立乡里组织,要派人值夜,规定每晚甲长关锁寨门,"即查本甲十家之内,今夜何人外出,有无容留面生之人"。比如,天启年间的顺德府还规定,每夜要设保夫十人,"更班鸣锣,绕村巡逻"。这就和《十五贯》里的梆夫一样。同时依照唐宋的传统,《大明律》卷十八《夜无故入人家》也规定,夜间随意活动算犯罪,如果无故进入人家,更要受很重的笞刑。

通过这种很严厉的"夜禁",古代中国的官方,至少在唐宋到明清都是这样,一直在试图恢复传统"日落而息"的生活秩序。

不过,大家要注意,到了明代中叶以后,限制虽然很严厉,但是,随着商业的发达,这种传统的生活秩序,就在城市生活新方式的影响下渐渐瓦解了。有人说是"现代性"的萌芽,或者大陆说的"资本主义萌芽",都是从城市和商业开始的。所以,一些理想上坚持乡村生活传统的士大夫和地方官员,怀着恢复古代生活秩序的理想,常常要给这种时间秩序制定种种措施。

清代有一个叫于成龙的官员曾经提到,第一,要在乡间建立保甲制度;第二,要在各处树立禁止夜行木牌,时刻叮咛各处甲长,大家提防;第三,要在要津路口埋伏乡夫,如果遇见人黑夜行走,就把他们绑锁起来,第二天禀官严审;第四,官员要严加审查,如果没有谋劫的意图,就要治以"夜行"之罪。他觉得,要是这样提防,坏人不得动手,也许会收敛盗心。农村的生活秩序就会回到传统的日出而作、日落而息上去。古代大概每一个官员都要懂得,怎样来规范地方民众的日常生活秩序,比如大家可以去看一看教给预备官员基本知识的《学仕录》,这部书很有趣,好像是教人当官的百科全书呀。这部书的卷七,就特别对监狱、仓库、大街、小巷的夜间安全相当警惕,特别告诉这些人说,在"于夜长寒冷之时,多置草荐,捐给油灯,令其彻夜防护","夜则拨夫五名,击梆看守,以司启闭",特别提醒官方的安全官员"印捕汛官"要懂得夜巡之法，"勿庸虚应故事，自三更至五更，此其时矣"，特别是"月暗天昏，风寒雨雪之夜，更为紧要"。

这些对于生活秩序的严厉规定，在唐宋元明清一千多年的法律上一直都有，法律史专家可能不太注意这么小的条文，但是就是这么小的条文，管了人的一半儿时间呢。而且从思想史角度看，这一是显示了传统专制政治制度下，对日常生活方式管理一直很严厉；二是显示了传统社会对乡村生活秩序有一种正常和不正常，合法和不合法的观念；三是这种观念普遍化了，成了常识，也加上了制度，而且日久成了自然的习俗。换句话说，一方面，这种规定的执行和监督，到了极其严格的程度；另一方面，也逐渐培养了一般人的常识。

总起来说，从思想史和观念史的角度说，就是社会普遍有一种观念，白天活动而晚上休息是正常的、合法的，至于"昼伏夜出"或"夜聚晓散"则都是非正常的，不合法的。

三　月黑风高与杀人放火

可是，事情常常很奇怪，你针对夜晚的管理越严格，社会上关于夜晚混乱的传说故事就越多。因为这些传说故事都发生在夜晚，又更加使人相信夜晚与罪恶的关联。大家都知道，一说起不可思议的犯罪，常常会说"光天化日之下，居然如何如何"，说明大家不相信白天会发生坏事呀。为什么呢？因为大家都觉得，干坏事应当在黑夜嘛。这个观念很古老了，在古代口耳相传的故事和文字传播的传说里面，很多破坏秩序的事情，确实常常发生在黑夜。"月黑风高"，让人联想到的，就是"杀人放火"；"夜不归宿"，让人想到的可不就是"道德不轨"嘛。

我们以明代为例，明代关于黑夜犯罪的故事很多很多，关于黑夜犯罪的历史记载也不少。小说故事有时候就是历史，历史有

第三讲 在法律史、社会史与思想史之间

时候也像小说故事，所以我们从小说与历史中找一些互相可以对照的例子。

  第一个例子是江船上谋财害命。大家看《警世通言》第十一卷《苏知县罗衫再合》，这是很有名的小说。说永乐年间仪真县，就是现在江苏长江边上啦，有一帮专门在水路上半夜劫财的强盗，以徐能为首，聚了一班水手，叫做赵三、翁鼻涕、杨辣嘴、范剥皮、沈胡子。这些人都不是良善之辈，时常打劫乘船的客人。看看大约有些油水，看得上眼，就在半夜三更，悄悄地把船移动到僻静的地方，把客人谋害了，然后劫了财产。这个故事就是说他们为劫财色，把乘船赴任的候补知县苏云，用棕缆捆做一团，像一只馄饨，扔在水里，几乎把他一家人全害了。幸好他的夫人逃生，最后到操江林御史那里告了状，报仇雪恨。虽然这是小说，却有很真实的背景，《御选明臣奏议》里面，有明正德年间官员唐龙的一份上疏，里面就曾经提到，在鄱阳湖上，有贼船数百，往来劫杀。"各府州县，非告白昼杀人，则诉黑夜劫夺，盗贼无处无之"。而嘉靖年间，《皇明疏钞》里面有黄绾专门写的《弭江盗疏》，里面也提到，长江上半段从九江到太平，下半段从镇江到苏松，这本是"东南襟喉之地，舟航往来之途"，但是，却常常不安全。怎么不安全呢？说盗贼不时出入，而且肆无忌惮地打劫来往的商人，甚至拒捕官军。一旦官军人多，就急忙逃得无影无踪；官军一走呢，就又重新聚集起来。所以，常常发生类似抢劫杀人如《苏知县罗衫再合》这样的故事。比如明代成化年间的陈炜在江西布政司任上，就处理过一个案子。上杭的富商林春，打发他的姨太太王氏回老家，到了鄱阳湖，同船的人夜里把十几个人扔到水里，把他们的财物都抢了，这就是在夜色的掩护下杀人越货呀。幸好被扔下水的王氏，还幸运地没有沉溺，漂了三十里以后得到援助，终于告官。陈炜派了兵吏，悄悄地察访，在抚州一举抓获，人赃俱获，"盗无一人免者"，真正上演了一出《苏知县罗衫再合》式的故事。

第二个例子是夜里趁火打劫。《隔帘花影》第二回《寡妇避兵抛弃城居投野处，恶奴欺主勾通外贼劫家财》中说，有两个坏人全福和李小溪，专门等三更时分去打劫，有一次来到刘家庄，先把场围一垛草点起，跳过墙去，烧起后面屋檐来，乘乱就大肆抢劫。这种夜里放火作案的方式，在明代事实上也是很常见的，比如正德三年（1508）三月在饶州余干县，夜里就有贼来打劫富裕的商人段氏，点起火来，谁知道，这场祸殃及正好住在段家的邻居康万钦的妻子彭氏，在焚火烧屋中，她被强盗搜出，捆起来押到祝家桥的时候，彭氏为避免受辱，找了个机会投水自尽，三天以后，丈夫寻找到妻子的尸体，据说"其面如生"，于是，官方宣布表彰她的节烈，这件事情有大文学家李梦阳的记载。

第三个例子是夜间劫狱。大家都看过《水浒传》，在《水浒传》第三十八回《浔阳楼宋江吟反诗，梁山泊戴宗传假信》里面，梁山好汉想劫狱救宋江，这时，被打入死囚牢的宋江和押牢节级戴宗，就是神行太保啦，他们商量好，宋江就披散头发，倒在尿屎坑里滚，装做失心疯的样子，要逃出牢笼，但是，却没有瞒过江州通判黄文炳的眼睛，结果劫狱不成。可是，我看一些资料，明代确实有夜里劫狱成功的，万历三十四年（1606）正月初一的夜里，安徽宁国府犯人胡以华得到外应，偷偷地得到铁凿，于是假装肚疼，向看监狱的陈六哭诉，要求他暂时解开钮镣，以便大便。因为当时陈六已经喝醉，而民壮方顺等巡夜人也喝多了酒，管理的刑房吏石元嘉，又不来查夜，负责的官员全介也不来亲自点视，结果，胡以华凿开了墙壁，犯人全部逃走。而狱卒陈六酒醒以后，吓得自杀身亡。

你们如果看看明代的文献，就知道什么聚众赌博啦，入室偷盗啦，越轨淫乱啦，越狱逃逸啦，这些光天化日之下，良民绝不会干也不能干的活动，都是在黑夜中坏人干的勾当。明代有一个官员张宁在管理福建汀州府的时候，就曾经发布榜文，告诉乡里，说当地坏人"十兄弟"游手好闲，不务生业，专门结交无赖之徒，每天强迫乡里的人轮流办饮食，在街坊里面肆意勒索，特别是到了夜里，仍然不散，专门搞奸淫、赌博、哄骗钱财这样的事情。万历年间，一个叫张维枢的地方官看到一些恶少凶徒，总是在夜里呼朋引类，抢劫赌博，为非作歹，就颁布示令，宣布老规矩，"以一鼓三点为期，不许擅自行走"，特别是民间婚丧嫁娶的宴会，更不许妇女到了半夜还宴饮不归家。因为他觉得，夜里容易使盗贼生心，也容易导致男女混杂。到了明末，著名的学者刘宗周更是向地方官建议，连那些唱戏的梨园也关闭起来，因为斗大的一个小城，一下子聚集数千人，夜聚晓散，日耗千金；更麻烦的，不仅仅是他们破坏了平静而有规律的日夜作息，而且还在里面出现了很多坏人坏事。

当然，夜间聚众不是在明代才特有的事情，以夜间赌博，导致杀人夺财的事情为例，明代之前的宋代，大家看《名公书判清明集》卷十四潘司理拟《因赌博自缢》；明代以后的清代，大家看乾隆年间的地方官的题报，这种事情是很多很多的。

顺便在这里再提一点，在古代中国人的观念中，漆黑的夜里，不仅是恶人犯案的时间，是伤风败俗的机会，也是狐鬼惑人的时候，而且还变怪百出，让人畏惧。什么原因呢？因为人鬼殊途，阴阳悬隔呀。所以人们在白天活动，而鬼怪在夜间出没。大家都一定听过鬼怪故事，这些故事的时间，大都发生在夜里，哪里有大白天见鬼的呢？所以，这种对黑夜的恐惧观念来历悠久，上自士夫，下到民间，流传的故事里面，如果主角是狐仙物怪、亡魂阴鬼，那么舞台往往在荒郊坟茔，而时间则一定是在半夜三更。

所以，传统社会中的人普遍相信，正确的生活秩序是"明而动、晦而休"或者"日出而作，日落而息"，可是，在古代偏偏有人还是要"昼伏夜出"甚至"夜聚晓散"。

四　夜聚晓散与图谋不轨

话说回来，什么半夜偷鸡摸狗啦、聚众赌博啦，甚至趁黑打劫啦，应该说，还不是最让政府和官员担心的。个别民众违反规定的时间安排，生活习惯异常，这没什么。最多它只是违背了儒学或理学的理想秩序，使社会总存在一点点不安定的因素。

对于官方来说，更麻烦的是有组织的集体行为。对于那些并非个别的，而是集体的，一大帮人晚上聚在一起，古代中国的官方和民间，都相当紧张和警惕。为什么呢？因为这不是外在制度和内在自觉可以约束的啦。一些被迫私密化、边缘化的集体行为，本来就是被你们这些法令啦、道德啦，驱赶到黑夜里秘密进行的，为什么要在黑夜？就是你不允许嘛，所以，它要躲开你的监视嘛。特别麻烦的是，这些本来在黑夜里面不让集会的时候，还有那么多人热情地聚在一起，一定有些是很热烈的信仰。可是，一旦它是一种秘密的、热烈的、有信仰的活动，其诱惑力和煽动力就非同小可。大家都知道呀，如果这没有一点诱惑力，大家干吗要半夜不睡觉来聚会呀？所以，民间社会也好，官方政权也好，都相当害怕这种不在监督视线范围内的集体的秘密行为。

前面我们说，在古代人的想象世界中，在月黑风高之际出来的，不是抢就是盗，不是嫖就是娼。更不消说，还好多人聚在一处。聚在一处干什么呢？在传统的观念里面，夜幕下不仅是黑暗，而且是阴谋、混乱、肮脏和反叛。这一连串的联想，就是传统生活习惯的观念性产物，思想史要不要考虑这些观念和它的影响呀？我想，古代人绝对想不到现代都市的生活方式，也绝对想不到现代社会里面,"昼伏夜出"倒是有钱有权人的生活习惯了。你看,现在很多明星啦、大款啦,都是夜生活很多的,白天要睡大觉的。可是,古代中国人对于夜间行为,好像都有一种想象,就是凡在夜间所为的,都是鸡鸣狗盗、奸淫邪妄之事。因为在传统社会中,生活时间的反常,就是伦理秩序的颠倒。所以,《警世通言》里面有一篇《范秋儿双镜重圆》,里面说到群盗,就用了两句"风高放火,月黑杀人"来形容,风高月黑的时候好干什么?就是放火杀人嘛。

从过去的法律文书、历史记载、戏曲小说中看来,在所有昼夜颠倒的生活现象中,最让官方紧张的,也是最不能容忍的,就是带有宗教信仰的人,一大伙子在夜间的聚会。后唐天成二年(927)六月七日发布的敕令说,这种聚会常常导致僧俗、男女的界限混乱,夜间聚众,假装是宗教宣传说教,实际是放纵情欲。所以,皇帝下令各地州县镇,严肃查办,而且要"重杖处死",这就是大罪,判得很重了。

从宋代的文献来看,这一类规定,在宋代越来越多,并且正式写在法律文书里面。《宋史·刑法志》里有一段话很常见,很能说明问题:

> 左道乱法,妖言惑众,先王之所不赦,至宋尤重其禁。凡传习妖教,夜聚晓散,与夫杀人祭祀之类,皆著于法,课察甚严,故奸轨不逞之民,无以动摇愚俗。

这里有几个罪名,一是"左道"和"妖言",这就是邪教呀,从古代就严禁,所以现在禁止是有历史依据的。二是夜聚晓散,凡是夜里干的都是邪恶的事情,和杀人祭鬼一样,不文明。我们来看宋代的几则记载:

一、北宋的天圣五年（1027），刘随给宋仁宗上书，建议禁止"夜聚晓散"和"造仪仗事神"。因为他自己在地方上任职，知道这种民间活动很多。"诱之以天堂，怖之以地狱"，而且"夜聚晓散，谓之修善"，这种聚众的结果，就是可能动乱闹事。何况又有作为仪仗的兵器在手。他建议要在乡村的交通要道，把禁令写在墙壁上，让民众知道禁令。他特别提到，这种妖术惑众的危害极大，很容易扰乱秩序，这种混乱对士大夫的历史记忆很深刻呀。他说，天禧年间（1017—1021），在河阳这个地方，一种迷信妖怪活动很流行，不出十天，就传到了北宋的首都汴梁，搞得大街小巷人心惶惶。幸好官方及时出了榜文，捉到了"夜聚晓散"的人张子元等几百人，由吕夷简执法，几个月后才得到安定。他认为，现在妄称自己有几百岁的张惠真，就是当年那种"夜聚晓散妖妄之人"，他说，夜聚民众一定会引起社会秩序的动荡不安。

二、至和元年（1054），赵抃又上书给宋仁宗，激烈批评道士传授符箓惑众，说有龙虎山道士王守和，在开封寿星观内纠集京师官员百姓妇女等一二百人，"以授符箓神兵为名，夜聚晓散"，而且要在十五日夜间，登坛聚众作法，他对此深表警惕；而另一个叫李清的人，也以念佛为名，号称经社，晚上聚会，白天散去。所以他担心惑众生事，就建议由开封府负责，把这些为首的人押解回本人的原籍，以免社会动乱。

三、从此，在宋代，"夜聚晓散"就成了一种妖淫谋逆的代名词。大家可以看看《宋会要辑稿》里面的刑法部之二，收录了很多这方面的资料；还有《名公书判清明集》，这里面也收了很多宋代人的判词，很反映当时士大夫官员的想法，比如吴雨岩的《痛治传习事魔等人》里面就说，在饶州、信州之间，民众无知，常常被妖言迷惑，"男女混杂，夜聚晓散"。

第三讲 在法律史、社会史与思想史之间

"传习妖教,夜聚晓散"成了从北宋到南宋的官员向朝廷报告中最常见的社会问题之一。我们看到,在《宋史》《长编》《会要》《清明集》《奏议》里面,不下几十近百次这样的报告。对于政府和官员来说,这确实是最感焦虑和紧张的一件事。因为,这个威胁远远大于一般的在晚上偷鸡摸狗、赌博生事、打家劫舍。它的威胁是什么?第一,是扰乱社会生活秩序;第二,要威胁到政权的存在;第三,是甚至要影响到主流文化的指导权力。所以,无论是中央还是地方官员,都要非常严肃地面对这一事情。各地的地方官,有时还要临时颁布地方性的严厉规定。比如,宋代的张守就向朝廷报告,说近年乡村有昏夜聚首素食的所谓"夜斋",因为在晚间进行,所以和"夜聚晓散不甚相远"。因此他发布榜文,命令本路州县乡村禁止,并且要求朝廷也下令,让各地都按照这种方式执行。当时规定,凡是夜聚晓散、男女杂处的,要判处流刑,流放三年。

这种规定,到了元明两代,还是一样执行的。在《大元圣政国朝典章》《通制条格》里面都有记载呀。比如,至元十一年(1274)五月十六日的中书兵刑部禁令,说到大都街上有泼皮厮打、跳神师婆,还有夜聚晓散的,所以要严厉禁止。至元十六年(1279),中书省、御史台又重申,对于汉族地区"祈仙、祷圣、赛神、赛社"活动,要一概禁止,原因是容易造成混乱,尤其是这些活动置"神案、旗牌、锣鼓、伞盖、交椅、仪从等物,若不拘收,且恐因而别生事端"。过了几十年,到延祐四年(1317)五月,朝廷又下令重申,所有的城市都禁止祈赛神社、扶鸾祷圣、夜聚晓散。为什么?因为这种煽动性很强的宗教信仰,是很有可能引起大规模骚乱的,那些夜间带有犯禁的聚会,其冒险意味更容易刺激人的越轨之心。这不是蒙古人的忧虑,蒙古人还没有那么警惕。反而是汉族士大夫的担心,他们看到

宋代的食菜事魔，元代的白莲社、白云宗，都是这样，所以格外警惕。

我这里念一段元成宗大德七年（1303）郑介夫的奏疏给大家听。他说到当时的白云宗，"其初未尝有法门，止是在家念佛，不茹荤、不饮酒、不废耕桑、不缺赋税"，这是官方可以容忍的呀。可是，下面就不一样了，大家听听。他说，这种宗教信仰，在"前宋时谓其'夜聚晓散'，恐生不虞，犹加禁绝，然亦不过数家而已"，可是现在呢？"今皆不守戒律，狼藉荤酒，但假名以规避差役，动至万计，均为诵经礼拜也，既自别于俗人，又自异于僧道"。这就很有趣了，一是不守戒律，不合宗教伦理；二是并非真正信仰，只是逃避差役；三是既不是政府管的世俗人，又不是合法的佛教或道教徒。这样的人如果太多，动以万计，那么如果不加以严禁，就很麻烦了。

所以，这就成了一个古代中国的传统。明代和清代的法律都继续规定，对这些假降邪神、书符咒水、扶鸾祷圣的端公、太保、师婆，以及假借弥勒佛、白莲社、明尊教、白云宗名义的，只要是夜聚晓散的，为首者要判绞刑，次要的各杖一百，流三千里。之所以要如此禁止夜聚，古代人自有他们的想法。《明会典》卷十中特意说到这一点，有常产、有常心的人，很容易认同现实的政治，遵循传统的秩序。但是，那些游手好闲、不务生业、邪术左道、扶鸾祷圣、烧香结社、好饮赌博的人，则因为行为受到制度的压迫，不得不"夜聚晓散"。所以说，官方应当严厉查办。

为什么那么严厉？因为这种带有宗教色彩、而且人数众多的夜间集会，确实是一种对"秩序"的破坏，对"控制"的反叛，它会激起长期单调生活中的民众，对于越轨行为的好奇。这一点很多专门研究民众叛乱史和宗教信仰史的人都讲过。一个法国学者在讨论宗教集会时说，祭祀典礼与叛乱骚动经常相伴相生，这在历史上是常见的事情。持续的平凡生活，会产生欲望难以满足与精神压抑的倾向，所以，典礼和叛乱常常会被人结合起来以寻求宣泄，按照他们西方人的说法，在这一瞬间，社会处于它的"休息"状态，秩序也只能眼睁睁地看着。

这种夜间的叛乱或者骚乱在历史上屡见不鲜。所以，从宋到清，一千年来，对于宗教性的夜间聚会有相当严厉的管制。这也造成了一个后果，就是后来的士人，只要面对各种民间宗教和外来宗教时，如果想把他们定罪，就总是要说他们"男女混杂，夜聚晓散"。因为黑夜里，总是不干好事，什么坏事最丑恶呢？就是男女混杂嘛。这是一个老办法，也是一个在古代有效的办法。凡是攻击一个宗教、一个人，就可以说他"夜不归宿"。"夜不归宿"的暗示就是"道德有亏"。否则你干什么呢？晚上不在家，就是干坏事嘛。所以，就连后来对付天主教的时候，他们还是会采用这个方法。比如明代万历年间礼部郎中徐如珂攻击天主教，就说天主教"公然夜聚晓散"。对于任何异端宗教，官方和士人历数它的罪名，总是有"夜聚晓散"，大家看看清代黄育楩《破邪详辩》就知道了。后来晚清时攻击西方传教士来中国传教，还是想当然地用这个方法。

五　文武之道，一张一弛：元夜观灯的意义

前面我们说到，夜间的聚会"是社会的'休息'，是对'秩序'的反叛"，其实，这也是有道理的，谁不想着有一点刺激的事情干干呢？如果生活确实只是一种节奏，而没有变化，很多人都会觉得需要调剂。古人一年四季，有冬季可以稍稍休息；每一天有夜晚可以休息；但是一年里面呢，也需要有一些晚上不睡觉，让大家生活有点儿变化。我想，古代中国的节令不宵禁，就是对

这种"日出而作，日落而息"的刻板生活的一种补充。

关于元宵节，大家都知道是"灯节"。为什么是灯的节日？是因为晚上看灯。不只是正月十五上元节，中元、中秋，在古代也有城市里面不宵禁而观灯的规定。《水浒传》第五十一回里就说到，七月十五"盂兰盆大斋之日，年例各处点放河灯，修设好事"。需要注意"年例"二字，说明盂兰盆节曾经是官方的规定假日，可以任从人们夜里往来游玩。当然，最有名最长的不眠夜，还是上元节，就是元宵节。这一风俗来源很早，台湾的陈熙远写有一篇《中国不眠夜——明清时代的元宵、夜禁与狂欢》，研究得很细致，据说，最晚到隋文帝时代（581—605年在位），京城与各州已经普遍有了元宵夜进行各种庆祝活动的习惯。

这种节日的意义，从大的方面说，是给一年辛苦的人一些放松的时间，使日常生活变换节奏；从小的方面说，是给日夜周期作息的人一些变化的感觉，把黑夜变成白天。隋文帝时代的御史柳彧，在开皇十七年（597）上奏的时候就说，古代圣贤都遵照法典建立制度，根据道理安排生活，可是，当时民间庆祝元夕时，有种种逾越法律秩序与礼教规范的活动，违背了"非法不服，非道不行，道路不同，男女有别"的传统。为什么呢？他列举了几个方面，除了浪费财物之外，就是造成混乱，一是贵贱等级混乱，二是造成男女混乱，三是宗教与世俗之间界限混乱，总之，这是混乱。而社会呢？需要的是有秩序，而不是混乱。但是，大家想啊，造成"无问贵贱，男女混杂，缁素不分"这种混乱，甚至导致道德败坏、盗贼丛生的节日之夜，尽管在当时被士大夫反对得很厉害，甚至皇帝也在这种"政治正确"的道理下"诏可其奏"，但是，实际上仍然被允许和宽容。没有办法呀，你总得让民众有一个宣泄的口子，让他们有一点儿喘息的时候。

所以，到唐代，上元观灯已经有三日之规。比如唐玄宗时代，

第三讲 在法律史、社会史与思想史之间

灯节是从正月十四日起至十六日，连续三天。到了10世纪中叶的宋太祖时代，追加十七、十八两日，成了"五夜灯"。不过，要说明的是，"五夜灯"好像并没有太普遍，很多地方还是执行三天的老规矩。大家很熟悉的一个故事，就是"只许州官放火，不许百姓点灯"，记载在南宋陆游《老学庵笔记》里。说某郡太守叫田登，古代要避讳，可是他的部下常常因为不注意冒犯了他，就要遭到鞭打。所以在上元放灯的时候，要发布榜文了，可是"灯""登"两字谐音，怎么办？书吏就只好把"灯"写为"火"，"本州依例'放火'三日"。这当然是个故事，不过，可见南宋上元节观灯还是三天。

尽管只有三天，但在这三天里面，人可以尽情地玩儿，平时需要收敛的不需要收敛，平时需要掩饰的不需要掩饰。据一些文献记载，在这个不眠之夜里，官府还会出钱犒劳助兴舞队和商贾买卖，妓女的生意也很好，商人的生意也很好，不光是灯火彻夜通明，买卖也一夜到亮，有钱的人家子弟就在这个时候到处游玩，没有钱的人家也在这个时候出来散散心。这在近世已经成为一种固定的习俗，连统治者也得顺从民俗。

不光是汉族的朝代，比如在元代前期，江南是蒙古新占领地区，因为害怕人们聚集造反，所以，一度严厉禁止节日观灯。但是，到了至元二十九年（1292）的闰六月，那个时候，江南被蒙古占领已经很多年了，所以，湖广等处行中书省，就向礼部建议开放灯禁。报告里面就说，当时怕人心未定，因此严禁观灯，但是，最近因为老人们都说，江南归附已经一十八年，人心宁一，所以，应当放松灯火之禁。果然，后来就应要求，开放了这种元宵节看灯的风俗。到了明代初期的永乐年间，还曾经一度延长为前所未有的"十夜"。不过好像这个规定实行并不久，大体上还是三天为限的灯节多一些。

大家要想想，对于一向注重秩序而害怕混乱的朝廷，对于一直讲究区分"贵贱""男女""缁素"界限的古代中国士大夫，他们关心的是秩序，秩序，还是秩序。一般来说，他们都格外担心昼夜不分，会引起淆乱，可是，还要在这特别的时间里允许混乱，这是为什么呢？简单地说，就是因为这一限制一直过于严厉，白天和黑夜、上层和下层、男人和女人、世外和世内，常常是在一个单调刻板的生活节奏下重复，所以，你不得不提供一个变化的机会，让民众的这种生活松弛下来。就是金属还有个疲劳度呢，对不对呀？这一点，在孔子的时代，可能就已经有明确认识了，《礼记·杂记》里，有一段话很重要，说孔子和弟子子贡曾经讨论过，到底对于国人的年节蜡祭活动，应当抱什么态度？他问子贡说，你看那些蜡祭，是不是很快乐？子贡就回答说，一城的人都高兴得好像发狂，可是我不知道他们乐什么。孔子就说，你不知道呀，如果一直紧张而不松弛，无论是文是武，都受不了；如果一直松弛而不紧张，那么无论是文是武都不赞同。所以，"一张一弛，文武之道也"。平时日出而作，日落而息，是张；节日的时候让大家放纵一下，在夜里不睡觉地狂欢，是弛。

古代的人也懂得这个关于时间分配的道理。

六　城市生活与乡村秩序之间：传统日夜秩序的瓦解

那么你会说，这和思想史有什么关系吗？有的。

前面我们已经说了呀，按照古代中国人的想法，"日出而作，日落而息"是天经地义的秩序。之所以说它"天经地义"，是因为它从根本上，符合天地运转的规律，符合古代民众自然劳作的需要，符合人的自然生理节奏。古代人说，"人体天地之阴阳，昼明夜晦，理之常也"，这种大道理不仅有经验支持，而

第三讲　在法律史、社会史与思想史之间

且得到经典文本的支持，成了常识了呀。常识常识，就是最普遍的观念和知识嘛。前面我们提到，《论语》里面孔子批评宰予白天睡觉，我们也提到《周礼·秋官司寇·司寤氏》曾经想象周代即有司寤氏。古人解释经典的话说，"日出而作，不得不勤，日入而息，不得不止"，这是"顺天之道，养育大众也"。这个"道"是什么？包括四季十二月二十四节气，也包括"日出而作，日入而息"。

正是因为这个观念，第一是来自经典的说法，第二又是写进法律的规定，第三也是被普遍认同的常识。所以，这就是一个普遍性观念了，思想史应当研究这种观念呀。反过来说，你如果违背这一秩序，无论是经典权威、法律条文还是普遍常识，都会告诉你，这是非法的行为，这会导致混乱，这会出坏事。所以，在这一件事情合法化还是非法化的上面，就有思想的大冲突、大变化了。

我们看经典的解释，古代中国什么事情，要想合法合理，都要找到经典解释和支持，经典支持着每一个观念的合法性和合理性。比如，宋代的易祓在《周官总义》解释"司寤氏"的时候就说，凡是不按照日夜生活的，"皆奸伪之所集，故皆禁之"。就是说，凡是夜里乱走乱动的，都有犯罪的嫌疑。同样，宋代的陈友仁在解释"司寤氏"的时候也说，这种夜出晨息的人，"不可测其奸非也，夜而游者，妨众息也，皆禁之焉"。什么奸非？就是刚才我们说的，夜聚晓散的人，可能是偷鸡摸狗，可能是聚众赌博，可能是杀人放火，还可能是传播邪教，而且至少是妨碍别人休息，所以要禁止。

不光是这样，还会扯到政治大问题上去。按照他们对古代历史的理解，他们认为商周王朝导致政治腐败和生活淫乱的一个原因，就是夜不寐日不作。在解释《尚书》里面为什么这么批判殷商人群聚饮酒时，他们就说，古代之所以禁止群聚饮酒，是因为有"谋大奸者"，所以一定要禁止"夜聚晓散"，因为，夜聚晓散很可能是"聚而为妖逆者"，或者导致"荒逸淫乱"。

很显然，这是传统农业社会的生活秩序。宋代以后，尤其是到了明清时代，商业城市的出现和都市生活习惯，给这种观念造成很大冲击。夜生活的发达，也开始瓦解这种日夜分配观念和习惯。商人经营，是不分昼夜的，"城郭之民，日夜经营不息，以售百物，以养乡村"，南宋的杭州，更是商业买卖"昼夜不绝"。大家看耐得翁的《都城纪胜》，里面说杭州的夜市，除了大内附近的少量地区外，都热闹非凡。商业城市的这种颠倒的生活节奏，日益瓦解着各种官方的规矩，使得"夜禁"常常成为一纸空文。

这种日夜不息的运作和夜不归宿的生活开始使都市与乡村的生活秩序背离。我想，这就是现代性对传统性的一个冲击，为什么？因为这里有一些近代的因素出现了，社会开始变了。

第一，近代以来电灯的发明与引进，改变了自然条件和生活方式。什么叫不夜城？只有有了电灯，才能不夜呀。

第二，竞争性的商业市场，为了抓紧时间，不能按照传统的节奏。等到你第二天懒洋洋地慢慢地发货，开门，那是传统市场；现代市场争分夺秒，根本就不能等，所以白天和黑夜就没有差别了。

第三，为了适应现代城市生活，关于夜间宵禁的法律制度开始改变。

这使得这种来自乡村的生活秩序在城市中土崩瓦解，同时也造成了传统生活中的时间观念在现代城市市民中的渐渐消失，这当然已经是后话了。不过，我们是否能够从日夜生活时间分配的变化这里，看到中国从传统到现代的一个侧面呢？

【建议阅读文献】

杨联陞《帝制中国的作息时间表》,载《国史探微》,联经出版事业公司,台北,1991。

葛兆光《严昏晓之节——古代中国关于白天与夜晚观念的思想史分析》,《台大历史学报》第33期,台北,2003。

第四讲 观念史的研究方法
——以陆九渊的"东海西海,心同理同"为例

今天我们要讲的是观念史研究的方法。观念史(history of ideas),在比较细的区分方面,和思想史(intellectual history 或者 history of thought)是有一点区别的。如果说,思想史主要讨论的是刺激思想的历史环境、思想在不同社会环境和不同历史时代中的变迁,要整体地描述时代、环境和思潮,那么,观念史主要是围绕一个或者一组观念的历史过程进行研究。今天,我用古代中国一个观念为例子,这就是陆九渊说的"东海西海,心同理同",看看它所表达的普遍主义真理观念,在不同的时代,是怎么样变化的,这是我理解的观念史的做法。

我们先来看三段很近的资料。

钱锺书是大家都很熟悉的。他一直有一个看法,就是文化是互相通的。大家看《管锥编》一开始,就拿了黑格尔和《周易》相比,觉得东西方哲人的想法有很相似的地方。他在《谈艺录》的序言中说过一段话,现在很多人都记得的,叫"东学西学,道术未裂;南海北海,心理攸同"。后面这两句里面,表达的一个古代中国的普遍主义观念,就来自陆九渊。

再往前看,大家都看过蒋梦麟的名著《西潮》。蒋梦麟是当过北京大学校长的。这部书很有名。书里面他回忆自己年轻的时候说,那个时候,中国受到西洋思想冲击,原来的观念都

变了,震撼很大呀,这种"文化震撼"让人有点儿不知所措,人们会想,我们难道一切都错了吗?我们的价值在哪里?我们的意义在哪里?为什么我们原来的想法都不对了?我相信19世纪末20世纪初的许多读书人都有这种困惑。蒋梦麟也一样。但是,中国人也有一套缓解压力和减少冲击的办法。蒋梦麟就说,那时"每当发现对某些问题的中西见解非常相似,甚至完全相同时,我总有难以形容的喜悦,如果中、西贤哲都持同一见解,那么照着做自然就不会错了……我开始了解东西方的整体性",这个时候他的依据是什么呢?就是"宋儒陆象山所说的'东海有圣人出焉,此心同,此理同。西海有圣人出焉,此心同,此理同'的名言"。

这不是他一个人的想法。比他更早些,著名的谭嗣同,就是戊戌变法牺牲的那一个,他在给人的一封信里面,也说到这种想法。他说:"什么叫做大义?能够指明学术、政治的道理,而且符合地球万国的公理,可以永远使用,到处适用的,就是大义。"他认为,在中国的经典里面,当然有很多好东西,但在其他的书里面,也有好东西,但是无论哪里的东西,它是否是有价值,都需要以这种通行的"大义"即"公理"来鉴别。他说,世界上是有这种公理的,那么,什么是公理呢?他也用了陆九渊的话,就是"放之东海而准,放之西海而准,放之南海而准,放之北海而准。东海有圣人,西海有圣人,此心同此理同也"。他打了个比方,说就像万国公法,你也不知道谁制定的,但是万国都遵而守之。

这三段话很有代表性,它表现了当时的中国人放弃民族主义,拥抱普遍主义的心情。大家应当注意的是,在西风绝对压倒东风的晚清民初,普遍主义真理已经跟传统中国没有关系了。这个"公理"不一定是中国的,也不一定是中国圣人的言论,更不一定在中国的经典中；倒有可能来自西洋，出自西洋人之口，来自西洋的经典。所以，"东海西海，心同理同"这句话，在当时虽然是一种老话或套话，但是，它也是在给中国人接受西方真理铺路呀。可以说，第一，由于有了陆九渊的这段话，一向很自负，觉得自己应当是文化正宗的中国人，对于不得不屈服西方的那种屈辱、紧张和焦虑，稍稍有了一些缓解。第二，因为有了陆象山的这段话，西方异类的知识、思想和信仰，好像也有了跨区域跨文化的合理性。所以，从某种意义上来说，这段话成了中国人晚近普遍主义或者叫做世界主义思想的资源。

我们这里不是特别去讨论这段话本身。我一直在讲这个道理，其实所有的思想观念，对于后代来说，都是一种有待发掘的"资源"，都要等到机缘凑合，有历史环境刺激，它才可能被激活。就好像电脑里面待命的程序一样，没有指令它始终是待命状态的"资源"；只有到有情况了，需要发掘历史记忆了，它才可能被"激活"，而且还得在重新解释以后，才成为新观念，才建立了新的思想传统。今天我们说的陆九渊的那一段话，在南宋到晚清的近千年的时间里，也曾经是这样一个"资源"，只是在不同的背景下，反复被人们引用、解释和发挥。

所以，今天我在这里要讨论的，就是它的观念史，也就是说，我们要来讨论，这一普遍主义观念在三个时期的背景和解释下，意义重心是如何变化的？所谓三个时期是指：一、陆九渊提出这一观念的南宋时代；二、它再次被反复引述的明代中后期；三、西洋知识、思想与信仰已经遏制不住地大举进入中国的晚清民初。我们会看到，在这三个时期里，同样一段话，被注意的侧重面相当不同。而这种理解和解释的重心，又是随着时势的转移而转移的。所以，这一观念在不同时期的"旅行"，就恰好用来做一个观念史的研究。

第四讲　观念史的研究方法

一　什么是观念史的研究？

什么是观念史的研究？

通常谈到观念史的时候，一定会提起拉夫乔伊（Arthur O. Lovejoy）的《存在巨链》（*The Gneaot Chain of Beijing*）。在这本书的"导论"里面，他讨论到观念史的研究。他说，历史上有一些最基本的或重复出现的观念，这些观念，包括"一些含蓄的或不完全清楚的设定，或者在个体或一代人的思想中起作用的，或多或少未意识到的思想习惯"，这些东西是"心照不宣"的，而且是"不言自明"的，它们常常是一般的、笼统的，所以反而可能在所有方面都影响人的思想。但是，这些看上去似乎是日用而不知的"常识"，实际上，却是社会生活里面最重要的观念。他提出三条来：

第一，对这些观念的历史研究，要穿越不同的历史时代，因为一个观念及其表达会在不同时代延续和传播。

第二，要穿越不止一个历史领域，因为研究观念的生成、流传、变化，必然涉及很多历史、社会、技术的问题。

第三，要超越不同民族和国家，因为一个观念并非一个民族和国家独享的。由于观念传播和延续不限于一个历史时代、历史领域和民族国家，因此，观念史讨论的话题常常超越朝代、国界和语言，拥有更大的时间与空间，它拒绝从国籍和语言上切割对象，把自己拘束在狭小的政治共同体和民族共同体中，它必须考虑超出国界的东西。

在这部书中，拉夫乔伊讨论的是"存在"这个西方的关键性观念，看它是怎样从古到今的。当然，对于西方来说，可能还有"本原""命运""自然""上帝"这样一些重要的观念，所以，鲍默（Franklin L.Baumer）写《西方近代思想史》（*Modern European Thought: Continuity and Change in Ideas*，1600—1950），就是以五个永恒的观念问题为中心，一是上帝，二是自然，三是人，四是社会，五是历史，同时他又用"存在"（being）和"流变"（becoming）来贯穿整个叙述。这就是观念史的做法。

那么中国的情况呢？也一样可以这样做观念史呀，而且做中国的观念史还有一些好的条件呢。

大家都知道，无论在古代中国还是现代中国，在主流思想世界里，一直有一个习惯。什么习惯呢？就是"依经释义"，就是借助经典文本、圣人语录、最高指示，通过对圣贤话语的解释和阐发，来表达新思想新观念，这叫"引经据典"。引经据典的表面意思，是说人"博学"；可是背后的意思，是有根有据。什么根据？就是圣人话语和经典文本。在非主流的世界里面，也是一样，就连普通人说话，也常常是"某某人说过"，连说书、戏曲和小说，都有"有书为证"或者"有诗为证"。

这和做观念史有什么关系呢？有很大的关系。首先，因为这种传统习惯，使古代中国的一些重要思想观念，总是依附在经典的解释上，而解释是一代又一代，一次又一次的，因为有经典文本为背景，所以它就连起来了。其次，这些经典的解释，虽然文本依据一样，但是可能解释又有差异。有的文本在重新解释以后，或者"误读"，就是"郢书燕说"啦；或者"发挥"，就是赋予新的意义。所以看上去是同一个观念，但是，这个观念的历史就相当复杂而且变化多端。就像三棱镜一样，同样是太阳光透射过去，可是有不同的色彩。观念在不同的环境也一样啊，所以观念史方法就有用武之地了。

我们举一个有名的例子。比如《论语·公冶长》中有一句话："子贡曰：夫子之文章，可得而闻也，夫子之言性与天道，不可得而闻也。"这段话在最初被子贡说出来的时候，可能只是说明，孔子并不太重视抽象的"性"和"天道"。但是后来，这一说法却被解释出了很多新的意义，也带来了思想史的很多变化的契机。

首先看汉代。东汉的大学者郑玄把"性"解释为"贤愚吉凶"，而把"天道"解释成"七政变动之占"。这就把"性与天道"解释成了具体的社会道德伦理与自然天地知识，这样一来，孔子这种对"性与天道"的沉默，就被当成了对人性与数术的冷漠。这也不是没有道理，马王堆帛书《易传·要》里面孔子说，"吾与史巫同涂而殊归也"。为什么儒家与史巫同途殊归？据孔子解释，巫是搞降神祭鬼那一套东西，但是不懂得天文数术。而史虽然懂历算、推步、星占这套东西，但是又不能提升它，到达道德境界。孔子也认为自己虽然与巫祝史宗同出一途，但是他是从"祝"（祭祀、降神、祈祷）、"数"（天文、历算、占卜）进一步求"德"（政治与伦理），所以他说自己与史巫不同，"我后其祝卜矣，我观其德义耳也"。所以，郑玄的时代，他理解孔子不言"性与天道"的意思，就是一方面是不谈空洞的伦理道德，一方面是不谈具体的数术知识。

可是到了魏晋玄学产生的时候，这段话就有了新解释。最重要的是荀粲，《三国志》记载，约太和初年（227），荀粲就说过，子贡这段话的意思很好呀，就是说"六籍虽存，固圣人之糠秕"。这段话虽然很短，但是，里面有了很新的想法：首先，他们要找的，是过去儒者所回避的东西，他把"道""性"这一类很玄虚的东西当做精华；其次，他把文字记载的经典文本，还有汉代儒者反复研究和注释解说，当做次一等的东西，都是糠秕，不是米而是糠；再次，他确认"性与天道"不是可以用语言描述、用物象比况的，它不可言传只可意会，所以，真正要追求的是"象外之意"。

所以这种思路就使古代中国出现了一个追求超越之"理"、超越之"性"的玄学风气。到了正始年间(240—249),何晏在《论语集解》中注解"性与天道"一句时,又说,什么是"性"?是"人之所受以生",就是人的本质、根本,不是郑玄说的什么具体的"贤愚吉凶"。什么是"天道"呢?是"元亨日新之道,深微,故不可得而闻也",也不是郑玄说的什么"七政变动之占"。你们把他和郑玄一比,就可以看到差异。这样一来,"性"啦,"天道"啦,这些儒家本来不想讨论的东西,在这时反而变成了需要追问的东西。

这个变化很大。到了后来,好像又不怎么爱讨论这个抽象的"性"和"天道"了。尽管唐代韩愈也讲"道",李翱也讲"性",韩愈写了《原道》,李翱写了《复性书》,可是韩愈只是在讲道的传承,李翱更接近佛教所说的性情论。就是到了宋代,欧阳修也还是很不愿意讨论这个话题。他说《中庸》是"虚言高论",其实是空话;又说"性非学者之所急,而圣人所罕言"。他是从正面接受孔子不说"性与天道"的思想,圣人不说,我也不说就是。可是,理学家却不是这样,他们就是要说"性"说"理",他们心里想的是,孔子是说一般人不懂,所以懒得说,现在我们就是要说出孔子心里面最重要的东西来。可见,二程、杨时、朱熹的理解是说,孔夫子最精彩和最深奥的道理就是"性与天道"。可是一般的人没有这个水平,所以孔子就不去多说了,还是用具体的礼来拯救天下吧。那么我们为什么不去发掘这个精深的大义呢?所以朱熹说,欧阳修虽然很了不起,但是他不说到这一层,也"于道体犹有欠阙"。他觉得,我们现在要"继绝学",把孔子最重要的东西发掘出来,这样才算对得起孔子。这样,他们大谈"性与天道",就有了接续"道统"的意思,就变得很重要了。

所以,一个观念一个说法,字面上可能没有什么变化,但是在不同时代,理解和解释就有了变化。当然这是由于环境、知识和心情的变化而来的。所以，观念史研究，需要研究的反而是观念背后的历史。换句话说，观念史不是哲学史，哲学史可以把观念抽象出来自行繁殖和推衍，构造哲学的历史，但是，观念史是需要把它放在"环境"里面，看看那些温度、水分如何使蚕化为蛹，蛹破茧而出，化为蝴蝶的。

二 中国古代观念史的研究范例

过去，并不是没有人研究观念史，只是很多人并不把这个名称往自己头上扣。最近，又有"关键词"（keyword）的研究，其实如果它也追溯历史，那么笼统一点说，也是观念史的研究嘛。

前面提到的关于"性"和"命"的观念，这个大家都熟悉，我就不多说了。其实，从郭店楚简《性自命出》发现以后，这个问题又很有讨论空间了，先秦的时候，性命的问题，就已经讨论得很热烈了，孟子啦、荀子啦，都有很多议论。不过，观念史不是仅仅停留在一两个人的思想上面，而是要顺藤摸瓜、逆水行舟，看看这一观念的变化。所以像从阮元的《性命古训》到傅斯年的《性命古训辩证》，你说它算不算观念史的研究呢？

我另外举三个例子。

第一个例子是"六经皆史"。这个观念，过去比较多被讨论，是因为章学诚的缘故。这个观念不得了，因为章学诚《文史通义》第一句话就是"六经皆史"，可是这话包含着一些颠覆性的内容，因为按照这种说法，历史上的任何著作，包括"经"，都没有绝对的权威性，它们和"史"一样，只不过是记载了历史。如果是这样的话，就瓦解了"经"的地位。可是，这是不是章学诚的发明？后来很多人研究，从隋代的王通、金代的王若虚、元代的刘因一路下来，渐渐就看出来脉络了。

第二个例子是科学观念。比如你研究"自然学"观念史，你就要去考察古代的"博物"之学,像《山海经》《博物志》《白泽精怪图》这种博物学,在古代不仅仅是多识草木鸟兽之名,而且还有劾治和控制自然物怪的意思。接着到了"格致",《大学》里面的"格物致知",究竟是什么意思?按照裘锡圭先生的考证,这个"格",也有"来"的意思,"致"就是"获得",获得什么呢?是道德良知嘛。到了宋代,看上去它是有一些接近西方"科学"的意思了,好像是自然之学了,但是,这里面还是和西方不同。什么不同?因为它"格物"的中心目的,还是"致知",这个"知",是培养心性中对伦理道德的良知,就是符合"天理"的内心。而不是像科学,在发现自然知识和控制自然的技术。可是,你们要注意,到了晚清,西方的科学观念进来,我们在接受日本译法之前,也曾经拿"格致"来对译 science;但是渐渐就发现不对了,只好接受日本人的说法,把它叫做科学。其实,从"博物"之学,到"格致"之学,到"科学"之学,内涵在一次一次地分化,成分在一点一点剥离,这也是观念史呀。

第三个例子是正统论。即使从六朝开始,这个观念也已经辩论了很多年了。大家可以看饶宗颐的《中国历史上的正统论》,里面讨论得很详细。可是,他没有说自己是观念史研究。其实这个问题大得很,比如从古到今的"华夷"问题,就可以放在这里面。可见,名者,实之宾也。名字是次要的,关键是内容。

三 陆九渊的"心同理同"论:三个意义重心

下面,我们很具体地来看关于"心同理同"的例子。

回到陆九渊的那一段话上来。这段话在《陆九渊集》卷二十二《杂说》里面,是这样说的,"四方上下曰宇,往古来今曰宙。宇宙便是吾心,吾心即是宇宙。千万世之前,有圣人出焉,同此心同此理也。千万世之后,有圣人出焉,同此心同此理也。

东南西北海有圣人出焉，同此心同此理也。近世尚同之说甚非，理之所在，安得不同？古今圣贤，道同志合，咸有一德，乃可共事。然所不同者，以理之所在，有不能尽见。"我们仔细分析，在这段话里包含了三个意义重心，就是说，你从这段话里面能够解释和引申出三个方面：

第一个是"心"。陆九渊强调人内在的心具有与外在的天同等的价值，所以，在前面他还说，"宇宙内事，是己分内事，己分内事，是宇宙内事"，这就是他的学说后来被称做"心学"的原因。

第二个是"古今东西"之"异"，即"千万世之前"和"千万世之后"以及"东南西北海"。如果重心在这一点，那么，就是在强调，时间和空间是有差异的，但真理却没有时间与空间的限制，它是超越历史时间和空间地域的，心灵和道德是全人类共同的。

第三个是"同"。为了强调"心"和"理"的优先和超越，陆九渊强调"心"的笼罩性，而这种笼罩性，是因为天下应当是同一的"理"，按照这个逻辑，只要是人，就拥有一样的价值、道德、伦理，都会有同一的价值观念、同一的道德认知，而人类的认同基础就在这里。

这个观念很世界主义。通常大家都会觉得，古代中国有"内诸夏而外夷狄"这样充满偏见的传统，觉得古代中国是汉族中心主义，但是也不一定呀。比如《公羊传》，大家都觉得它最严格分夷夏，但是它除了尊王攘夷外，它也期待"天下远近大小若一"嘛。所以，尽管古代中国区分华夷，但是，为了强调华夏文明，他们也强调，只要有这种"理"，有这个"心"，就会正大光明，不再是夷狄。用钱穆的话说，就是文化之所在，就是华夏与夷狄的分野，有此心有此理者就是文明，无此心无此理者就是野蛮。这一点很重要。古代中国观念中的"天下"，大体上是以华夏为中心的一个空间。在这个空间里面，华夏文明自信高于其他文明。在很长时间里,并没有文明意义上的"天下"与"民族"之间的紧张,所以,在本来中国古代的儒家思想中,就有一种"以天下为己任"的普遍主义真理观念。一方面,他们"攘夷",担心"被发左衽",担心"以夷变夏";但另一方面,他们又有"乘桴浮于海""子欲居九夷"的说法。孔子就曾经感慨地承认,"天下失官,学在四夷"。

显然,在中国古人的心目中,因为相信天下并没有另一个文明,所以相当自信。而在这一自信里面就包含了后来的普遍主义的基础。就是乐于承认有一个共同的"文明",有一个共同的"理"。问题是,这种"普遍"只涉及华夏或诸夏,而那时的"天下"只是以汉族所居的"中国"为中心的一个文化圈。在没有力量和水平都相当的异族文明来挑战的时代,这种自信,不容易受到挫折。但是到了宋代,一方面在北方辽、夏、金的相继压迫下,"中国"开始凸显;一方面在佛教文明的冲击下,"道统"需要强调,所以,真理的普遍性和世界性就打了折扣。这个时候,就出现了究竟是"东海西海,心同理同",还是"非我族类,其心必异"的问题。

四 强调"理"和"心"超越一切:南宋时期陆九渊这段话的重心所在

我好几次说过,宋代才是中国关于"国家"和"种族"意识开始真正凸显的时代。我们不要用西方的近代民族国家理论来套中国历史,那是欧洲的事情。在中国,我觉得类似欧洲近代的民族国家意识,其实宋代就出现了,不必等到晚清民国。

我举几方面的事实。第一,石介写《中国论》,欧阳修写《正统论》,章望之和欧阳修辩论正统问题,好像从北宋起,中国古人就特别关心这一问题,为什么?因为在敌国外患逼迫下,宋代人开始有国家民族存在的焦虑和紧张。张耒说，"为今中国之患者，西北二虏也……君臣不以挂于口而虑于心者，数十年矣"。这和唐代以前就相当不同。第二，是国界的意识和知识的民族意识开始出现。那时很多官员的文集里面，就有关于"勘界"的事情。什么是勘界？就是要划清界线呀，不光是划清国家的边界，而且要画出文化的界限。所以，不能让外族人学到这边的知识，不让外面的人了解这边的情报，更不能让人学到这边的技术等等，从这里面都很清楚地看到这一点。第三，是严厉地排斥异民族的文明，反对佛教、反对摩尼教、袄教和其他一切外来的宗教，也清理在汉族中间的异族习俗，像火葬啦、胡服啦，等等。

所以说，唐代以前有"国家"的概念，却没有"国家"明确的空间、种族、文化意识，唐以前有华夷之辩，但是只不过是一种"文化"意义上的自我和他者的分别。可是到了宋代，知识、思想和文化不仅有了华夷之分，而且华夷之分也已经不仅仅是"文化"上的，而且开始把"华""夷"和地域、疆界、民族画上了等号，有了明确的民族与国家边界。为什么？主要是有了敌国外患呀。先是辽夏，后是金元，所以，被逼出来一个"国家"的意识，也被逼出来一个"国是"的话题，在文化和思想上，就是在事关安危的背景下，心理慢慢变得越来越小心翼翼、惴惴不安。

这种小心翼翼和惴惴不安，成了一种普遍的阴影和背景。在南宋时代，士绅阶层中的精英分子倡导新儒学，又同时辟佛教与论正统，背后其实包含了相当强烈的民族主义和国家观念。我近来翻看余英时先生的《朱熹的历史世界》，写得真是很好。但是，这一点强调得不够。其实，无论北宋还是南宋，所有思想和学术的变化，隐隐约约的背景都是这个。什么讨论"国是"呀，讨论"道统"呀，背景都是这一点。朱熹思想的一个基本依据和背景其实也是如此。

可是我们也注意到，陆九渊很少提到这种关乎民族、国家、皇权正统的问题，也很少批判佛教的思想。从他的思考理路来看，主要是为了把"理"和"心"的意义推到极致，夸张"心""理"的普遍意义，强调它超越民族、国家边界的普遍性。重点好像在强调超越皇权，作为士大夫批评政治武器的"心"和"理"。

所以，在陆九渊这一段话里，尽管说有三个意义重心，但在他这里，我们推测，当时，他的重心大概还是在"心"和"理"两字上面。这在陆九渊的论著中可以看得很清楚，我们举几个例子。比如，《论语说》里面说，"道者，天下万世之公理，而斯人之所共由者也"，《杂说》"理之在天下无间然也"，而这个理或道，是存在于人心的，"人心至灵，此理至明，人皆有此心，心皆有此理"。他一再强调"心一心也，理一理也，至当归一，精义无二"，这个内在的含有超越真理的"心"，就是通常所说的"理"，他认为所有学者的最终境界，就是追求这个"理"、这个"心"。而这个超越的心和理，是形而上的，超越时空的；与它相比较的背景是具体的"器"和"用"，这是形而下的，受到时空局限。因此他一再说，这个"理"或"心"是充满宇宙的，"塞宇宙一理耳"，它无意中带出来的，是追求超越古今东西的真理境界，只是因为他要强调"心"和"理"，寻找超越时空的"同"，所以它说"东海西海"。

但是，他给后世提供了一个超越国家与民族的普遍真理的观念基础。

五 明清之际：作为接受异域新知前提的"东海西海"论

不过，思想史的连续和影响，并不完全是因为前人的话，对后人直接产生什么影响。过去我们的思想史常常要强调"影响"，我觉得这不很合适。第一，有的人思想在当时并没有什么影响，只是后来人发掘和解释的，可是为了思想史的连续性，就不得不说是"影响"，其实这是不对的。第二，说"影响"常常是为了在思想史上建立一个"逻辑"，其实，有时前人的话，只是触动后人的契机，好像成语说的"郢书燕说"，或者老话说的"说者无心，听者有意"。你这样说其实有可能把思想的连续，变成"单向"的，忽略了接受者的一面。所以，我一直建议，把思想史上习惯的"影响"这种说法，变成"资源""回忆""解释"三个环节，就是说，思想常常是一种资源，在某种历史环境所引起的历史记忆中被发掘，被重新解释，然后变成新的思想依据，这样的说法好处是什么呢？就是：一、避免那些当时没有大影响的思想，被不恰当地忘记或者被不恰当地突出。像王夫之，像崔述，都可以有效地解释它当时的存在和后来的价值；二、强调接受思想资源和唤起历史记忆的那个时代的背景，对于思想有多重要，这样可以把历史背景的研究真正很好地用在思想史里面；三、说明不同接受环境和接受者的理解和解释，会使前人的思想发生什么变化，这样解释学和接受史的方法就可以使用了。

书归正传。如果我们把宋代陆九渊的思想当做后世思想史的资源来看，那么，陆九渊对于后世的意义之一，就在于他的话提供了不同的解释空间。在这一段著名言论里面，有一个意思很重要，当他强调"超越真理"的时候，无意中肯定了"普遍真理"的存在，承认了世界主义，瓦解了民族、传统和历史的真理垄断，使得国家、民族、传统这些价值，低于普遍真理，所以，接受其他民族文明和真理的限制就化为乌有了。当然，在陆九渊的时代，这种思路也许还没有被解释出这种意思来，但是，当"中国"真正遭遇"世界"，"历史"真正遭遇到"现实"的时候，它就真的成了一种接受新知的观念基础。大家记住，旧学不一定是新知的敌人，有时候新知还需要旧学来接引和包装。

这里要说的是16世纪下半叶以后的事情。那个时候，西洋传教士开始进入中国，西洋的知识与思想也开始进入中国，这里要讨论的，就是在接受西洋新知的时候，陆九渊的"东海西海，心同理同"这一观念是怎样成为一种资源的。过去研究思想史的人已经注意到，在16世纪末西洋新知来到中国的时候，正好是王阳明学说的时代。由于陆王之学流行，陆九渊的话是很多人相当熟悉的经典，包括"东海西海，心同理同"这句话。从现有的资料来看，陆九渊的这一段话，在那个时代几乎成了一句常常被引用的语录。比如：

李之藻在《万国坤舆图序》中就说，西方来的利玛窦《山海舆地图》很有意义，他引用了陆九渊的话说："今观此图，意与暗契，东海西海，心同理同。于兹不信然乎？"表达的就是一个普遍主义观念。

徐光启是接受天主教的人，所以胡璜《道学家传》里面引用徐光启的话说，"古古今今，圣圣相传，口口相述，道归一贯，故光启徐相国曰：普天之下，原同一祖，其斯之谓也"。"普天之下，原同一祖"的意思，就是真理并没有时间和空间、种族与文明的界限。

瞿式谷《职方外纪小言》也有一段话，更清楚地表述了观念的转化。他说，中国只是亚细亚十分之一，亚细亚又只是天下五分之一，如果你总是说别人是蛮夷，是不是井底之蛙呢？为了强调这一点，他也引陆九渊为证，说前人已经说过了"东海西海，心同理同"，哪里有什么夷夏之分？

当时很多人都在用这段话。杨廷筠《代疑编·总论》里面说儒者最重要的是寻找"理"和"心"，如果那边的思想"果入理，不荒唐，不附会"，那么，我们当然要"舍所学而从矣"。这里最后一句相当重要，就是说，可以舍弃原来的学问和思想，转而去学习更正确的学问与思想。因为这个时代有来自西方的"真理",所以,对"理"和"心"的强调,就无形中把真理追求的面向指向了"西方",而"东海"与"西海"这层界限就被泯灭了。

在接受新的世界图像时,相当多的知识人就用了陆九渊的这段话,杨廷筠《职方外纪序》啦、李之藻《天主实义重刻序》啦、王家植《题畸人十篇小引》啦、叶向高《西学十诫初解序》啦、冯应京《山海舆地全图总序》啦,大体上都是沿着陆九渊的说法发挥和引申的。最典型的是,像孔贞时在《天问略小序》里面就说,如果真理真的是被西方人发现的,那又有什么奇怪呢?它本来就是天地间的真理。米嘉穗《西方答问·序》也引用了陆九渊的话,批评那些把"理"和"心"限制在中国的文化民族主义,说"学者每称象山先生'东海西海、心同理同'之说,然成见做主,旧闻塞胸,凡纪载所不经,辄以诡异目之"。很大方地承认东方与西方都有圣人,"六合一家,心心相印"。

特别有趣的是,万历年间的程百二编《方舆胜略》,师仲子在卷首写了一篇序文,其中记载到,著名的冯应京乍一看到利玛窦《山海舆地图》,心里很震撼,很感慨。说天下很大,"道"应当放之四海而皆准,而不应当像家园谱牒。所以,立下一个志向是"联万国为弟兄"。可见,当时这些很开放的观念,像"吾道放之皆准"和"联万国为弟兄"的世界主义,之所以有合理性,很大程度上得到了陆九渊这段话的支持。

六 "东西南北之分,不过就人所居立名,初无定准"

在这个时候,陆九渊的这一段话的意义重心,就开始从强调超越的"理"和"心",转移到超越"东海"和"西海"的"异"上面来了。特别有趣的是,就连当时和稍后来到中国的洋人也常常要引用这段话。

不知道大家是不是同意这样的说法。本来,西洋传教士来华,并不是真的有多元文明的意识,天主教本来也是一元中心的呀。可是到了明帝国这种"天下中心"观念极其强烈的环境里面,他们一定要用"多元"回应"一元",以"多中心"对付"一中心",这样才能站住脚跟。

艾儒略在《职方外纪·五大洲总图界度解》中有一句话说得很好,"地既圆形,则无处非中。东西南北之分,不过就人所居立名,初无定准"。这样,东海也好西海也好,都有真理。如果西海的真理很正确,当然就应当听从西海圣人的告诫。所以,他们也常常引用陆九渊的话。比如艾儒略《万物真原》小引里面有"东海西海之人,异地同天,异文同理,莫能脱于公师之教"。《建福州天主堂碑记》里面也说,"中国居亚细亚十之一,亚细亚又居天下五之一,东海西海,心同理同,敬天爱人之说,皆践修之所,不能外也"。此外,庞迪我、熊三拔在《奏疏》里面、孟儒望在《炤迷镜·孟先生天学四镜序》里面,也都说到世界主义或者普遍主义。所以,这个时候陆九渊的这一段话,对于他们来说是相当有用的。

到了稍晚一些,利类思在反驳杨光先的时候,也引用了这一段话,强调中国人不必坚持中国人优于或先于其他人的自我中心观念,"但求心理之同,不分东西之异,何所见之不广也"。为什么?因为按照陆九渊的说法,无论东海还是西海,既然是具有同一心理的人类,真理都应当是一样的。所以,汤若望也说,无论哪一种宗教,都应当有同一个天和理;无论是哪一个民族国家,都应当有一个共同的法。既然是这样,传统的中华帝国作为天下中心、中国优先于四夷的预设,就被普遍和绝对的真理所取消。在新的眼光里面,"理"既然是最重要的,就没有必要固执民族和国家的狭隘立场，而那个新世界图像，也就应当为儒家中国接纳。

显然，这种来自中国观念世界的说法，恰恰在瓦解着中国观念世界。如果真的像他们所说的，"天主一教，乃普天下万国四大洲之人所钦崇公共之正道，岂有东海西海之别"，那么，中国的儒家学说，甚至佛教、道教，将如何立足？如果真的像徐光启、李之藻、杨廷筠等人说的那样，西洋关于"天"的西洋新知，是中国应当接受，甚至像西洋的几何原理那样，"不必疑、不必揣、不必试、不必改"的真理，那么，古代中国的宇宙秩序和知识系统将怎么存在？

但是，当时热心西学的人，似乎考虑了知识的普遍性，却没有考虑另一面知识的地域性。他们只是在强调"东海西海，心同理同"，大家知道，古代中国常常需要"有经典为证"或者是"有圣人为证"。所以，陆九渊的这段话就成了相信西方普遍真理的人们经常需要引述的经典话语与圣贤语录。

七　晚清以来：追求"同"是全面接受西方吗？

在关于"东海西海、心同理同"这一观念的历史中，明清之间还有过一个小小的曲折或者插曲。

我们看到后来的思想史上，引用这一段陆九渊语录最多的，是三个时代的人：一是刚才我们说的明代中后期接受西学的士大夫，一是清代前期的满族统治者，一是晚清被西学震撼而不得不向西转的新派人物。

我们知道，明清之际的政治与社会巨变，是思想史上的一个曲折，陆九渊关于普遍主义的真理观念，在明清政治变动中，曾经有过一层新的意思，这就是新政权的满族背景，使清朝皇帝很快接过儒家传统中的普遍主义真理观念，把它变成自己政权合法性和合理性的依据。因此,当时关于"东海西海"的这些讨论中,不再是清帝国外部的东洋与西洋,而是清帝国内部的不同种族与文化,这一点,我们看一看康熙、雍正的一些话就知道了。他说的东海西海,说的是清帝国内部不同种族,他说的"理"和"心",是他们代表了普遍真理和永恒人心。所以,你不要用汉族中心主义来排斥我满族皇帝,不要用传统的夷夏之分来否定我的合法性。既然东海西海,心同理同,那么,为什么还要讨论"以夷变夏",还是"以夏变夷"呢?这是很有说服力的呀。

19世纪后期就不同了。

19世纪后期,西方的知识和思想再度卷土重来,就和明代不一样了。不是传教士来传教,而是商人来贸易了。这个时候,不光是夹一部《圣经》和带一肚子科技,而是背靠了"坚船利炮"来了。所以打来打去,中国人不得不从"道"或"体"的层面上来接受它们了。这个时候很屈辱,也很震惊。怎么我们华夏文明,天下中心,就这么不行了呢?接受西方的知识和东洋的权威?又有些不甘心,也有些不自在。这个时候,"东海西海,心同理同"这段话就再次被人们回忆起来,并被用于对异域文明或新知的解释上面。

随便举两个例子。传说清道光二十八年有黄恩彤的一个奏疏,他在奏疏中就为西洋人和西洋知识辩护说,"盖东海西海,南海北海,此人同,此心、此理、此性无不同也。此性同,则率性之道亦必同……"。同治年间,近代著名的王韬在上海翻译《西国天学源流》,看到西洋天文学与古代中国天学的冲突,他又一次说到这句老话"东海西海,心同理同",在这时的人心目中,"东海西海,心同理同"的意义重心开始移向"同"。看上去,好像人们真的相信,世界上确实存在一个"放之四海皆准"的真理与价值。但是,大家记住,这个时候的真理和价值是以西方为代表的富强、进步、现代,也可以说是坚船利炮、科学民主、现代社会,这些都是这个普遍的真理与价值的表述。

可是，为了强调这种真理，也为了说服自己接受这种真理，当时的人又开始强调"心"或"理"的普遍性，这种普遍性是建立在各个文明的"同"上面的。在他们看来，只要是人，是拥有一样价值、道德、伦理的人，无论古今东西，都会有同一的价值观念、同一的道德认知，而人类的认同基础就在这里。

和这一说法相辅相成的是"通天下一理"，就是东海西海，都是一个理呀。像康有为的《大同书》，说来说去，就是要解释人类社会共同的法则，所以才说"合国合种合教一统地球"。据说他在万木草堂的时候就写《公理通》，就是想以同一个"实理""公法""比例"来统一东西方的社会。他在《礼运注》里面就说，"大道者何？人理至公，太平世大同之学"。表面上来看，是公羊学的路数，实际上呢？也有陆九渊的影子。他的两个著名学生，一个谭嗣同写《仁学》，他的重要概念就是"通"，一个梁启超写《新民说》，也强调"同"，他三次提起康德学说和王阳明学说，就说他们互相"同"或者"通"。为什么？因为他们都"以良知为本体，以慎独为致之之功……所谓东海西海有圣人，此心同，此理同"。

表面上看，观念就好像钟摆，陆九渊的这一段话，好像又摆回到陆九渊原来的时代。不过，要注意，这个时候和明代不一样，它的重心既不是强调"心"和"理"的超越，也不是强调"东海西海"的差异，而是天下的"同"或者是"通"。如果说，明代只是借了这段话，给自信的中国人顺利地学习西洋知识提供理由，那么，这个时代的人用这段话的时候，更像是给失去自信的中国人全面拥抱西方，寻找一个自我宽慰的借口。因为这个时候，"心"是西海圣人的"心"，而"理"是西方世界的"理"，而"东海"成了陪衬，要强调的重心只是"西海"。所谓"同此心，同此理",是先去除了自家的心和理,去"同"或者"通"西洋的心和理。东海圣人像康有为之类没有占据真理制高点,所以中国人只好去听西海圣人的教诲。

这个时候,"同"或者"通"成了重心所在。而"同"与"通"的延伸,则把西学当成了中国必须接受的共同的知识和普遍的真理。谭嗣同在《报贝元徵》中就讽刺那些认为固守"中国圣人之道"的人,强调要学习"公理"。可是,这时谭氏所说的"公理",实际上已经超越了中国的圣人和经典,"理"与"圣人"已经分开,这时的"道""理",也已经与"中国"分开。特别是1895年的巨变的刺激,接受了"物竞天择,适者生存"的天演论,使得中国人有一种追求普遍而有效的知识和真理的急迫感。整个情势就像翻译者严复所说,为了生存,只有转向西学。严复说,中国人千万不能抱着"西学中源"的旧思想,要学习西方,"生今日者,乃转而西学"。为什么?因为现代西洋的知识思想,近两百年来被他们的富强证明,放之四海皆准。

在近代也就是晚清民初,可以看到很多人在引用这一段陆九渊语录。我们要想一想,为什么这段话在这个时候又走红了?我想,一是可以给自己宽慰,不至于有那么强烈的屈辱感;二是平息周围民族主义的反感,使西方知识尽快进入中国;三是延续圣贤思想的生命力,使他们重新产生活力。后来新儒学就有这个意思。

最后,我们再回头看最前面我们提到的谭嗣同和蒋梦麟的话。谭嗣同说:"何谓公理?放之东海而准,放之西海而准,放之南海而准,放之北海而准。东海有圣人,西海有圣人,此心同此理同也。犹万国公法,不知创于何人,而万国遵而守之。"但是我们要问一问,在那个时代,"公法"是中国古代的法,还是西人创制的国际准则?显然,"公理"已是西人的真理。蒋梦麟说,"如果中、西贤哲都持同一见解，那么照着做自然就不会错了"。可是，这个时候的"同一见解"，却往往不是中国人的见解，而是西人的见解。那么，中国的制度和思想如何自处呢？我们照这种思路和原则去照着做，真的不会错吗？陈独秀说了一段话，"学术为吾人类公有之利器，无古今中外之别，此学术之要旨也"。虽然说学术没有古今中外之别，但是事实上，一切都已经向西转了。后来的中国历史证明，"东海西海，心同理同"的"同"，在这个时候就只是一种不得不向西方认同的说辞，或者是缓解文化冲击时心理震撼的缓冲。因为从那时起，整个20世纪，就只是东海认同西海，而不是西海认同东海了。

【建议阅读文献】

拉夫乔伊《存在巨链》，张传有等译，江西教育出版社，2002。

鲍默著《西方近代思想史》，李日章译本，联经出版事业公司，台北，1988。

金观涛、刘青峰《观念史研究：中国现代重要政治术语的形成》，法律出版社，2009。

葛兆光《一个普遍真理观念的历史旅行——以陆九渊"心同理同"说为例谈观念史的研究方法》，载《东岳论丛》（济南）2004年第四期。

第五讲 文化史与思想史研究的"视域"转换
——以"唐宋""宋明"两个不同研究范式为例

一 唐宋作为一个时段的理由

　　大概很多学历史的人都有这个经验,就是听到"唐宋"这两个字,好像很习惯,比如唐宋历史、唐宋文学,唐宋好像早就成了一个关于历史时期的固定词。在过去的思想史和文化史研究里面,大家经常把"唐宋"放在一起讨论,比如文化史方面,柳诒徵的《中国文化史》、傅乐成的《唐型文化与宋型文化》;思想史方面,美国人包弼德的《斯文:唐宋思想的转型》;政治史和社会史方面,日本从内藤湖南、宫崎市定以来,讨论的文章多如牛毛,都是把唐宋连在一起讨论的。很显然,在历史学领域里面,"唐宋"已经成了一种习惯,它不言而喻、天经地义,它就是历史研究的一个时段。以前我们在大学上历史课,也常常分成几段,其中第一段是先秦,第二段是汉魏两晋南北朝,第三段就是唐宋,第四段是元明清。大家可以看看中国大陆的历史学界,以这个时段来研究历史的观念,到现在还是主流。2001 年,北京大学召开的两次讨论会,一个是"妇女史研究与历史学",一个是"佛教与社会"的国际讨论会,都是以"唐宋"为一个时间段的。2002 年,厦门大学与浙江大学都召开了有关唐宋历史的学术会议,主要议题都与唐宋社会变迁相关。

第五讲　文化史与思想史研究的"视域"转换

那么，为什么会这样呢？我觉得，把"唐宋"放在一起做思想史或文化史研究，也许是因为两个意味虽然相反，但是又互相补充的原因。

一个原因是因为唐宋历史确实有"连续性"。在普遍的对中国历史的感觉里面，唐宋有一种连续意味，古代人就已经看到，政区设置、法律条文、官僚体制、科举制度，还有礼乐制度的各个方面，宋代都是延续唐代的，所以，把唐宋连在一起，说"宋承唐制"。而且，从一般人对历史的感觉上，唐宋也是古代中国两个文化和思想上都值得推崇的鼎盛时代，说"唐诗宋词"也好，说"唐宋传奇"也好，有李白、杜甫、王维的那个盛世，和《清明上河图》《东京梦华录》记载的时代，也还算是能互相接续的，所以"唐宋"就这样成了一个固定词组，标志一种对于中国历史全盛时代的连续记忆。一直到现在，很多人也习惯地把这两个朝代放在一起，不管是研究历史的还是研究文学的。我给大家举两个例子，比如，黄仁宇在《从唐宋帝国到明清帝国》里提出一个说法，他觉得唐宋帝国是"外向的，而且是带有竞争性的"，而明清帝国"则符合内向及非竞争性"。研究文学的郑骞在《宋代在中国文化史上的定位》中也有一个说法，他觉得"唐宋两朝，是中国过去文化的中坚部分。中国文化自周朝以后……到唐宋才算发展完成，告一段落，从南宋末年再往后，又都是从唐宋出来的"。

不过，另一个原因却刚好相反，恰恰是因为人们意识到唐宋历史还有"断裂性"。从很早以来，就有人意识到唐和宋的不同，研究文学史的人都熟悉，什么"唐人豪放宋人细腻""唐代开放宋代内敛"等。但大多是直觉把握或笼统感受，并没有理性地提出可供分析的框架。直到日本的内藤湖南，才根据西洋史的背景，明确地提出一种理论，把唐算做"中古"的结束，而把宋看成"近世"的开始。大家有兴趣的话，可以看他的《支那论》和

《唐宋时代的概观》。他是站在后世回头看历史的,他发现唐代还是贵族社会,而宋代是君主独裁与平民主义的社会,而晚唐五代是一个过渡期。从唐到宋,前后两个时代,一切都不同了,所以,唐宋成了中古和近世的分水岭。后来他的学生宫崎市定更把这一说法具体化,补充了很多方面的证据。中国人也赞成这种看法,像陈寅恪的《论韩愈》、钱穆的《唐宋时代的文化》也是这个看法。大家可以去看崔瑞德编的《剑桥中国隋唐史》的第一章《导论》,西方历史学家对于这一段历史的分析,也是从内藤、宫崎、陈寅恪开始的。钱穆的《唐宋时代的文化》就说,中国文化经过多次大变动,"自春秋战国至秦朝为一大变动,自唐迄宋又为一大变动,尤其是安史之乱至五代的变动最大"。什么变动呢?他说,根本的观察标准,就是从封建社会、门第社会到科举社会。他说"唐以前的中国社会是不平等的,宋以后的中国社会是平等的;唐以前的中国人的人生是两面的,宋以后是一面的"。但是,恰恰是因为唐宋的差异,反而在研究中,大家把这两个时代连在一起了,唐代始终是宋代存在的巨大背景,而宋代则始终是唐代的历史延续,不仅是历史与思想,也包括文学。

很早就有人指出过这一点。1918年,还是大学生的傅斯年发表在《北京大学日刊》上的《中国历史分期之研究》就说,唐宋两代的历史是既断裂又连续,"就统绪相承以为言,则唐宋为一贯;就风气异同以立论,则唐宋有殊别。然唐宋之间,既有相接不能相隔之势,斯惟有取而合之"。这话很有意思,就是说从历史延续性看,唐宋是连续的;从社会和士习来看,唐宋又不同。所以唐宋之间,既相接而又不相隔,所以,只能合在一起看。这样,唐宋变革就成了历史学家关注的焦点。最近,有学者呼吁要有兼通宋史的人来研究唐史,这是很对的。其实研究宋史的人,常常也会关心唐史,研究历史的人总是要做历史寻根的,没有因,哪有果呢?

具体到文化史、思想史研究里面来说，把唐宋连在一起研究，这种看法也有它的合理性。因为，我们把唐宋连在一起，就可以发现和解释很多新的思想和文化历史的来龙去脉。我们可以举很多例子，第一个，盛唐以后所谓的"孟子升格运动"，使中国儒家思想的方向，从荀子强调"礼法"一路，转向孟子一路的"性善""良知""好辩"，引起了刘子健说的"中国转向内在"，确立了宋代重视"内在超越"的路数，这大家都很熟悉。第二个，和上面那一现象一样，大家都知道，韩愈"文起八代之衰"，他的《原道》开创了宋代新儒家重新解释儒家经典和历史的风气，而他的学生李翱的《复性书》结合儒释两家的说法，也把儒家的道德约束从外在转向内在，结果是一方面使佛教理论进入儒家学说，另一方面让新的儒家学说有效地超越了佛教，同时也有效地取代和抵制了佛教。过去很多人看到了前一面，但是不看后一面，所以觉得是理学帮助了佛教，这是不对的。第三个，很多人都知道，宋代有怀疑经典的风气，欧阳修怀疑《易》、朱熹怀疑《古文尚书》，但是这种风气可以上溯到中唐时代啖助、赵匡、陆淳，他们质疑《春秋》三传，这可能影响了宋代对于传统经典的态度，甚至开创了宋代很有近代意味的学术风气。第四个，从唐代贞元、元和年间开始的变礼迭出、仪注盛行，大家看敦煌各种《书仪》、各种《随身宝》，其实改变了传统的、由贵族垄断的经典之礼，使长期以来礼仪与社会生活脱节，普通民众与礼仪无缘的现象得到改变，以至于影响到了宋代。

这样的例子很多很多，大多是从唐代开始萌芽，到了宋代开始变成思想史、文化史上的现实。所以我们说，唐宋之不同，恰恰更使唐宋历史联系在一起，可以说是"没有中唐，何来两宋"。

文化史与思想史指出的这种现象，得到了政治史、经济史、社会史各方面资料的支持。比如说，贵族社会的瓦解，科举制度造成的社会阶层流动，家族重建中形成的新的士绅阶层，也就是说"唐宋转型"成了解释这些文化思想变化的背景。

这里简单地说一下唐宋转型。过去,从内藤湖南以来,关于唐宋转型的传统解释基本上是,一、在社会史方面,唐代结束了世袭门阀对政府的支配,宋代开始了一个现代的时代,它以平民的兴起为标志。二、在经济史方面,唐宋转型是以经济秩序的根本变化为标志的,政府对商业失去了控制。三、在文化史上,唐代这个宗教化的时代,让位于儒家。精英的宫廷文化,让位于通俗的娱乐文化。四、在政治史方面,唐宋转型却带来了根本的变化,这种变化是以社会流动、商业成长和文化变化为代表的。当平民在政府中取代了士族,由士族政治领袖所提供的对王室权威的制衡消失了。其结果就是中国早期的"现代性",却以不断增长的"传统独裁"为标志。这大体上是内藤－宫崎理论。但是,美国学者如包弼德等就认为,这里有一些问题需要修正,现在应当有新的解释。比如,一、在社会史方面,并不是平民的兴起,而只是"士"即地方精英的壮大和延续;二、在经济史方面,虽然应当看到市场和城市商业,但也不能忽略国家制度介入经济和国家贸易;三、在文化史和思想史上,是唐代基于"历史"的文化观,转向宋代基于"心念"的文化观,从相信皇帝和朝廷应该对社会和文化拥有最终的权威,转向相信个人自己做主;四、在文学和哲学中,人们越来越有兴趣去寻求一个整体的理解和解释。

究竟这种修正对不对,我们还可以再讨论。

二 创造性思想与妥协性思想:两个不同的研究重心

这些都很有启发意义,至今这种分析的理论、思路和方法都还有效。其实,任何理论和方法的意义都不是改变历史。因为历史是已经消失的"过去",你也改变不了。但是,理论和方法的意义在哪里呢?在于让我们重新理解和解释历史。苏东坡的诗"横

第五讲 文化史与思想史研究的"视域"转换

看成岭侧成峰,远近高低各不同",我想大家都知道,这原来总用来形容盲人摸象,只看到一面而不能看到全局。但是,依我的理解,历史研究恰恰就是这样,一种新的理论方法出来了,它给你清除很多枝蔓杂芜,让历史的一面变得凸出清晰起来;另一种理论方法来了,又让你看到另一面。它的意义是,让你有清楚的焦点,有朦胧的背景。在历史研究上,事事都想清晰可见,是不太可能的。很多人都指出,尽管内藤的理论很简单,但是自从内藤湖南的这种说法提出来以后,一下子使很多问题清楚起来了,对于唐宋之间的变化,也有一个有效的解释理论了。就是包弼德的修正,其实也是在内藤的大框架里面,再加上一些像韩明士(Robert P.Hymes)关于南宋地方精英的社会意义的研究之类,并不是全面超越内藤湖南的说法。

不过,今天我们要讨论的是,可不可以有另一种理论和方法,在不改变这种对历史分期认识的情况下,用另一种划分历史研究时段的眼光和方法,使思想史、文化史研究有一个新的框架,以便我们能够提出新的问题,容纳新的材料,得到新的解释呢?所以,我在今天特别要说的是,在文化史、思想史领域,能不能把我们历来习惯于唐宋对比的方法,改为注重宋明连续的研究思路?这一点,不是我的发明,其实美国学者已经注意到了。1997年7月,美国学者曾经召开了"宋——元——明的转型"讨论会,据说,会议的论文集由史乐民(Paul Jakov Smith)主编,将由加州大学出版,不过至今我还没有看到。

有人会说,这是不是朝四暮三变成朝三暮四来哗众取宠呢?过去说唐宋时代不同,你并没有否定;过去说从宋明是近世,你不也还是在说宋明连续吗?但是,事情并不是这样简单的。1986年,美国学者伊佩霞(Patricia Buckley Ebrey)曾经在《美国亚洲评论》上发表一篇与墨子刻(Thomas A.Metager)论战的文章。在这篇文章中,她说到一点很重要。她觉得,过去思想史、文化史注意的精英思想和经典教育,其实就像希腊和拉丁经典及基督教神学对于欧洲精英的意义一样,虽然对上层很重要也很有意义,但是对于普通生活很难起决定作用。所以,她批评墨子刻的研究思路。她说,她自己和墨子刻之间的差异就是,第一,社会文化史家是不是应当注重上层人士周边的历史背景与文化现实?第二,是不是应当注重一种妥协的思想与原则?她认为,"妥协性思想"才是他们把经典和哲学结合和使用于人们所处的社会的思想,而这种思想是由各种不同的价值所合成的,可是,墨子刻却仅仅把这种思想看成是无足轻重的,因为他更看重"创造性思想"。

我以为,这里面有两个词很有意思,一个是"创造性思想",一个是"妥协性思想",今天,就从这两个词说起。

什么是"创造性思想"呢?在过去思想史和哲学史的里面,说到北宋有很多值得注意的思想与文化,这些就是"创造性"的。为什么是"创造"呢?简单地说,就是以前没有的,现在出来了,它们是"新"的。过去的文化史、思想史研究都是关心"新"的,以前没有的某种思想和文化现象,现在被某人提出来或在某处出现了,写思想史、文化史的人,就一定会赶紧把它记载下来,因为这是"新变"。像前面我们提到的推崇孟子,把孟子升格为儒家二号人物;从"天"最大变成"理"最大,突出"理"的超越意味;以及讨论人性如何复归、怀疑经传的真实性和可靠性等。这些在唐宋之际都是"新"的,包括北宋道学提出的"行天理,灭人欲""失节事大,饿死事小"等等很严厉很高调的道德标准也是"新"的。新的好像是现代的时尚,时装时髦但是不是所有人都穿的,只是T形舞台上少数模特的展示,引导新潮流。等到全穿上了,恐怕就已经不是"新"的,是落伍的了。对于这些"新"思想、"新"文化,毫无疑问,文化史、思想史的研究者应当把它们

第五讲 文化史与思想史研究的"视域"转换

记载下来。同时,作为一个历史研究者,又需要对这些新东西追根溯源,它从哪里来的呀?它是什么时候出来的呀?为什么会出来呀?所以,人们就一定会寻找到中唐,这是历史学的责任嘛。作为一个有自己论述观点的著作,又要给这种新的文化思想现象的出现,寻找到历史解释的根据,所以,研究者也一定会在唐代以来的社会变化中间,寻找这种新现象的历史背景,因此会讲到唐代科举制度的兴起和贵族社会的瓦解等,这样一来,就把唐宋连在一起了。

可是,大家要记住,当这些新思想还是"新思想",新文化还是"新文化"的时候,它可能只是少数精英的天才想法和少数先进的自觉行为。比如,在宋代理学家提出"失节事大""寡妇不可再嫁"之类的口号的时候,很多人包括很多精英人士还是再婚再嫁的,这说明什么呢?说明那些高调的理想观念,在普通人那里还没那么被普遍接受和落实。台北的柳立言在《浅谈宋代妇女的守节与再嫁》这篇文章中说过一个例子,南宋的朱熹在《与陈师中书》里面确实提到伊川先生说,"饿死事小,失节事大",希望陈的妹妹"养老抚孤,以全柏舟之节"。什么是"柏舟之节"?《诗经》里面有两篇《柏舟》,《邶风》里面的一篇说的是"我心匪石,不可转也;我心匪席,不可卷也"。《鄘风》里一篇说的是,一女子的母亲逼她嫁人,但她誓死不从,要跟随自己所爱的人,"之死矢靡它",埋怨母亲不理解,"母也天只,不谅人只",大概朱熹说的是后一首,就是守节不嫁。但是,他自己在地方官任上,虽然不时发布劝俗谕俗文,但是也并没有大力提倡妇女守节,而且在《语类》一〇六《浙东》里面还说到这样的话,"若是夫不才,不能育其妻,妻无以自给,又奈何?这似不可拘于大义"。这里的原因,其实就是那些大道理太新,太超前了,而且不能被普遍接受,"自世俗观之,诚为迂阔",他不能不有所"妥协"。

"先进于礼乐者"和"后进于礼乐者",两相比较,前者究竟少得多。让后进赶上先进,需要有一段时间,有一个过程。如果一般的人里面都有这种看法和行为,那么这种观念就成了"常识",这种行为就成了"风俗",就已经不是所谓的新思想、新文化了。所以,凡是新思想、新文化,在它被历史初次记载下来的时候,都还是一些刚刚提出来的观念,一些刚刚萌发的设计,就像刚刚绘制的图纸,还不是大规模制造的产品。比如,我们讨论春秋时代末期,孔子曾经陈蔡绝粮、曾经叹息"道不行,乘桴浮于海""天丧予,天丧予",可见还是很绝望的。所以,如果说公元前6世纪到前5世纪是孔子生活的时代是可以的,但是,要说那个时候已经是孔子思想的时代,恐怕就很值得怀疑了。

事实上,一种思想,一个观念,真正地经由普及而成了"常识",常识在生活中成为"习俗",又经过官方规定而成为"制度",我们说,这才算思想真的进入了实际生活。大家要注意我这里讲的"常识""习俗"和"制度"这三个词,这就是我们现在特别要注意的东西,它和新思想的出现,一定是有一个时间过程的。研究思想史的人要特别注意,从新思想到成为常识,成为习惯,成为制度,是一个很重要的过程。在这个过程里面,新思想会发生一些妥协性的变化。为什么呢?因为,某种思想被士绅即精英知识分子提出来的时候,常常是理想的、高调的、苛刻的,但是,真正在传播与实施过程中间,它就要变得妥协一些、实际一些,要让图纸变成现实,就不能不变。宋代理学的思想落实过程就是这样的。其实,在宋代,像很多历史学者都说到的,理学"对宋代社会生活的影响实际并不像某些学者想象中这么严重"。为什么?因为还没有变成常识,没有成为习俗,也没有制度来保障它的推行。

美国的学者田浩曾经警告过,他说,宋代思想的研究者一定要注意宋代学说的多样存在，要注意精英思想的曲高和寡，这是很对的。我们后人的研究，常常把焦点放在某一个或某一些人身上，于是其他人就成了模糊的背景。当我们把一些人当做思想史的重心，加以浓墨重彩地书写，他们那些本来可能淹没于"日常"的"异常"思想就被聚焦的强光照射而凸显了，以至于我们可能把它们提前算成了当时的主流。其实，古代常常有"经"和"权"的说法。什么是"权"？就是实际生活里面的权宜行事，只要大体不那么违背原则就可以，只要符合基本的底线就可以了。这种"权"就是"妥协性"，而这些思想的"妥协"，实际上造就了后来的"传统"。这种新的中国思想与文化传统，是在中唐萌芽，在北宋被表达，经由南宋士绅和官员的努力，在元代异族统治期间并没有中止，反而仍然作为"古层"和"低音"延续，到了明代初期最后落实的。

请注意，这里我用了日本学者丸山真男的两个比喻，"古层"的概念是来自地质学的术语，意思是基础的下面的那一层。"执拗低音"的说法是音乐学的比喻，就是并非主旋律，但是一直成为背景的音乐，丸山真男用来指顽固而执拗地成为思想文化的基础。这种基础一直很顽强。我觉得，一直要到明代汉族人政权重新建立起来以后，在朝廷和士绅的重新强化下，通过教育、考试、宣传等途径和法律强制的手段，宋代精英思想才大体上完成。所以我说，要注意宋明的延续性，这才是一个完整的历史过程。据经济学家说，现在的经济学界对于经济的研究方法，经历过一个从重视"经济策略和计划的提出"到重视"经济制度的落实和衰变"的改变，那么，我们的文化史和思想史研究，是不是也可以有这样一个从重视"创造性思想"到重视"妥协性思想"的变化呢？

可能有人会问，那么，从"唐宋"到"宋明"，从"创造性领域到"妥协性"领域,这样的视域变化对于思想史、文化史研究来说,又有什么价值和意义呢?

下面,我要分四层来讲。

三 把思想史和文化史研究的关注领域,从精英与经典转向一般知识思想与信仰世界

第一,我觉得这样才会真正地把思想史和文化史研究的关注领域,从仅仅围绕和瞩目精英与经典,转为兼顾一般知识思想与信仰世界。

过去这些年来,我一直在强调,思想史研究要关注"一般知识、思想和信仰世界"。也就是说,注意"常识"的世界。这并不是新鲜的东西,年鉴学派很早就这么做了,我只是在思想史研究上反复强调这个倾向。我想,如果我们真的把研究的注意力较多地放在常识世界,那么,我们也许就会看到,宋代很多精英思想、很多形而上的观念、很多先知先觉的焦虑和思考,其实,都是在很晚很晚的时候,才经由世俗化过程被民众社会接受为常识的。所以,如果我们真的转变研究思路,把注意力从关注新思想和新文化现象的创造,稍稍转移到思想与文化的妥协,就是制度化、世俗化、常识化,我们就会更多地去研究过去思想史很少关心的领域,把社会史和文化史,真正地与思想史结合起来。比如说,宋代到明代的家族重建,宋到明的乡约、家规、家礼的制定和施行,学校教育与考试制度对社会思想观念的具体影响,政治生活世界和日常生活世界的分裂,官方的政治劝谕造成的思想与文化制约,佛教、道教与儒家学说之间在劝谕民众遵守生活伦理方面的彼此协调和融合等等,这些都是值得研究的东西呀。

如果进一步细细说的话,这里的研究领域可以举出三个方面。

第一方面,研究一下这些精英创出的思想——其实也是对社

会秩序和内在心灵的高超而理想的设计——是怎么样进入"私密领域",并且开始入侵、进而干预每个人的日常生活的。这样,你就要去讨论:一、理学原则怎么成为官方制度的;二、要研究宋元何以开始出现劝善书、功过格的。大家都知道,《太上感应篇》《太微仙君功过格》是在宋元出现的;三、要去讨论宋代以后重新整合或建立的宗族共同体,是怎么样通过祠堂祭祀、乡约族规家礼、谱牒书写等等,进一步限制和约束私人生活领域的。

我们知道,很多本来可以公开的生活世界中的观念、风俗和行为,比如对于男女、情欲、身体、信仰等等,会被那些精英规定的新原则干预和压制。宋代以后,道德的约束越来越多啦,连民众的世界也开始有这种观念了,像什么"杀人祭鬼"啦,什么遗弃有病的老人啦,男女身体的公开展示啦等,都被认为是野蛮的。这样一来,原本公开的、合理的东西,渐渐就变成秘密的、边缘的领域。这样就出现了公开与私下、政治与生活、书面与口头等很多分裂。社会上没有保障私人自由的公共领域,每个人的道德压力也很大,政治至高无上,高调始终占有绝对制高点。于是,过去大家并不羞于说的那些东西,就只能私下里说说;本来大家可以公开说的,现在只能和少数亲密的朋友说说。这样一来,本来公开而且不需要遮遮掩掩的话语,便开始越来越清晰地分裂,变成在公共政治说的一些话、在学术共同体或者同阶层的熟悉者说的一些话、私人生活圈子里说的一些话等等。很多研究思想史的人不懂得这个道理,总是拿着公开发表出版的文献当做全部的思想,这当然就不能真正看透古代人的世界。

第二方面,要研究一下这些"创造性"的、就是新的、精英的思想,是怎么样、通过什么途径,向普通民众那里传播,并且成为常识的。传播学的知识我不很懂,不过我知道,传播的渠道和传播的半径、传播的理解,都很有研究价值。如果文化史、思想史的研究者关心这方面的内容,知识范围就要扩大好多,你就还得去看一下朝廷的诏谕、地方政府的文告、官员的劝俗文,甚至包括文化官员的任命、调动和推行这些道理的具体举措、大道理在实际推行中的变化等等。你还得考察小说、戏曲、唱本以及这些通俗文艺形式在当时的演出情况,要去关心这些东西里面承负了多少新思想的传播,这些传播给民众的东西里面,对那些创造性思想,到底有多少修正和妥协?

  还是以寡妇再嫁是否合理这件事情为例吧。徐禀愉曾经说到,寡妇守节作为普遍的社会现象是元代后期的情况。张彬村更说得迟一些,他认为,禁止寡妇再嫁、鼓励守节的那些道德风气和伦理规定,其实是在政府提倡、民间教化、经济机会、救助等社会环境中,到明以后才渐渐形成的。而且它的长期持续,有赖于流风效应与道德压力,包括士绅的宣传、朝廷的表彰、经济的压力、宗族的压力,它已经不像宋代精英想象的那么单纯了。这里的理念已经被修正和扭曲过了。而这种修正和妥协,我们还要想想,它需要多少时间和力量,才能实现它的制度化规定和世俗化普及?

  第三方面,你可能还要讨论城市与乡村,中心区域与边缘区域之间的文化传播关系。究竟那些被认为是精英的、严厉的、理想的思想观念,是如何由城市到乡村,从中心向边缘区域传播的。大家都知道,汉代文翁在四川的文化传播和教育普及,使得蜀地士人认同儒家文明,也使蜀地与其他地区开始具有文化的同一性。但是,应当说,中国各地文明的同一性质和文化的认同基础是逐渐形成的,到了宋代,交通更加发达、印刷品流通更加方便,士人到处游宦,商贾四处贩运,这才真正彻底地促进了"文明"的传播。

  说到"妥协",这里还要提到思想史和文化史的另一研究领域

第五讲　文化史与思想史研究的"视域"转换

的适当扩大。在上面提到的伊佩霞的论文里面，她说她之所以对于各种社会思想里面的"非儒家"成分有兴趣，是因为它可能是妥协性思想的来源和原因。这意思是什么呢？我的理解是，因为在传播的时候，思想和文化的形态是会改变的。原来民众中间流行的东西，在很大程度上，会抵制过分严格的精英思想，它不能接受非常纯粹的士绅原则呀。当上层的文化与思想进入民间的时候，也会向民间原来根深蒂固的信仰和习惯做一些让步。比如说祭祀神鬼的习惯、日常生活的习惯、信仰的对象等等。所以，当我们注意到这一点以后，原来总是聚焦在儒家或者新儒家上的注意力，就要适当地分一些给佛教、道教以及其他各种民间信仰。因为这些宗教信仰在民众社会生活中间，是有相当大的影响力和控制力的。

反过来，我们也应当适当注意的是，佛教、道教以及各种民间信仰，为了保持在社会生活中的存在位置时，也要适时做出调整和妥协。否则，你用原汁原味的原教旨方式，恐怕在以儒家为主流的社会里将没有办法生存下来。中国从来没有"原教旨"的宗教运动啊，这就是宋代以后佛教、道教接受并宣传儒家伦理道德，制作各种善书、功过格的原因之一。同样的道理，宋代那些精英知识分子，包括一些成为政府官员的士人，尽管一方面常常持严格的道德主义理想撰写著作，发表意见；但在另一方面，作为地方官员处理实际事务时，也要对这些根深蒂固的信仰让步。我的学生皮庆生在做宋代祈雨的研究时，就注意到这种让步和妥协。他看到，尽管很多儒家知识分子对祈雨中的"异端"有所批评，但在"无奈的现实"面前，"只好在儒家原有的仪式方法基础上，对释道、民间传统暂时容忍，或略加修改"，只是暗中"在其中注入儒家的理念，从而恢复儒学对社会的全面控制"。

这是第一点。

四 思想史与文化史可能有另一个脉络

第二点，这样一来，可能使思想史与文化史出现了另一个脉络。这是什么意思呢？就是说，随着思想史、文化史的研究一方面兼顾新思想与新文化的创造，一方面重视它们的普及和妥协，关于新思想与新文化的制度化、世俗化和常识化的过程，将成为思想史与文化史研究的一个重要历史脉络。

可能有人会注意到，我在这里特意再一次用了"制度化""世俗化"和"常识化"三个词，实际上，我是想分别对应（一）官方礼法制度的建立、（二）民间风俗习惯的变化和（三）一般思想世界的形成这三个方面。

我们知道，官方的规定，比如科举考试的内容、法律判案的标准、地方的榜谕通告，都会对人们的观念和行为产生约束和影响。像宋代朝廷和地方政府，在两宋的几百年间，对淫祠淫祀、杀人祭鬼、对抛弃父母、对薅子、对火葬的禁令，一而再再而三地发布，这里面蕴含了一些精英的伦理道德和价值观念。在长期禁止和提倡中间，会使民众逐渐形成某种观念和习惯，因为官方的权力还是很大的嘛。你那些东西不合法，要被处罚，当然人就要小心一些。你们看一看，两宋官方在几百年间，曾经那么多次下令，推广各种理想的生活规则和礼仪，就是运用权力把经典所表述的观念，转化为生活中的民众习惯。过去思想史、文化史不怎么去讨论这些资料。其实，在《宋刑统》《宋会要辑稿》《历代名臣奏议》《名公书判清明集》和《庆元条法事类纂》中，你都可以看到，因为官方的介入，一系列严格的法律制度被建立起来。随着奖惩的真正施行，官员的禁止有了条文可依，士绅的提倡有了制度保障，一般民众的生活取向有了规定。一面是严厉的禁绝，一面是正面的提倡，这就是我们说的"两手都要硬"呀。到了明代初期,你看看《皇明制书》收集的那些东西,除了《大明律》之外,朱元璋发布乡乡必须写、人人必须讲的《圣谕》六条。这些东西被官方强制执行,这时候,伦理就成了制度,道德就成了规定。为维护社会的"秩序",这些由士大夫进行诠释,以经典文本作为依据,为都市上层人士所认同的"文明",就作为一套生活的普遍"规则",渐渐开始从中心向边缘、从都市到乡村、从上层向下层扩张开来,并且建构了以汉族中国的同一性生活伦理,也渐渐形成了一些被称为"风俗习惯"的东西。

这是什么样的风俗习惯呢?这是精英们认可的"好的"和"善的"风俗习惯。官方是通过法令和劝谕,精英知识分子、地方士绅是通过童蒙教育,双方都在进行普及与宣传。渐渐地,这些风俗习惯在从中心到边缘的各个地域都产生了影响。研究历史的人会注意到,宋代的朝廷和士绅的理想,都是"一道德,同风俗",建设这种道德秩序井然,风俗同样淳朴的社会,宋明以来一直是儒者的理想,正因为如此,我们就要注意:

第一,从宋代到明代,为什么会有那么多规范社会生活的乡约、家礼,那么多社塾乡校教育的蒙书课本被编写出来?

第二,它是怎么样渐渐渗透到了民众的生活常识之中的?举两个例子,你看南宋罗大经《鹤林玉露》里面记载的陆九渊家族的规矩,那就是士绅和精英在大家族里面传达他们的生活理念,提倡他们理想的社会风气。陆家每天清晨都要有人击鼓唱歌,训诫家族中人,要勤劳、节俭、孝悌等等。食后饮茶,也要击磬唱训词,教育人"须有省,照自心,察前境"。元代郑太和编《郑氏规范》,就说他的父亲"仿象山陆氏制训辞百余言,每月旦望令弟子一人读之,家人悉拜而听焉"。元代末年,孔齐的《至正直记》里面,就对伤风败俗的社会风气予以严厉批判,规定了家族内男女上下的相互关系，提出家族内个人的道德品格培养，要求族人对于读书修身的重要性有真正的认识，这就对家族和成员在伦理道德提出严厉要求。从这里面，我们可以知道宋代理学家的那些理想，正在一点一点地成为常识。

你们去翻一翻明代的地方志，就会知道明代汉族居住的主要区域，到明代初中期，都已经变成"礼乐文明"很盛、那时叫做"风俗淳朴"的地方了。过去研究资本主义萌芽的人，现在研究社会史的人，都会关注嘉靖、万历时代的风气变化。但是大家要注意，那个时代的士人有一个特点，就是特别怀念明初的社会秩序和风气？为什么？其实就是因为明代初期，至少是隆庆以前，曾经有过一个似乎很符合理想的社会秩序和社会风俗。卜正民（Timothy Brook）曾经两次引用了张涛的话，描述明代开始的时代，"每个家庭都自给自足（self-sufficient），有一所房子住，立足于耕作，傍山砍柴，园有菜蔬，税无过重，盗不出现，婚嫁适时，村寨安宁，男耕女织，仆人顺从而努力，邻居热情而友好"。这种现象，是真是假我们不必管它，但是至少在明初，社会好像很安定，很平静，秩序好像很清楚，就是我说的古代士大夫理想的"世俗化"。同样，从宋到明，当官方和士绅都合力来推行这一些思想与文化观念，而且并不因为改朝换代而中断这种"文明"传播的时候，久而久之，不仅形成了一种社会风俗习惯，而且这种日常生活中的风俗习惯，就会在普通民众心中形成了一种常识。当这种常识成为常识，习惯了以后，这些常识就再也不是新的东西了，而是日用不知的规则、道理了，这就是我说的"常识化"。

近来，关于"宋明"我有这样一个不太成熟的看法，就是宋代理学关于社会伦理和道德、人的精神世界的很多高明看法，宋代士大夫和皇帝关于社会秩序和结构的很多理想设计，在两宋时期只是在论著、奏疏、书院、语录里面，只是在少数精英的思想世界里面，真正按照宋代精英的描述和想象出来的文化、思想和生活秩序。其实，是要到明代前期，经过皇权与士绅在礼与法两方面的强力推进，用严厉的措施推广，才真正在生活世界里成为现实的。

这段历史相当复杂，绝不是在这里可以讨论清楚的。但是，如果允许我简单地说，大致上是这样的：

第一，宋代尽管有二程、朱熹这样影响广泛的杰出学者，但是，那些理学里面的严厉原则和高超理想，在宋代大部分时间里并没有成为规矩、常识和风俗，也没有在社会日常生活中大范围地实现过，直到南宋末，甚至元代，才渐渐在汉族士人中开始被接纳。

第二，到了元朝，蒙古统治者管理的是一个多元种族、多元文化的社会，虽然儒者的地位不高，"儒道"也不能普遍用于"天下"，但是，蒙古人的社会统合力不强，从思想史的角度，尤其从思想学说的制度化、世俗化和常识化角度来说，元代仍然是宋明之间的连续性环节，这是因为：一、蒙古对汉族地区的控制是相当表面和松散的，尽管主要官员均为西域人蒙古人，但地方直接管理的官员和吏员却多是汉人，而且从宋代以来重新建立的地方社会和宗族，也并未受到很大的破坏，元代皇权的文化控制力仍然有限。二、恰恰因为这些地方官吏，往往出自儒家士人，所以，他们仍然在用过去学到的理念，推动"道理"的制度化；同时，因为不能进入主流，儒士对于官学之外的"私学"格外重视，也使得元代儒学和理学的一些观念有一个真正常识化。三、文化延续和思想传统，常常并不因为王朝权力的转移而断裂，虽然在上层政治中，权力归属已经发生了族群变异，但是文化却是要通过教育而延续的。元代儒者的地位不高，长于吏学，也许恰恰好，重点不再是创造新思想,而是促成理学观念的"下达"。台湾学者王明荪就曾经总结元代儒士的取向,是"下达之学",也就是在儒者官吏推行下开始普及。

第三,到了明代初期,汉人重新成为统治者,这些本来就来自汉族的历史、观念和伦理价值有了合法性和合理性。尽管有的学者比如宫崎市定、钱穆都指出,元明之间并没有民族革命的色彩。但是,这种民族政权的变化,至少给了重新建设汉族文明的一个合法性与合理性借口。朱元璋建国以后推行的一系列策略,很大程度上就是在延续汉族的、儒家的传统。更准确地说,是用严厉的法家手段落实宋代知识精英的儒家理想。一、发布《圣谕》六条、《大诰》,当最高指示;二、颁布命令,规定丧礼应当遵照《文公家礼》的指令、禁止火葬,这是"去蒙古化";三、颁布各种官方法令对不同阶层的房屋、器用、服饰、礼仪加以严厉规定,让它成为秩序甚至习惯;四、对乡里组织进行严格规定,包括实行户帖、保甲、坊长等制度,让乡里组织承担掌管户口、防止逃亡、监督差役、编制黄册、管理诉讼、实行教化等职能;五、甚至连民间祭祀什么神鬼,都开始统一化、合法化。加上后来他的继承者朱棣发布《圣学心法》、编撰《性理大全》《五经大全》《四书大全》,这真正实现了"王霸道杂之"。实际上是在很大程度上,用严刑酷法造就了明初所谓的"淳朴"风俗。你看《皇明制书》里面的东西,就可以明白这个道理。像《教民榜文》里就规定:每乡每里各选老人或盲人,让小孩引路,敲木铎宣传,"劝其为善,毋犯刑宪"。每月六次,和"文革"时代念语录、跳忠字舞、建宝书台差不多。当然它的宣传内容是"孝顺父母,尊敬长上,和睦乡里,教训子孙,各安生理,毋作非为"。

当时的士大夫,也积极参与了建设这种看上去很符合自己一贯理想的社会秩序建设。大家可以看看明代丘濬的《大学衍义补》和《家礼仪节》。这两部书,一是从观念上对政治生活各个方面进行论述,一是从仪节上对日常生活进行规范。这些软的和硬的措施,确实使明初包括洪武、建文、永乐、洪熙、宣德时代,确立了从行为到观念、从生活到政治的一个相当严整的秩序。所以,在后来人的回忆中,当时被看成是"治世",而被后代看成是淳朴的时代。应该说,在某种意义上,它确实造成明初的"移风易俗"。可是,我要强调的是,在嘉靖、万历以后的精英士人回忆中的这种"淳厚""俭朴"的社会风气,以及那个秩序井然的观念世界,依我看,到明代中期就因为社会变化而结束了。是不是这样,还需要仔细地研究,因为这实在是一个大问题。

五 拓展思想史和文化史研究的资料范围

第三点,我觉得,研究思路一旦改变,从关注"创造性思想"的唐宋一段,到关注"妥协性思想"的宋明一段,把注意力稍稍转移到一般知识、思想和信仰世界的形成上,会促进文化史、思想史研究的文献资料范围的拓展。

我们知道,过去的文化史和思想史研究,大多是从士人的经典著作、精英的章奏表疏、理学家的语录等方面,发掘新的文化和思想现象。思想史研究常常用的是文集、语录、著作,还有像《伊洛渊源录》《道命录》《宋元学案》这些资料。可是,如果你要关注一般知识、思想与信仰,关注思想与文化的制度化、世俗化和常识化,那么,在这些习惯使用的传统文献里面,可能有些找不着,这就逼得你要找更多的资料。比如,你如果要了解各个区域普通民众的生活状况和常识世界,你就要看更多的文献,比如地方志、笔记小说;如果要了解日常社会生活,又要看各种家礼、家训、族规,比如大家都熟悉的《朱子家礼》《袁氏世范》;要了解官方通过制度化的方式，推进这些观念和风俗的情况，你又要看《宋刑统》《宋大诏令集》《名公书判清明集》《宋会要辑稿》等等。而元、明两代的这一类文献，又比宋代要多出很多来。随意举一个例子，像研究明代思想文化时，过去不会进入思想史视野的《杨氏塾训》这样的普通教材、《劝戒图说》这样的通俗图书、《万宝全书》这样的知识普及型类书，都有可能从研究文献的"边缘"走向"中心"。比如《万宝全书》，过去人瞧不起，觉得很普通嘛。只有王尔敏先生写过文章讨论，日本人也做过研究。但是近年来，台北政治大学的吴蕙芳就写了《万宝全书：明清时期民间生活实录》，对《万宝全书》加以详细的研究。在这样的视域转变下，过去进不了思想史和文化史的东西，也许现在一下子就很有用了。

最近，在我视野所及的范围，我看到一些在运用资料上很有启发性的论著。比如徐忠明《包公故事：一个考察中国法律文化的视角》一书，就用了司法档案、方志、乡规民约、家规族法、戏曲小说（特别是公案故事）、野史笔记、诗歌谣谚之类，来检讨"平头百姓的法律心态"。另外，我还看到小林义广两篇专门讨论宋代榜谕文的论文，也很有意思。榜谕是一种官府公文，主要用来公布皇帝诏旨及官府政令、劝谕百姓。宋代的榜谕大致可以分为两大类：朝廷的榜谕和州县地方的榜谕。它与士人理想的推衍和乡村秩序的建立有很深的关系。在这些榜谕里面，尤其是在《劝学文》和《劝俗文》里面，你就可以看到，很多社会风俗和习惯的变化，是怎样自上而下地推行的，而在关于禁止、谕戒的榜文里面，你也可以看到在官方的推动下，什么观念和行为是被渐渐压抑下去的。

这类可以利用的文献很多，如果打开这一视野，你会注意到很多这方面的东西。关于这个问题，我们在《什么可以成为思想史的资料》一讲里面，会比较详细地讨论，这里就不多说了。

六　文化史和思想史研究方法的多元化

第四点，我觉得这种研究视域或时段的改变，可能会引起文化史、思想史研究方法的一些改变。

如果我们转变研究思路，从把唐宋作为一个时段，到把宋明作为一个时段来讨论，研究方法会有什么根本转变呢？以思想史为例，我们要看到，过去讲唐宋思想史，其实是以哲学分析和历史描述的方法来进行的。因为那个时段出现的新思想，还只是在精英思想世界里面，为了周围环境的刺激和回应刚刚被思考和创造出来的。他们常常是以前研究者讲的"哲理"，或者是包弼德所说的"文学"，并没有真正成为普遍施行、接受和习惯的制度、风俗和常识，也没有真正笼罩日常的社会生活。所以，过去的哲学史研究者，是可以把这些高明的理学家抽取出来，把这些高明的思想连缀起来，悬浮于生活世界之上，进行历史叙述的。比如，从韩愈、李翱到周敦颐、二程、张载，从"原道""复性"到"天理"，这确实是一个连续不断地提出哲理的过程，也可以说是一个对思考的"文学"传达。因此，这样的思想史研究，实际上常常是以我们称为"哲学史"的方法进行的。这种方法有一些局限性，最近，余英时在新出版的《朱熹的历史世界——宋代士大夫的政治文化》书里讨论到这种研究方法，说到在以往关于宋代理学的研究上有两个最基本的论点：第一，假定理学家的主要思想目标是继承孔、孟的绝学，所以，往往根据后设的孔孟本义来分析理学各派之间的差异。第二，哲学史家则认为理学家所讨论的东西，相当于西方形而上学或宇宙论。根据这一点，哲学史家运用种种西方哲学来阐释理学的不同流派。我要补充第三点，就是现在的思想史家，常常也受哲学史的影响，觉得对宋代理学和宋代精英的文本研究,就是宋代思想的全部。这三种研究方式虽然都各有所见,但就像余英时说的,"把理学从宋代的历史脉络中抽离了出来"。

可是,如果我们要转过来讨论宋明这一段时期的思想史,不仅讨论当时刚刚新出现的各种思想观念:这里包括被敌国外患所逼出来的"民族与国家"意识,包括道德伦理的严格主义观念,包括理学家阐述的关于天理的体验和人心的反省,包括内在超越的道德自觉等;而且要讨论它们之所以被提出的思想语境和历史背景,甚至还要讨论这些思想的制度化、世俗化、常识化过程,那么,过去以哲学史为中心的叙述方式和精英思想史的方式就不那么适用了。不可能只是用冯友兰先生所说的那种方法。什么方法呢?就是"就中国历史上各种学问中,将其可以西洋所谓哲学名之者,选出而叙述之"的写法。我觉得,思想史必须和法律史、社会史、文化史、生活史、教育史、宗教史等等方面携手,必须眼光向"下"。

比如你要去研究精英思想的普及化,就要讨论当时的乡村教育中,塾师的来源和身份、私塾的普及与教学以及一般教科书发生过什么变化,于是你得懂一点教育史。

比如你要讨论当时社会中的佛教、道教,是如何替代了儒家的部分职能,在日常生活包括婚丧嫁娶中成为重要角色?你就要与宗教史发生关系,甚至还要参考人类学家的田野调查资料。

比如你要考虑日常生活史上社火活动与道德训诫普及的关系,探讨这种日常节日和庆典如何影响人的思想观念,你就要引用社会史研究者的成果。

比如你要研究某种秘密的民间习俗背后的观念,你就要讨论它为何与社会伦理道德秩序冲突而被官方严厉禁止,于是你就要进入法律史的领地。

在这样的广泛的背景中，我们可以对宋代之经典文本、文人表述、法律规定，与民间社会生活之实际状况做一个比较，并且引入地域差异、城乡差异、阶层差异等因素，讨论上层观念为何、如何、何时，具体化为制度、规则和习俗。

七　小结

最后说一下。我总觉得，思想史研究在很长时间里，变得相当狭窄、相当单一，近来这种状况有一些变化的迹象。其实，学科界限的打破是一种必然的趋势，在这种趋势下的思想史研究不能画地为牢。

也许这是一个有用的思路。从宋到明，精英思想逐渐"妥协"，而成为制度、风俗、常识的过程，也是思想的另一种角度的历史，也是文化史应当关注的领域。把我们过去仅仅注意"创造型思想"的思路转到关注"妥协性思想"这样一个路数上来，把我们过去仅仅描述"优秀文化传统"的立场多少挪移到描述"一般生活领域"的立场上来，也许能给文化史、思想史研究带来一系列的变化，包括研究领域、研究资料和研究方法各个方面的变化。

【建议阅读文献】

伊佩霞 "Neo-Confucianism and the Chinese Shih-Ta-Fu", *American Asian Review*, Vol.4, No.1（1986）.

余英时《朱熹的历史世界——宋代士大夫的政治文化》，允晨出版事业公司，台北，2003。

葛兆光《唐宋抑或宋明——思想史和文化史研究视域转变的意义》，载《历史研究》2004年第1期。

葛兆光《国家与士绅双重支持下的文明扩张：宋代中国生活伦理同一性的

确立》,载《七世纪至十九世纪中国的知识、思想与信仰——中国思想史第二卷》,复旦大学出版社,2000。

刘子健《中国转向内在:两宋之际的文化内向》,赵冬梅译,柳立言校,江苏人民出版社,2002。

包弼德《斯文:唐宋思想的转型》(*This Culture of Ours: Intellectual Transitions in T'ang and Sung China*, Stanford University Press,1992),刘宁译,江苏人民出版社,2001。

包弼德《唐宋转型的反思——以思想的变化为主》,《中国学术》第3辑,商务印书馆,2000。

田浩《从宋代思想论到近代经济发展》,《中国学术》总第10辑,2002年第3期,商务印书馆。

朱瑞熙等编《辽宋西夏金社会生活史》,中国社会科学出版社,1998。

徐忠明《包公故事:一个考察中国法律文化的视角》,中国政法大学出版社,2002。

萧启庆《元代史新探》,新文丰出版公司,1983。

王明荪《元代的士人与政治》,学生书局,1992。

卜正民《纵乐的困惑:明代的商业与文化》,方骏等译,三联书店,2004;*The Confusions of Pleasure: Commerce and Culture in Ming China*, Berkeley and Los Angeles: University of California Press, 1998.

岸本美绪《明清交替と江南社会》,东京大学出版会,1999。

井上彻《中国の宗族と国家の礼制:宗法主义の视点からの分析》,研文出版,东京,2000。

王尔敏《明清时代庶民文化生活》,岳麓书社,2002。

第六讲　思想史研究中的加法与减法

各位，今天我们要讲的是思想史研究里面的加法和减法。加法和减法这两个词，是我自己杜撰的。什么叫"加法"，什么叫"减法"，我们下面再讲。在进入正题之前，我先讲一个故事。

大家可能都听说过当年法国的汉学家，也是很杰出的人类学家葛兰言（Marcel Granet）。他是沙畹的学生，他曾经注意到了"齐鲁颊谷之会"这件事，这是我们的一些经学家、历史学家有意回避和淡忘的。这件事记载在《春秋榖梁传》鲁定公十年。齐国和鲁国的国君齐景公和鲁定公在颊谷举行盟会。《春秋榖梁传》定公十年记载说，在"颊谷之会"上，是由孔子为主持人的，到两国国君互相揖让的时候，齐人居然组织了一些人想要挟鲁君，被孔子以礼制止，而且严厉地批评了齐国的做法，搞得齐君很丢面子，也有点儿下不了台。接着，齐人又有点儿玩花样，找了一些人在鲁君面前唱歌跳舞，就是"使优施舞于鲁君之幕下。孔子曰：'笑君者罪当死。'使司马行法焉，首足异门而出"。这件事情在《史记·鲁周公世家》中同样有记载："（定公）十年，定公与齐景公会于夹谷，孔子行相事。齐欲袭鲁君，孔子以礼历阶，诛齐淫乐，齐侯惧，乃止，归鲁侵地而谢过。"同书的《孔子世家》又记载了这事件，而且详细说齐国的"优倡侏儒为戏而前"，孔子便"历阶而登，不尽一等，曰'匹夫而营惑诸侯者罪当诛！请命有司！'"，于是"有司加法焉，手足异处"。

"首(或作手)足异门而出"这事很怪。为什么怪?同样是解释《春秋》,比较简单的《穀梁传》有,可比较详细的《公羊》《左传》对这件事情倒没有记录。这很怪呀,尤其是《左传》,它本来记载历史很详细的,为什么没有这件事情?葛兰言就由此顺藤摸瓜,另外举了很多例子。他发现,古代其实这种事情是常常发生的,比如《左传》僖公十九年夏,有"宋公使邾文公用鄫子于次睢之社",葛兰言说,这和《史记·孔子世家》里"禹致群神于会稽山,防风氏后至,禹杀而戮之"是一脉相传的呀。诸侯之间常常有杀戮的事情。于是他指出了这么一点,"我们可以从这点开始,去考察当时社会状态及其传说之所根据。如果考察到对孔子的作传者,他们都能承认这种杀人裂尸、以除秽建威的事情,其出现并不晚于圣人之死以后,并且考察到孔子以前便已有这类事情常见于经传,那么,问题就可以进一步去问道:以何原因,孔子不可以顺从这一个习俗的信仰呢?"这一问很有道理,想想也是呀,孔子为什么不会做这样的事情?如果孔子也会做这样的事情,是不是那个时候,这种杀人的方法,并不那么野蛮呀?

葛兰言问:为什么在齐鲁盟会上,孔子要下令斩优倡?为什么杀戮了以后还要将他们"首足异门而出"?接着,更奇怪的不是这件事情本身,而且还包括关于它的记载,这件事情不仅《左传》《公羊》不记录,而且连范宁注、杨士勋疏,这是专门解释《穀梁传》的,他们也不加解释,好像没这回事儿,绕个圈子躲过去了。特别奇怪的是,明明《穀梁传》《史记》记载了这一事情,到了宋代,为什么儒家学者就要给孔子这种行为千方百计找理由。一种看法是不否认这个事情,但是要说孔子真伟大,一家伙就可以镇住坏人。比如朱熹说,本来齐国老是欺负鲁国,可是孔子这样正气凛然地一呵斥,就像蔺相如对秦王一样,把齐国给镇住了。家铉翁《春秋集传详说》卷二十七也说,这说明儒家不是说空话的呀，儒家也是有实用本领的，比法家"以刑名法术动天下"还要强多了。可是另一种意见就说，不对，这是诬蔑圣人呀，圣人怎么能干这么残酷的事情？所以要把它删去。比如宋代的黄仲炎在《春秋通说》卷十二和明代的王樵在《春秋左传集说》卷十里面，都要站在儒家的立场上否定它。黄仲炎说，这样一来，孔子不就降格了，等于是曹沫、蔺相如了吗？他说，这不像"圣人气象"嘛，圣人应当和普通人不一样呀，"何至疾声厉色，以兵刃为威，以敢杀为能，以求索为攻"？所以这都是没有义理的乱议论。

后来两种意见里面，好像后一种占了上风，像明代的王樵《春秋左传集说》卷十、清代张尚瑗的《三传折诸·穀梁折诸》卷六、甚至大考据家崔述的《洙泗考信录》卷二，都不相信孔子会这么杀人。为什么？因为都觉得孔子太伟大了，伟大得不需要这么凶嘛。崔述说，那些鼓噪来劫持鲁君的人，罪很大呀，孔子只是驱逐他们；那些唱歌跳舞的人，罪不大呀，为什么要把他们杀了还首足异门而出？这明明是诬蔑孔子"刑罚颠倒"。何况圣人应该像《诗经》说的"柔亦不茹，刚亦不吐"，圣人不会这样乱用严厉刑罚的。可是，这些历史，既然古书上记载了，那么为什么特别重视历史证据的清代考据学家，后来面对这种情况，却不相信古代的证据，甚至是经典的证据呢？《穀梁传》也是十三经之一呀，反而还觉得这一定是假的。大家看，帮着清朝皇帝编《钦定春秋传说汇纂》，引用黄仲炎和王樵的说法，把这事情给否定掉，还总结说，圣人用"周旋揖让"就可以感化"鄙倍暴慢"，如果你说孔子杀人，这是败坏圣人气象，因为这是"斗力者所为"，所以是诬蔑圣人。这部书是官方的定本呀，它这么一说，还有谁敢说不呢？可是，这符合考据学的"实事求是"的原则吗？如果我们拿这样的记载来当历史，那么"颊谷之会"就从历史的筛子中被筛除了，而且我们可能还会以为这只是偶然的遗忘。

我们过去的思想史就是这样的。在过去的思想史里面有"颊谷之会"的影子吗?有孔子斩优倡而且还下令"首足异门而出"的事情吗?没有。所以,大家不必讨论这个问题。但是我们要学一学洋人的敏锐,有时候你得承认,洋人是"旁观者清",站在山外反而容易看清楚山。可是,问题是,我们为什么会变成"当局者迷"了呢?历史本来是过去的事情,今天的我们也可以在"局外"呀,那么什么时候它成了我们自己的"局",把我们都陷进去了呢?我们看,葛兰言从这里开始,一连串地追问,他就看到了古代中国的舞蹈和祭祀中间所包含的,已经被理性历史隐没的历史。其实,我想,这一历史可以从古代的"衅鼓""衅钟",一直梳理到宋代的"杀人祭鬼"之风,而在长时期延续的这种风气和习惯背后,一定又有一个支持其合理性的观念。以前,桑原骘藏写过一篇很长的文章叫《中国人中的食人肉风气》(《支那人间における食人肉の风习》),发表在《东洋学报》14 卷 1 号上面。那时大概是 1924 年吧,里面多少有一点儿日本人蔑视中国文明的味道。不过,他讲了很多文献上的例子,说明确实是有过这些现代人叫做"野蛮"的风俗和习惯。比如唐代,唐太宗的大将丘行恭吃了被捉的刘兰成的心肝,记载在《资治通鉴》上。唐玄宗时代的宦官杨思勖,也吃通敌的官员的肉,记载在《旧唐书·宦官传》里面。打仗的时候就更普遍,朱粲的军队没有粮食,就"取婴儿蒸而啖之",还捉妇女弱者来吃,并且说如果这个人平常爱喝酒,那么他的肉"正似糟藏猪肉"。这是什么传统?桑原骘藏的论文中曾经提到过古代的事情。春秋战国的时候,因为桓公好美味,所以《韩非子》记载"易牙蒸其首子而进之"。为什么会这样呢?后来,裘锡圭先生就写过一篇《杀首子解》,发表在《中国文化》第 9 期上。里面谈到《墨子》的《节葬》和《鲁问》里面都有一段记载,说南方某国,"其长子生则解而食之"。后来的《汉书·元后传》《后汉书·南蛮传》都有这种记载。他联想到《韩非子·二柄》《十过》里面说的易牙杀自己的大儿子给齐桓公吃，裘先生认为，这可能是一种古代中国遗留下来的宗教习俗，属于尝新、献新祭之类的行为。可是，奇怪的是，这个观念在思想史上却没有被提出来讨论过。所以我说，从我们自己的历史著作看起来，我们一直有一个固执的观念，就是好像我们从古代就一直很文明的。

古代历史的写作，是在孔子以后，所以有些扬善隐恶，把一些东西遮起来，把一些东西夸大出来。可是，因为我们觉得中国古人很文明，所以我们回头看文明史，是不是就有点儿不自觉地忽略了一些什么东西？

一 一个疑问：思想史是否仅仅是描述新思想的历史

这个疑问很早我就有，但是真正想起来要讨论一下，还是在这两年。

这些年，我给博士研究生上一门讨论课，叫做"思想史经典著作选读与研究"。主要是为了让大家熟悉中国思想史的研究史。现在讲学术规范，对自己这一行的历史，多少都要有一点儿知识，所以，我一方面选了从胡适、冯友兰、侯外庐到任继愈关于哲学史或思想史的著作来讨论，一方面选了史华兹、艾尔曼、包弼德和刘子健、沟口雄三的书来讨论。前一个系列是中国学者的著作，后一个系列是外国学者的著作。这个讨论课上得很热闹，常常有些争论的话题。后来，一个学生和我谈起他的心得，有一句话很有意思。他说：过去的思想史也好，哲学史也好，中国人写的也好，外国人写的也好，常常都用"发展史"和"发达史"，还有"进步史"这样的名字。他问我：咱们中国古代思想，真的都是"发展史""发达史"，真的有那么多"新"思想吗？思想史真的是一个新思想的"发达"或者"发展"的过程吗?

这话有点儿意思。我也常常想:思想如果真的总是"推陈出新",那么,我们写的思想史好像有点儿只管"新"不管"陈"。确实我们得问一问,那些"陈"的思想原来又是什么,它们为什么被"推"而消失?我觉得,过去的哲学史和思想史,常常只关心追踪和叙述的新思想和新思想家,追"新"呀,好像已经成了一种历史观念,这个求"新"的历史观念当然很重要;但是,它缺乏反省和检讨。为什么说缺乏反省和检讨呢?就是大家不假思索,觉得历史嘛,就是应当写在历史上不断增添的新思想、新制度、新风俗。这种思路背后支持着它的,是历史的进化论和现代的文明观。所以,那是"报喜不报忧",像我们常常搞的"光荣榜"一样。那是鼓励人们见贤思齐的,也好像我们现在的"人民代表"。那是表彰优秀人物的,更像我们的"旅游手册"。那导游想方设法给你看的,如果他不是敷衍了事,而是认真的话,那么,也大多是事先选出来的好景致。"潇湘八景"呀,"北京十大景点"呀,并不是真正普通的风景,他绝对不会领你去旮旯街边去看看那些脏兮兮的地方,也不会让你去真正考察一下平民日常生活。你看到的风景是精心装饰起来的风景,你看到的风俗是包装过的伪风俗。这是常识了,我自己带朋友参观清华园,就有一套固定路线,从清华学堂到大礼堂,从图书馆回到科学馆,在草坪的旁边看王国维纪念碑,然后工字厅、荷塘一路下来,你说这个被我领着走的朋友以后的"历史记忆"中,清华是什么样子?所以,"优选法"筛出来的历史,不是真的全景历史。可是,过去我们总是觉得,思想和知识一样,依从着进化的规律,越靠后就越进步。写历史的意义,不就是找出这一个走向文明和进步的规律来吗?至少在我的记忆里面,好像从来没有一个写思想史或者哲学史的人会说,我们写的历史里面,也得包括没有出息的、落后的、消失的思想。

第六讲　思想史研究中的加法与减法

我们以儒学的历史为例。从孔子以后，被哲学史和思想史记录的每个思想家，都有他们被选中、被叙述的理由。孟子比起孔子来，不仅更多地讲"仁"，而且多了人之所以可以成为"仁者"的"性善"的论据。而荀子比起孔子来呢？不仅多讲"礼"，而且强调了"群"之所以可以"群"的根据，所以多了"性恶"的思想。于是，这就从孔子这里开出了两种儒家的进路。后来，公孙弘把儒学进一步制度化和政治化。董仲舒提倡了"天人合一"，而且"独尊儒术"。再后来被加进思想史的王充，他有前人没有的"无神论"和"唯物主义"。到了唐宋，韩愈提出"原道"，程朱大讲"天理"。总之，好像儒学史就是"后浪推前浪"，成了两千年流不尽的一条河。咱们有一句老话说，"踩在巨人的肩膀上"。在进化论流行的现代，大家总有一个观念，觉得后人比前人更高明。所以，很少有人去大写那些不太高明的人和书，在我们的眼睛里面，这些不太高明的东西就好像没有出现过一样呀。大家都觉得"自然淘汰"很合理嘛。所以，大家都含含糊糊，"哲学史"也可以叫"哲学发展史"，"思想史"往往称为"思想发展史"。怎么写？一是叙述层出不穷的新思想，二是安排一个不断涌现新人的名单，三是把这些新人物、新思想连在一起，说这个影响那个，那个继承了这个。这三个任务就成了哲学史家或思想史家的责任。其实你仔细想呀，这不是在建立"道统"吗？思想史在某个意义上，就是在建立"道统"。大概现代研究者不大会承认这是写"道统"，可是把光荣榜一陈列出来，让你见贤思齐，继承历史上的光荣传统，不就是和"道统"的意义一样了吗？

当然，我们得承认，这样一来思想史也就好写了，因为它很明白它的目的地，直奔而去就行了。思想史好像是越来越大的一条河，依照时间汇成巨流，越近下游，水就越多。终于从古代、混沌、蒙昧到了现代、理性、文明。其实，这是由果溯因的一个套数。而且这个"果"还是被不加论证就确定的必然结果。我给大家念一段话,这是布尔斯丁(Daniel J.Boorstin)说的。他说,历史学常常"把过去认为是一种后果,把历史认为是许多后果"。对呀,我们的思想史,就是根据"后果"去追"前因"的,就是"倒着写历史",说明这些后来的新思想是怎样从旧时代一点一点生出来的,并且成了思想的"进步""发展"或"演变"。这是一个老套子呀,很多思想史、哲学史都这么写。

所以,我把这种思想史的叙述方法叫做"加法"。可是,今天我要说的,就是思想史是否仅仅是描述新思想的历史,是否只能做"加法"呢?

二 被历史减去的:一些实例

如果我们仔细看历史资料,不要只是按照一种现成的思路去读文献,可能还可以注意到一个很重要的现象。什么现象呢?这就是在思想史里面,实际上并不是只有加法,有时也有减法。什么是"减法"(subtraction)呢?我是指,一方面在历史过程里面,被理智和道德逐渐减省的风俗啦、观念啦、知识啦等等;一方面在历史书写里面,渐渐消失在历史记载里面,不再被记录的风俗、知识、思想和观念,它们被历史和历史学家减去了。前一个是在社会生活里面真的越来越少的东西,后一个是在历史书里面被忽略的东西。这些东西就越减越少,少到我们一不小心,就会忽略不计。

这是历史学的老传统了。"历史"这个词,其实意思是有两层,一层是原来曾经存在过的历史,一层是经过记载而留下来的历史。后一个历史,就常常要把前一个历史减去不少东西。本来这也是当然的,每天社会发生很多事情,历史书不能都记下来,就是司马光编《资治通鉴》,先编的那个资料长编,也不可能详细到有闻必录。减法当然是要做的,这不是重点。重点是另一类被减去的事情。大家注意看《孟子》里面的一段话，他说"尽信书，则不如无书，吾于《武成》，取二三策而已矣。仁人无敌于天下，以至仁伐至不仁，而何其血之流杵也"。意思是说，周武王是仁人，他讨伐最不仁的纣王，居然有文献讲他"血流漂杵"，所以这种文献不可信。这样一来，这种记载了当时残酷战争的文献就得销毁了。一销毁，历史就被减掉了。这是什么原因呢？因为写历史的人，先存了一个观念，这个观念支配了写历史的思路和原则，所以要减去很多东西。在这一减里面，就出现了很多麻烦，如果我们还是老思路，那么历史上很多事情就越来越被减少掉了。

我举三个例子。

第一个例子。和刚才提到的葛兰言的研究一样，台湾的杜正胜教授在最近发表的《古代物怪之研究——一种心态史与文化史的研究》一文中提到，古代本来可能有"物官"。他引《左传》昭公二十九年蔡墨语说，"夫物，物有其官，官修其方，朝夕思之，一日失职，则死及之"。所谓"方"，据杜预的注就是"法术"。古代官方可能有一些专职的官，专门修炼一种可以控制、调配或者劾治某种"物"的"法术"，而且这种法术很重要。这个官虽然不大，但是要常常炼，不然这个"物"制不住，你就要反被它控制甚至牺牲了。

有没有这种官？我们且不去说它，但是这种习惯或者观念是有的。《左传》昭公十七年说，"凡分、至、启、闭，必书云物，为备故也"。杜预注说是"素察妖祥，逆为之备"。什么意思呢？就是说，凡是春分、秋分、冬至、夏至、各个节气，都有不同的云气出现。这些不同的云气，象征着不同的吉凶和祥瑞，古代王官要把它画下来，然后解释它的意思，就像马王堆的《五星占》和后来敦煌的《云气占》一样。可见，这种关于"物"的观察、劾治、防备，甚至形成专门的职业，成为专门的权力，这背后就有古人对于万物的理解观念与处理方式。以前，咱们中国古代把最高权力的象征说成是"九鼎"。九鼎是重器，天子下葬才能陪葬九鼎，象征着权力随他而去，谁得到它谁就是天下的主人了。所以楚王北上，有人就说他是来窥测九鼎的。可是为什么九鼎那么重要呢？《左传》宣公三年有一个很有名的传说，夏代"铸鼎象物，百物而为之备，使民知神、奸。故民入川泽、山林，不逢不若，螭魅魍魉，莫能逢之"。这就是古代传说中视为神器的九鼎。九鼎为什么这么重要，因为它画了"物"，而这些物象的背后，就有一套知识和处理知识的权力。王有这种知识和权力，所以，九鼎就成了王权的象征物。显然，在那个时代的观念世界中，这种有实用性的知识是很重要的。孔子为什么要求学生"多识草木鸟兽之名"？难道只是生物学意义上的知识吗？不是的，恐怕这是很重要的劾治知识。《国语·鲁语下》里面，记载季桓子打井得到一个像羊一样的东西，觉得很奇怪，就派人去问孔子，说我挖井挖到一条狗，说狗而不说羊，是考一考孔子。可是孔子说，恐怕是羊吧？"丘闻之，木石之怪曰夔、魍魉，水之怪曰龙、罔象，土之怪曰坟羊"。这样的知识很了不起的，了解就是掌握，知道了名称就是控制的基础。《山海经》《博物志》之所以要这么记载各种怪物、各种奇异，其实是一种对山精物怪的控制权，这是中国古代一种传统的知识史线索，可是我们现代人已经不太能理解它们了。所以思想史也好，科学史也好，都不大有这一条线索。其实，一直到很晚很晚的时代，绘画出形象，能够识破伪装，就能够掌握和劾治怪物这种想法，还是很流行。所以像《白泽精怪图》里面那种识破精怪的技术，在唐代也很普遍，敦煌就保存着这种东西。可是这种对于"物"的古老知识和技术，在后来和古代的物官一道消失了。那么，消失的原因是什么呢，这种消失的背后有没有很隐蔽的观念变迁呢？

第二个例子，比如像古代中国道教曾经有过的准行政化、半军事化组织，这是世界上很多古代宗教都曾经有过的愿望，希望可以全面控制信仰者，成立一个宗教帝国呀。所以汉代末年的太平道、天师道原来都曾经是"领户化民"，又收租税，又管户口的，都要和世俗皇权分庭抗礼的。所以，又是三十六方，又是二十四治呀。这种组织，很容易有煽动性，也常常会引起迷狂的情绪。就在现代各种宗教组织里面，你也可看到这种由信仰力量组织起来的教团，有非常强烈的组织力量，而在他们集体的祭祀聚会活动中，又蕴藏了很大的情感力量。这对世俗政治来说，是很危险的呢。可是，为什么这种宗教教团后来就没有了呢？为什么后来道教都以洞天福地道观为组织基础了呢？道教的历史文献里面，道教的研究里面，这个事情怎么轻轻地就被删去了呢？

第三个例子，也是我自己做的一个六朝道教史的研究。我总觉得道教中有一些被历史减去了的仪式，像涂炭斋、过度仪这样的东西。你要想一想，为什么会在历史中渐渐消失？为什么又会在历史记录中被渐渐删掉？我觉得其中大有深意。过去我们的历史书，常常一方面讲，中国很早以来，就对男女之间的关系有禁忌，对于"性"很谨慎，所以一说就是"嫂溺援之以手，权也""男女授受不亲"，一提就是《礼记·内则》里面的一些规矩。另一方面，很多人总说，中国宗教信仰的狂热不是很厉害，不像一些宗教，有自残、自虐，用自我惩罚来考验宗教信心。像佛教就是念念经、打打坐，大不了就是不娶媳妇不吃肉。道教也一样，吹吹打打，做法事打醮。可是，大家有没有想过，其实过去并不见得是这样的。比如，道教里面的涂炭斋，就是自虐自惩，很残酷。道教里面的过度仪，就是公开的性仪式呀，"父兄立前，不知羞耻"。按照现在的说法，是很丑陋的。大家不要觉得奇怪，其实，这在汉代就很流行。四川新都就出土过三男一女在树下合气的画像砖；四川的江口也出土过男女秘戏浮雕；《艺术丛编》里面也有这种砖拓；而明人何良俊《四友斋丛说》里面也说，他看见过数十件这种东西。这种公开的风气一直到唐代，唐人还可以公开谈论"性"的话题，如性技巧、性文学，像《医心方》里面的东西、《天地阴阳交欢大乐赋》、像敦煌的《攘女子婚人述秘法》；甚至在宋代，京师还可以公开举行的女子裸体相扑；到明代城市里面，还有很多公开出售的春宫画。为什么后来就渐渐变得秘密起来？不好意思公开了呢？西方有人专门研究"羞耻心"的历史，我们也可以在这方面思考一下，对于异性的身体，为什么在主流思想世界里面，渐渐成了忌讳？而在它没有成为忌讳的时代，人们是怎么想的？在它不成为忌讳的阶层，观念是怎样的？这背后有什么样的观念在起作用？而这些观念是否应当是思想史的内容？这实在是值得讨论的问题。

在一次历史学方法的讨论会上，我讲过这些例子。有人提出来说，这种"减法"，要分成两类，一方面是历史中渐渐减少的，一方面也应当是历史记录有意识地渐渐少记了的。这是很对的。后面一种更要注意，因为我们只能通过历史书来了解历史，你不通过历史书、历史文献、历史资料，你怎么知道过去的历史？所以，有时候，并不见得是历史在减少某些东西，而是后来的历史记录者，按照后设的观念和想法，在书写的时候，截长续短，减去了很多历史，使历史变成片断。然后再把片断连接起来，仿佛剪辑影片一样。可是，以前有句古话，翻译成白话就是说，鹳的腿长，截短了它就很悲哀；鸭子脚短，把它接长了它也会不舒服。应当恢复历史本来的样子，来充当我们观察古代思想和观念的背景。所以，我想，我们能不能把被废弃在库房的"胶片"重新拾回来，看看当年真实的全镜头？前面我说过，道教史上有过度仪、有涂炭斋，后来都消失得无影无踪。可是，如果重新发现它，把它很平常很自然地存在的那个时代的关于宗教、身体与性道德的观念背景重新描述出来，是不是可以当做一种思想史的问题？

三 思想史，如何做加法和减法？

我不说，大家都会感觉到，过去的文化史、思想史太多地习惯于"加法"而很少注意"减法"。很少去讨论渐渐消失的那些知识、思想与信仰，包括那些被后人用后来的观念贬斥为野蛮、落后、荒唐、淫乱的，逐渐"边缘化"和"秘密化"的东西。

历史就是这样的，什么东西都有两面，其实在新思想新观念渐渐生长的时候，这些东西就在渐渐消失，这是一个钢镚儿的两面嘛。可是，我总有一些不明白的地方，作为历史研究者，怎么能只看到增加的，不看见减少的呢？没准儿恰恰是在这些渐渐减少和消失的历史过程里面，我们可能可以看到被过去的精英、历史、典籍逐渐遮蔽起来的，被遗忘的历史。也可以看到，古代中国强大的世俗皇权和主流意识形态，是怎么样在不经意中，就可以迫使其他异端"屈服"。大家都知道，古代中国，思想是专制的，政治是同一的，权力也是一个，所谓礼乐文明，也是同一的。这是怎么形成的？那些本来在历史上存在的异端思想上哪儿去了？本来可以和儒家政治意识形态对抗的宗教究竟怎么了？本来各个地区和各种阶层的不同风俗和习惯，怎么就渐渐一致起来了？你看田余庆《拓跋史探》里面，讨论拓跋氏的"子贵母死"制度，这种制度为了防止掌握权力的人受外戚影响和控制，用这么一个野蛮的方法，不符合汉族的"孝道"嘛，但是到了后来，它就渐渐消失了。鲜卑人也融入华夏汉族的所谓"文明"了。这种渐渐被"文明"化，使很多所谓"野蛮"的往事被忘记、被掩盖的事儿多了去了。所以，我1998年在日本京都大学的时候，一面读书，一面就使劲儿在琢磨这个事儿，这一两年里面，我就曾经以这种想法为中心，写了一本关于六朝隋唐道教史的书，就是想看看在新的思想观念和新的社会环境不断增长的时候,旧的东西是怎样被迫消失的;看看我们的思想史、文化史,究竟为什么在有意无意中,也跟着遗忘和遮蔽这些历史,这些历史是怎么一点一点被减去的?

还有一些风俗习惯,大家不一定会注意,这些东西今天可能众口一词地说不好,可是,你回到那个时候看,就不一样了。比如,陈寅恪《元白诗笺证稿》里说,"唐代社会承南北朝之旧俗,通以二事评量人品之高下,此二事,一曰婚,二曰宦,凡婚而不娶名家女,宦而不由清望官,俱为社会所不齿……舍弃寒女,而别婚高门,当日社会所公认之正当行为也"。可是,这种当时社会公认的正当性,后来为什么不正当了呢?讨论这个问题,就要考虑唐宋社会转型、精英思想的平民化趋向,这种精英认知如何通过像《秦香莲》这样的戏曲啦、小说啦传播开来的等等,很复杂的。

还是用具体的例子来说吧。以前我们说过,自从有哲学史、思想史以来,我们对于先秦两汉,就常常只看一半儿书,只读六艺、诸子、诗赋,不读兵书、数术、方技,这就使很多古代思想只剩下一半了。一半的思想能反映当时人的想法吗?我们习惯了用现代人后设的观念去观照过去的历史,这当然没有办法。不过,有时我们也可以用"了解之同情"去想一想。成语说"设身处地",这就很好。如果我们不能设身处地,结果可能会落到"历史目的论"里面去,就好像用一个细长的望远镜去倒看历史。在镜筒里面的,直朝着眼睛的,就收进来了;在镜筒外面的,就忽略了。现在,写历史的人所遵循的、所依赖的,是现代人的一些观念。这些观念在现代,无须论证,都很合理,像"文明""理性""科学",包括对生命的珍视,对道德的畏惧,对陋习的鄙夷,对自由的尊重,等等。可是,现代人撰写古代思想史,你老用这样的观点,站在这样的立场来叙述历史,可能就会不理解古人。因为不理解,就会掉过脸去,故意忘掉。反过来,在这样的历史

第六讲 思想史研究中的加法与减法

叙述里面，写思想史的人也会习惯于把那些刚刚被说出来的，有可能趋向现代的东西，当做新的合理思想，然后冠以"进步""发展"这样的称呼，写在自己的著作中。

所以，这种方法容易忽略过去一些"不文明""不理性"的东西，他们用现代的观念看，当然不合理，也不合法，被删掉是应当的。但是，他们有没有想过，这些现代观念看来不合理合法的东西，在它那个时代曾经合理过，也曾经很正当，甚至很神圣？否则在它那个时代，不就要被灭掉吗？为什么当时没有那么惊诧呢？没有那么惊诧，说明那个时候觉得很正常。那个时候觉得正常，不就说明那个时候的思想世界，和我们现在想象的不一样吗？也许，这些今天看来不齿的思想可能是当时的常识。我们现在费了老大的劲儿要表彰的"新"思想，可能在那个时候，没准儿倒是个怪物呢。当然，从古到今总的趋向是文明化，很多观念会消失，一些习俗会被革除。还有一些信仰呢，渐渐地会被越来越理性的人们所抛弃。还有一些失去了生活土壤的礼仪，会逐渐地被当做赘余而舍弃。这就像盲肠一样，被历史的手术刀割掉。那么，对于研究历史的人来说，在这些消失的、革除的、被鄙夷的和被舍弃的东西背后，有没有深刻的知识和思想背景呢？第一，我们要问一问呀，为什么那个时候，那个环境下面，它们曾经很流行、很合理、很正常？为什么后来它就不正常了、不流行了、不合理了呢？第二，我们还得问一下，历史书、无论是旧的史籍还是新的著作，怎么就好像成了筛子，那些本来在那个时代很普通的事情，怎么就不能通过历史审查，好像筛子一样，颗粒太粗，越筛历史就越少呢？

我们还是用具体的例子来说吧。

像上面讲的儒学史里，七十子这个阶段本来也应当有很多资料，比如子游、子张、子贡的东西，渐渐不见了，只有在《史记》的《仲尼弟子列传》里面有一点。可是这些资料的消失，到底是为什么？是后来的"新"东西遮蔽了"旧"东西吗？是他们的思想因为不合时宜就被忘记了？这就很值得讨论。大家知道，近年来简帛文献，从马王堆汉帛书到上海博物馆楚简的发现，让研究者大为高兴的，就是可以"增加"黄帝书、"增加"孙膑、"增加"鹖冠子、文子、尉缭子、"增加"儒门"七十子"这些缺失的环节。但是，我们为什么不可以讨论一下，在思想的历史或者文献的历史中，他们为什么会被"减去"？

再比如说，禅宗史上，僧稠本来很重要。在6世纪上半叶，北方流行的禅学，在河南、河北是僧稠为领袖，关中一带是僧实为领袖，达摩这一支未必有多大影响。但是僧稠慢慢地就在禅史里面消失了，在唐代他还很有地位，到南宗为中心的禅宗取得绝对地位以后，自己重新炮制历史，僧稠就不见了。同样呀，所谓二祖慧可，其实在他那个时代，没有多少人追随的，什么断臂立雪的故事，可能不那么可信。在北齐首都邺都，他就被道恒法师说是"魔"，使他不得不"从容顺俗"。尽管这样，还是被人所不齿，最后被一个成安县的县令翟仲品陷害，打得死去活来，被迫承认自己是"妖"，被毒药害死。可是禅宗自己写的历史里面，这事情就渐渐消失了，你说怪不怪？

还有呀，大家注意一下，好像很少有思想史或者哲学史著作对皇甫谧进行过研究。其实，他是魏晋时代一个很重要的大人物呢！他在当时士人中间的位置很重要，因为很多大学者都是出自他的门下。他关于宇宙论、历史起源和人生态度方面的著作也很有影响，像《帝王世纪》《高士传》。但是，不知道为什么，大概是因为他很难被纳入思想史的先验线索中被解释出意义吧，所以被古代和现代的历史著作轻轻地划拉在了一边，没有多少人去研究。除非是在更仔细地清理"二三流"人物的时候，才会看到他。这是相当奇怪的事情，可是谁规定他就是二三流或者不入流呢？另外，金代的王若虚，研究的人也不多呀，所以美国加州大学的奚如谷（Stephen

H.West）就写了一篇文章说，他是被遗忘的传统学者。但是，大家翻一翻，现在的思想史并没有这一页，除了史学史比较注意他以外。更典型的是明代的丘濬（1421—1495），他在当时也是一个极重要人物，他的《大学衍义补》《家礼仪节》，一方面从观念上对政治生活各个方面进行论述，一方面从仪节上对日常生活进行规范，在当时影响可大了。可是他的重要性，至今还没有被思想史充分认识。所以，才造成了明代成化、弘治、正德几朝在思想文化史上的缺席和空白。

顺便说一句，最近考古特别热，考古发现之所以叫做"发现"，就是一些古代的东西后来消失了，现在又被我们的考古学者重新发掘出来。那么，反过来，我老是要请大家"反过来"想想，我们如果研究思想史，是不是可以思考一下，一些东西，它们为什么会被历史减掉？我引一个洋人的话来说，"历史的原因从偶然事故的自然淘汰中自行折射出来"。什么是所谓"历史的原因"呢？就是后来被解释出来的，用来说服自己，也用来说服读者的那些理由，其实常常是后来的、选择的、理性的总结出来的。找到这些理由的时候，常常就把很多"偶然的"事情"淘汰"出去了，只有把没有办法纳入解释的剔掉，那个"理由"、那个"解释"才能成立。

当我们把这些"减去"的东西重新放回历史，是不是历史就有了其他的解释的可能？我们做历史研究的人，下力气要寻找的东西之一，不就是一个重新解释的空间吗？过去被那些看来唯一的、合理的解释，把其他的解释都排除了，把可能妨碍它的历史资料都放在视觉的焦点之外了，现在用减法来重新建设历史，是不是一下子就有了很多其他可能的理解呢？所以，我总觉得，思想史还有很多事情要做。第一，要尽量恢复历史的全貌。这个全貌不是什么都写，是不扬善不隐恶，是比较全面，让人知道什么是真正的古代中国思想，知道所谓"思想传统"，是后人用后来的观念从古代寻找资源，重新书写出来，让人继承和认同的，实际上这是"音调不定的传统"。第二,还可以让我们知道,原来关于"思想史"的描述,太过于精英化和经典化,经典本来不是经典,是一个被逐渐经典化的东西,那些没有被经典化的思想可能就边缘化、秘密化或者世俗化了。你得想办法重新读它们,不至于被后来经典化的东西占据了全部思想史。

我总是觉得,有没有这种反方向的怀疑、思索和关怀,是学问境界上的最大差异。好的学者对现成的说法总有追问的习惯,而差的学者总是接受现成的说法,既不去搜集,也不去寻找,更不去解释那些边缘的、看上去是次要的资料。好的学者就像胡适说的,常常要在"不疑处有疑"。比如,刚才我讲的涂炭斋,最早就是胡适和杨联陞在讨论的。胡适和杨联陞从1955年起,就在往来书信件里面反复热烈讨论六朝时期"自搏""叩首"为主要内容的涂炭斋。他们为什么这不讨论,那不讨论,偏偏要讨论这个事情?显然他们有很多自己的想法。后来,就是1960年、1962年,杨联陞接连撰写两篇论文讨论这种已经消失的道教仪式,可以看出,他们心里有问题、有想法,应当说,这样的学者才有相当的眼光。

四 加法和减法:是重写思想史的途径之一吗?

前段时间,我看了几个电视直播节目,北京老山汉墓发掘、埃及一个金字塔的发掘、湖北九连墩楚墓的发掘、宿迁西汉泗水国王墓的发掘。以前,好像很少有这样的事情。不仅是电视传媒把它当做了热门话题,就连一些大企业也觉得这是热门,所以也赞助发掘,弄得考古很热火。

这当然有些奇怪。本来嘛,考古不应当这么冷,但是,现在好像也不应当这么热。很多热心于传说和传闻考古的人,未必理解考古对于学术史的意义。考古是发现,近来就有所谓的发现之旅的电视片,专门拍重要的考古发现。没有疑问,凡是发现,常常让大家惊叹:哎呀,原来古代还有这样的好东西,地下还有这样的宝贝。但是,很多人的兴奋,是和一种文物古董的拍卖价钱连在一起的,觉得原来我们可以从自己的地底下挖出宝贝来,很惊奇呀。可是对于学术界来说,却不同,如果你没有一些新的观念,一些对古代历史的大判断,照样也会和盗墓的人一样,心往一处想,那只是挖宝,满足好奇。

其实,对于历史研究,尤其是思想史、文化史研究的人来说,考古发现不在于多给我们找到了一些坛坛罐罐、铜器简帛,不在于给我们已知的历史和传统多提供了一些证据,关键在于这些考古发现,它是不是有可能改变我们过去的看法,是不是改变了历史。如果这个考古发现一下子告诉我们,我们过去的记忆中、文献里,可能没有这样的传统、这样的文化,这次突然发现了,历史改写了,那才算是"发现之旅"。

我只是用考古为例。其实不只是考古,很多文献的重新发现,很多普通现象的重新解释,都有可能成为"发现之旅"。文献里面也有很多被遗弃的边角资料,它们之所以被遗弃,是因为无法按照传统的历史观念,被安置在历史叙述的合适的部位,就像《世说新语》里面所说的,是暂时无用的"木屑"和"竹头"。为什么呢?因为过去我们的历史观念,已经从一开始就设定了什么是应当叙述的,什么是没有价值的。所以,那些被断定是没有价值的东西,就没有容身之处了。就算是有人想把它们写进去,也不知道写在哪里为好。可是,我要说的就是,如果历史的观念有所变化,可能这些"边角废料"就会突然身价百倍。举一个例子,过去没有"轴心时代"这个观念的时候,《国语》里面那句"绝地天通",没有特别的意义呀,好像只是一个神话传说。但是有了雅斯贝斯的理论,有了张光直先生《商代的巫与巫术》《谈"琮"及其在中国古史上的意义》《中国古代艺术与政治——续论商周青铜器上的动物纹样》连续的引用、解释和发挥,大家伙儿才突然发现,这句话太有意思了!原来,它可以对应所谓"轴心时代"呀,"轴心时代"的理性上升、人神分开,需要巫觋的文化现象,就是"绝地天通""人神异业"呀。所以,这个文献现在就耳熟能详了。我们常常说,史料有主有次,有"边缘",有"中心"。其实,什么是中心和边缘?那只是取决于观看者的位置。山中人所看不清的,山外人也许看得清;从窗里探头看出去的,是窗外的风景,在看风景的人看来,那扇有头探出来的窗户也是一道风景。史料本身没有重要不重要的分别,看你怎么看,看什么。

以前有一个很不错的电视片,讲埃及、南美、印度等地区的考古发现,叫做《失落的文明》。它通过考古发掘来重新描述世界上各种已经失落的文明,这当然很不错。不过,我觉得那是对文明曾经断裂的区域来说的,所以注意的焦点会集中在重新打捞古文明上面。对于一直延续的中国文明来说,我倒觉得考古、知识考古、文献阐释,更有趣的是"打捞失落的野蛮和蒙昧"。我们过去习惯了描述汉族文明的连续历史,可是,有一些历史背后逐渐消失的那些东西,究竟能够告诉我们什么?如果说西方要接续起历史的链条,说明一次次断裂中的连续历史,这是他们所缺乏的,那么我们是否也应当说明连续的历史中的断裂、消失?我们常常说,要重建历史,如果你按照现成的历史脉络写历史,那么要你写干什么?不还是那样吗?重建就是要恢复一些历史上已经消失了的东西。

当然,有很多东西是没有办法重新恢复的,它的消失无可挽回。可能有一些古代的观念,我们永远也无法知道了,这是已经消失了的知识和思想,它们曾经有过一个合情合理甚至很神圣的思想环境。但是,也不一定都不能恢复,我们可以通过大量的资料,加上我们的体验和想象,我们还是可以发现一些被"减"去的历史。

——比如像长沙子弹库楚帛书上的十二个神人形象,究竟意味

第六讲 思想史研究中的加法与减法

着什么？日本的林巳奈夫的推测说，这是体现了和尊重雅醇的中国文化不同的楚文化，应当是楚的神巫形象。这种说法有道理吗？湖北的刘信芳写了一篇《中国最早的物候历月名——楚帛书月名及神祇研究》，他说的有道理吗？有一次有人问我，它会不会和外来的东西有关？我不知道，这种"十二"，像十二柱神将、帛书十二月、计时的十二地支以及"摄提格"之类的怪异名称等等，究竟为什么它成了一个普遍使用的数字？也许有的知识就在古代被减去了呢。

——还有一个很有趣的例子。我们过去常常以鄙夷的口吻谈到，日本古代有遗弃老人的风俗。大家看日本有名的《楢山节考》就会看到，中国人很会嘲笑这种风俗，所以面对这种风俗，就很自傲。而自傲的背后则是想到中国传统的敬老尊老。但是，这种骄傲并不见得有多少依据，这种弃养的风俗在古代中国也同样存在。直到宋代初年，史料依然记载，在一些地方，比如武胜军、西川、山南诸州，仍然"百姓家有疾病者，虽父母亲戚，例皆舍去，不供饮食医药。疾患之人，多以饥渴而死。习俗既久，为患实深"。这种风俗大约来历很久远，所以文献中说是"仍习旧俗，有父母骨肉疾病，多不省视医药"。就连过去我们以为自古以来一直是其乐融融的家族内部关系，也不像经典文献记载的那样。尽管都知道"犬马尚能有养，父子岂可异居"，但实际社会生活中，反而是"百姓祖父母父母在者，子孙别籍异财，仍不同居"，害得当时的朝廷和士人忧心忡忡，反复由朝廷下诏，加上家族伦理的艰难重建，才使这种"旧俗"逐渐消失。所以，并不是一开始我们都很文明的，所谓野蛮的习惯，其实一直伴随着我们的历史。

其实，不妨想象一下，假定中医知识在今天的西风鼓荡下渐渐消失的话，若干世纪以后的中国后人，能否知道阴阳五行知识系统中的这些技术，曾经被那么多世代、那么多人所信仰，并确实能够治疗疾病呢？那个时候的人，也许也只有在资料中重新发掘，重新组合，重新体验，才可以重新理解这种被历史逐渐减去的经脉、行气、阴阳、五行等等，在我们——也就是他们的祖先那个时候，原来真的是一种很合理的观念和方法。所以，我一直在想，思想史研究，要变一变呀，我们为什么不能把对于"发展""进步"之类的加法，对于"文明""理性"之类的主流的注意力，适当地转移到这些方面来呢？

最后，给大家读一段话，这是富兰克林·鲍默在《现代欧洲思想：连续与变化的观念，1600—1950》的《结语》中说的，他说，思想史应当阐明，什么观念不断地被留存下来，而且协助建立了伟大文明，但是——请注意这里有个"但是"——它也应当能够并且应当阐明，另一些观念为什么只是短暂存在，或者为何与非文明相联。

好了，今天我讲这么多，只是有些感想，觉得我们的思想史研究，对于不断出现的"新"思想现象过分关注，而对同时短暂存在过的、在渐渐消失的"旧"思想现象，多少有些忽视。

【建议阅读文献】

葛兆光《屈服史及其他——六朝隋唐道教的思想史研究》，三联书店，2003。

李璜《葛兰言与社会学方法》，载李璜《法国汉学论集》，珠海书院，香港，1975。

杨堃《葛兰言研究导论》，载《杨堃社会学民俗学论集》，四川民族出版社，1997。

杨联陞《道教之自搏与佛教之自扑》《道教之自搏与佛教之自扑补论》，载《杨联陞论文集》，中国社会科学出版社，1992。

桑原骘藏《支那人间における食人肉の风习》，原载《东洋学报》14卷1号，收入《桑原骘藏全集》第二卷，岩波书店，东京，1968。

第七讲　思想史研究方法的变化
——以日本学者研究日本近代思想史为例

今天我们要从中国思想史里面跳脱出来，讲一讲日本的思想史研究，不是全面介绍，只是介绍一些和我们有关，可能有一些启发的东西。

大家都知道，一般来说，中国的学者会比较关注国外汉学界的研究成果，这当然没话好讲，第一，因为别人在研究自己的历史和传统，当然我得注意；第二，也许人家有什么好的看法和新的资料，"旁观者清，当局者迷"嘛。所以，关心国外中国学是研究中国的中国学者理所当然的事情。我自己也写过一些文章，后来收在《域外中国学十论》里面。这样的研究，开个玩笑，应该说，比起闭门造车来说，已经算是有"国际意识"了。

不过，最近研究传统中国的文史学界里面，开始有了"走出汉学界"的声音，我很赞成这一点。我的意思是，研究传统中国文史的人，应当把自己的视野，从外国中国学扩大到其他方面；把自己对话的对象，从汉学家扩大到其他的专业。比如，研究中国文学史的人，可以去和欧洲研究欧洲文学史的人讨论；研究近代中国史的人，去和研究近代印度史的人互相探讨。同样，研究中国思想史的人，也应当走出欧美和日本的中国学界，和研究欧美、日本思想史的欧美日本学者互相对话。这里的道理很简单嘛，外国的"中国学界"，他们研究的中国，是一个作为"他者"的

"外国",他们的立场、角度、心情,倒是和中国的外国文学、世界史、西方哲学史之类研究"外国"的专业其实比较接近。而在他们研究自己本国的历史、思想与文化的时候,研究的心情、思路和问题意识,倒可能和中国人研究中国历史、思想与文化的更加接近。

下面我们要说的,就是研究中国思想史尤其是近世中国思想史的学者,你怎样去看日本研究日本近代思想史的成果。我们先从已经去世,但曾经影响了一代学风的丸山真男(1914—1996)说起。

一 丸山真男的日本近代政治思想史研究

说到丸山真男,当然首先要说到《日本政治思想史研究》。这是丸山真男最著名也是最有影响的著作,现在已经有王中江的中译本,三联书店 2000 年出版的,很好找。

这部书的内容,大家自己去看,我这里简单地介绍一下。丸山真男描述日本近代思想的大体线索是这样的:一、在信奉佛教的镰仓时代,从中国来的"朱子学"处于边缘;但是,在德川家康的幕府时代,朱子学开始成了主流政治意识形态。关键人物是藤原惺窝(1561—1619)和林罗山(1583—1657)师徒,他们以"自然"的秩序为中心,建构了德川时代关于自然、社会和伦理秩序的理论基础;二、由于"古学"继起,如山鹿素行(1622—1685)、伊藤仁斋(1627—1705)、贝原益轩(1630—1714)和荻生徂徕(1666—1728),他们对朱子学说产生了冲击;三、接着,又由于贺茂真渊(1679—1769)开创的"国学",特别是到了本居宣长(1730—1801),朱子学开始瓦解。随着朱子学的瓦解,原来社会的观念和秩序的基础就崩溃了,日本政治思想和社会秩序出现了巨大的近代转型。

按照他的历史线索,江户时代政治思想的演变,就是朱子学的演变。而朱子学从占据中心的思想意识形态,到后来被反朱子学的"古学派""国学派"逐渐取代,不仅是思想史过程,而且还是一个日本政治过程,就是逐渐从传统走向近代的过程。丸山注意到和中国思想史的对比,他说,日本朱子学、阳明学、古学继起,和中国的宋代的朱子学、明代的阳明学、清代的考据学的产生过程,从现象上看颇为类似。但是,他又特别说,思想史的意义倒是完全不同的。为什么呢?因为日本近世儒学的发展是从自身思想的蜕变中,产生了日本的"近代"思想,不像中国,只是一种学术风气的转变。

也许大家已经看到了,这种研究思路,大体上跟现在中国流行的"内在理路"说很相似。它也是从内部出发,把来自日本儒学内部的挑战、对于经典的重新解释、学术思想关注基点的转移以及朱子学的瓦解,看成是思想史的主线。并且,还以此来理解和解释日本走向近代的历程。从学术史的角度说,这一研究范式的意义是什么?我们下面详细讨论。

这里顺便插一句,关于日本思想史尤其是近代日本思想史的研究,在中国过去有朱谦之先生的研究,如《日本的古学与阳明学》《日本的朱子学》等等,特别是他的《日本哲学史》。但是,已经有人看出来,他不仅有一种中国人的傲慢,而且有一种唯物主义的片面,因为他大体上是把日本近代思想史,看成一面是中国儒家,尤其是新儒家,即理学思想的展开和延续,一面是西方"兰学"影响下的独立学派唯物主义、代表中小地主阶级异端思想的古学,与朱熹理学之间的冲突。朱谦之太看重"中国的特殊作用",也太强调西洋的"进步意义",比较忽略日本自己的社会资源和问题意识,结果成了中国人的"日本思想史研究",在这种研究里面,我们看到的是现代中国人看日本时的偏见。但是,丸山真男分析和观看的角度却相当不同。你可以明确地看出作为日本学者，他的问题意识和思考背景。

简单地说，他的大体思路是这样的：

第一，从中国传来的朱子学具有形而上学、人性论和实践伦理的完整性，它所提倡和强调的"天理"，具有一种"整体性"。自然的宇宙秩序、社会的伦理秩序和个人生活道德是一个庞大的系统，藤原惺窝和林罗山就相当重视"天理"的完整性，因此把理和气、性和欲等的论述，放置在一个整体结构里面，互相贯通，互相支持。要想对社会秩序和个人生活做出任何调整，都需要得到自然宇宙的支持，都需要有一个贯通的解释。就像一字长蛇阵，首击则尾应，尾击则首应，所以它是一个很不容易被打破的庞大体系。

第二，到了古学派起来，他们在经典解释上，追寻宋代以前的、更早的依据，把宋代朱子之学贬到第二序，因此，可以分解朱子学本来相当一体的自然、社会和人的统一结构。特别是荻生徂徕，在他的思想里面，他强调更早的经典与解释和宋人的差异，首先，"道"只是人类规范，不是自然法则，所谓天道、地道，只不过是一种"类比"；其次，他把领域区分为"公的"和"私的"，公、私应当各得其所；再次，它改变过去"公"占有绝对合理性，笼罩一切人类生活，"私"被彻底摒弃和鄙夷的情况。所以说，在这些解释下，"朱子学的连续性思维至此已完全解体，一切都走向了独立化"。这个"独立化"的意义是什么呢？就是把"社会"从"自然"秩序下独立出来，使政治和社会从此不再受"天"的秩序合理性控制；把"人"从政治和社会的秩序里面独立出来，个人的道德不再受社会秩序所控制。一切都需要重新确认其合理性，所以，历史就从不言自明的天理转向需要建立合理性、合法性的规范。这在丸山这里叫做从"自然"到"作为"。

第三，丸山继续指出，国学与荻生徂徕之学有联系。他认为，"由于（朱子学）这种合理主义的解体，政治逐渐就从个人道德中独立出来。到了徂徕学，儒学已经完全被政治化。然而，规范在向政治之物升华的同时，另一方面就走向人的精神解放，并打开了自由发展之路。国学恰恰是适逢其后，作为一切儒学的否定者而登台演出的"。

这里的说法可能不太好理解。那么，我们再换个说法，就是按照丸山真男的说法，在朱子学为代表的儒学那里，"天理"涵盖了自然、社会、个人三个领域。由于天理是不言自明的，所以根据天理而推衍出来的社会政治秩序、个人生活方式，都是不言自明的，是当然的、正当的和神圣的。在这种观念世界里面，一切合理性都是同一的，因此它成为一个大系统，政治真理得到自然真理支持，个人生活伦理的正当性也来自这种真理，所以，"存天理，灭人欲"有其逻辑上的合理性。

但是，在古学者的观念世界里，既然儒学是治国、平天下的学问，那么，它就应当是政治统治者的事情，"上帝的归上帝，恺撒的归恺撒"，于是，儒学只是一种政治学说，不应当干预"私"领域就是人的实际的生活世界。这样一来，"公"与"私"就分化了。

那么，国学呢？它开始逐渐地在思想世界中"去古典中国化"，同时，也在确立日本文化的自主性。比如贺茂真渊特别强调，关于"神代之道"及"古道"，日本与中国是不同的。他提出一种对立图式，即本乎"自然"的我国（日本）之"道"与基于"人为"的儒教（中国）之"道"，提出应当尊崇没有受到中国思想污染的，保存了纯粹日本之风的古代。他的著名的《国意考》，第一节就是批评"儒者之愚"，第二节是赞扬"皇国之古"，第三节就是"文武之道"。本居宣长则更进一步，你可以看看他的《直毗灵》，这篇文章追溯神道的渊源与历史变迁，说日本的"道"不仅是保存自然，更是神明所作原初之道，这样的"道"，才应当是世界的"根本之道"。他对中国儒家学说的批判更加彻底，甚至称之为"作秽恶心欺人之道"。这就使得日本思想史开始从中国"蜕皮"。

按照丸山的描述，日本近代思想史好像是欧洲文艺复兴时代的历史。丸山真男描述了一个很流畅的思想史过程：从朱子学到古学，从古学到国学，好像是一次又一次的蜕皮。中国的政治哲学朱子学，逐渐被古学派依据更古老的经学解释所取代，借着古老经典的权威性，使得原本权威的理学解释退避三舍。而后来的国学派，则以民族主义的自我文化认同，瓦解了来自中国的经典之学，使得原来约束日本思想的很多外来因素逐渐消退，日本的主体性开始凸显出来，同时也由于约束性很强的儒家思想的瓦解，给"近代日本"扫清了道路。

大家看看，是不是思路很清楚？

二　丸山真男思想史学的思路和方法

这种思想史的解释，相当有逻辑性和说服力。后来的很多学者都接受了丸山真男的思路和方法，无论是东京学者还是京都学者，比如京都大学的飞鸟井雅道的《日本近代精神史の研究》；无论是左派还是右派，比如相对比较倾向左派的日本近代思想史研究会的《近代日本思想史》第一、二、三卷，这是有中译本的，商务印书馆出版的。而且，因为这部著作被译为英文，在美国出版，很受英文世界的研究者重视，这使他关于近代日本思想与政治的这一解释思路影响到国际学术界。

但是，这里要讨论的不是关于日本思想史的具体描述，而是丸山用来分析日本近代思想的两个重要方法。

第一个是在丸山真男的重要文章《原型、古层、执拗低音》中提出的,这篇文章很有名。"古层"的概念是来自地质学的术语,"执拗低音"的说法是音乐学的比喻。他说,在古层上面,堆积的是儒、佛、天主教、自由民主主义等外来思想,但底层即日本本身的文化却一直延续着。在近代日本,虽然欧美近代思想居于压倒性主旋律的位置,但也常常被低音部的某种音律,也就是日本自身的文化思想所修饰。这种低音有时成为背景存在,有时甚至压倒主旋律,有时被主旋律掩盖,但是它始终存在。——我以为,这是很有价值的方法论,它和我一直强调思想史中的"一般知识、思想和信仰"是很接近的,这种作为基础的古层和低音,是很值得思想史重视的。应该说,任何一个主流思想,无论是外来的新观念,还是上层的创造性思想,在进入实际社会生活的时候,一定会因为这种深入民众的一般知识思想信仰的影响,形成某种妥协和变形,甚至是改造和扭曲。这种研究思路是对的,具体在日本近代思想史上,朱子学被丸山放置在主旋律的位置上,但是,它被日本固有文化影响,由于这个影响的存在,才会在近代相继出现的古学、国学,造成朱子学的曲折和瓦解,这正是一个走向"近代"的社会思想史的脉络。

第二个方法是他在《日本政治思想史研究》提出来的,对历史应当"顺着看"还是"倒着看"。据他说,他是"顺着看"的。首先,历史主义的分析方法,和固执的现代价值评判是不同的,从现代思想的后设价值立场,来评价前代思想的意义是不太合适的。他特意举了一个例子,指出从反抗封建权力的意识这一点来看,主张幕府绝对主义的徂徕学及强调幕府政治神意性的宣长的思想,比起大盐中斋(大盐平八郎,1793—1837)来实在是落后得多,就是同竹内式部、山鹿素行相比,也更是封建性的。但是,这种看法不能说明日本思维的近代化,因为"我们要讨论的问题,不是各种思想中零碎的'现代性',而是思想系统脉络中的现代意识的一贯成长"。其次,他说,用西方所谓"普遍性"的规则,来清理日本思想史也是不合适的,比如,欧洲现代精神的重要特质之一是"合理主义",但是,从日本的朱子学经过荻生徂徕学到国学的历程,却是"非(朱子学式的)合理主义的展开"。换句简明的话说,就是他反对后设的、现代人的,尤其是以欧洲现代为标尺的价值立场,所以,他一直试图"顺着说",从日本自身的资料和自身的历史脉络来追溯思想史。

但是,遗憾的是,在丸山真男的研究中,这两种方法并没有真的贯彻使用到底。

三 丸山真男之后:近年来日本思想史界的批评

我们看到,恰恰是在他这两个最重要的方法上面,丸山真男有着相当重要的自我矛盾。

首先,是他所说的"古层"或者"低音"。尽管丸山一再强调基层文化存在的意义,但他仍然比较看重上层思想,也就是我们常说的思想家的思想、政治家的政治和学者的学术,而不是真的存在于普通一般生活世界的东西。因此,他可能放大了这些他所看重的思想和学术,在社会生活和政治生活中的比重和影响。

其次,尽管他一再提醒人们也提醒自己,不要用后设的观念去看过去的历史,但是他心中一个最重要的指标即"近代",仍然使他采取回头看的方法,根据现代思想的特点,来解释过去思想的历程,而现代思想的特点,恰恰又是他相当不愿意采用的西方的普遍性思想标准。

所以,丸山真男的思想史论述,在某种程度上,成为悬浮在社会生活之上,与历史背景相脱离的纯粹思想过程,因此相对忽略了他自己所说的"古层""低音"。所以,东京大学的黑住真教授，在讨论丸山的思想史学时就指出，丸山真男关于近代日本思想史的理论和方法，在战后的研究者的批判中被逐渐修正。他举的例子中，有尾藤正英《日本封建思想史研究》（青木书店，1961）、渡边浩《近世日本社会と宋学》（东大出版会，1985）、源了圆《德川合理思想の系谱》（中央公论社，1972）等等。他说，研究者重新认识近代思想史中朱子学的位置和意义，对于丸山真男过度强调朱子学的中心性和消极性，给予了纠正，同时对纯粹的朱子学甚至儒学以外的东西，如神道、武士传统、佛教、民俗，及其与儒学复合而成的形态，以及这种复合形态背后的历史背景，开始给予较多的注意。

我们也注意到，近年来的日本近代思想史研究，有几个相当深刻的变化，一是研究思想史的学者，开始真正注意到了"古层"和"低音"，开始用历史的方法，回头看当时社会环境、日常生活和常识世界的实际情况；二是注意到了要"顺着看"而不是"倒着看"，也就是说，他们更注意从历史的脉络来梳理思想史，而不是从观念的角度来描述思想史；三是为了更准确地为近代日本思想确定位置和特征，他们开始关注日本以外，特别是互为背景和资源的近代东亚，尤其是中国和朝鲜的思想史。

先看第一方面。

东京大学的渡边浩教授，是丸山真男的学生，但是他对于丸山的思路有一些批评。在《日本德川时代初期朱子学的蜕变》这篇论文里面，他就指出，日本德川思想史上的那些争论，不完全是朱子学到古学到国学的思想史演变，而是由于"（来自中国的）儒学的信条和（日本学者）其周遭的环境"的矛盾引起的冲突。而他所说的与儒学信条不同的"环境"是什么呢？他说，除了幕府制度外，你可以看"武士的日记或回忆录、近松门左卫门所写的剧本、井原西鹤的小说，或者任何德川初期非学者所写的作品中所反映的日本人和日本社会"。为什么？因为这些东西才反映了当时日本"惨不忍睹的乖离圣人之道"，看了这些资料，重建了历史语境，你才能理解为什么儒学在当时会有如此要改变的动向，任何一种作为政治意识形态的学说，不能不对这些环境做出反应和妥协。所以，他批评丸山的说法，他并不认为朱子学在德川时代已经成为意识形态的主流，相反他特意指出，"日本没有科举制度，当时的日本是由世袭的武士所统治，而非由士大夫来统治。此外，在1687年，在两百六十多藩，只有四个藩里设有藩学。到1715年，设有藩学的藩也只有十个"。这个数字很有力量，那么我们大概就知道了，朱子学与古学派、国学派的冲突，未必就是日本近代思想史的中心脉络。

那么主要的思想脉络是什么？他的说法是，日本德川时代儒学的内部争论，是因为中国古典的书本知识，和作为生活的日本环境，两者之间有差异。如果儒学家要按照本本来介入政治、社会和生活，他就发现，在儒学的信条、周围的环境，甚至和他一个日本人自己习惯的道德信念之间，实在存在着严重的矛盾。所以渡边浩说，这就使得日本儒学家要对来自中国的儒学重新解释，按照他的说法，当时日本儒学家面对的日本问题有：一、封建、天皇、将军；二、华夷之辨；三、神道；四、仁政；五、君臣关系；六、革命；七、修己治人，等等，而这些问题与中国面临的问题相当不同。

和渡边浩稍有不同的是更年长一代的安丸良夫、色川大吉等。他们看出丸山真男把思想史的注意力集中在精英知识分子和有系统的思维方法上，所以，他们有意识地提倡"民众思想史"，这也是从另一方面对丸山思想史学的纠正。后来，桂岛宣弘的《幕末民众思想の研究》也是在这一思路进行实践的。

大家可以注意到，这一思路显示的一个倾向，就是研究者开始不再只注意精英与经典的分析,转而关注作为背景、土壤和语境的社会生活史和一般思想史。近年来,日本学者,比如渡边浩所做的一系列研究,像对德川时代日本人关于"性"的认识,这种观念在中国儒学和日本国学之间的紧张;又像开国以后,受到西方文明的影响,日本社会如何从中国式的"夫妇有别"转到西洋式的"夫妇相和"。这些论文,都是试图通过具体的社会生活观念转移来透视文化转型期的思想史大变化。而另一个学者桂岛宣弘的《思想史の十九世纪:他者としての德川日本》也同样讨论金光教为中心的民众宗教信仰、民间的疾病和医疗,关于疾病和身体的近代思维的形成以及一般民众中的华夷观念和亚洲观念等等。

第二个方面。

丸山真男对于近代日本思想史的观察角度和方向,由于强烈的"近代主义"视角,很多学者都指出,丸山真男实际上还是有一种"倒着看"的倾向,像沟口雄三就有这种看法。这就使丸山的思想史有一些问题了。比如徂徕学,丸山就认为,它的兴起,瓦解了德川封建意识形态的朱子学思维方式,奠定了近代日本的思维方式。根据是什么呢?就是从传统到近代,思维方式应当是"政治与道德、国家社会与个人,以及人的内在和外在的浑然不分,到政治与道德、国家与个人、个人与内在的分离自主"。但是,实际上这种"分化"思维方式之所以是"近代",还是按照欧美的历史模式套来的,所以,他用这样的"近代"来反看所谓"前近代"的时候,徂徕学就被解释出"近代意义"来了。丸山真男《思想史の考え方について》中曾经用"乐谱"和"演奏"比喻历史和"历史"。他说,思想史研究好像是演奏出来的乐谱,是理解后的历史,这当然是对的;但是,因为他一直试图在历史中解释出"近代"的、"日本"的近代民主主义传统,所以这种"倒着看"的方式，就一定对历史有所取舍。

大阪大学的子安宣邦教授，就批评这种方式，认为应当把对于徂徕学的解读，"由朝着徂徕的诠释性解读，变成来自徂徕学的批判性解读"。他把"朝着"到"来自"的这一转换，叫做"作为事件的徂徕学"。什么是"作为事件"（事件として）呢？日本学者很爱用这个词，像作为方法的中国，作为方法的亚洲，作为方法的江户等等。子安宣邦的这个意思就是，把徂徕的论著和言论，当做一个发生在当时社会语境、社会生活、社会背景中的事情来看待，把徂徕学看成是17世纪末、18世纪初社会空间中的事情，是他对当时社会语境所发出来的话语。这个说法很有意思，其实用一个简明的说法，就是把徂徕学放回那个历史场景中去，从徂徕那个时代的背景下，重新"顺着"时间线索梳理和理解它的意义，而不是从后来才有的"近代"视角去看它，用后来的观念去解释它的"近代"意义。这也是很有道理的。

第三个方面。

大家都知道，朱子学来自中国，对于日本来说，这是一个异文化。但是，它在近世传到了日本与朝鲜，然而日本、朝鲜的问题和语境却与中国不同，那么，朱子学在三个不同的地方的差异是什么？在思考日本为何能够走向"近代"的时候，研究者必须对三个不同的历史背景和观念土壤有所比较。特别是进入近代以后，三国互为资源和背景，面对同一的"近代化""西方冲击"和"文明开国"，历史过程却相当不同，为什么会这样？

要回答这一问题，同时也是为了说明，为什么偏偏是日本能够先进入"近代"和"西方"。所以，亚洲历史与社会环境的相互比较和总体研究，就相当重要。日本学者把这种研究领域的扩大，叫做"进入世界史"，或者叫"从亚洲思考"，还有的叫"作为（日本的）他者的中国和朝鲜"。总之，就是一方面把日本思想史

第七讲 思想史研究方法的变化

研究的视野扩大到整个世界和亚洲，另一方面，又把自己思想史与其他亚洲民族国家的思想史分开，互为背景，也互为他者。其中特别要注意在近代日本思想史里面，使"日本"能够自我定位与主体确立的前提，恰恰就是"中国"这个巨大的"他者"。中国在近代日本观念中的"再定位"，使日本摆脱了传统中国文化的笼罩。大家可以注意，这类论著极多，除了已有中文本的野村浩一《近代日本的中国认识》之外，还可以参看鸟井裕美子的《近世日本のアジア認識》、茂木敏夫《清末における"中国"の創出と日本》、黑住真《日本思想とその研究——中国認識をめぐって》、山室信一《アジア認識の基軸》，子安宣邦在哈佛大学的一次演讲题目就是《大いなる他者——近代日本の中国像》，好像这个题目也在台湾讲过。

这里的道理很简单。由于日本的近代化，所以，一方面日本常常要把自己积极地编入欧洲为中心的世界史；另一方面，由于需要超越欧洲式的近代化（这也叫"近代的超克"），又需要强调日本的亚洲身份，与欧美即"西方"划清界限，在亚洲的框架内解释出日本自己独特的思想史来。大家注意，这就是日本特别的地方了。正是因为这一点，近年来，日本思想史界对于东亚近代思想，尤其是各自的差异就格外关注。例如他们就注意到，（1）朝鲜王朝的两班阶级，由于独占经学，奉行朱子学，所以对于医学、语学、天文地理等事并不关心，他们认为那些知识似乎只是中人阶级的东西。可是，日本的儒者大多与上层的政治游戏无缘，因此他们的知识学习常常与任何学问和学派有关，在研究儒学之外，修习医学、本草学、兵学、神道、国史学的人很多，这样，就导致近代日本儒学出现了众多学派和众多研究。这是不一样的。（2）在中国和朝鲜，所谓"学者"是从全民中通过考试选拔出来的，应该作为"治人者"的那批人；但是在没有科举制度、由武家支配的日本社会中，所谓

"学者",正如儒者反复喟叹的,只是所谓的"一艺之师匠"。因此,对比而言,由于清代学者的学术存在一定的空间,除了科举之外,还有一些途径,尚可以用学问谋生,所以,这决定了清代的读书人在心理上,一方面很难正面去否定制度性的正统思想,一方面又可以不一定完全同一化,可以走学者的路子。而朝鲜则是另外的一种情况。朝鲜的科举有资格限制,这些应举的人均在"两班"之内,是否"两班",已经不仅仅是个人问题而是家族的问题了。出产官僚的儒学教养人家,如果有连续世代的,才可以属于"两班"。因此两班资格导致了儒学、家族、权位的同一性和封闭性。研究东亚知识分子与思想的人,应当注意这种中朝与日本不同的因素。(3)对于研究日本思想史的人来说,应当关心日本与中朝不同的历史背景,比如,虽然宋代到清代的中国,常常被和德川时代的日本相比较,都称为"前近代",相同的地方也很多,但是,更应当注意的是差异也相当明显。比如,中国一旦确立朱子学的支配地位,就有起来同朱子学对抗的另一种流派,而日本则不同,在德川时代前半期,朱子学开始被认真学习的同时,差异极大的各种新的儒学思想就陆续出现,并且因此出现了儒学的整体普及,而且,他们与朱子学并行不悖,各种杂多的学派还陆续扩散,因此中日两方面儒学者的背景和资源是相当不同的。(4)在中国,阳明学一时拥有强大影响力,而在日本却影响相当微弱。在中国,朱子之学的批判者的多数,是采取对它的内核进行再解释的方式进行的,试图使"理"本身继续具有活力。与此相对,在日本却常常对"理"这一概念本身表示出不信任。因此,丸山真男仅仅以"理"为中心,以朱子学为脉络来讨论近代日本思想史是不恰当的。

四 他山之石:另一种思想史研究的思路和方法

不过,应当承认,丸山真男的影响在日本是笼罩性的,无论是子安宣邦、飞鸟井雅道,还是渡边浩、黑住真等更年轻一辈的学者的研究,与其说是对丸山思想史学的整体颠覆与反叛,不如说是在丸山思想史学延长线上的批判性超越。那么,从丸山真男以来的日本思想史界的变化趋势,对于中国学者来说有什么启发呢?我以为,上述这三方面的思路、视角和方法,都很值得我们中国思想史研究者深思。

首先,是思想史研究应当真正注意"原型、古层、执拗低音",从单纯的哲学史的层面解脱出来,强化对思想史的社会和历史背景的研究。

这一取向与近年来中国思想史研究中的社会史倾向很接近。我们举一个例子,比如同样研究16世纪以来的思想与学术,过去我们的思想史、学术史研究者常常太过偏重从顾、黄、王到考据学,从汉学考据学到公羊学的线索,以至于后来人认为正是今文经学对传统经典与意识形态的冲击,导致了"近代思想"的兴起。因此,近代思想史常常上溯到龚、魏,而龚、魏则仿佛丸山真男所说的"徂徕学",今文公羊学家也仿佛古学或国学者,是他们对历史和传统的重新解释,对经典系统的重新安排,导致了古典系统的崩坏。但是,正如艾尔曼正确地指出的,清代考据学只是一个圈子不大的江南学术共同体的学术倾向,而龚、魏在思想史上也并不像后人说的那样,影响如此之大。所以,我们不得不重新看当时的社会和历史环境。我们发现,在上层知识分子中间,意识形态领域里,程朱理学仍然是通行的公开话语,仍然主导着"政治"和"思想";但是在学术领域,却出现了以博学与考据为标准的认同群体,形成了一种确认自我价值的学术话语;而在"私"的生活领域,却普遍被另一种私人性的话语所占据。

这种思想世界的分裂,以及这种分裂状况的保持和延续,其实对思想史进程影响相当大。所以,如果我们再看看各种《燕行录》中异域人记载中的思想异端状况,就可以知道当时中国思想世界,对"忠""孝"的怀疑,并不像通常思想史著作所写得那么单一,其实私底下表示不相信的人很多。如果我们看一看公私档案中所反映的日常生活,以及日常生活世界与经典精英世界的差异,我们就可以知道那些精英在文字世界中表达的原则,实际上必须与社会生活相妥协,否则只是空头大道理;如果我们看看大众流行情歌、看清代以来流行的俗文学,也可以看到在官员的公开政治世界、士人的学术考据世界之外,存在着"一个繁复多端的情欲世界",与那个被"天理"笼罩的政治世界和那个被"经典"规训的伦理世界分离而存在。所以,你要是不理解这种活生生的生活世界的状况,你不仅看不到真正的社会思想实态,甚至不能理解清儒,诸如为什么要"以礼代理"?为什么会出现道德严厉化倾向和生活制度化倾向?它的真实意味和背景是什么?你都搞不清。

其次,是关于"倒着看"还是"顺着看"的问题。

这一直是一个相当棘手的思想史研究方法。一般来说,就像韦伯(Max Weber)所说的那样,人们必须有一个"理想类型"(idea type)才能处理历史文献,才能把乱七八糟的思想观念资料,清理成一个有条不紊的系统。丸山真男处理日本近代政治思想史,就是用了"近代主义"这一视角,所以很清楚,很有逻辑。

过去我们讨论中国思想史,比如清代思想史,也是这样的。这里的逻辑很简单呀,因为我们相信,19世纪以后中国开始进入"近代",所以,大家就希望在历史里面解释出一个从传统到近代的思想过程,而且还希望这个过程符合一个简明的逻辑。比如,梁启超说的"以复古为解放",就很像欧洲文艺复兴,也很像日本从朱子学"蜕皮"。他说,"第一步,复宋之古,对王学而得解放;第二步,复汉、唐之古,对程朱而得解放;第三步,复西汉之古,对许郑而得解放"。这种思路的笼罩性很强,像周予同

《五十年来中国之新史学》中也在阐发这一思路。后来，从侯外庐到艾尔曼，也都要把清代学术和思想与文艺复兴相比附，直到现在也没有走出这一模式。于是，才会出现明末三大启蒙思想家、清代考据学与欧洲文艺复兴时期的古希腊、罗马文献的重新发掘类似等等的说法。能否超越这一模式，其实，需要我们重新回到历史中去，像子安宣邦所说的那样，把清代学术作为一个"事件"，放回历史场景和思想语境之中，重新顺着时间来梳理其脉络，看清其影响，分析其走向，最后才来确定它在中国走向"近代"的位置和意义。

再次，是世界或亚洲史视野。

我在以前的一篇文章中曾经提到，"在古代中国的'朝贡体制'逐渐瓦解，世界日益进入'万国并峙'的时代，在各个近代民族国家不得不开始寻求'近代性'的时候，实际上各国的文化之间常常是互为背景和资源的"。从17世纪到20世纪，东亚中、日、朝三国的一些历史与文化现象，已经使我们越来越清楚地看到，当观念世界的舞台不再是中国中心的"天下"，而是各国并峙的"万国"时代，这个时候，西方知识、思想与信仰渐渐凭借"科学"与"理性"的名义成了普遍尺度，无论是日本、中国还是朝鲜，都面临着同样的问题，即如何转变自己的文化与思想形态，以适应或回应所谓"近代"和所谓"真理"。所以，它们之间常常会互相影响。举几个例子，（1）在讨论近代中国、朝鲜和日本佛教史上的一些变化时，不少学者就已经把彼此作为背景与资源来看待，分析它们之间的互动、传播、误读关系，像东本愿寺到中国和朝鲜来传教，就有很多复杂关系。（2）甲午中日战争以后，当时中国很多流行的新知识和新思想是从日本传过来的，有人就研究中日之间翻译的影响，中国到底有多少关键词是来自日本的，有多少西方的术语在日语翻译以后变了样子，可是中国还是从日本转手。（3）对于日本来说，近代作为标志性观念的"脱亚论"背后，是什么东西？是不是去古典中国化？对于中国这个巨大的"阴影"，是把它作为与"西洋"一样的"东洋"，还是把它当做"方法"而成为日本的"他者"？其实从德川时代到当下，一直是日本思想史和学术史上的一个大问题。对中国古典的认同与对中国现代的拒斥，对现代中国革命的理想想象和对现代中国文化的无端轻蔑，其实背后都有相当深刻的思想史内容。

所以，我觉得中国学者，尤其是研究近世中国思想史的学者，也可以适当扩展自己的研究视野和文献范围，把日本、朝鲜和中国，甚至更广阔的思想空间纳入思想史研究的视野。在近代中国思想史上，它必须时时成为研究的背景。

五 切记日本与中国在近代思想史的历史差异

话又要说回来。

需要指出的是，这并不意味着我们的思想史研究，要全盘接受日本近代思想史的研究模式，也不意味着我们要把中国思想史，也整编到"亚洲"或"世界"思想史中。我始终相当警惕的是，当我们接受"亚洲"这一概念，并开始我们对思想史整体重新研究的时候，我们是否能够区分日本、中国和朝鲜近代思想史中各自的不同背景和特别性质。

在近代思想史上，中国、日本、朝鲜之间尽管同样面对西方，但在所处的姿态、采取的回应策略和被迫接纳的心情上，确实有相当大的差异。如果说依照丸山的说法，近代所谓的"西方"并不是一个固定的"西方"，那么我们也应当说，"东亚"也不是同一的"东亚"。

以日本与中国为例，一个相当大的差异是，日本在面对"西洋"的时候，它同时也面对着"东洋"。因此，对于日本来说，如何在一个强势的、新来的西方文明与庞大的、旧有的中华文明之间自处,是日本近代思想面对的困境。正因为这个背景,近代日本才有从朱子学、古学和国学的蜕皮,一直到"脱亚论""兴亚论"的争论。相反,中国与日本的处境相当不同,中国当时虽然同样有如何面对西方的困境,但中国并不处在日本式的"夹缝"状态,而是处在中、西的"对峙"状态。

具体的历史背景和政治状况,中、日之间也有很大的差异。大家看从胡秋原到李恩涵,很多学者已经说过了,在东西交往中,诸如:一、外交孤立;二、被动通商;三、签订不平等条约;四、开始开关通商时有反外仇洋案件;五、接受西洋从器物技能模仿开始,这五个方面,看起来好像中、日双方差不多,但是,回应策略和接受心情很不一样。一直处于朝贡体制中心的、有自己历史传统的中国,因为老大的心情始终不能消除,过去顽强的主体意识产生的优越感不能一下子去掉,"西学源于中国""中体西用"的观念还在起作用,所以不那么甘心接受西方。可是,没有传统的中心观念和主体文化的日本,在实用主义的观点下,对于西方的事物绝少坚忍不拔的成见。这一点看看资料会很清楚,比如,对于所谓"文明""教养"的模仿,在中国要到19世纪末以后才风行;全面向西转,在中国其实要到中日战争,就是19世纪末20世纪初才开始。可是,日本很早就已经开始全面的模仿。这是什么原因?同样是"开国"或"通商",同样是"向西转",给人的印象是,在当时的日本,可以采纳所有有助于富强与开化的西学,就好像试穿各种时装,穿一件脱一件好像很容易;而中国则仿佛穿惯了长袍马褂,总觉得衣冠象征着文化,不仅仅是穿了西装很不自在,好像穿了洋服就象征着"丧尽门面"。

所以,在近代亚洲各国,就对"民族"与"世界"态度有相当微妙的差异。本来,在进入全球化的近代过程中,如何保持和伸张国家的独立,保持自己的传统和文化,不至于沦为殖民地,始终是后发现代化国家的思想史困境,这就是通常所谓的"启蒙"与"救亡"之争。虽然当时的日本、朝鲜与中国,都一样面对这一困境,但是,日本、朝鲜与中国恰恰很不一样。

第一,对于日本来说,是在西方压力下,从本来的东亚半孤立状态,编入新世界秩序,所以,它一方面要在西方强权的压迫下,获得独立主权国的地位,另一方面要从原来以中国为核心的东亚政治秩序以及传统华夷观念中解脱出来,并将中国确立为一个平等的、甚至是弱者的"他者"。换句话说,就是一方面要从历史上来自中国文化的笼罩下挣脱出来,重新解释和确立日本文化的独特性和主体性;一方面又要超越欧洲或者西方的强势文化,重新确立日本文化和东方文化的价值。

第二,朝鲜的情况非常复杂,它比日本还麻烦,它同时面对的是西方、中国和日本,它要在这三种不同的强势文化影响下,重新确立民族国家的位置和民族文化的个性,因此在朝鲜近代思想史中,进入世界的近代格局,反抗殖民主义,民族传统复活,都是连在一起的,因而它的"救亡"与"启蒙"的表现与日本和中国都不一样。

第三,中国呢?虽然它与日本一样,是在西潮的压力下被强行编入新世界秩序的,但是它的思想处境是,一方面要应付的是外在的,即在西方强权的压迫下,获得独立主权国的地位,这一点与日本相同。但另一方面却要与内在的,即中国中心的天下主义脱离,并承认一个万国并峙的世界新秩序。可是,这很不容易。中国知识分子很容易从争取国家独立,一下子跨越到追求大国精神,而且很容易因为大国地位的丧失,激起强烈的情绪反弹。大家都知道,由于近代中国受到东洋和西洋的两面欺负,在连《万国公法》中的主权和平等都享受不到的情况下,20世纪便激起了强烈的民族主义或国家主义，后来就产生了所谓"救亡压倒启蒙"的情况。

可见，同样在东亚，同样面对西方，但是，因为历史、文化与传统都不同，位置与心情都不同，你说说，朝鲜、中国和日本，思想史的进程怎么会一样呢？思想史研究的思路和方法又怎么可能一样呢？

六　谁的思想史？为谁写的思想史？

不过，老调重弹的话，还是那句话，"他山之石，可以攻玉"。尽管我们说，东亚思想史各国之间是有差异，但是，有一点是日本和中国的思想史研究相同的，那就是研究的都是"本国"的问题，都需要有本国的问题意识。所以，在最后我特别要提出来的是，日本学者研究日本思想史，有他们很强烈的日本问题意识。

什么是日本学者的"日本问题意识"？丸山真男在《日本的思想》里面说，是寻找日本思想的"坐标轴"。为什么要找它呢？是为了当下思想对传统思想的继承和超越。在丸山真男这里，思想史写作，其实是当代思想与传统思想的不断对话。

很多日本学者都有相当明确地为当代日本思想"寻根"的意识。因此，在清理近代日本思想史资料的时候，从一开始，他们就相当注意分清什么是"他者"，什么是"自我"。我们可以看到，现在很多日本学者讨论的话题，比如"从亚洲出发思考""作为方法的中国""非西欧的视角"，在这些话题背后，更是有明确的"日本性"，他们格外强调日本思想史的特殊性。

举一些例子。比如近来的一些有关"亚洲"或"东亚"的思想史论文，就特别地反复提到近代日本关于"东洋""中国"或"中华"概念的形成。这种概念形成的背后，是有关欧洲、西洋、西方概念的影响。这些东洋和西洋观念的形成背后，是不同于东洋、西洋的"日本"自我意识的形成。荒野泰典说，正是在这两个世界的重新认识中间,近世日本开始形成了东洋、西洋与日本三分的、突出日本主体的世界图像。近代日本的"东洋""西洋"论后面,就是一个日本。

所以,现在很多思想史著作就在相当热烈地讨论近世日本这种"世界像"或"东亚像"中的日本思想,追问在世界和东亚的背景下,日本的特点究竟是什么?比如,西洋的进步观念和文明观念,相信有不变的普遍的价值基础,相信人类有进步的能力,随着知识的增长、产业的发达和社会的复杂,越来越文明与进步。而中国在传统上是相信"反复"即循环观念的,直到近代才有所变化。而日本呢?在这样的研究里面,包括对江户时代那种与东、西洋都相当不同的日本社会生活史的描述,其实都在论证一句话,"日本就是日本"。所以,我们可以看到,现在日本思想史研究者们心目中,始终有一个"谁的思想史,为谁写的思想史"这样一个意识。

我要问的是,中国思想史研究者,是否有这种"区别"与"认同"的明确意识?首先,在传统观念里,中国是"天下",所以问题只是以夏变夷,期待周边民族认同我们的中心文化。在现代观念里,中国人还是认同真理是普遍的,无论是德先生,是赛先生,还是马克思主义,都应当"放之四海皆准"。所以,在很长的时间里,中国学者的观念认同只有两个极端,不是中国的,就是世界的;不是世界的,就是中国的。或者换一个说法,只要是世界的,就是中国的;只要是中国的,就是世界的。体现在思想史研究里面,就很少特别有明确地为"当代中国"寻根,寻找和日本、朝鲜,和欧洲、美洲都不一样的、这一个"中国"的意识。我们总觉得我们是在参与"天下之公器"的学术大业呀。其实,这不仅仅是缺乏"他者"与"自我"的区别意识,而且也过于相信"放之四海"的知识。所以,缺乏中国思想史的特别的问题意识,当然就缺少特别的思路和方法。比如,西方的"文艺复兴"历史,成了我们研究近代中国史的标尺；来自西方的社会五阶段论，成了我们划分社会史与思想史的依据；来自西方哲学的唯心、唯物两分论，成了我们哲学史思想史的分析框架。相反，对于可以作为"镜子"的周边，比如日本、朝鲜、东南亚的思想史，倒很少有人关注。更不消说把它们认真地当做"我们"的"他者"。所以，是否也要问一问我们的思想史，究竟是"谁的思想史，为谁写的思想史"？

【建议阅读文献】

丸山真男《日本政治思想史研究》，王中江译本，三联书店，2000。

丸山真男《〈日本政治思想史研究〉英语版の著者序文》，载《丸山真男全集》（岩波书店，1996）第十二卷。

丸山真男《原型·古层·执拗低音》，载《丸山真男全集》第十二卷。

丸山真男《福泽谕吉与日本近代化》，区建英译本，学林出版社，1992。

丸山真男《日本の思想》，岩波新书本，岩波书店，1961，2002。中文本《日本的思想》，区建英、刘岳兵译，三联书店，2009。

武田清子编《思想史の方法と対象》，创文社，东京，1961，1979。

朱谦之《日本哲学史》，人民出版社，2002。

野村浩一《近代日本的中国认识》，张学锋译本，中央编译出版社，1999。

童长义《日本文化思想研究的主体性》，载《东亚近代思想与社会》，月旦出版社，台北，1999。

飞鸟井雅道《日本近代精神史の研究》，京都大学学术出版会，2002。

尾藤正英《日本封建思想史研究》，青木书店，1961。

源了圆《德川合理思想の系谱》，中央公论社，东京，1972。

渡边浩《近世日本社会と宋学》，东京大学出版会，1985。

渡边浩《东アジアの王权と思想》，东京大学出版会，1997。

桂岛宣弘《思想史の十九世纪：他者としての德川日本》，ペりかん社，东京，1999。

子安宣邦《作为事件的徂徕学：思想史方法的再思考》，朱秋而中译文，载《台大历史学报》29期，2002。

附录　想象的边界
　　——关于文史研究的学术规范

　　学术界的情况，我觉得，现在并不怎么让人乐观。近几年来，很多人都在讨论这个问题，究竟什么是学术规范？什么是可以叫做"学术"的最后底线？今天最后一次课，我们就来讨论这样一个话题，什么是学术研究里面必要的想象？什么是想象的边界？到底什么是学术的规范？为什么我们要守住这道底线？再说一次，为什么要和大家讨论这个话题？因为各位都是读学位的，如果你自己在外面单干，你随便写，随便表达自己的想法，是可以的，那么，我也不会来和你谈这个问题；可是，如果你要申请硕士、博士学位，你写的是严格的学术论文和著作，我就要强调这种规范的重要性了。

一　中国学术界的规范和底线崩溃了吗？

　　首先我们要来讨论一个可能是危言耸听的话题，就是中国学术界的规范和底线是不是已经崩溃了？之所以要这么郑重其事地讨论，是因为现在文史学界的情况真的很让人担心和忧虑。

　　近年来，大家都看到的，学术界的想象和杜撰很泛滥，先说一些匪夷所思的故事。若干年前，我打开电视，偶然看到中央电视台的一个报道，说陕西关中有一个自学成才的人，"破译了《石鼓文》"，证明这个石鼓文是秦的散文诗。我觉得实在是缺乏常识，以前的人难道就不认得石鼓文吗？那么以前的古文字学者他们干了些什么？到了1996年，还是在陕西，又出来一个发现《孙子兵法》八十二篇的故事，连《文汇报》都登了，还假借了李学勤先生的名义，在报纸上说，这个发现多么多么重要。其实这是一个骗局，如果不是有意的骗局，至少也是一个缺乏常识的笑话。

可是遗憾得很，这一类事情很多很多。我再举一些例子吧，像某个自学成才现在当了研究员的人，出版了厚厚的著作，他发现殷商人不仅在朝鲜建立了第一个"箕子王朝"，而且创造了美洲的奥尔梅克文明，他说，"印第安人"为什么叫印第安呢？原来是因为殷商人流亡到美洲，思念故国，见面总是问"殷地安否"，所以才得名的。这种奇谈怪论很多，最近我又在互联网上看见一则消息，说某研究员已经证明，不是西洋人，而是中国人最早到的北极。是谁呢？原来是汉代的东方朔。根据呢？是《十洲记》和《神异经》里面那些含含糊糊的想象。且不说东方朔是一个半真半假的人物，而这些想象之辞也不能当做证据，就是《十洲记》和《神异经》，你也得考证一下，是不是真的是东方朔的作品？这都是没有常识的哗众取宠嘛。这还不说，有人连外国的传说也拉上了。有一个叫宫某某的人根据《山海经》发现，西方人说的伊甸园，就是那个传说的人类始祖亚当、夏娃住的地方，其实在云南；外国不够，更把宇宙外星人扯上，有人说，经过研究，河图洛书就是外星人的地图，而和它相似的一个说法说，《周易》是一部神秘的日记。

这些匪夷所思的发明，学界中人看起来是笑话，但是在报纸上、电视上、广播上，却在很严肃地报道着，好像是"莺歌燕舞"，形势一片大好，新发现一个又一个呀。特别麻烦的是，很多算起来是学术界的人，从事学术研究的人，也在那里胡搞。大家看1999年7月2日的《光明日报》，那个时候郭店楚简很热，有人就想象说,那个墓主是屈原。好呀,如果是屈原墓被发现,那不是惊人消息吗?可是你拿什么做证据呢?原来只是一只杯子上的"东宫之师"几个字。可是这证据不足呀,那个"师"字,有人还不同意,说是"杯",不是"师",而且东宫之师也不一定是屈原呀,所以他又举了一个证据,说死者双手抱在胸前,不是投江自沉的样子吗?可是人沉江以后,不就放开手了吗,难道屈原真的是一直抱着石头下河到死?实在是荒唐得很。另外,大家还记得在1999年还是2000年,湖北一家报纸登的,一个博士生要以"零经度为中央经线的新版中文世界地图"申请专利,以格林尼治天文台的零经度为圆圆的地球的中心线?这不成了英国的世界地图了!他还以为是大发明,这不是很可笑的事情吗?另外,像我看到的一个博士学位论文,实在穿凿附会,把《山海经》的《大荒经》和《海内经》解释成"历法文献",虽然里面一些内容确实和古代历法的知识背景有联系,但它本身不是在讲历法,我就很不赞成这种穿凿的东西。还有一个就更厉害了,是教授呀,大概是总想翻空出奇吧,拿了清代人已经反复说过的东西来当做新鲜玩意儿,说《西游记》就是一个炼丹炼气的书,其实这是《西游证道书》里面的老一套嘛。

  这并不完全是无知。有的人有知识得很,我举三个例子。第一个,郭沫若当年看到新疆发现的所谓"坎曼尔诗笺",上面抄了白居易的《卖炭翁》,好呀,又是维吾尔族人,又是抄这样反映阶级压迫的诗歌,顿时大喜过望,写文章演绎了唐代中外文化传播的一段考证。结果是文学所的杨镰先生,后来经过考证揭开了这个迷局,证明这个被当做唐代东西的,其实,是明代的。这样就说明,郭老上了当了。为什么上当?因为有先入为主的成见,想证明大唐盛世中国和外国的交往,想证明维吾尔族接受汉族文化很早,有这样的先入之见在那里,哪里还能平心静气地思考?第二个,是关于古罗马军团在中国的故事，有人研究说，两千多年以前一支古罗马军团当了俘虏，被安置在骊靬，于是至今永昌这里的人，还是古罗马人的后裔。这本来是英国人德效骞的说法，可是后来中国人也跟着说，连当地政府也跟着来，希望变成一个神奇的故事，变成旅游资源。可是台湾的学者邢义田和北京的学者杨共乐以及上海的学者葛剑雄等人，都反驳了这种追求轰动效果的故事，因为你没有任何实际的证据，捕风捉影嘛。后来就连原来被当做证人的那个"罗马人"宋国荣，也否认了自己的外来血统。可是为什么会有学者把这件事说得这么神？这是值得好好想一想的。

为什么会有这样的东西出现？我以为有三个原因。一是市场的影响。如今一切市场化，那些老老实实、可能也是干巴巴的东西，没有市场效应，可是那些花里胡哨的东西，能够引人瞩目，能卖得出去呀。像有一个人写《袁世凯传》，这名字不行，就得改成《窃国大盗》《偷天大王》。内容呢？你一五一十地老老实实讲不行，得说到宫闱秘事，最好来点儿添油加醋的有色佐料。本来学术研究是像跳高，只能一公分一公分地长，可是市场导向却逼得你去"揠苗助长"，恨不得一下蹿八丈，拔着头发离开地球。所以，现在市场就搞得学术界里面常常有这种"不按常理出牌"的人，在那里制造各种看上去很新鲜，可是只是泡沫的东西，所以有人说是"泡沫学术"，不奇怪呀。

二是媒体的推波助澜。为什么，很简单，媒体和市场是一样的，新闻界有句老话说，"狗咬人不是新闻，人咬狗才是新闻"，所以它老是要找"人咬狗"的怪事呀。只有这样，电视、报纸才有人买，有人看。你们看一看，上面我们说的这些古怪的东西，大半都和传媒有关。有的记者并不是学术界的内行，可是他们手里的笔却影响很大，应当说，"成也媒体，败也媒体"。它要是对学术做严肃的宣传，那是很有用的，我们得借助他们的力量；但是，要是它瞎掺和乱搅和，那就麻烦了。举一个最近的例子，大家看《文汇报》2003年1月24日的报道，说有一个很有名的教授，研究唐代文化很有成就的，居然最近把陈寅恪的一个推测加以新证，说崔莺莺，就是《西厢记》里面的主角呀，是"酒店外国女招待"。我一查，不对了，陈寅恪早年在《读莺莺传》里面是说过，可能崔是出于中亚种族的女子，但只是推测。而这个教授呢，也主要想进一步讨论蒲州粟特人的问题，可是被报纸一宣传，一炒作，就变成了某教授证明崔莺莺是"外国酒店女招待"，让大家联想现在的星级饭店的情况，于是大家都有兴趣，报纸也轰动了嘛。又比如，像《孙子兵法》的事情、罗马军团的事情，都是媒体炒大的。你们看一下1999年1月29日《北京青年报》的《远古中国神秘痕迹》，连"一万年前的电唱盘""周代的集成电路"都上来了，你不觉得这简直是荒唐吗？特别是现在连批评也媒体化了，本来批评可以监督学术，但是现在的批评自己也要喧哗，所以有的人就在报纸、杂志、电视、网络上面越界乱批，把话说得越出格越有反应，把标准悬得越高就越能表现高超，所以如今都乱了套了。

　　三是行政官员当学术之政的结果。这是过去政治挂帅的转型，因为很多大学的官员，不懂学术，过去是政治第一，如今则换了个标准，要么以数量来衡量，要么以轰动来判断，搞得下面的人只好这样胡说八道。以前讲"楚王好细腰，宫中多饿死"就是这个道理。当然更麻烦的是，如果根据政治意识形态来制造历史的心态一旦膨胀，问题就更大。中国的事情不好说，我说一个日本的例子。2001年日本考古界的一个大新闻，就是一个叫藤村的业余考古学家，竟然伪造了42处遗址和发现，其中包括1984年在马场坛发现的17万年前的石器、1992年在宫城县上高森遗址发现的旧石器时代遗物等等。这些东西其实是他自己放进去，又自己挖出来的。表面上看来，这只是一个涉及学术道德的问题，但是根本上来说，这样伪造历史遗迹，其实是希望挑战日本历史源于九州，而九州历史源于中国的传统说法。我以前在日本京都大学的时候，常常看到电视报纸用很大的篇幅报道这一类的考古消息，开始还以为是日本人重视知识，后来才渐渐明白，这是"寻根"，他们太希望挖出自己的历史来了，所以，藤村这种造假才能轰动，才能让那些日本学者狂喜，而不知道这不过是骗局。

我一直觉得很奇怪的一件事情是，1996年1月，就有37位科学院院士联名写了一篇《正确评价基础研究成果》的文章，登在《光明日报》上。里面提出了很重要的一些原则，比如科学成果的评价必须由"广大同仁承认"，而不是由口头评价和私人通信中得到"某某学术权威的好评"来确定；比如避免行政干扰，不要由"领导看法"来决定；比如学术论文作者必须严肃地对待这些荣誉和承担这些责任等。可是，这篇由这么多重要的大牌科学家署名、这么郑重发表在大报的文章，最后竟然没有什么反响。五六年过去了，现在情况是每况愈下。为什么？我百思不得其解。

二　历史研究中必要的体验和想象

我们并不是说，学术研究里面不可以有想象。其实必要的体验能力和想象能力，常常是研究是否能够有突破的很重要的因素。我们强调的只是这种体验和想象要有证据，要有必要的边界。我们以历史研究为例来说明。因为一般来说，历史研究总是相当实证，不重视体验和想象的，事实上，必要而有限度的体验和想象是可能的。

首先，我们要承认，我们理解历史所用的历史文献本身，并不那么全然可靠。这里面已经羼入了历史书写者，就是精英知识分子的口味和标准。一个是凭感情羼进了对古人的想象。比如

《左传》里面，有刺客鉏麑准备刺杀赵盾之前的故事，说刺客看见赵盾那么勤勉，就自己自杀了，这就是想象出来的。人都死了，你怎么知道他死前的心理活动？项羽垓下自杀之前的别虞姬，也是一个道理，既然二十八骑士和项羽都战死了，后人怎么知道前一夜的缠绵故事？一个是凭理智选择了自己觉得有用的东西，像《资治通鉴》就是选和治理天下有关的历史资料来叙述，《经世文编》也是选了一些有关"经世"的文献。可是，你看看，当你通过考古报告，发现有那么多的数术方技资料，通过阅读边缘资料，发现还有这么多奇奇怪怪的故事，通过阅读当代的报纸杂志，发现有那么多无聊的消息和新闻，你就知道，古代历史经过了选择、修饰、重组，将来写的当代历史，也一样经过了选择、修饰、重组。没有把自己的经验带进去的体验和想象，你透不过这一层被层层染过的修饰，看不到底色。

其次，后人编的历史书，你更不要轻易地完全地相信，现在的各种历史书，经过了至少四道筛子呢：一是"意识形态"，二是"精英意识"，三是"道德伦理"，四是"历史编纂原则"。意识形态决定全部的价值观，什么是好什么是坏，什么是对什么是错；精英意识决定历史焦点所在，一定是上层精英的活动，这里背后有一个决定论的支配，就是历史变迁是由这些少量精英决定的；道德伦理规定了一些不很文明、不登大雅之堂的东西，不可以进入历史著作，这样就等于遮蔽了一半，特意展现一半；最后，历史学编纂原则，以记事体例的方便与否，排除了一些资料，毕竟不是什么都可以记载到历史里面的，历史承担不了这么多，所以一定会省掉很多，比如日常生活、业余娱乐、私人空间的内容等等。这样一来，就需要我们运用想象力和观察力，找那些被省略的、被减去的，然后重新通过想象力来重建历史的原来面貌——当然不可能是原貌，只是尽可能接近原来的面貌。

再次，由于写作语境而引起的历史扭曲，也需要通过体验和想象来恢复。一个时代有一个时代的语境，这是很自然的，比如我们20世纪50年代的哲学史和文学史，就会因为那个时代的背景，对历史有不同的叙述，进化论、阶级斗争论、经济决定论的思路，就会使我们的历史变样子。比如思想史就会突出唯物主义的一条线，尽管那一条线并不是主流，那也会被浓墨重彩地写出来，放在很重要的位置上；比如历史就会突出农民起义的位置，像黄巾起义，陈胜、吴广起义，李顺、王小波起义，方腊起义等等，太平天国就更不要说了。这是一种常见的情况，比如日本的中学历史教科书，就对"二战"期间日本的侵略讳莫如深。为什么，因为它也要加深历史认同和民族荣誉。但是作为历史研究，我们必须要看清楚这些障眼的东西，仔细剥离开那些影响着历史叙述的当时的背景，没有想象力是不行的。

所以，旧经典系统加上新的历史叙述，一层一层的，像考古时的地层一样，它遮盖着一些真相。所以我们研究历史的一定要透过这些地层，看到地下的东西，没有想象力和体验力是不行的。科林伍德说过一段话，"历史就是按照大量材料，想象古人的心灵活动"，一方面是想象力，"以心传心""将心比心"，一方面是按照大量材料，这就是要考证，要排比，要仔细地去伪存真，两方面结合起来，就是历史研究了。

那么，这是否意味着我们的历史研究进入了后现代？不是的。我在这里强调的，还是被认为是"现代性"的那些东西，证据、证据，必要的证据和大量可靠的证据，这是我们确定历史想象合理性的基础。没有证据的想象，只是幻想和瞎想。特别是它必须符合学术规范，符合学术规范的证据、逻辑加上适当的想象，才可以成立。那么，什么是学术的规范呢？

三 常识是否可以成为常识？关于学术规范的基本原则

我总觉得，现在中国社会处在一个常识失落的时代，因为社会在剧烈变动中间，不稳定嘛。怎么才是稳定？实际上，在某种意义上说，是常识稳定。常识是大家不言而喻的共识，是大家共同遵守的，一个常识如果在一个相当长的时间里面成立，而且是我们不需要怀疑的基础，至少这个社会在一段时间里就稳定了。可是现在呢？是常识失落和基础崩溃。你看，连基本的文明礼貌用语都要教，"您好""谢谢""请"，连这个常识都要教，说明什么？说明常识已经成了非常识。见义勇为不仅要鼓励还要奖励，说明什么？说明这种底线的正义，已经崩溃了。路见不平，拔刀相助，你可能做不到，但是至少不应当助纣为虐，是常识吧，可是很多人连这个常识都没有了，所以才要大张旗鼓、郑重其事地奖励"见义勇为"，你看这多悲哀。讲这么多，我要强调的是，常识最重要，这道理大家一定明白，常识比那些深刻的真理更重要。这就和大米饭、白菜、萝卜对于人来说比燕窝、鱼翅更普遍、更重要，在家里，准备阿司匹林，比准备抗癌药重要一样。

那么，作为常识的学术规范是什么呢？我不想讲特别大的道理，只想讲最普通的常识。

首先，任何研究，要有基本完备的文献资料。这里面包括好几层，第一层，是原始文献，任何一个课题的研究，都要对研究对象所可能涉及的文献有一个全面的把握。比如研究唐代文学，你要知道《全唐文》《全唐诗》，两种《唐书》《册府元龟》《唐才子传》《唐诗纪事》《太平广记》，当然还要知道《全唐诗补编》《全唐文补遗》，要知道石刻资料，要知道去查《佛藏》《道藏》里的资料，要对敦煌的文献有一定了解，还要知道关于地理方面的《唐两京城坊考》《长安志》等等，最好还要多少了解一点考古发现的图像，比如法门寺地宫出土的东西，比如墓室的壁画等。有一次口试硕士生，他说他的学士论文做的是唐代初期的政统和道统，我就问他，能不能在《全唐文》，新、旧《唐书》之外，给我们举两本唐代初期有关政治史的文献？他不能答。我以为他一时紧张，便问他《大唐创业起居注》和《贞观政要》如何？他居然反问我，"有这两本书吗？"当然其水平可想而知。第二层，光懂得文献名称，知道找来看，还是不够，还要懂得在这些文献中，哪些是主要的，哪些是次要的，哪些是更次要的，现在有的人对文献缺乏常识和通识，就会像狗熊掰棒子，乱找乱引，喜欢找一些偏僻的、怪异的文献，而常见的书却视而不见，所以要懂得"读常见书"是一个重要的传统研究基本功。陈寅恪对古代历史和文化的研究，就没有什么偏僻的文献，但是一样有大见识。依靠那些偏僻文献，出奇兵，走偏锋，就像武侠小说里面讲的小巧一路，没有正派的内功为底子，终究不是正路，而且一遇到堂堂正正的功夫，就会一下子崩溃。第三层，更重要的是对这些文献要能够准确地解释和引用，找了这些文献来，结果是歪批《三国》，那等于前功尽弃，我看到很多人用文献，常常是独出心裁地乱解释，这就麻烦了。

其次，任何研究，都要做一个关于此课题起码的研究史回顾。前人研究是很重要的，学术研究不能想做什么就做什么，你得懂得别人研究过的，你如果不能给出新的资料和进一步解释，你就不要做。现在有那么多重复的论文著作，为什么？不说它有意偷懒，至少它是不知道前人做过什么，所以做了等于白做。

正规的学位论文，通常必须有这样一节，因为这涉及学术品德，谁知道你是不是抄来的呢？不加以说明，只是想蒙混而已。即使从学术规范来说，做一个研究史回顾，一是说明你了解多少前人的成果，你得介绍国内外的研究，有什么已经解决，有什得失；二是说明你的成果比前人多了多少新东西，这是博士、硕士论文的基本格式之一。可是我们现在的很多学位论文，简直好像是孙猴子从石头里面天生出来的一样，好像都是它自己的发明，有那么多发明吗？比如现在你要研究禅宗历史和思想，你就先得讨论胡适、汤用彤、印顺的著作，讨论忽滑骨快天、宇井伯寿、铃木大拙的研究，一直到最近国内外的论著，看看这些研究里面，还有什么是他们已经说到的，什么是他们忽略的，什么是他们已经做对了的，什么是他们还有错。另外，你还要看看胡适代表的历史文献的路子、铃木大拙代表的宗教内在体验的路子，哪一个更合你自己的想法，这样才谈得上进一步的研究。否则，你花这么大的力气，重复他们所做的，做了又有什么用？所以，一个研究者，得对国内外的研究状况，有一点了解，至少知道你的前前后后，有什么人，什么研究论著。于是你得有一批基本的学术刊物，国外的像 *T'oung Pao*（《通报》）、*The Journal of Asian Studies*（《亚洲学会会刊》）、*Harvard Journal of Asiatic Studies*（《哈佛亚洲研究》），日本的《东方学报》《东方学》《日本中国学会报》《东方宗教》，中国大陆的《文史》《中华文史论丛》《历史研究》，台湾地区的《史语所集刊》《汉学研究》等。还得掌握一些重要的目录，像《东洋学文献类目》之类。当然，现在还要懂得从互联网上寻找资料。

其实，这是必需的，你在确定一个研究题目的时候，不知道别人做的怎么行呢？"知己知彼，百战不殆"，这很重要，何况它还是关系到你学术道德和评定你的学术成就的基础。我以前介绍过陈寅恪在清华大学毕业生论文上的一段批语，里面就说到这一点。民国二十五年（1936）清华大学历史系张以诚的论文《唐代宰相制度》前面，陈先生评语是："大体妥当，但材料尚可补充，文字亦须修饰。凡经参考之近人论著（如内藤乾吉等），尤须标举其与本论文异同之点,盖不如此则匪特不足以避除因袭之嫌,且亦无以表示本论文创获之所在也。"这后面两句,尤其值得好好记取。

再次,学术研究还需要有一个规范的表达形式。比如说,一篇合格的学术论文,除了要有前面说的研究史回顾,有引用书目文献目录外,还要有清楚的表达和整齐的注释,这是通过形式表现的规范。也许有人说,论文主要看创见、看思想,你这完全是形式主义嘛。可是我要告诉大家,千万不要小看这种外在的形式。我每年都要看不少硕士生、博士生的论文,完全符合规范要求的不多。比如说论文后面要有参考书目吧,我曾经看到某个研究所一篇博士论文,表面看上去不错,参考书目很丰富呀。可是仔细一看,就出了问题,很多书不知道是一回事,于是重复开列,如《二十二子》有上海古籍出版社影印本了,又开列了一个浙江书局本;《周易》开了一个中华书局的《十三经注疏》影印本,又开了所谓"阮元校刻本",其实这都是一回事。可见他并没有认真看过,只是为罗列书目拼凑起来吓唬人的。又比如说注释。有的注释,只有一个光秃秃的书名,没有版本,没有页码,甚至有的没有卷数,别人怎么去查呀?不要说核对了,就是有心想引用你的,也没有办法相信你,老天爷才知道你是不是真的看过了这些书,是不是从其他书里面转抄来的。我读大学的时候,曾经给《文史》写过一篇小文章,考证干宝的生平,结果一些来自《晋书》的资料没有注清楚,编辑就退回来让重新注。这件事给我印象很深,以后就再也不敢随便马虎了。再比如,很多人不知道什么该注什么不该注,常常是当注不注,不当注注一大堆。现在电子检索方便了,有人就按图索骥,把检索来的资料堆一大堆上去。就像古代说的那个笨蛋,说是找骏马,结果按检索条件,找了一大堆癞蛤蟆。其实,注释有三个意义,一是表明文献资料的来源出处;

二是把正文中不能表达清楚的意思补充清楚，如果都在正文里面，正文可能很不清晰不流畅，所以有的话可以转在注释里面；三是进一步提供可以引申的资料，就是给读者提供深入的阶梯。可是，我们很多论文的注释，都不那么合格。

有了这些形式上的东西，学术论文就可以算是学术论文了。我常常和一些朋友讨论一个让我很苦恼的事情，有人说欧美、日本关于中国学的学术论文水平比我们高，我们不很同意；但是我们同意的是，我们的学术论文水平确实有时比别人低。这话怎么说？就是欧美、日本的学术论文，有这些规范，保证了最低的底线，起码引文、注释、资料、研究历史可以清楚，而我们因为这些规范形式没有，所以很多论文就像《水浒传》里的焦挺，整个一个没面目，既不可信，更不可用。所以当务之急，不是说我们提高最高水准，拿个诺贝尔奖回来，而是守住底线，让学术不至于崩溃到别人不相信这是学术。

四 学术评价的标准何在？

说到这里，我要多讲两句关于学术独立的问题。很多人都感慨学术不独立，当年王国维讲的独立和自由，那是很高的境界。但是，从基本上来说，要想学术独立，最基础的就是要有一个完全依据学术的、自我完足的评价体系，不要依照获得经费的多少，不要因为领导的喜欢和表扬，不要因为一时的轰动和迎合时势，不要因为媒体的炒作宣传，不要因为论著数量的量化统计。特别是不要仅仅依靠得到什么奖。其实很多奖，说穿了就是那么一回事，为什么我们没有自己的评价尺度，要相信这些外在的标签和商标？以前"郑人买履"的故事里面说的，"宁信度，勿自信也"，好像在今天还是这样，学术界是否还是缺乏自信？

我有时候到书店里面去看书，很感慨现在书很多，漫天铺地的；也很感慨现在的书很滥，很多书可以不必看。有一次我到国外去，和一个西方学者聊天，说起中国学术书的出版，他说大多不必看。我问他为什么。他说的理由中，有选题重复、没有新文献资料、理论陈旧，特别说到很多书看了以后，回头一想，没有一处有意义，没有一处需要做笔记记住。我当时很反驳了他一阵，可是下来以后，其实心里面也有点儿同感，当时是顾中国学术的面子，但是我们要承认这一现实状况。

那么，什么样的研究是学术的，而且真的是有意义的？在中国文史研究方面，我想有下面三条标准：

第一，你是否给本领域本学科内提供了新资料、新文献？这是起码的，当然不是绝对的。有人用旧文献、旧资料，也能够讨论新的意思。不过，文史研究里面，是很讲究文献资料的提供的。但是这新资料并不都是刚刚挖出来的，我们不是提倡靠珍本秘籍当独门暗器，只是在新的思路下，有一些资料，它会从边缘的、不受重视的角落，变成重要的、中心的资料，比如现在郭店、上博、走马楼、里耶的简牍，当然就是新资料，这没话说；但是以前不重视的一些东西，像档案、皇历、类书蒙书，如果在新的观念中阅读，它也成了新资料，这就给别人提供了新东西，这些东西，就会被有心的研究者收藏起来，否则，别人收藏你的论文著作有什么用？

第二，你是否给学科外提供了新的范型、新的方法？我一直很强调，真正意义重大的学术成就，不只是给学科内，尤其是给学科外提供新的思路、范型和方法，你看马克思、弗罗伊德、韦伯、福柯，他们的理论和方法，给后人开了多少法门，你不跟着走都不行，因为他们的思路一转，整个世界现象都要重新解释了。"范型"这个词，是库恩的说法。我当然不是说要求大家都成马克思这样的大师，如果这样要求是"悬得过高""以理杀人"，没有人能做到的，而是说，这是一个理想标的，你要有这种想法，何况"范型"有大有中有小，像王国维的"两重证据法"，陈寅恪说的用域外与域内文献互证，有地下文物与地上资料互证，郭沫若用摩尔根、马克思、恩格斯的理论讨论上古社会，像顾颉刚的"层层积累的古史观"，都是一些范型，后人可以跟着做、照着做，这就是开思路的。我想，所谓一个重要范型的出现，常常会造成三个后果：一是对学科本身的动摇，动摇不是坏事，是重新反思的开端；二是对基本预设的怀疑，前面我讲过，预设就是判断的基础，很多预设在很长时期内是不被怀疑的，天经地义的，可是它一被怀疑，整个上层建筑都要重新评价；三是对方法的补正，一套方法常常是由于基本预设和学科训练而来的，如果前面的被动摇，方法也就变化了，方法变化了，可能就有新的结果。我并不完全同意像"走出疑古"那样的口号，也不完全同意"二十世纪文学"，也不完全赞同"现代性批判下的当代史研究"，但是我觉得这些研究思路，尤其是实际研究成果，能够让我重新思考很多问题，重新理解很多资料，好像山重水复疑无路，柳暗花明又一村，这就是有意义的研究。

　　第三，我们要承认现在的西方强势。在这样的西方强势中，我们还必须考虑，你的研究课题、成果、表达，是否和国际发生一定的关联？它能否成为国际学术界的话题之一。先得说明，我绝不是说，要迎合国际学术界的潮流风气。我其实一直在讲，要让学术说汉语，还写过一篇文章叫《缺席的中国》。问题是，第一，在现在，如果你不把自己的研究放在国际学术环境里面去就不行，因为这些问题也全球化了，学术是天下的学术，你研究别人也研究，不能关起门来充大王，或者夜郎自大当鸵鸟。第二，你不去参与国际学术界的讨论，别人就永远不接纳你的话语，你的声音永远不会出现在这里，你就"自绝于人民了"。所以日本人巴巴地自己出钱，把论文翻译成英文，免费散发。为什么，因为没有办法，谁让你不强大，不是主流呢？当然，如果你能够积极参与，这个话题是国际感兴趣的，那么，就等于你的声音在里面有一席之地了，最后甚至可以领唱，成为主流。第三，有价值的问题和有意义的成果，我相信它一定可以为国际承认，这不等于投合西方外国，我想这才是中国应该有的研究成果。可是，顺便要指出，你要使你的研究成为国际承认的成果，你就必须要懂得什么是国际都能理解、接受和欢迎的课题、角度、方法和表达方式，包括今天讲的"学术规范"。

五　结束语

咱们的课，到今天就结束了。最后，在这门课程结束的时候，我还要再强调几句。

绝大多数学术界的人都必须经过学校的训练，那些严格的学术训练的必要性是毋庸置疑的。至今我还是认为有一些学术界的假冒伪劣之所以能产生，而且能有人喝彩不已，一方面，就是因为有一大批其实没有经过学术训练的人在那里"出奇兵""走偏锋"，希望一夜之间名满天下；另一方面，就是因为有一批也没有专业知识却拥有"言说"权力的人，在那里凭着感觉信口雌黄，好给自己留下一个"伯乐相马"的美誉。但是，反过来更严重的问题是，现在学校里的讲授、教科书和考试方式，能够真的给这些未来学者以真正的学术训练吗？所以，我要安排最后这一次的内容。

但是，这绝不是限制大家的想象力。大家可以注意到，整个的课程，其实都是为了改变原来的习惯的思路和做法，所以，我讲的内容里面，有比较多反潮流的东西。我自己并不主张人们都去破除原来习惯的那一套，而一定要做新的东西。但是，问题是目前旧的东西太重,研究思路太死板。所以,我经常讲一些不太合常情的思路,目的是使将来做研究的人,跳出传统的框框。我们如果还沿着过去的框框,肯定是在前人翻过的番薯地里,等前人把大的翻走了,我们来挖小的,势必越挖越小。如何改变这种研究状况,不仅在于掌握比过去人更多的历史资料,也需要我们去学习新的方法、新的思路和新的观念,这和严格的规范并不冲突。

我们整个课到此就讲完了,我希望能给大家一些新的想法。我和朋友以前讨论的时候常说,脑子越清楚,麻烦越大。因为清楚是根据什么来清楚的?如果你们现在觉得脑子有点乱了,不要紧,那样就会重新调整自己的结构。

谢谢大家。

【建议阅读文献】

王业宁等37位中国科学院院士《正确评价基础研究成果》,《光明日报》1996年1月13日。

黄永年《唐史史料学》,上海书店出版社,2002。

张国刚主编《隋唐五代史研究概要》,天津教育出版社,1996。

(举出以上介绍历史资料和介绍研究论著的两本书,只是举例说明如果研究隋唐史,一方面需要对有关历史文献有全面了解,一方面需要对已往研究成果有全面把握)

阎云翔等《学术作为一种职业——留美学人笔谈学术规则》,《中国文化》第8期,三联书店,1993年6月。

荣新江《学术训练与学术规范》,北京大学出版社,2011。